U0554814

"十三五"国家重点出版物出版规划项目

经济科学译丛

国际经济学

第18版

International Economics

Eighteenth Edition

Robert J. Carbaugh

罗伯特·J. 凯伯 / 著

刘国晖 / 译

邢孝兵 / 校

中国人民大学出版社

·北京·

自新中国成立尤其是改革开放 40 多年来，中国经济的发展创造了人类经济史上不曾有过的奇迹。中国由传统落后的农业国变成世界第一大工业国、第二大经济体，中华民族伟大复兴目标的实现将是人类文明史上由盛而衰再由衰而盛的旷世奇迹之一。新的理论来自新的社会经济现象，显然，中国的发展奇迹已经不能用现有理论很好地加以解释，这为创新中国经济学理论、构建具有中国特色的经济学创造了一次难得的机遇，为当代学人带来了从事哲学社会科学研究的丰沃土壤与最佳原料，为我们提供了观察和分析这一伟大"试验田"的难得机会，更为进一步繁荣我国哲学社会科学创造了绝佳的历史机遇，从而必将有助于我们建构中国特色哲学社会科学自主知识体系，彰显中国之路、中国之治、中国之理。

中国经济学理论的创新需要坚持兼容并蓄、开放包容、相互借鉴的原则。纵观人类历史的漫长进程，各民族创造了具有自身特点和标识的文明，这些文明共同构成了人类文明绚丽多彩的百花园。各种文明是各民族历史探索和开拓的丰厚积累，深入了解和把握各种文明的悠久历史和丰富内容，让一切文明的精华造福当今、造福人类，也是今天各民族生存和发展的深层指引。

"经济科学译丛"于 1995 年春由中国人民大学出版社发起筹备，其入选书目是国内较早引进的国外经济类教材。本套丛书一经推出就立即受到了国内经济学界和读者们的一致好评和普遍欢迎，并持续畅销多年。许多著名经济学家都对本套丛书给予了很高的评价，认为"经济科学译丛"的出版为国内关于经济理论和经济政策的讨论打下了共同研究的基础。近三十年来，"经济科学译丛"共出版了百余种全球范围内经典的经济学图书，为我国经济学教育事业的发展和学术研究的繁荣做出了积极的贡献。近年来，随着我国经济学教育事业的快速发展，国内经济学类引进版图书的品种越来越多，出版和更新的周期也在明显加快。为此，本套丛书也适时更新版本，增加新的内容，以顺应经济学教育发展的大趋势。

"经济科学译丛"的入选书目都是世界知名出版机构畅销全球的权威经济学教材，被世界各国和地区的著名大学普遍选用，很多都一版再版，盛行不衰，是紧扣时代脉搏、论述精辟、视野开阔、资料丰富的经典之作。本套丛书的作者皆为经济学界享有盛誉的著名教授，他们对于西方经济学的前沿课题都有透彻的把握和理解，在各自的研究领域都做出了突出的贡献。本套丛书的译者大多是国内著名经济学者和优秀中青年学术骨干，他们不仅在长期的教学研究和社会实践中积累了丰富的经验，而且具有较高的翻译水平。

本套丛书从筹备至今，已经过去近三十年，在此，对曾经对本套丛书做出贡献的单位和个人表示衷心感谢：中国留美经济学会的许多学者参与了原著的推荐工作；北京大学、中国人民大学、复旦大学以及中国社会科学院的许多专家教授参与了翻译工作；前任策划编辑梁晶女士为本套译丛的出版做出了重要贡献。

愿本套丛书为中国经济学教育事业的发展继续做出应有的贡献。

中国人民大学出版社

我认为，激励学生学习一门学科最好的方法是向他们展示如何将这门学科应用于实践。《国际经济学》（*International Economics*）前 17 版就体现了我的这一想法，它在向读者系统阐释国际经济理论的同时，注重展示如何应用这些理论来分析当前实践中的问题。这种把对经济理论的阐释与对当前实践的分析相结合的做法，得到了本教材前 17 版使用者们的支持。

出版本教材第 18 版的目的在于使理论阐释与应用分析结合得更为紧密，同时第 18 版更新了一些案例并且反映了最新的理论进展。对于那些只掌握经济学基础知识的学生来说，学习这一版教材（与学习之前的版本一样）需要一个学季（quarter）*或者一个学期（semester）的课时。本书不仅逻辑清晰、结构严谨，而且向学生展示了理论在实践中的应用。这一版修订和更新的内容强调了经济理论在当前实践中的应用，同时吸收了国际贸易和国际金融领域中理论和政策的最新进展。举例如下。

一、 国际经济学的主题

本书第 18 版着重讨论了国际经济学前沿领域的五大流行主题：

经济活动的全球化

- 新型冠状病毒和全球化——第 1 章和第 15 章
- 经济相互依存性：红翼鞋业公司在美国进行生产时所面临的挑战——第 1 章
- 工业机器人和工作岗位流失——第 3 章
- 特朗普的"美国优先"政策——第 1 章
- 史丹利百得公司迁回美国——第 1 章
- 对工人来说，国际贸易是机会还是威胁？——第 1 章
- 国际贸易是导致美国人就业岗位流失的原因吗？——第 3 章
- 鲁珀特王子港：改变了航线的竞争力——第 3 章

---

* 美国部分高校实行"学季制"教学，每学年分秋、冬、春三个学季，每个学季持续大约一个季度（10～12 周）；美国大部分高校实行"学期制"教学，每学年分秋、春两个学期，每个学期持续大约 18 周。——译者注

- 国际贸易可以替代劳动力的流动吗？——第 9 章
- 经济增长战略：进口替代型增长抑或出口导向型增长——第 7 章
- 外国直接投资会阻碍还是会促进发展中国家的经济发展？——第 7 章

贸易自由化——WTO 与区域贸易安排

- 《北美自由贸易协定》的现代版：《美国—墨西哥—加拿大协定》——第 8 章
- 英国脱离欧盟——第 8 章
- 自由贸易协定促进墨西哥发展——第 8 章
- WTO 是否削弱了国家主权？——第 6 章
- 区域一体化与多边主义——第 8 章
- 作为最优货币区的欧元区：问题和挑战——第 8 章

全球金融体系动荡

- 加密货币会削弱美元的世界储备货币地位吗？——第 10 章
- 套汇和计算机软件程序——第 11 章
- 外汇交易自动化——第 11 章
- 特朗普政府的贸易政策被误导了吗？——第 10 章
- 德国的经常账户盈余——第 10 章
- 美国的储备货币负担——第 10 章
- 汇率失调——第 12 章
- 货币贬值会刺激出口增长吗？——第 13 章
- 汇率操纵和货币战争——第 14 章
- 美国是如何以极低的成本借款的？——第 10 章
- 为什么美元贬值可能不会终止美国的贸易赤字——第 13 章
- 日本企业将生产迁至海外以应对日元升值导致的产品竞争力下降——第 13 章
- 固定汇率制度的信誉日益提升：货币局制度抑或美元化——第 14 章

二、内容组织框架："进一步探索"专栏

　　尽管教师们对于国际经济学课程的基本内容通常能够达成一致意见，但是对于相关材料如何进行结构安排才算合适却莫衷一是。本书的内容组织架构非常灵活。在阐述国际货币关系之前，我们将首先讨论国际贸易关系问题，但是教师们在讲授课程时也可以调整顺序，首先讲授货币理论。也就是说，教师们可以先讲授第 10～15 章，然后再讲授第 2～9 章。对于那些不想通篇学习本教材的读者来说，完全可

以省略第 6～9 章和第 14～15 章的部分内容或全部内容，而且这样并不会影响知识的整体连贯性。

本书第 18 版对国际经济理论的表述予以了简化，这为教师们提供了较大的灵活性。这一版教材在线上开通了"进一步探索"专栏，以讨论一些更深层次的话题。将"进一步探索"专栏搬到线上，而不是像之前版本那样安排在纸质教材中，这样就能将纸质教材的更多篇幅用于介绍国际经济理论在当前的应用。"进一步探索"专栏包括以下内容：

- 考虑货币因素时的比较优势——第 2 章
- 无差异曲线与贸易——第 2 章
- 提供曲线与贸易均衡条件——第 2 章
- 特定要素理论——第 3 章
- 提供曲线和关税——第 4 章
- 关税-税率配额的福利效应——第 5 章
- 出口配额的福利效应——第 5 章
- 战略性贸易政策的福利效应——第 6 章
- 政府采购政策与欧盟——第 8 章
- 规模经济与《北美自由贸易协定》——第 8 章
- 外汇市场投机的技巧——第 11 章
- 外汇交易的基础知识——第 11 章
- 基于基本面分析的汇率预测法：回归分析——第 12 章
- 收入调整机制——第 13 章
- 汇率传递——第 14 章

读者可登录网站 www.cengagebrain.com，进入"进一步探索"专栏。

三、 致谢

我非常感谢那些为我撰写本书当前和过去版本提供帮助的人。我要感谢中央华盛顿大学的同事 Tennecia Dacass、Yurim Lee、Peter Gray、Koushik Ghosh、Peter Saunders、Toni Sipic 和 Chad Wassell 在我准备这一版手稿时给我提供的建议和帮助。我还要感谢 Shirley Hood，她在我准备这一版手稿时给我提出了建议，同时感谢 Jeff Stinson 作为中央华盛顿大学商学院院长所给予的支持。特别感谢科罗拉多州立大学经济学荣休教授 Terutomo Ozawa，他在国际经济学方面的教学和研究激发了我对这一领域的兴趣。

很高兴与圣智学习（Cengage Learning）出版公司的员工合作，特别是 Chris Rader（产品经理）和 Jennifer Ziegler（高级项目经理），他们为这一版教材的完成提供了许多宝贵的建议和帮助。感谢 Charu Verma（供应商内容经理），他策划了本书的内容开发。我还要感谢 Heather Mann 在本教材的文案编辑中所做的细致努力。最后，我要感谢我的学生以及其他大学的师生们，他们对新版教材中的内容提出了有益的评论。

如果老师或学生希望对本教材提出任何评论、斧正或建议，我都将不胜感激，这些评论、斧正或建议将使我能在未来几年里继续改进本教材。欢迎与我联系，并且感谢您支持本教材出到第 18 版。

罗伯特·J. 凯伯

中央华盛顿大学经济系

华盛顿州艾伦斯堡镇

E-mail：Carbaugh@cwu. edu

目　录

第 2 部分　国际货币关系

第 10 章　国际收支　325

第 11 章　外　汇　353

第 15 章　开放经济条件下的宏观经济政策　　　　　470

术语表　　　　　487

译后记　　　　　502

第1章 国际经济与全球化

在当今世界，没有哪一个国家能够在经济孤立的状态下生存。一国经济的各个方面，诸如工业、服务业、收入和就业水平、生活水平等等，都与其贸易伙伴国的经济状况存在关联。这种关联表现为货物和服务*的国际流动、劳动力的国际流动、工商企业的国际流动、投资基金和技术的国际流动。正因如此，一国在制定经济政策的时候不得不评估这些政策对其他国家经济所可能产生的影响。

各经济体之间在当前所呈现的高度**经济相互依存性**（Economic Interdependence）是世界经济和政治秩序历史演进的结果。在第二次世界大战结束时，美国是世界上政治和经济实力最为强大的国家，对此，人们常用"美国打一个喷嚏，其他国家都得感冒"这样一句谚语来加以形容。然而，随着时代的发展，美国经济已经越来越多地融入其他国家的经济活动之中。

经济体之间相互依存的一个例子是 2019—2021 年的新型冠状病毒大流行。在此期间，一种新的疾病——新型冠状病毒（COVID-19）——在世界范围内传播，人类对于这种病毒尚无免疫能力。新型冠状病毒于 2019 年末在中国出现并以惊人的速度席卷全球。** 这种会导致器官衰竭和呼吸困难的病毒已经夺走了数百万人的生命。许多国家的政府试图通过尽量减少人员之间的密切接触来减缓这种疾病的传播，措施包括检疫隔离、旅行限制，以及关闭企业、学校、体育场馆、剧院、购物中心和餐馆。这场疫情导致许多经济体陷入衰退，失业率居高不下。也就是说，"当中国打喷嚏时，其他国家也都感冒了。"

国家间经济相互依存的另一个例子是 2007—2009 年的经济大衰退。这场经济

---

* 国际贸易总体上分为货物贸易和服务贸易两大类。为避免概念混淆（尤其是在涉及国际收支平衡表的相关内容中），本书将英文版中的 goods 和 merchandise 一般译作"货物"，意指实物商品，以与无形商品——服务（services）相区别。如果没有与 services 一同出现，根据上下文义，为方便理解，goods 可能被译作"商品"。——译者注

** 原文如此。译者反对这里及后文类似的说法。根据新华社、意大利《共和国报》等著名通讯社和新闻媒体引述的科学研究成果，在中国检出新冠病毒病例之前，包括美国在内的部分西方国家就已经存在新冠病毒和感染病例。在新冠疫情暴发以后，中国始终采取最严格的措施防止疫情在国内外的进一步扩散，呼吁各方以科学、公正的态度在全球范围内开展病毒溯源调查，为全球抗疫和稳定经济民生做出了巨大贡献。——译者注

大衰退的直接原因是房地产市场的崩盘以及由此导致的抵押贷款的大量违约。抵押贷款违约造成的数千亿美元损失给那些因抵押贷款而生以及投资抵押贷款的众多金融机构带来了沉重打击。结果，信贷市场流动性枯竭，银行之间拒绝相互借贷，企业和家庭也得不到维持日常运转所需要的贷款。于是经济陷入衰退。不久，危机蔓延到欧洲，欧洲的银行之所以被拖入这场金融危机，部分原因在于这些银行买入了美国的违约抵押贷款。这场经济危机还蔓延到了一些新兴经济体，比如冰岛和俄罗斯。然而，这些新兴经济体又普遍没有能力恢复对其自身经济体系的信心。因而说"美国打一个喷嚏，其他国家都得感冒"就不足为奇了。

世界经济中的相互依存关系是复杂的，并且其影响是非均衡的，在认识到这一点之后，世界各国作为经济上的一个共同体已经开始进行国际合作。有关全球经济问题的国际会议也已经在探索工业国和发展中国家之间合作的路径。与此同时，受到全球经济衰退、制造业通货膨胀和能源价格高企的影响，发展中国家不仅更加致力于从国际贸易中获取更大利益，而且更加积极、更加全面地参与各种国际机构事务。

对于学习国际经济学入门课程的学生来说，各国经济的相互依存性也会对我们产生一些直接影响。作为消费者，我们会感受到国际货币兑换价值变化带来的影响。倘若日元或者英镑相对于美元升值了，我们就要花更多的美元去购买日本的电视机或英国的汽车。作为投资者，如果瑞士的利率上升，超过了美国的利率水平，我们可能更愿意购买瑞士证券。作为劳动力大军中的一员，我们可能希望知道总统是否打算保护美国的钢铁业工人和汽车业工人，使他们免遭来自国外产品的竞争。

简而言之，各国经济的相互依存性已成为当今时代的一个复杂问题，它经常会对不同国家以及特定国家的不同部门产生巨大的而且是非均衡的影响。企业、劳动者、投资者和消费者都会感受到其他国家经济形势变动和贸易政策变动所产生的回弹效应。今天的全球经济需要各国在国际层面上进行合作，以解决大量的争端和问题。

专栏

经济相互依存性：红翼鞋业公司在美国进行生产时所面临的挑战

20世纪初，从德国移民美国的查尔斯·贝克曼（Charles Beckman）发现需要专门设计劳保用靴以适应农业、采矿业、伐木和建筑业等行业的繁重工作。这些行业的艰苦工作不仅要求靴子能够耐受恶劣的工作环境，而且要求靴子能够让工人穿着舒适。

1905年，贝克曼在明尼苏达州的红翼城创立了红翼鞋业公司（Red Wing Shoe Company），生产满足这一需要的高档工装靴。到20世纪80年代，红翼公司将其产品线从工装靴扩展到家用鞋靴。今天，红翼公司生产的鞋靴受到全世界100多个国家客户的青睐，这是对该公司多年来努力经营和追求卓越品质的证明。①

尽管红翼公司仍然致力于在美国制造鞋类产品，但它已经受到来自美国其他制鞋企业的激烈竞争，因为这些企业都已将其生产线迁移到海外以利用海外低廉的劳动力成本优势。几十年来，耐克（Nike）和添柏岚（Timberland）等大型制鞋企业凭借其遍布全球的工厂网络为美国人提供了 90% 以上的鞋类产品。为了应对竞争，红翼鞋业也已经转变成为一家国际化企业，它在中国等国家生产其大部分家用靴鞋，同时在位于明尼苏达州的红翼城、密苏里州的波托西城和肯塔基州的丹维尔城的工厂生产其高档工装靴，生产这些工装靴使用了从韩国、越南和中国进口的鞋底、鞋带等部件。

2019 年，红翼公司推出了在美国生产的新系列工装靴产品，也是在这个时候，红翼公司扭转了其全球化进程，这是因为该公司担心在海外设立生产设施会遇到困难，同时也担心国内对自由贸易政策的反对情绪加剧（包括美国可能对进口的鞋类产品征收更高的关税）。此外，红翼公司还意识到在美国生产鞋类产品不仅缩短了向美国消费者交货的时间，从而减少了维持鞋类产品库存的高昂费用，而且使红翼公司能够对激增的需求（例如飓风过后对具有脚趾保护功能的防水靴的大量需求）做出快速反应。

然而，在美国建立更多的制造工厂对于红翼公司来说是一个挑战，因为其供应链中的大部分都已经迁移到国外。例如，生产红翼工装靴需要掌握技术并且拥有精湛的手艺，然而要找到掌握技术、具有精湛手艺的工人却很困难。由于缺少这样的工人，红翼公司不得不聘用经验不足的工人，尽管这些工人在诸如建造农场设施、维修汽车或缝纫被罩等其他方面具有工艺技能，但要培训这些工人从事生产高档工装靴的工作不仅耗资不菲而且需要很多时间。

红翼公司面临的另一个问题是，它支付给美国工人的工资要高于支付给海外竞争工人的工资。为了保持竞争力，红翼公司日益提高工厂的自动化水平以减少其生产工装靴产品中的劳动含量。例如，红翼公司使用人工智能设备来确定如何更好地切割生产靴子所需的皮革，使用自动化机器切割皮革，并且使用可以连续作业的电脑缝纫机。然而，操作这些机械仍然需要熟练技工。

红翼公司认识到，坚持"美国制造"原则会使公司在谈判桌上有所损失。然而，作为一家由当地居民持有产权的私有企业，红翼公司坚持认为，实现利润最大化并不是公司的全部目标。它指出，尽管公司需要通过赚钱来为投资进行融资，但红翼公司经营业务的目的是向包括投资者、工人和整个社会在内的各方给予回报。

---

① Ruth Simon, "Red Wing, Iconic U. S. Shoe Maker, Labors Mightily to Bring Production Home," *Wall Street Journal*, July 12, 2019; Eric Wilson, "At Their Feet, Crafted by Hand," *The New York Times*, April 20, 2011; John Manning, "Red Wing Shoes is a Family Affair," *Minneapolis-St. Paul Business Journal*, November 2, 1997; "Red Wing Shoe Company, Inc. History," *International Directory of Company Histories*, Vol. 30, St. James Press, 2000.

国际贸易案例

柴油机和燃气涡轮机推动全球化

提起内燃机，你可能想到汽车前盖下面的发动机——汽油发动机。虽然可以载着你跑来跑去，但是汽油发动机难以承担超长距离、超大重量的运输。全球运输需要更大功率的引擎。

那么，怎样才能在全球各国之间运输数十亿吨的原材料（raw materials）和制成品（manufactured goods）呢？为什么我们可以乘坐波音（Boeing）或者空中客车（Airbus）的喷气式飞机在 24 小时内飞抵世界上的几乎任何一个地方？这主要归功于推动全球化的两项重大技术创新：驱动货轮、火车和重型卡车的柴油机，以及为飞机和其他运输工具提供动力的燃气涡轮机。

鲁道夫·狄赛尔（Rudolf Diesel）于 19 世纪 90 年代最先成功实现了柴油机的商业应用。狄赛尔从德国慕尼黑理工大学毕业之后，成了一名冷冻机工程师，但是他的真正兴趣是发动机设计。他研发的柴油机能够把燃料柴油的化学能量转化为驱动卡车和货轮的机械能量。现在，90% 以上的全球制成品和原材料贸易运输必须依赖柴油机。

燃气涡轮机是另一个推进全球化的发动机。燃气涡轮机是一种从燃烧气流中获取能量的转缸式发动机，它所产生的巨大推力能够将飞机送上天空，它也能通过转动杆柄或螺旋桨为火车或者轮船提供动力。燃气涡轮机由英国工程师弗兰克·惠特尔（Frank Whittle）在 20 世纪初发明。尽管莱特兄弟是飞行器之父，但惠特尔的贡献不应被低估。

柴油机和燃气涡轮机为全球客货运输提供了动力。这两种发动机降低了运输成本，以至到达市场的距离不再是工厂选址和原材料进口来源选地的重要影响因素。事实上，如果没有柴油机和燃气涡轮机，那么国际贸易和洲际航班很难像现在一样可靠、快速以及成本低廉。尽管这两种发动机都会产生空气和水污染等环境问题，但是在短时间内可能不会被人们抛弃。

问题：柴油机和燃气涡轮机如何推动了国际贸易？

资料来源：Vaclav Smil, *Prime Movers of Globalization*，MIT Press, Cambridge, Massachusetts, 2010；and Nick Schulz, "Engines of Commerce," *Wall Street Journal*，December 1, 2010.

1.1 经济活动的全球化

我们经常会从新闻中听到"全球化"一词，那么它的含义是什么呢？**全球化**（Globalization）指不同国家及其居民之间的相互依存性日益增强的过程。它包括由贸易、移民和对外投资（也就是由商品、服务和人员的国际流动，以及由对设备、工厂、股票和债券的国际投资）所产生的国家间商品市场和资源市场日益密切的联系，也包括国家间诸如观念、文化和环境等非经济要素日益密切的联系。简而言之，全球化是政治的、技术的、文化的以及经济的全球化。

就人们的日常生活而言，全球化意味着与 50 年前相比，一国居民现在更有可能消费来自其他国家的产品，进行海外投资，从其他国家获取收入，通过电话与身处国外的人进行交谈，去海外旅行，认识到自身的境况会受到其他国家经济发展的影响，以及更有可能了解到其他国家的发展情况。

全球化发展的动力何在？[①] 首要的或许也是影响最深远的因素是技术变革。从 18 世纪后期的工业革命开始，技术创新促进了劳动生产率的快速上升和运输成本的大幅度下降。蒸汽机的出现不仅为铁路的发展提供了条件，而且使得越来越多的原本需要依赖体力劳动才能完成的经济活动实现了机械化。之后的发现和发明，诸如电、电话、汽车、集装箱货船和输送管线，改变了人们的生产、通信和运输方式，而且其改变之大是前人所无法想象的。近来，计算机信息和通信技术的快速发展，进一步削弱了个人与企业在世界范围内相互沟通和交易的时空限制。在服务领域，互联网的兴起在很大程度上降低了通信成本并且促进了贸易增长。技术进步扩大了产品种类和生产地域，运输技术进步促进了居民和企业之间的联系，在此背景下，可贸易的货物和服务的范围得到了极大的扩展。

此外，多边贸易谈判也持续推动了贸易和投资的自由化。例如，工业国的关税税率从 20 世纪 40 年代的高达两位数下降到 2020 年的约 4%。与此同时，除了那些出于健康、安全或其他公共政策需要而设置的配额以外，大部分的贸易配额都已被取消。不仅如此，投资交易的普遍自由化和国际金融市场的发展，在通过提供更为便利和更加低廉的融资渠道推动国际贸易发展的同时，推动了全球化进程。

降低贸易壁垒和金融自由化使得更多的企业可以通过海外投资实现生产结构的全球化布局，这反过来又进一步促进了贸易发展。在技术方面，信息流的增加与可贸易的货物和服务范围的扩大对生产地点的选择产生了深远的影响。跨国公司在保持仍是单一企业这一特征的同时，越来越有能力将其生产过程的不同环节分散到不同的国家和地区。而随着企业把部分生产环节分包给设在国外的子公司或国外其他企业，就业、科技、资金和技术就在企业的主导下在全球范围内流转。

1.2 全球化浪潮

全球化的历史与贸易的演变史密切相关。[②] 在几个世纪以前，运输条件恶劣，那时的国际贸易对象仅限于丝绸或香料等最昂贵的物品。随着 18 世纪末和 19 世纪初工业革命的持续发展，大规模生产和得到改善的运输条件使得国际贸易变得更加

---

① World Trade Organization，*Annual Report*，1998，pp. 33 - 36.
② 本小节参考以下内容：World Bank，*Globalization*，*Growth and Poverty*：*Building an Inclusive World Economy*，2001.

容易，因而大多数商品都可以被交易。工业革命见证了大工业的兴起，在大工业生产格局中，工人们从事专业化劳作并且日益取代传统手工艺人。大型工厂被建立起来，它们可以为遥远的市场提供服务，而这也要归功于由铁路、城际公路和远洋航运所组成的新运输网络。

到了20世纪90年代，一种新的现象——**全球制造**（*global manufacturing*）*再次提升了可贸易商品的数量和种类。全球制造的特点是生产过程在地理分布上的碎片化以及工业任务的离岸外包。零部件等中间产品贸易促进了不同经济体的专业化生产，从而产生了沿着生产链追加价值的任务贸易。这样，专业化不再基于各国在最终产品生产上的比较优势，而是基于这些国家在全球价值链的特定环节上完成任务的比较优势。现在，让我们考察一下近代历史中出现的几次主要的全球化浪潮，如表1.1所示。

表1.1　全球化浪潮

	第一次浪潮	第二次浪潮	第三次浪潮
时期	1870—1914年	1945—1980年	1981年至今
科技	蒸汽机 电报 电力 内燃机	集装箱海运 喷气式飞机 通信卫星 电视	个人计算机 互联网 移动电话
政治领导	英国领导经济	美国领导经济	多极领导：美国、欧洲、中国
商业	最初是自由贸易，但保护主义随之兴起	逐渐减少关税	更加自由的贸易环境，继之以不断抬头的保护主义
资本流动	自由	管制	自由
人员流动	自由	管制	管制

资料来源：根据以下资料整理：Anders Johnson, *The Three Waves of Globalisation*, Nordregio, Stockholm, Sweden at http://archive.nordregio.se/en/Metameny/About-Nordregio/Journal-of-Nordregio/2008/Journal-of-Nordregio-no1-2008/The-Three-Waves-of-Globalisation/index.html.

1.2.1　全球化的第一次浪潮：1870—1914年

在过去的150年里，全球经济相互依存性显著加强的第一次浪潮发生在1870—1914年间。在此期间，关税壁垒的降低，以及能够大幅度降低运输成本的新技术的出现（例如，帆船发展为蒸汽轮船、铁路被投入使用）对经济相互依存性的加强起到了关键性的作用。全球化进程的主要驱动力量是一个国家拥有多少人力、马力、风能或者后来的蒸汽动力，以及这个国家如何创造性地动员这些力量，而这次全球化浪潮的主要推动者则是欧洲和美洲的企业和个人。结果是，出口占世界收入

---

* 本书将英文原著中用粗体彩色字标示的术语用中文黑体字标示，并附相应英文（首字母大写）；将英文原著中用斜体字标示的需要重点关注的词汇用中文加粗楷体字标示并根据情况用斜体给出对应英文。——译者注

的比重几乎翻了一番，达到 8％，与此同时，人均年收入增长率达到 1.3％，而在那之前的 50 年里，人均年收入增长率只有 0.5％。在那个时代，英国是世界经济的领导者，英国的货币——英镑——是国际贸易中被普遍接受的货币。

然而，全球化的第一次浪潮被第一次世界大战阻断了。不仅如此，在 20 世纪 30 年代大萧条（the Great Depression）时期，各国政府还采取贸易保护主义措施予以应对，即盲目地试图通过对进口商品征收关税，使需求转向其国内市场，从而促进本国企业产品的销售和本国工人的就业。从世界经济的角度来看，保护主义盛行导致出口占国民收入的比重降低到约 5％，这相当于抵消了之前 80 年运输技术进步所带来的成果。

1.2.2　全球化的第二次浪潮：1945—1980 年

第二次世界大战以后，人们对民族主义的恐惧再次激励了国际主义的发展。在 20 世纪 40 年代末，美国帮助建立了一个受共同规则约束、由多边机构监督的全球经济秩序，其目标是通过各国相互合作来促进和平与繁荣，从而构建一个美好世界。自由贸易和法治是这一体系的基本原则。根据这一原则所建立起来的机构包括：

◆ 国际货币基金组织（IMF）。国际货币基金组织成立于 1944 年，目前有 189 个成员方*，它通过援助那些存在国际收支和债务危机的国家来稳定国际货币体系。

◆ 世界银行。世界银行成立于 1945 年，目前有 189 个成员方，它向发展中国家提供贷款和政策建议，以帮助这些国家改善教育、健康和基础设施。

◆ 联合国（UN）。联合国成立于 1945 年，现有 193 个成员国，其职能是维护全球安全并为解决人道主义危机提供帮助。

◆ 世界贸易组织（WTO）。世界贸易组织的前身是成立于 1948 年的关税与贸易总协定（GATT）。关税与贸易总协定于 1995 年被世界贸易组织所取代，后者目前有 164 个成员方。世界贸易组织确立了一套世界贸易规则，并公正地解决成员方之间的贸易纠纷。

◆ 北大西洋公约组织（NATO）。北大西洋公约组织成立于 1949 年，目前有 30 个成员国，它的初衷是帮助成员国防御来自包括苏联在内的社会主义国家的威胁。

在全球化的第二次浪潮期间，大部分发展中国家的制造品贸易和服务贸易没有增长。发达国家中持续存在的贸易壁垒，以及发展中国家不理想的投资环境和贸易敌视政策，使得发展中国家的出口局限于农产品和自然资源类产品。

尽管全球化的第二次浪潮成功地增加了发达国家的人均收入，但发展中国家却在整体上被甩在了后面。世界性的不平等加剧了发展中国家对现行的国际贸易体制

---

　* 根据 IMF 网站公布的信息，截至 2023 年 12 月末，IMF 共有 190 个成员方。——译者注

的不信任，因为在发展中国家看来，这种贸易体制只对发达国家有利。于是，发展中国家的呼声日益高涨，它们希望自己生产的制成品和服务能有更多机会进入发达国家市场，从而为发展中国家的民众创造更多的就业和收入。

1.2.3 全球化的第三次浪潮

开始于20世纪80年代的第三次全球化浪潮独具特征。第一，中国、印度和巴西等发展中国家打入了世界制造业市场。第二，其他的发展中国家则在世界经济中日益被边缘化，收入不断减少，贫困日益加剧。第三，在全球化第二次浪潮期间曾经低迷的国际资本流动再次变得活跃。

第三次全球化浪潮的主要意义在于，一些发展中国家首次成功地利用其丰裕的劳动力资源，使自己在劳动密集型制成品方面占据竞争优势。已经成功转型为制造业贸易国的发展中国家有孟加拉国、马来西亚、土耳其、墨西哥、匈牙利、印度尼西亚、斯里兰卡、泰国和菲律宾。这些国家之所以转型成功，部分原因也在于发达国家降低了对进口制成品所征收的关税。此外，许多发展中国家还放宽了对外来资本的限制，这鼓励了像福特汽车公司（Ford Motor Company）这样的企业将其装配工厂转移至发展中国家。不仅如此，运输和通信方面的科技进步也使得发展中国家能够加入国际生产网络。

第三次全球化浪潮另一个值得关注的方面是国外外包（foreign outsourcing），即产品制造的某些方面在多个国家进行。在20世纪80年代，随着交通和通信变得更加容易，制造业越来越多地转移到成本最低的地方。美国的企业将汽车装配以及靴鞋、电子产品和玩具的生产转移到低工资的发展中国家。这种转移导致生产这些商品的美国部分蓝领工人失业，因此有人呼吁制定法律限制外包。[①]

在一条生产链上，不同的参与者之间会开展贸易，波音787梦幻客机（Boeing 787 Dreamliner）的生产就是这样。在企业的整个历史中，波音一直在保护其设计以及大规模生产商用喷气式客机机翼的技术。不仅如此，波音还将787客机的总装放在华盛顿州西雅图市和南卡罗来纳州查尔斯顿市的工厂进行。但出于经济原因，波音将一些零部件的生产分包给了美国的和外国的各类生产商，例如，乘客登机主舱门由法国厂商生产，轮胎由日本厂商生产，货舱门由瑞典厂商生产，等等。

此外，全球化的第三次浪潮还使得我们所处的时代日益成为"自动化时代"。**自动化**（Automation）是科技的产物，那些用于生产和交付各种货物和服务、用于代替人类执行任务的机器人就是自动化的重要体现。自动化在提高质量和效率的同时降低了劳动力成本的重要性，相比之下，其他一些因素（如企业将商品交付给消

---

① Susan Lund and Laura Tyson, "Globalization Is Not in Retreat," *Foreign Affairs*, May-June, 2018 and Susan Lund, James Manyika, and Michael Spence, "The Global Economy's Next Winners," *Foreign Affairs*, July-August 2019.

费者的速度、获得资源的途径以及工人所拥有的技能）则变得更为重要。随着自动化技术使劳动力成本的重要性下降，一些公司决定搬迁某些生产过程以靠近发达国家的终端市场，而不是继续在低工资的发展中国家维持生产。

1.2.4　全球化正在退潮吗？

在 2007—2009 年的大衰退及其余波震荡期间，全球化浪潮日渐消退。不仅全球贸易下降了，而且跨境银行贷款和国际资本流动也都下降了。美国和西欧的移民政策引起了公众的强烈反对。最后，民族主义政策再度兴起，这从两件事情便可见一斑，其一是英国主动地脱离欧盟，其二是唐纳德·特朗普（Donald Trump）总统在 2017 年入主白宫的第三天便宣布美国退出拟议的跨太平洋伙伴关系。当特朗普成为总统时，他声称他的政策将体现"美国优先"，而不是全球主义。为展现在他的"美国优先"原则上的严肃态度，特朗普对进口自中国和其他国家的种种商品征收关税。结果，美国的出口产品被征收了报复性关税。

对于传统上赞成全球化的许多国家，如英国和美国，目前它们有关贸易问题的政治性讨论已经从强调经济利益得失转而担忧失业、就业在产业和地区上的错配、去工业化和不平等。人们曾经持有的观点是贸易可以带来双赢，而这种观点现在却让位于另一种观点，即认为贸易就是一方受益而另一方受损（零和博弈），因而呼吁提高贸易壁垒。

然而，尽管全球化的批评者们已经设立了新的贸易壁垒，并且放弃了自由贸易协定，但是全球化进程仍在继续，只不过是沿着新的路径前进。特别是，随着中国和其他新兴市场国家进入经济发展的新阶段，全球经济正在恢复平衡。新兴国家在过去的几十年里主要以自然资源产品和劳动密集型制成品的生产者身份参与全球贸易，然而现在这些国家已经成为汽车以及其他制成品需求的主要来源。不仅如此，在过去，全球化主要基于货物和服务贸易，并且由美国这样的西方国家主导；然而，在今天，全球化是由数字技术（从电子邮件和视频共享到文档共享）推动，并且日益由中国和其他新兴国家主导。要知道，在过去的全球化时代中主导世界的国家，并不一定就是在下一个全球化时代里繁荣兴盛的国家。表 1.2 显示了可能出现的全球化倒退风险。

表 1.2　全球化倒退风险[a]

美国的贸易政策	风险
参与贸易战，不断升级关税	来自其他国家的关税报复会损害美国的出口。当贸易量下降时，贸易战的当事国都要受到影响。贸易战给企业带了不确定性，这导致投资支出下降，进而降低经济增长能力。
退出跨太平洋伙伴关系等自由贸易协定	其他国家相互签订贸易协定可能会使美国处于竞争劣势，并且导致其他国家对美国出口产品征收更高的关税，从而抑制美国产品的海外销售。同时还有可能削弱美国在国际合作中的领导地位，使美国更难就环境、移民和国家安全与其他国家达成协议。

续表

美国的贸易政策	风险
征收关税以保护美国特定企业的制造业岗位	为数不多的工作岗位得以保全，但这会给国内消费者带来高昂的成本。
违反世界贸易组织规则以保障美国利益	削弱了许多国家用来解决贸易争端和维持市场开放的、基于规则的贸易体系。
限制从特定国家的进口以企图减少双边贸易赤字	贸易伙伴可能会报复。双边贸易赤字的减少并不意味着经济取得了发展。

a. 有关这一主题的详细讨论参见：William Melancon，*What is Globalization*？Peterson Institute for International Economics，Washington，D. C.，October 29，2018.

1.3 美国：一个开放的经济体

在最近几十年里，美国经济与世界经济日益融为一体（并且美国也日益成为一个更为开放的经济体）。这种一体化体现在许多方面，包括货物和服务贸易、金融市场、劳动力、生产设施的所有权以及对进口原料的依赖。

1.3.1 贸易模式

如果想感受全球化在美国经济中的表现，你可以去当地的超市看一看。几乎任何一家超市同时都是一个国际性的美食天地。在陈列着来自爱达荷州的马铃薯和来自得克萨斯州的牛肉的货架旁边，摆放着来自墨西哥的甜瓜、意大利的橄榄油、哥伦比亚的咖啡、斯里兰卡的桂皮香料、法国的葡萄酒和奶酪以及哥斯达黎加的香蕉。表 1.3 列出了美国消费者可以购买到的一个全球化的水果篮子。

表 1.3　自由贸易的成果：一个全球化的水果篮子

走进超市，消费者可以买到来自世界各地的水果			
水果	国家	水果	国家
苹果	新西兰	酸橙	萨尔瓦多
杏	中国	柑橙	澳大利亚
香蕉	厄瓜多尔	梨	韩国
黑莓	加拿大	菠萝	哥斯达黎加
蓝莓	智利	梅子	危地马拉
椰子	菲律宾	树莓	墨西哥
葡萄柚	巴哈马	草莓	波兰
葡萄	秘鲁	柑橘	南非
猕猴桃	意大利	西瓜	洪都拉斯
柠檬	阿根廷		

资料来源："The Fruits of Free Trade," *Annual Report*，Federal Reserve Bank of Dallas，2002，p. 3.

超市不是满足美国人购买境外产品愿望的唯一场所。我们可以购买到来自日本的照相机和汽车、来自孟加拉国的衬衫、来自韩国的 DVD 播放机、来自加拿大的纸类产品以及来自厄瓜多尔的鲜花。我们从科威特购买石油，从中国购买钢铁，从印度购买计算机程序，以及从中国台湾购买半导体。大多数美国人都很清楚地意识到美国有进口他国产品的愿望，但是他们可能没有意识到美国也是世界上一些产品的最大出口国，美国的个人计算机、推土机、喷气式飞机、金融服务、电影以及成千上万的其他产品几乎销往世界的每一个角落。总之，国际贸易和投资实实在在地存在于我们的日常生活中。

为大致衡量国际贸易在一国经济中的重要性，我们可以看一下该国出口额和进口额与其国内生产总值（GDP）之间的比率，这一比率被称为**对外开放度**（Openness）。

$$对外开放度 = \frac{出口额 + 进口额}{GDP}$$

表 1.4 衡量了 2018 年一些国家的对外开放度。2018 年，美国出口额是其 GDP 的 12%，而进口额是其 GDP 的 15%，因此，美国经济的对外贸易开放度等于 27%。美国经济显著地依赖于国际贸易，但如表 1.4 所示，这种倾向在许多小国表现得更为明显。相比之下，大国之所以较少地依赖于国际贸易，是因为其许多企业无须向国外出口就可以达到最优生产规模。因此，相对于大国来说，小国更倾向于具有较高的对外开放度。

表 1.4　2018 年部分国家货物和服务出口额、进口额与国内生产总值的比率（%）

国家	出口额与 GDP 的比率	进口额与 GDP 的比率	进出口总额与 GDP 的比率
荷兰	84	73	157
德国	47	40	87
加拿大	32	34	66
英国	30	31	61
中国	20	19	39
日本	18	17	35
美国	12	15	27

资料来源：The World Bank Group, *World Development Indicators：Data Bank*，2019，available at http://www.worldbank.org.

美国经济对外开放度的变化趋势又如何呢？一个明显的变化趋势是，在 1890—1950 年间，美国对国际贸易的开放程度不断降低。在 19 世纪后期，美国经济的对外开放度相对较高，这是由于运输技术（蒸汽轮船）和通信技术（跨大西洋海底电缆）的进步推动了世界贸易的增加。但是，两次世界大战和 20 世纪 30 年代的大萧条使得美国降低了对国际贸易的依赖，其部分原因是出于国家安全的考虑，部分原因是为了保护国内产业免受进口产品的竞争。第二次世界大战以后，美国和其他国家达成协议削减贸易壁垒，这促进了世界贸易的增长。在这一时期，运输和通信技术的进步也促进了美国的贸易增长，并使美国经济的对外开放度日益提高。

美国与哪些国家和地区开展贸易呢？我们从表 1.5 中可以看出，中国、加拿大、墨西哥和日本排在前面。

表 1.5　2018 年美国前八大贸易伙伴

国家和地区	美国的商品出口额 （十亿美元）	美国的商品进口额 （十亿美元）	贸易总额 （十亿美元）
中国	120.1	539.7	659.8
加拿大	298.8	318.8	617.6
墨西哥	265.4	346.1	611.5
日本	75.2	142.4	217.6
德国	57.8	125.8	183.6
英国	66.3	60.8	127.1
韩国	33.0	45.7	78.7
法国	36.6	52.4	89.0

资料来源：U. S. Department of Commerce，U. S. Census Bureau，*Foreign Trade*：*U. S. Trade in Goods by Country*，2019.

1.3.2　劳动力和资本

除了货物和服务贸易外，生产要素的国际流动也是经济相互依存性的一个衡量指标。随着国家之间的相互依存性越来越高，劳动力和资本的跨国流动应该会越来越顺畅。

然而，在过去的一个世纪里，美国劳动力的流动性并没有提高。在 1900 年，美国约 14％的人口是在国外出生的，但是在 20 世纪 20—60 年代，美国突然加强了对移民的限制，这使得在国外出生的人口占美国总人口的比重下降到 6％。在 20 世纪 60 年代，美国放松了对移民的限制，移民流动不断增加。截至 2020 年，美国人口中约有 14％出生在国外。在这些移民美国的人口中，来自拉丁美洲的移民约占一半，来自亚洲的移民占 1/4。这些移民在美国劳动力稀缺的地区工作，或者从事本土工人不愿意从事的工作，他们为美国的经济增长做出了贡献。

尽管在近几十年里，美国的劳动力流动性没有提高，但是通过资本（投资）流动，美国经济与世界其他国家的联系正变得日益紧密。自 20 世纪 60 年代以来，外国拥有的美国金融资产数量不断攀升。在 70 年代，石油输出国组织（OPEC）通过投资美国金融市场，使得它们持有的相当一部分石油美元加快周转。在 80 年代，随着日本和其他国家利用对美贸易顺差积攒下来的美元不断地购买美国的金融资产、商业企业和房地产，投资基金大量地流入美国。到 80 年代末，美国的消费量超过了生产量，美国也由此成为需要向其他国家借债来弥补贸易逆差的净债务国。人们越来越担忧这些债务的利息给美国经济所带来的困扰，以及这些债务负担对美国新生代的生活水平造成的影响。这种担忧在我撰写本教材的 2021 年仍然存在。

全球化也促进了国际银行业务的发展。据估计，目前外汇市场（买卖货币的场所）的日均交易（成交）额超过 6 万亿美元，与之相对照的是，在 1986 年仅有 0.205 万亿美元。在商业银行方面，美国的银行已经建立起全球性的分支网络用以开展贷款、支付和外汇交易业务。外国的银行也增加了它们在美国的业务，这不仅是因为美国居民中有来自其他国家的人，而且因为美国是一个巨大而重要的市场，以及美元在国际交易媒介和储备货币中起着重要作用。此外，众多的证券公司也开办了国际化业务。

国际贸易案例

新型冠状病毒和全球化

新型冠状病毒大流行给全球化带来了重大冲击。这场疫情除了造成许多人丧生以外，它还导致世界各地的许多企业突然倒闭、贸易和投资下降以及失业率飙升，这些都给经济造成了巨大冲击。政府中的决策者们不仅争先恐后地推出措施以遏止由那些濒临破产的保险公司所造成的损失，而且通过实施社会保险计划来维持人们的生计。

但是，在疫情暴发的前些年，全球化进程就已经步履蹒跚了。中国在 2001 年加入世界贸易组织*，以及 2007—2009 年的金融危机和大衰退，这些都扰乱了几十年来主导世界经济的开放贸易体制。由于开放贸易体制遭到了破坏，许多银行和一些跨国公司退出了市场，这使得贸易和投资的数量相对于国内生产总值的比率下降。然后就是唐纳德·特朗普总统对中国和其他国家发起的贸易战，进一步扰乱了贸易和投资。到 2020 年，随着新型冠状病毒传播到世界各地，一些国家采取了封锁边界的政策，商业也受到了极大的影响，全球经济遭受了 20 年来的第四次打击。

一些事件，比如 2001 年 9 月 11 日针对美国的恐怖袭击、2011 年日本地震、原材料价格暴涨以及工会组织的罢工，对经济造成的冲击往往都较为有限，它们所能影响到的可能只是一些特定的公司、产业或者国家。然而，新冠疫情却导致了强烈且广泛的供给冲击和需求冲

---

　　*　原文如此。译者反对这里及后文类似的说法。加入世界贸易组织以来，中国积极融入经济全球化，严格遵守世界贸易组织规则，维护多边贸易体制，不断扩大对外经济交流。中国对外开放不仅"激活了中国发展的澎湃春潮，也激活了世界经济的一池春水"，为世界经济稳定与发展以及增进人类共同福祉做出了巨大贡献。2021 年 12 月，世界贸易组织前任总干事帕斯卡尔·拉米（Pascal Lamy）在接受记者采访时表示，中国入世 20 年对中国与世界来讲是双赢。中国赢了，是因为中国经济在过去 20 年取得了令人瞩目的成就；世界赢了，是因为外国企业获得了更多业务和进入中国市场的机会。同为世界贸易组织前任总干事的素帕猜·巴尼巴滴（Supachai Panitchpakdi）向记者表示，中国加入世界贸易组织以后，发展中国家"得到了虽然还不算是完全公平的，但至少是相对平衡的待遇。这就是中国加入世贸组织产生的影响力。"——译者注

击在同一时间出现。其特点是三个相互重叠的冲击波在全世界范围内传播：

- 第一波冲击始于 2019 年中国企业停产（这是一次供给冲击）。随着受疫情影响的工人们失去工作和收入并且减少消费支出，国内需求大幅度减少了。例如，在中国境内的芯片工厂停产时，当地客户竞相增加芯片库存，这加剧了全球芯片短缺。随着病毒的传播，韩国、日本等其他亚洲国家也受到了同样的冲击。

- 第二波冲击爆发于欧洲和其他国家。例如，亚洲地区芯片减产所造成的供给冲击给欧洲的汽车控制装置制造商带来了影响。随着欧洲汽车控制装置产量衰减（这是一次欧洲的供给冲击），欧洲的一些工人失去了工作和收入，因而削减了消费支出。

- 第三波冲击爆发于北美。与欧洲的模式类似，美国汽车制造商受到了爆发于亚洲和欧洲的供给冲击的影响，因为它们需要使用产自欧洲的汽车控制装置。随着一些美国汽车公司停产，汽车业工人就要面对裁员和收入减少，这导致他们减少消费支出。在所有地区，当地交通中断（比如机场关闭、航运降速）以及疾病和检疫隔离造成的劳动力减少，进一步加剧了上述各次冲击所带来的影响。

新型冠状病毒大流行使得全球化在之前就已经存在的一些问题更加突出了。在过去的 20 年里，全球供应链将散布于世界各地的工厂、分销商和消费者串联在一起。然而，尽管国际供应链提高了经济效率，但它们很容易中断。从半导体制造商到手术服制造商，在新冠病毒大流行期间，众多企业不得不对全球生产网络做出重新评估，因为这些网络被证明易于中断。

例如，总部位于美国印第安纳州的柴油发动机制造商康明斯（Cummins）股份有限公司，它在 27 个国家开办了 125 家工厂。但随着近年来自然灾害、疾病以及贸易战的发生，康明斯公司发现其全球供应链中的风险日益增大。供应链中断的风险促使康明斯公司减少其生产系统对国外供应链的依赖，以便将柴油发动机的生产集中设置在距离销售地较近的区域。然而，如果各国政府将其大部分经济隔绝于全球化之外，那么成本可能会增加，经济增长就可能会停滞不前。

许多观察家认为，新冠病毒大流行将对全球贸易、科技、金融以及经济政策产生长期影响。他们指出，随着人们开始居家办公，以及商业活动日益为拥有高端知识产权和大型数据库的企业所主导，这场大流行病将使更多的活动数字化，并且将更多的活动搬到线上。不仅如此，全球资本主义有可能会走向一个再度平衡，在这一过程中，效率与适应力之间的均衡将更加偏向于适应力这一边。也就说，在新冠病毒大流行之后的世界中，更多的经济活动将被视为对国家安全至关重要，所以需要自给自足。因此，人们就会更加希望更深程度地融入庞大且支离破碎的本国产业链，而且更加希望供应商能够多样化。简单地说，这场大流行病不会终结全球化，但是会重塑全球化。

资料来源：Henry Curr, "The Peril and the Promise," *The Economist*, October 10, 2020; James Schlesinger, "Coronavirus Reshapes World Trade," *Wall Street Journal*, June 20-21, 2020; Michal Lierow, Cornelius Herzog, and Stefan Blank, "Covid-19 Shocks Supply Chains," *Oliver Wyman Insights*, April 16, 2020; "Has Covid-19 Killed Globalisation?" *The Economist*, May 14, 2020.

专栏

全球化与竞争

尽管经济学家们认识到全球化与自由贸易能为许多企业、工人和消费者带来好处，但是全球化与自由贸易也会给企业、工人和消费者造成负担。下面以伊士曼柯达（Eastman Kodak）公司、施文自行车（Schwinn Bicycle）公司和史丹利百得（Stanley Black and Decker）公司为例予以说明。

全球化迫使柯达进行自我改造

苏联政治家弗拉基米尔·列宁（Vladimir Lenin）曾说："资本家会出售绞死自己的绳索。"这句话可能含有真理成分。资本家经常投资于扼杀自己业务的新技术，例如伊士曼柯达公司。

柯达是一家生产影像与摄影器材的跨国公司，总部位于纽约州罗切斯特市。它的历史可以追溯至 1889 年，创始人是乔治·伊士曼（George Eastman）。在 20 世纪的大部分时间里，柯达公司在摄影器材市场中占据主导地位。1976 年，柯达公司占据着美国 90％ 的胶片市场份额以及 85％ 的相机市场份额，它的口号是："您只需按下快门，剩下的交给我们来做"。然而，柯达在市场中近乎垄断的地位导致其管理部门充斥了骄傲自满的氛围，即便在全球性竞争和新科技已经出现时，管理部门仍然拒绝改变公司战略。

20 世纪 80 年代，来自日本的竞争对手富士胶片（Fuji Photo Film）公司以更低的价格进入美国市场。然而，柯达拒绝相信美国消费者会抛弃他们钟爱的品牌。柯达错过了成为 1984 年洛杉矶奥运会官方胶片赞助商的机会，而富士赢得了赞助权，也就是这个机会使富士在美国市场站稳了脚跟。富士在美国开办工厂，并以咄咄逼人的营销策略和降价措施俘获了原本由柯达占有的市场份额。到 20 世纪 90 年代中期，富士占有了 17％ 的美国摄影胶片市场，而柯达的市场份额则暴跌至 75％。但在日本市场，柯达的进展却很有限，当时的日本是仅次于美国的第二大胶片和相纸市场。很明显，柯达低估了它的日本对手的竞争力。

导致柯达公司衰落的另一个原因是数码相机和具有相机功能的智能手机的发展。事情看起来有点诡异：柯达在 1975 年就已经研发出数码相机，却迟迟不肯将其投入生产。由于竞争对手在当时还不掌握数码相机研发技术，所以柯达并没有感到压力，它的经营策略仍然是柯达向消费者出售廉价的相机，而消费者向柯达购买昂贵的胶片。然而，到 20 世纪 90 年代，随着索尼（Sony）等公司研发出数码相机，所有这一切都变了。随着原来盈利颇丰的胶片产品的销量不断下滑，柯达不得不开始生产数码相机。

到 2005 年，柯达在美国数码相机市场占据着第一的位置。尽管仍然保持高速增长，但柯达没有预料到的是，随着更多的公司进入市场，数码相机产品的利润率会下降得如此之快。来自亚洲的竞争对手所生产的数码相机更为廉价，柯达数码相机的销量因此快速下降。同时，智能手机也被研发出来并且可以取代数码相机。此外，柯达公司也没有正确地认识新兴市场：它寄望于中国的新兴中等收入阶层可以购买大量胶片，他们的确购买了大量胶片，但那只维持了很短的一段时间，之后他们就决定优先购买数码相机。

柯达案例举世瞩目：曾经的一家工业巨擘在全球性竞争和日新月异的科技进步面前摇摇欲坠了。2012 年，柯达公司现金枯竭，结果只能是根据《美国破产法》第 11 章提请破产，并在破产法院法官的监督下进行重组。在获得法院对其破产计划的批准后，柯达停止生产数码相机、袖珍摄像机和数码相框，并专注于企业数字成像市场，它出售了许多业务和专利，同时也关闭了那个当初令其声名鹊起的相机部门。由于破产，柯达公司的前雇员们失去了养老金和医疗福利。柯达公司现已脱离破产保护并成为一家规模更小、更精简化的公司，它在未来几年的表现将会如何呢，让我们拭目以待。

自行车进口迫使施文自行车公司减产

施文自行车公司很好地诠释了全球化这一概念，以及生产厂商会怎样应对来自外国的竞争压力。1895 年在芝加哥成立的施文公司逐渐成长为自行车生产行业的标杆企业。尽管大萧条使大多数自行车厂商走向破产，但施文却因生产经久耐用且款式新潮的自行车而成功地存活了下来。施文自行车由特许经销商承销，那些经销商不仅了解自行车产品而且热衷于推广施文品牌。施文强调持续创新的理念使其产品独具特色，如内置支架、气囊轮胎、镀铬挡泥板、自行车前灯与尾灯等。到 20 世纪 60 年代，能有一辆施文牌 Sting-Ray 款自行车几乎是每个孩子的愿望，以至像袋鼠船长、罗纳德·里根（Ronald Reagan）等名人都为施文打广告："施文自行车是最好的自行车。"

尽管施文仍然主导着美国自行车产业，但自行车市场的基本特征却在不断变化：自行车爱好者们不再喜欢加重耐用的车型，这种车型是施文在过去几十年中的主打产品；竞争对手也不断出现，比如山地自行车生产商 Trek 以及自行车越野赛专用车生产商 Mongoose 等。

此外，自行车进口关税的持续下降也鼓励美国消费者从日本、韩国、中国台湾以及最终从中国大陆进口自行车。这些国家和地区的厂商可以为美国消费者提供美国品牌或它们自有品牌的从零部件到自行车整车的一切产品。它们采用施文原创的生产技术，雇佣廉价的工人，因而能以比施文低得多的成本生产有竞争力的自行车。

由于来自国外的竞争日趋激烈，施文公司在 1981 年将生产转移到密西西比州格林维尔市的工厂。生产厂址的选择是施文的战略决策。和其他美国制造商一样，施文也想通过将厂址移到南方以更低的工资雇用非工会工人。此外，施文还进口由国外廉价工人生产的零部件。可是，地处格林维尔市的工厂不仅生产的自行车质量参差不齐、效率低下，而且其产品并不比从亚洲国家进口的更好。由于亏损不断攀升，1993 年施文公司宣告破产。

施文公司最终被太平洋自行车（Pacific Cycle）公司收购，收购方将施文自行车的生产业务外包给了劳动工资更低的中国。现在，大多数的施文自行车都产自中国，在沃尔玛

（Walmart）或其他折扣店销售，在太平洋自行车公司旗下，自行车爱好者们也确实可以支付较少费用就能获得一辆崭新的施文自行车。现在的施文或许已经不再是昔日那个作为行业标杆企业的施文，施文自行车在沃尔玛的售价大致为 180 美元，这大概只相当于初始价格（按现价美元计算）的三分之一。自行车爱好者们抱怨现在的施文自行车大不如前，而太平洋自行车公司的回应是：现在的施文自行车也不像以前那样昂贵。①

史丹利百得公司迁回美国

史丹利百得股份有限公司是一家手工工具制造商。这家位于康涅狄格州新不列颠市最初制造门闩五金产品的公司由弗雷德里克·史丹利（Frederick Stanley）于 1843 年创立。现在，史丹利是一家著名的企业，生产手工刨、锯子、尺子、凿子、螺丝刀和许多其他种类的消费型和工业用途工具。

2017 年，史丹利从西尔斯（Sears）控股公司收购了工匠（Craftsman）这一工具品牌，当时西尔斯公司为了降低成本在中国生产工匠牌工具。而在西尔斯将工匠牌工具的生产转移至中国之前，它已经与包括史丹利在内的美国制造商有过数十年的工具生产合约。在收购工匠品牌之后，史丹利表示，公司在从世界各地采购材料的同时，将尽可能多地实现美国本地化制造，这一计划符合公司接近美国客户的生产经营模式。

2019 年，史丹利宣布将工匠牌扳手的生产从中国迁回美国，部分原因是特朗普政府的关税政策增加了进口成本。史丹利投资约 9 000 万美元在得克萨斯州沃斯堡市开设了一家工厂，该工厂将雇佣大约 500 名工人，每年生产 1 000 万件工匠牌扳手和棘轮以及 5 000 万个插座。

史丹利将生产从中国转移至沃斯堡使其生产成本不断提高，因为美国工人的工资高于中国工人的工资。为了抵消增加的成本，史丹利使用工业机器人和快锻液压机提高了沃斯堡工厂的自动化生产能力，从而减少了既定产量水平上的工人使用量。史丹利预计，与在中国用旧式锻造机械生产工匠牌扳手相比，自动化有助于其将生产效率提高 25%，因而沃斯堡工厂的生产成本就与中国工厂的生产成本大致相当。

近年来，史丹利的战略与惠而浦（Whirlpool）和卡特彼勒（Caterpillar）等其他制造商类似，将之前布置在国外的某些生产再度迁回自动化程度更高的美国工厂。②

---

① Judith Crown and Glenn Coleman, *No Hands: The Rise and Fall of the Schwinn Bicycle Company, an American Institution* (New York: Henry Holt and Co., 1996); and Jay Pridmore, *Schwinn Bicycles* (Osceola, WI: Motorbooks International, 2002). See also Griff Wittee, "A Rough Ride for Schwinn Bicycle," *Washington Post*, December 3, 2004.

② Bob Tita, "Stanley to Make More Craftsman tools in U.S.," *Wall Street Journal*, May 15, 2019; Elizabeth Brotherton-Bunch, *Stanley Black & Decker Is Reshoring More Production of Stanley Tools*, Alliance for American Manufacturing, May 15, 2019; "New Factory Means More Craftsman Hand Tools Will Be Made in the USA," *Tool-Guyd*, May 15, 2019.

1.4 对国际贸易的常见误解

尽管国际贸易所带来的利益显而易见，但有关国际贸易的一些错误认识却很容易扩散。[1] 一个错误认识是贸易会导致零和博弈：如果贸易一方获益，那么另一方必然受损。然而，事实证明贸易双方都可以从贸易中获益。

16

让我们以哥伦比亚和加拿大两个国家之间的贸易为例：当加拿大供应天然气，哥伦比亚供应香蕉时，这两个国家可以创造更多的联合产出。更多的产出使哥伦比亚受益，因为它可以用其香蕉出口收入购买加拿大的天然气；加拿大同样受益，因为它可以用天然气出口收入购买哥伦比亚的香蕉。因此，更大的联合产出对这两个国家都有好处。根据比较优势原理，如果各国都专门从事其相对最为擅长的生产，那么它们将进口其贸易伙伴生产效率最高的产品，这对于贸易双方来说都有好处。

对国际贸易的另一个误解是，进口会减少就业机会，进而增加经济负担，而出口会促进经济增长，并且增加工人的就业岗位。产生这种误解的根源在于没有理解进口和出口之间的相互关系。比如，美国进口德国的机械产品会导致美国国内机械行业的销量、产出和就业机会的减少。但是，由于德国销往美国的机械产品数量增长，所以德国就有更大的购买力进口美国的计算机软件，因而美国计算机软件业的产出和就业都将增长。机械产品的进口增长对美国经济产生的抑制效应，往往会被计算机软件的出口增长对经济产生的刺激效应所抵消。

一些人认为，关税、配额和其他进口限制措施有利于提高国内工人的就业机会。然而，他们没有理解的是，进口下降这种情形并不会孤立地出现。当我们设置进口壁垒以削弱外国向我们出口商品的能力时，我们也削弱了外国获取美元并借以从美国进口商品的能力。因而，贸易限制措施在减少进口量的同时也减少了出口量。结果是，进口贸易壁垒带来的就业机会往往会被出口下降造成的就业机会损失所抵消。

如果关税和配额的好处如此之多，那为什么我们没有用这些措施来禁绝整个美国的内部贸易呢？比如说，威斯康星州从佛罗里达州购买西柚，从亚拉巴马州购买棉花，从得克萨斯州购买西红柿，从加利福尼亚州购买葡萄，这些都会导致威斯康星州的就业损失。尽管生产成本会高一些，但这些产品都可以在威斯康星州生产。然而，该州居民发现"进口"这些产品要更便宜一些，而且还可以利用威斯康星州的资源生产并"出口"牛奶、啤酒、电子设备以及其他具有生产效率的产品。事实上，大部分人都认为整个美国内部的自由贸易是推动各州经济繁荣的重要因素。当

---

[1] 这部分内容取自：James Gwartney and James Carter, *Twelve Myths of International Trade*, U. S. Senate, Joint Economic Committee, June 2000, pp. 4 - 11.

分析国家之间的贸易时，我们也会得到相同的结论，也就是美国内部的自由贸易促进了经济繁荣，因而国家之间的自由贸易也会促进经济繁荣。

1.5 对工人来说，国际贸易是机会还是威胁？

从接下来将要介绍的北卡罗来纳州的例子中我们可以看到，国际贸易给企业和工人既带来机遇也带来威胁。截至 2021 年，北卡罗来纳州的公司向加拿大、墨西哥、中国和日本出口过产品，其最大的出口商品项目包括化工产品、机械、运输设备、计算机和电子产品以及纺织和纤维类产品。出口活动为北卡罗来纳州的许多居民创造了就业机会。然而，国际贸易也给北卡罗来纳州的企业和工人造成了一些损害。

我们可以考察一下位于北卡罗来纳州格林斯伯勒市在历史上很有名的革命棉纺厂（Revolution Cotton Mill）。这家纺织厂建于 20 世纪初，对北卡罗来纳州的众多企业来说，那是一个激动人心的时代。当时，棉花产业正从美国东北部的新英格兰地区向南迁移以获取廉价工人。受此影响，在 1890—1900 年间，美国南部地区纺织厂的数量增加了一倍多，达到 542 家。到 1938 年，革命棉纺厂不仅每年能够生产 5 000 万码布，而且还是当时世界上最大的专门生产法兰绒的工厂。然而，今天你再也听不到革命棉纺厂里纺织机的咔嗒声了。这家工厂已于 1982 年停产，这是世界范围内另一场革命的先兆。为了获得更为廉价的劳动力资源，美国的纺织产业开始了新一轮迁移，这次迁移的目的地是亚洲和拉丁美洲。革命棉纺厂现在被当地居民用作公寓、餐馆、小企业办公地以及会议场所，作为历史遗迹，它见证了一个产业输给全球化的那一段往事。

对于整个美国来说，国际贸易使许多工人受益。贸易使工人们能够买到最便宜的消费品，也能让雇主购买到最有利于发挥工人技能的技术与设备。随着产品价值的提高，国际贸易提高了工人的劳动生产率，而且生产出口商品还能为本国工人创造就业机会，增加收入。

如表 1.6 所示，数百万美国人的就业都与贸易相关。例如，在 2016 年，大约有 1 070 万美国人的工作岗位与出口有关，这大致占到全部就业人口的 8%；约有 15 个州的 70% 以上的就业与出口有关，排名前五的州依次为得克萨斯州、加利福尼亚州、华盛顿州、纽约州和伊利诺伊州。在出口企业工作的美国人的平均工资比在非出口企业工作的美国人的平均工资高 18%。[1]

17

---

① David Riker，*Export-Intensive Industries Pay More on Average：An Update*，U. S. International Trade Commission，April 2015.

表 1.6　出口带动的美国人就业：全部出口、货物出口和服务出口　　　单位：百万人

年份	全部出口	货物出口	服务出口
2016	10.7	6.3	4.4
2015	10.9	6.4	4.5
2014	11.3	6.8	4.5
2013	11.2	6.7	4.5
2012	11.2	6.8	4.4
2011	10.7	6.6	4.1
2010	10.0	6.2	3.8

资料来源：Chris Rasmussen，Office of Trade and Economic Analysis，International Trade Administration，U. S. Department of Commerce，*Jobs Supported by Exports 2016：An Update*，August 2，2017.

　　然而，并非所有的工人都能从国际贸易中获益。例如，在某些工业化国家，日益上升的失业率和日益严重的工资不平等使得人们对未来充满担忧，这种担忧侵蚀着当代国际贸易体制。由低成本国家的工人生产的出口品，使工业化国家中一些工人面临失业的威胁。还有一些人担心企业会把工厂转移到工资水平较低以及环保标准较为宽松的国家，或者担心大量的、贫困的入境移民可能会随时准备以更低的工资抢走他们的工作。与工资水平较低的发展中国家开展贸易，对发达国家进口竞争部门中的低技能工人的威胁尤为严重。

　　国际贸易只不过是另一种类型的技术，我们可以把它想象成一种能够给投入品增加价值的机器。在美国，贸易就是一种机器，它把美国擅长生产的计算机软件转换成美国需要却不擅长生产的 CD 播放机、垒球和其他物品。国际贸易通过这种方式为整个经济增加净收益。如果真能有人发明出一种可以实现这一目的的设备，那将是一个奇迹。幸运的是，人们已经在开展国际贸易并使之不断得到发展。

　　如果说国际贸易正在压榨低技能工人的工资，那么其他类型的先进技术只会有过之而无不及。你可能会说："即便如此，对技术进步征税或者对劳动节约型投资施加限制仍是愚蠢的行为，因为这会使每个人的处境都变得更糟。"的确是这样。更确切地说，对于国际贸易这种高级技术而言，无论是对其征税（通过关税），还是对其进行过度管制（如通过国际协调使劳工标准一致），其结果都是这样。然而，要把这些道理向美国纺织工人解释清楚却并非易事，因为他们正与中国、马来西亚以及其他国家的廉价工人开展竞争。

1.6　全球化已走得太远了吗？

　　大多数主流经济学家们认为，开放经济体比封闭经济体提供了更多机会，而且总的来说，更多的机会使得人们的处境更好。如果没有贸易，那么美国人在喝咖啡的时候就要支付更高的价格，因为美国的咖啡供应将完全依赖于夏威夷或波多黎各

沿海。主流经济学家们持有乐观态度是因为随着发达国家维护开放贸易体制的力度不断加强，发达国家的财富在过去五十年里有所增长。

然而，批评人士们指出，一直以来，这些财富的分配并不均衡，对于发达国家中技能最差的工人来说，他们的收入在下降或者充其量保持稳定。他们还认为，美国的贸易政策基本上都是对大公司有利，而不是对美国的或者其他国家的普通公民有利。此外，环保主义者们认为，像世界贸易组织这类被精英操控的贸易组织所做的决议没有体现出民主，这些决议侵犯了一些国家在环境管制上的主权。工会则坚持认为，那些没有设立劳动标准的国家的贸易行为没有受到限制，因而助长了不公平竞争。人权活动人士们认为，世界银行和国际货币基金组织为那些允许血汗工厂存在的政府提供支持，并以牺牲当地经济为代价推行有利于所在国政府官员的政策。由于忽视了环境保护、美国工人的利益以及国际劳工标准的执行，现在的贸易政策使人们在不公平感和挫败感中苦苦挣扎。表 1.7 总结了全球化的一些利弊。

表 1.7　全球化的利弊

利益	弊端
当世界各国都生产其拥有比较优势的货物和服务时，劳动生产率提高得更快，而且生活水平也能以更快的速度改善。	数百万美国人由于进口或者生产的海外转移而丢掉工作，他们中的大多数人可以找到新工作，但工资要低一些。
全球竞争和廉价的进口商品使价格保持稳定，从而通货膨胀不容易破坏经济增长。	其他的数以百万计的美国人担心被解雇，特别是那些在进口竞争产业中工作的人。
开放型经济促进技术发展和创新，并从国外引入新的思想。这会促进经济增长和增加就业。	工人们会收到雇主提出的削减工资的要求，而如果工人不同意，雇主就会威胁要把工作机会出口到国外。
出口产业的工人比进口竞争产业的工人获得的工资高出约 18%。	除了蓝领工作外，服务业工作和白领工作越来越受到海外业务的影响。
不受约束的资本流动使美国能够获得海外投资并保持低利率。	当公司在低工资国家建立像在美国一样具有先进生产力的工厂时，美国雇员就失去了竞争力。

资料来源：Mike Collins，"The Pros and Cons of Globalization,"*Forbes*，May 6，2015 and "Backlash Behind the Anxiety over Globalization,"*Business Week*，April 24，2000.

一些经济学家已经察觉到了全球化中的结构性问题。他们坚持认为，到 21 世纪，全球化将日益显露出一条深深的分界线，这条分界线的一边是掌握技术并具有流动能力从而能在全球性市场中活得风生水起的群体，而分界线的另一边是不具备这些优势的群体。例如，美国从中国大量进口产品对美国部分地区（田纳西州、肯塔基州、俄亥俄州和宾夕法尼亚州）的就业和工资产生了不利影响，这些地区生产与中国相竞争的产品（鞋类、服装、家具和低端电子产品），这些地区的工人也往往就是全球化中的失败者。

此外，在 21 世纪初，从中国进口的产品加剧了美国市场上的竞争，这给许多美国人带来了相当大的调整负担。例如，对于那些因贸易而失业的工人来说，重返学校学习新技术或者搬迁到其他城市和地区就会非常昂贵。不仅如此，当那些被迫离开岗位的工人们在另一个成长型产业中找到新工作以后，他们可能必须接受持续性的微薄工资，工资额可能比他们之前在衰退产业中工作时所获得的工资还要低。对中国于2001年加入世界贸易组织持批评意见的人坚持认为，从中国进口的产品数量激增对美国工人的伤害远比许多全球化的倡导者们所想象的要大。

然而，美国的一些地区已经从全球化所造成的逆境中摆脱，南卡罗来纳州就是其中之一。在20世纪90年代，南卡罗来纳州是一个"3T"州，这里的"3T"指的是该州三个传统产业——烟草业（tobacco）、纺织业（textiles）和旅游业（tourism）。与其他州一样，由于低技能的工厂就业机会消失或者转移到劳动力成本低的国家，南卡罗来纳州的传统产业也受到了全球化和自动化的伤害。然而，到21世纪，受到经济刺激措施、稳固的供应链和贸易基础设施的综合影响，南卡罗来纳州正在重新获得制造业就业机会。此外，该州还拥有大量的廉价劳动力，其部分原因是那里的工会会员人数极低。南卡罗来纳州的经济复兴战略吸引了全球制造商（如梅赛德斯、本田、宝马、米其林和波音）在该州投资兴业并雇佣高级技术工人，这些高级技术工人中的许多人是通过政府资助的"南卡罗来纳州已准备就绪"（Ready South Carolina）项目在该州16所技术学院中的一所接受培训的。但是，工会领导人坚持认为，南卡罗来纳州是在利用非工会工人的基础上建设工业的，与美国其他地区的工会工人相比，这些非工会工人受到了不公平的待遇。

1.7 本书的内容结构

本书旨在考察国际经济如何运转。虽然本书的重点是介绍支配国际贸易的理论，但是本书对世界贸易模式和工业化国家与发展中国家的贸易政策也做了大量的实证研究。本书内容分为两个部分，其中第一部分阐述国际贸易和商业政策，第二部分着重讨论国际收支和国际收支调整。

第2章和第3章讨论比较优势理论，以及比较优势理论的发展和实证检验；第4~6章阐述关税、非关税贸易壁垒和美国当代的贸易政策；第7~9章讨论发展中国家的贸易政策、区域贸易安排和要素国际流动。这些就是本书第一部分的内容。

对国际金融关系的讨论做如下安排：第10~12章的内容涉及国际收支平衡表概述、外汇市场和汇率决定，第13章和第14章讨论不同汇率制度下的国际收支调整问题，第15章分析开放经济体的宏观经济政策。

1.8　小结

1. 第二次世界大战以后，通过货物和服务、商业企业、资本和技术的国际流动，世界经济体之间的相互依存性日益提高了。

2. 在贸易部门、金融市场、生产设施所有权和劳动力市场等方面，美国与世界其他国家的相互依存性日益提高。

3. 由于自身经济规模巨大并且具有广泛的多样性，美国仍然属于出口占国民产出份额较小的国家。

4. 开放贸易体制的拥护者们认为，国际贸易能够提高消费和投资水平，降低商品的价格，为消费者提供更丰富的商品选择。在存在超额生产能力和较多失业的时期，反对自由贸易的声音会增大。

5. 国际竞争力可以从企业、产业和国家层面上分别进行分析。竞争力的核心概念是劳动生产率或每个工人每小时的产出。

6. 研究表明，与某产业的世界领先者之间的竞争，能够提高公司在本产业的经营水平。全球竞争类似于体育运动：与强者竞争能使自己变得更强。

7. 尽管国际贸易有利于出口产业工人的利益，但是进口竞争产业的工人会感受到来自国外竞争的威胁。他们会经常看到自己的就业和工资水平受到廉价的外国劳动力的侵害。

8. 国际贸易体制所面临的挑战是维持公平的劳工标准，以及维护良好的环境。

1.9　关键概念及术语

- 自动化（Automation；p. 7*）
- 经济相互依存性（Economic Interdependence；p. 1）
- 全球化（Globalization；p. 4）
- 对外开放度（Openness；p. 10）

1.10　习题

1. 从经济和政治的角度来看，哪些要素能够解释第二次世界大战以后世界贸易国之间相互依存性日益增强的现象？

2. 赞成和反对开放贸易体制的主要论点有哪些？

3. 对于像美国这样的国家来说，经济相互依存性的增强对其有什么重大意义？

4. 世界贸易量的增长率受哪些因素的影响？

---

* 这里的页码指英文原著中的对应页码，与本书边码一致。下同。——译者注

1

5. 关于国际贸易的主要误解有哪些？

6. 国际竞争力是什么？如何将这一概念应用于企业、产业和国家层面？

7. 关于企业生产率和参与全球竞争的关系，研究者会作出怎样的评价？

8. 在什么情况下，国际贸易对工人来说是机遇？在什么情况下，对工人来说是威胁？

9. 国际贸易体制所面临的主要挑战有哪些？

第 1 部分

国际贸易关系

现代贸易理论的基础：比较优势

上一章讨论了国际贸易的重要性，本章将回答以下问题：（1）构成**贸易基础**（Basis for Trade）的是什么，也就是说为什么某些国家出口和进口特定产品？（2）世界市场上的产品按什么样的**贸易条件**（Terms of Trade）进行交换？（3）在生产和消费方面，**国际贸易利益**（Gains from International Trade）有哪些？本章将回答这些问题，首先综述现代贸易理论的发展历史，接下来介绍现代国际贸易基础理论，并用它们来分析国际贸易所产生的效应。

2.1 现代贸易理论的发展历史

现代贸易理论是经济思想进化的产物，特别是重商主义以及后来的古典经济学家［亚当·斯密（Adam Smith）、大卫·李嘉图（David Ricardo）和约翰·斯图亚特·穆勒（John Stuart Mill）］的著作都为现代贸易理论框架的形成奠定了基础。

2.1.1 重商主义

在1500—1800年间，欧洲出现了一批关注国家建设的学者，他们的思想被称作**经济民族主义**（*economic nationalism*）。按照经济民族主义者的观点，一个国家的繁荣昌盛依赖于它在与其他国家的竞赛中获胜，或者至少能够迎头赶上。

而在**重商主义者**（Mercantilist）看来，国家建设的中心问题是，国家如何管理其国内和国际事务以提高自身的利益，解决问题的途径是构建一个强大的对外贸易部门。如果一国能够实现**贸易顺差**（*trade balance*，出口减去进口后的余额），那么它就可以得到世界其他国家的金银净支付。这种净收入将会扩大国内消费，提高国内的产出和就业水平。为了扩大贸易顺差，重商主义者主张政府进行贸易管制，并建议采用关税、配额和其他商业政策来实现进口的最小化，以保护本国的国际贸易地位。[①] 这些贸易政策的共同点是，它们试图以牺牲外国利益为代价增进本国经济利益，至少在短期内是这样。

从 17 世纪至 19 世纪，英国的经济发展制度体现了重商主义者的主张。由于自然资源储量相对较少，英国在美国和其他国家建立了殖民地，这样英国就可以强迫殖民地以低廉的价格向英国出售其原材料。这些原材料被加工成制成品以后，又以虚高的价格卖给殖民地，英国就通过这样的贸易顺差积攒了财富（黄金和白银）。为了增加财富，英国制定政策阻止殖民地购买与之竞争的外国产品，同时制定措施鼓励他们只能购买英国商品。例如，1764 年颁布的《食糖法》提高了英属美洲殖民地进口外国精制糖和糖蜜的关税，其目的是让西印度群岛的英国糖农垄断美国市场。这些事件不仅充分地暴露了英国政府的目的，而且加剧了殖民地居民的担忧，并最终引发了美国的独立战争。

直到 18 世纪，重商主义的经济政策一直受到强烈的攻击。根据大卫·休谟（David Hume）的**价格—铸币—流转学说**（Price-Specie-Flow Doctrine），贸易顺差只可能是短期现象，随着时间的推移会自动消失。为说明这一点，假设英国实现了贸易盈余，从而导致黄金和白银的流入。由于这些贵金属是英国货币供给的一部分，所以黄金和白银的流入会增加流通中的货币数量，从而使得英国的物价水平相对高于其贸易伙伴国的物价水平。物价水平的对比变化会促使英国居民购买外国生产的商品，同时英国的出口会减少。结果，英国的贸易盈余最终被抵销了。因此，休谟的价格—铸币—流转机制表明，重商主义政策最多只能带来短期的经济优势。[②]

重商主义者遭到攻击还因为他们是从**静态视角**（*static view*）来观察世界经济。在重商主义者看来，世界财富总量是固定不变的，这意味着一国的贸易收益是以其贸易伙伴国的损失为代价的，并非所有国家都能同时获得国际贸易利益。这种观点受到了 1776 年亚当·斯密出版的《国富论》（*Wealth of Nations*）*的质疑。根据斯密（1723—1790）的观点，世界财富总量不是固定不变的。国际贸易促进了各国之间的专业化和劳动分工，这将提高各国国内生产率的一般水平，从而增加世界产出（财富）。也就是说，斯密关于贸易的动态观点认为，贸易伙伴**双方**都能通过贸易同时享有更高的生产水平和消费水平。斯密的贸易理论将在下一部分做进一步阐释。

尽管重商主义的理论基础已经被驳倒，但在今天我们仍然能够看到重商主义的身影，只不过它现在强调的不再是黄金和白银的持有量，而是强调就业的重要性。新重商主义认为，出口对国家有利，因为出口为本国工人创造了就业机会；进口对

① E. A. J. Johnson，*Predecessors of Adam Smith*（New York：Prentice Hall，1937）.

② David Hume，"Of Money," *Essays*，Vol. 1（London：Green and Co.，1912），p. 319；休谟的著作还可以参阅：Eugene Rotwein，*The Economic Writings of David Hume*（Edinburgh：Nelson，1955）.

* 完整书名现在通常被译作《国民财富的性质和原因的研究》（*An Inquiry into the Nature and Causes of the Wealth of Nations*），书名简称《国富论》。——译者注

国家不利，因为进口将本国工人的就业机会转移给外国工人。因此，国际贸易本质上是一种零和博弈，一国获益必然以另一国利益受损为代价。也就是新重商主义并不承认贸易可以给所有国家都带来好处，包括不承认在整个世界繁荣增长时，各国的就业水平都能有所提高。

许多观察家认为，唐纳德·特朗普总统在国际贸易问题上所持有的观点接近于重商主义的核心要义——出口有利而进口不利，为了增加本国财富，贸易政策（关税）应尽可能增加本国出口并尽可能减少本国进口。当特朗普在 2018 年声称"贸易战是个好东西，而且美国很容易打赢贸易战"时，他似乎就是在沿着重商主义路线进行争辩。

2.1.2　为什么国家要开展贸易：绝对优势

古典经济学家亚当·斯密是**自由贸易**（Free Trade）（开放市场）的首要倡导者，他的立论基础是自由贸易能够促进国际劳动分工。通过自由贸易，各个国家可以集中生产其生产成本最低的商品，从而获得劳动分工的所有好处。

商品的国际流动取决于**成本差异**（*cost differences*），在这一观点基础上，斯密试图解释为什么不同国家的生产成本会存在差别。斯密认为，投入要素的**生产率**（*productivities*）是生产成本的主要决定因素，而生产率的高低有赖于自然优势和通过后天学习所形成的习得优势。前者包括气候、土壤和矿产资源等相关因素；后者包括特殊的技能和技术。斯密通过推理指出，如果一国在一种产品的生产上拥有某种自然优势或习得优势，那么该国将能够以较低的成本生产出这种商品，从而比其贸易伙伴更具有国际竞争力。斯密对竞争优势决定因素的分析集中在市场的**供给方面**（*supply side*）。[①]

斯密是在**劳动价值论**（Labor Theory of Value）的基础上构建他的成本概念。劳动价值论假设：（1）在每个国家中，劳动是唯一的生产要素，并且劳动是同质的（质量相同）；（2）一种商品的成本或价格只取决于生产该种商品所需的劳动数量。例如，如果美国生产 1 码布匹比英国所耗费的劳动量少，那么美国的生产成本就会较低。

斯密的贸易原理就是**绝对优势原理**（Principle of Absolute Advantage）：在一个由两个国家、两种产品构成的世界中，如果一国在一种商品的生产上具有绝对成本优势（即生产单位产品使用的劳动较少），而另一国在另一种商品的生产上具有绝对成本优势，那么国际分工和贸易将是有益的。为了使世界从国际分工中获利，每个国家必须在一种商品的生产上比其贸易伙伴更有效率。一国将**进口**那些其具有绝对成本**劣势**的商品，**出口**那些其具有绝对成本**优势**的商品。

一个算术例子有助于说明绝对优势原理。如表 2.1 所示，假定美国工人 1 小时

---

① Adam Smith，*The Wealth of Nations*（New York：Modern Library，1937）．

能生产 5 瓶葡萄酒或 20 码布匹，而英国工人 1 小时能生产 15 瓶葡萄酒或 10 码布匹。很明显，美国在布匹生产上具有绝对优势；其布匹生产工人的效率（每工时的产量）高于英国，因此成本较低（生产 1 码布匹需要较少的劳动）。同理，英国在葡萄酒的生产上具有绝对优势。

表 2.1　如果一国生产一种商品的效率比较高，那么就存在绝对优势

没有专业化分工时的世界可能产出		
国家	每个工时的产出	
	葡萄酒	布匹
美国	5 瓶	20 码
英国	15 瓶	10 码

根据斯密的理论，通过专业化生产比其他国家成本更低的商品，同时进口其国内生产成本较高的商品，每个国家都能够从中获得好处。通过专业化，世界资源的使用效率得到了提高，所以世界产出增加了，而增加的产出又会通过贸易在两国之间进行分配。根据斯密的观点，所有国家都能够从贸易中获利。

斯密的著作对自由贸易的主张提供了论证，时至今日，他的观点仍具有影响力。斯密认为，自由贸易将加剧本土市场上的竞争程度，并且削弱国内厂商的市场势力（market power）*，因为自由贸易可以使国内厂商不再有能力通过收取高昂价格却提供劣质服务来压榨消费者。此外，开展自由贸易的国家可以获益，还因为它们可以通过出口国际市场需要的产品来进口国际市场上的廉价商品。斯密认为一个国家的财富取决于这种劳动分工，而这种劳动分工又受到市场范围的限制。规模较小、较为孤立的经济体因为无法进行大规模的专业化生产，它们的生产效率将得不到显著提升，生产成本也无法降低，因而这些经济体常常较为贫穷。自由贸易使得所有国家，尤其是那些规模较小的国家，能够更加充分地进行劳动分工，从而获得更高的生产率水平和更高的实际收入水平。

专栏

亚当·斯密会赞成"报复性"贸易政策吗？

在 2017 年入主白宫时，唐纳德·特朗普总统指出，美国需要采取"美国优先"的政策以保护美国的利益边界不受其他国家损害，因为其他国家正在生产本应由美国生产的产品，窃取美国公司的利益和美国的知识产权，并且摧毁美国的就业。特朗普的情绪矛头直指中国，他声称中国实施了不公平贸易行为。为了最大限度地利用他的谈判筹码，特朗普

---

*　简单地讲，市场势力是指市场主体显著影响价格的能力。——译者注

对从中国进口的产品征收了一系列关税。他坚持认为，他的关税政策是"报复性的"，目的是回应中国对美国的歧视性做法；他认为，他的关税政策将削弱中国经济，并足以促使中国坐到谈判桌前同意改变其做法。然而，中国采取了报复性措施，中国对美国的出口产品征收关税，这导致两国之间打起了贸易战。亚当·斯密会赞成特朗普的"报复性"关税政策吗？

斯密坚信自由贸易能够带来好处，因为自由贸易能使各国实现比没有自由贸易时更有效率的资源分配和更高水平的物质财富。他指出，长期使用关税将导致诸多负面影响，包括国内价格上涨、竞争减少以及企业对政府优惠的需求增加。然而，斯密并没有坚持认为自由贸易就意味着零关税；各国政府需要对贸易征税，因为征收关税可以增加政府收入从而为政府运转提供资金，同时征收关税也可以为与国防紧密相关的国内产业提供适宜的保护。因此，斯密认为自由贸易意味着一个开放的贸易体制，在这个体制中，各国都可以征收关税并且管理航运，但要以非歧视性的方式进行。他还意识到，追求贸易利益并不总能带来国家间和谐共处，因为各国有时候会尝试相互倾轧。

斯密还认为，在全球性经济中，政府有责任去维护稳定且公平的贸易体制。他勉强承认，在贸易冲突期间，如果征收临时的报复性关税能够迫使违反贸易规则的国家削减关税并且结束其他不公平的贸易做法，从而恢复自由贸易，那么临时的报复性关税就能够产生有益的影响。虽然报复性关税可能会在短期损害本国经济，但是恢复自由贸易不仅可以使得有经贸业务的大型外国市场复苏，而且自由贸易所产生的收益足以补偿在短期为进口产品支付更多费用而引起的暂时性麻烦。简而言之，当采取报复性关税措施极有可能恢复自由贸易时，它就是合理的。然而，斯密认为，在实践中，政客们可能会不断地拉长贸易战，因为他们可以将贸易冲突的成本转嫁给社会中的其他阶层，而无须自己承担。因此，报复性关税政策不仅很容易升级，而且会引发旷日持久的贸易战，进而给消费者和企业带来长期成本负担。

特朗普总统认为中国实施了不公平的竞争行为，而且认为对这种不公平的外国竞争予以报复是正当的。你觉得亚当·斯密会赞成他的报复性贸易政策吗？

国际贸易案例

亚当·斯密和大卫·李嘉图

两个多世纪以来，许多经济学家一直主张国家间的自由贸易是最好的贸易政策。亚当·斯密和大卫·李嘉图是倡导自由贸易的先驱。他们断言，与没有自由贸易时相比，通过专业化和贸易，世界经济可以实现更为有效的资源配置和更高水平的物质财富。让我们简要地回顾一下这两位极有影响力的经济学家的生平和思想。

亚当·斯密

亚当·斯密（1723—1790）出生于苏格兰的柯卡尔迪小镇，在那里他的寡母将他抚养长大。在 14 岁时，斯密获得奖学金进入格拉斯哥大学学习，随后又进入牛津大学学习哲学。
1751 年，斯密获得格拉斯哥大学教授职位，并在那里讲授道德哲学。在晚年，斯密担任了一
个家教职位*，这使他有机会游历整个欧洲，并且能与当时欧洲的知识界领袖们见面交流。

斯密最著名的两部经典著作是：《道德情操论》（*The Theory of Moral Sentiments*，
1759）和《国富论》（1776）。他被公认为是现代经济学的奠基人，是当今经济学领域最有影
响力的思想家之一。

斯密认为，自由贸易和具备自我调节功能的经济促进了社会进步。他批评了英国政府实
施的关税以及其他限制个人贸易自由的政策。斯密坚持认为，政府只需要维护法律和秩序，
匡扶正义，保卫国家，并且为市场无法满足的少数社会需求提供服务。

斯密对英格兰的一幅场景印象深刻，该场景表明劳动分工和专业化带来生产力的大幅度
提高。走进一家别针厂，斯密看到一个由 10 名工人组成的小组，由于专业化和劳动分工，
一天能生产超过 48 000 根别针。他指出，如果这些工人独立地完成全部工作，那么他们中没
有一个人能在一天内生产出 20 根别针，甚至可能连一根别针都生产不出来。

斯密认为，市场体系运行的结果是个人利益和社会利益的统一。企业和资源的提供者们
所希望的是实现自身的利益，但当它们在竞争性市场体制框架内经营时，就仿佛被一只"看
不见的手"引导着，同时增进了公众或社会的利益。然而，他对商人却持有怀疑态度，并警
告说，商人会违背公众的利益以谋求提高价格。他还警告说，一个由商业主导的政治体系将
允许企业阴谋侵害消费者的利益。

在斯密的有生之年里，《国富论》出了五版，但在 19 世纪初之前，这部著作对经济政策
的影响都微乎其微。

大卫·李嘉图

大卫·李嘉图（1772—1823）是 19 世纪早期英国最重要的经济学家。他进一步发展了
古典经济学（*classical economics*），强调通过自由贸易和竞争实现经济自由。李嘉图还是一
个成功的商人、金融家和投机商，生前积累了大量财富。

李嘉图出生在一个富裕的犹太人家庭，这个家庭共有 17 个孩子，李嘉图排行第三。李
嘉图的父亲是一名银行家。这一家人起初在荷兰生活，之后搬迁到伦敦。李嘉图几乎没有接
受过正规教育，也没有上过大学，在 14 岁的时候就开始跟随父亲工作。在 21 岁时，李嘉图
不顾父母意见迎娶了一位贵格会**教徒。由于这场婚姻违背了犹太教义，李嘉图被家庭剥
夺了继承权。在那之后，李嘉图谋得了股票经纪人和贷款代理人工作，并在商业上大获成
功，这使他在 42 岁的时候就能退休；他生前积累的财产按现价美元折算超过 1 个亿。退
休以后，李嘉图买了一处乡村庄园，过起了乡村绅士的生活。1819 年，李嘉图购买了英

---

* 1764 年，亚当·斯密以优厚的酬劳接受邀请成为年轻的巴克莱公爵亨利·斯科特（Henry Scott）游学欧洲时
的家庭教师。同年，斯密正式辞去了格拉斯哥大学教授职务。在当时的英国，一般认为，对于上流社会的年轻人来说，
外出游学比在大学住读更能得到完善的教育，而有名望的学者担任贵族子弟游学时的家庭教师也很常见。1766 年 10
月，巴克莱公爵决定结束游学，斯密随同回国，从那以后，斯密再也没有离开过英国。——译者注

** 贵格会，Quaker 的音译，基督教的一个流派。——译者注

2

国议会的一个席位，并且担任议员直到 1823 年去世。作为议员，李嘉图主张废除《谷物法》（Corn Laws），《谷物法》的主要目的是通过设置贸易壁垒来保护英国的地主免受来自外国的竞争。然而，李嘉图在有生之年未能促使议会废除《谷物法》，直到 1846 年，《谷物法》才被废除。

在快 30 岁时，李嘉图偶然读到亚当·斯密的《国富论》，这部著作激发了他对经济学的兴趣。在朋友的敦促下，李嘉图开始在报刊上发表关于经济问题的文章。1817 年，李嘉图出版了他的旷世巨著——《政治经济学及赋税原理》（*The Principles of Political Economy and Taxation*），就是在这本书中李嘉图提出了本章将要讨论的比较优势理论。

和亚当·斯密一样，李嘉图提倡自由贸易，反对保护主义。他认为，保护主义将导致各国经济陷入停滞。但是，对于市场经济造福社会的潜力，李嘉图并不像斯密那样有信心。相反，李嘉图认为经济往往会走向停滞，但他也指出，如果政府胡乱干预经济，其结果只能是经济持续陷入停滞。

一直以来，李嘉图的思想深刻地影响着其他经济学家。在过去的 200 年里，他的比较优势理论不仅被奉为国际贸易理论的基石，而且也使历代经济学家们坚信保护主义不利于经济。

问题：就亚当·斯密和大卫·李嘉图对待自由贸易和保护主义的观点进行比较。

资料来源：Roy Campbell and A. S. Skinner, *Adam Smith* (New York：St. Martin's, 1982)；Mark Blaug, *Ricardian Economics* (New Haven, CT：Yale University Press, 1958)；Samuel Hollander, *The Economics of David Ricardo* (Cambridge：Cambridge University Press, 1993)；and Robert Heilbronner, *The Worldly Philosophers* (New York：Simon and Schuster, 1961).

2.1.3 为什么国家要开展贸易：比较优势

1800 年，一个名叫大卫·李嘉图的伦敦富商在度假时偶然阅读了斯密的《国富论》并被深深地吸引了。尽管李嘉图对斯密自由贸易论点的说服力大加赞赏，但他认为斯密的某些论证还有待完善。根据斯密的理论，要形成互利贸易格局，每个国家至少能有一种商品的生产成本低于其他国家，并且能向其贸易伙伴出口该商品。但是，如果一国在所有商品的生产上都比其贸易伙伴更有效率，那么情况又会怎样呢？在发现了斯密理论的这一不严谨之处后，李嘉图提出了一种理论，该理论表明无论一国是否拥有绝对优势，都可以形成互利贸易格局。李嘉图的理论后来被称作**比较优势原理**（Principle of Comparative Advantage）。[1]

和斯密一样，李嘉图也是从市场的供给层面来分析问题，并认为两国间因自然性优势和后天习得优势而导致的成本差异是贸易产生的直接原因。和斯密不同的是，斯密强调了国家之间绝对成本差异的重要性，而李嘉图则强调**比较**（相

---

[1] David Ricardo, *The Principles of Political Economy and Taxation* (London：Cambridge University Press, 1966), Chapter 7. Originally published in 1817.

对）成本差异的重要性。事实上，如表 2.2 所示，各国通常都能够形成自己的比较优势。

表 2.2　国际贸易中比较优势的例子

国家	产品
加拿大	木材
以色列	柑橘类水果
意大利	葡萄酒
牙买加	铝矿
墨西哥	西红柿
沙特阿拉伯	石油
中国	纺织品
日本	汽车
韩国	钢铁、船舶
瑞士	手表
英国	金融服务

根据比较优势原理，即使一国在**两种**商品的生产上都处于绝对成本劣势，互利贸易仍然能够发生。**低效率的**国家应该专业化生产并出口其效率低得相对较少（绝对劣势最小）的商品，**高效率的**国家则应专业化生产并出口其效率高得相对较多（绝对优势最大）的商品。

为了说明比较优势原理，李嘉图构建了一个简化的模型，相关**假设条件**如下：

1. 世界由两个国家构成，每个国家使用一种投入要素生产两种商品。

2. 在每个国家中，劳动是唯一的投入要素（劳动价值论）。每个国家拥有固定的劳动禀赋，劳动力都实现了充分就业，并且劳动是同质的。

3. 劳动力可以在一国范围内的不同产业之间自由流动，但是不能在国家之间流动。

4. 两国的技术水平是既定的。不同国家可以使用不同的技术，但是一国中生产同一种商品的所有企业使用同一种生产技术。

5. 成本不随产量变化，并且成本与劳动使用量等比例变化。

6. 所有市场都是完全竞争市场。因为没有任何一个生产者或消费者的力量能够大到影响整个市场的程度，因此所有的生产者和消费者都是价格的接受者。不同国家间的产品质量相同，这意味着每一种产品都是同质化产品。企业可以自由地进入和退出某一个产业，每件产品的价格等于产品的边际生产成本。

7. 两国之间进行自由贸易，即不存在政府设置的贸易壁垒。

8. 运输成本为零。因此，只要产品在本国国内的价格相同，那么对消费者而言，购买本国产品还是进口产品并没有差别。

9. 企业制定生产决策的目标在于实现利润最大化，而消费者则通过制定消费决策来获得最大程度的满足。

10. 不存在货币幻觉，即当消费者进行消费选择和企业制定生产决策时，他们都已经考虑到了所有的价格行为。

11. 贸易是平衡的（出口收入全部用于支付进口），因此两国间不存在货币流动。

表 2.3 说明了李嘉图的比较优势原理，表中的一个国家在两种产品的生产上都具有绝对优势。假定美国工人每小时能生产 40 瓶葡萄酒或 40 码布匹，而英国工人每小时只能生产 20 瓶葡萄酒或 10 码布匹。按照斯密的绝对优势理论，由于美国在两种商品的生产上的效率都高于英国，因此不存在进行互利的专业化和贸易的基础。

30

表 2.3　比较优势案例：美国在两种产品的生产上都具有绝对优势

没有专业化分工时的世界可能产出		
国家	每个工时的产出	
	葡萄酒	布匹
美国	40 瓶	40 码
英国	20 瓶	10 码

然而，比较优势原理指出，美国工人生产布匹的效率是英国工人的 4 倍（40/10=4），而生产葡萄酒的效率仅是英国的 2 倍（40/20=2）。因此，美国在布匹的生产上比在葡萄酒的生产上具有**更大的绝对优势**，而英国在葡萄酒的生产上比在布匹的生产上具有**更小的绝对劣势**。每个国家应当专业化生产并出口具有**比较优势**的商品——美国在布匹上具有比较优势，而英国在葡萄酒上具有比较优势。结果表明，通过贸易，两个国家都获得了由专业化导致的产出收益。与斯密相似，李嘉图确信两国都可以从贸易中获利。

简而言之，李嘉图的比较优势原理认为，国与国之间劳动生产率的差异是产生国际贸易的唯一原因。而该原理的基本预测是，一国出口的是其劳动生产率相对较高的产品。

近年来，美国对日本、中国等国家的贸易出现了巨大的贸易赤字（进口超过出口）。对于那些看到商品如洪水般涌入美国的人来说，他们似乎会认为美国在任何商品的生产上都没有比较优势。一个国家在任何商品的生产上都没有绝对优势是可能的，但一个国家在任何一种商品的生产上都没有比较优势，而同时其他国家在任何商品的生产上都具有比较优势则是不可能的。这是因为比较优势取决于**相对成本**。正如我们所知，如果一国在所有商品的生产上都处于绝对劣势，那么专业化生产其绝对劣势**最**小的商品仍然有利可图。美国没有理由放弃自己的生产并且让中国生产所有的商品，因为如果美国的资源被闲置，那么世界产出将会下降，这会让美国蒙受损失，也会让中国蒙受损失。那种认为一国没有任何商品可以提供的观点实际上混淆了绝对优势与比较优势之间的区别。

尽管比较优势原理可以用来解释国际贸易模式，然而人们在买东西时一般并不关心哪个国家具有比较优势。糖果店里的顾客在看到瑞士巧克力和美国巧克力时不会问："我想知道哪个国家在巧克力的生产上具有比较优势？"购买者在考虑质量差异的基础上，主要根据价格来判断哪个国家具有比较优势。

2.2 生产可能性边界

根据李嘉图的比较优势法则，专业化和国际贸易能使参与贸易的双方都获得收益。然而，李嘉图的理论依赖于苛刻的劳动价值论假设，该论点假定劳动是唯一的投入要素。而在实际中，劳动只是若干投入要素中的一种。

认识到劳动价值论的缺陷后，现代贸易理论提出了一种更具一般性的比较优势理论。这一理论采用**生产可能性边界**（Production Possibilities Frontier）来解释比较优势理论。生产可能性边界显示了当一国**所有的**投入要素（土地、劳动、资本、企业家才能）都得到最有效的利用时，该国生产的两种商品的各种可能的数量组合。因此，该边界反映了一国可能的最大产出水平。需要注意的是，我们不再像李嘉图那样假定劳动是唯一的投入要素。

图 2.1 显示了美国和加拿大两个国家的假想的生产可能性边界。在特定的时间内，采用可使用的最先进技术，充分利用所有可利用的投入要素，美国可以生产 60 蒲式耳小麦或 120 辆汽车，或两种产品的某种组合。类似地，加拿大能够生产 160 蒲式耳小麦或 80 辆汽车，或两种产品的某种组合。

为什么只有生产可能性边界能够说明比较成本的概念呢？答案在于生产可能性曲线的斜率，即**边际转换率**（Marginal Rate of Transformation，MRT）。边际转换率表明，一国增加一单位某种产品的生产，必须放弃的另一种产品的生产数量：

$$边际转换率 = \frac{小麦的变化量}{汽车的变化量}$$

这一放弃有时也被称作生产一种产品的**机会成本**（*opportunity cost*）。由于此公式也表示生产可能性边界的斜率，因此，MRT 等于生产可能性边界斜率的绝对值。

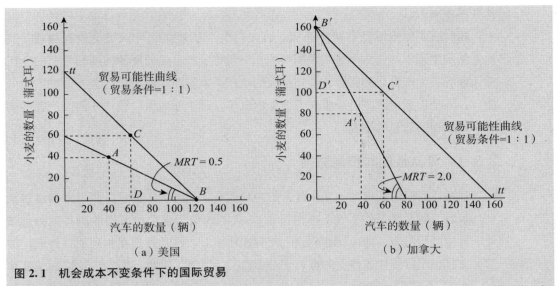

图 2.1 机会成本不变条件下的国际贸易

在机会成本不变的条件下，一国将专业化生产其具有比较优势的产品。比较优势原理意味着，通过专业化和自由贸易，一国增加了生产者剩余和消费者剩余。一国的贸易三角形指明了该国的出口量、进口量和贸易条件。在两个国家、两种产品的世界中，一国的贸易三角形与另一个国家的贸易三角形是全等三角形关系，即一国的出口量等于另一个国家的进口量，并且两国贸易形成了一个均衡的贸易条件。

在图 2.1 中，小麦转化为汽车的边际转换率是指额外增加一单位汽车的生产，必须放弃的小麦的产量。在美国，从生产可能性边界的顶端移动到底端，表明额外增加的 120 辆汽车的生产的相对成本是放弃生产的 60 蒲式耳小麦。这意味着生产每辆汽车的相对成本是 0.5 蒲式耳小麦（60/120 = 0.5），即 MRT = 0.5。类似地，加拿大生产每辆汽车的相对成本是 2 蒲式耳小麦，即加拿大的 MRT = 2.0。

2.3 成本不变条件下的贸易模式

本节分析在**机会成本不变**（Constant Opportunity Costs）的条件下的比较优势原理。尽管成本不变的假设可能与现实世界出入很大，但作为一种教学方法，对于分析国际贸易还是很有用的。本节集中讨论两个问题：第一，**贸易基础**是什么以及**贸易方向**又会如何？第二，对于单个国家和整个世界而言，潜在的**贸易利益**是什么？

注意，在图 2.1 中，美国和加拿大的生产可能性边界都被画成直线。线性的生产可能性边界表明，不管是从只生产小麦转换为只生产汽车，还是将产量组合转换为两种产品的任一组合，两种产品的相对成本都将保持不变。如图 2.1（a）所示，在美国，汽车的相对成本是 0.5 蒲式耳小麦，也就是如果要增产 1 辆汽车，那么要有 0.5 蒲式耳小麦的减产，而如果减产 1 辆汽车，那么会有 0.5 蒲式耳小麦增产；如图 2.1（b）所示，在加拿大，汽车的相对成本是 2 蒲式耳小麦，也就是如果要增产 1 辆汽车，那么要有 2 蒲式耳小麦的减产，而如果减产 1 辆汽车，那么会有 2 蒲式耳小麦增产。

相对成本保持不变有**两个原因**。首先，生产要素之间可以完全相互替代；其次，给定要素中的任意个体都是同质的。一国将生产小麦的资源转换到汽车的生产中，或者将生产汽车的资源转换到小麦的生产中，资源本身完全适合于两种产品的生产。因此，无论该国已经生产了多少辆汽车，每额外增加一辆汽车的生产都必须放弃恰好相同数量的小麦。

2.3.1 贸易基础和贸易方向

现在让我们讨论成本不变条件下的国际贸易。如图 2.1 所示，假设在**自给自足**（Autarky）的经济条件下（不存在贸易），美国倾向于在生产可能性边界上的点 A 处进行生产和消费，即 40 辆汽车和 40 蒲式耳小麦。同时假定在相同的条件下，加拿大在其生产可能性边界上的点 A′ 处进行生产和消费，即 40 辆汽车和 80 蒲式耳小麦。

两国的生产可能性曲线的**斜率**分别给出了以另一种产品来衡量的某种产品的**相对成本**。在美国，额外增加一单位汽车生产的相对成本只有 0.5 蒲式耳小麦，但是在加拿大，额外增加一单位汽车生产的相对成本为 2 蒲式耳小麦。根据比较优势原理，两国相对成本的差异为两国进行互利的专业化和贸易奠定了基础。对于贸易方向，我们可以发现美国专业化生产并出口汽车，而加拿大专业化生产并出口小麦。

2.3.2 得自专业化的生产利益

比较优势法则指出，在存在贸易的情况下，如果专业化生产拥有比较优势的产品并将一部分产品用于出口，同时进口具有比较劣势的产品，那么这对每个国家都是有利的。在图 2.1 中，美国的产量组合从点 A 移动到点 B，从而完全地专业化生产汽车。加拿大的产量组合由点 A′ 移动到点 B′，从而完全地专业化生产小麦。充分利用专业化能够给两个国家都带来**生产利益**（Production Gains）。

在进行专业化分工之前，美国生产 40 辆汽车和 40 蒲式耳小麦，而完全专业化分工后，美国生产 120 辆汽车，而不生产小麦。在进行专业化分工之前，加拿大的产量组合是 40 辆汽车和 80 蒲式耳小麦，而在完全专业化的情况下，其产量组合则是 160 蒲式耳小麦和 0 辆汽车。将这些结论放在一起我们会发现，在完全专业化的情况下，两国总共获得了 40 辆汽车和 40 蒲式耳小麦的净生产利益。表 2.4（a）总结了这些生产利益。由于这些利益是**现有**资源再分配的结果，所以这些利益也被称作专业化的**静态利益**：通过专业化，一国可以更有效地利用当前资源，因而获得比未进行专业化分工时更高的产出水平。

表 2.4　机会成本不变条件下的专业化利益和贸易利益

(a) 得自专业化的生产利益

	专业化之前		专业化之后		净利益（损失）	
	汽车	小麦	汽车	小麦	汽车	小麦
美国	40	40	120	0	80	—40
加拿大	40	80	0	160	—40	80
世界	80	120	120	160	40	40

(b) 得自贸易的消费利益

	贸易之前		贸易之后		净利益（损失）	
	汽车	小麦	汽车	小麦	汽车	小麦
美国	40	40	60	60	20	20
加拿大	40	80	60	100	20	20
世界	80	120	120	160	40	40

　　日本的对外开放经验可以作为通过发挥比较优势获取静态利益的一个例子。在经过长达两个多世纪的闭关锁国之后，在美国的施压下，日本于 1859 年开放了多个口岸用于发展国际贸易。在自给自足的经济条件下，日本意识到自己在某些产品的生产上具有比较优势，而在另一些产品的生产上则处于比较劣势。例如，在开放贸易之前，日本的茶叶和丝绸的价格都远远低于世界市场的平均水平，而日本的羊毛制品和棉花的价格则远高于世界市场的平均水平。日本依据比较优势原理做出了调整：出口丝绸、茶叶以换取服装进口。通过更有效地利用本国资源并与其他国家开展贸易，日本从专业化中获取了静态利益，其价值相当于当时日本国内生产总值的 8%～9%。当然，劳动生产率的提高以及本国科技发展所带来的长期收益则要达到静态利益的好几倍。①

　　然而，开放贸易的国家一旦终止了对外贸易，那么它必将遭受静态利益损失，美国就是其中一例。19 世纪初，处于交战状态的英法两国都试图阻止中立国（尤其是美国）向战争的另一方运送货物，这一政策导致英法两国海军没收了美国的船舶和货物。为了抵抗英法海军，1807 年，托马斯·杰斐逊（Thomas Jefferson）总统下令关闭美国的对外通商口岸：禁止美国船舶将货物运往外国港口，同时禁止外国船舶在美国装载任何货物。贸易禁运的目的是让英法两国知难而退，从而不再干涉美国事务。尽管这样的贸易禁运并未完全阻断对外贸易，但美国在其历史上从未如此接近自给自足的状态：美国开始减少原先可以出口的农产品（具有比较优势的产品）的生产，增加进口替代工业品（具有比较劣势的产品）的生产。其结果是，

---

① D. Bernhofen and J. Brown，"An Empirical Assessment of the Comparative Advantage Gains from Trade：Evidence from Japan," *American Economic Review*，March 2005，pp. 208 – 225.

美国资源的利用效率降低了。总的来说，贸易禁运的成本相当于美国1807年国内生产总值的8％。这就难怪贸易禁运政策在美国非常不受欢迎，该项政策在1809年便被废除了。[①]

2.3.3 得自贸易的消费利益

在不存在贸易的情况下，美国和加拿大可以选择的消费组合仅限于本国生产可能性边界上的点，而具体在哪一点消费将决定于各国消费者的喜好和偏好（tastes and preferences）[*]。但在进行专业化生产和贸易的条件下，两国贸易之后的消费点都处于各自国家生产可能性边界**之外**；也就是说，两国贸易后所消费的小麦和汽车比在没有贸易的情况下更多。因此，贸易能够使两国都获得**消费利益**（Consumption Gains）。

发生贸易后，一国所能达到的消费组合由其出口的商品数量与从其他国家进口的商品数量的交换比率确定，这一比率被称作贸易条件，它确定了两种产品在市场上进行交易的相对价格。

在机会成本不变的条件下，生产可能性边界的斜率定义了国内转换率（国内贸易条件），它代表了两种商品在国内交换的相对价格。一个国家如果想在其生产可能性边界**之外**的某点进行消费，那么它就必须能够在国际上以比国内贸易条件更有利的贸易条件交换其出口商品。

假定美国和加拿大达成了一个交换比率条件，该比率使贸易双方都能够在生产可能性边界之外的点进行消费（如图2.1所示）。假定达成一致的贸易条件是1：1，即1辆汽车交换1蒲式耳小麦。基于这些条件，令 tt 线代表两国的国际贸易条件，这条线被称作**贸易可能性曲线**（Trading Possibilities Line）（注意，该曲线斜率的绝对值为1）。

现在假定美国决定向加拿大出口60辆汽车。在图2.1中，美国将从专业化后的生产点 B 开始，沿着其贸易可能性曲线移动到点 C。在点 C 上，60辆汽车将按照1：1的贸易条件交换60蒲式耳小麦。这样，点 C 就代表了美国**贸易后的消费点**（*post-trade consumption point*）。与消费点 A 相比，点 C 意味着美国获取了消费利益，即多消费了20辆汽车和20蒲式耳小麦。三角形 BCD 显示了美国的出口量（沿着横轴）、进口量（沿着纵轴）和贸易条件（斜边斜率），该三角形被称作**贸易三角形**（Trade Triangle）。

这种贸易状态给加拿大带来有利结果了吗？从图2.1中可知，加拿大将从专业

[①] D. Irwin, *The Welfare Cost of Autarky*: *Evidence from the Jeffersonian Trade Embargo*, *1807 — 1809* (Cambridge, MA), Working Paper No. W8692, December 2001.

[*] 在一些西方学者的论著中，"tastes and preferences" 和 "tastes or preferences" 两种说法都较为常见，从行文所要表达的经济学意义上看，tastes 和 preferences 似乎区别不大。在一些文献的中译本里，这两个词无论是分开使用还是合在一起使用，都将它们意译为"偏好"。本书则直译为"喜好和偏好"。——译者注

化后的生产点 B' 开始，沿着其贸易可能性曲线移动到点 C'，也就是通过放弃 60 蒲式耳小麦从美国进口 60 辆汽车。显然，点 C' 是比点 A' 更有利的消费点。通过自由贸易，加拿大获得了 20 辆汽车和 20 蒲式耳小麦的消费利益，其贸易三角形为 $B'C'D'$。值得注意的是，在两国模型中，美国和加拿大的贸易三角形是全等三角形；也就是在均衡的贸易条件下，一国的出口量等于另一国的进口量。表 2.4（b）概括了每个国家和整个世界从贸易中获得的消费利益。

上述案例的一个隐含结果是，美国只生产汽车，而加拿大只生产小麦，也就是出现了**完全专业化**（Complete Specialization）。随着美国增加汽车的生产，而加拿大减少汽车的生产，两国的单位生产成本保持不变。由于相对成本不可能相等，所以美国和加拿大都不会失去其自身的比较优势。因此，美国只生产汽车。类似地，当加拿大生产更多的小麦，而美国减少小麦的生产时，两国的生产成本同样保持不变。这样，加拿大就只生产小麦，并且不会失去其相对于美国的比较优势。

只有在一种例外情况下才不会出现完全专业化，也就是某一个国家的规模太小，比如加拿大的规模太小了，以至于不能提供美国所需要的全部小麦。此时，加拿大可能会完全专业化生产并出口小麦，而美国（大国）则会同时生产两种产品；尽管如此，美国仍将出口汽车，进口小麦。

2.3.4　贸易利益的分配

我们的贸易案例假定，美国和加拿大达成的贸易条件将使双方同时获益，但是，实际贸易条件又会对谁有利呢？

李嘉图比较优势原理的一个缺陷是它无法为实际贸易条件的决定提供解释。李嘉图所能提供的最好解说也只不过是说明了贸易条件的**外部界限**（outer limits），这是因为李嘉图理论在解释贸易模式时，只依赖于国内成本比率（供给条件），而忽视了需求的作用。

为了使李嘉图对贸易条件的分析更加直观，回顾图 2.1 中描绘的贸易案例。假设在美国，额外生产一辆汽车的相对成本是 0.5 蒲式耳小麦；在加拿大，额外生产一辆汽车的相对成本是 2 蒲式耳小麦。因此，美国在汽车生产上具有比较优势，而加拿大在小麦生产上具有比较优势。图 2.2 显示了两国的国内成本条件，但是对于每个国家，我们都把由生产可能性边界的负斜率所确定的国内成本比率转换成一条**斜率为正**的成本比率线。

根据李嘉图模型，国内成本比率设定了**贸易均衡条件的外部界限**（Outer Limits for the Equilibrium Terms of Trade）。如果美国出口汽车，那么它应该不能接受低于 0.5：1 交换比率（这一最低交换比率由其国内成本比率线表示）的任何贸易条件，否则美国开展贸易后的消费点就可能落在生产可能性边界的内部，这也就意味着此时美国不开展贸易要比开展贸易更好。因此，美国的国内成本比率线演变为其**无贸易边界线**（No-trade Boundary）。类似地，正如加拿大的国内成本比率线所

36

显示的那样，加拿大每出口 2 蒲式耳小麦至少会要求进口 1 辆汽车，而任何低于此比率的贸易条件都是加拿大无法接受的。因此，加拿大的国内成本比率线就定义了它的无贸易边界线。

为了进行有利可图的国际贸易，一国必须使贸易后的消费点至少落在其国内生产可能性边界上。任何可以接受的国际贸易条件都必须大于或等于国内价格线所确定的比率。因此，**互利贸易区域**（Region of Mutually Beneficial Trade）就由两国的成本比率界定。

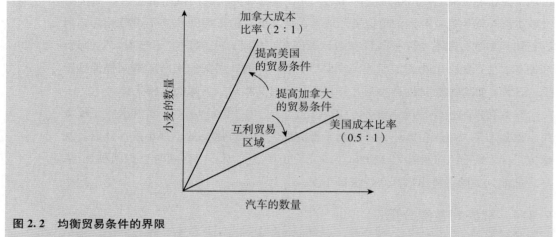

图 2.2　均衡贸易条件的界限

李嘉图从供给层面所作出的分析描绘了均衡贸易条件的外部界限。贸易国的国内成本比率设定了均衡贸易条件的外部界限。如果均衡贸易条件位于两国国内成本比率之间，那么两国的互利贸易就会发生。根据相互需求理论，贸易发生时商品的实际交换比率取决于贸易伙伴之间的相互需求。

2.3.5　均衡的贸易条件

如前所述，李嘉图并未解释国际贸易中实际的贸易条件是如何决定的。这一缺陷由另一位古典经济学家约翰·斯图亚特·穆勒（John Stuart Mill，1806—1873）弥补。穆勒将贸易伙伴国的需求强度纳入分析范畴，从而可以决定实际的贸易条件，如图 2.2 所示。穆勒的理论被称为**相互需求理论**[1]（Theory of Reciprocal Demand），该理论声称在贸易条件的外部界限以内，实际的贸易条件取决于每个国家对另一个国家产品需求的相对强度。简而言之，生产成本决定了贸易条件的外部界限，而相互需求则决定了实际的贸易条件将会落在这一界限以内的何处。

参照图 2.2，如果加拿大对美国汽车的需求愿望要比美国对加拿大小麦的需求愿望更为强烈，那么贸易条件将会接近于加拿大的成本比率（2∶1），此时的贸易条件将有利于改善美国的境况。然而，如果美国对加拿大小麦的需求愿望要比加拿大对美国汽车的需求愿望更为强烈，那么贸易条件将会接近于美国的成本比率

---

① John Stuart Mill, *Principles of Political Economy* (New York：Longmans, Green, 1921)，pp. 584 – 585.

（0.5∶1），此时的贸易条件将有利于改善加拿大的境况。

如果两国的经济规模相当，那么每个国家的需求将会对市场价格产生明显的影响，在这种情况下，相互需求理论最为适用。然而，如果两国的经济规模不相当，那么大国的相对需求力量将有可能超过小国的相对需求力量。在这种情况下，大国的国内交换比率占优势，假设市场不存在垄断因素，因而小国能够出口其所愿意出口的数量，从而也就能够享有巨大的贸易利益。

现在我们考察一下在石油输出国组织（OPEC）成立以前委内瑞拉和美国之间的原油和汽车贸易。委内瑞拉作为一个小国，只占美国—委内瑞拉市场份额的很小一部分，而美国的市场份额却非常大。由于委内瑞拉的消费者和生产商都没有能力影响市场价格水平，因而他们实际上属于价格接受者。在与美国的贸易中，无论委内瑞拉对原油和汽车的需求如何，其强度都不会大到足以影响美国价格水平的程度。结果，委内瑞拉按照美国的国内价格比率进行贸易，以美国当时的价格水平买卖汽车和原油。

通过此案例的分析我们可以得出以下一般结论：如果开展国际贸易的两个国家拥有近乎**相同的经济规模**和相似的消费偏好，那么贸易利益将由两国**均等**分享。然而，如果一个国家的经济规模明显**大于**另一个国家，那么大国将从贸易中获得较少的利益，而小国将获得大部分贸易利益。这种情况就是典型的**无用之用**（Importance of Being Unimportant）。此外，如果贸易国之间的经济规模差距很大，那么大国很有可能继续生产其具有比较劣势的产品，因为小国的供给能力不足以满足全世界对此产品的需求。

2.3.6　贸易条件的估计

正如前文所述，贸易条件影响一国的贸易利益。那么在实际中，贸易条件是如何衡量的呢？

通常情况下，用**商品贸易条件**（Commodity Terms of Trade）（也被称为**易货贸易条件**，*barter terms of trade*）来衡量国际交换比率。它表示一国对外出口商品的价格和购买的进口商品的价格之间的关系，等于一国的出口价格指数除以其进口价格指数，再乘以 100%，因此贸易条件是一个百分数：

$$贸易条件 = \frac{出口价格指数}{进口价格指数} \times 100\%$$

在给定的时间内，要**改善**一国的贸易条件，其出口商品的价格必须相对于进口商品的价格得到提高，即要获得既定数量的进口商品，只需要销往海外更少数量的出口商品。相反，一国贸易条件**恶化**是由于在给定的时间内，其进口商品的价格相对于出口商品的价格上升了，即购买既定数量的进口商品需要以更多数量的出口商品为代价。

表 2.5 列出了部分国家的商品贸易条件。该表显示，以 2000 年为基期（等于

100），2018年美国的出口价格指数上升至213，同时，美国的进口价格指数上升至208。应用贸易条件计算公式我们得到，在2000—2018年间，美国的贸易条件指数**改善**至102.4% [（213/208）×100%＝102.4%]，也就是说，商品贸易条件指数上升了大约2%。这意味着为购买既定数量的进口商品，美国必须出口的产品数量**减少**了大约2%；相反，对于既定数量的出口产品，美国能够换得的进口商品数量**增加**了大约2%。

表2.5 2018年商品贸易条件（2000年＝100）

国家	出口价格指数	进口价格指数	贸易条件
巴西	435	322	135
澳大利亚	402	330	122
德国	284	259	110
美国	213	208	102
英国	171	194	88
加拿大	163	192	85
日本	154	197	78

资料来源：International Monetary Fund，*IMF Financial Statistics*，Washington，DC，January 2020. See also World Bank，*Export Value Index*（2000＝100）at http://data.worldbank.org/indicator and Import Value Index（2000＝100）at http://data.worldbank.org/indicator.

尽管商品贸易条件的变化能够显示贸易利益的移动方向，但是在解释商品贸易条件的变化时仍需谨慎。假设海外对美国出口商品的需求增加了，那么这将会提高出口商品的价格，并增加美国出口商的收入。在这种情况下，贸易条件的改善意味着美国的贸易利益增加了。然而，假设出口商品价格提高和贸易条件上升的原因是美国工人劳动生产率的下降，如果这些进一步导致了出口销量减少和出口收入减少，那么我们几乎不能说美国的福利状况改善了。尽管存在局限性，商品贸易条件仍然是一个有用的概念。在很长的一段时期里，商品贸易条件都被认为不仅向人们展示了一国所分享的世界贸易利益是如何变化的，而且也对一国在世界市场上所能赚取的财富给出了粗略的衡量。

专栏

动态贸易利益：长期经济增长

前文对国际贸易利益的分析强调了专业化和**现存**资源的重新配置所产生的影响，即所谓专业化的静态利益。然而，贸易也会对一国的长期经济增长率产生影响，表现为该国生产可能性边界向外移动，以及贸易国可获得的或者可利用的额外资源数量的增加，这些影响会使得专业化的静态利益相形见绌。与固定数量资源的重新配置所产生的静态效应相对，贸易所产生的长期效应被称作**国际贸易的动态利益**（Dynamic Gains from International Trade）。

动态贸易利益可能来自对设备和制造工厂的投资增加、大生产的规模经济效应以及在一段时期内发生的竞争加剧。此外，互联网也是动态贸易利益的一个来源，原因如下。

互联网现已成为许多国家经济基础设施的重要组成部分，它影响着人们的购物方式、产品和服务的设计、开发、营销和交付方式，以及企业运作和企业间相互影响的方式。由于互联网和以互联网为基础的技术得到广泛使用，产品和服务的交易可以通过互联网完成交付，这种被称作**数字贸易**（Digital Trade）的商业模式已经取得了显著增长。例如，亚马逊、苹果、脸书、谷歌和微软等企业不仅扩大了它们提供的线上产品和服务的范围，而且扩宽了它们所开展的线上经济活动的类型。

数字贸易包括从线上平台订购商品、获取视频流媒体服务等多种形式。比如，当我们完成电影、音乐、电子书、视频游戏和软件等数字产品的交付时，我们就是在开展数字贸易。当我们通过互联网非常便捷地向外国客户发送诉讼简报、咨询报告、建筑和工程设计等服务时，我们就是在开展数字贸易。此外，当世界各地的客户通过易趣或亚马逊等经销商在线上订购产品时，他们也是在开展数字贸易。最后，企业还可以通过互联网跟踪库存并协调交货时间，这有利于减少运输过程中的损失，从而降低进出口贸易成本。简单地说，数字贸易并没有削弱比较优势原理对国际贸易起因的解释效力，但是它改变了国际贸易的经营方式。

数字贸易给经济带来的效率增进不是一次性的，它能促进经济在长期保持持续性增长。通过降低成本、促进竞争和扩大市场，数字贸易可以持续提高生产效率。此外，通过扩展协作和思想在更广的范围内传播，数字贸易可以促进产品创新。

对于美国而言，数字贸易有助于发挥其比较优势，在发展数字产品和线上平台以及数字服务业出口方面，美国仍然处于全球领先地位。由于数字贸易体现了美国的竞争力，因而美国可以通过数字贸易提高其资源的使用效率，从而持续提高美国的产出水平和人民的生活水平。

从数字贸易中所获取的大部分利益都流向了美国中小型公司。与《财富》（Fortune）美国 500 强公司不同，规模较小的公司无法轻易地在海外设立实体业务，也无法轻易地为建立全球化企业经营系统而进行投资。然而，互联网允许较小的公司通过自己的网站或者通过亚马逊等线上平台接触到海外客户，也就是互联网还可以帮助较小的公司向国外买家宣传其报价，并且帮助其从国外市场采购零部件，从而使这些公司能够控制成本并增强其竞争实力。因此，美国的中小型公司正以前所未有的热情参与国际贸易。然而，随着人们对数据隐私和网络盗窃的担忧日益普遍，数字贸易所面临的挑战与日俱增。①

---

① Daniel Griswold, *The Dynamic Gains from Free Digital Trade for the U. S. Economy*, U. S. Congress Joint Economic Committee, Public Hearing, September 12, 2017; Rachel Fefer, Shayerah Akhtar, and Wayne Morrison, *Digital Trade and U. S. Trade Policy*, Congressional Research Service, Washington, DC, June 6, 2017; James Stamps and Martha Lawless, *Digital Trade in the U. S. and Global Economies*, Part 1, U. S. I.

2.4 不断变化的比较优势

　　尽管国际贸易能够提高生产效率，从而带来动态利益，但是比较优势格局可以并且确实会随着时间的推移而发生变化。例如，在 19 世纪初，英国在纺织制造业上具有比较优势，而后纺织业的比较优势转移到美国的新英格兰地区，然后又转移到北卡罗来纳州和南卡罗来纳州。现在，在纺织业生产上，中国和其他低工资国家具有比较优势。下面让我们来看看如何通过贸易模型来展现比较优势的变化。

40
　　图 2.3 描绘了在机会成本不变的情况下，美国和日本生产计算机和汽车两种产品的生产可能性曲线。需要注意的是，最初美国的汽车对计算机的边际转换率为 1.0，日本的这一比率为 2.0。因此，美国在计算机的生产上具有比较优势，而在汽车的生产上具有比较劣势。

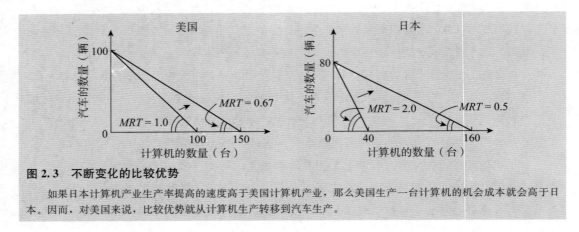

图 2.3　不断变化的比较优势
　　如果日本计算机产业生产率提高的速度高于美国计算机产业，那么美国生产一台计算机的机会成本就会高于日本。因而，对美国来说，比较优势就从计算机生产转移到汽车生产。

　　假定两个国家计算机的生产效率都提高了，但汽车的生产效率保持不变。假定美国计算机行业的生产效率提高了 50%（单位成本的计算机产量从 100 台增加到 150 台），而日本计算机行业的生产效率提高了 300%（单位成本的计算机产量从 40 台增加到 160 台）。

　　由于汽车的生产效率提高了，所以每个国家的生产可能性边界都要向外转动，因而也就变得更加平坦。这意味着，在既定的资源条件下，每个国家现在都能够创造更多的产出。根据新的生产可能性边界，美国生产的汽车对计算机的边际转换率为 0.67，日本的这一比率为 0.5。因此，日本生产计算机的相对成本已经降到美国之下，而对美国来说，在生产率增长上落后的结果是丧失了其在计算机生产上的比较优势。但是，在日本获得计算机生产上的比较优势以后，美国还可以在汽车的生产上获得比较优势，因而生产效率的变化导致了贸易方向的转变。本案例的教训在于，如果一国生产商在研究开发、技术和设备方面落后于他国生产商，那么该生产商在世界市场上的竞争力将会不断下降。

然而，需要着重指出的是，所有国家都可以在某种商品或服务上具有比较优势。对于美国来说，钢铁等行业的国际竞争加剧可能会使人们轻易忘记，美国仍然是飞机、纸张、仪器、塑料和化工产品的主要出口国。

为了应对比较优势的不断变化，厂商必须顶住压力不断地进行自我革新。我们来分析一下美国半导体行业是怎样应对来自日本的激烈竞争的。在 20 世纪 80 年代末，日本企业迅速地取得了存储芯片等行业的支配地位。这种行业地位的变化迫使美国的大型芯片制造商加强自我革新。英特尔（Intel）、摩托罗拉（Motorola）、德州仪器（Texas Instruments）等企业放弃了动态随机存取存储器（DRAM）业务，并将投资重点放在了微处理器和逻辑产品（logic product）的制造上，它们正是半导体产业下一波增长的主打产品。企业的自我革新取得了成效，英特尔成为微处理器行业的霸主，德州仪器公司在移动电话的"大脑"——数字信号处理器行业占据了支配地位，摩托罗拉在微型控制器和车用半导体行业中的竞争实力有所增强。经济生活的一个事实是，没有任何一家厂商能够在世界市场上永远都是生产成本最低的那家企业。比较优势总是在变化，为了能在更加赚钱的领域展开角逐，厂商需要不断地磨炼它们的技术。

2.5 成本递增条件下的贸易模式

前面论述了成本不变条件下的比较优势原理，但在现实世界里，随着一种产品产量的增加，其机会成本可能是**递增**的。经济学家在对众多产业进行研究的基础上认为，随着产量的增加，大多数产品的机会成本是递增的，而不是保持不变的。因此，我们必须对比较优势原理的阐释图形加以修正。

机会成本递增（Increasing Opportunity Costs）使得生产可能性边界从图形的原点处看是向外弯曲的。如图 2.4 所示，沿着生产可能性边界从点 A 向点 B 移动，生产汽车的机会成本（以放弃的小麦产量来衡量）变得越来越大。成本递增意味着，随着汽车产量的增加，小麦转换为汽车的边际转换率不断**提高**。记住，边际转换率等于生产可能性边界上给定点切线的斜率绝对值。从生产点 A 向生产点 B 移动，切线变得越来越**陡峭**——斜率的绝对值在不断增加。小麦转换为汽车的边际转换率提高，表明每增加额外一辆汽车的生产需要放弃越来越多的小麦产量。

成本递增是现实世界中极为常见的现象。在整个经济中，当投入要素相互之间不能完全替代时，成本递增现象就会出现。在图 2.4 中，随着汽车产量的增加和小麦产量的减少，汽车生产线上投入的资源越来越不适合汽车的生产，为了生产更多的汽车就需要更多地消耗这种资源，因此需要放弃越来越多的小麦产量。对于一种**特定产品**，比如汽车，成本递增现象可以用边际生产率递减规律来解释。相对于资本（固定投入），劳动（可变投入）连续增加并超过某一数量之后，继续增加的每一单位劳动对汽车的边际产量贡献将会下降。因此，汽车的单位生产成本会随着产量的增加而上升。

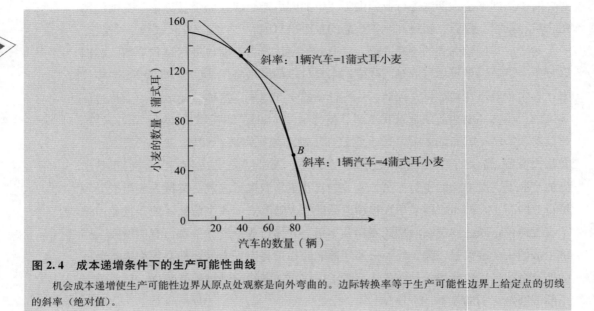

图 2.4 成本递增条件下的生产可能性曲线

机会成本递增使生产可能性边界从原点处观察是向外弯曲的。边际转换率等于生产可能性边界上给定点的切线的斜率（绝对值）。

在成本递增的情况下，随着一国在生产可能性边界上所处位置的变化，生产可能性边界的斜率也在不断变化。由于 MRT 等于生产可能性边界的斜率，因此边界上各点的 MRT 也不相同。除了要考虑那些决定生产可能性边界斜率的**供给因素**外，我们还必须考虑需求因素（消费者的喜好和偏好），因为需求因素将决定一国会选择在生产可能性边界上的哪一点进行消费。

2.5.1 成本递增条件下的贸易案例

图 2.5 描绘了成本递增条件下美国和加拿大的生产可能性边界。在图 2.5（a）中，假定在没有贸易的情况下，美国会处在其生产可能性边界上的点 A，生产并消费 5 辆汽车和 18 蒲式耳小麦。在图 2.5（b）中，假设在没有贸易的情况下，加拿大会处在其生产可能性边界上的点 A'，生产并消费 17 辆汽车和 6 蒲式耳小麦。对于美国来说，将小麦转换成汽车的相对成本用直线 $t_{U.S.}$ 的斜率表示，该直线与生产可能性边界在点 A 相切（1 辆汽车＝0.33 蒲式耳小麦）。类似地，对于加拿大来说，将小麦转换成汽车的相对成本 * 用直线 t_C 的斜率来表示（1 辆汽车＝3 蒲式耳小麦）。由于直线 $t_{U.S.}$ 比直线 t_C 更为平坦，所以汽车在美国相对便宜，而小麦在加拿大相对便宜。根据比较优势原理，美国将出口汽车，加拿大将出口小麦。

---

* 注意，这里都是用放弃的小麦产量来表示多生产 1 单位汽车所需的成本。——译者注

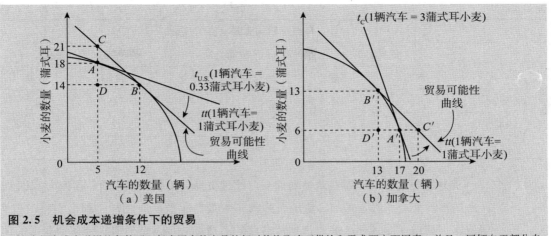

图 2.5　机会成本递增条件下的贸易

在机会成本递增的条件下，每个国家的产品的相对价格取决于供给和需求两方面因素，并且一国倾向于部分专业化生产其拥有比较优势的产品。

由于美国专业化生产汽车，所以它会沿着其生产可能性边界从点 A 向下移动到点 B，在这一过程中，生产可能性边界斜率（绝对值）的增大表明汽车的相对成本（以小麦计量）上升。同时，加拿大专业化生产小麦，它会沿着其生产可能性边界从点 A' 向上移动到点 B'，由于生产可能性边界的斜率（绝对值）变小，所以汽车的相对成本（以小麦计量）下降。

两国的专业化过程会一直持续到：（1）两国生产汽车的相对成本相同；（2）美国的汽车出口量恰好等于加拿大的汽车进口量，小麦的进出口情况则相反。假定这种均衡状态出现时，两国的国内转换率（国内贸易条件）都收敛到图 2.5 中直线 tt 的斜率。在这一收敛状态下，美国在点 B 进行生产，加拿大在点 B' 进行生产，直线 tt 就成为美国和加拿大的国际贸易条件线，它正好与每个国家的国内贸易条件重合。由于直线 tt 比直线 $t_{U.S.}$ 陡峭并且比直线 t_C 平坦，因此，该国际贸易条件对两个国家都有利。

美国和加拿大通过专业化所获得的**生产利益**是什么呢？与两国进行专业化之前的汽车和小麦的产量相比，我们可以看到，在两国进行专业化之后，它们将获得 3 辆汽车和 3 蒲式耳小麦的收益。表 2.6（a）列出了专业化所带来的生产利益。

表 2.6　机会成本递增条件的专业化利益和贸易利益

(a) 得自专业化的生产利益					
	专业化之前		专业化之后		净利益（损失）	
	汽车	小麦	汽车	小麦	汽车	小麦
美国	5	18	12	14	7	−4
加拿大	17	6	13	13	−4	7
世界	22	24	25	27	3	3

续表

	(b) 得自贸易的消费利益					
	贸易之前		贸易之后		净利益（损失）	
	汽车	小麦	汽车	小麦	汽车	小麦
美国	5	18	5	21	0	3
加拿大	17	6	20	6	3	0
世界	22	24	25	27	3	3

贸易给两国带来了哪些**消费利益**呢？通过贸易，美国可以沿着国际贸易条件线 tt 来选择消费点。假定美国希望消费的汽车数量与无贸易时相同，那么它将出口 7 辆汽车来换取 7 蒲式耳小麦，达到贸易后的消费点 C，因而美国从贸易中获得的消费利益为 3 蒲式耳小麦，如图 2.5（a）和表 2.6（b）所示。图 2.5（a）中的三角形 BCD 为美国的**贸易三角形**，它反映了美国的出口量、进口量和贸易条件。

类似地，加拿大也可以沿着国际贸易条件线 tt 选择某一个消费点。假定加拿大的小麦消费量保持不变，那么它将出口 7 蒲式耳小麦以换取 7 辆汽车，并移动到贸易后的消费点 C'。它的消费利益为 3 辆汽车，如表 2.6（b）所示。加拿大的**贸易三角形**为图 2.5（b）中的三角形 $B'C'D'$。注意，加拿大的贸易三角形与美国的贸易三角形是全等关系。

在本章，我们是在假定两国消费者的喜好和偏好（需求条件）不变的前提下，讨论了美国和加拿大的自给自足点和贸易后的消费点。

2.5.2 部分专业化

我们在本节所讨论的成本递增模型的一个特征是，贸易使得每个国家只能部分地专业化生产其具有比较优势的商品。**部分专业化**（Partial Specialization）的原因是，成本递增产生了一种机制，它迫使两个贸易国的成本收敛到同一水平。当成本差异得以消除时，进一步专业化的基础就不存在了。

图 2.5 假定在开展专业化生产之前，美国在汽车的生产上具有比较优势，而加拿大在小麦的生产上相对更有效率。当两国开展专业化生产以后，每个国家将生产更多的具有比较优势的商品，而生产更少的具有比较劣势的商品。在成本递增假定下，随着两个国家各自生产更多的出口商品，出口商品的单位成本都会上升。最终，成本差异将会被消除，在这一点上进一步专业化的基础将不复存在。

当专业化的基础被消除时，每个国家都极有可能同时生产两种商品。这是因为在达到生产可能性边界的端点之前，成本的迅速上升通常会使一国失去对另一国的比较优势。在现实世界中，由于存在成本递增现象，自由贸易的一种可能的结果就是部分专业化。

国际贸易案例

贝比·鲁斯和比较优势原理

贝比·鲁斯[*]（Babe Ruth）是美国棒球史上第一个伟大的本垒打球手。他的击球天赋及活泼的性格使他无论在哪里打球都能吸引大批的观众。本垒打是鲁斯在比赛中的惯用技法，这使棒球比赛更具观赏意义。鲁斯创下了多项职业棒球大联盟纪录，其中包括：累计保送上垒 2 056 次、本垒打超过 2 次的单场比赛高达 72 次等。鲁斯的终身击球率高达 0.342，职业生涯本垒打有 714 次。

乔治·赫尔曼·鲁斯（George Herman Ruth，1895—1948）出生于美国巴尔的摩市。在参加了一系列棒球小联盟比赛后，1914 年，鲁斯以左撇子投球手的身份在波士顿红袜队（Boston Red Sox）开始了大联盟职业生涯。在他为波士顿红袜队效力的 158 场比赛中，他以胜投 89 次、败投 46 次的成绩创下了投球纪录，包括在两个赛季都取得了 20 场以上胜利——1916 年取得了 23 场胜利，1917 年取得了 24 场胜利。

1920 年 1 月 2 日，鲁斯身患重病，而在那之前大约一年多一点的时间，鲁斯凭借两次成功的投球，帮助波士顿红袜队战胜芝加哥从而获得了那年世界职业棒球锦标赛冠军。许多人误以为鲁斯身体状况出问题是他在新年狂欢中过度玩乐的后遗症。事实是，在前一天的聚会上，为了招待年轻人，鲁斯吃下了许多变质的香肠，而诱发的病症却又被误诊为可能会危及生命的重病。在传出鲁斯生病消息的第二天，已经陷于资金压力的红袜队管理层将鲁斯转卖给了扬基队（Yankees），转会条件是扬基队向红袜队支付 125 000 美元的现金并另打 300 000 美元的欠条。

鲁斯加盟纽约扬基队后，帮助扬基队获得 5 次世界大赛冠军，以 2.28 的防御率结束了自己的投球手生涯。鲁斯曾在三场世界大赛中未失一分，其中一次是 $29\frac{2}{3}$ 局连续无失分。鲁斯是当时美国棒球联盟的所有球队中最优秀的左撇子投球手之一。

虽然鲁斯在投球上具有绝对优势，但他在使用棒球棍上却更具天赋。换句话说，鲁斯的比较优势是击球。作为投球手，鲁斯的手臂只有在打球间隙才能得到休息，也就是说，鲁斯无法在每局比赛中都投球。为了保证自己每天都能参加比赛，鲁斯选择放弃投球手身份，专职外场（右场）。

在为扬基队效力的 15 年中，鲁斯称雄职业棒球界。他与路·葛雷克（Lou Gehrig）这对搭档成为棒球历史上最伟大的进攻组合。1927 年的扬基队被专家们视作棒球史上最优秀的球队，鲁斯是这支球队的核心人物，他在当年创下了 60 次本垒打的纪录。和现在季赛中有 162 场比赛不同，当时的季赛有 154 场比赛。鲁斯的支持者越来越多，他们甚至将 1923 年开馆的扬基队体育馆亲切地称为"鲁斯之家"（"The House That Ruth Built"）。1934 年赛季结束

45

---

[*] 在 1914 年的一场棒球比赛中，鲁斯被美国职业棒球小联盟巴尔的摩金莺队（Baltimore Oriole）老板杰克·邓恩（Jack Dunn）看中。为了完成鲁斯加盟球队的合约，老板邓恩成了未满 21 岁的鲁斯的法定监护人，金莺队员们因此调侃地称呼鲁斯为"杰克最新的宝贝"（"Jack's newest babe"），此后贝比·鲁斯（Babe Ruth 的惯常音译）就成为这名棒球运动员在美国广为人知的绰号。加盟金莺队数月后，鲁斯就被转入大联盟波士顿红袜队。——译者注

后，扬基队解除了与鲁斯的关系，鲁斯于 1935 年在波士顿勇士队（Boston Braves）结束了自己的职业生涯。在职业生涯的最后一场比赛中，鲁斯完成了三次本垒打。

鲁斯由投球手改作击球手给球队带来了巨大利益。在鲁斯为扬基队效力期间，扬基队不仅获得了四次世锦赛冠军，还成为棒球史上最知名的职业运动队。1936 年，鲁斯入选位于纽约库珀斯敦的棒球名人堂。

问题：如何以比较优势原理的基本思想看待贝比·鲁斯的棒球职业生涯？

资料来源：Edward Scahill, "Did Babe Ruth Have a Comparative Advantage as a Pitcher?" *Journal of Economic Education*, Vol. 21, 1990. See also Paul Rosenthal, "America at Bat: Baseball Stuff and Stories," *National Geographic*, 2002; Geoffrey Ward and Ken Burns, *Baseball: An Illustrated History* (New York: Knopf, 1994); and Keith Brandt, *Babe Ruth: Home Run Hero* (Mahwah, NJ: Troll, 1986).

2.6 贸易对工作机会的影响

当美国人从电视上的晚间新闻中看到，中国工人正在生产过去由美国人制造的产品时，美国观众可能会因此认为国际贸易导致了美国人的群体性失业。真是这样吗？

标准的贸易理论认为，一个经济体的开放程度不仅会对该经济体中的**工种构成**造成影响，而且会给某些行业或某些地区带来混乱，但对一国的**整体**就业水平影响不大。对就业总体状况具有决定性影响的因素主要包括有效劳动力数量、经济体的总支出水平以及劳动市场规制条例等。

根据比较优势原理，贸易会促使一国专业化生产其具有优势的产品和服务。贸易会对工种构成造成影响，因为工人和资本将从那些与国外生产商相比不具有优势的行业退出，转而进入具有比较优势的行业。然而，一些工人会发现，当他们进入新的工作岗位以后，他们赚取的收入比在之前的工作岗位上要少。

国际贸易对工作岗位总量的影响微不足道，这一结论得到美国经济数据的支持。假如国际贸易真会使一个国家有能力保持充分就业，那么贸易量和就业量的衡量指标将会同方向运动。事实上，这两个指标通常不会同方向运动。美国确实可以在进口大量增长的同时实现相对较低的失业。简而言之，贸易增长既没有抑制总体的就业创造能力，也没有导致总体失业率上升。在第 10 章中的"经常账户赤字使美国就业机会减少了吗？"这一标题下，我们将对这一话题做更深入的探讨。

专栏

俄亥俄州伍斯特市承受着全球化的冲击

根据比较优势原理，尽管自由贸易可以促使资源从低效率部门转入高效率部门，但也

2

有一些人可能没有机会进入更好的工作岗位。下面我们来分析一下乐柏美公司（Rubbermaid）退出俄亥俄州伍斯特市的例子。

乐柏美公司是一家生产食品存储容器、垃圾桶和洗衣筐等家居用品的美国制造商。该公司于 1933 年在伍斯特市成立，当时，品牌创始人詹姆斯·考德威尔（James Caldwell）获得了一项红色橡胶簸箕专利，之后不久该公司就以"乐柏美"品牌生产各类橡胶和塑料厨房用具。

作为一个忠实的企业公民（corporate citizen*），乐柏美公司积极捐助艺术事业，它通过开设一家零售商店发起了城市中心复兴行动，它还推动将一家旧电影院改造成文化中心。此外，该公司还曾被评为美国最受赞赏的公司。尽管乐柏美公司员工的薪水并不高，但公司提供的工作岗位却很充足，一家三代人都在这家公司上班的情况很常见。

然而，到了 1995 年，乐柏美公司碰到了麻烦。当时用于制造塑料产品的主要原材料树脂价格飞速攀升，这给企业造成了 2.5 亿美元的亏损。乐柏美尝试把塑料产品的高额成本负担转嫁给零售商沃尔玛，但由于其 20% 的产品要通过沃尔玛销售，乐柏美的要求遭到拒绝。沃尔玛警告说，如果乐柏美提供的采购价格上涨，那么其产品将被移出沃尔玛的货架。两家公司的谈判无果而终，沃尔玛终止了与乐柏美的合作关系并转而寻求其他供应商（通常是劳动力成本较低的外国公司），这导致乐柏美公司 1995 年的利润下跌 30%。乐柏美因此关停了 9 家制造工厂，裁掉了 10% 的员工，这是该公司有史以来最大的一次裁员。

1999 年，乐柏美公司被纽威尔公司（Newell Corporation）（一家以削减成本闻名的经营日用消费品的跨国公司）以 60 亿美元的报价并购，并购后的新公司命名为纽威尔乐柏美股份有限公司。此前，乐柏美已经在波兰、韩国和墨西哥建立了制造工厂，但是大部分生产还是留在了美国。新公司成立后，纽威尔乐柏美公司把原本设在伍斯特市的橡胶工厂搬到了墨西哥以利用那里更为低廉的劳动力成本；此外，雇员招聘也被转移到纽威尔乐柏美公司的总部所在地美国佐治亚州的亚特兰大市。结果是，公司在伍斯特市裁员 1 000 人，其余工人被安排在纽威尔乐柏美产品分销中心辛苦工作。随着微薄的遣散费被耗尽，乐柏美的前雇员们尝试再就业。他们中的有些人谋得了差事，但往往只是临时性工作，并且没有福利，工资也只有原来的三到四成。

伍斯特市的中产阶级劳动者们相信"美国梦"：只要工作努力，遵纪守法，那么就可以在美国兴旺发达，并且能让自己的下一代过上更好的生活。然而，当这些中产阶级劳动者们在全球化经济中失去了他们的主要雇主时，他们对"美国梦"的信仰也随之动摇了。[1]

---

① Donald Barlett and James Steel, *The Betrayal of the American Dream*（New York：Public Affairs-Perseus Books Group，2012）；Huang Qingy et al.，"Wal-Mart's Impact on Supplier Profits," *Journal of Marketing Research*，Vol. 49，No. 2，2012；Richard Freeman and Arthur Ticknor，"Walmart Is Not a Business：It's an Economic Disease," *Executive Intelligence Review*，November 14，2003.

* 从所应承担的社会责任角度出发的对企业的一种称呼。——译者注

2.7 比较优势的扩展：多种产品、多个国家

到目前为止，我们讨论问题时所采用的贸易模型都假设生产和消费两种商品，并且贸易只局限在两个国家间进行。这种简化方法让我们能够对有关比较优势和国际贸易的许多基本问题进行分析。但在现实世界中，国际贸易涉及的远不止两种产品和两个国家，每个国家都生产成千上万种产品，并且与许多国家进行贸易。为了贴近现实，我们必须理解比较优势如何在由许多产品和许多国家构成的世界中发挥作用。正如我们将要看到的，在更接近现实的条件下，比较优势原理的结论仍然成立。

2.7.1 两种以上产品

在两个国家生产大量商品的情况下，分析比较优势就需要将产品按照相对成本的大小等级进行排序。这样，每个国家出口其具有最大比较优势的产品，而进口其具有最大比较劣势的产品。

图2.6展示的是美国和日本在六种商品（化工产品、喷气式飞机、计算机、汽车、钢铁和半导体）上比较优势的假设等级排序。这种排序表明，相对于日本而言，美国化工产品的成本最低，而喷气式飞机的成本优势次之。相反，日本在半导体的生产上享有最大的比较优势。

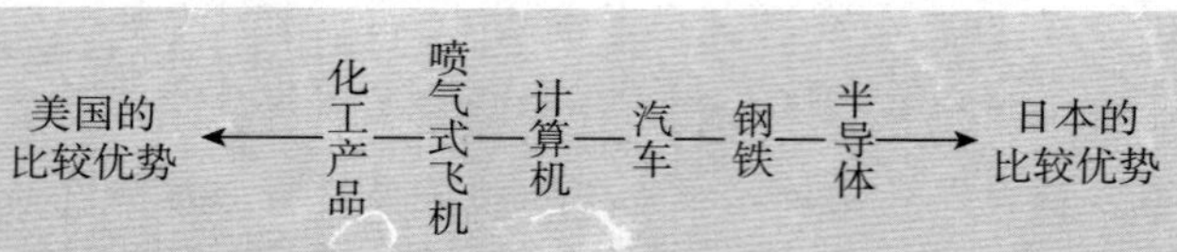

图2.6　假设的美国和日本的比较优势光谱

如果两个国家生产大量商品，那么运用比较优势理论进行分析时，就需要按照相对成本的大小等级对这些产品进行排序。每个国家都出口其比较优势最大的产品，进口其比较优势最小的产品。

图2.6中的产品排序显然表明，在自由贸易条件下，美国将生产并出口化工产品，日本则生产并出口半导体产品。那么在这样一个假设的比较优势光谱中，出口产品和进口产品之间的分界点在何处呢？介于计算机和汽车之间吗？或者日本将生产计算机，并且美国仅生产化工产品和喷气式飞机？再或者分界点落在某一种产品上而不是落在两种产品之间，比如说，日本和美国都生产计算机？

出口产品和进口产品之间分界点的位置取决于国际上对各种产品的相对需求强度。我们可以把这些产品看成是按照比较优势大小等级穿成的一串珠子。这样，美国生产和日本生产之间的分界点就由需求和供给的强度决定。例如，当钢铁和半导体的需求增加引起这两种产品价格上升时，日本将处于有利地位，其钢铁产业和半导体产业的产量就会增加。

2.7.2　两个以上国家

当贸易案例中包含了许多国家时，美国通过参与**多边贸易关系**仍然可以获利。图 2.7 描绘了美国、日本和 OPEC 之间的多边贸易关系。图中的箭头指向代表出口方向，也就是美国向 OPEC 出口喷气式飞机，日本从 OPEC 进口石油，并向美国出口半导体。现实世界中的国际贸易关系比这个三角形所展示的例子要复杂得多。

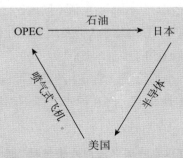

图 2.7　美国、日本和 OPEC 之间的多边贸易

　　当国际贸易涉及很多国家时，一国加入由多国构成的多边贸易关系可能是有利的。本图描绘了美国、日本和 OPEC 之间的多边贸易过程。

有一种观点认为任何两个贸易伙伴都应该保持其双边贸易平衡，然而前面的例子会让我们对这种观点提出质疑。可以预见，如果贸易伙伴国大量购买了本国低价供给的商品，那么本国将实现贸易盈余（产品出口额超过产品进口额）；而如果本国大量进口由贸易伙伴国低价供给的商品，那么本国将出现贸易赤字（产品进口额超过产品出口额）。

让我们考虑一下一名喜欢滑雪运动的牙医的贸易"赤字"和"盈余"。这位牙医在与滑雪场、运动用品商店以及垃圾回收和医疗护理等服务的提供者的交易中，可能会面临贸易赤字。为什么呢？因为这名牙医极有可能从别人那里购买这些货物和服务，而不是自给自足。另外，这名牙医会从其病人和医疗保险机构那里获得贸易盈余，这些贸易伙伴是该牙医所提供服务的主要购买者。而且，如果这名牙医的储蓄率较高，那么他的贸易盈余将会大大超过他的贸易赤字。

同样的原理也适用于国与国之间。一国可以预计，当其贸易伙伴大量购买其出口的商品时，那么它将获得可观的贸易盈余；而当其贸易伙伴能以更低的价格向其供给产品时，它将出现贸易赤字。

2.8　要素流动性、退出障碍和贸易

根据图 2.1，当美国在汽车的生产上具有比较优势时，它会将那些原先用于生产小麦（美国具有比较劣势的产品）的要素（土地、劳动力、资本和企业家才能）投入汽车的生产中，从而增加汽车的产量。这一过程的前提假设是，生产要素在美

国的不同产业间可以自由流动，这样当产品的相对价格变化时，生产点就可以沿着生产可能性边界做平滑调整。

要素流动性（Factor Mobility）是指将生产要素从一个生产过程转移至另一个生产过程的能力。它包括一个产业内不同企业间的要素流动，比如当一家计算机公司倒闭以后将其生产设备卖给其他计算机公司；也包括一国之内跨产业的生产要素流动，比如一个工人从美国铝业公司（Aluminum Company of America）辞职，并到波音公司的飞机制造工厂工作；还包括不同国家之间相同产业或跨产业的要素流动，比如一个美国石油工人移居加拿大并在加拿大的木材厂工作，或者福特汽车公司在墨西哥设立一家汽车装配工厂。

国际贸易理论的一个传统假设是，生产要素可以在一个国家内部的产业内或者产业间自由地、无成本地流动，但在国家之间不能流动。这个假设的现实性如何呢？我们来简要分析一下。

- **关于生产要素可以在一国产业内自由流动**。如果不同的公司所生产的产品是相同的或者是可替代的，那么这些公司里的工人所掌握的技能或资本的生产效率通常也是相似的，这会强化生产要素的流动性。比如，汽车装配工人可从通用汽车（General Motors）公司跳槽到克莱斯勒（Chrysler）公司工作，不过这中间常常会有一些限制要素流动性的过渡成本，比如求职花费和搬迁费用等。

- **关于生产要素可以在一国产业间自由流动**。这一假设是有问题的，特别是在短期。例如，在 21 世纪初，劳动密集型制成品从中国大量涌入美国，这使得美国俄亥俄州、密歇根州、宾夕法尼亚州等地的许多工人失去了工作。这些失业的工人通常年龄较大而且没有受过大学教育，这些缺陷使得他们在其他行业中找工作时困难重重。他们中的许多人花了很长时间才恢复正常生活；但也有一些人没能缓过劲来，并且退出了劳动力队伍——他们太老了，既不能接受再就业培训，也不能承受背井离乡工作之苦。

- **关于生产要素不能跨越国界**。在传统上，大多数工人由于移民限制都在原籍国工作和生活，而资本的国际流动有时候也因资本管制而受阻碍。然而，生产要素国际流动可以而且确实在不同程度上发生着。劳动力就可以合法地跨越国境，比如欧洲允许劳动力在成员国间自由流动。当然，工人违反移民法的事情也时有发生，比如一些墨西哥工人非法入境美国。此外，在当今市场上，资本很容易跨境流动。

简单地说，由于企业间和产业间的要素流动成本不同，所以不同情形下的要素流动性高低就存在差异。有些生产要素，比如会计师，流动性相对较高，因为他们所掌握的技能在所有企业都能用得上。然而，其他一些生产要素，如织布机，往往就不能流动，因为他们或它们在其他产业中通常没有用处或没有价值。

美国钢铁公司的例子说明，**退出障碍**（Exit Barriers）会使企业难以退出无利可图的市场。因此，退出障碍就会降低生产要素的流动性。典型的退出障碍包括难以出售或搬迁的高度专业化的设备，以及注销资产和关闭工厂时所需负担的高额成本。因此，退出障碍意味着离开无利可图的市场或者停止生产低利润产品时所需负担的高额成本，这些成本有时可能会高到足以迫使企业在市场上继续经营，因为离开市场的代价比留在市场中的代价要高。在本书第 3 章中讨论特定要素的贸易理论时，我们将对生产要素的非流动性做更深入的研究。

2.9　对比较优势原理的实证检验

我们知道，李嘉图的比较优势理论表明，每个国家都将出口与其贸易伙伴相比劳动生产率相对更高的产品。他的理论是否准确地预测了现实中的贸易模式呢？许多经济学家对李嘉图的理论进行了实证检验。

1951 年，英国经济学家 G. D. A. 麦克杜格尔（MacDougall）最先对李嘉图模型进行了实证检验。通过比较美国和英国 1937 年 25 个独立行业的出口状况，麦克杜格尔对李嘉图的预测——各国倾向于出口其劳动生产率相对较高的商品——做了验证，结果显示，在 25 个被研究的产业中有 20 个产业符合李嘉图对贸易模式的预测。因此，麦克杜格尔的研究支持了李嘉图的比较优势理论。巴拉萨（Balassa）和斯特恩（Stern）在后续研究中运用不同的数据所得出的结论也支持了李嘉图的理论。[①]

最近，斯蒂芬·戈卢布（Stephen Golub）也对李嘉图模型进行了检验。在研究中，戈卢布分析了相对单位劳动力成本（工资与生产率的比率）与贸易之间的关系，研究对象包括美国、英国、日本、德国、加拿大和澳大利亚。研究结果显示，相对单位劳动力成本有助于解释这些国家的贸易模式。如图 2.8 所示，对美国和日本的检验结果很好地支持了李嘉图模型。图 2.8 以散点图的形式展示了美国—日本之间的贸易数据，该数据表明，33 个被考察产业的相对出口额与相对单位劳动力成本之间存在明显的负相关关系。尽管李嘉图模型得到了经验支持，但它并非没有成立条件。在现实经济中，劳动力不是唯一的投入要素；除了直接的人工成本以外，相关研究还应适当考虑生产和分销成本；产品质量差异也可以解释汽车和鞋类产业的贸易模式。因此，当我们仅以劳动生产率和工资水平为基础来解释国家的竞争力时应谨慎行事。第 3 章将更为详细地讨论这个主题。

---

① G. D. A. MacDougall, "British and American Exports: A Study Suggested by the Theory of Comparative Costs," *Economic Journal* 61（1951）. See also B. Balassa, "An Empirical Demonstration of Classical Comparative Cost Theory," *Review of Economics and Statistics*, August 1963, pp. 231 - 238 and R. Stern, "British and American Productivity and Comparative Costs in International Trade," *Oxford Economic Papers*, October 1962.

2

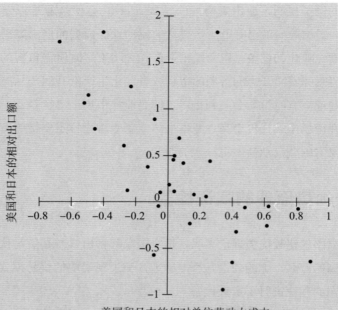

图 2.8   1990 年美国和日本的相对出口额及相对单位劳动力成本

　　该图是美国和日本 33 个产业出口数据的散点图。从图中可以看出，相对出口额和相对单位劳动力成本之间明显地存在负相关关系。沿着水平轴向右移动，美国的单位劳动力成本相对于日本的单位劳动力成本将越来越大，与之相关的是美国的出口额相对于日本的出口额将越来越小，即沿着纵轴向下方移动。

　　资料来源：Stephen Golub，*Comparative and Absolute Advantage in the Asia-Pacific Region*，Center for Pacific Basin Monetary and Economic Studies，Economic Research Department，Federal Reserve Bank of San Francisco，October 1995，p. 46.

专栏

美国工人能与国外低工资工人竞争吗？

　　作为美国参议院的一员，伯尼·桑德斯（Bernie Sanders）自 20 世纪 90 年代当选国会议员以来，对摆在国会面前的每一项贸易协议都投了反对票。桑德斯和他的选民们认为，美国工人由于薪水高，所以无法与收入很低的发展中国家的工人竞争。桑德斯指出，马来西亚和越南的最低工资相当于每小时 60 美分；他坚持认为，美国工人不应该与被迫在这种条件下劳动的人竞争。他还争辩道：这不是自由贸易，这是一场逐底竞争。因此，桑德斯一直以来都不支持美国和发展中国家之间的自由贸易。

　　然而，批评者们认为，桑德斯在贸易问题上的立场是不恰当的。我们考虑一个极端的问题，美国应该只与那些工资水平与美国相同或比美国更高的国家开展贸易吗？批评者们会说，显然不是这样，因为那样做的话就会使许多发展中国家无法效仿日本、中国和韩国曾经走过的道路，这些国家利用贸易手段使其国内许多人摆脱了贫困。

　　此外，批评者们还认为桑德斯对贸易的看法反映了其对经济学基本原理的误解。美国工资比发展中国家高得多的原因，并不是美国工人生来就高人一等，事实上，正是美国的制度和资源禀赋所产生的优势才使美国工人拥有更高的生产效率。美国工人往往拥有更高的技能，有机会接触更先进的技术，受过更好的教育，有更多的工厂可以选择，有更多的设备可以使用，并且能在由更好的制度和更多的社会资本所构成的环境中工作。因此，设在美国的公司平均而言可以向其工人支付更高的工资，并且仍然保持成本竞争力。与之形成鲜明对照的是，发展中国家的平均工资很低，其原因是工人的技能差，使用的技术低劣，没有足够的工厂和设备，而且往往制度脆弱。由于存在这些劣势，发展中国家的企业只有支付微薄的工资才有能力参与国际竞争。

哈佛大学经济学者罗伯特·劳伦斯（Robert Lawrence）研究发现，平均劳动生产率（人均 GDP）与平均工资之间存在密切关联。劳伦斯指出，虽然这两个变量之间的匹配关系并不完美，但它们之间的相关性很高。表 2.7 用 2013 年的数据展现了这种相关性。例如，墨西哥制造业工资大约是美国的五分之一，而美国和墨西哥的劳动生产率之间的关系也大致就是这样。

表 2.7　2013 年制造业每小时平均工资与平均劳动生产率的国际比较[a]

	每小时劳动报酬		平均劳动生产率	
	以美元计	是美国劳动力成本的百分比（%）	人均 GDP（以美元计）	是美国人均 GDP 的百分比（%）
美国	36.34	100	52 980	100
日本	29.13	80	38 634	73
新西兰	25.85	71	42 308	80
韩国	21.96	60	25 998	49
阿根廷	19.97	55	14 443	27
葡萄牙	12.90	35	21 619	41
捷克	12.17	33	19 814	37
巴西	10.69	29	12 072	23
波兰	9.25	25	13 777	26
墨西哥	6.82	19	10 173	19
菲律宾	2.12	6	2 787	5

a. 表中缺少中国的数据。

资料来源：摘自 Conference Board, *International Comparisons of Hourly Compensation Costs in Manufacturing*, *Summary Tables* at https://www.conference-board.org/ilcprogram/index.cfm?id=28277 and World Bank, *GDP Per Capita*（*Current US$*）at http://data.worldbank.org/.

劳伦斯的研究发现符合李嘉图的比较优势原理。事实上，在一些产业中，美国在技术和生产率上的优势足以抵消高工资给美国带来的不利影响；美国在这些产业上具有比较优势，美国企业也有能力参与竞争。但是也有一些产业，美国的技术和生产率优势不足以抵消高工资所带来的不利影响，美国在这些产业上有比较劣势，企业难以参与竞争。因此，劳伦斯的研究结果表明，当一些人声称美国人没有能力与低工资国家的企业开展国际竞争并且因此反对国际贸易时，他们就是在贬抑美国工人的竞争力。美国许多产业中的工人不仅能够而且确实在参与国际竞争。[①]

2.10 自由贸易主张

两个多世纪以来，大多数经济学家一直在各国间倡导自由贸易，并将其作为最好的贸易政策。当市场处于自由贸易状态时，国家之间或者国家内部的贸易不受政府施加的限制措施（如关税和配额）的约束。在18世纪末，亚当·斯密率先提出了自由贸易主张，这一主张在19世纪初由大卫·李嘉图予以进一步发展。

根据李嘉图的说法，自由贸易主张是基于一个很有说服力的论点：通过基于比较优势原理的自由贸易，世界经济可以实现比没有自由贸易时更高效率的资源配置和更高水平的生活处境。换句话说，对世界整体而言，自由贸易比没有贸易能带来更高水平的产出和收入；同时，自由贸易还使每个国家获得比孤立状态下更高水平的生产和消费。

除了在李嘉图模型的标准分析中所强调的那些好处以外，自由贸易还有其他一些好处，比如：

- **竞争加剧可以防止垄断**。一家公司如果受到庇护而不受外国竞争者的影响，那么该公司很有可能会拥有垄断力量，而这种力量会使公司有能力将价格提高到自由竞争价格之上。开放贸易促进了竞争，这会降低企业获取高价的能力。
- **长期经济增长**。当贸易导致市场规模扩大时，贸易就成为经济增长的引擎，因为更大规模的市场可以使企业发挥规模经济效应（更精细的劳动分工和更高水平的机械化），从而提高生产效率并降低单位成本。贸易还可以通过鼓励投资、创新和发现新生产技术来促进经济增长。丰田的汽车制造系统就是一个例子。该系统提高了效率，加快了生产速度，而且已经被世界各地的许多其他汽车公司采用。
- **产品的选择范围更广**。不同国家生产的商品并不完全相同。例如，法国的葡萄酒与美国的葡萄酒就不完全相同。自由贸易为所有国家的消费者提供了更

① Robert Lawrence, *Misconceptions on the Campaign Trail：American Workers Can't Compete with Low-Wage Workers Abroad*, Peterson Institute for International Economics, Washington DC, April 21, 2016；Robert Lawrence, *The Growing Gap Between Real Wages and Labor Productivity*, Peterson Institute for International Economics, Washington DC, July 21, 2015；Paul Krugman and Robert Lawrence, "Trade, Jobs and Wages," *Scientific American*, October 13, 2008.

多的选择。

- **国家利益的协调**。自由贸易往往会通过减少民族仇恨将各国利益联系在一起。贸易伙伴之间更倾向于用谈判手段而不是战争手段来解决政治分歧。

虽然一个国家作为一个整体可以从自由贸易中获利，但贸易可能会损害国内某些产业及其工人的利益。这些产业为了维护其经济地位，可能会说服政府通过关税或者其他贸易壁垒保护其免受进口产品的影响。这个话题将在本书第 4 章和第 5 章中讨论。

贸易的调整成本

为了从国际贸易中获利，各经济体需要在产业内部和产业之间重新配置生产要素以提高生产力。虽然生产要素的重新配置是贸易利益的源泉，但它也会导致进口竞争产业中的一些企业和工人因裁员和失业而要承担**调整成本**（Adjustment Costs）*。哪些类型的调整成本可能会接踵而至呢？

进口所带来的竞争会导致本国部分工人失业和收入下降，这些都是发展自由贸易所需承担的成本。除此以外，当工人因进口贸易而失去工作时，在退出衰退产业并到增长型产业中谋得新工作的过程中，他们也会面临一些成本。这些成本可能包括为寻找新工作而需负担的搜寻成本（search costs）、到新地方工作所需负担的迁移成本以及为了适应新工作而需负担的再培训成本；此外，一些失业工人在新工作中所得到的工资可能比之前的工作要低。如果出现以下情况，那么调整成本会更高：（1）经济处于衰退状态而且失业率很高，因此找到一份新工作就需要花更长的时间；（2）社区中的绝大部分工人在当地的衰退产业中就业，并且当地没有其他就业机会，因而失业工人必须迁移到其他地区才能找到新的工作；（3）失业工人缺乏工作技能，不容易被其他雇主接受。

企业也可能要承担进口竞争导致的调整成本。如果企业的市场占有率下降，那么企业的产量和盈利能力都将下降。为了增强竞争力，企业可能不得不投资开发新产品以寻找新的商机，或者投资开发新技术以提高生产效率，而这类投资可能需要大量的金融资本。此外，公共部门也将承受由税收收入减少和社会安全净支出增加所导致的调整成本，比如给予失业工人的救济金就可能因进口增长而有所增加。

在 2000 年之前，许多经济学家认为，国际贸易的短期调整成本小于国际贸易的长期利益。然而，在 21 世纪初，中国和其他发展中国家的出口出现了快速增长，到 2020 年，发展中国家制造业出口额与世界生产总值的比率是 20 世纪 80 年代初的三倍。在这一背景下，进口激增给密歇根州、俄亥俄州和宾夕法尼亚州等美国中西部各州的制造业工人需求造成了下行压力。随着美国企业削减生产和裁汰冗员，

---

* 笼统地说，西方学者所称的调整成本是指个体（如工人和企业，或者产业或国家）从一种经济状态转换到另一种经济状态所耗费的微观和宏观成本。——译者注

2

大量而持久的调整成本出现了。这似乎就是 21 世纪前 10 年里人们对自由贸易和全球化再度担忧的原因。

虽然经济学家们强调贸易的长期利益，但政策制定者们通常关心的是特定的企业、工人和群体所需承担的贸易的短期成本。在第 6 章中，我们将讨论美国贸易调整援助方案（U. S. Trade Adjustment Assistance Program），从而拓宽对贸易调整成本问题的研究。[①]

2.11 比较优势与全球供应链：外包

55

数十年来，大多数经济学家一直坚持认为每个国家通常都会从自由贸易中获利。这种乐观态度源自大卫·李嘉图提出的比较优势理论。比较优势理论认为，如果每个国家都生产其具有比较优势的产品并且允许贸易，那么与孤立状态相比，所有国家都将实现更低的价格以及更高水平的产出、收入和消费。当李嘉图提出他的理论的时候，主要的生产要素尚不能流动至其他国家。但在当今世界，重要的生产资源——劳动力、技术、资本和思想理念——通常都可以在全球范围内流动。

从电子产品和汽车到服装和软件开发，当今的许多商品都来自全球供应链。许多产业已经不再把从研发到产品交付和零售的所有流程都放在某一特定国家内完成，而是把这一流程分解为不同的环节和任务并交由许多国家来完成。这种能让企业在国家间高效地调运产品和服务的国际生产网络就是**全球供应链**（Global Supply Chains）。全球供应链的运作方式就是**外包**（Outsourcing）（或称离岸外包，offshoring），它是指企业为了节省成本将工作分包给另一家企业，或者从另一家企业采购产品的零部件而不是由自己制造。

外包的支持者们认为，外包可以为全球经济创造双赢的局面。显然，外包对于像印度这样的接包国家来说是有利的。例如，一些印度人在美国西南航空（Southwest Airlines）公司的子公司工作，为西南航空的乘客提供电话预订服务；不仅如此，由于可以向西南航空子公司提供产品和服务，印度供应商的收入增长了，而且印度政府也获得了额外的税收。当然，美国也会通过以下途径从外包中获利：

- **西南航空公司降低了成本并且提高了竞争力。** 西南航空公司在印度雇佣低工资工人为公司提供机票预订服务。
- **增加新的出口机会。** 随着业务不断扩展，西南航空印度子公司可能会从美国采购更多商品，比如计算机和电子通信设备。

---

① Paul Krugman, *Globalization: What Did We Miss?* March 25, 2018, Washington Center for Equitable Growth, Washington, D. C.; Joseph Francois, Marion Jansen, and Ralf Peters, *Trade, Adjustment Costs and Assistance: The Labor Market Dynamics*, February 22, 2011, Organisation for Economic Cooperation and Development, Paris, France; Marc Bacchetta and Marion Jansen, *Adjusting to Trade Liberalization: The Role of Policy, Institutions, and WTO Disciplines*, April 2003, World Trade Organization, Washington, D. C.

- **汇回收益。** 西南航空印度子公司将其收益返还给母公司；这些收益又被投入美国经济之中。

当然，对整体经济有益的事情未必对特定个体就有好处。由于开展境外外包业务，一些美国人失去了工作或者只能从事工资更低的工作，这些人所承受的负担并不会因为外包业务给美国整体带来了利益而有所减轻。美国的工会经常游说国会要求阻止外包，而且美国有几个州也已经考虑通过立法严格限制政府与那些将工作岗位转移至低工资发展中国家的公司签订合同。让我们来分析一下一直以来都在运营全球化供应链的两个公司——苹果（Apple）股份有限公司和波音股份有限公司。

专栏

苹果手机经济学和全球供应链

由史蒂夫·乔布斯（Steve Jobs）和史蒂夫·沃兹尼克（Steve Wozniak）在 1976 年创建的苹果股份有限公司，是一家生产消费电子产品并且提供计算机软件和商业服务的跨国公司，公司总部位于美国加利福尼亚州库伯提诺市。苹果公司过去在美国生产产品，但现在大部分产品都在其他国家生产，几乎所有的苹果手机、平板电脑、计算机和其他产品都在亚洲、欧洲及其他地方生产。苹果公司在美国的雇员有 4 万人，而在中国有 70 万工人[*]；苹果公司把产品制造业务授权给总部位于中国台湾的富士康公司（Foxconn Technology Group），富士康公司是世界上最大的消费电子产品制造商。

苹果公司早期并没有寻求到国外去生产产品。比如，在 1983 年开始生产麦金塔计算机（Macintosh）之后的数年中，苹果公司一直号称麦金塔（Mac）是一款"在美国制造"的计算机。但是，在进入 21 世纪以后，随着苹果公司转向海外生产，这一切发生了变化。亚洲对苹果公司的吸引力部分源自其较为廉价的半熟练工人。然而，降低劳工成本并不是苹果公司将生产转移至亚洲的主要原因，因为购买零部件需要费用，通过运营供应链将从几百家公司购买的零部件和服务整合在一起也需要费用，与这些费用相比，劳工成本微不足道。苹果公司坚持认为，海外工厂的大规模生产以及外国工人的韧性、毅力和技能已经优于美国的工厂和工人，对于苹果公司来说，再将绝大多数产品放在美国生产已经不符合现实。

不过，苹果手机的一些业务还是留在了美国，比如该产品的软件开发、创新性营销设计的大部分都在美国本土完成。此外，苹果公司还在北卡罗来纳州设立了一个数据中心，苹果手机内部的核心集成电路是由韩国三星公司设在得克萨斯州奥斯汀市的一家工厂制造

---

[*]　原文如此。根据苹果公司中文官网 2022 年 8 月的资料，苹果公司目前在中国的员工数约 1 万人，"通过在中国的供应链、采购和投资等带来的工作岗位"以及"通过 App Store 生态系统支持的工作岗位"累计约 500 万个。——译者注

56

的。然而，这些都没有给美国提供太多的工作岗位。

对于生产外包策略，苹果公司辩解道，美国没有足够多的技术工人，也没有足够多的生产迅速、适应性强的工厂。按照苹果公司的说法，如果公司在美国设立工厂，一个严峻挑战便是如何才能找到足够多的技术工人。苹果和其他一些科技公司表示，它们所需要的工程师应具备高中以上教育培训经历，但不必拥有学士学位，而具有这种技术水平的人才在美国很难找到。总之，苹果公司开展业务外包并不仅仅是因为中国低廉的劳动工资。[①]

专栏

弄巧成拙的波音 787 梦幻客机外包业务

尽管外包大大提高了苹果手机的生产效率，但它却给波音公司的喷气式客机的生产带来了麻烦。2007 年，由日本生产的波音 787 梦幻客机（价值 1.5 亿美元的波音新型喷气式客机）的第一对机翼运至华盛顿州的西雅图市。波音 787 梦幻客机 35％ 的设计和制造工作外包给了 3 家日本公司，波音只需花 3 天时间完成最后的装配。意大利、中国、澳大利亚等国都参与了波音 787 的生产制造。波音认为在世界范围内寻求承包商为波音生产大型部件，可以使公司减少生产喷气式飞机所需的时间，并且降低飞机的研制成本。

为了降低成本，波音公司要求外国供应商承担一定数量的研制成本。而为了获得参与制造波音 787 零部件的合同，外国供应商将所能获得的全部补贴都用于波音 787 零部件的研制，投资总额达到数十亿美元。例如，日本政府为波音公司的 3 家日本供应商提供了超过 20 亿美元的贷款，意大利为波音公司的本地供应商建造了生产所需的基础设施。这种分散风险的做法预计可以降低波音 787 的研制成本，并且有效地提高波音对抗空中客车的能力。

但是，这样的外包策略最终弄巧成拙。波音的供应商没有能够按时完成接包任务，这使得波音 787 的生产比预定计划延迟了将近 4 年。供应商的问题包括语言上的障碍，以及接包后将任务再次外包所引起的混乱。在零部件被运抵公司位于西雅图的工厂以后，波音被迫向其工会工人们求助来装配第一批飞机，结果却发现少了数千种零件，这让工会工人们既气愤又焦虑。

由于放弃了对其供应链的控制，波音丧失了对各个生产环节的监管能力，而且直到全部零部件汇集到波音公司位于西雅图的工厂之前，问题往往都没有被发现。外包的目的是节省费用，但在波音公司的案例中，外包却弄巧成拙。最终，波音 787 的研制总支出超过

---

① Charles Duhigg and Keith Bradsher, "How the U. S. Lost Out on iPhone Work," *The New York Times*, January 21, 2012; "In China, Human Costs Are Built into an iPad," *The New York Times*, January 25, 2012 at http://www.nytimes.com; Rich Karlgaard, "In Defense of Apple's China Plants," *Wall Street Journal*, February 2, 2012, p. A-13; Greg Linden, Kenneth Kraemer, and Jason Dedrick, "Innovation and Job Creation in a Global Economy: The Case of Apple's iPod," *Journal of International Commerce and Economics*, 2011.

预算几十亿美元，并且比原定时间滞后三年多，直到 2011 年末才得以首次交付使用。①

在随后的几年中，波音在其位于西雅图市和位于南卡罗来纳州北查尔斯顿市的工厂生产 787 梦幻客机。2020 年，新冠疫情大流行导致需求减弱，公司大幅度削减了波音 787 的产量。波音公司在 2021 年宣布，为了在需求和盈利能力都下降的情况下降低成本，公司将强化位于南卡罗来纳州的波音 787 生产线。波音南卡罗来纳州工厂的工人们都没有加入工会，而其西雅图工厂的工人们都是工会会员。波音公司对生产重点区域进行调整的决定对坐落于西雅图市的波音生产中心来说是一次不小的打击。

2.12 小结

1. 在重商主义学派看来，贵金属的储备代表了一国的财富。重商主义者们主张，政府应该实行贸易管制，以限制进口和鼓励出口。一国只有牺牲贸易伙伴的利益才能获得贸易利益，因为在特定时间点上，世界财富的存量是固定的，而且所有国家不能同时出现贸易顺差。

2. 斯密对重商主义者的贸易观点提出了挑战。他认为通过自由贸易，投入要素的国际专业化能够增加世界产出，而且这些增量产出能够被所有的贸易国所享有，因而所有国家能够同时享有贸易利益。斯密认为每个国家专门生产其具有绝对优势的商品是有利的。

3. 李嘉图认为，即使一国与其他国家相比，在两种商品的生产上都处于绝对劣势，互利贸易也是可能发生的。生产率较低的国家应当专业化生产并出口其具有比较优势的商品。

4. 比较成本可以用生产可能性边界予以解释。这条边界表明，假定在所有资源都以最有效的方式得到利用时，一国所能生产的两种产品的最大产量组合。生产可能性边界的斜率衡量了边际转换率，边际转换率是指每增加生产一单位某种产品所必须放弃的另一种产品的产量。

5. 在成本不变的情况下，生产可能性边界是一条直线。国内的相对价格只取决于本国的供给条件。在成本不变的情况下，一国完全专业化生产一种产品的情况可能会发生。

6. 由于李嘉图的贸易理论只从供给层面分析问题，所以该理论不能决定现实中的贸易条件。穆勒在其相互需求理论中指出了李嘉图理论的这一缺陷。相互需求理论认为，在贸易条件的限制范围内，实际贸易条件取决于每个国家对另一国产品的需求强度。

7. 随着时间的推移，如果一国企业生产率的增长落后于外国竞争对手，那么它在特定产品生产上的比较优势可能消失。在外国市场上丧失了比较优势，将会使国内企业的销售额和利润减少，也会使国内工人的就业和工资减少。

8. 在现实世界，各国往往面临生产成本递增的情况。因此，生产可能性边界会被画成向

---

① Steve Denning, "What Went Wrong at Boeing?" *Forbes*, January 21, 2013.

外弯曲的形状。每个国家的产品的相对价格由供给和需求因素共同决定。在成本递增的情况下，完全专业化生产是不可能出现的。

9. 按照比较优势原理，竞争会迫使高成本的生产商退出特定行业。然而在实践中，某行业的结构重组会花费很长时间，因为高成本的生产商通常会维持旧工厂的生产能力。**退出障碍**是指延缓企业退出市场的各种成本条件，延缓退出市场是高成本生产商面对各种成本条件做出的理性反应。

10. 麦克杜格尔对李嘉图的比较优势理论最先进行了实证检验。通过比较美国和英国的出口模式，麦克杜格尔发现工资率和劳动生产率是国际贸易模式的主要决定因素。他的研究成果支持了李嘉图的理论。斯蒂芬·戈卢布近期对李嘉图模型的实证检验也支持李嘉图的理论。

2.13 关键概念及术语

58

- 调整成本（Adjustment Costs；p. 54）
- 自给自足（Autarky；p. 32）
- 贸易基础（Basis for Trade；p. 32）
- 商品贸易条件（Commodity Terms of Trade；p. 37）
- 完全专业化（Complete Specialization；p. 35）
- 机会成本不变（Constant Opportunity Costs；p. 32）
- 消费利益（Consumption Gains；p. 34）
- 数字贸易（Digital Trade；p. 39）
- 国际贸易的动态利益（Dynamic Gains from International Trade；p. 38）
- 退出障碍（Exit Barriers；p. 50）
- 要素流动性（Factor Mobility；p. 49）
- 自由贸易（Free Trade；p. 25）
- 国际贸易利益（Gains from International Trade；p. 23）
- 全球供应链（Global Supply Chains；p. 55）
- 无用之用（Importance of Being Unimportant；p. 37）
- 机会成本递增（Increasing Opportunity Costs；p. 41）
- 劳动价值论（Labor Theory of Value；p. 25）
- 边际转换率（Marginal Rate of Transformation，MRT；p. 32）
- 重商主义者（Mercantilists；p. 23）
- 无贸易边界线（No-trade Boundary；p. 36）
- 贸易均衡条件的外部界限（Outer Limits for the Equilibrium Terms of Trade；p. 36）
- 外包（Outsourcing；p. 55）
- 部分专业化（Partial Specialization；p. 44）

- 价格—铸币—流转学说（Price-Specie-Flow Doctrine；p. 24）
- 绝对优势原理（Principle of Absolute Advantage；p. 25）
- 比较优势原理（Principle of Comparative Advantage；p. 28）
- 生产利益（Production Gains；p. 33）
- 生产可能性边界（Production Possibilities Frontier；p. 31）
- 互利贸易区域（Region of Mutually Beneficial Trade；p. 36）
- 贸易条件（Terms of Trade；p. 23）
- 相互需求理论（Theory of Reciprocal Demand；p. 36）
- 贸易三角形（Trade Triangle；p. 35）
- 贸易可能性曲线（Trading Possibilities Line；p. 34）

2.14　习题

1. 指出现代贸易理论关注的基本问题。

2. 亚当·斯密的国际贸易观点与重商主义者的观点有何区别？

3. 请用算术例子说明一个国家有可能在两种商品的生产上都处于绝对劣势，但可以在其中一种商品的生产上具有比较优势。

4. 斯密和李嘉图都认为国际贸易模式只会受供给状况的影响。请对此进行解释。

5. 比较成本概念与一国的生产可能性边界有何关系？对于不同的机会成本，生产可能性边界的形状有何不同？

6. **机会成本不变**和**机会成本递增**的含义是什么？在什么情况下，一国的成本将保持不变或递增？

7. 为什么在成本递增条件下，无贸易时的生产点会影响相对成本，而在成本不变条件下则不存在这种影响？

8. 在国际贸易条件下，哪些因素将决定生产是部分专业化还是完全专业化？

9. 得自专业化的利益和得自贸易的利益是用**生产利益**和**消费利益**这两个术语来讨论的。这两个术语的含义是什么？

10. **贸易三角形**的含义是什么？

11. 在一定的世界资源条件下，国家贸易能够带来世界产出总量的增加。请对此进行解释。

12. 如果加拿大和法国在它们所能获得的最好技术条件下充分利用其所有可支配的生产要素，它们所能生产的钢铁和铝的最大产量如表 2.8 所示。

表 2.8　钢铁和铝的产量　　　　　　　　　　　　　　　　　　　　　　　单位：吨

	加拿大	法国
钢铁	500	1 200
铝	1 500	800

假定生产在成本不变的情况下进行。请在图纸上画出加拿大和法国的生产可能性边界，在每个国家的图中，横轴表示铝的产量，纵轴表示钢铁的产量。在不存在贸易的情况下，假定加拿大生产并消费　　59

2

600 吨铝和 300 吨钢铁，法国生产并消费 400 吨铝和 600 吨钢铁。请在每个国家的生产可能性边界上标出这些自给自足状态下的生产点。

a. 确定每个国家钢铁转换为铝的边际转换率。按照比较优势原理，两国应该进行专业化生产吗？如果可以，每个国家应该生产哪种产品呢？是完全专业化还是部分专业化？指出每个国家在其生产可能性边界上的专业化生产点。同无贸易时钢铁和铝的产出相比，专业化能增加这两种产品的产量吗？如果可以，能增加多少？

b. 如果发生专业化和贸易，贸易条件的上下限是什么？假定加拿大和法国一致同意将贸易条件比率规定为 1：1（1 吨钢铁＝1 吨铝）。在图中画出每个国家的贸易条件线。假定 500 吨钢铁可以交换 500 吨铝，贸易发生后，加拿大消费者的境况能够得到改善吗？如果可以，将改善多少呢？法国消费者的情况如何？

c. 绘出加拿大和法国的贸易三角形。

13. 表 2.9 中的假设数据给出了在充分利用全部生产要素和最好的技术的情况下，日本和韩国可以生产的钢铁和汽车的替代组合。在图纸上画出日本和韩国的生产可能性边界。在各国的生产可能性曲线图中，纵轴表示钢铁的产量，横轴表示汽车的产量。

表 2.9　钢铁和汽车的产量

日本		韩国	
钢铁（吨）	汽车（辆）	钢铁（吨）	汽车（辆）
520	0	1 200	0
500	600	900	400
350	1 100	600	650
200	1 300	200	800
0	1 430	0	810

a. 从原点看，两个国家的生产可能性边界向外弯曲。为什么？

b. 在自给自足情况下，日本生产可能性边界上的生产和消费的点假设为 500 吨钢铁和 600 辆汽车。过日本自给自足点画一条切线，计算日本钢铁与汽车的边际转换率。在自给自足情况下，韩国生产可能性边界上的生产和消费的点假设为 200 吨钢铁和 800 辆汽车。过韩国自给自足点画一条切线，计算韩国钢铁与汽车的边际转换率。

c. 基于各自的边际转换率，这两个国家应该按照比较优势原理进行专业化生产吗？如果应该，它们应该分别专业化生产什么产品？

d. 钢铁和汽车生产的专业化进程将在日本和韩国继续下去，直到两国的产品相对价格或边际转换率相等为止。通过分工，假设两国的边际转换率收敛到 $MRT=1$。从日本的自给自足点开始，沿着其生产可能性边界移动，直到切线斜率等于 1 为止，此时的点成为不完全专业化条件下日本的生产点。日本在该点将生产多少钢铁和汽车呢？类似地，在不完全专业化条件下决定韩国的生产点，韩国将生产多少钢铁和汽车呢？对于这两个国家来说，在不完全专业化条件下生产的钢铁和汽车的总和超过了它们在不分工情况下的产量了吗？如果超过了，超过多少？

e. 现在每个国家产品的相对价格处于 1 吨钢铁等于 1 辆汽车（$MRT=1$）的均衡状态，假设 500 辆汽车都以该贸易条件交换。

　　(1) 确定在贸易发生之后日本将处在贸易条件线上的哪一点。日本的贸易利益是什么？

　　(2) 确定在贸易发生之后韩国将处在贸易条件线上的哪一点。韩国的贸易利益是什么？

　　14. 表 2.10 给出了日本、加拿大、爱尔兰假设的出口价格指数和进口价格指数（2000 年＝100），计算 2000—2016 年每个国家的商品贸易条件。说明每个国家的商品贸易条件是否发生变化（改善、恶化或没有变化）。

表 2.10　出口价格指数和进口价格指数

国家	出口价格指数		进口价格指数	
	2000 年	2016 年	2000 年	2016 年
日本	100	150	100	140
加拿大	100	175	100	175
爱尔兰	100	167	100	190

　　15. 为什么李嘉图的贸易模型无法精确地确定贸易利益？

　　16. **相互需求理论**的内涵是什么？它是如何对国际贸易条件作出富有意义的解释的？

　　17. 通过商品贸易条件如何判定贸易收益的流向？

第3章 比较优势的来源

在第 2 章中，我们学习了如何应用比较优势原理来解释各国的贸易模式。举例来说，美国在化工产品、半导体、计算机、发电设备、喷气式飞机以及农产品等产品的生产上具有比较优势，并且大量出口这些产品；同时，美国在可可、咖啡、茶叶、生丝、香料、锡以及天然橡胶等产品的生产上处于比较劣势，需要从其他国家大量进口这些产品。美国的许多行业中都存在进口商品与美国本土生产的产品激烈竞争的情况，比如日本的汽车与电视、瑞士的奶酪、奥地利的滑雪装备等，甚至美国的国民娱乐项目棒球运动中使用的棒球与手套也大量地依赖进口。

是什么决定了一个国家的比较优势？这个问题并不只有一个答案。有时候，比较优势取决于自然资源或气候、充足的廉价劳动力、累积的技术和资本以及政府对特定行业的扶持。在比较优势的来源中，有些是长期存在的，比如沙特阿拉伯丰裕的石油储量；但也有一些来源需要经过一段时间的演化才能形成，比如工人的技能、教育和科技。

在本章中，我们将探讨比较优势的主要来源：各国在科技水平、资源禀赋、消费者需求上的差异，以及公共政策、生产上的规模经济和外部经济的影响。除此以外，我们还将讨论运输成本对贸易模式的影响。

3.1 比较优势的来源： 要素禀赋

在李嘉图阐述比较优势原理的时候，他并没有解释比较优势的最终决定因素，而是仅仅将两个国家在贸易前相对劳动生产率的差别、劳动力成本的差别和产品价格的差别视为理所当然的存在。同时，由于李嘉图假设劳动力是唯一的生产要素，所以李嘉图的理论既不能解释贸易对一国内部各种生产要素收入分配的影响，也不

能解释为什么某些群体支持自由贸易，而其他群体反对自由贸易。接下来我们将要讨论的贸易理论表明，自由贸易将使一些人遭受损失。

20 世纪 20 年代和 30 年代，瑞典经济学家伊莱·赫克歇尔（Eli Heckscher）和贝蒂·俄林（Bertil Ohlin）提出了他们的贸易理论，回答了李嘉图未能解释的两个

问题：（1）比较优势由什么因素决定？（2）在贸易参与国中，国际贸易对各种生产要素的收入有何影响？由于赫克歇尔和俄林认为要素（资源）禀赋是一国比较优势形成的基础，所以他们的理论被命名为**要素禀赋理论**（Factor-Endowment Theory），也被称为**赫克歇尔-俄林理论**（Heckscher-Ohlin Theory）。[①] 俄林因其对国际贸易理论的贡献于 1977 年获得了诺贝尔经济学奖。

要素禀赋理论是一种静态理论，因为它假定在任何时点上，生产要素的数量都是恒定的。然而，要素禀赋实际上并不是一成不变的。比如，随着教育工作的持续开展，劳动力资源的特征会发生变化；而随着投入的不断增多，资本和基础设施的特征也会发生变化。所有这些都会在一段时期内对一个国家的比较优势产生影响。

3.1.1　要素禀赋理论

要素禀赋理论声称，贸易的直接原因是贸易前相关国家产品相对价格的差异。产品的价格取决于贸易各方的生产可能性边界，以及消费者的喜好和偏好（需求条件）。由于生产可能性边界取决于技术和资源禀赋，所以比较优势的最终决定因素是技术水平、资源禀赋以及需求条件。要素禀赋理论假设各国间的技术水平和需求条件基本一致；这样，该理论就着重强调国家间资源禀赋的差异是比较优势的主要决定因素。[②] 注意，对比较优势有决定性作用的是资源—禀赋比率，而不是每种可用资源的绝对数量。

根据要素禀赋理论，一国将出口那些大量使用其相对丰裕资源所生产的产品，而进口那些需要大量使用其相对稀缺资源所生产的产品。这样，根据要素禀赋理论可以预测，劳动相对丰裕的印度将出口鞋子和衬衫，资本相对丰裕的美国将出口机械与化工产品。

在一种资源上相对丰裕指的是什么呢？表 3.1 列出了美国和中国假设的资源禀赋状况，这些资源用于生产飞机和纺织品。美国的**资本—劳动比率**（Capital-Labor Ratio）等于 0.5（100 台机器/200 个工人＝0.5），也就是说，每个工人对应 0.5 台机器。中国的资本—劳动比率等于 0.02（20 台机器/1 000 个工人＝0.02），即每个工人对应 0.02 台机器。由于美国的资本—劳动比率超过了中国的资本—劳动比率，所以我们称美国是**资本相对丰裕**（*relatively capital abundant*）的国家，而中国是**资本相对稀缺**（*relatively capital scarce*）的国家；反过来说，中国是劳动相对丰

---

① 伊莱·赫克歇尔关于要素禀赋理论的解释见其论文 "The Effects of Foreign Trade on the Distribution of Income," *Economisk Tidskrift*, 21 (1919), pp. 497-512. 贝蒂·俄林的相关解释参考其著作 *Interregional and International Trade* (Cambridge, MA: Harvard University Press, 1933). 还可以参阅：Edward Leamer, *The Heckscher-Ohlin Model in Theory and Practice*, Princeton Studies in International Finance, No. 77, February 1995.

② 要素禀赋理论还假设：商品生产是在完全竞争条件下进行的（这表明单个企业无法对产品价格施加明显的控制）；两个国家在生产同一种产品时的生产条件是相同的；如果生产者以给定比率增加了两种资源的使用量，那么产量将以相同的比率增长；资源在一国内部可以自由流动，因此一国内部两个产业中的相同生产要素的价格是相同的；资源在国家间不能自由流动，因此每种资源在贸易前的价格会存在国际差异；没有运输成本或贸易壁垒。

裕的国家，而美国是劳动相对稀缺的国家。

表 3.1　生产飞机和纺织品：美国和中国的要素禀赋

资源	美国	中国
资本	100 台机器	20 台机器
劳动力	200 个工人	1 000 个工人

　　根据要素禀赋理论，相对丰裕的资源如何决定比较优势呢？当本国某种资源相对丰裕，从而该资源在外国相对稀缺时，该资源在本国的相对成本就要比在外国低。因此，在两国进行贸易之前，它们的比较优势在于资本在美国相对便宜，劳动力在中国相对便宜。也就是说，美国生产的飞机的相对价格更低，因为在飞机的生产过程中需要使用较多的资本和较少的劳动；而中国生产的纺织品的相对价格更低，因为在纺织品的生产过程中需要使用较多的劳动和较少的资本。资源禀赋与比较优势之间的关系可以总结如下：

相对资源禀赋不同 ⇒ 资源的相对价格不同 ⇒ 产品的相对价格不同 ⇒ 比较优势的模式

　　要素禀赋理论可以用于解析表 3.2 中的数据。表 3.2 列出了 2017 年部分国家的资本—劳动比率。为了进行有效的国际比较，劳均资本存量（capital stocks per worker）以 2011 年美元价格表示，以反映美元在每个国家的实际购买力。我们从表 3.2 中可以发现，与其他工业化国家相比，美国的劳均资本存量较少，但是与发展中国家相比，美国的劳均资本存量较多。根据要素禀赋理论，我们可以认为，相对于发展中国家来说，美国在资本密集型产品上具有比较优势，但是相对于工业化国家来说，情况则要因比较的对象而有所不同。

表 3.2　2017 年部分国家总的劳均资本存量[a]　　　　　单位：美元

工业化国家		发展中国家	
澳大利亚	442 227	马来西亚	189 131
德国	440 213	巴拿马	167 319
加拿大	431 638	墨西哥	164 989
英国	413 438	中国	133 700
美国	394 492	赞比亚	74 823
日本	335 315	埃及	54 739
俄罗斯	239 596	萨尔瓦多	47 803

a. 以 2011 年美元价格表示，购买力平价。

资料来源：Robert Feenstra, Robert Inklaar, and Marcel Timmer, University of Groningen, Groningen Growth and Development Centre, Penn World Table, Version 9.1; available at https://www.rug.nl/ggdc/productivity/pwt/.

3.1.2　图解要素禀赋理论

图 3.1 通过图形阐释了要素禀赋理论。该图的生产可能性边界暗含着以下假
设：美国是资本相对丰裕的国家，而中国是劳动力相对丰裕的国家。该图同时假设
飞机是资本密集型（capital intensive）产品，纺织品为劳动密集型（labor inten-
sive）产品。

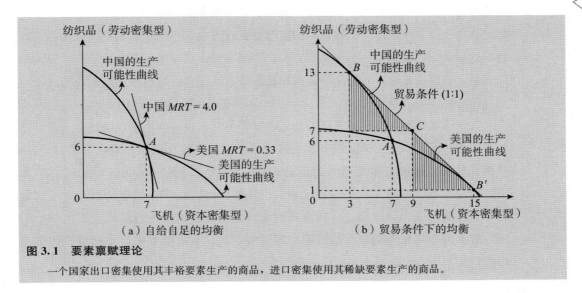

图 3.1　要素禀赋理论

一个国家出口密集使用其丰裕要素生产的商品，进口密集使用其稀缺要素生产的商品。

因为美国的资本相对丰裕，而飞机又是资本密集型产品，因此美国在飞机生产
上的优势要大于中国。因此，美国的生产可能性边界更偏向于飞机产品，如图 3.1
所示。类似地，因为中国的劳动力资源相对丰裕并且纺织品是劳动密集型产品，因
此，中国在纺织品的生产上比美国更具优势，中国的生产可能性边界偏向于纺
织品。

假设经济处于自给自足的状态，中美两国对纺织品和飞机的需求量一致，这
样，两国将在图 3.1（a）[①] 中的点 A 处进行生产与消费。美国的生产可能性边界在
点 A 的切线的斜率绝对值（美国 MRT＝0.33）小于中国的生产可能性边界在点 A
的切线的斜率绝对值（中国 MRT＝4.0）。因而，美国飞机的相对价格比中国低，
这意味着，美国在飞机生产上具有比较优势，而中国在纺织品生产上具有比较优势。

图 3.1（a）虽然对比优势状况进行了形象化阐释，但并未对其根本原因作出
解释。在这个贸易案例中，在资本相对丰裕的国家（美国），资本相对廉价；在劳
动相对丰裕的国家（中国），劳动相对廉价。正是资源相对价格的差异使美国在资
本密集型产品（飞机）的生产上具有比较优势，而中国则在劳动密集型产品（纺织

---

① 注意，要素禀赋理论并不要求中美两国的喜好和偏好完全一致，只要大致相同就行了。这里的"大致"是指
各国的社会无差异曲线应具有相同的形状和位置。为使问题简单化，图 3.1 假设两国的喜好和偏好完全一致。

品）的生产上具有比较优势。要素禀赋理论认为，资源禀赋的相对差异是两国产品的相对价格在贸易前存在差异的主要原因。

第 2 章中有关贸易利益的分析基本都适用于图 3.1（b）所示的要素禀赋模型。通过贸易，每个国家都继续在其具有比较优势的产品上进行专业化生产，直到该产品的价格等同于对方的价格为止。在图 3.1（b）中，专业化会持续进行，直到美国的生产点移至点 B' 处并且中国的生产点移至点 B 处为止，这时，两国的生产可能性边界都与同一条相对价格线相切，该相对价格线的斜率假设为 1.0，它代表了均衡的贸易条件。我们还可以假设，两国都更偏好图中点 C 所代表的由飞机和纺织品构成的贸易后消费组合。为了达到点 C，美国需要出口 6 架飞机以换取 6 个单位的纺织品，中国需要出口 6 个单位的纺织品来换取 6 架飞机。因为点 C 的位置高于自给自足条件下的消费点 A 的位置，所以每个国家都从贸易中获得了利益。

要素禀赋模型很好地解释了为什么印度等劳动丰裕的国家出口纺织品等劳动密集型产品，以及为什么美国等资本丰裕的国家出口飞机和机械等资本密集型产品。然而，要素禀赋理论很难解释当前普遍存在的双向贸易（two-way trade）：许多国家在出口钢铁和汽车的同时，也进口钢铁和汽车。此外，该理论也没有很好地解释为什么像美国、欧洲这样的富裕国家（它们拥有相似的劳动和资本禀赋）会更为密集地与禀赋差别较大的国家之间开展贸易。本章接下来将介绍更多的贸易理论。

专栏

要素禀赋理论的应用：中美贸易

中美贸易体现了要素禀赋理论的核心思想。在美国，人力资本（技能）、科学人才和工程人才资源相对丰裕，而非熟练劳动力相对稀缺。按照传统的观念，中国的非熟练劳动力相对丰裕，而科学和工程人才资源相对稀缺。因此，根据要素禀赋理论，美国将向中国出口大量使用熟练劳动力和技术生产的产品（如飞机和计算机软件），而中国将会向美国出口大量使用非熟练劳动力生产的产品（如纺织品、鞋袜和玩具）。

多年以来，中美两国之间的贸易状况似乎很好地印证了要素禀赋理论的预测：美国向中国出口的产品主要集中在高技术产业，而中国向美国出口的产品往往都集中在低技术产业。然而，现实的贸易数据只不过是粗略地反映了中美之间的贸易状况，这些数据不能证明要素禀赋理论的严格有效性。此外，随着时间的推移，中国的贸易结构已经发生了变化。* 从 20 世纪 70 年代末开始，中国从计划经济转向了更加偏重于市场导向的经济体制，中国的主要出口商品也从劳动密集型产品转向机器人、电子通信设备和办公设备等资本和

---

* 注意，前文已说明，要素禀赋理论是一种静态理论。——译者注

技术密集型产品。中国在制造品出口上的进步在较大程度上归因于美国等国家向中国的技术转移。表 3.3 列出了 2018 年美国向中国出口最多的几种商品以及中国向美国出口最多的几种商品。

表 3.3　2018 年中美之间的商品贸易

美国出口到中国的商品			美国从中国进口的商品		
产品	金额（十亿美元）	占比（%）	产品	金额（十亿美元）	占比（%）
运输设备	27.8	23.1	计算机和电子产品	186.2	34.5
计算机和电子产品	18.0	15.0	电气设备	50.1	9.3
化工产品	16.1	13.4	制造品	43.9	8.1
机械	11.1	9.2	机械	38.8	7.2
石油和天然气	7.1	5.9	服装	29.8	5.5
农产品	5.9	4.9	金属制品	26.4	4.9
其他	34.1	28.5	其他	164.5	30.5
总额	120.1	100.0	总额	539.7	100.0

资料来源：U. S. Department of Commerce, International Trade Administration, available at http://www.ita. doc. gov. Scroll down to Trade Stats Express (http://tse. export. gov/) and to National Trade Data. See also Foreign Trade Division, U. S. Census Bureau.

备受工资上涨困扰的中国制造商

数十年来，大量的廉价劳动力资源成就了中国制造业的繁荣。但是，随着中国企业生产规模的不断扩大，企业越来越难以招到并且保有所需要的工人，特别是在出口工厂扎堆的沿海地区。中国的独生子女政策导致年轻人越来越少，劳动力越来越稀缺。此外，虽然中国内地农村拥有可供沿海工厂使用的数百万潜在劳动力，但是中国的土地政策和户籍制度阻碍了劳动力向城市的迁移。

由于前往中国制造业集中地区的工人越来越少，因而制造业工资上涨的压力也越来越大。虽然高工资可以改善城市工人的生活，但是高工资也往往会使得玩具和服装等低端产品制造商的成本增加。因此，这些生产商不得不提高劳动生产率以抵消工资上涨所带来的不利影响，一些生产商甚至开始制造消费者对其价格上涨并不敏感的高端产品。

我们以利华成衣（Lever Style）股份有限公司为例，该公司是一家生产男女衬衫的中国制造商。由于越南工人的工资不到中国的一半，该公司在 2013 年开始把一部分生产业务搬到越南，并且希望在未来几年中公司在越南生产的服装能够大致达到总生产量的 40%。利华公司的管理层认为将部分生产业务转移至越南是企业生死攸关的大事；中国工人的工资在过去十年中一直保持年均将近 20% 的增长，因而在中国赚钱越来越不容易。把生产业务迁往越南，利华公司最多可以给消费者让利

10%，这对于美国零售商而言十分有吸引力，因为美国服装零售商的净利润率通常只有1%~2%。虽然将生产业务迁往越南的目的是让利华公司的产品价格保持竞争力，但是随着对越南和柬埔寨等国家劳动力的需求增长，这些国家工人的工资也在不断攀升。

仅仅是高工资可能还不足以令大批企业离开中国。中国在许多产业领域拥有世界上最好的零部件供应链，同时中国的基础设施运作良好。此外，中国本身也已经成为一个巨大的市场。因此，中国对于许多制造商来说可能仍将是一个有吸引力的地方。[①]

国际贸易案例

全球化驱使美国汽车产业改革

美国汽车工业史可以分为三个阶段：20世纪初，行业霸主福特公司的崛起；20世纪20年代，通用汽车公司取代了福特公司的霸主地位；20世纪70年代以来，来自国外的竞争日趋激烈。

过去，美国三大汽车厂商（通用、福特和克莱斯勒）从未在成本与产品质量方面感受到竞争压力，然而现在，国外厂商已经成为三大汽车厂商的有力竞争对手。在1999年，三大汽车厂商在美国汽车市场的占有率超过了70%，而在2020年大约只有44%。几十年来，美国小排量汽车市场上来自国外的竞争最为激烈。现在，三大汽车厂商在其传统的盈利车型上——轻型货车、迷你货车和运动型多用途车——都面临着严峻的竞争。

导致美国三大汽车厂商近年来丧失竞争优势的因素包括：第一，在三大汽车厂商日子好过的时候，汽车工人协会（UAW）通过与三大汽车厂商谈判为工人争取了较好的养老金和医疗福利，这些都给汽车厂商带来了巨大的成本。然而，丰田（Toyota）汽车公司和本田（Honda）汽车公司所雇佣的美国工人并没有加入工会，它们的工人年轻，退休工人也少，因此，这些外国厂商所需承担的福利成本要更低一些。第二，美国三大汽车厂商的工人工资较高，这是三家厂商的另一项成本劣势。第三，丰田公司和本田公司还被认为是世界上效率最高的汽车生产商。第四，在丰田公司和本田公司获取市场份额快速增长所带来的利益时，美国本土的汽车生产商在产品质量上落后于竞争对手。

随着国际竞争愈加激烈，以及美国经济陷入2007—2009年的那场大衰退，三大汽车公司的销售额、市场份额和盈利能力都大幅度下滑了。2009年，通用和克莱斯勒申请破产。为了保住工会工人的就业岗位，汽车工人协会做出妥协：工会工人们同意提高工人医疗费用的自付比例，同意将新雇员的工资降低到普通员工的一半，同时，他们也同意暂停领取奖金并

---

① Deborah Kan, *China Inc. Moves Offshore*, Reuters Video Gallery, July 20, 2011, at www.reuters.com/video/; Kathy Chu, "China Manufacturers Survive by Moving to Asian Neighbors," *Wall Street Journal*, May 1, 2013; Kathy Chu and Bob Davis, "End of Cheap Labor: Levi Strauss and Other Global Brands Are Revamping as Wages Rise and Robots Multiply," *Wall Street Journal*, November 23, 2015.

且暂停要求提高生活开支补贴。这些措施使得三大汽车厂商的劳工成本更接近于来自日本的竞争对手。然而，美国汽车工人的工资和福利仍然要比中国、印度和南美洲的汽车工人高很多。

　　来自外国零部件制造商的竞争也给美国汽车产业带来了压力。过去，典型车型所需要的大约 15 000 个零部件几乎全部由美国汽车制造商生产。现在，汽车制造商从独立的零部件供应商那里所采购的零部件价值约占产成品价值的 70%，而且许多零部件供应商都在国外。大量流入的国外低成本零部件不仅导致一些美国的零部件生产工人失业，而且给那些继续从事零部件生产的美国工人的工资造成了下行压力。

　　美国汽车市场的国际化竞争日趋增强，三大汽车厂商已经不可能重新占据昔日的市场主导地位，它们失去了对车型及其售价的支配权。

　　问题：美国政府有责任为美国的汽车厂商提供关税保护吗？

资料来源：U. S. Department of Labor，Bureau of Labor Statistics，"Automotive Industry：Employment，Earnings，and Hours，2020，" available at www. bls. gov.

3.1.3　要素价格均等化：斯托尔珀-萨缪尔森定理

　　在第 2 章中我们已经了解到，自由贸易能够使贸易伙伴国间的商品价格趋同，那么自由贸易能否使贸易伙伴国的资源价格也趋同呢？

　　为了解答这个问题，先来看一下图 3.2。该图沿用了之前关于飞机和纺织品的比较优势案例来解释**要素价格均等化**（Factor-Price Equalization）的过程。在前面的例子中，中国增加对美国生产的、相对便宜的飞机的需求，使得美国对其丰裕要素（资本）的需求相应增加，因此会提高美国的资本价格。而在中国，随着飞机产量的减少，中国对资本的需求也将减少，因而资本的价格将下降。贸易最终使得资本的价格在两个国家之间实现了均等化。类似地，美国对中国生产的廉价纺织品的需求导致了中国增加对其丰裕要素（劳动力）的需求，继而中国的劳动力价格将会上升。而在美国，随着纺织品产量的减少，美国对劳动的需求量也将减少，因而劳动力价格将下降。贸易最终使得劳动力价格在这两个国家之间也趋于均等化。我们可以得出结论：贸易通过改变一国的资源使用方向，使需求从稀缺资源转向丰裕资源，最终导致要素价格均等化——每个国家中原先廉价的资源都会变得相对昂贵一些，而原先昂贵的资源则会变得相对廉价一些，直到价格均等化出现。[①]

　　尽管资源价格将趋向于均等化听起来似乎有道理，但在现实世界中，我们并没有发现要素价格均等化得以完全实现。表 3.4 列出了 9 个国家和地区的每小时工资指数。从表中可以发现，从工资最高的国家（挪威）到工资最低的国家（墨西哥），

68

69

　　① See Paul A. Samuelson，"International Trade and Equalization of Factor Prices," *Economic Journal*，June 1948，pp. 163 - 184，and "International Factor-Price Equalization Once Again," *Economic Journal*，June 1949，pp. 181 - 197.

3

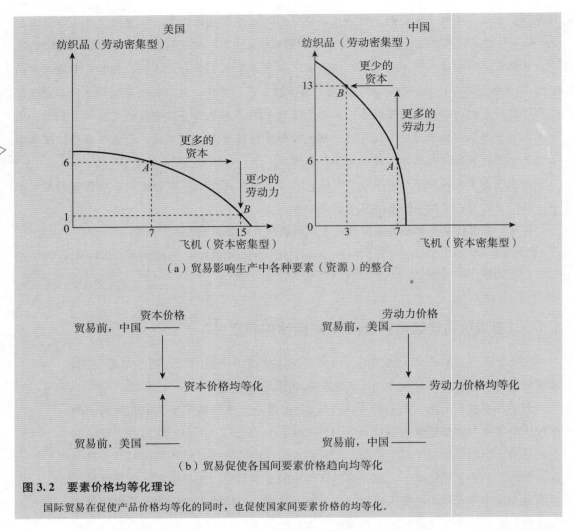

（a）贸易影响生产中各种要素（资源）的整合

（b）贸易促使各国间要素价格趋向均等化

图 3.2　要素价格均等化理论

国际贸易在促使产品价格均等化的同时，也促使国家间要素价格的均等化。

工人工资指数的差异大约有 12 倍。资源价格存在差异的原因是多方面的。国家和地区之间的收入不平等在很大程度上是由人力资本拥有量的差异造成的。要素禀赋模型假设所有的劳动都是同质的，同时还假设在生产特定商品时，所有国家都使用相同的生产技术。而在现实中，当一种新的、更好的技术得以采用时，该技术往往就会替代新技术；而当两个国家在生产相同产品时使用了不同的技术，资源所有者所获取的收入就会存在国别差异。最后，运输成本和贸易壁垒也会对产品价格的均等化构成限制，市场的这种不完全性减少了贸易量，限制了产品价格和资源价格所能达到的均等化程度。

表 3.4　制造业工人的每小时工资指数（美国＝100）

国家（地区）	1997 年	2016 年
挪威	112	125
德国	125	111

续表

国家（地区）	1997 年	2016 年
奥地利	108	101
荷兰	99	89
加拿大	80	77
日本	96	68
韩国	40	59
中国台湾	31	25
墨西哥	11	10

资料来源：*International Comparisons of Hourly Compensation Costs in Manufacturing*，2018，The Conference Board，available at https：//www. conference-board. org/ilcprogram/index. cfm?id＝38271.

　　国际贸易不仅会影响生产要素的价格，而且会影响生产要素间的**收入分配格局**（*distribution of income*）。在 20 世纪 40 年代，经济学家沃尔夫冈·斯托尔珀（Wolfgang Stolper）和保罗·萨缪尔森（Paul Samuelson）提出了**斯托尔珀-萨缪尔森定理**（Stolper-Samuelson Theorem），该定理是对要素价格均等化定理的一个延伸。[1] 根据斯托尔珀-萨缪尔森定理，一种产品的出口会使得该产品在生产过程中密集使用的相对廉价且丰裕的资源在国内市场上变得稀缺，而对丰裕资源的需求上升会导致该资源的价格上升和资源所有者的收入增多。同时，进口竞争部门中密集使用的资源（最初是稀缺资源）的所有者收入将随着对该资源的需求下降而减少。这样，在每个贸易国中，丰裕资源所有者的收入提高都是以该国稀缺资源所有者的收入下降为代价的。

　　注意，斯托尔珀-萨缪尔森定理并不认为出口产业中使用的所有资源的价格都会上涨，或者进口竞争产业中使用的所有资源的价格都会下降。准确地说，无论资源被哪个产业使用，只要它是有利于形成比较优势的丰裕资源，那么国际贸易将使其所有者收入增多，而只要它是稀缺资源，那么国际贸易将使其所有者收入减少。因此，贸易理论认为，即便在长期，自由贸易也会使一些人遭受损失。

　　斯托尔珀-萨缪尔森定理具有重要的政策含义。该定理表明，即使自由贸易可以给一国带来整体利益，但在该国内部也会有赢家和输家。根据这样的结论，我们就不难理解为什么丰裕资源的所有者往往会赞同自由贸易，而稀缺资源的所有者往往会赞同对贸易施加限制。对于这个话题，我们将在第 6 章有关"贸易调整援助"一节做进一步讨论。

70

---

　　[1]　Wolfgang F. Stolper and Paul A. Samuelson，"Protection and Real Wages，" *Review of Economic Studies*，Vol. 9，1941，pp. 58 - 73.

专栏

对华贸易减少美国蓝领工人的就业机会了吗？

3

与中国开展贸易使美国蓝领工人的就业机会减少了吗？这个问题在近些年来已经成了烫手的山芋。一些经济学家如戴维·奥特尔（David Autor）、戴维·多恩（David Dorn）和戈登·汉森（Gordon Hanson）等都研究过这个问题，他们发现，国际贸易特别是近年来与中国的贸易已经严重扰乱了美国一些地区的经济。*

在对 20 世纪 70 年代和 80 年代的全球化对美国劳动力市场的影响进行分析的基础上，奥特尔和他的同事们研究发现，尽管国际贸易对美国的劳动力市场产生了影响，但这种影响在当时要小于技术变化对劳动力市场所产生的影响。然而，随着中国经济快速增长以及中国加入世界贸易组织，美国从中国进口的产品数量出现了大幅上升，这使得美国一部分地区的工资和就业受到显著影响，这些地区生产的产品与来自中国的进口品相竞争。在 1999—2011 年间，美国工厂工作岗位的减少量中至少有 20% 是由来自中国的竞争直接造成的。此外，并不是所有的美国蓝领工人都受到对华贸易的影响，受到集中影响的产业、工人和社区所生产的正是与来自中国的进口品相竞争的产品。田纳西州、肯塔基州、俄亥俄州和宾夕法尼亚州等受到来自中国竞争的打击尤其沉重。

奥特尔和他的同事们以及其他一些研究人员还给出证据称，美国一些地方性劳动力市场的调整相当缓慢，在中国贸易冲击出现后的至少十年里，这些地区的工资和劳动参与率持续低迷，失业率仍然居高不下。在那些受到不利影响的产业和地区，许多美国工人很难在其他产业找到更好或者仅仅只是相似的工作，他们步履蹒跚地从一份低薪工作换到另一份低薪工作，再也没能恢复他们在中国竞争出现之前所拥有的富裕生活。而这与之前几十年的情形已形成鲜明对比，在那时由于进口竞争而失去工作的美国工人普遍都能转入生产效率较高的产业。

奥特尔和他的同事们得出结论，我们不能把全球化进程拨回到过去：现实中的一切都是既成事实。美国所面临的挑战是，它需要思考应该如何才能确保美国的劳动力市场尽可能有韧性，尽可能有担当，以帮助那些被全球化伤害的工人能在新的领域找到工作。[1]

---

① David Autor, David Dorn, and Gordon Hanson, "The China Shock: Learning from Labor Market Adjustment to Large Changes in Trade," *Annual Review of Economics*, Vol. 8, September 2016; "Local Labor Market Effects of Import Competition in the United States," *American Economic Review*, 2013, Vol. 103, No. 6; Gordon Hanson, *Yes Trade with China Took Away Blue-Collar Jobs, and There's No Getting Them Back*, PBS News Hour, September 8, 2016; and John O'Sullivan, "An Open and Shut Case: Special Report, the World Economy," *The Economist*, October 1, 2016.

* 译者反对这类错误观点。中国国务院新闻办公室于 2018 年 9 月发布的《关于中美经贸摩擦的事实与中方立场》白皮书已对这类错误观点予以客观、深入的批驳。2021 年 1 月美中贸易全国委员会（USCBC）发布的报告也指出，美国长期从美中贸易中受益，2019 年对华出口为美国创造了 120 万个就业岗位。——译者注

3.1.4　特定要素理论：短期内的贸易与收入分配

要素禀赋模型和斯托尔珀-萨缪尔森定理的一个关键假设是，劳动力和资本等资源可以在一国之内的各个产业间无障碍地流动，而在国家之间不能自由流动。例如，我们假设日本工人可以在日本的汽车制造和稻米生产领域来回调换工作，但不能移民到中国生产这些产品。[①]

虽然要素在不同产业间的流动在长期是可能发生的，但是在短期许多要素是不能流动的。例如，实物资本（如工厂和设备）通常有具体的用途：一台用于生产计算机的设备不可能一瞬间就用于生产喷气式飞机。类似地，在特定岗位上掌握某些特定技能的工人不可能立即分配到其他岗位上去工作。在贸易理论中，这种类型的要素被称为**特定要素**（Specific Factors）。**特定要素理论**（Specific-Factors Theory）研究当资源在产业间不能流动时贸易对收入分配的短期影响。特定要素理论与要素禀赋理论和斯托尔珀-萨缪尔森定理形成鲜明对照，后两者研究资源所有者的收入变化对资源流动的长期影响。

特定要素理论可以概括为：进口竞争产业中特定要素的所有者将因贸易遭受损失——特定要素所有者的收入下降；而出口产业中特定要素的所有者将因贸易获得收益——特定要素所有者的收入上升。

为了理解特定要素理论，我们举个例子。假设碱性氧气炉（资本设备）专门用于生产钢铁，假设装配机器人专门用于生产计算机，假设劳动可以在钢铁产业和计算机产业间流动，假设美国在钢铁生产上具有比较劣势，而在计算机生产上具有比较优势。

开放贸易后，随着钢铁产品的进口增加，美国钢铁业的生产规模将不断缩减。这样，从钢铁产业中失业的工人将进入计算机产业工作。在这种情况下，贸易对美国的收入分配会产生怎样的影响呢？

随着钢铁产品的进口增加，钢铁的价格将不断下降，而随着钢铁产量的缩减，对碱性氧气炉的需求将会下降，这意味着碱性氧气炉所有者的回报（收入）也将下降。

钢铁价格下降　→　对碱性氧气炉的需求下降　→　碱性氧气炉所有者的收入下降

对应地，随着计算机的出口增加，计算机的价格将不断上涨，而随着计算机产量的攀升，对装配机器人的需求将会上升，因此装配机器人所有者的回报（收入）也将上升。

---

①　Robert Mundell，"International Trade and Factor Mobility," *American Economic Review*，June 1957.

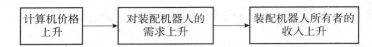

综上，贸易使进口竞争产业的特定要素（碱性氧气炉）所有者的收入下降，而使出口产业的特定要素（装配机器人）所有者的收入提高。

上述分析有助于我们理解俄亥俄州、密歇根州和宾夕法尼亚州等中西部各州制造业工人失业的原因。在 2001 年中国加入 WTO 以后，随着大量制造业进口品涌入美国，美国制造业的许多工人失去了工作。这些失业工人所接受过的训练和所掌握的技能通常都"特定于"他们所工作的制造业公司，他们中的许多人没有接受过大学教育，因而在其他产业中几乎没有什么好的工作前景。此外，这些工人通常都拖家带口，有的则因年事已高而不能再迁居他处。这样，这些失业的工人就可以被视为不能流动的要素，当面临工资下降和失业率攀升的时候，他们就只能去寻求美国政府的帮助。对于这个话题，我们将在第 6 章"贸易调整援助"一节中做进一步讨论。**"进一步探索 3.1"**（相关内容可以在本书线上学习系统 MindTap 中找到）对特定要素理论做了更为深入的讨论。

3.1.5 贸易会使穷人更穷吗？

在结束对要素禀赋理论的讨论之前，我们再来考虑一个问题：美国工人的工资是被墨西哥工人压低的呢，还是被中国工人压低的呢？这一问题恰好说明了许多美国人对其未来经济状况的担忧。他们担心，低工资的发展中国家的贸易增长可能会减少美国对本土低技能工人的需求，从而导致美国工人失业和工资下降。

在过去的 40 年间，美国熟练劳动力与非熟练劳动力的收入差距日益扩大；与此同时，进口额与国内生产总值的比率也在不断上升。这些事实引发人们思考两个问题：（1）贸易是否损害了低技能工人的利益？（2）如果是，那么这能否作为增加贸易壁垒的依据呢？

经济学家们一致认为，贸易、技术、教育、移民和工会软弱无能等多重因素的共同作用抑制了美国非技能工人的工资。我们来逐个讨论一下这些因素：

- **国际贸易、外包和技术变化**。贸易自由化以及运输和通信成本的降低，在增加对技术工人需求的同时，降低了对非技术工人的需求，这意味着相对于非技术工人来说，技术工人的工资将上涨。类似地，技能型技术进步增加了对高技能工人（高工资工人）的需求，并且降低了对低技能工人（中等工资工人）的需求，因而加剧了工资不平等的程度。

- **移民**。非技术工人的入境使得非技术工人相对于技术工人的供给增长了，因而相对于技术工人来说，非技术工人的工资将下降，这也会加剧工资不平等。

- **教育和培训**。随着可以得到的教育和培训机会的增多，掌握技能较少的工人

　　可以提高其技能，从而增加收入。因此，更多的教育和培训的机会有助于降低技术工人和非技术工人之间的工资不平等。

- **工会软弱无能**。工会力量的弱化往往会削弱其成员尤其是低技能工人的议价能力，而这又会加剧非技术工人和技术工人之间的工资不平等。

　　国际贸易是工资不平等的最重要的决定因素吗？不。大多数经济学家的回答是：技术变化才是工资不平等的最重要的决定因素。威廉·克莱因（William Cline）在一项经常被引用的研究中估计，在 1973—1993 年间的美国，技术变化对工资不平等的影响力大约是贸易影响力的四倍，而那一时期的贸易在所有不平等的诱因中只占 7.0 个百分点。克莱因的研究结论得到了罗伯特·劳伦斯（Robert Lawrence）的支持。劳伦斯的研究认为，与国际货物和服务贸易相比，资产市场的表现以及技术和制度的创新，与 21 世纪前十年工资不平等的上升有着更为密切的关系。[①]

　　尽管人们还是会担心新技术对劳动力市场的影响，但是现在已经几乎没有人会因为技术进步将导致就业机会减少而主张遏止技术进步。然而，正如我们接下来将要讨论的工业革命期间纺织工人的反应，人们对于新技术的担忧有时真的会对技术进步产生影响。

　　在 19 世纪初，英国的纺织工人们就因宽幅纺织机被越来越多地使用而忧心忡忡。这些纺织工人在学习手艺的时候都当了多年学徒，因而他们都是训练有素的工匠。等到纺织机被大量采用的时候，他们开始担心那些廉价的并且根本不懂纺织技艺的机器操作员会抢走他们的营生。他们向政府呼吁希望得到救助，在遭到了拒绝之后，一些绝望的纺织工人闯入工厂砸碎纺织机器，并将自己称作**卢德主义者**（Luddites）。据称，内德·卢德（Ned Ludd）是在 18 世纪末破坏过一台纺织机的一个年轻学徒（没有证据表明确有其人）。纺织工人们希望他们的突袭行动能够迫使政府颁布自动纺织机械使用禁令；然而，英国政府却将砸碎机器的工人处死以镇压暴动。今天，**卢德主义者**作为一个笼统的词汇，用以指代那些不喜欢新技术的人。接下来我们讨论工业机器人对劳动力市场的影响。

专栏

工业机器人和工作岗位流失

　　在担任美国总统时，唐纳德·特朗普指责中国和墨西哥偷走了数百万美国工人的就业机会。他说的对吗？或许特朗普也应该把新技术和工业机器人视为美国工人就业机会流失

---

　　① William Cline, *Trade and Income Distribution*, Institute for International Economics, Washington, DC, 1997, p. 264; and Robert Lawrence, *Blue-Collar Blues: Is Trade to Blame for Rising U. S. Income Inequality?* Institute for International Economics, Washington, DC, 2008, pp. 73 - 74.

的原因。因为美国工厂已不再像过去那样需要那么多工人，现在的许多工作是由机器来完成的。与美国 1979 年制造业就业高峰时相比，2016 年美国工厂的工作岗位减少了 700 多万个。然而，根据美国商务部的统计，美国工厂在此期间的产值翻了一番，达到 1.91 万亿美元（以 2009 年不变价美元计算）。

举个例子来说，从 1997 年到 2017 年，美国钢铁产业在原钢金属（primary steel metals）生产领域总共减少了 265 000 个工作岗位，降幅达到 42%。然而，同一时期美国的钢铁产量却增长了 38%。美国钢铁产业的工作岗位流失在很大程度上是采用高效的短流程技术的结果，该技术主要利用废弃金属生产钢铁。或者，我们也可以看看通用汽车公司的例子。该公司在 20 世纪 70 年代雇佣了 60 万名员工，而现在的员工数量只有那时的三分之一，通用汽车公司正越来越多地使用机器人来生产比以往更多的汽车和卡车。[1]

事实上，机器人革命目前仍处于起步阶段。波士顿咨询集团（Boston Consulting Group）估计，机器人完成的工作在全部制造业工作中所占的份额将从 2015 年的全球平均 10% 增加到 2025 年的 25% 左右。我们可以预想，随着机器人变得更为廉价而且也更易于编程管理，将会有越来越多的小型制造商也能够在生产中使用机器人，并且能够将机器人更深地集成到产业供应链中。我们现在可以看到的是，机器人的价格正在下降。

然而，在生产中大量采用机械也给美国工人带来了一些好处。随着越来越多的机器人被用于生产，再加上中国和其他发展中国家的劳动力成本上升，企业在世界各地追求低工资劳动的动机已经有所减弱。一些企业已经返回美国，从而可以利用机器人、廉价的能源以及接近消费者的便利来节省成本。

3.2 规模经济和比较优势

本章前几节的内容重点讨论要素禀赋理论如何解释比较优势。尽管要素禀赋理论很吸引人，但对该理论的实证检验结果却模棱两可。因此，经济学家们又提出了其他一些理论来解释比较优势，如规模经济理论。

规模经济（Economies of Scale）（规模收益递增）是指，随着生产规模的增加，某个企业或者产业总成本增加的比率低于总产出增加的比率。因此，在规模经济条件下，长期平均生产成本是下降的。规模经济通常被分为内部规模经济和外部规模

---

[1]　Paul Wiseman，"Mexico Taking U. S. Factory Jobs? Blame Robots Instead," *PBS Newshour*，November 2，2016；Michael Hicks and Srikant Devaraj，*The Myth and the Reality of Manufacturing in America*，Center for Business and Economic Research，Ball State University，June 2015；and Harold Sirkin，Michael Zinser，and Justin Rose，*The Robotics Revolution：The Next Great Leap in Manufacturing*，Boston Consulting Group，September 23，2015.

经济。[1]

3.2.1　内部规模经济

内部规模经济（Internal Economies of Scale）存在于企业**内部**，体现于企业的长期平均成本曲线的形状。比如，对于汽车制造商而言，第一辆车的生产成本非常高，但接下来生产的每一辆汽车的成本都要大大低于上一辆汽车的生产成本，因为巨大的生产准备成本可以被分摊到每辆汽车上。丰田等公司通过劳动分工、管理专业化、提高资本使用效率以及其他措施降低每辆车的生产成本。随着工厂规模的不断扩张，丰田汽车的产量不断扩大，由于存在内部规模经济，丰田公司长期平均成本曲线呈下降态势。

图 3.3 说明了规模经济对贸易的影响。假定一家美国汽车公司和一家墨西哥汽车公司每年都能在各自的国家销售 10 万辆汽车。再假定两家企业的成本条件相同，具有相同的长期平均成本曲线 *AC*。注意，由于存在规模经济，在汽车产量达至 27.5 万辆之前，汽车的单位成本是不断下降的。

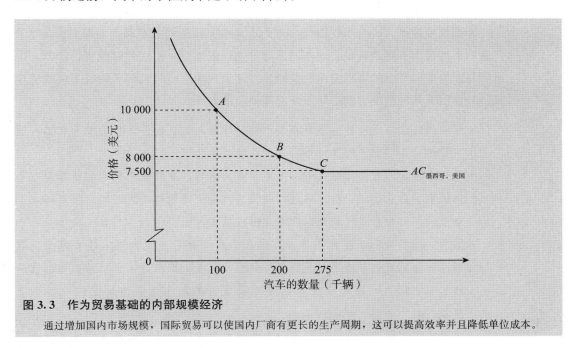

图 3.3　作为贸易基础的内部规模经济

通过增加国内市场规模，国际贸易可以使国内厂商有更长的生产周期，这可以提高效率并且降低单位成本。

最初，并不存在贸易的基础，因为每家公司生产一辆汽车的成本都是 1 万美元。假设美国国内收入增长使得美国人对汽车的需求量上升为 20 万辆，而墨西哥的汽车需求量保持不变。需求的扩大使得美国厂商生产更多的产品，从而获得规模

――――――――――

[1]　Paul Krugman，"New Theories of Trade Among Industrial Countries," *American Economic Review* 73，No. 2，May 1983，pp. 343 - 347；and Elhanan Helpman，"The Structure of Foreign Trade," *Journal of Economic Perspectives* 13，No. 2，Spring 1999，pp. 121 - 144.

经济带来的好处。美国厂商的成本曲线向下倾斜，直至每辆汽车的生产成本降至 8 000 美元。也就是与墨西哥厂商相比，美国厂商能以较低的成本生产汽车。这时，在自由贸易条件下，美国将向墨西哥出口汽车。

由此可见，内部规模经济给**专业化生产**带来了额外的成本激励。由于存在内部规模经济，一个国家不是以较低的产量生产消费者希望购买的所有产品，而是以较大的产量专业化生产少数几种产品，并用这些商品来交换其所需要的其他商品。专业化生产少数的几种产品使得制造商能够从更长的生产周期中获益，因为在更长的生产周期里平均成本会不断降低。因此，当国内存在对某一产品的大量需求时，厂商就可以在较长的生产周期里持续降低平均成本。

3.2.2 外部规模经济

上一节的内容阐述了厂商的内部规模经济如何成为比较优势的来源。实际上，规模经济还存在于单个厂商之外，也就是在一个产业的内部存在着规模经济现象。比如，由于建立了更好的交通系统，某一产业的经营区域得以扩张，结果该产业中单个公司的成本降低了。

外部规模经济（External Economies of Scale）是指随着**产业**产出的增长，单个**厂商**的平均成本下降的现象。成本的下降可能是因为企业使用的资源售价降低，也可能是因为单位产出的资源使用数量减少。这表现为厂商的长期平均成本曲线呈递减趋势。以下几种情况可能会导致外部规模经济：

- 产业内的众多企业日益集聚在某个特定地区，这会吸引大量的专业化工人涌入该地区，因而降低了单个企业的雇佣成本。
- 通过企业之间直接接触或者工人在企业间流动，有关生产技术的新知识在当地的众多企业之间扩散。通过招收从其他企业离职的工人，而无须雇用一个企业顾问，企业或许就可以获得有用的技术知识。
- 如果一国拥有一个扩张型产业，那么该产业就可能成为该国经济增长的源泉，该国政府也可能因此获得额外的税收。在认识到这一点以后，该国政府就可能会对当地的大学投入更好的研发设施，从而使该地区的一些企业获益。
- 随着零部件供应商在靠近制造中心的地方聚集，企业将有更多机会获得专业化投入。比如，许多汽车零部件供应商都将厂址设于底特律-温莎地区，因为通用、福特和克莱斯勒也都在该地区生产汽车。随着供应商的数量越来越多，竞争变得日益激烈，汽车公司的零部件成本将有所下降。

外部规模经济有利于解释为何纽约市在金融服务业具有比较优势，因为在纽约聚集了大量的银行。类似地，加利福尼亚州的硅谷在半导体产业上具有比较优势，而好莱坞在电影产业上具有比较优势。

外部规模经济还使佐治亚州的达尔顿地区成为世界毛毯制造之都。毛毯在达尔顿的制造历史可以追溯到 1895 年。在那一年，一个名叫凯瑟琳·怀特纳（Catherine Whitener）的十几岁小姑娘制作了一件与众不同的簇绒毛毯，并将其作为送给哥哥的结婚礼物。通过模仿被子的缝制方法，凯瑟琳用平行针法将粗棉纱缝入原色棉布，然后剪掉棉纱末端以使其蓬松，再将毛毯浸在热水中清洗，这样纤维受热收缩以后会使纱线更加牢固。人们对凯瑟琳制作的这种毛毯越来越感兴趣，在 1900 年，凯瑟琳以 2.5 美元的价格售出了第一件毛毯。由于人们对这种簇绒毛毯的需求不断增加，以至到 20 世纪 30 年代，当地妇女要雇佣搬运工人将冲压被单布和纱线运送给一线工人。在当时，通常是一个家庭的所有成员都参与毛毯的手工簇绒制作，每件毛毯的手工费用为 0.10～0.25 美元；当地的男人、妇女和儿童都参与该产业的生产，总劳动人数将近 1 万人。在第二次世界大战以后，毛毯的机械制造技术得到了发展，达尔顿地区也成为毛毯制造这一新兴产业的中心，因为该产业要求工人掌握专业化的簇绒技术，而达尔顿地区刚好拥有掌握该项技术的大量工人，这可以降低劳动雇佣成本。

达尔顿地区现有 170 多家毛毯工厂、100 多个毛毯零售店以及 3 万多名工人。毛毯制造业还带动了当地的棉纱生产商、机械供应商、染料工厂、印制商店以及售后服务公司的发展。当地的就业市场往往要求工人们拥有操作毛毯制作设备的专业技能。由于达尔顿地区之外的企业不能像达尔顿地区以内的企业那样获得大量供应商或技术工人的支持，所以它们的生产成本较高。虽然达尔顿成为世界毛毯制造之都并没有什么特殊的原因，但是当众多的企业都聚集在达尔顿地区时，规模经济就使得该地区在毛毯的生产上具有比较优势。

3.3　贸易基础之一：　重叠需求

有关要素禀赋理论的模棱两可的经验证据促使瑞典经济学家斯塔凡·林德（Staffan Linder）在 20 世纪 60 年代提出了替代性的贸易理论[①]，该理论现在被称为**重叠需求理论**（Theory of Overlapping Demands）。

林德认为，要素禀赋理论对初级产品（如自然资源产品和农产品）贸易有相当强的解释能力，但不能解释制成品贸易，因为影响制成品贸易的主要因素是国内**需求条件**。由于国际贸易中大量涉及制成品，所以需求条件在解释整体的贸易模式方面发挥着重要作用。

林德认为，国内企业愿意积极生产商品通常是因为这些制造品有着巨大的国内市场。而国内市场也决定了在企业开始出口时它们所必须销售的产品种类。因此，最具出口潜力的国外市场将存在于消费需求与本国消费需求相似的那些国家。这

---

① Staffan B. Linder, *An Essay on Trade and Transformation*（New York：Wiley，1961），Chapter 3.

样，一国的出口市场就可以被视为国内市场的延伸。

从更深层次上看，林德认为消费者的需求与他们的收入水平密切相关。因此，一国的平均收入或**人均收入**将决定某种特定的需求结构。人均收入高的国家倾向于购买高质量的制成品（奢侈品），而人均收入低的国家则倾向于购买低质量的产品（必需品）。

林德的假说解释了哪些国家之间最有可能发生贸易。人均收入水平接近的国家具有重叠的需求结构，并且可能消费类型相似的制成品。因此，富国（工业化国家）更有可能与其他富国进行贸易，而穷国（发展中国家）则更有可能与其他穷国开展贸易。

林德并没有排除富国与穷国之间的制成品贸易，因为这些国家内部的收入分配并不均等。也就是说，在穷国有些人会比较富裕，而在富国有些人会比较贫穷，因而富国与穷国的需求结构总会有重叠的部分。然而，当需求结构重叠的范围比较小的时候，制成品贸易的潜在可能性也就会比较小。

林德的理论基本符合实际情况。制成品的国际贸易很大一部分发生在收入相对较高的（工业化）国家之间，比如日本、加拿大、美国和欧洲国家。而且，在这些贸易中有相当一部分是相似产品的国际交换，即每个国家的出口商品在很大程度上与其进口商品相似。然而，林德的理论不能够解释发展中国家的贸易，因为大多数的低收入发展中国家更倾向于与高收入国家开展贸易，而不是与低收入国家开展贸易。

3.4　产业内贸易

到目前为止，我们所讨论的贸易模型只涉及**产业间贸易**（Inter-Industry Trade），即国家间不同产业的产品之间的贸易，例如用计算机和飞机交换纺织品和鞋子。产业间贸易所涉及的产品在生产过程中需要投入**不同类型**的要素。熟练劳动力供给丰裕的国家往往出口复杂的制成品，而拥有大量自然资源的国家倾向于出口资源密集型产品。大多数的产业间贸易发生在资源禀赋差异巨大的国家之间（如发展中国家与工业化国家），这类贸易可以用比较优势原理（要素禀赋模型）加以解释。

先进的工业化国家已经越来越强调**产业内贸易**（Intra-Industry Trade）——相似产品的双向贸易。福特汽车公司生产的汽车销往国外，而美国也进口日本丰田汽车公司生产的汽车。表 3.5 提供了美国产业内贸易的例子。

表 3.5　2018 年产业内贸易实例：美国部分商品的进出口　　单位：百万美元

产品种类	出口	进口
食品和饮料	92 702	98 080

续表

产品种类	出口	进口
工业制品	358 486	384 262
资本品	373 401	458 678
汽车	108 021	245 175
日用消费品	136 364	426 086

资料来源：U. S. Census Bureau，*U. S. International Trade in Goods and Services*，*End-Use Categories and Commodities*：*FT 900*，2019.

产业内贸易既包括同质化（标准化）产品的贸易，也包括差异化产品的贸易。对于**同质化产品**（*homogeneous goods*），产业内贸易的原因很容易理解：由于存在**运输成本**，一国可能既出口又进口同一种产品。例如，加拿大和美国之间有着数千公里的边境线，为了使运输成本（从而使总成本）最小化，地处美国纽约州奥尔巴尼市的一个购买者可能会从地处加拿大魁北克省蒙特利尔市的企业进口水泥，而地处美国华盛顿州西雅图市的一个制造商也可以把水泥卖给地处加拿大不列颠哥伦比亚省温哥华市的某一买主。这类贸易之所以会发生，是因为把水泥从蒙特利尔运到奥尔巴尼的运输成本要比从西雅图运到奥尔巴尼的运输成本更低。

同质化产品的产业内贸易发生的另一个原因是**季节性因素**。由于南北两个半球的季节是相反的，所以巴西可能会在一年的某些时候向美国出口一些季节性产品（比如农产品），但在同年的其他时候又从美国进口该种产品。

尽管一些产业内贸易发生在同质化产品之间，但有证据表明，大多数的产业内贸易发生在**差异化产品**（*differentiated products*）之间。在制造业内部，机械、化工产品和运输机械设备的产业内贸易水平明显偏高。现代经济的一个特点是，产出中的相当一部分是由属于同一产品大类中的差异化产品构成的。比如，在汽车产业中，福特汽车就与现代、丰田或者雪佛兰汽车并不完全相同。因此，在同一大类的差异化产品之间就可能发生双向贸易流动。

3.5 技术作为比较优势的来源——产品生命周期理论

到目前为止，我们对国际贸易所作的各种解释都有一个共同之处，那就是都预先假设技术是**给定的**并且不发生变化，企业运用这些技术将投入要素转换成货物和服务。这样，贸易基础最终被归结为劳动生产率、要素禀赋以及国民需求结构方面的差异。然而，我们所处的世界总是在不断地发生变化，不同国家所使用的技术也在以不同速率进行变革。一般来说，技术创新可以为生产既有商品提供新的方法，或者促使新产品或改良产品的出现，而这些又会影响比较优势和贸易模式。

尽管技术差异在特定时点上是比较优势的重要来源，但技术优势往往是短暂的，并且随着一个国家的技术优势逐渐消失，该国还有可能丧失其比较优势。对这种动态变化重要性的认识催生了对国际贸易的另一种解释：**产品生命周期理论**（Product Life Cycle Theory）。该理论由哈佛大学经济学家雷蒙德·弗农（Raymond Vernon）在20世纪60年代提出，其核心思想是，技术创新是决定制成品贸易模式的关键因素。[1]

根据弗农的理论，诸如电子产品和办公设备之类的许多制成品都会经历一个可预见的**贸易周期**。在这个周期中，母国最初是某种商品的出口国，继而相对其贸易伙伴国逐渐丧失比较优势，最后可能成为该商品的进口国。许多制成品的贸易所经历的阶段如下：

1. 制成品被导入母国市场。
2. 该产业在母国显示出强劲的出口能力。
3. 该产品开始在国外进行生产。
4. 母国在该产业上丧失比较优势。
5. 进口竞争开始。

当一家创新企业在一种制成品的生产上取得技术突破时，贸易周期中的导入阶段便开始了。起初，由于该产品的本地市场相对狭小并且技术还具有不确定性，所以大规模生产并不可行。在这种情况下，制造商最有可能在本地市场附近开展经营，从而能够迅速获取关于产品质量和产品整体印象方面的信息反馈。这时，产品的生产规模较小，生产中使用的是高技能工人。

在进入贸易周期的下一阶段后，国内制造商开始向具有相似喜好和收入水平的国外市场出口产品。这时，国内制造商发现其市场已经大到足以支持扩张生产规模并且可以淘汰无效率的生产技术，因此母国的制造商有能力满足国际市场日益增长的需求。

随着产品日益成熟以及产品价格不断下降，制造商开始有能力将产品的生产过程标准化，而这也意味着使用低工资劳动并且进行规模化生产可以显著地提高生产效率。在产品生命周期的这一阶段，生产将最有可能转移到那些在资源禀赋上拥有相对丰裕的低工资劳动的经济体，如中国或者马来西亚；随着原先的创新企业开始在国外设立分支机构，以及外包业务不断发展，该产业在其母国便进入了成熟阶段。

尽管对专利权的法律保护会使创新国的垄断地位得以保持，但随着时间的推移，这种垄断地位极有可能会被打破，因为从长期来看，知识往往是一种免费产品。由于外国制造商会开展进口竞争，所以创新国从技术差距中所获取的好处只是暂时性的。一旦创新技术被普及开，外国制造商就会模仿其生产过程；而创新国也

[1] Raymond Vernon，"International Investment and International Trade in the Product Life Cycle," *Quarterly Journal of Economics*，80，1966，pp. 190-207.

将逐渐失去其比较优势，其出口周期随即进入衰退阶段。

　　当生产过程的标准化程度提高到该生产过程足以在其他国家轻而易举地开展时，该产品的贸易周期就完成了，该项技术突破也由此不再仅仅使创新国受益。事实上，当创新国的垄断地位因来自国外的竞争而消除时，创新国自身将有可能成为该产品的净进口国。

　　产品生命周期理论对于像美国这样的创新国家来说是有意义的。美国从贸易中获得的利益在很大程度上取决于美国科技创新的速率和美国技术向其他国家扩散的速率之间的动态平衡。除非美国科技创新的步伐能够赶得上技术扩散的节奏，否则美国从贸易中所能分享的利益将会下降。作为一个例证，袖珍计算器的产品发展史说明了一种产品会经历国际产品生命周期的各个阶段。1961 年，Sunlock 商用计算器公司的工程师发明了袖珍计算器，并很快以大约 1 000 美元的价格将其投放市场。与计算尺（被当时的高中生和大学生们广泛使用）相比，Sunlock 袖珍计算器的计算结果更加精确，而与具有大致相同功能的大型机械计算器和计算机相比，Sunlock 袖珍计算器更加便于携带。

　　到 1970 年，已经有几家美国和日本的公司进入袖珍计算器市场，这些公司包括德州仪器、惠普（Hewlett-Packard）和卡西欧（Casio）（日本）。日益激烈的竞争迫使袖珍计算器的价格下降至大约 400 美元。随着 20 世纪 70 年代的经济发展，又有一些公司进入袖珍计算器市场，而且有的公司也开始在新加坡和中国台湾等美国以外的地区设厂，利用当地廉价的劳动力组装计算器，然后再把这些计算器运往美国。不断的技术进步在使产品获得改进的同时也降低了产品价格。到 20 世纪 70 年代中期，袖珍计算器的售价通常在 10～20 美元之间，有时甚至更低。到 20 世纪 70 年代末期，袖珍计算器似乎就已经达到了产品生命周期的标准化阶段。在这一时期，产品制造技术普及至整个产业，价格（从而也就是成本）竞争对于企业来说意义重大，企业普遍追求产品差异化。在不到两个十年的时间里，袖珍计算器的国际产品生命周期就已经完成了。

3.6　动态比较优势：产业政策

　　大卫·李嘉图的比较优势理论对国际贸易理论和政策的影响持续了将近 200 年。这一理论认为，一国通过促进自由贸易，并让竞争性市场来决定生产什么以及如何进行生产，将能提高福利水平。

　　李嘉图的理论重点关注专业化分工和国内既存资源的重新配置。但是，该理论实质上是一种静态理论，它没有考虑到产业的比较优势或比较劣势在几十年发展过程中的动态变化，而且也忽视了贸易国有可能通过创造或进口来获得某些额外资源这一事实。

　　东亚国家在第二次世界大战以后的经济腾飞似乎可以对人们只从静态意义上理

3

解比较优势做出修正。例如，日本人最先认识到可以通过调动熟练劳动力、技术和资本的积极性来创造一个产业的比较优势。此外，他们还发现除了经济部门之外，政府部门也能够通过制定政策来为比较优势随时间流逝而发生转变创造机会。这个转变的过程被称为**动态比较优势**（Dynamic Comparative Advantage）。当政府积极地参与比较优势的创造过程时，我们就要用到**产业政策**（Industrial Policy）这样一个术语。

简单地说，产业政策是恢复、提高和发展一个产业的战略。支持者认为政府应该制定政策，刺激新兴的"朝阳"产业（如高技术产业）的发展。这种战略要求引导资源投向生产率最高、与其他产业联系紧密（如半导体产业）而且其未来的竞争力有着重要影响的产业。可以预期，这类政策会提高国内经济的平均生产率水平，并增强其在世界市场上的竞争力。

政府可以采用多样化的政策来发展和振兴一个产业，例如反垄断豁免、税收激励、研发补贴、贷款担保、低息贷款以及贸易保护等。为了创造比较优势，政府需要识别"优胜产业"，然后鼓励资源流向最具发展前景的产业。

为了更好地理解动态比较优势的重要性，我们可以结合李嘉图比较优势理论中的经典例子来进行思考。在18世纪，葡萄牙生产的布匹和葡萄酒比英格兰生产的都要便宜，尽管如此，葡萄牙和英格兰通过各自专业化生产葡萄酒和布匹仍然会使两国受益。根据静态比较优势理论，如果每个国家都在现有比较优势的产业上进行专业化生产，那么两国都将获益。

然而，如果遵照这个处方来解决问题，那么葡萄牙就将因短期利益而牺牲长期发展机会。相反，如果葡萄牙接受动态比较优势理论的话，那么它就应该在当时处于上升阶段的产业（布匹）上进行专业化生产。这样，葡萄牙政府（或者葡萄牙的纺织品制造商）就应该制定相应的政策以促进布匹产业的发展。这一战略要求葡萄牙考虑如何在"朝阳"产业上获取或创造优势，而不是仅仅接受现有的资源供给并尽可能有效地利用那种资源禀赋。

像中国这样的国家已经在利用产业政策来发展或者复兴包括钢铁、汽车、化工、运输在内的基础产业，以及像太阳能电池板和喷气式飞机这样重要的制造产业。尽管这些产业政策在特征和手段上千差万别，但它们都有一个共同点，那就是政府在经济中发挥着积极的作用。通常，产业政策是由政府、企业和劳动者通过某种形式的三方协商共同制定的一项战略。

然而，对产业政策持有反对意见的人们认为，如果所有贸易国都采取限制进口、补贴出口的政策，将会导致"以邻为壑"的限制性贸易保护主义。他们还指出，产业政策的实施可能会导致分肥式政治（pork barrel politics），也就是那些政治影响力较大的产业将能得到政府的扶持。

世界贸易组织裁定政府对波音和空中客车的补贴违法

产业政策的一个例子是政府对商用喷气式飞机产业提供补贴，比如政府就对波音公司和空中客车公司提供了补贴。尽管加拿大、巴西、中国和其他国家制造商的加入提高了商用喷气式飞机市场的竞争程度，但世界商用喷气式飞机市场现在仍然是一个垄断型市场，美国的波音公司和欧洲的空中客车公司在市场中占据支配地位。在 20 世纪 70 年代，空中客车的销量占世界喷气式飞机市场的份额不足 5%；而目前，该公司占据了大约一半的世界市场份额。

美国不断指责空中客车从欧洲政府获得不公平的补贴，美国官员认为，这些补贴使得美国企业处于竞争劣势。据称，空中客车在开发新型喷气式飞机过程中获得了低于市场利率的贷款，而且贷款总额占飞机开发成本的 70%～90%。在竞争性市场条件下，企业通常应该按照事先预定的时间表还贷，但是空中客车却可以拖延到卖出飞机以后再还贷，而如果飞机销量不达标的话，空中客车甚至可以不用全额偿付贷款。尽管空中客车声称绝无此事，但波音认为空中客车享有的贷款政策降低了企业的商业风险，这一优势使空中客车更容易获得融资。美国认为这些补贴使得空中客车能够制定不符合实际的低廉价格，能够向航空公司提供优惠或者有吸引力的融资条款，也能够抵偿飞机的开发成本。

空中客车为其所享有的补贴进行了辩护，依据是该公司享有补贴可以阻止美国在商用喷气式飞机市场上形成世界范围的垄断。如果没有空中客车，那么欧洲航空公司的飞机供应将只能依赖波音。欧洲政府向空中客车提供补贴，主要是因为担心对外依赖使得欧洲在科技前沿领域丧失自主权。

空中客车还指证波音也享有政府援助，虽然它不像空中客车那样获得直接补贴，但是它获得了间接补贴。例如，美国政府机构对波音参与的航空和飞行推进系统的研究提供支持；在军事研究和军事采购方面对商用喷气式飞机的创新予以支持；由陆海空三军资助的研究成果对商用喷气式飞机产业产生了间接却重要的技术溢出效应，其中尤以对飞机引擎和飞机设计的影响最为显著；波音将其喷气式飞机的部分生产分包给日本和中国等国家，而这些国家的制造商也获得了大量的政府补贴；华盛顿州和南卡罗来纳州向波音提供税收减免，因为波音在这两个州设有大量的生产工厂。按照空中客车的说法，这些补贴增强了波音的竞争力。

为了解决波音和空中客车之间有关补贴的争执，美国和欧洲在 1992 年达成协议以限制对这两家制造商提供补贴。协议的主要条款是这两家制造商从政府那里获得的用于产品开发的补贴不得超过产品开发总成本的 33%；此外，企业获得的间接补贴不得超过单个企业商用喷气式飞机销售收入的 4%。

尽管 1992 年的补贴协议缓和了当时美国和欧洲之间的贸易紧张局势，但是到 21 世纪初，双方之间有关补贴的争端再度升温。美国指责欧盟继续向空中客车提供补贴，并且要求欧盟就 1992 年达成的补贴协议进行重新协商。在 2005 年，波音和空中客车向世界贸易组织（WTO）提交了诉讼，指控对方分别受到欧洲政府、美国政府的非法补贴。

在 2010—2012 年和 2019—2020 年，世界贸易组织裁定波音和空中客车都从政府那里获得了非法补贴，但相对于美国政府来说，欧洲政府实施了更多的禁止性补贴。鉴于这些补贴，在 2019—2020 年，世界贸易组织授权欧盟每年可以对总值 39.9 亿美元的波音喷气式飞机和其他美国商品征收关税，同时也授权美国每年可以对总值 75 亿美元的空中客车喷气式飞机和其他进口自欧洲的产品征收关税。世界贸易组织的裁决使得欧美双方要么通过谈判达成解决方案，要么开打一场旷日持久的贸易战；双方最终表示它们倾向于通过谈判解决争端。

2021 年 6 月，美国和欧盟同意暂停有关向空中客车和波音提供补贴的贸易争端，并将由世界贸易组织授权的对对方飞机制造商征收的惩罚性关税搁置五年，同时停止实施可能危害对方的发展激励措施。过去，波音和空中客车在将自己的飞机交付给大西洋对岸的买家时，要么自己承担关税，要么将关税转嫁给航空公司买家；关税约占到飞机售价的 15%。如此高额的关税可能会阻碍两家公司将其产品交付至竞争对手的国内市场，然而美国和欧盟达成的暂停协议消除了这种风险。达成关税暂停协议的目的是为谈判人员留出时间和空间，这可以使他们能够为补贴争端找到持久的解决方案。

波音与空中客车之间有关补贴的争端，使得美国和欧洲主管航空航天事务的官员们越来越紧迫地认识到，他们有必要达成和解以应对来自中国的一家新兴国有航空航天公司——中国商用飞机有限责任公司（COMAC，中国商飞公司）的威胁。中国商飞公司正在开发一款名为 C919 的单通道双引擎飞机，该飞机有望在 21 世纪 20 年代与波音和空中客车的喷气式客机展开竞争。在撰写本教材时，全球喷气式客机产业的竞争将如何演变仍有待观察。

3.7　政府规制政策和比较优势

政府除了通过提供补贴来提高本国产业的竞争力以外，还会通过制定商业规章条例来实现安全生产、产品安全以及环境清洁等目标。在美国，这些规章条例分别由职业安全与健康管理局（Occupational Safety and Health Administration，OSHA）、消费品安全委员会（Consumer Product Safety Commission，CPSC）和环境保护署（Environmental Protection Agency，EPA）制定。尽管政府规制可能会提高公众的福祉，但它也会增加国内企业的成本。美国钢铁学会的研究表明，目前，美国的钢铁生产商拥有先进的技术，生产成本低廉，环保意识较强，并且以消费者需求为导向，但是它们一直都承受着来自美国政府的规制负担，这损害了企业的竞争力和贸易前景。

对产品和服务实施严格的政府规制往往会增加企业成本并且损害产业的竞争力，这对于出口企业和进口竞争企业来说都是如此。尽管从社会福利的角度来看，政府规制是正当的，但政府规制对贸易竞争力所产生的负面影响以及随之产生的就业损失长期以来都引发了人们对相关政策的担忧。接下来我们考察一下政府制定的商业规章条例是如何影响竞争优势的。

图 3.4 描述了在生产过程中引入环境保护条例所产生的贸易效应。假设世界上只有两个国家——韩国和美国——生产钢铁。两国的供给和需求曲线分别为 $S_{S.K.0}$ 和 $D_{S.K.0}$，$S_{U.S.0}$ 和 $D_{U.S.0}$。在没有贸易的情况下，韩国生产商以每吨 400 美元的价格销售 5 吨钢铁，而美国生产商以每吨 600 美元的价格销售 12 吨钢铁。也就是韩国在钢铁生产上享有比较优势。

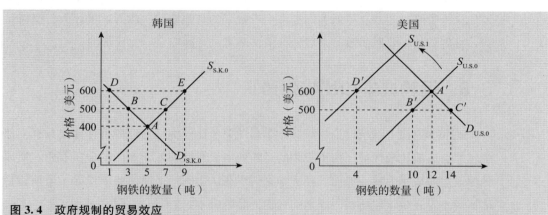

图 3.4　政府规制的贸易效应

对美国钢铁公司实行政府管制政策（清洁环境、工厂安全和产品安全）导致公司成本增加和市场供给减少，这减弱了美国钢铁公司的竞争力，减少了它们在美国钢铁市场中的份额。

通过自由贸易，韩国会提高钢铁生产的专业化水平，而美国则会减少钢铁的生产。在成本递增的情况下，韩国钢铁的成本和价格上升，而美国钢铁的价格和成本下降。当两国的钢铁价格等于每吨 500 美元时，贸易进一步增长的基础便消失了。在这一价格水平上，韩国生产 7 吨钢铁，其中 3 吨用于国内消费，4 吨用于出口；而美国生产 10 吨钢铁，消费 14 吨，进口 4 吨。

现在假设生产钢铁时会向美国的水道中排污，美国环境保护署因此对国内的钢铁生产商实施污染管理条例。遵守这些规章制度会增加企业的生产成本，这使得美国的钢铁供给曲线移至 $S_{U.S.1}$。这样，美国的环境规制就为韩国的钢铁公司提供了额外的成本优势。随着韩国的钢铁公司扩大钢铁产量，比如达到 9 吨，由于生产成本更高，致使其钢铁价格上升至 600 美元。在这个价格水平上，韩国消费者仅需要 1 吨钢铁，过剩的 8 吨供给将被销往美国。由于韩国将钢铁的价格定在 600 美元，所以美国的钢铁需求量是 12 吨。由供给曲线 $S_{U.S.1}$ 可知，当价格为 600 美元时，美国企业仅生产 4 吨钢铁，8 吨钢铁的超额需求将由从韩国进口的钢铁来满足。对美国钢铁企业来说，由于实施污染管理条例所增加的成本使其在竞争中处于更加不利的地位，并且进一步减少了其在美国市场中的份额。

因此，环境规制导致了美国的政策权衡。由于增加了国内钢铁企业的成本，环保规章条例使得美国更加依赖于外国的钢铁产品。然而，环保规章条例却为美国居民提供了更清洁的水和空气，以及由此带来的高品质生活。此外，美国其他产业（如林业）的竞争力也会因清洁的空气和水而受益。这些效应都是政府在制定最优环境规制政策时必须考虑到的。同样的原则适用于职业安全与健康管理局为保障工作场所安全所制定的规章制度，以及消费品安全委员会为保障产品安全所制定的规章制度。

为了促进美国的经济增长并提高其生产商的竞争力，唐纳德·特朗普在就任总统以后减少了联邦管理条例的数量。特朗普放松政府管制的领域包括环境、健康以及他认为管制过度并且降低美国经济生产效率的其他领域。然而，批评人士坚持认为，特朗普放松管制的政策是以牺牲清洁环境、产品安全等为代价的。

3.8 运输成本和比较优势

正如本书第 2 章所讨论的那样，李嘉图关于比较优势的经典著作假设只有生产成本才会影响比较优势。由于货物的运输成本没有被纳入李嘉图的分析视野，所以他假设运输成本为零。然而，经济学家们现在认识到，比较优势原理除了应该包括生产成本，还应该包括在国家之间运送商品的成本。

运输成本（Transportation Costs）是指运送商品的成本，包括运费、包装和保管费以及保险金。这些成本都会阻碍贸易和自由贸易利益的实现。各国在运输成本上的差异是比较优势的一个来源，它会影响贸易量和贸易商品结构。

3.8.1 贸易效应

运输成本的贸易效应可以通过基于成本递增假定的、传统的供给与需求模型加以说明。图 3.5（a）给出了美国和加拿大对汽车的供给和需求曲线。假设美国在汽车生产上具有比较优势，美国和加拿大两国相应的均衡点分别为点 E 和点 F。在没有贸易的情况下，美国汽车的价格为 4 000 美元，低于加拿大的 8 000 美元。

如果允许开展贸易，美国将更加专业化于汽车生产，而加拿大将会减少汽车的生产；这样，在成本递增的条件下，美国汽车的成本和价格水平将上升，而加拿大的汽车价格将下降。当两国汽车的价格均为 6 000 美元时，贸易进一步增长的基础就消失了。在这一价格水平上，美国生产 6 辆汽车，消费 2 辆，出口 4 辆；加拿大生产 2 辆汽车，消费 6 辆，进口 4 辆。这样，两国的均衡价格均为 6 000

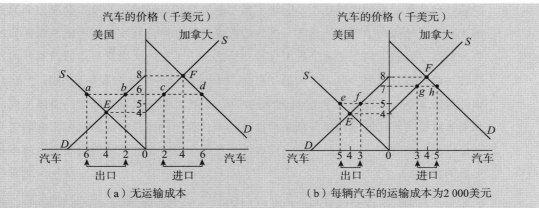

图 3.5　成本递增条件下的自由贸易

在没有运输成本的情况下，自由贸易使得贸易国之间的贸易品及资源的价格出现了均等化。如果存在运输成本，那么生产成本较低的出口国将生产更少、消费更多，从而出口更多；而生产成本较高的进口国将生产更多、消费更少，从而进口更少。在这种情况下，两个国家生产的专业化水平都降低了，它们从贸易中获得的利益也都减少了。

美元，因为这时美国在汽车上的超额供给量正好匹配了加拿大在汽车上的超额需求量。

如果把运输成本引入分析，那么本案例的分析结论就需要加以修正。假设汽车从美国运送到加拿大的单位运输成本为 2 000 美元，如图 3.5（b）所示。美国生产商过去会发现生产汽车并将其出口到加拿大将有利可图，直到相对的价格优势消失为止。但是如果在分析中引入运输成本，美国的出口价格就应等于国内的生产成本加上将汽车运送到加拿大的成本。而当美国的汽车价格与运输成本**之和**上升到与加拿大的汽车价格持平时，贸易的基础就会消失。当这种情况出现时，美国的汽车价格升至 5 000 美元，加拿大的汽车价格跌至 7 000 美元，即两国间的汽车价格差刚好等于单位运输成本 2 000 美元。受运输成本的影响，两国汽车的价格并不一致，它们各有不同的国内汽车价格。

与不考虑运输成本的自由贸易情形相比，当考虑运输成本时，生产成本较高的进口国将生产更多、消费更少，从而进口更少；而生产成本较低的出口国将生产更少、消费更多，从而出口更少。因此，运输成本一般会减少贸易量，降低相关国家生产的专业化水平，从而减少贸易利益。

将运输成本引入分析就改变了之前的贸易模型的结论。只要在贸易前两国商品的价格差大于两国间的商品运输成本，那么该商品就将发生国际贸易。当贸易达到均衡时，贸易商品在出口国的价格要低于其在进口国的价格，价格差额等于运输成本。

将运输成本引入分析也会影响本章前面提及的要素价格均等化理论。回顾一下，该理论指出，自由贸易使两国的商品价格和要素价格均趋于均等化，以至所有工人获得相等的工资率，每一单位资本都将获得相同的利息收入。自由贸易之所以能够导致要素价格的均等化，是因为本来不能流动到其他国家的投入要素以商品的形式隐含式地流出了国界。然而，当我们考察现实世界时会发现，美国汽车工人的收入要高于韩国的汽车工人。产生这种差异的一个可能的原因就是运输成本。由于存在运输成本，原本生产成本较低的韩国汽车要以较高的价格在美国市场上销售，因此运输成本的存在就减少了韩国汽车在美国市场上的销量。贸易量的下降使商品和要素价格均等化的过程提前结束。也就是说，美国汽车的价格和汽车工人的工资不会降到韩国的水平。因此，运输成本缓解了生产进口竞争产品的、高收入的本地工人的压力。

3.8.2 运输成本下降促进了贸易繁荣

如果到处都有商人在销售进口商品，那么其中定有原因。国际贸易一直在以飞快的速度扩张，那么是什么原因引起国际商业的扩张呢？关税和配额等贸易壁垒的削减当然是原因之一。像墨西哥和中国这样原本很少参与国际贸易的国家不断开放其经济是另一个原因。但是，还有一个原因能够促进贸易繁荣却在很大程度上没有被注意到，这个原因就是将商品运送到市场的成本在不断地下降。

现在，运输成本不再像过去那样是一个严重的贸易障碍。原因之一是，与过去相比，全球经济对运输成本的敏感程度显著降低了。例如，在20世纪初，制造业和农业在大多数国家是最重要的两个产业，国际贸易也因此集中于铁矿、小麦等原材料或钢铁等加工产品。这类商品通常较为笨重，这使得该类商品的运输成本往往要高于产品本身的价值，结果是运输成本成为影响贸易量的一个重要因素。然而随着时间的推移，世界的产出品类发生了变化，产品的价值不再与其体积和重量相关，制成品取代初级商品成为主要的贸易商品。这样，每进口或出口价值1美元的商品需要花费的运输成本就变小了。

商品运输效力的提高也促使运输成本下降。在20世纪早期，进口或出口的实物交割过程是非常困难的。如果一家英国纺织品公司希望将产品销往美国，那么首先要在该公司的装货月台由工人将一匹匹的布装上卡车。卡车到达港口以后，再把货物卸下，一匹匹地搬进码头附近的仓库。当运输船舶准备出发时，码头工人需要将布匹搬出仓库并装入船舱，再由另外一些码头工人把布匹在船舱里安置好。在货物到达美国以后，还要经历一个反向的卸载过程。这种运输过程的确是一项复杂的工作，既费力又费钱。随着时间的推移，运输技术有了极大的进步，比如出现了现代远洋邮轮、装载航运货物的标准集装箱、计算机管理的装运港口，以及美国联合包裹运送服务（United Parcel Service）公司、联邦快递（Federal Express）公司等综合使用飞机和货车进行快速递送货物的专业化运输企业等。这些因素以及其他一些因素都降低了运输成本，并且促进了国家间的贸易增长。

然而，目前海运成本又有所增加，这不仅使贸易受到抑制，而且使贸易方向也发生了转移，因为市场要寻找更短的从而也是成本更加低廉的运输路线。由于运输成本上升，市场倾向于用来自距离较近地区的商品替代来自地球另一端的商品，因为后者承载着大幅膨胀的海运成本。比如，艾默生电气（Emerson Electric）公司，一家位于美国圣路易斯市生产电机设备和其他电力设备的企业，在 2008 年将其部分生产业务从亚洲搬迁到墨西哥和美国以更加接近北美消费者，这在一定程度上是为了抵消日益上涨的运输成本。

专栏

集装箱如何彻底改变了世界航运业

集装箱随处可见，数以百万计，它们是由铝或钢制成的，长度为 10 英尺、20 英尺或 40 英尺，装载在火车和卡车上在全国各地运输。在全世界的港口码头，集装箱也被极其频繁地装载到巨型轮船上或者从轮船上卸载下来。集装箱的出现彻底改变了航运界，而这又是怎么发生的呢？

在 20 世纪 60 年代以前，用轮船运输货物是一项非常复杂并且耗资巨大的工作，它首先需要数百万人在城市的街道上通过推拉、拖拽来转运货物。就是通过这种方式，码头上堆满了大量的货物，而将货物装卸船舶的过程通常又要花费数周的时间，其费用要占到航运成本的 60%～75%。货物被装在式样各异的容器里，由于搬运这些货物不仅困难而且耗时较长，所以工厂有必要设立在靠近码头的地方，以便能够快速地获取原材料。简而言之，那时船舶装卸的方式与 3 000 年前古腓尼基人的做法非常相似。

在 20 世纪 50 年代末，商人马尔科姆·麦克莱恩（Malcom McLean）创立了海陆航运公司（Sea-Land Shipping Company），这是第一家专门从事集装箱运输的美国运输公司。麦克莱恩有一个好主意：与其把所有货物打包以后装进船里，拆包，分拣，将各种货物放在卡车或者火车上，然后再次拆包，为什么不把所有的货物都放进一个集装箱里呢？麦克莱恩构想了一个高效的运输系统，货物可以被放进一个集装箱里，然后无须处理即可运往世界各地，需要做的仅仅是将同一个集装箱安置在船舶上、火车上和卡车上。麦克莱恩的运输系统有用吗？在 1956 年，手工装载一艘货船的成本大约为每吨 5.90 美元，而在 20 世纪 60 年代初，用集装箱装载一艘货船的成本仅为每吨 16 美分，费用相当于原来的 1/37。

1963 年，麦克莱恩在新泽西州纽瓦克市开设了一处新的港口设施，以办理集装箱运输。然而，直到 20 世纪 60 年代末，集装箱市场一直发展缓慢，许多港口没有起重设备来装卸集装箱，对于这样一个沉浸在传统中的产业来说，变革总是姗姗来迟。此外，工会对于威胁其成员工作机会的新技术也采取了抵制态度。然而，这些障碍终于逐渐减少，集装箱运输最终也成为美国乃至全世界航运业的标准。

麦克莱恩有关集装箱运输的构想改变了货物的产地属性和各国的贸易方式，因为它降低了国际航运成本，提高了可靠性，减少了偷盗，并且降低了保险费率。集装箱运输促进了贸易量的增长，为即时供应（just-in-time supply）和制造链（manufacturing chains）的创建提供了条件，并且降低了消费品的价格。此外，集装箱运输还使得制造商不必再急于将厂址设在靠近港口的地方，一些老旧的港口也因不能满足集装箱运输的要求而退出历史舞台，像纽约港这样技术高效的港口大受欢迎。如果你碰巧去纽约、洛杉矶、休斯敦或西雅图旅行，不妨参观一下那里的港口，看一看集装箱从靠泊的轮船上卸载下来的情景，那可能会让你觉得我们都应该好好地感谢一下马尔科姆·麦克莱恩。①

专栏

鲁珀特王子港：改变了航线的竞争力

你去过加拿大鲁珀特王子港（Port of Prince Rupert）吗？如果没有去过的话，那么就朝着华盛顿州西雅图市以北1 000英里的地方出发，到达加拿大不列颠哥伦比亚省的西部以后，你就会发现这个有着15 000名居民并且风景秀丽的社区。到2015年，鲁珀特王子港已经成为亚洲制成品在北美地区的主要入口。在鲁珀特王子港，有大约90%的入港集装箱要通过火车和卡车运送到美国。

航运公司当然希望通过最快捷并且最廉价的航线将亚洲产品运送到美国。然而，由于存在交通拥堵、劳资纠纷以及税收问题，托运人在与美国港口交涉业务时有时会遇到困难。比如，美国政府征收一项联邦港口维护税，托运人无论来自何处都需要为此承担每个集装箱25美元到500美元不等的费用。此外，国际码头工人和仓库联盟（International Longshoremen and Warehouse Union）有时也被指责为了在谈判期间向港口管理层施压以为其会员争取更高的工资而放任工人消极怠工。港口管理层声称，工人消极怠工已经使得西雅图、塔科马和奥克兰等地港口的货物堆积如山。然而，国际码头工人和仓库联盟的官员们则坚称，减缓货物运输速度是为了保障其工人们的安全。

同时，加拿大西部太平洋沿岸港口具有天然的地理优势——相对临近性。比如，由于地球表面弯曲，鲁珀特王子港是北美距离亚洲最近的港口，从鲁珀特王子港乘船去中国要比从美国洛杉矶出发早三天到达。鲁珀特王子港的另一个优势是其拥有世界上最深的天然不冻港之一。因此，加拿大政府已经投入了大量资金用以改善铁路和公路交通，并且提高其西海岸港口的边境检查能力，从而使美国产品更容易进入加拿大。不仅如此，加拿大国

① Marc Levinson，*The Box：How the Shipping Container Made the World Smaller and the World Economy Bigger*，Princeton University Press，Princeton，NJ，2006；Craig Martin，*Shipping Container*，Bloomsbury Publishing Co.，New York，2016；and World Shipping Council，*Container Shipping in Ten Steps*，2016，available at www.worldshipping.org.

家铁路（Canadian National Railway）公司也已投资数十亿美元，以缩短沿其西部走廊前往美国的行程时间。

鲁珀特王子港拥有五个世界级的码头，其中包括北美地区吞吐量增长最快的集装箱码头，同时鲁珀特王子港还拥有大量可供开发的工业用地，这些都使鲁珀特王子港在促进加拿大与亚洲经济体之间的贸易增长中发挥着作用。事实上，美国的港口管理者们也已经注意到来自加拿大西部太平洋沿岸港口的竞争，而且他们明白，一个港口一旦失去了业务，那么它就很难将业务再争取回来。

2014—2015 年的情况就是如此。当时的一场劳资纠纷导致美国西海岸的多个港口在长达数月的时间里拥堵不堪。由于无法通过这些港口运送货物，同时也是为了避开工会工人和港口管理层之间的劳资谈判失败以后可能会出现更大程度的港口拥堵，企业纷纷将业务转移到美国东海岸和墨西哥湾沿岸的货运港口，以及加拿大西部和墨西哥的港口。这对于美国西海岸的港口、卡车司机和铁路运营方来说都是个坏消息。[①]

3.9　小结

1. 贸易的直接基础源于国家间产品的相对价格差异。因为相对价格由需求和供给决定，所以资源禀赋、技术和国民收入等因素是贸易基础的根本决定因素。

2. 要素禀赋理论认为国家间相对要素禀赋的差异构成了贸易基础。该理论认为一国将出口那些大量使用其丰裕且廉价的资源生产出来的商品。反之，一国将进口那些使用其相对稀缺且昂贵的资源生产出来的商品。要素禀赋理论还指出，通过贸易，国家间资源价格的相对差异会逐渐消失。

3. 根据斯托尔珀-萨缪尔森定理，将相对丰裕的要素投入生产不仅能为该国带来比较优势，而且会使丰裕要素的收入增加。与之相对应，稀缺要素的收入将下降。

4. 特定要素理论分析了资源在产业间无法流动时，贸易对收入分配的短期影响，并得出结论认为进口竞争产业中的特定要素往往会在贸易中遭受利益损失，而出口产业中的特定要素往往会从贸易中受益。

5. 通过扩大国内市场规模，国际贸易可以延长企业的生产周期并且促使企业提高生产效率（比如，大规模生产）。这种规模经济效应可以降低产品价格，从而提高企业的竞争力。

6. 斯塔凡·林德对世界贸易模式提出了两种解释。初级产品和农产品的贸易非常符合要素禀赋理论。而制成品的贸易可以用国家间重叠的需求结构很好地解释。对于制成品来说，

---

① Laura Stevens and Paul Ziobro, "Ports Gridlock Reshapes the Supply Chain," *Wall Street Journal*, March 6, 2015; David George-Cosh, "Fastest Asia-U. S. Shipping Route? Canada's Ports," *Wall Street Journal*, December 11, 2014; and Sara Aitchison, "Port Labor Dispute: Both Sides Must Improve Intervention, Union Members Not Convinced," *Puget Sound Business Journal*, November 11, 2014.

两国的需求结构越相似，也就是两国的人均收入越接近，贸易的基础就越坚实。

7. 除了产业间贸易外，国家间的商品交换还包括产业内贸易，即相似产品的双向贸易。产业内贸易既发生在同质化产品之间，也发生在差异化产品之间。

8. 产品生命周期理论是一种动态的国际贸易理论。该理论认为形形色色的制成品都将经历一个贸易周期，在这个周期中，一国最初为出口国，接下来会失去出口市场，并在最终成为该产品的进口国。实证研究发现制成品有时确实存在贸易周期。

9. **动态比较优势**是指通过调动熟练劳动力、技术和资本等生产要素的积极性来创造比较优势，这既可由私人部门发起，也可由公共部门发起。当政府试图创造比较优势时，就需要实施**产业政策**。产业政策试图通过税收激励和研发补贴等手段来促进新兴朝阳产业的发展。

10. 一国的商业法规会影响其产业的竞争地位。企业通常也会遵照这些法规采取一些措施，比如安装污染控制设备，但这会增加企业的成本，也会削弱国内产业的竞争力。

11. 运输成本在提高贸易商品的价格的同时减少了国际贸易的数量。只有当国家间的运输成本小于贸易前相关产品的价差时，该产品的贸易才会发生。

3.10　关键概念及术语

- 资本—劳动比率（Capital-Labor Ratio；p. 62）
- 动态比较优势（Dynamic Comparative Advantage；p. 80）
- 规模经济（Economies of Scale；p. 74）
- 外部规模经济（External Economies of Scale；p. 75）
- 要素禀赋理论（Factor-Endowment Theory；p. 62）
- 要素价格均等化（Factor-Price Equalization；p. 68）
- 赫克歇尔-俄林理论（Heckscher-Ohlin Theory；p. 62）
- 产业政策（Industrial Policy；p. 80）
- 产业间贸易（Inter-Industry Trade；p. 77）
- 内部规模经济（Internal Economies of Scale；p. 74）
- 产业内贸易（Intra-Industry Trade；p. 77）
- 卢德主义者（Luddites；p. 73）
- 产品生命周期理论（Product Life Cycle Theory；p. 78）
- 特定要素（Specific Factors；p. 71）
- 特定要素理论（Specific-Factors Theory；p. 71）
- 斯托尔珀-萨缪尔森定理（Stolper-Samuelson Theorem；p. 69）
- 重叠需求理论（Theory of Overlapping Demands；p. 76）
- 运输成本（Transportation Costs；p. 84）

3.11　习题

1. 运输成本对国际贸易模式有何影响？

2. 解释商品和要素投入的国际流动如何促使国家间要素价格的均等化。

3. 对于国际贸易模式的解释，李嘉图理论与要素禀赋理论有什么区别？

4. 要素禀赋理论论证了贸易如何影响贸易伙伴间的收入分配。请加以解释。

5. 里昂惕夫之谜如何对要素禀赋模型的普遍适用性提出挑战？

6. 斯塔凡·林德的理论对国际贸易模式有两种解释：一种是对制成品，另一种是对初级（比如农业）产品。请加以解释。

7. 近期的世界贸易统计数字是支持还是反驳了制成品的生命周期理论？

8. 规模经济如何影响国际贸易模式？

9. 区分产业内贸易与产业间贸易。产业内贸易的主要决定因素是什么？

10. **产业政策**的含义是什么？政府如何创造朝阳产业的比较优势？在制定产业政策时会遇到什么问题？

11. 政府规制政策如何影响一个产业的国际竞争力？

12. 国际服务贸易由什么因素决定？

13. 表 3.6 列出了瑞典和挪威对计算器的供求情况。画出每个国家的供给与需求曲线。

a. 在没有贸易的情况下，瑞典和挪威的计算器的均衡价格和产量各为多少？哪个国家在计算器的生产上具有比较优势？

b. 假设没有运输成本。在有贸易的情况下，进出口平衡时的价格为多少？在此价格水平下，计算器的贸易量是多少？两个国家分别生产和销售多少台计算器？

c. 假设计算器从瑞典运送到挪威的单位运输成本为 5 美元。那么通过贸易，运输成本对瑞典和挪威的计算器价格会产生什么影响？两国分别生产、消费、出口或进口多少台计算器？

表 3.6　计算器的供求情况

瑞典			挪威		
价格（美元）	供给量	需求量	价格（美元）	供给量	需求量
0	0	1 200	0	—	1 800
5	200	1 000	5	—	1 600
10	400	800	10	—	1 400
15	600	600	15	0	1 200
20	800	400	20	200	1 000
25	1 000	200	25	400	800
30	1 200	0	30	600	600
35	1 400	—	35	800	400
40	1 600	—	40	1 000	200
45	1 800	—	45	1 200	0

14. 通常，运输成本对一国贸易商品的价格有何影响？对专业化程度有何影响？对贸易量又有何影响？

进一步探索

1. 关于特定要素理论更加详细的内容，请在本书线上学习系统 MindTap 中查询"**进一步探索 3.1**"。

3

第4章 关 税

根据自由贸易理论，在比较优势和专业化基础上的市场开放能够最有效率地利用世界资源。自由贸易和专业化分工不仅提高了世界福利，而且使参与贸易的每一个国家都从中受益，也就是每个国家都能克服自身的生产能力局限，实现在孤立条件下无法实现的消费组合。

然而，自由贸易政策经常会遭到企业和工人的抵制，因为进口竞争会使他们面临收入损失和就业机会减少。于是，政策制定者们就会左右为难，一方面，有人呼吁实行自由贸易政策，因为自由贸易可能会在长期提高全球经济效率，另一方面，有的选民则需要贸易保护政策，因为他们主要希望保住就业和收入等短期利益。自由贸易所产生的利益可能要经过许多年才能显现，而且会惠及社会的各个阶层；然而，自由贸易的成本却在当即就会存在，并且要由进口竞争产业中的工人等特定群体来承担。

在制定国际贸易政策时，一国政府必须在由自给自足（封闭市场）和自由贸易（开放市场）这两个极端所限定的政策光谱中选择政策定位。如果政府希望本国厂商免受国外竞争，那么它会刺激本国经济转向封闭状态或者自给自足状态。古巴和朝鲜一直以来都是高度封闭的经济体，其经济接近于自给自足状态。反之，如果一个经济体当局对货物和服务的国际交换不加以控制，那么它就倾向于实行自由贸易政策。中国香港和新加坡基本属于实行自由贸易政策的经济体。世界上其他经济体所实行的贸易政策处于两个极端之间。因此，贸易政策研究通常并不是要分析一国政府应该选择哪一种极端的贸易政策，而是要分析在政策光谱中应该如何定位，也就是分析政府需要执行"多大程度"的贸易自由化政策或者贸易保护主义政策。

本章对各种贸易壁垒进行分析，尤其要重点讨论关税在全球贸易体制中的作用。

4.1 关税的概念

关税（Tariff）是对跨越国界的产品课征的一种税。应用最普遍的关税是**进口**

关税，它是对进口产品课征的税。进口关税是货物在国内港口卸载之前征收的，征收所得的款项被称为**关税**（customs duty）。另一种不太常见的关税是**出口关税**，它是对出口产品课征的税。发展中国家一直以来都征收这种税。例如，加纳对出口的可可征收关税；石油输出国组织对出口的石油征收关税以增加财政收入，或者为提高全球石油市场的稀缺性，而提高世界市场的石油价格。

你知道美国禁止征收出口关税吗？在美国起草宪法的时候，生产棉花的南方各州担心从事纺织品制造的北方各州会迫使联邦政府通过征收出口关税来降低棉花价格。出口关税将减少棉花出口，进而导致美国境内棉花价格下降。经过谈判，为了防止征收出口关税，宪法中明文规定："禁止对任何一州输出的物品征税或征收关税"。

征收关税可能是为了对国内产业进行保护，也可能是为了维持财政收入。征收**保护性关税**（Protective Tariff）是为了减少进口品数量，以使本国进口竞争产品的生产商避免受国外的竞争。这种关税可以增加进口竞争产品的产量，而这在没有保护性措施的情况下是不可能实现的。征收**财政性关税**（Revenue Tariff）的目的在于增加政府税收收入，可以针对进口商品征收，也可以针对出口商品征收。

在1913年美国政府颁布征收个人所得税法令之前，关税是其财政收入的最大来源，占政府税赋收入的80%～95%。在当时的人们看来，关税不仅极为重要，而且在主要港口很容易征收。随着时间的流逝，在美国和其他发达国家的政府收入中，关税收入所占的比重已有所下降。截至2018年，美国政府的税收中只有大约1.5%来自关税。然而，许多发展中国家目前仍然要依赖关税，因为关税是其政府财政收入的一大来源。表4.1显示了部分国家关税收入在其政府财政收入中的百分比。

表 4.1　2018 年部分国家的国际贸易税收占政府收入的百分比

发展中国家	百分比	发达国家	百分比
贝宁	41.2	澳大利亚	3.3
巴哈马	34.8	新西兰	2.8
博茨瓦纳	31.7	加拿大	1.7
孟加拉国	24.6	美国	1.5
冈比亚	23.5	日本	1.4
中非共和国	23.0	墨西哥	1.2
斐济	18.7	瑞士	0.9
印度	11.3	挪威	0.2

资料来源：World Bank Data available at http://data.worldbank.org. See also International Monetary Fund, Government Finance Statistics, Yearbook, Washington, DC.

对于一些产品（比如葡萄、葡萄柚和花椰菜等农产品）所征收的关税会因其进入美国的时间不同而有所差异，这种关税差异取决于这些产品的成熟季节究竟在什么时候。当产品在美国不处于成熟季节时，这些产品的关税就会较低；而当产品处于成熟季节并且取得丰收时，对这些产品征收的关税就会较高。

当然，并不是所有进入美国的商品都要被征收关税。在 2019 年，只有大约21％的美国进口品需缴纳关税（进口关税），而 79％的进口品无须缴纳关税。对一部分进口商品之所以免征关税，主要是因为美国与其他国家签订了自由贸易协定（比如《美国—墨西哥—加拿大协定》），以及美国对进口自发展中国家的产品给予贸易优惠（普遍优惠制，GSP）。此外，有相当大一部分来自最惠国待遇国家的商品也是免征关税的。这些内容将在本书第 6 章、第 7 章和第 8 章中详细讨论。

93

4.2 关税的种类

关税可以分为从量关税、从价关税或混合关税。**从量关税**（Specific Tariff）是对进口商品的每个实物单位征收固定金额的关税。例如，一个美国进口商进口了德国的计算机，不管计算机的价格是多少，它都要为进口的每台计算机向美国政府支付 100 美元的关税。因此，如果美国进口了 100 台计算机，那么美国政府将获得10 000 美元的关税收入。

从价关税［Ad Valorem（*of Value*）Tariff］与销售税非常相似，是按进口商品价值的某一固定比率征收的关税。假设进口汽车需要缴纳 2.5％的从价关税，并且美国进口了总价值为 100 000 美元的汽车，那么政府将获得 2 500 美元（＝100 000×2.5％）的关税收入。无论美国进口的是 5 辆 20 000 美元的丰田汽车还是10 辆 10 000 美元的尼桑汽车，关税收入都是 2 500 美元。美国政府征收的绝大多数关税都是从价关税。

混合关税（Compound Tariff）是从量关税与从价关税的一种组合。例如，美国进口一台电视机需要支付的关税总额可能是 20 美元的从量关税再加上相当于价格 5％的从价关税。表 4.2 列示了美国对一些产品设置的关税税率。

表 4.2　美国部分进口商品的关税税率

产品	关税税率
扫帚	0.32 美元/把
鱼线	0.24 美元/条
腕表（没有镶嵌珠宝）	0.29 美元/个
球形轴承	2.4％从价
电动摩托	6.7％从价
自行车	5.5％从价
羊毛毯	0.18 美元/千克＋6％从价

续表

产品	关税税率
电子仪表	0.16 美元/个＋1.5％从价
自动传送杆	0.25 美元/个＋3.9％从价

资料来源：U. S. International Trade Commission，Tariff Schedules of the United States，Washington，DC，Government Printing Office，2019，available at https://www.usitc.gov/press_room/featured_news/official_2019_hts_now_available.htm.

从量关税、从价关税和混合关税各自具有哪些优点呢？

4.2.1 从量关税

由于是对每单位进口商品征收固定数额的税款，所以从量关税在实施和管理上都要相对更容易一些，特别是对于标准产品以及不容易估算价值的大宗商品。从量关税的一个主要缺点是其对国内生产商的保护程度与进口商品的价格呈反向关系。比如，如果对每辆汽车征收 1 000 美元的从量关税，那么价格为 20 000 美元的汽车的进口会受到较大程度的影响，而价格为 25 000 美元的汽车的进口则受到相对较小的影响。因此，在进口商品价格上涨时，从量关税会丧失部分保护效果，并导致国内企业更多地生产受保护程度较高的、相对便宜一些的商品。另外，在经济衰退期间，当廉价商品更为畅销时，从量关税就能为国内厂商提供更大程度的保护，也就是从量关税能够逐渐缓解外国竞争者不断降低其出口产品价格给国内厂商带来的冲击。

4.2.2 从价关税

从价关税通常更适用于制成品，因为它可以应用于质量等级差别很大的产品。由于从价关税等于产品价值的一个百分比值，所以当产品价值反映产品质量时，从价关税就能够区分出产品质量的细微差别。比如，在从价关税制度下，进口一辆价格为 20 000 美元的本田汽车要比进口一辆价格为 19 900 美元的丰田汽车支付更高的关税；但在从量关税制度下，两者所需支付的关税金额是相同的。

从价关税的另一个优点是，在价格变动时期，这种关税对国内生产商的保护程度不会发生变化。比如，如果从价税率是 20％，进口商品价格是 200 美元，那么关税是 40 美元。如果产品价格升高到 300 美元，那么所要征收的关税便上升至 60 美元；而如果产品价格降至 100 美元，那么关税就下降至 20 美元。由于从价关税的税收金额与产品价值成比例，因而在所有的价格水平上，从价关税都能够保持稳定的相对保护程度。从价关税的实际税收负担或保护作用不随课税基础的改变而变化，这一点与比例税很相似。近几十年来，为了应对全球性的通货膨胀，以及制成品在世界贸易中的重要性日益增强，从价关税已成为比从量关税更常用的关税形式。

在从价计税原则下，关税数额的确定乍看起来似乎很简单，但实际管理起来却很复杂。主要的问题是如何确定进口商品的价值，这一过程被称为**海关估价** (Customs Valuation)。如果海关估价官员对产品价值有异议，那么他将重新评估进口产品的价格。而且，进口商品的价格往往随时间而波动，这就使估价过程更为困难。

海关估价的另一个问题在于商品价值估计方法的多样性。例如，长期以来美国使用**离岸价估价法** [Free-on-Board（FOB）Valuation]，即按照离开出口国时产品的价值征收关税。而欧洲国家却一直惯用**到岸价估价法** [Cost-Insurance-Freight（CIF）Valuation]，即从价关税是进口商品到达目的地时总价值的一个百分比。CIF 价格包括运输成本，比如保险费和装运费。

4.2.3　混合关税

如果原材料被征收关税，那么由这些原材料生产出来的制成品通常就适合征收混合关税。对国内原料供应商提供的关税保护会使得国内制成品生产商处于成本劣势，这种劣势可以被混合关税中的从量关税部分抵消，同时混合关税中的从价关税部分可以为制成品的生产行业提供保护。比如，美国对机织纤维产品征收混合关税（0.485 美元/千克＋38%）。其中，从量关税部分（0.485 美元/千克）是给美国纤维产品生产商的补偿，因为美国对国内棉花生产商也提供了关税保护，从价关税部分（38%）是对美国纤维产品生产商本身提供的保护。

世界各国的进口关税税率大概是多少呢？表 4.3 列举了部分国家和地区的关税税率情况。

表 4.3　2018 年部分国家和地区的所有产品平均进口关税税率[a]（%）

国家/地区	百分比	国家/地区	百分比
巴哈马	26.8	日本	3.7
百慕大群岛	19.9	墨西哥	3.4
巴西	13.4	奥地利	2.5
柬埔寨	12.4	德国	2.4
古巴	9.9	丹麦	2.4
印度	8.9	加拿大	2.0
中国	8.5	中国香港	0.0
多米尼加共和国	6.3	世界平均	5.2

a. 以简单算术平均法计算的平均关税税率。

资料来源：World Bank Data available at http://data.worldbank.org.

4.3 有效保护率

在之前对关税的讨论中，我们假设某个特定产品完全由一个国家来生产。例如，假设戴尔公司（一家美国企业）台式计算机的生产完全依赖于美国的劳动力和美国生产的零部件。但是，这种假设忽视了这样一种可能性，即戴尔生产的台式计算机可能会用到某些进口零部件，如进口的存储芯片、硬盘驱动器以及微处理器等。

当生产台式计算机过程中使用了进口零部件时，戴尔所受到的保护程度就不仅取决于台式电脑整机的关税税率，而且取决于美国是否对生产台式计算机所使用的进口零部件征收了关税。这里的重点是，如果戴尔为了生产台式计算机必须进口一些零部件，那么台式计算机整机的关税税率将不能精确地反映戴尔受到的保护程度。

在分析关税问题时，经济学家们通常会将关税税率分为名义关税税率和有效关税税率。**名义关税税率**（Nominal Tariff Rate）指一国在关税税率表中公布的官方关税税率，适用于该国进口的**最终产品**（*finished product*）。**有效关税税率**（Effective Tariff Rate），其计量因素既包括最终产品的名义关税税率，又包括最终产品的生产过程中使用的每一种**进口零部件**的关税税率。[①]

如果美国对进口的台式计算机整机设置的关税税率为零，而对生产台式计算机所需使用的进口零部件设置大于零的关税税率，那么戴尔非但没有受到保护，反而还要承担税负。也就是说，对台式计算机整机设置的名义关税对戴尔的生产具有保护作用，而对进口零部件设置的关税则增加了戴尔的生产成本，加重了戴尔的税负。

为什么美国政府会对生产台式计算机所需的进口零部件设置较低的（零）关税税率，而对进口的台式计算机整机却维持较高的关税税率？因为这样的政策可以使戴尔通过购买更便宜的进口零部件来降低其生产成本，从而提高其竞争力，而这将促使戴尔增加台式计算机的生产以及公司的雇员人数。换句话说，这种进口关税结构使戴尔的增加值实现了相对较大幅度的增长。

有效保护率衡量了在最终产品和中间产品都有进口的情况下一国关税结构的总体保护效果。具体到戴尔来说，有效保护率是指对台式计算机整机征收的名义关税和对生产台式计算机过程中使用的进口零部件征收的关税共同提供的保护程度，它明确衡量了由于对进口的台式计算机整机和零部件都征收关税所导致的每单位台式计算机产出中国内生产活动（增加值）的增长百分比。相对于对进口零部件征收较

---

① 有效关税税率是适用于单一国家评估关税保护程度的方法。在一个实行浮动汇率制度的世界中，如果所有的名义关税税率或有效关税税率都上升了，那么效果将被汇率的变化所抵消。

高税率的关税，对进口零部件征收较低的关税税率对台式计算机整机的生产将起到更大的保护作用。

为了更好地说明这个原理，假设戴尔通过装配进口的零部件实现了价值增长。假设进口零部件进入美国是免税的（关税税率是 0），国内装配活动创造的价值占计算机整机最终价值的 20％，剩余的 80％反映了进口零部件的价值。假设对于戴尔及其竞争者——比如日本的索尼公司来说，每台台式计算机的零部件成本都是 400 美元，而且索尼生产的台式计算机售价为 500 美元。

假设美国对进口的计算机整机产品征收 10％的名义关税，这样索尼台式计算机在美国市场上的售价将由每台 500 美元上升到每台 550 美元，如表 4.4 所示。这是否意味着戴尔得到了 10％的有效保护税率？当然不是！由于进口零部件进入美国是免税的（进口零部件的名义关税税率低于进口的台式计算机整机的关税税率），所以有效保护率是 50％。与自由贸易相比，即使戴尔自己的生产活动（的成本）增加50％，其台式计算机仍然具有竞争力。

表 4.4　有效保护率　　　　　　　　　　　　　　单位：美元

(a) 自由贸易：对进口的索尼台式计算机不征收关税			
索尼台式计算机	**成本**	**戴尔台式计算机**	**成本**
零部件	400	进口零部件	400
装配活动（增加值）	<u>100</u>	装配活动（增加值）	<u>100</u>
美国进口价格	500	美国国内价格	500

(b) 对进口的索尼台式计算机征收 10％的关税			
索尼台式计算机	**成本**	**戴尔台式计算机**	**成本**
零部件	400	进口零部件	400
装配活动（增加值）	100	装配活动（增加值）	<u>150</u>
名义关税	<u>50</u>	美国国内价格	550
美国进口价格	550		

表 4.4 显示了这个例子的详细情况。如表 4.4（a）所示，在自由贸易条件下（零关税），美国能以 500 美元的价格进口一台索尼台式计算机。为了适应这个价格，戴尔必须将其装配成本控制在 100 美元之内。如表 4.4（b）所示，在关税保护下，戴尔即使将装配成本提高到 150 美元，其产品仍然能与价格为 550 美元的进口台式计算机竞争，也就是戴尔的装配成本可以比自由贸易条件下提升 50％〔(150－100)/100＝0.5〕。

总之，有效关税税率可以用下面的公式表示：

$$e = \frac{n - ab}{1 - a}$$

其中，e 为有效保护率；n 为最终产品的名义关税税率；a 为进口投入品的价值与最

97

终产品价值的比率；b 为进口投入品的名义关税税率。

把前述台式计算机例子中的数值代入公式，可以得到：

$$e = \frac{0.1 - 0.8 \times 0}{1 - 0.8} = 0.5 \text{ 或 } 50\%$$

因此，对台式计算机整机征收税率为 10% 的名义关税就可以使国内生产活动增加 50%*，它是名义关税税率的 5 倍。

当然，对计算机生产过程中使用的进口零部件征收关税会降低对戴尔的有效保护水平。根据上述公式，对于台式计算机整机任意给定的名义关税，b 的数值越大，有效保护率越低。假设台式计算机的进口零部件关税税率为 5%，那么有效保护率为 30%，这低于对进口零部件不征收关税情况下 50% 的有效保护率。

$$e = \frac{0.1 - 0.8 \times 0.05}{1 - 0.8} = 0.3 \text{ 或 } 30\%$$

国际贸易案例

全球经济衰退引发贸易保护主义回潮

全球经济下行会催生贸易保护主义。在发生经济萎缩的情况下，各国都有动机通过对进口品设置各种壁垒来保护在困境中苦苦挣扎的本国厂商。下面我们来考察一下 2007—2009 年经济大衰退期间的情形。

当全球经济陷入那场衰退的时候，货物和服务的需求下降，国际贸易随之减少。印度尼西亚、法国、南非、菲律宾等国家的出口减少了约 30%，甚至更多，这些国家中越来越多的企业和工人担心外国竞争者会伤害他们的利益，因为外国竞争者正在全球范围内争夺客户资源。当时大多数国家的政府采取保护措施的主要目的就是为了防范中国。

尽管在 2008 年和 2009 年 20 国集团（由 20 个主要经济体组成）的领导人们共同承诺不采取保护主义措施，但实际上所有国家都或多或少地违背了承诺。俄罗斯提高了进口汽车的关税，印度提高了进口钢铁的关税，阿根廷对汽车零部件以及鞋类制品的进口设置了新的贸易壁垒。此外，在 2009 年，美国决定在此后的三年里对从中国进口的轮胎征收 25%～35% 的进口关税。这项政策不仅使消费者面对更高的市场价格，而且使美国轮胎市场的总销量减少了 17%。

20 世纪 30 年代经济大萧条期间，各国都曾提高进口关税以保护本国厂商免受国外竞争的损害。美国提高了大约 2 万种商品的进口关税，这种做法遭到了贸易伙伴的普遍报复，而关税税率的广泛升高使世界贸易总量缩减了四分之一。经济大萧条期间所经历的一切告诉我们一个道理：一旦贸易壁垒被抬高，那么它将严重损害全球供应链；而无论是为拆除贸易壁垒而进行谈判还是恢复全球供应链，都需要历经数年才能实现。尽管如此，每逢经济陷入衰退时，各国政府还是会采取保护主义政策。

---

* 增加国内生产活动（比如多雇佣劳动）就会增加生产成本。——译者注

问题：在国际贸易政策方面，为什么在陷入经济衰退以后，许多国家常常会变得更具有保护主义倾向？

资料来源：Chairman of the Council of Economic Advisors, *Economic Report of the President*, 2010.

通过以上案例，我们可以得出几点结论：第一，当最终产品的关税税率超过进口投入品的关税税率时，有效保护率就会超过名义关税税率。第二，如果最终产品的关税税率低于进口投入品的关税税率，那么有效保护率就低于名义关税税率，甚至可能为负；如果母国政府更希望保护国内的原材料供应商，而不是国内制造商，那么就有可能出现这种情况。[①] 第三，由于各国政府通常对原材料和其他投入品的进口要么免税，要么比最终产品设置更低的进口关税税率，所以有效关税税率通常高于名义关税税率。

4.4 关税升级

在分析关税结构的时候，我们很容易发现各国对加工产品征收的进口关税税率一般要高于初级原材料。例如，进口原木很可能是免征关税的，但是胶合板、贴面板以及家具等加工产品就要面临较高的进口关税。这种关税策略的目的是，通过对进口原木不征收关税或者征收较低税率的关税，同时对与国内生产的胶合板竞争的进口胶合板维持较高的关税税率，从而保护国内的胶合板产业。

这种政策通常被称为**关税升级**（Tariff Escalation）：尽管原材料经常按零关税税率或很低的关税税率进口，但是随着生产阶段的不断深入，对国内相关产业的名义保护和有效保护都会逐渐提高。如表 4.5 所示，许多国家的关税税率通常会随着加工层级的不断深入而明显提高，对于农产品来说尤其如此。

表 4.5　2012 年发达国家和发展中国家的关税升级

国家	农产品		工业品	
	加工产品	原材料	加工产品	原材料
孟加拉国	17.5	23.0	9.1	15.4
乌干达	17.5	20.3	4.2	11.7
阿根廷	5.7	11.5	2.9	9.5
巴西	6.5	12.1	4.2	10.7

---

① 除了台式计算机整机的关税税率和生产台式计算机所需的进口零部件的关税税率以外，有效保护率还取决于进口零部件的价值在最终产品价值中所占的比重。如果戴尔在产品中增加的价值下降（进口零部件的价值在最终产品价值中的比重上升），那么戴尔受到的保护程度将上升。换句话说，对于台式计算机整机任意给定的名义关税税率，公式中 a 的值越高，有效保护率就越高。

续表

国家	农产品		工业品	
	加工产品	原材料	加工产品	原材料
俄罗斯	6.9	9.2	5.3	9.5
美国	1.0	2.8	1.3	2.8
日本	4.5	10.9	0.5	1.9
世界	12.0	15.1	5.6	7.7

资料来源：World Bank Data available at http://data.worldbank.org.

工业化国家的关税结构不仅会使欠发达国家难以发展更多种类的高附加值出口品，而且可能确实会阻碍欠发达国家提高出口品的加工程度。工业化国家对初级产品征收较低税率的关税会鼓励发展中国家扩大这类产品的生产和出口，而对制成品的高关税保护也给那些希望参与这一领域竞争的发展中国家设置了难以逾越的进入壁垒。从欠发达国家的角度看，最符合其利益的要求是阻止发达国家对进口原材料的大幅度关税减让，因为这种关税减让的效果是进一步放大了工业化国家名义关税率和有效关税保护率之间的差异，并且削弱了欠发达国家在制造业和加工产业上的潜在竞争优势。

4.5 外包和海外装配条款

外包是经济全球化的一个重要方面。例如，美国生产的电子零部件被运到新加坡这样低劳动力成本的国家装配成电视机以后，再运回美国做进一步的加工、包装和分销。这种形式的生产分工已经发展成为制造商们的一项重要竞争战略，在该战略下，制造商们将生产过程的每一个区段都安排在成本最低的国家予以完成。

美国《1930年关税法案》（The Tariff Act of 1930）创设了一项**海外装配条款**（Offshore Assembly Provision，OAP），向装配过程中使用美国产零部件的进口产品提供优惠待遇。根据海外装配条款，如果美国产的零部件运送到国外并且装配成最终产品，那么美国产零部件的价值就不包括在进口的该最终装配产品的应税价值中，应税价值只是国外装配过程中增加的价值。因此，只要在装配过程中使用了美国产的零部件，那么就只对**国外装配过程中增加的价值**征收进口关税。适用于海外装配条款的进口商品包括机动车辆、办公设备、电视机、铝制易拉罐和半导体等，这些商品近年来占美国进口商品总量的8%～10%。

海外装配条款不仅适用于美国企业，而且也适用于外国企业。比如，美国一家计算机公司可能在美国生产零部件，并将其运送至中国台湾进行装配，然后再把成品计算机运送回美国并享受海外装配条款优惠。同样，日本的一家复印机生产企业如果希望向美国出口产品，那么它可能会购买美国产的零部件并在日本进行装配，然后再将成品复印机运送至美国并享受海外装配条款优惠。如前所述,海外装配条款的一个作用是降低海外装配业务的有效保护率,并且将对国内装配业务的需求转换为对国外装配业务的需求。

假设一家在美国设立的名为 ABC 的电子公司生产的电视机每台价值 300 美元,并且每台电视机中有价值 200 美元的零部件是这家美国公司制造的。为了降低劳动力成本,该公司将其生产的零部件发往其在韩国的子公司,在那里工资相对较低的韩国工人将零部件装配成电视机。假设韩国子公司装配一台电视机的费用为 100 美元,并且在韩国完成装配以后,成品电视机再进口至美国售卖给美国消费者。在这种情况下,电视机的关税怎样计算呢?

如果没有海外装配条款,那么每台进口电视机的总价值也就是应税价值为 300 美元。假设该款电视机的关税税率为 10%,那么进口至美国的每台电视机就应缴纳 30 美元的关税,电视机到美国消费者手中的价格就是 330 美元。[①] 然而,根据海外装配条款,10% 关税税率的计征价值是进口电视机的价值**减去**装配该款电视机所使用的美国产零部件的价值之后剩余的价值。这样,当一台该款电视机进口至美国时,应税价值为 300 美元 − 200 美元 = 100 美元,所以应缴关税为 0.1 × 100 美元 = 10 美元,计征关税之后的电视机到消费者手中的价格就是 300 美元 + 10 美元 = 310 美元。当存在海外装配条款时,有效关税税率只有 3.3%(= 10 美元 /300 美元),而不是关税税率表中显示的 10%。

由此可见,海外装配条款降低了韩国装配业务的有效保护率,并且将对美国装配业务的需求转移到了韩国。反对海外装配条款的人士强调,海外装配条款使得进口的电视机在美国市场上更有价格竞争力,这不仅连带导致美国装配工人的就业机会减少,而且也会对美国的贸易收支造成连带负面影响。然而,这样的"关税机会"只有在美国产的零部件被用于制造电视机时才会出现,这意味着对外国产的零部件的需求同时转换成为对美国产的零部件的需求,而这也被支持海外装配条款的人士认为会对美国零部件的生产和出口造成连带的积极影响。事实上,海外装配条款一直是美国关税政策中一个有争议的条款。

4.6 摆脱进口关税: 避税和逃税

当一个国家对进口品征收关税时,就会存在摆脱缴纳进口关税义务的经济动机。避免缴纳关税的一种方式是进行**关税规避**(Tariff Avoidance,**避税**),也就是合法地运用有利于自己的关税制度,并运用合法的手段减少应缴关税金额。相反地,当个人或企业运用走私等非法手段逃避关税时,我们就称之为**关税逃避**(Tariff Evasion,**逃税**)。我们分别讨论一下这两种摆脱缴纳进口关税义务的方式。

---

① 这个例子假设美国是一个"小"国,这个问题将在本章后面的内容中予以讨论。

专栏

福特公司：改装面包车以规避高关税

福特汽车公司每个月都会有好几次将其生产的五人座 Transit Connect 型面包车从公司位于土耳其的工厂运到美国马里兰州巴尔的摩市。在这些载客面包车被运抵巴尔的摩以后，其中的多数车辆都会被送往仓库，在那里工人们一边听摇滚音乐，一边拆除车体后部的挡风窗、座椅和安全带。福特为什么要这样做？

福特这样做的目的是为了应对一场旷日持久的贸易纠纷。在 20 世纪 60 年代，欧洲对进口的鸡肉征收高额关税，主要意图是减少美国对联邦德国的鸡肉出口量。作为报复措施，美国总统林登·约翰逊（Lyndon Johnson）宣布对外国制造的卡车和商用货车（用于运输货物的机动车辆）征收税率为 25% 的进口关税。这项关税措施一直延续到今天，即使进口的卡车和货车是由美国公司在国外制造的也同样面临 25% 的进口关税。然而，如果进口车辆的分类属于"面包车"和"轿车"（用于载人的机动车辆），那么美国对其征收的关税税率就要低得多，只有 2.5%。

由于意识到 25% 的进口关税会显著提高福特货车在美国的售价并且削弱其市场竞争力，在 2009 年，福特着手实施了规避该项关税的计划，具体内容如下。福特将 Transit Connect 型面包车以 2.5% 的关税进口至美国，在面包车被送达巴尔的摩的加工车间以后即被改装成货车：拆掉车体后部的挡风窗并替换成金属板，拆掉后排座椅和安全带并装上新的车底板。这样，福特就把五座载客面包车改装成两座货车，而从车上卸下来的布料会被切碎，钢材构件将被拆解，所有这些都会和玻璃一起被送去回收再利用。美国海关官员认为，福特的这种做法符合法律条文的规定。

福特将一辆载客面包车改装成货车要耗费数百美元的成本，但以载客面包车的名目进口却可以使公司节约数千美元的关税。举例来说，一辆价值 25 000 美元的载客面包车按 2.5% 的税率计算，应缴关税只有 625 美元（25 000 美元×0.025 = 625 美元）；而同等价值的一辆货车按 25% 的税率计算，应缴关税为 6 250 美元（25 000 美元×0.25 = 6 250 美元）。规避货车高关税使福特在每辆机动车上节约的总费用是 5 625 美元（6 250 美元－625 美元 = 5 625 美元）减去将载客面包车改装成货车的成本。福特这样做真聪明，不是吗？

福特改装车型的做法只是规避关税的一种方式，其他汽车制造商也在用不同的方法来规避美国关税。日本的丰田、日产、本田等汽车公司一般不再从日本向美国出口汽车，而是用在美国设立工厂这种直接的办法来规避进口关税。[1]

---

[1] 资料来源："To Outfox the Chicken Tax, Ford Strips Its Own Vans," *Wall Street Journal*, September 23, 2009, p. A-1.

专栏

钢铁走私以逃避美国关税

美国是世界上最大的钢铁进口国，进口的钢铁中有一半需要征收关税，税额从每吨几美分到几百美元不等，关税税额的多少取决于钢铁产品的种类（大约有 1 000 种）和原产国（大约有 100 个）。钢铁进口关税是按照钢铁在美国销售的价格征收的，美国海关的检察员们对进入美国的货物进行仔细审查，以确保合理计征关税。然而，由于美国海关人手有限，所以要做到对货物的严格监管是很困难的，这样一来，因从事走私而被捕并被征收罚金的概率并不大，而通过走私获得非法利润的可能性却很大。

在 21 世纪的头十年里，伊万·杜布林斯基（Ivan Dubrinski）将 2 万吨钢铁偷运进美国。偷运钢铁很简单，杜布林斯基要做的只是将一种名为"增强钢筋"的产品的装运单据加以修改，使其看起来像是另一种名为"扁钢"的钢铁产品的货运单据的一部分。通过这种欺诈手段，杜布林斯基少交了 3.8 万美元的进口关税。如果将这种偷逃关税的情节上演许多次，那么就可以少交数百万美元的关税。钢铁走私令美国政府和美国钢铁产业感到担忧，因为美国政府蒙受了关税收入损失，而美国钢铁产业表示它无法与偷逃关税的廉价进口产品展开竞争。

美国规模较大的钢铁进口商通常都能足额缴纳关税，而那些规模较小并且通常也是不太诚信的进口商更有可能试图将钢铁非法走私进入美国。这些贸易商一般采用三种方法来偷逃关税。第一种方法是故意将应当被征收关税的钢铁错误地归入免税产品。第二种方法是将进口钢铁的来源国（需要缴纳关税的国家）标记更换为进口关税豁免国的标记。第三种方法是改变钢铁产品的化学成分，从而可以将其归为免税产品。

尽管海关的检查员们试图对进口货物进行仔细检查，但只要偷逃关税的进口钢铁蒙混过关，那么检查员们基本上也就无可奈何了——海关不能没收走私的钢铁，因为这些钢铁通常已经被卖掉并且投入使用。虽然走私钢铁的购买者得到了很好的价格优惠，但是那些与走私钢铁做斗争的美国钢铁公司却要面对销售额和利润的下降。[①]

4.7 缓征进口关税

除了允许规避关税以外，美国关税法还允许缓征关税。让我们来看一下保税仓库和对外贸易区如何缓征关税。

[①] 资料来源："Steel Smugglers Pull Wool over the Eyes of Customs Agents to Enter U. S. Market，" *Wall Street Journal*，November 1，2001，pp. A1 and A14.

4.7.1　保税仓库

根据美国关税法，应税进口商品进入美国以后可以存放在**保税仓库**（Bonded Warehouse）并暂时免征关税。进口商可以向美国海关申请授权在企业自己的经营场地上设立保税仓库，或者也可以使用已经得到海关授权的公共保税仓库。仓储设施的所有者必须连带保证履行所有的关税义务，这一条件意味着如果进口公司不能履行关税义务，那么承担连带责任的保税仓库运营公司将保证支付关税。

进口货物可以在保税仓库中储存、重新包装或者进一步加工，时间可以长达5年。当然，国内生产的产品不允许进入保税仓库。在进口货物一开始进入保税仓库的时候，无须缴纳关税。当进口货物被运出保税仓库时，就必须按照货物的价值征收关税。但如果货物被运出保税仓库并用于再出口，那么就无须缴纳关税。

货物的所有人可以对保税仓库内存储的货物进行销售前的必要加工，比如对茶叶进行重新包装和拼装，将葡萄酒装瓶，烤制咖啡豆等。但是，不得在保税区内将进口的零部件装配成最终产品，也不得在保税区内制造产品。

将货物运入保税仓库的一个主要好处是货物在进入国内市场之前无须缴纳关税，这样进口商就可以在提取货物之前自由支配原本需要用来缴纳关税的资金。如果进口商在国内市场无法找到买家或者国内市场行情欠佳，那么进口商可以将存储在保税仓库内的货物出口转销，从而避免了关税负担问题。另外，当货物运抵目的国时所需缴纳的关税较多，而如果将货物暂存在保税仓库，那么进口商就可以先销售货物，然后用所得资金缴纳关税，而不是在货物售出之前就得缴纳关税。

4.7.2　对外贸易区*

与保税仓库类似，**对外贸易区**（Foreign-Trade Zone，FTZ）是美国境内的一个区域，只要进口的商品和材料仍然处于该区域内并且没有进入美国市场，那么企业就无须对这些进口的商品和材料缴纳关税，只有当货物离开对外贸易区进入美国消费市场时，企业才需缴纳关税。

对外贸易区和保税仓库之间的区别是什么呢？一旦货品被运入对外贸易区，相关企业可以对货品做任何处置，包括重新包装，维修或者销毁已破损的货品，将零部件装配成最终产品，以及出口零部件或者最终产品。在对外贸易区内也可以制造产品。因此，进口商可以在对外贸易区内从事更加广泛的经营活动，但在保税仓库内进口商只能进行储存或者重新包装等有限的业务活动。

许多对外贸易区都设立在美国的港口，比如西雅图港，但是有些对外贸易区

---

　　* 这里所讲的对外贸易区和后文提到的自由贸易区（Free-Trade Zone，FTZ）在功能上是不相同的，详见本书8.2节。美国有的对外贸易区还包含有若干个子区域，其中的某个子区域可能是授权给某一家公司用于从事特定经营活动的（通常是作为公司的制造工厂区）。——译者注

设立在内陆的交通枢纽地区。目前，全美对外贸易区的数量已经超过 230 个，享有对外贸易区地位的企业有埃克森石油（Exxon）公司、卡特彼勒（Caterpillar）公司、通用电气公司和 IBM 公司等。

美国境内常有一些不利于制造业发展的约束政策，而对外贸易区则排除了这类政策约束，因而有利于美国本土商业运营。在国外完成制造并且进口到美国的商品是按照最终产品的价值来计征关税的，而不是按照最终产品的零部件、原材料计征关税的。如果美国本土企业需要为进口的零部件或原材料缴纳更高的关税〔这被称作**倒转关税**（*inverted tariffs*）〕，那么相对于外国竞争者，美国本土企业就处于不利地位。由于美国海关征税的时候，在对外贸易区内制造的产品被视为等同于在国外制造的产品，所以设立对外贸易区就矫正了本土企业与外国竞争者在关税征缴上的不平等待遇。

对外贸易区还有利于消除企业在废品和废料上的关税税负。假设美国的一家化工企业需要进口原材料用以生产一种特殊的化工产品，原材料和化工产品的进口关税税率都是 10%。假设生产过程中需要对进口原材料进行高温加热，并且加热会使原材料以热能的形式损耗 20%。如果这家化工企业每年进口 100 万美元的原材料，那么在原材料入境时企业就需缴纳 10 万美元（100 万美元×10%＝10 万美元）关税。但是，如果这家企业加入了对外贸易区项目，那么在进口的原材料离开对外贸易区并且进入美国市场之前，这家企业都是不需要缴纳关税的。由于生产过程中损耗了 20% 的原材料，所以原材料的价值减少为 800 000 美元。假设该企业所有的最终化工产品都在美国市场上销售，那么按 10% 的关税率计算，该企业应缴关税总计只有 80 000 美元，节省了 20 000 美元。

专栏

对外贸易区使机动车进口商获益

丰田汽车公司是从美国对外贸易区项目中获益的典型企业。丰田在美国的多个对外贸易区都设有汽车加工中心。在将进口的丰田汽车运给美国经销商前，设在对外贸易区的丰田汽车加工中心会对汽车进行清洗，安装收音机、CD 播放机等配件。将加工中心设在对外贸易区的主要好处在于可以**延期缴税**——在车辆加工完毕并且运给经销商之前，丰田都可以暂不缴纳关税。

对于进口到美国的零部件，丰田同样在对外贸易区设立了配销中心。由于丰田延长了质保期限，所以就必须在美国保有较大的零配件库存，从延期缴税的角度看，对外贸易区项目对丰田有很大的吸引力。此外，大量的零配件有可能会因过时被淘汰并且必须被销毁，这样在对外贸易区设立配销中心，丰田就可以不用为那些被销毁的过时零配件缴纳关税。

　　根据之前讨论过的有关倒转关税的原理，对外贸易区的另一项好处是有可能会减少丰田进口汽车的应税价值。假设对外贸易区内的丰田加工中心使用的 CD 播放机是从日本进口的。在 2020 年，进口 CD 播放机的关税税率是 4.4%，而丰田整车的进口关税税率是 2.5%。丰田公司可以在对外贸易区的丰田加工中心安装 CD 播放机之后再将汽车整车投放至美国市场销售，这样丰田就能够减少 CD 播放机 1.9%（4.4%−2.5%＝1.9%）的关税成本。

4.8　关税效应概述

　　在详细考察关税之前，我们先概要性地讨论一下关税效应。

　　关税是对进口商品征收的一种税。关税使消费者面临更高的产品价格，因而减少了消费者的需求。为了更好地进行解释说明，我们假设一家美国公司和一家外国公司都生产计算机；美国生产的计算机的价格是 1 000 美元，外国生产的计算机的价格是 750 美元。在这种情况下，美国公司不能处于有利的竞争地位。

　　假设美国对每台进口计算机征收 300 美元的关税，这样进口计算机的价格就要比国外价格高出 300 美元。与进口计算机供应商相竞争的美国本土计算机供应商现在可以按 1 050 美元（750 美元＋300 美元＝1 050 美元）的价格销售其计算机，该价格等于国外计算机价格加上每台进口计算机应缴的关税额。由于美国市场上计算机的价格上涨，所以计算机的进口量和国内消费量都减少了，同时更高的价格会刺激美国供应商扩大产量，这会进一步降低计算机的进口量。请注意，为了促进美国计算机产业的繁荣，进口计算机的含关税价格不应高于美国产计算机的价格，最适合的关税是其刚好能够消除进口计算机和美国产计算机之间的价格差异。

　　如果对进口的计算机不征收关税，那么就像在自由贸易状态下那样，美国人为了省钱就会购买廉价的进口计算机。这样，美国的计算机产业要么通过提高效率来与进口的廉价产品竞争，要么面临产业消失的危险。

　　尽管关税能使美国的计算机生产商获益，但是关税也给美国经济带来了成本：

- 与自由贸易下消费者购买进口计算机相比，消费者必须为购买受到保护的美国产计算机支付更多。
- 销售、运输进口计算机的商店或企业中的就业机会将减少。
- 计算机的额外成本将被转嫁到生产过程中使用这些计算机的产品和服务上。

　　为了能够真实描述关税所产生的影响，我们必须对上述经济成本与关税所保护的就业量进行比较。

　　既然我们已经对关税效应做了概要性的讨论，接下来就让我们更加仔细地分析一下关税。我们将分别考察进口小国和进口大国的关税效应，但在这之前我们先在下一节回顾一下消费者剩余和生产者剩余的概念。

4.9 关税的福利效应： 消费者剩余和生产者剩余

为了分析贸易政策对一国福利的影响，有必要将其对消费者的影响和对生产者的影响分开讨论。对于消费者和生产者来说，每个群体都需要一个指标来衡量其福利，这样的指标就是**消费者剩余**和**生产者剩余**。

消费者剩余（Consumer Surplus）是指消费者对于某种商品愿意并能够支付的价格与实际支付的价格之间的差额。为了解释这个概念，假定一杯百事可乐的价格是 0.50 美元，并且因为你特别口渴，所以愿意支付 0.75 美元买一杯百事可乐。那么在这次购买中，你的消费者剩余是 0.25 美元（0.75 美元－0.50 美元＝0.25 美元）。对于消费者购买的所有百事可乐，消费者剩余就是购买每单位百事可乐所获得的消费者剩余的加总。

消费者剩余也可通过图形予以说明。我们首先要记住：（1）市场需求曲线的高度表示消费者愿意并且能够为每一连续单位商品所支付的最高价格。（2）在竞争性市场上，无论消费者购买多少商品，消费者都只支付统一的价格（均衡价格）。现在我们来看图 4.1（a），假定汽油的市场价格是每加仑 2 美元。如果消费者在此价格水平上购买 4 加仑汽油，那么他们需要花费 8 美元，由图中矩形 *ACED* 的面积表示。对同样的这 4 加仑汽油，消费者原本愿意并能够支付的费用为 12 美元，由 *ABCED* 的面积表示。

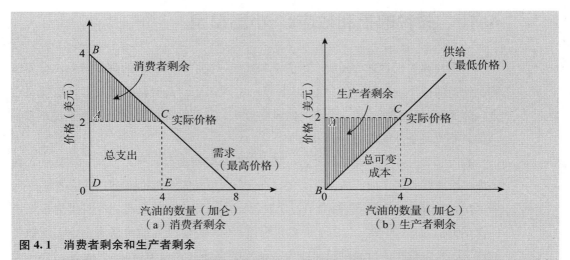

图 4.1 消费者剩余和生产者剩余
消费者剩余是指消费者对某种商品愿意并能够支付的价格与实际支付价格之间的差额。在图 4.1（a）中，需求曲线以下、商品的市场价格线以上所围成的面积代表消费者剩余。生产者剩余指生产者获得的、高于最低价格的那部分收入。在图 4.1（b）中，生产者剩余由供给曲线以上、商品的市场价格线以下所围成的那部分面积代表。

消费者实际花费的价钱与愿意并有能力花费的价钱之间的差额就是消费者剩余。在本例中，消费者剩余等于 4 美元，由三角形 ABC 的面积表示。

消费者剩余的大小受市场价格的影响。市场价格下降会增加购买数量和消费者剩余。相反，市场价格提高会减少购买数量和消费者剩余。

现在让我们看一看市场的另一边：生产者。**生产者剩余**（Producer Surplus）是指生产者实际得到的高于其愿意并有能力提供产品的最低价格的那部分收入。这一最低价格必须能够补偿生产者的总可变成本；根据已经学过的知识，总可变成本等于连续生产每一单位产品的边际成本的总和。

在图 4.1（b）中，生产者剩余由汽油供给曲线以上、该产品的市场价格线以下所围成的面积代表。根据已经学过的知识，市场供给曲线的高度表示生产者愿意供给汽油的最低价格；由于边际成本递增，所以这一最低价格会随着产出水平的提高而提高。假设汽油的市场价格为每加仑 2 美元，市场供给量是 4 加仑，那么生产者得到的总收入是 8 美元，由图中矩形 $ACDB$ 的面积表示；而生产者在生产 4 加仑汽油时所必须得到的最低收入等于总可变成本，即三角形 BCD 的面积。这样，生产者剩余等于二者的差额，即 4 美元（8 美元－4 美元＝4 美元），用三角形 ABC 的面积表示。

如果汽油的市场价格升高，那么汽油的供给将增加，生产者剩余也随之增加。同理，如果汽油的市场价格下降，那么生产者剩余会减少。在本章接下来的部分，我们将使用消费者剩余和生产者剩余的概念来分析进口关税的社会福利效应。

4.10 关税的福利效应： 小国模型

为了测算关税对进口国所产生的福利效应，我们假设该国的进口量只占世界市场供给量的很小一部分。这样的**小国**（Small Nation）是价格的接受者，也就是在进口商品时，其面临的是一个不变的世界价格。这种情况并不罕见，许多国家都不具备影响贸易条件的能力。

在图 4.2 中，在进行贸易之前，某小国在市场均衡点 E 生产汽车，均衡点 E 由国内供给曲线与需求曲线的交点决定。在 9 500 美元的均衡价格下，供给数量是 50 辆汽车，需求数量也是 50 辆汽车。现在假设该国开放对外贸易，并且世界市场上的汽车价格为 8 000 美元。由于世界市场可以在 8 000 美元的价格下供给无限数量的汽车，所以汽车的世界供给曲线为一条水平直线（完全弹性）。直线 S_{d+w} 表示国内和国外的厂商共同为该小国的消费者们供给汽车的状况，这是自由贸易条件下的总供给曲线。

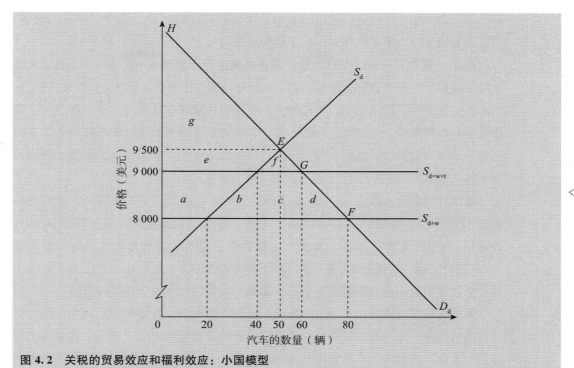

图 4.2 关税的贸易效应和福利效应：小国模型

对小国来说，对进口商品征收的关税全部以提价的形式转嫁给了国内消费者。价格上涨减少了消费者剩余。小国福利的减少在数量上等于保护效应和消费效应之和，也叫做关税的无谓损失。

自由贸易条件下的均衡点位于图中的点 F。此时，该小国对汽车的需求数量是 80 辆，而国内汽车的供给数量是 20 辆，国内消费者对汽车的超额需求由进口的 60 辆汽车予以弥补。与贸易发生之前的情况相比，自由贸易使该国国内的汽车价格从 9 500 美元下降到 8 000 美元。由于消费者可以以更低的价格购买更多的汽车，所以自由贸易对他们更加有利。但是，与贸易前的情况相比，国内生产商现在只能以更低的价格销售更少的汽车。

在自由贸易条件下，该国国内汽车产业受到国外竞争的冲击，汽车产业的销售量和收入都在下降，工人们失去工作。假设汽车企业的管理阶层和工人联合起来说服政府对汽车进口征收保护性关税，并且假设该小国对进口的每辆汽车征收 1 000 美元的关税。由于小国没有能力影响国际市场形势，世界市场上汽车的供给价格不受小国征收进口关税影响仍保持不变，因而该小国的贸易条件也没有发生变化。小国征收进口关税的结果是**关税全部被加成到进口商品的价格上，并且这个价格增量将全部由国内消费者承担**。总供给曲线向上移动的幅度等于单位商品的关税数额，即由 S_{d+w} 移至 S_{d+w+t}。

征收保护性关税形成了新的均衡数量，对应在点 G，此时，国内的汽车价格为 9 000 美元。国内生产量增加了 20 个单位，而国内消费量减少了 20 个单位。进口数量由征税前的 60 个单位下降到 20 个单位，这是国内消费量下降和国内生产量提

107

高的结果。可见，征收进口关税的效果是阻碍进口并且保护了国内生产商的利益。但是，关税对这个**国家的福利**造成了哪些影响呢？

108

图 4.2 表明，在征收关税之前，**消费者剩余**等于面积 $a+b+c+d+e+f+g$。征收关税以后，消费者剩余降至面积 $e+f+g$，减少了面积 $a+b+c+d$，这种变化从多个方面影响了国家福利。关税的福利效应包括财政收入效应、再分配效应、保护效应和消费效应。正如所预计的那样，关税为政府带来了额外的税收收入，并使国内汽车生产商受益；然而，与此同时，关税也造成了资源浪费，并损害了国内消费者的利益。

关税的**财政收入效应**（Revenue Effect）是指政府获得了关税收入。政府的关税收入等于进口商品数量（20 辆汽车）乘以单位进口商品应缴关税（1 000 美元），即面积 c，或者说数额为 20 000 美元。这项政府收入是消费者剩余损失中的一部分，它以货币形式转移到政府手中。对于国家整体而言，财政收入效应并**不会**减少总福利，因为这一部分消费者剩余不过是从私人部门转移到公共部门而已。

再分配效应（Redistributive Effect）是消费者剩余以货币的形式向生产进口竞争产品的国内厂商转移的那部分，由面积 a 表示，数额为 30 000 美元。在征收关税的情况下，国内普通消费者将以 9 000 美元的价格从国内生产商那里购买 40 辆国产汽车，总花费为 360 000 美元。在自由贸易的情况下，价格为 8 000 美元，如果生产商同样销售 40 辆汽车的话，那么它们将获得 320 000 美元的销售收入，因而征收关税给国内生产商带来的额外收入就是总面积 $a+b$，或者说是 40 000 美元（等于 360 000 美元与 320 000 美元的差额）。然而，实际情况是，由于关税促使国内产量从 20 增加到 40，生产商必须用部分额外收入补偿产量增加所带来的较高的成本，即面积 b，或者说是 10 000 美元。剩下的 30 000 美元收入，即面积 a，属于生产商的净盈利。因此，再分配效应是收入由消费者向生产商转移的部分，它与财政收入效应一样，**不会**导致总体经济福利的损失。

面积 b，也就是总价值 10 000 美元，衡量了关税的**保护效应**（Protective Effect），它表示由于资源浪费给国内经济带来的损失，这些浪费是由于生产更多的汽车使得单位成本不断增加造成的。由于关税诱致国内汽车产出水平提高，所以那些原来并不适合于生产汽车的资源最终被用于汽车生产，进而使得汽车的单位生产成本提高了。这意味着，与自由贸易情况下消费者可以从低成本的国外生产商那里购买汽车相比，征收关税降低了资源的使用效率。也就是之所以存在关税的保护效应，是因为低效率的国内生产替代了高效率的国外生产。如图 4.2 中的供给曲线 S_d 所示，随着国内汽车产量由 20 辆增加至 40 辆，汽车的国内生产成本提高了。而在征收关税之前，通过进口获得同样增量的汽车所需的单位成本是 8 000 美元，所以面积 b 代表了保护效应，也就是经济损失等于 10 000 美元。注意，保护效应的计算仅涉及三角形 b 的面积。由于在几何学中三角形的面积等于（底×高）/2，所以三角形 b 的高就等于关税引起的价格增量（1 000 美元），三角形的底（20 辆）等于关税引起的国内汽车生产的增量，因而保护效应为（20×1 000 美元）/2＝10 000 美元。

由于征收关税而损失的消费者剩余中的大部分被计入：c 成了政府收入；a 转化成为国内生产商的收入；b 是低效率的国内生产导致的经济损失。剩下的面积 d 代表**消费效应**（Consumption Effect），总价值为 10 000 美元，它是由于关税人为地将汽车价格从 8 000 美元提高到 9 000 美元导致消费量下降引起的。价格上涨了，消费量下降了，福利损失因而也就不可避免了。注意，消费效应的计算只涉及三角形 d 的面积。这个三角形的高（1 000 美元）等于关税引起的汽车价格增加量，三角形的底（20 辆）等于关税引起的国内消费减少量，因而消费效应为（20× 1 000）/2＝10 000 美元。

与保护效应一样，消费效应对社会来说是真实存在的成本，它并没有转移成为其他经济部门的收入。保护效应和消费效应加在一起，就是关税所造成的**无谓损失**（Deadweight Loss）（即图中的面积 $b+d$）。

只要一国在国际贸易中的地位微不足道，那么征收进口关税就必然会降低该国的福利水平，这是因为没有有利的福利效应可以用来抵消消费者剩余中的无谓损失部分。如果一国能够通过征收关税改善其贸易条件，那么该国从贸易利益中所能分得的份额将有可能提高，这往往会增加其社会福利，并抵消消费者剩余中的无谓损失部分。由于我们这里假定一国对于世界市场来说无足轻重，所以这样一个小国没有能力影响贸易条件，因而征收进口关税会**减少**小国的福利。

4.11 关税的福利效应： 大国模型

经济学家们对自由贸易的支持态度似乎看起来十分明确，以至人们可能会得出结论认为关税绝对不会有好处。然而，事实并非如此。如果一个进口国大到足以通过关税政策改变进口量，从而影响产品的世界价格，那么这个国家征收进口关税就可能增加其社会福利。美国就是一个拥有这种**大国**（Large Nation）地位的国家，它是汽车、钢铁、石油和家用电子产品的进口大国，同时，日本和欧盟这样的大经济体也具有大国地位。

如果美国对进口汽车征收关税，那么美国消费者面临的汽车价格将会上涨，因而对汽车的需求将会下降。汽车需求量的下降有可能会非常显著，以至会迫使日本厂商降低其汽车的出口价格。由于日本企业能够以更低的边际成本生产并且出口较少的汽车，所以为了减少收入下滑，它们可能更愿意降低对美国的出口价格。因此，关税就由美国消费者和日本企业共同承担，即美国消费者为进口汽车支付的价格高于自由贸易条件下的价格，而日本企业对出口汽车收取的价格低于自由贸易条件下的价格，两个价格之间的差额就等于单位产品应缴关税金额。在这种情况下，由于美国通过迫使日本企业降低出口价格从而将部分关税负担转嫁给日本企业，所以美国的福利增加了。美国**贸易条件**的改善是以日本的损失为代价的。

进口关税对大国经济会产生什么样的影响呢？如图 4.3 所示，S_d 表示国内供给曲线，D_d 表示国内需求曲线，自给自足条件下的均衡点为点 E。在自由贸易条件下，进口国面临的总供给曲线为 S_{d+w}，它表示国内与国外生产商共同提供给国内消费者的汽车总量。总供给曲线不是水平的，而是向上倾斜的，因为国外供给价格不是固定不变的。当进口国是产品的大买家时，国外供给价格就取决于进口国的购买量。在自由贸易条件下，美国的市场均衡点位于点 F。自由贸易使美国国内汽车的价格下降到 8 000 美元，国内消费量增加到 110 辆，国内产量缩减到 30 辆，80 辆的进口汽车满足了国内的超额需求。

假定进口国对每辆进口汽车征收 1 000 美元的从量关税。由于征收关税增加了销售成本，所以总供给曲线由 S_{d+w} 移至 S_{d+w+t}，市场均衡点由点 F 移至点 G，产品价格从 8 000 美元上升到 8 800 美元。征收关税使该国的消费者剩余减少了面积 $a+b+c+d$。其中，面积 a 代表了**再分配效应**，数额等于 32 000 美元，这部分利益从国内消费者转移给了国内生产商。面积 $d+b$ 表示由征收关税造成的无谓损失，即消费减少（**消费效应**＝8 000 美元）和资源使用效率降低（**保护效应**＝8 000 美元）导致的国家福利损失。

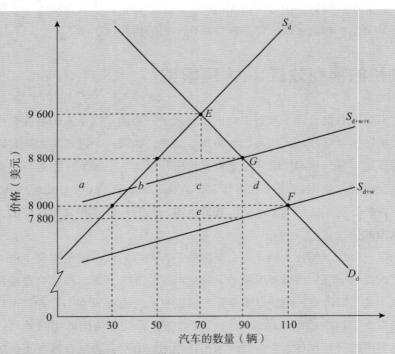

图 4.3　关税的贸易效应和福利效应：大国模型

对大国来说，对进口产品征收的关税，一部分以提高商品价格的方式转嫁给了国内消费者，另外一部分通过降低出口价格的方式被外国出口商消化。外国出口商所消化的那部分关税构成了本国的福利收益，这部分收益弥补了部分的（或全部的）因关税的消费效应和保护效应所造成的无谓福利损失。

与小国的情形类似，关税的**财政收入效应**等于进口关税乘以进口汽车的数量，如图 4.3 中的面积 $c+e$，或者总额 40 000 美元。然而需要注意的是，大国政府获得的关税收入来源于国外生产商和国内消费者的利益损失；这一点与小国的情况不同，小国面临的供给曲线是水平直线，关税负担全部落在了国内消费者身上。

假设在自由贸易条件下的进口价格 8 000 美元的基础上，再加征 1 000 美元的关税。由于受到关税保护，大国的国内市场价格将大于国外供给价格，两者之间的差额等于关税数额；但是，大国的国内市场价格与自由贸易条件下的国外供给价格之间的差额却要**小于**关税数额。与自由贸易条件下的国外供给价格 8 000 美元相比，征收关税使国内消费者为进口每辆汽车只多支付了 800 美元，这是关税中转嫁给国内消费者的部分。同时，国外生产商将汽车出口报价减少 200 美元以维持市场份额，因而国外生产商出口每辆汽车的收入减少为 7 800 美元。由于国外生产是在成本递增的条件下进行的，所以大国进口量的减少会引发国外厂商产量的减少以及单位成本的下降。国外供给价格下降的 200 美元就是由国外生产商承担的那部分关税。由于国外生产商为了维持在征税国的销售水平而降低出口价格，所以汽车在进口国国内价格的增加额只是关税的一部分。如果大国进口汽车的价格下降，而且其出口商品的价格保持不变，那么进口国的贸易条件就得到了改善。

因此，大国进口关税的财政收入效应就包括两个部分：第一部分是从国内消费者那里被转移给政府的关税收入，在图 4.3 中，它等于进口数量（40 辆）乘以由国内消费者承担的那部分进口关税（800 美元），即面积 c 代表了**国内的财政收入效应**（Domestic Revenue Effect），这部分关税收入 t 等于 32 000 美元；第二部分是以迫使国外生产商降低供给价格的形式从它们那里摄取的关税收入，等于进口汽车的数量（40 辆）乘以由国外生产商承担的那部分关税（200 美元），这被称为**贸易条件效应**（Terms-of-Trade Effect），用面积 e 表示，等于 8 000 美元。注意，贸易条件效应表示新的贸易条件导致了收入从外国向征税国转移的这样一个再分配过程。因此，关税的收入效应包括国内的收入效应和贸易条件效应。

如果一国是某种产品的主要进口国，那么它将处于有利的贸易地位，因为该国可以利用关税政策改善其贸易条件和社会福利。但是我们还记得，关税对福利还存在消极影响，即保护效应和消费效应会导致消费者剩余出现无谓损失。如图 4.3 所示，要确定征税国能否提高自身的福利，必须将无谓损失（面积 $b+d$）与贸易条件改善所带来的收益（面积 e）进行比较。关税福利效应总结如下：

1. 如果 $e>(b+d)$，那么征税国福利改善；
2. 如果 $e=(b+d)$，那么征税国福利保持不变；
3. 如果 $e<(b+d)$，那么征税国福利恶化。

在上面的例子中，国内经济福利减少了 8 000 美元，这是由于关税产生的无谓损失总计有 16 000 美元，大于贸易条件效应产生的 8 000 美元收益。

在"**进一步探索 4.1**"（可以在本书线上学习系统 MindTap 中找到）中，我们说明了如何采用提供曲线对关税效应进行分析。

专栏

特朗普关税的贸易条件效应

在整个 2018—2019 年期间，唐纳德·特朗普总统通过对钢铁、铝、太阳能电池板、洗衣机等产品征收 10% 至 50% 的进口关税强化了他的"美国优先"政策。如图 4.3 所示，贸易理论表明，美国作为一个大国，征收关税应该会导致外国公司降低其出售给美国人的商品的价格，因而改善美国的贸易条件。为什么呢？设置进口关税会减少美国的进口量，同时由于美国的进口量占世界市场的很大一部分，所以世界对该产品的需求量也下降了。需求量的下降会迫使美国以外地区的厂商为实现市场出清而降低产量和价格。

由于各国政府不愿意大规模征收关税，所以直到 2018—2019 年期间，经济学家们才有机会对近代史上的大型经济体征收关税所产生的影响进行分析。事实上，美国政府对从主要贸易伙伴进口的商品征收关税为分析关税影响提供了一个自然实验。然而，令人惊讶的是，对特朗普关税的贸易条件效应所做的实证研究论文得出结论认为，这些关税中的绝大部分是以价格上涨的方式完全由美国的企业和消费者承担的。因此，特朗普的关税没有使美国的贸易条件得到改善。可惜这些论文只陈述了实证结果，而没有对其结论提供推理说明。不过，微观经济理论揭示了其中的一些原因。

回想一下在微观经济学原理课程中学过的知识：税收（关税）对本国价格的影响取决于需求弹性和供给弹性的大小；**完全弹性**意味着需求曲线和供给曲线是水平直线，而**完全无弹性**意味着需求曲线和供给曲线是垂直线；关键点是，如果需求弹性[*]相对于供给弹性越小（需求曲线相对于供给曲线越陡峭），那么本国价格上涨的幅度就越大，并且由外国出口商吸收的价格跌幅就越小。这些正与实证研究论文中发现特朗普关税主要由美国买家承担相一致。

然而，实证研究论文也指出，特朗普关税在不同行业有着不同的影响。例如，数据显示，在特朗普实施加征关税政策以后，那些向美国出口钢铁的企业大幅度降低了出口价格，因此，只有大约 50% 的关税以价格上涨的形式转嫁给了美国买家。换句话说，国外出口商以降低出口价格的形式吸收了大约一半的关税。这意味着对于钢铁产品来说，其供给曲线和需求曲线具有相等的斜率（弹性）绝对值。与在特朗普加征关税以后没有降低对美出口价格的那些国外厂商相比，降低出口价格使国外钢铁生产商有能力出口相对更多数量的产品。国外钢铁生产商降低价格这一事实有助于解释为什么美国钢铁产量在 2018—2019 年期间每年仅增长 2%。[①]

---

① Mary Amiti, Stephen Redding, and David Weinstein, "Who's Paying for the US Tariffs? A Longer-Term Perspective," National Bureau of Economic Research, Working Paper No. 26610, January 2020; and "The Impact of the 2018 Trade War on U. S. Prices and Welfare," National Bureau of Economic Research, Working Paper 25672, March 2019.

* 需求弹性，即需求价格弹性，是指当商品价格变化 1% 时，需求量变化的百分比；供给弹性，即供给价格弹性，是指当商品价格变化 1% 时，供给量变化的百分比。需求弹性小于供给弹性意味着买方对商品的依赖性更强。在征收关税导致进口商品价格上涨的情况下，如果需求弹性更小，那么进口量的缩减幅度就小于国外出口商可承受的幅度，或者说在国外出口商看来，商品价格的上涨并没有使征税国的进口量减少太多，面对仍然显得"相对较多"的进口需求，出口商不会将出口价格降低太多，大部分关税被加成到商品价格上由进口国消费者负担。——译者注

唐纳德·特朗普的边境税：如何为修建边境墙筹措费用

当唐纳德·特朗普于 2017 年成为美国总统时，他试图履行自己在竞选期间所做出的要保障美国南部边境地区安全的承诺，即要在美国和墨西哥交界的地方修建实体边境墙，并由足够的工作人员对其进行监守和维护，以防止非法移民、毒品和人口贩运以及恐怖主义行为的发生。据估计，边境墙的建设和维护成本高达数百亿美元。

在竞选总统期间，特朗普表示他不仅要修建边境墙，而且将要求墨西哥为此买单。然而，墨西哥政府官员拒绝了特朗普的要求。作为回应，特朗普对从墨西哥进口的商品加征 20% 的边境税用以支付修建边境墙的费用。

什么是边境税？特朗普口中的边境税也就是世界其他地方所称的关税，它是为了针对某一个特定国家而对其商品征收一定比率的进口税，比如对从墨西哥进口的西红柿征收 20% 的关税。

征收边境税会导致墨西哥为边境墙买单吗？回想一下图 4.3，作为一个大国，美国可以通过对进口产品征收关税来改善其贸易条件：虽然对进口产品征收的关税中的一部分会通过更高的产品价格转嫁给美国消费者，但是其余部分会因为对美国出口价格降低而由外国生产商承担，结果是美国的贸易条件得到改善。

在对墨西哥征收边境税的情况下，如果墨西哥人通过降低价格来吸收关税成本，从而维持其产品在美国市场上的份额，那么墨西哥人将为边境墙买单；然而，如果关税导致美国物价上涨，那么为边境墙买单的就将是美国人。也或许，两者兼而有之。不过，具有讽刺意味的是，虽然边境税被描述为是可以让墨西哥为边境墙买单的一种进口税，但这项关税中的相当一部分可能进入并推高了美国的商品价格，因此实际的结果是美国的消费者也在为边境墙买单。

最优关税和报复行为

我们已经看到，大国能够通过征收进口关税来改善其贸易条件。但是，关税也会引起进口量的减少，而廉价进口品的消费量减少会降低国家福利。因此，大国征收进口关税在通过改善贸易条件而使其获益的同时，也因为减少了进口量而使国家福利遭受损失。

参照图 4.3，面积 e 代表贸易条件改善给进口国带来的收益，面积 b 代表进口关税的保护效应给该国经济效率造成的损失，面积 d 代表消费效应给该国经济效率造成的损失，当进口国将关税税率定为使 e 与 b、d 的正差值 $[e-(b+d)]$ 最大时，该国的经济福利将处于最优水平。**最优关税**（Optimal Tariff）指的就是这样一种关税水平。最优关税是存在的，因为外国供给弹性越低，大国就越能迫使其贸易伙伴以更低的价格将产品卖给自己。

美国是有可能实施最优关税的国家，因为相对世界需求而言，美国是汽车、电子产品以及其他很多产品的进口大国。但是，最优关税只对进口国有利。由于进口国以压低进口价格的方式获得的任何收益都意味着出口国的损失，所以实施最优关税是一种**以邻为壑的政策**（Beggar-thy-Neighbor Policy）并可能会招致报复。说到底，如果美国对进口商品征收税率为25%的最优关税，那么日本和欧盟又为什么不能对其进口商品征收40%或50%的关税呢？当所有的国家都实施最优关税时，有可能发生的情况是，随着贸易量的下降，每一个国家的经济福利都将减少。外国可能会进行报复，这对于任何考虑是否征收更高关税的国家来说或许都是一个足够的威慑。

1930年，美国政府实施了《斯穆特-霍利关税法案》（Smoot-Hawley Tariff Act），这是由关税引发贸易战的一个典型例子。该法案最初的目的是减轻美国农民的负担。但是，美国国会中来自工业比重较大的州的参议员和众议员们利用投票交易（vote trading）手段趁机提高了制造品的关税。结果，美国国会通过的法案提高了上千种产品关税，受保护产品的平均名义关税税率达到53%！然而，有12个国家随即提高了对美国的关税，因为它们认识到斯穆特-霍利关税会导致其国内工人失业。在1930—1933年期间，美国的农业出口下降至《斯穆特-霍利关税法案》实施之前的1/3，出口总额也下降了将近60%。尽管出口下降主要是受到那场经济大萧条的影响，但是斯穆特-霍利关税对商业活动所产生的负面心理影响也是不容忽视的。

4.12 美国关税案例

我们现在来探讨涉及关税的两个案例，在这两个案例中，征收关税是为了保护国内厂商免受来自外国厂商的竞争。

专栏

特朗普的钢铁和铝关税：国家安全论站得住脚吗？

唐纳德·特朗普总统在2018年宣布对进口钢铁征收25%的关税，对进口铝征收10%的关税，这是他的"美国优先"政策的一部分。据称，征收这些关税是根据美国1962年通过的《贸易扩张法》（Trade Expansion Act）第232条，旨在保护美国的国家安全。特朗普强调，钢铁、铝、飞机、汽车、半导体和造船等核心产业是美国国防和安全的关键要素。此外，特朗普征收这些关税也是为了履行其在竞选总统时做出的要为美国钢铁和铝产业工人恢复就业的承诺。

特朗普认为，全球铝和钢铁产品市场都存在大量产能过剩，这主要是由外国政府的补贴和其他不公平做法造成的。美国曾试图与中国等相关国家合作减少过剩产能，但这样的努力失败了，结果铝和钢铁产品的价格持续下跌，美国生产商的安全感也有所降低。

尽管美国的钢铁和铝生产商总体上对特朗普关税感到满意，但并不是所有的生产商都赞同采取关税措施。比如，美国铝业公司（Alcoa Corporation）表示，关税将对其从加拿大进口铝的业务产生不利影响；该公司在加拿大经营着两家冶炼厂，同时也是另一家冶炼厂的合作伙伴。另外，像福特、卡特彼勒等在生产中使用钢铁的美国公司抱怨说，关税将导致生产成本上升，并使它们失去竞争力。不仅如此，外国的钢铁和铝生产商也抱怨说，特朗普关税对其在美国市场上的销售构成了歧视。作为报复，中国对一系列美国制造的产品加征关税。

特朗普对钢铁和铝征收关税的理由有两条，其一是为了保护美国的国家安全，其二是为了恢复美国工人的就业岗位。特朗普声称，由于这些金属对于制造军事武器和飞机至关重要，所以美国必须有足够的条件以确保能够在国内生产钢铁和铝。

然而，特朗普的批评者们坚称他对国家安全的解释是错误的。批评者们指出，美国进口的大部分钢铁和铝来自多元化的并且安全的国外供应商，其中最大的供应商来自与美国签署了集体防卫协定的盟友国家（加拿大和欧盟）。因此，特朗普夸大了外国钢铁对美国国家安全的威胁，因为被特朗普描述为"美国安全挑战者"的中国和俄罗斯对美国出口的钢铁和铝只占美国进口钢铁和铝的一小部分。

特朗普关税产生了什么影响呢？彼得森国际经济研究所（Peterson Institute for International Economics，PIIE）的经济学家们估计，在特朗普关税实施的第一年，关税使美国市场上钢铁产品的价格提高了约9%，使美国钢铁公司的收入增加了24亿美元，并且为美国钢铁工人创造了8 700个就业岗位。然而，关税也使钢铁使用者的成本增加了56亿美元。因此，钢铁使用者为新创造的每一个钢铁工人就业岗位额外支付了65万美元，而每一个新增的就业岗位可以给美国的钢铁公司带来27万美元的收入。经济学家们得出结论认为，特朗普关税提高了美国国内钢铁使用者的成本。此外，美联储的经济学家们还发现，特朗普关税所产生的高昂成本超过了美国特种钢材生产企业所获得的收益，这意味着特朗普关税给美国就业岗位造成的流失量超过了创造量。[①]

此外，到2020年，关税对美国钢铁产业的好处将不断减少。在2018—2019年期间，关税在最初阶段提高了钢铁价格，美国钢铁企业的反应是提高产量，而随着新的、高效率

---

① Gary Clyde Hufbauer and Euijin Jung，"Steel Profits Gain，But Steel Users Pay，Under Trump's Protectionism，" Peterson Institute for International Economics，Washington，D. C.，December 20，2018；and Aaron Flaaen and Justin Pierce，"Disentangling the Effects of the 2018—2019 Tariffs on a Globally Connected U. S. Manufacturing Sector，" Finance and Economics Discussion Series 2019-086，Washington D. C.，Board of Governors of the Federal Reserve System.

的钢铁厂进入市场，钢铁价格又开始下降。这给宾夕法尼亚州、俄亥俄州以及美国中西部其他地区的老钢铁厂带来了压力，因为这些钢铁厂只有在钢铁价格较高的情况下才能参与竞争。新增的钢铁产能已经使美国市场饱和，而在新冠疫情大流行期间，美国的钢铁消费趋于减弱，而且这种疲弱态势预计在未来几年都将持续。因此，特朗普关税并没有显著地减少迫使钢铁价格下跌的全球钢铁过剩。

专栏

4

115

欧洲关税使美国船舶制造商前路艰难

佛米勒（Formula）是一家生产动力游艇的公司，其产品种类从24英尺长的舱式游艇一直延伸到45英尺长的帆船。该公司总部位于美国印第安纳州迪凯特市，其制造的玻璃钢船以造型美观、设计先进以及卓越的水上性能而闻名。佛米勒公司现有雇员350人，由雷鸟产品（Thunderbird Products）公司持有股权并运营。

佛米勒公司制造的游艇销往世界各地，尤其受到欧洲水上运动爱好者们的欢迎。但是，为欧洲客户生产的游艇需要符合欧洲大陆环保法规和产品安全规定。比如，不能使用乙烯基和胶合板，必须使用高压电气系统，而且必须为每一艘游艇配备特有的安全设施。然而对于佛米勒公司来说，满足这些监管要求一直以来都是值得的，因为其制造的游艇和帆船的售价通常都在50万美元以上。

然而，随着唐纳德·特朗普总统对进口的钢铁和铝加征关税，并将其作为他的"美国优先"政策的一部分，已经成功在欧洲站稳脚跟的佛米勒公司开始遭遇发展障碍。作为对特朗普关税的报复，欧盟开始对美国产品征收关税，包括对进口船舶征收25%的关税；墨西哥和加拿大也对美国制造的船舶征收15%和10%的报复性关税。欧盟关税使得佛米勒游艇的价格提高了2.5万至40万美元不等，此外还有20%的欧盟增值税，以及将游艇从美国运往欧洲的数千美元的单位运输成本。

在征收特朗普关税之前，佛米勒公司通常每年会将其10%的产量，也就是35艘游艇，卖给欧洲人。然而，特朗普关税导致佛米勒公司对欧洲的出口减少了三分之一以上，这与美国其他船舶制造商所遭遇的情况类似。佛米勒公司担心其在欧洲的销量会日益衰落，因为只要商品因为价格太高而无人问津，那么要不了多久，商品就真的卖不动了。随着游艇秀不断地在各地上演，国外市场上的大型经销商最终可能会忘记佛米勒公司，游艇买家也会转而购买不受关税影响的德国、意大利或者法国制造的游艇。

像佛米勒公司这样的美国船舶制造商可以采取什么样的办法来应对特朗普关税呢？作为长期解决方案，它们可能会考虑将其部分生产从美国迁移至欧洲。然而，实施这样的解决方案不仅困难，而且成本高昂，或者根本就不具备可行性，尤其是对于那些规模相对较小的船舶制造商来说更是如此。也许它们可以削减其他成本或接受较低的利润率，从而防止价格因关税而上升。或者，它们可能不得不寻找其他市场以销售船舶。再或者，等待美国与欧洲的关税争端结束，并且希望最终取消对船舶征收关税。所有这些办法，选择哪一个都不容易。在撰写本教材时，贸易争端对美国船舶制造商的影响仍不明朗。[①]

4.13　关税如何加重本国出口商的负担？

在前面讨论保护国内生产商免受国外竞争所引致的收益和成本时，我们关注的是进口关税的直接效应。由于在关税保护下，产量、利润、就业机会和薪水都得以提高，所以生产进口竞争产品的厂商和工人都从关税保护中获益。然而，关税提高了受保护产品的价格并且减少了消费者剩余，因而关税引致的成本要由国内消费者承担。同时，经济整体也要遭受净福利损失，因为并不是损失掉的消费者剩余都能转变为国内生产商和政府的收益（即存在保护效应和消费效应）。

关税还引致了其他负担。关税在对进口竞争厂商起到保护作用的同时，也间接减少了本国的出口量。保护主义的最终结果是驱使经济走向更高程度的自给自足状态，也就是更少的进口和出口。对国内工人来说，对进口竞争产业实施的就业保护是以牺牲经济中其他部门的就业和出口为代价的。尽管设计关税的初衷是保护国内生产商，但是关税对整个经济所产生的全局性影响最终将不利于出口部门。而由出口部门的生产和就业受到关税限制造成的福利损失，有可能抵消进口竞争厂商所获得的福利。

由于关税是对进口商品课征的一种税收，所以关税负担最初落在了进口商的身上，因为它们必须向本国政府支付税款。然而，进口商通常会尝试以提高价格的方式将增加的成本转嫁给买方。而进口商品价格的提高将至少在三方面损害本国出口商的利益。

首先，出口商们经常要购买的进口投入品必须要缴纳关税，这会**增加投入品的成本**。而出口商们往往又是在竞争性市场上销售产品，在那里它们既没有能力支配价格，通常也不能将关税引致的高额成本转嫁给其商品的购买者。这样，高昂的出口成本就导致了高昂的价格和海外销售量的减少。

我们以卡特彼勒公司作为一个假设案例来进行讨论，该公司是美国一家拖拉机出口企业。如图 4.4 所示，假设该公司的长期成本不变，这意味着在每一个产量水平上，边际成本等于平均成本。令每台拖拉机的生产成本是 100 000 美元，用 $MC_0 = AC_0$ 表示。卡特彼勒公司生产 100 台拖拉机以实现利润最大化，在这一产量水平上，

① Michelle Smith, "American Boat Makers Feel the Crunch from Trump," Associated Press, August 4, 2018; Charles Fort, "Tariffs and New Boat Prices," *BoatUS*, August, 2018; and John Stoll, "Boatbuilder's Million-Dollar Problem: No One Wants to Eat the Tariff," *Wall Street Journal*, June 28, 2019.

116

4

边际收益等于边际成本，同时每台拖拉机的价格为 110 000 美元。因而，公司的总收入为 1 100 万美元（＝100×110 000 美元），总成本为 1 000 万美元，公司实现了100 万美元的利润。假定美国政府现在对进口钢铁征收关税，而其他国家允许钢铁免税进口。如果美国国内没有价格更低廉的钢铁可买，从而生产拖拉机仍然需要使用进口钢铁，那么假设关税会将卡特彼勒公司生产每台拖拉机的成本增加至 10.5万美元，用 $MC_1=AC_1$ 表示。在这种情况下，该公司同样按照边际收益等于边际成本的原则组织生产以实现利润最大化；不同的是，卡特彼勒公司必须把价格提高到112 500 美元，拖拉机的销量降至 90 台，而利润则减至 675 000 美元 ［（112 500 美元－105 000 美元）×90＝675 000 美元］。由此可见，针对钢铁征收的进口关税相当于对卡特彼勒公司征税，它削弱了该公司的国际竞争力。也就是说，保护本国钢铁生产商免受进口竞争的措施，最终损害了在生产中使用钢铁的本国厂商的出口竞争力。

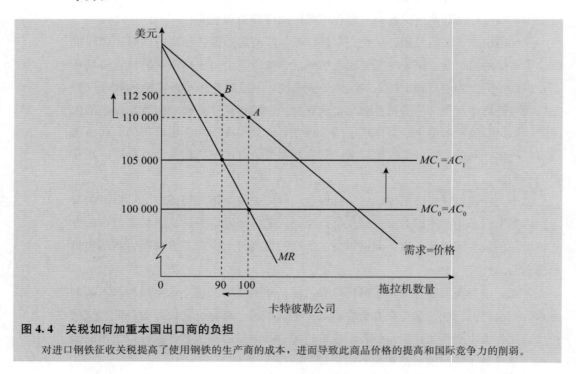

图 4.4　关税如何加重本国出口商的负担

对进口钢铁征收关税提高了使用钢铁的生产商的成本，进而导致此商品价格的提高和国际竞争力的削弱。

　　关税还会通过提高进口商品价格而**增加生活成本**。当工人要求相应地提高工资时，生产成本也会随之上升。关税会导致进口竞争产业中的企业扩大产出，而这些企业又会招聘更多工人，结果是工资上涨。如果这种工资上涨蔓延到整个经济，那么本国的出口品生产商最终将面临高昂的工资和生产成本，这会贬损其在国际市场上的竞争地位。

　　最后，进口关税的**国际回弹效应**也会导致本国出口下降。关税降低了进口量，进而减少了外国的出口收入，减弱了其进口能力。而外国出口收入下降又会导致其对本国出口品的需求减少，进而使本国出口产业的产量和就业量趋于下降。

如果进口关税损害了本国出口品生产商的利益，那么它们为什么没有强烈地反对此项政策呢？其原因在于，一方面，关税给出口品生产商增加的成本很小，不易被察觉，很多出口商甚至根本没有意识到它们的存在；另一方面，关税引致的成本增加可能过大，以至于一些潜在的出口品生产商根本就没有机会发展起来，因而也就没有切实基础来抵制关税政策。

在生产中使用钢铁的美国企业往往也是出口商，它们就不赞成对进口到美国的钢铁征收关税。这些企业的管理人员认为，限制钢铁进口会损害那些在生产中使用钢铁的美国产业，而且用钢产业大约雇佣了 1 300 万工人，但美国钢铁制造企业却只雇佣了不到 20 万工人。在全球化经济条件下，美国的用钢企业必须与那些生产各种民用的和工业用的设备、机械和运输工具（从汽车、土方设备到螺母、螺栓的所有产品）的外国高效率制造商竞争。对进口钢铁征税意味着与国外竞争厂商相比，美国制造商必须为使用钢铁花费高得多的成本，这会给美国制造商带来三重打击：增加原材料的成本，阻碍国外钢铁的进口，同时使美国产品遭遇更加激烈的外国竞争。对进口钢铁征收关税只会将美国的业务转移至海外，并且摧毁大量美国本地的用钢企业，而且它们中的大多数是小企业。①

4.14　关税与穷人：　累退性关税

支持贸易保护主义的一个流行观点是，由于消费者众多，所以提高进口关税只会让每个消费者承担很小的成本，但是却可以保护国内特定产业中的大量劳动力。然而，许多人忽视了这样一个事实：关税负担不是均匀地散落在每一种商品上，而是密集地施加在特定的一些商品上并由购买这些商品的人来承担。政府官员们的一个合理关切是，关税成本是否由国内的消费者均摊，或者说是否某些收入群体承担了不相称的关税成本份额。

有几项研究考察了美国进口关税的收入分配效应，得出的结论是，**低收入家庭**承担了最繁重的关税成本，因此进口关税带来了不公平。为什么是这样呢？因为低收入家庭的收入中用于购买进口品的部分所占的份额通常要高于富裕家庭，而美国对低收入家庭大量购买的廉价劣质进口品又征收相对较高的关税。比如，鞋靴和服装之类的日常必需品要被征收较高水平的关税，而这些产品在低收入家庭的预算中所占的份额要大于富裕家庭。简而言之，美国征收最高等级关税的商品就是那些对于收入低于联邦贫困线的人来说最重要的商品。

进口关税可以类比为对受保护产品征收的销售税（sales taxes）；与销售税一样，其征税效果也具有典型的累退性质。美国的关税政策对低收入者来说是很沉重

---

① U. S. Senate Finance Committee，*Testimony of John Jenson*，February 13，2002.

4

的负担：年轻的单身母亲在沃尔玛购买廉价的服装和鞋靴时所需支付的关税，通常比富裕家庭在尼曼·马库斯（Neiman Marcus）、诺德斯特龙（Nordstrom）等高档商店购买商品时所需支付的关税要高 5 到 10 倍。[①] 国际贸易协定已经废除了美国对飞机、半导体、医疗设备和药品等高科技产品的大部分关税，而且还将中档制成品（如汽车、电视机、钢琴、毡头笔等）和许多奢侈消费品的关税税率普遍降低至 5％以下。此外，石油、金属矿石等自然资源以及美国不种植的巧克力、咖啡等农产品的进口关税税率通常都接近于零。然而，廉价的服装、箱包、鞋靴、手表和餐具被排除在大多数关税改革之外，这些产品的关税仍然是相对较高的，比如，廉价服装的关税税率通常在 10％至 32％之间。

表 4.6 显示的是美国对较廉价商品而不是对奢侈品征收相对较高关税的例子。之所以出现这种关税税率差异，是因为像拉夫劳伦（Ralph Lauren）、蔻驰（Coach）或奥克利（Oakley）这类以品牌和产品形象为卖点的奢侈品企业发现，进口产品微小的价格优势并不会对其销售产生较为重要的影响。由于美国的这些奢侈品企业一直没有游说美国政府提高进口关税，所以像丝绸内衣、银质餐具、工艺玻璃啤酒杯和蛇皮手包等奢侈品的关税税率就很低。然而，与之不同的是，只要将竞争对手产品的价格提高几个百分点，美国生产廉价玻璃杯、不锈钢餐具、尼龙内衣和塑料手包等产品的厂商就能从中获益。

表 4.6　美国对进口廉价商品征收高关税，而对进口奢侈品征收低关税

商品	关税税率（%）
男士针织衬衫	
合成纤维	32.5
棉织	20.0
丝织	1.9
手提包	
双面塑料	16.8
低于 20 美元的皮革	10.0
爬行动物皮革	5.3

资料来源：U. S. International Trade Commission，*Tariff Schedules of the United States*，Washington，DC，Government Printing Office，2013，available at http://www. usitc. gov/taffairs. htm.

119

彼得森国际经济研究所的经济学家们估计了美国关税对国内不同收入水平家庭的影响，得出结论认为（如表 4.7 所示），美国关税基本上是一种累退税，其给低收入家庭带来的压力大于高收入家庭。

---

① Edward Gresser，"Toughest on the Poor：America's Flawed Tariff System，" *Foreign Affairs*，November-December，2002，pp. 19 - 23.

表 4.7　美国进口关税的累退效应

家庭税前年收入（美元）	消费者面临的平均关税税率（百分比）[a] [*]
15 000 美元以下	12.52
15 000～19 999	11.16
20 000～29 999	9.85
30 000～39 999	10.39
40 000～49 999	9.14
50 000～69 999	8.14
70 000～79 999	8.29
80 000～99 999	7.93
100 000～119 999	6.52
120 000～149 999	6.11
150 000 美元及以上	5.24

a. 以 21 种产品（从水果和蔬菜到服装和家具）为计算基础。

资料来源：Tyler Moran，"Tariffs Hit Poor Americans Hardest," Peterson Institute for International Economics，July 31，2014. See also Jason Furman，Katheryn Russ，and Jay Shambaugh，"U. S. Tariffs Are an Arbitrary and Regressive Tax," VOX CEPR's Policy Portal，January 12，2017.

除了给穷人增加负担外，美国的关税政策还通过不同的方式影响着不同的国家。美国的进口关税给专门生产廉价产品的国家（特别是亚洲和中东地区的贫穷国家）所增加的负担尤其繁重。欧盟向美国出口的商品主要是汽车、计算机、电力设备以及化工产品，美国对这些产品征收的关税税率不超过 1%。像马来西亚这样专门生产信息技术产品的发展中国家也同样面临较低的美国关税；石油输出国，如沙特阿拉伯和尼日利亚也是如此。然而，美国关税严重损害了诸如柬埔寨和孟加拉国等亚洲国家的利益，它们出口到美国的廉价消费品通常面临 15% 甚至更高的关税，这大约是世界平均税率水平的 10 倍。

国际贸易案例

高关税可以减少美国联邦政府债务吗？

美国的政府债务令政府官员和美国公民忧心忡忡。解决方案五花八门，包括提高所得税以及降低国防和政府津贴支出等等。在纽约市一栋老旧的美国海关大楼里面有这样一句标语：美国政府曾经通过对进口商品征收关税还清了所有的战争债务。那么，我们今天能够通过设置高

* 根据表 4.7"资料来源"中的文献，这里指的是加权平均关税税率。比如，对于收入低于 5 000 美元的家庭，购买家禽产品的支出约占总消费的 0.4%，同时美国对进口家禽产品的关税为 10%（应该是各种家禽类产品的算术平均值），这样在计算收入低于 5 000 美元的家庭面临的平均关税税率时，就以 0.4%×10% 作为 21 种产品中家禽产品的计算项。也就是这里对应收入组面临的加权平均关税税率 $= \sum_{i=1}^{21}$（第 i 种产品消费支出在该收入组总支出中的占比×第 i 种产品的进口关税率）。——译者注

关税，比如20%的关税，来为美国的老年医疗保险买单并且显著减少美国联邦政府债务吗？

关税的确曾是美国政府的最大收入来源，比如在1795年，关税收入大约占联邦政府收入的95%。然而，随着关税税率不断降低以及所得税制度在1913年施行，关税的重要性不断下降，所得税逐渐成为美国联邦政府收入的主要来源。现在，美国的进口产品中只有大约30%需要交纳关税，每年的关税收入总额大约只有250亿美元*，关税总额约占联邦政府收入的1.2%。全部按进口商品从价关税折算，美国平均关税税率大约是2%。

那么，为了清偿政府债务，美国政府应该将现在的关税税率提高到20%，也就是提高到原来的10倍吗？假设关税税率提高到20%，并且进口品的含税价格增加了20%却没有引起进口量的减少（当然，这是一个靠不住的假设），那么美国联邦政府每年因征收关税所获得的财政收入就要乘以10，达到2 500亿美元。但是，我们还是先不要讨论这个假设是否真的靠不住，因为现在的美国政府每年需要借1万多亿美元以弥补财政赤字。啊……假设征收高额关税不会导致进口需求减少，要清偿如此庞大的政府债务就需要设置一个高到不可思议的关税税率，并且这将诱使贸易伙伴国对我们征收报复性关税。由此可见，提高关税对于清偿美国政府债务来说不是一个好的选项。

问题：对于清偿美国政府债务来说，提高关税是个好主意吗？

资料来源：Paul Solman，"Could a Higher Import Tariff Pay for Medicare and Get the U. S. Out of Debt?" *The Business Desk*，January 5，2012，available at https://www.pbs.org/newshour/economy/could-a-higher-import-tariff-p.

4.15 贸易限制论

自由贸易论（Free-Trade Argument）在原则上很有说服力。它指出，从长远来看，如果每个国家都生产其最擅长的产品并且进行贸易，那么所有国家都将享有比孤立状况下更低的价格和更高的产出、收入以及消费水平。在一个不断发展的世界中，随着技术、投入要素生产率、工资以及需求的变化，比较优势也总是在不断地变化。自由市场具有强制调整机制，它要么促使产业提高效率，要么驱动资源从使用效率较低的领域流向使用效率较高的领域。而关税和其他贸易壁垒则被认为会阻碍经济调整，从而导致经济停滞。

尽管课堂上宣扬的都是自由贸易论，但实际上所有国家一直都对产品、服务和资本的国际流动施加限制。贸易保护主义的支持者们经常说，自由贸易在理论上是令人满意的，但是在现实世界中却行不通，因为现代贸易理论假定市场是完全竞争

---

* 根据世界银行网站发布的数据，2017年（也就是特朗普政府上台的前一年），美国政府关税及其他进口税收入为385.1亿美元（现价）（大约是2005年——253.3亿美元——的1.5倍），占政府税收收入的1.7%；2018年和2019年，美国政府关税及其他进口税收入分别为532.8亿美元和777.5亿美元（现价），占政府税收收入的2.6%和3.6%。——译者注

的，但这并没有反映现实世界中的市场状况。此外，虽然保护主义者们大致承认关税和其他限制性措施会导致经济损失，但是他们往往辩称，关税和其他限制性措施所带来的国家安全等非经济利益足以弥补由其导致的经济损失。然而，在寻求保护以免受进口竞争的过程中，国内产业和工会也是在努力捍卫它们自己的利益。多年来，各种贸易限制论被发展起来并且迫使美国总统和国会采取贸易限制措施。

4.15.1 就业保护论

就业问题是促使政府官员们对进口商品采取贸易限制措施的决定性因素。在经济衰退时期，工人们尤其迫切地强调廉价的外国产品会减少国内生产，并使国外工人抢走国内的就业机会。历史上，美国的工人领袖们抵制自由贸易政策绝大多数都是出于这一原因。

但是，这一观点存在一个严重的漏洞，即没有认识到国际贸易具有双重性质。一国货物和服务进口的变化会与其出口的变化密切相关。各国之所以要出口商品是因为它们希望从其他国家进口商品。当美国从国外进口商品时，外国人由此获得的购买力最终将用于购买美国的商品、服务或金融资产。美国的出口产业将因此获得更高的销量并能容纳更多的就业，而美国的进口竞争产业的遭遇则与之相反。虽然进口使某些产业中的就业减少，却同时为另一些产业带来了新的就业机会，所以说进口并没有加剧整体失业。不过，对于公众来说，他们往往忽视自由贸易政策增加的就业机会，而只看到外来竞争所导致的失业。正因为如此，美国许多的企业家和工人领袖联合起来共同反对自由贸易。

贸易限制通过提高进口商品的价格（或减少供给量），增加了被保护产业（如钢铁产业）的就业，而且向被保护产业提供原材料的主要行业的就业也会增加。但是，那些购买被保护产品的产业（如汽车制造业）却要支付较高的成本，而这些成本又会通过更高的价格转嫁给消费者，进而造成产品销量的下降。于是，这些相关产业中的就业量就会减少。

达拉斯联邦储备银行（Federal Reserve Bank of Dallas）* 的经济学家考察了纺织、服装、钢铁和汽车产业的贸易限制对美国就业的影响。他们得出结论认为，从长期来看，贸易保护对就业水平很少或根本就不产生积极影响。贸易限制只能使少数几个行业的就业机会增加，却会导致其他行业的失业大量增加。[①]

关于就业保护的一个惊人事实是，被保护的每个就业岗位最终给国内消费者带来的损失通常要大于在该岗位就业的工人所获得的工资！据报道，在 1986 年，为了保护美国特种钢产业的一些岗位不被淘汰，消费者一年要为每个受保护岗位所承担的

[①] Linda Hunter, "U. S. Trade Protection: Effects on the Industrial and Regional Composition of Employment," Federal Reserve Bank of Dallas, *Economic Review*, January 1990, pp. 1-13.

 * 该银行位于美国得克萨斯州达拉斯市，是参与履行美国中央银行职能的 12 家联邦储备银行中的一家。——译者注

成本达到 100 万美元，这远远高于该行业生产性岗位上的员工所获得的薪水。受到保护的每个就业岗位给消费者带来的成本如此之高，这一事实不仅说明需要采取其他的措施来帮助工人，而且还说明当工人从进口竞争产业中失业时，政府应该给予他们慷慨的补偿（或补贴）以帮助他们能够在新的产业获得工作或者干脆提前退休。[①]

4.15.2　抵制国外廉价劳动力的保护论

贸易保护主义者在证明贸易限制的合理性时，最常用的理论是一国需要用关税来抵制国外廉价的劳动力，以保护国内的就业机会。如表 4.8 所示，德国和美国生产性岗位上的工人以美元计价的工资远远高于菲律宾和墨西哥等国的工人。据此，一些人认为，美国生产商很难与使用廉价劳动力的外国生产商进行竞争，除非对美国实施有利于本国生产商的进口保护，否则美国国内的产量和就业水平将会下降。

美国美泰克（Maytag）公司之所以将其洗衣机和烘干机的生产线从美国艾奥瓦州转移到墨西哥，主要是因为墨西哥拥有廉价的劳动力。出于同样的原因，李维斯（Levi Strauss and Co.），一家著名的美国牛仔裤生产商，将其生产线由美国转移到了墨西哥和中国。

表 4.8　制造业生产性工人的小时工资（美元）及其相当于美国工资的百分比（美国＝100）

国家	1997 年 美元	2016 年 美元	1997 年 百分比（%）	2016 年 百分比（%）
德国	28.86	43.18	125	111
奥地利	24.88	39.54	108	101
美国	23.04	39.03	100	100
日本	22.00	26.46	96	68
葡萄牙	6.44	10.96	28	28
墨西哥	2.62	3.91	11	10
菲律宾	1.24	2.06	5	5

资料来源：The Conference Board, *International Comparisons of Hourly Compensation Costs in Manufacturing*, 2018, available at www.conference-board.org.

实际上，美国人普遍认为，与低工资国家的产品竞争不仅不公平，而且有损美国工人的利益。此外，有些人还认为，在国外使用廉价劳动力进行生产的美国企业不应该再干涉美国工人的工资制定。解决该问题的一个办法是，对进入美国的产品征收关税，税额等于相同产业中外国工人和美国工人之间的工资差额。这样一来，竞争就可以被定义为谁生产了最好的产品，而不是谁花费了最少的钱来生产。因

[①]　受保护的每个就业岗位给美国消费者每年带来高额成本的其他例子包括：螺栓和螺母产业，550 000 美元；摩托车产业，150 000 美元；蘑菇产业，117 000 美元；汽车产业，105 000 美元；制鞋产业，55 000 美元。相关内容参见：Gary Hufbauer, et. al. *Trade Protection in the United States：31 Case Studies*, Washington, D. C.：Institute for International Economics, 1986.

此，如果美国的卡尔文·克雷恩公司（Calvin Klein）打算在巴基斯坦生产运动衫，那么该公司就需要缴纳关税或国内税，税额等于巴基斯坦工人收入与美国服装工人收入之间的差额。

这种观点虽然得到了广泛的支持，但是它没有认识到效率、工资和生产成本之间的联系。就算国内工资比国外高，但如果国内的劳动生产率高于国外，那么国内的劳动力成本仍然可能具有竞争力。劳动总成本不仅反映工资率，而且也反映每小时劳动的产出状况。如果国内的劳动生产率优势可以弥补国内较高工资率劣势，那么国内的劳动力成本实际上仍然会低于国外。美国较高的生产率在一定程度上可以抵消发展中国家的低工资优势。

表 4.9 显示了 2006—2009 年部分国家和地区制造业的劳动生产率（每个工人的产出量）、工资和单位劳动力成本与美国相比较的状况。从中可以看出，这些国家和地区不仅工资水平都低于美国，而且劳动生产率也低于美国。就算其他国家和地区的工资水平低于美国，但是如果它们的劳动生产率显著低于美国的话，那么其单位劳动力成本仍然会高于美国。中国香港、南非、日本和英国就是这样，它们的单位劳动力成本相对于美国的比率（单位劳动力成本相对于美国的比率 ＝ 工资率相对于美国的比率/劳动生产率相对于美国的比率）都大于 1.0。这些国家和地区的单位劳动力成本都高于美国，因为其与美国之间的劳动生产率差距超过了工资差距。简而言之，低工资水平并不能保证低生产成本。如果低工资水平一定可以导致低生产成本，那么像博茨瓦纳和马来西亚这样的国家就能支配整个世界贸易。

表 4.9　与美国相比，部分国家和地区的制造业生产率、工资和单位劳动力成本（美国＝1.0）

国家和地区	相对于美国的劳动生产率	相对于美国的工资[a]	相对于美国的单位劳动力成本	
中国香港（2008）	0.21	0.44	2.09	
毛里求斯（2007）	0.06	0.12	2.00	
南非（2008）	0.14	0.27	1.93	
欧盟（2009）	0.46	0.84	1.83	
英国（2009）	0.50	0.84	1.68	
新加坡（2008）	0.40	0.61	1.53	美国处于竞争优势
日本（2008）	0.67	0.72	1.07	美国处于竞争劣势
墨西哥（2009）	0.18	0.17	0.94	
韩国（2006）	0.71	0.61	0.86	
波兰（2006）	0.26	0.20	0.77	
中国（2008）	0.12	0.08	0.67	

a. 以市场汇率换算。

资料来源：本书作者对斯沃斯莫尔学院（Swarthmore College）斯蒂芬·戈卢布（Steven Golub）教授表示感谢，他提供了该表的数据。还可参阅：Steven Golab, CESifo Working Paper at the Center for Economic Studies, University of Munich, Munich, Germany, 2011；See also Janet Ceglowski and Stephen Golub, "Are China's Labor Costs Still Low?".

主张抵制国外廉价劳动力的另一个局限是，只有在产品生产过程中需要大量劳动以及较少的其他投入时，也就是只有当工资支出占据产品成本的绝大部分时，低工资国家才具有竞争优势。与低工资的贸易伙伴国相比，高工资国家的确在劳动密集型产品的生产上处于相对成本劣势，但这并不意味着国外厂商能够在其国内外市场上将所有产品都以很低的价格销售，进而导致高工资国家工人生活水平的整体性下降。外国会用其出口销售收入购买本国具有比较优势的产品，也就是购买那些在生产过程中需要大量投入本国丰裕要素的产品。

要素禀赋理论指出，随着各国经济联系在贸易的作用下变得日益紧密，完全竞争市场会使不同国家的要素报酬趋于均等。劳动昂贵的国家将会进口劳动密集型产品，而随着劳动密集型产品进口增加及其国内产量减少，国内劳动的需求量将有所降低并导致国内工资降至国外的水平。

4.15.3 公平贸易论：创造一个公平的竞争环境

贸易公平是保护主义者们提出的另外一个理由。商业企业和工人经常争辩说，与本国政府相比，外国政府搞的是另外一套规则，这使外国企业获得了不公平的竞争优势。本国厂商认为，应当采取进口限制政策以抵消国外企业的这些优势，从而创造一个**公平的竞争环境**（Level Playing Field），使所有生产商都能按照相同的规则进行竞争。

美国企业通常提出，在污染控制和工人安全方面，外国企业没有受到与美国企业相同的政府管制；许多发展中国家（如墨西哥和韩国）尤其如此，它们在制定和实施环保法规上一直都不严格。此外，外国企业不必支付那么多的公司税，不必遵守反歧视、最低工资、超时工资等雇佣规则。同时，外国政府还可能高筑贸易壁垒，从而有效地封闭国内市场以防止进口，或者向其国内生产商提供补贴以增强它们在世界市场上的竞争力。

被外国竞争者抢走市场份额的国内企业经常组织起来，将公平贸易论作为寻求贸易保护的依据，而且公平竞争和平等待遇之类的措辞也容易博得议会投票者的支持。然而，一些反对者指出，即使某些国家设置了较高的贸易壁垒，或者这些国家对其生产商实施的管制较为宽松，那也不应当对从这些国家的进口采取限制措施。

第一，即使外国采取了贸易限制措施，与其开展贸易仍然对本国经济有利。虽然外国的贸易限制措施会减少本国的出口和福利，但是如果本国通过设置进口壁垒来进行报复，那只会保护本国国内的低效率生产商，并最终使本国的福利遭受更多的损失。

第二，公平贸易论没有认识到进口限制对全球贸易所产生的潜在影响。如果不论什么时候，只要外国的贸易限制多于本国，那么本国就要增加贸易限制，这样一来就会出现世界范围内的贸易限制升级，这会导致贸易量减少以及生产、就业和福利水平的下降。除非外国减少贸易限制，否则本国有理由威胁也采取贸易限制措施，这话听起来不错，但如果双方谈判失败并且本国采取了贸易限制措施，那么其结果将是大家都不愿意看到的。因此，其他国家的贸易措施通常并不能作为本国采取贸易限制措施的充分理由。

4.15.4 维持国内生活水平的贸易保护论

支持设置贸易壁垒的人通常认为，关税有利于维持本国高水平的收入和就业。其理由是，通过降低进口水平，关税刺激了国内的消费支出，从而激发了国内经济的活力，因此会提高本国的就业和收入水平。

虽然这一论点表面上看很有说服力，但它需要满足几个条件。由于关税会导致贸易收益在各国之间进行重新分配，因此所有国家不可能都通过征收关税来提高国内的生活水平。如果一个国家是以通过征收关税来提高其收入和就业的，那么它获得了多大程度的利益，其贸易伙伴国的生活质量就会遭受多大程度的损失。受到贸易壁垒负面影响的国家很可能会征收报复性关税，这会进一步降低所有国家的福利水平。因此，将那些以牺牲贸易伙伴的利益为代价来提高本国生活水平的贸易限制措施称为**以邻为壑的政策**，也就不足为奇了。

4.15.5 生产成本均等论

科学关税（Scientific Tariff）的倡导者试图消除他们认为的来自国外的不公平竞争。由于存在低工资成本、关税减免或者政府补贴等因素，外国出口商较国内企业享有成本优势。为了抵消这种优势，应当对外国进口商品征收与成本差额相等的关税。实际上，1922 年和 1933 年的《美国关税法案》（U. S. Tariff Act）就已包括了这一条款。

在政策实践中，科学关税存在着诸多问题。既然在一个给定行业内的不同企业有着各自不同的成本，那么如何对成本进行真正的比较呢？假设美国所有的钢铁制造商都受到保护，因而它们不受任何外国钢铁制造商的影响。这样的保护制度要求最高效的外国制造商的成本*与最低效的美国公司的成本（美国公司的最高成本）相等。在目前的成本条件下，美国的钢铁价格必然会上涨。这会使效率较高的美国企业获益，因为它们得到了经济利润（economic profits），但是美国的消费者却在为无效率的美国生产商提供补贴。由于科学关税近似于禁止性关税，因此它不仅与比较优势理念完全相悖，而且彻底否定了贸易基础和贸易利益。

4.15.6 幼稚产业保护论

在关税保护的诸多理由中更为人们所接受是**幼稚产业保护论**（Infant-Industry

125

---

* 这里"最高效的外国制造商的成本"应指最高效的外国制造商将其钢铁产品出口到美国市场的含关税成本。——译者注

Argument）。这一论点虽然没有否定自由贸易理论的有效性，但却主张：为了使自由贸易产生积极效果，贸易国应该暂时保护其新兴产业免受国外竞争的威胁；否则，成熟的、同时也是更有效率的外国企业就会把本国的新兴企业挤出市场；只有当本国新兴企业经过一段时间成长为有效率的生产商时，才应该取消关税壁垒并实行自由贸易。

尽管幼稚产业保护论有一定的道理，但也存在以下几方面的问题。第一，保护关税一旦征收就很难取消，即使产业已经发展成熟也是这样，因为特殊利益集团通常会让政策制定者确信进一步的保护是合理的。第二，很难确定哪一个产业将来有可能会具备比较优势，从而值得加以保护。第三，幼稚产业保护论一般不适用于美国、德国和日本等成熟的工业化国家。第四，为了使成长中的产业回避残酷的市场竞争，还可以采取其他办法。比如，政府可以不实施关税，而向幼稚产业提供补贴。补贴的优点是不会扭曲国内消费和相对价格；其缺点是不能像进口关税那样带来财政收入，反而会增加政府支出。

4.15.7 非经济因素的保护论

贸易保护主义的论点也涉及很多非经济因素的考量，**国家安全**就是其中的一个考虑因素。国家安全论认为，如果一国过度依赖国外供给，那么一旦爆发国际危机或战争，该国将处在危险之中。所以，即使国内生产商不是很有效率，但也应该给予它们关税保护以确保其可以持续经营。这一理论非常适用于主要的石油进口国——在1973年中东战争期间，几个阿拉伯国家为了赢得支持阿拉伯国家反对以色列的斗争，对西方国家实施了石油出口封锁。不过，以保护国家安全为由主张实施贸易限制首先需要确定基础产业到底指的是哪些产业。如果泛泛地定义基础产业这个概念，那么很多产业或许都可以获得进口保护，真这样的话，这个论点也就没有意义了。

贸易保护的国家安全论对于外国投资（比如外国收购美国的企业和资产）也有着特殊意义。虽然美国一直都欢迎外国投资，但如果任何一项外国收购、兼并或接管美国企业的投资项目被查明会对美国国土安全构成威胁，那么美国总统有权暂停或禁止该项投资。通常被认为威胁美国安全的投资行为包括：向美国政府或行业协会隐瞒其对关键技术或核心产品领域的投资；将对美国国防或国土安全具有重要意义的关键技术或核心产品转移至海外；关闭或破坏美国的重要设施。因此，美国政府对外国投资交易的审查就不仅仅是为了保护国内产业基础，其目的还包括保护能源和自然资源、技术、通信、运输以及制造业的安全。自2001年9月11日美国遭受恐怖袭击以来，美国加强了对外国投资的审查力度。[1]

---

[1] Edward Graham and David Marchick，*U. S. National Security and Foreign Direct Investment*，Washington，DC：Institute for International Economics，2006.

另一个非经济因素的保护论基于**文化和社会**方面的考虑：美国新英格兰地区可能希望保护本地小规模的渔业；美国西弗吉尼亚州可能要求对人工吹制玻璃花瓶的进口征收关税，理由是这些技术丰富了美国人的生活；麻醉剂等特定产品可能被认为是不受社会欢迎的，应该对其进口予以限制或禁止。这些理由合乎情理，不应该被忽视。而经济学家所能做的只是指明贸易保护的经济后果和成本，并且找到可以实现相同目标的其他可选方法。

在加拿大，很多民族主义者认为如果没有政府保护，那么脆弱的加拿大本土文化将难以为继，而加拿大本土文化面临的最大威胁是美国的文化帝国主义。为了防范美国文化入侵，加拿大一直对美国的出版物和教科书实行进口限制。到 20 世纪 90 年代，加拿大的文化保护主义仍然持续膨胀。最明显的案例是，1994 年加拿大出台法案规定，对在美国杂志的加拿大版本上刊登的加拿大企业广告征收 80% 的赋税——这实际上就是在努力杜绝美国文化入侵。文化民族主义者们担心，如果不对加拿大的媒体进行保护，那么要不了多久，《体育画报》（*Sports Illustrated*）、《时代》（*Time*）、《商业周刊》（*Business Week*）等美国杂志就会使加拿大人失去在《麦克林》（*Maclean's*）、《加拿大商业》（*Canadian Business*）等加拿大杂志中品读自己文化的能力。尽管美国对该项税赋的抗议最终导致该法案被取消，但是加拿大政府仍然在通过其他方式继续保护自己的民族文化。

大多数支持关税保护的论点都假定关税能够提高国家福利和个人福利。互惠的关税减让之所以进展缓慢，一个主要原因是关税对于提高进口竞争产业的福利水平具有战略重要性。不足为奇，进口竞争产业的生产商总能提供有力的政治证据，证明日益激烈的外国竞争将会损害本国整体以及生产商自身的福利。虽然取消贸易壁垒会损害特定集团的利益，但是我们必须要注意区分个人福利和国家福利。如果降低关税能够带来更多的贸易收益，并且遭受负面影响的集团的损失能够得以补偿，那么整个国家的福利水平就会提高。不过，要在实践中证明贸易利益大于损失是很困难的。

专栏

关税壁垒真能保护美国的就业机会吗？

在 2016 年美国总统大选期间，几位候选人都将贸易保护主义列为优先的竞选主张。对自由贸易感到厌恶的候选人包括民主党的希拉里·克林顿（Hillary Clinton）和伯尼·桑德斯（Bernie Sanders），以及共和党的唐纳德·特朗普和特德·克鲁兹（Ted Cruz）。这几位候选人呼吁，为了保护美国人的就业机会，政府应该提高进口关税，甚至在某些情况下可以"撕毁"美国签署的自由贸易协定。

然而，保护主义的批评者们经常引述 19 世纪法国古典自由主义理论家、政治经济学家、法国国民议会议员克劳德·弗雷德里克·巴师夏（Claude Frederic Bastiat）的观点。巴师夏主张，在制定法律或经济政策时，我们不仅要考虑看得见的（直接影响），而且还要考虑看不见的（间接影响），也就是说，我们必须考虑全局。巴师夏的这一主张也适用于进口关税。

我们以美国对进口钢铁征收关税为例进行讨论。批评者们认为，虽然关税可能会给美国钢铁工人带来更多的就业机会，但关税不会增加美国人的整体就业水平。为什么呢？因为关税对就业创造能力所产生的消极的、间接的影响抵消了关税所产生的积极的、直接的影响。批评者们提出了几条理由来支持他们的立场。

- 由于对进口钢铁征收高额关税，所以美国消费者们在钢铁产品上的花费会更多，这会减少他们在其他零售品上的支出，从而降低国内其他零售品制造产业中的就业。
- 对钢铁征收进口关税会导致成本上升、竞争力丧失以及美国一些使用钢铁的产业出现失业。这些产业使用钢铁来制造其他产品，如汽车、石油管道、家用电器、拖拉机和推土机、建筑物等。事实上，绝大多数在生产过程中使用钢铁的制造商都是小企业，它们对自己制造的产品的售价几乎没有或者根本没有影响力。即使企业的投入（钢铁）成本已经上升，但由于这些企业规模太小，所以没有能力要求客户为其销售的产品支付更高的价格。
- 由于关税导致外国生产商在美国销售的钢铁量减少，所以这些外国生产商赚得的美元就会减少，因而它们一定会减少购买美国的出口产品。因此，美国的出口产业一定会减少生产，这将导致美国人失业。
- 由于受到关税保护，美国的钢铁生产商往往会获得更高的售价，实现更大的销量以及提供更多的就业机会。但是从整个社会角度来看，国内钢铁产量增加使得美国钢铁生产商能够从美国其他具有更高效率的产业中抢来资源（包括劳动力）。

简而言之，对进口钢铁征收关税往往会对美国钢铁工人的就业产生积极的、直接的影响。这就是美国钢铁工人联合会（United Steelworkers Union）支持征收关税的原因。然而，钢铁进口关税也会产生不那么明显的、间接的影响，也就是给钢铁产业之外的美国人带来失业。事实上，进口关税是否真的能给美国人带来更多的就业机会仍然是一个复杂的问题。[1]

---

① Walter Williams，*Steel Tariffs Cost Jobs*，Triblive，March 12，2016；Carpe Diem，*Imposing 266 Percent Tariffs on Chinese Steel Imports will Punish U. S. Manufacturers and Consumers*，*Not China*，American Enterprise Institute，March 2016；John Miller，"U. S. Steel Tariffs Create a Double-Edged Sword,"*Wall Street Journal*，May 31，2016；Gary Hufbauer and Sean Lowry，"U. S. Tire Tariffs: Saving Few Jobs at High Cost," *Policy Brief*，Peterson Institute for International Economics，April 2012；and Joseph Francois and Laura Baughman，*The Unintended Consequences of U. S. Steel Import Tariffs*，Trade Partnership Worldwide，LLC，Washington，DC，February 4，2003.

4.16 保护主义的政治经济学

近代历史表明，对国际贸易的日益依赖对国内各产业造成了不同的冲击。美国在农产品、工业机械、化工产品和科学仪器等产品的生产上拥有比较优势；而美国的有些产业不仅丧失了比较优势，而且在国际贸易中遭受损失，如服装、纺织、摩托车、电子产品、钢铁、鞋类等产业。在这种环境下，制定恰当的国际贸易政策并不容易：一方面，自由贸易通过提高劳动生产率以及降低价格可以为整个经济创造巨大收益；另一方面，如果政府向一些特殊集团提供救济以使其免受进口竞争的威胁，那么它们可能会从中获益。因此，在制定国际贸易政策的过程中，政府官员们必须考虑这些相互冲突的利益。

同时，政府官员制定贸易政策的动机也已经受到了广泛的关注。作为选民，我们没有机会走到投票箱前就贸易法案进行投票；而被选出来的政府官员以及他们任命的僚属掌握着贸易政策的制定权。人们通常认为，被选举出来的官员制定政策是为了争取尽可能多的选票以保住自己的职位。因此，这种政治制度就会偏向于支持贸易保护主义。

经济中**赞同贸易保护的部门**（Protection-Biased Sector）通常包括：进口竞争产业的生产商、代表该产业工人利益的工会和该产业生产商的原材料供应商。贸易保护主义的追求者通常是处于已经丧失比较优势的夕阳产业中的企业。这些企业之所以成本高昂可能是因为缺少现代技术、管理效率低下、工作规章落后或者国内工人工资偏高。**赞同自由贸易的部门**（Free Trade-Biased Sector）通常由出口企业及其工人和原材料供应商组成，此外，还包括消费者以及进口品的批发商和零售商。

政府官员们认识到，如果他们投票反对提高汽车进口关税，那么他们很可能会失去像美国汽车工人联合会（United Auto Workers，UAW）这样的利益集团的政治支持。此外，政府官员们还认识到，对该项贸易问题的投票情况并不是博取大量其他公民政治支持的关键因素。因此，在投票同意提高进口汽车关税以维持汽车工人联合会对自己支持的同时，只要在其他问题上讨好其他公民就可以了。

因此，美国贸易保护政策出台与否是由代表生产商的特殊利益集团来决定的。一般来说，消费者没有正式的组织，贸易保护给他们造成的损失比较分散；而贸易保护所带来的利益却集中于受保护行业中组织良好的生产商集团和劳工联盟。贸易保护政策的受害者们都是独自地承担着微薄并且难以察觉的成本。尽管许多消费者要为受保护产品支付较高的价格，但他们往往不会把高价格与保护主义政策联系起来，因而也不大可能关心贸易政策。然而，特殊利益集团却十分重视保护其产业免受进口竞争的威胁。因此，他们会支持为其分忧的政府官员，并且游说各方以反对选举那些意见相左的官员。很显然，希望连任的政府官员们对代表生产商利益的特殊集团的意见会非常敏感。

在本章前面的内容里我们已经讨论过，通过分析关税升级的效果可以看到现实的政治倾向是有利于国内生产商的。在工业化国家的关税结构中，对进口的中间产品经常征收低关税，而对进口的产成品则征收高关税。例如，美国对进口棉纱历来征收较低的关税，而对进口棉布却征收较高的关税。消费者们虽然四处游说，却无法阻止政府对棉布征收高关税，毕竟一盘散沙的消费者拗不过有组织的、支持保护主义的美国棉布生产商。但是就棉纱而言，保护主义者们游说的成效却并不明显：棉纱的购买者是美国的生产商，它们希望降低中间投入品的进口关税，于是这些企业结成贸易联盟并对国会施加压力，要求对进口棉纱征收与棉花同样的低关税，而棉花生产商也在游说争取对进口棉花征收高关税，因此，对于棉纱这样的进口中间产品实行贸易保护是不太可能的。

在贸易政策制定者的眼中，国内生产商的利益往往要高于国内消费者的利益；在贸易法规的确立过程中，进口竞争产业中的生产商也往往要比本国出口商具有更大的影响力。出口商们面临的问题是，它们从国际贸易中获得的收益通常是其在国内市场上获得成功的连带结果，因为只有生产商的效率足够高才能将其产品打入海外市场，而这些高效率生产商在国内市场上面对国外企业的竞争时也能安然自若。有关贸易政策的大部分讨论都强调保护进口竞争产业，因为进口壁垒对出口部门的生产商所造成的间接损害往往是由许多出口产业共同承担的，但进口竞争部门的生产商则不一样，它们能够搜集证据证明外国竞争对其造成了包括销售、利润和就业水平下降在内的一系列直接损害。进口竞争产业中的生产商所提供的证据更加清晰、明确，以至于能够让国会议员们相信支持进口竞争产业中生产商的选民数量要大大多于支持出口部门生产商的选民数量。

4.16.1 贸易保护主义政策的供给与需求

进口保护的政治经济学可以从供给和需求视角来分析。本国政府是保护主义政策的供给者，而本国企业和工人是保护主义政策的需求者。保护主义政策的供给取决于：（1）社会成本；（2）进口竞争产业中的生产商在政治上的重要性；（3）调整成本；（4）公众的同情。

开明的政府官员们应该认识到，虽然保护主义政策为本国生产商带来了收益，但社会整体上却为此付出了**成本**。这些成本包括：高价格带来的消费者剩余损失；进口量下降造成的无谓损失；放弃进一步的贸易机会导致规模经济优势不能充分发挥；丧失了进口竞争对本国技术进步的激励。贸易保护给社会带来的成本越高，政府官员们愿意保护某一产业免受外国竞争的可能性就越低。

保护主义政策的供给还受进口竞争产业的**政治重要性**的影响。某一产业如果在国会中拥有强有力的代言人，那么它就比较容易赢得进口保护政策的支持。对于政客们来说，与驳回2万名铜制品业工人的要求相比，抵制100万名汽车业工人的呼声更加困难。前面提到的贸易保护的国家安全论也不过是基于对产业的政治重要性的一种考虑。举例来说，如果进口威胁到国内产业安全的话，那么美国的煤炭和石油产业就能够促使立法机关将国家安全条款写进美国贸易法案并获得该法案的保护。

当国内的企业和工人面临不断提高的进口竞争压力（例如失业或工资下降），从而需要承担大量的调整成本的时候，贸易保护政策的供给也会趋于增加。这时的保护政策被认为是促使全部的**调整**压力延缓释放的一种手段。

最后，如果**公众同情**国内的一些企业或工人（比如由于工人的工资较低，并且工人不具备其他的工作技能）并且这种情绪持续高涨的话，那么国家往往会提供更多的保护以抵制外国制造的商品。

在需求方面，国内产业对保护主义政策的需求影响因素有：（1）比较劣势；（2）进口商品的市场渗透力；（3）集中程度；（4）对出口的依赖程度。

随着国内产业**比较劣势**的日益强化，其对保护政策的需求就会越来越多。美国的钢铁产业就存在这种情况，它在近几十年里一直极力要求国家对其予以保护，以抗衡日本和韩国的低成本钢铁生产商。

进口**商品的市场渗透力**越高，国内生产商的竞争压力就越大，这会诱发对保护政策的更大需求。20 世纪 60 年代末，美国劳工联合会—产业工会联合会（AFL-CIO）放弃了支持开放市场的一贯做法，转而支持保护主义。该组织立场的转变主要是由于 20 世纪 60 年代电子消费产品和鞋类产品等产业的进口渗透比率出现了迅速上升。

影响贸易保护政策需求的另一个因素是国内生产的**集中程度**。例如，三大汽车公司控制了美国的汽车产业。这三大汽车公司会为争取进口保护政策的活动提供资金支持，因为它们不用担心那些没有参与政策争取活动的企业会获取贸易保护的大部分收益。相反，由许多小生产商组成的产业（例如肉类加工产业）往往认为，保护主义政策带来的收益可能会被那些没有为争取保护主义政策立法付出相应成本的生产商获得。因此，国内产业的集中程度越高，其对保护政策的需求就越强烈。

最后，对贸易保护政策的需求还可能取决于**对出口的依赖程度**。人们可能会预计到，如果企业的国外销售额占其总销售额的比例很大（比如波音公司），那么这样的公司就不会非常关心进口保护政策是否出台，因为它更担心本国实施贸易壁垒可能会招致国外报复，进而损害其在出口市场中的利益。

4.16.2　美国值得与中国打贸易战吗？

贸易战（Trade War）是国家间的一种经济冲突，也就是国家间通过施加关税、进口配额、补贴、货币贬值以及贸易禁运等保护主义贸易壁垒来打击对方。当一个国家筑起贸易壁垒，例如对从另一个国家进口的重要产品征收关税，那么另一个国家也会筑起贸易壁垒予以报复。这种针锋相对的斗争可能会升级为贸易战；在贸易战中，许多产品都面临贸易壁垒。贸易战通常是由于一个国家认为对手国家采取的不公平贸易行为对其产业造成了损害，或者认为其与另一个国家之间的贸易逆差过大。

贸易战以及设置贸易壁垒有利有弊。它们在短期不仅可以通过增加国内需求、减少贸易赤字和促进就业增长来保护本国产业，而且还可能给对手国家造成足够的经济阵痛，从而使其克制自己的不公平贸易行为。

然而，长期的贸易战通常被视为是消极的。这主要是因为它会导致更高的成本和更低的消费。除了导致市场效率损失以外，贸易战还会导致产业的竞争性下降。而随着两国国内市场竞争性的下降，产业的创新动力将减弱，生产技术将停滞不前。

中美贸易战提供了一个可供分析的案例。2018 年，唐纳德·特朗普通过发动贸易战向北京施压，要求纠正中国的不公平贸易行为。特朗普认为单边关税将减少美国对中国的贸易逆差，并促使企业将制造业就业机会带回美国，他甚至宣称："贸易战是好事，而且很容易打赢"。

在 2018—2019 年期间，特朗普对超过 5 000 亿美元的中国产品征收 10% 至 25% 的关税。作为报复，中国暂停其国有企业进口美国农产品，并且对大约 1 850 亿美元的美国产品征收关税。

贸易战对中国和美国的经济都产生了不利影响。它使美国的消费者面临物价上涨，农民陷入收支困境，工人失去工作岗位。贸易战也使中国的经济增速放缓。或许是由于意识到打贸易战实际上就是在相互伤害，美国和中国同意在 2020 年 1 月 15 日签署贸易协议。

作为休战协议的一部分，中国承诺购买更多的美国商品（尤其是大豆）。为了表现出善意姿态，美国降低了对从中国进口的产品征收的关税，但仍然对大约 2 500 亿美元的中国商品征收 25% 的进口关税，对大约 1 200 亿美元的中国商品征收 7.5% 的进口关税。

在特朗普之前，至少有三位美国总统向中国施压，要求中国解决贸易政策问题，这些政策问题在特朗普发动贸易战期间又被推到了风口浪尖。之前几位总统的努力只取得了温和的进展，而特朗普则把冲突当作解决问题的手段，将关税当作强行推动进展的杠杆。这种更为激进的做法是否会导致中国改变其经济行为还有待观察。①

① Ryan Hass and Abraham Denmark, *More Pain Than Gain*: *How the US-China Trade War Hurt America*, The Brookings Institution Press, Washington D. C., 2020; and Aaditya Mattoo and Robert Staiger, "Trade Wars: What Do They Mean? Why Are They Happening Now? What Are the Costs?" Working Paper 25762, National Bureau of Economic Research, Cambridge, MA, April 2019.

国际贸易案例

为蜡烛制造商请愿

自由贸易的倡导者弗雷德里克·巴师夏在 1845 年向法国众议院提交的一份请愿书中对保护主义者的论点进行了无情而致命的讽刺。他在请愿书中要求通过一项法律，强制人们关闭门窗以保护蜡烛行业免受太阳"不公平的"竞争。他争辩道，这将使蜡烛行业受益颇丰，在创造许多新的就业机会的同时还能让蜡烛供应商们赚钱。下面摘录的是他这篇讽刺作品中的片段：

我们正遭受来自外部对手的、令我们难以忍受的竞争，这个竞争对手拥有优越的光照生产设备，并且以不可思议的超低价格冲击本国市场。在它出现的那一刻，所有的消费者都趋之若鹜，而作为一个容纳了众多企业的法国产业——蜡烛制造业也立即减产甚至彻底停摆。这个竞争对手不是别的，就是太阳。

我们请求各位议员行行好吧，通过一项法律，要求人们关闭所有的窗户、老虎窗、天窗、百叶窗，拉上所有的门帘和窗帘——总之，堵住所有的缺口、孔洞、裂口和缝隙，让太阳光线无法照进房屋楼舍，从而无法损害我们的蜡烛产业。由于尽可能多地堵住了自然光照的入口，所以议员们就把人造光源创造成必需品——这是一个重要的目标，在法国，只要是与这个目标有一点联系的产业，又有哪一个不会因此受益呢？如果用于制造蜡烛的动物油脂被大量消费，那么人们就必须饲养更多的牛和羊。如果植物油被大量消费，那么人们就会增加种植油橄榄树。而随着成千上万的船舶被用于捕猎鲸鱼*，航运业将能赚得盆满钵满。一句话，如果我们的请愿得到采纳，没有哪一个领域的市场不会得到巨大的发展。

尽管法国蜡烛行业无疑将会因为没有太阳光照而得到发展，但是如果没有政府干预，消费者显然不乐意放弃免费的太阳光照。

问题：从这篇讽刺性作品判断，弗雷德里克·巴师夏是一位自由贸易的拥护者，还是贸易保护主义的拥护者？ 为什么？

资料来源：Frederic Bastiat, *Economic Sophisms*, edited and translated by Arthur Goddard, New York, D. Van Nostrand, 1964.

4.17 小结

1. 尽管自由贸易具有坚实的理论依据，但是世界上普遍存在着贸易壁垒。贸易壁垒包括关税壁垒和非关税壁垒。

2. 关税有几种类型。**从量关税**是指对进口商品的每个单位征收固定的税额。**从价关税**是

---

* 早在 18 世纪中叶，欧洲人就开始利用鲸鱼身上的油脂制造高档蜡烛。——译者注

指对进口商品价值征收一个固定比率的税额。**混合关税**则是从量关税和从价关税的结合。

3. 在从价关税制度下，进口商品的估价有几种方法。离岸价格（FOB）是指商品离开出口国时的价格。到岸价格（CIF）是指商品到达进口港时的价格。

4. 当国内进口竞争行业使用的进口原材料的关税税率与最终商品的关税税率不同时，有效关税税率就与名义关税税率有差别。发展中国家一直认为，许多发达国家设置升级性的工业品关税结构，从而使有效关税税率数倍于名义关税税率。

5. 美国的贸易法通过设立保税仓库和对外贸易区制度，允许美国进口商按时间进度延迟承担其关税义务，从而减轻进口关税的影响。

6. 关税的福利效应可以由关税所产生的保护效应、消费效应、再分配效应、收入效应和贸易条件效应来衡量。

7. 如果一国相对于世界其他国家是个小国并且对进口商品征收关税，那么它的福利必然会减少，减少量等于保护效应与消费效应之和。如果进口国相对于世界来说是个大国，那么征收进口关税可能会改善其国际贸易条件，其福利效应将有可能弥补消费效应和保护效应所带来的福利损失。

8. 因为关税以进口商品为征税对象，所以税收负担最初落在进口商身上，它们必须向征税国政府缴纳关税。但是，进口商一般会通过提高价格将增加的成本转嫁给消费者。如果国内出口商购买了征收关税的进口投入品，那么它们将面临较高的成本，从而降低竞争力。

9. 尽管关税会改善一国的经济条件，但由关税带来的任何收益总是以其他国家的损失为代价。一旦出现关税报复，国际贸易量将会减少，世界福利也将遭受损害。关税减让的目的是促进自由市场发展，扩大贸易量，深化国际分工，从而造福世界。

10. 征收关税有时候是合理的，因为它能够保护国内就业和工资，为国际贸易创造一个公平的竞争环境，实现进口商品成本与本国进口竞争产品成本的均等化，从而使国内产业在成长和发展起来之前暂时免受国外竞争的影响，或者使那些与国家安全休戚与共的产业得到保护。

4.18　关键概念及术语

- 从价关税［Ad Valorem（*of Value*）Tariff；p. 93］
- 以邻为壑的政策（Beggar-thy-Neighbor Policy；p. 113）
- 保税仓库（Bonded Warehouse；p. 102）
- 混合关税（Compound Tariff；p. 93）
- 消费者剩余（Consumer Surplus；p. 105）
- 消费效应（Consumption Effect；p. 109）
- 到岸价估价法［Cost-Insurance-Freight（CIF）Valuation；p. 94］
- 海关估价（Customs Valuation；p. 94）
- 无谓损失（Deadweight Loss；p. 109）

- 国内的财政收入效应（Domestic Revenue Effect；p. 111）
- 有效关税税率（Effective Tariff Rate；p. 95）
- 对外贸易区（Foreign-Trade Zone，FTZ；p. 103）
- 离岸价估价法［Free-on-Board（FOB）Valuation；p. 94］
- 自由贸易论（Free-Trade Argument；p. 120）
- 赞同自由贸易的部门（Free Trade-Biased Sector；p. 127）
- 幼稚产业保护论（Infant-Industry Argument；p. 125）
- 大国（Large Nation；p. 109）
- 公平的竞争环境（Level Playing Field；p. 123）
- 名义关税税率（Nominal Tariff Rate；p. 95）
- 海外装配条款（Offshore Assembly Provision，OAP；p. 99）
- 最优关税（Optimal Tariff；p. 113）
- 生产者剩余（Producer Surplus；p. 105）
- 赞同贸易保护的部门（Protection-Biased Sector；p. 127）
- 保护效应（Protective Effect；p. 108）
- 保护性关税（Protective Tariff；p. 92）
- 再分配效应（Redistributive Effect；p. 108）
- 财政收入效应（Revenue Effect；p. 108）
- 财政性关税（Revenue Tariff；p. 92）
- 科学关税（Scientific Tariff；p. 124）
- 小国（Small Nation；p. 106）
- 从量关税（Specific Tariff；p. 93）
- 关税（Tariff；p. 92）
- 关税规避（Tariff Avoidance；p. 100）
- 关税升级（Tariff Escalation；p. 98）
- 关税逃避（Tariff Evasion；p. 101）
- 贸易条件效应（Terms-of-Trade Effect；p. 111）
- 贸易战（Trade War；p. 129）

4.19 习题

1. 描述从量关税、从价关税和混合关税的概念，并分析每种关税的优缺点。

2. 海关估价官员用什么方法确定进口商品的价值？

3. 在什么情况下对进口商品征收的名义关税会高估或低估由名义关税衡量的实际保护程度或有效保护程度？

4. 欠发达国家有时会认为，工业化国家的关税结构不利于欠发达国家发展本国工业。请对此进行解释。

5. 区别消费者剩余和生产者剩余，这两个概念与国家经济福利有什么关系？

6. 国家对商品进口设置关税将给国民福利水平造成效率损失。请对此进行解释。

133

7. 影响关税的财政收入效应、保护效应、消费效应以及再分配效应的因素有哪些？

8. 如果关税改善了贸易条件，那么对进口商品征收关税的国家可能会发现该国的福利水平也提高了。请对此进行解释。

9. 有关关税的论点，你认为哪一种对当今世界最有价值？

10. 尽管关税可能改善了单一国家的福利，但世界福利可能会降低。在什么条件下会发生这种情况？

11. 征收关税通常会对一个国家的贸易条件和贸易量产生什么影响？

12. 加拿大每生产100万美元的钢铁需要消耗10万美元的铁燧岩。在加拿大，进口钢铁的名义关税税率是20%，进口铁燧岩的名义关税税率是10%。基于上述信息计算加拿大钢铁产业的有效保护率。

13. 美国对石油进口征收关税有利于美国能源开发与节能产业的发展吗？

14. 什么是**保税仓库**和**对外贸易区**？为什么它们能够帮助进口商减轻本国进口关税对其产生的影响？

15. 假定澳大利亚是"小国"，也就是它不能影响世界价格。它对电视机的需求与供给如表 4.10 所示。在同一个图中画出需求曲线和供给曲线。

a. 确定澳大利亚电视机市场的均衡状态。

（1）均衡价格和均衡数量是多少？

（2）分别计算澳大利亚的消费者剩余和生产者剩余。

b. 在自由贸易条件下，假定澳大利亚以每台100美元的价格进口电视机，确定自由贸易条件下的市场均衡，并画图加以阐述。

（1）澳大利亚生产、消费和进口的电视机的数量分别为多少？

（2）计算澳大利亚以美元计价的消费者剩余和生产者剩余。

c. 为了保护生产商免受国外竞争，假定澳大利亚政府对每台进口电视机征收100美元的从量关税。

（1）画图说明关税对澳大利亚电视机价格的影响、澳大利亚生产商的供给数量、消费者对电视机的需求量，以及贸易量。

（2）关税引起电视机价格升高，计算由此导致的澳大利亚消费者剩余的减少量。

（3）分别计算关税的消费效应、保护效应、再分配效应和财政收入效应。

（4）关税给澳大利亚经济造成的无谓损失是多少？

表 4.10　澳大利亚对电视机的需求与供给

电视机价格（美元）	需求量	供给量
500	0	50
400	10	40
300	20	30
200	30	20
100	40	10
0	50	0

16. 假定美国是钢铁进口大国，其进口数量的变化足以影响世界钢铁市场的价格。美国钢铁的需求

和供给情况如表 4.11 所示，包括国内和国外生产商向美国消费者供给的钢铁数量。请在同一张图中画出供给曲线和需求曲线。

表 4.11　美国钢铁的供给和需求　　　　　　　　　　　单位：吨

价格（美元/吨）	供给量（国内）	供给量（国内＋进口）	需求量
100	0	0	15
200	0	4	14
300	1	8	13
400	2	12	12
500	3	16	11
600	4	20	10
700	5	24	9

a. 在自由贸易条件下，钢铁的均衡价格是＿＿＿＿＿美元/吨。在该价格水平上，美国消费者购买＿＿＿＿＿吨钢铁，其中，美国生产商供给＿＿＿＿＿吨，从国外进口＿＿＿＿＿吨。

b. 为了保护美国生产商免受国外竞争，假定美国政府对每吨进口钢铁征收 250 美元的从量关税。

（1）画图说明关税对钢铁总供给曲线的影响。

（2）征收关税后，国内钢铁价格上升到＿＿＿＿＿美元/吨。在这个价格水平上，美国消费者将购买钢铁＿＿＿＿＿吨，进口钢铁＿＿＿＿＿吨。

（3）计算由关税引起的钢铁价格变化而导致的美国消费者剩余的减少，以及关税的消费效应、保护效应、再分配效应和本国财政收入效应。关税造成的无谓损失等于＿＿＿＿＿美元。

（4）征收关税减少了进口量，美国迫使钢铁的进口价格降低到＿＿＿＿＿美元。美国的贸易条件因此得到（改善/恶化），进而（增加/减少）了美国福利。计算贸易条件效应。

（5）关税对美国的总体福利水平造成了多大的影响？

进一步探索

1. 关于利用提供曲线对关税进行分析的内容，请在本书线上学习系统 MindTap 中查询"进一步探索 4.1"。

2. 关于唐纳德·特朗普总统计划对进口铝和钢铁征收关税的展开讨论，请在本书线上学习系统 MindTap 中查询"进一步探索 4.2"。

第5章 非关税贸易壁垒

　　本章讨论关税以外的其他国际贸易限制措施。这类被称为**非关税贸易壁垒**（Nontariff Trade Barriers，NTBs）的措施在 20 世纪 60 年代开始出现并且被广泛采用，现在它们已经成为最近几轮国际贸易谈判中讨论最多的话题。虽然近几十年来，关税壁垒已经减少，然而非关税贸易壁垒的数量却成倍的增加。这不足为奇，毕竟要求抬高关税壁垒的政治势力不会因为关税壁垒降低而消失。相反，这些政治势力往往会通过其他渠道寻求贸易保护。

　　非关税贸易壁垒包括多种形式的贸易措施。其中，部分非关税贸易壁垒对贸易的影响并不显著，例如标签和包装条件能够限制贸易，但总体来说限制是有限的；其他的非关税贸易壁垒则会对贸易状况产生显著影响，例如绝对进口配额、关税—税率配额、自愿出口限制、补贴和本地成分规则。

5.1　绝对进口配额

　　最有名的非关税壁垒是进口配额，该措施限制一定时期内商品的进口总量。进口配额分为两类：绝对配额和关税—税率配额。这两项措施都对进口商品施加限制，并且由美国海关和边境保护局在美国各地入境口岸执行。

　　绝对配额（Absolute Quota）是对特定时期内（通常是一年）允许进口的商品数量的限制。一般来说，配额将进口商品的数量限制在自由贸易水平以下。例如，绝对配额可以规定在某一个特定的时间内，奶酪的进口量不得超过 100 万千克，小麦的进口量不得超过 2 000 万千克。超过规定配额的进口商品可能被扣留在保税仓库或者对外贸易区直到下一个配额开放期，也可能在政府海关部门的监督下被出口

或者销毁。为了管理进口配额，政府通常向进口商分配**进口许可证**（Import License），从而允许它们进口不超过限定数量的商品，而不管市场的需求是多少。

　　限制进口的一种方式是设置**全球配额**（Global Quota）。全球配额只规定一国每年允许进口的商品数量，但并不规定进口商品的来源地和进口商。当进口数量达到限额时（即配额已满），在该年度剩余时间里将不再允许额外进口这种商品。

然而，由于本国进口商和国外出口商会争先恐后地抢在配额已满之前将它们的商品运入进口国，所以全球配额往往很难控制。此外，在一年中，年初进口的商家可以得到它们想要的商品，而计划在年末进口的商家可能就无法进口想要的商品。因而，全球配额常遭到指责，人们认为它只有利于最先得到大订单的幸运商家。

为了避免全球配额制度所带来的问题，通常的做法是把进口配额分配给特定的国家，这种类型的配额被称为**国别配额**（Selective Quota）。例如，一国可能对苹果进口实施每年 3 000 万个的全球配额，并且规定其中的 1 400 万个来源于美国，1 000 万个来源于墨西哥，余下的 600 万个来源于加拿大。进口国的海关官员们负责监控来自各个国家的特定商品的数量；一旦分配给某个国家的配额已满，就不再允许从这一国家进口更多的商品。

配额的另一个特点是它可能会导致国内生产的垄断和更高的商品价格。由于国内企业明白外国生产商的出口量不能超过配额，因此会提高价格。与之相比，关税不一定会导致本国企业拥有垄断力量，因为关税无法对能够进口的商品数量做出限制。

第二次世界大战之后，绝对配额成为各国政府普遍使用的、严格限制进口商品数量的一种贸易保护手段。然而，在接下来的几十年里，随着世界贸易自由化进程的不断演进，绝对进口配额的重要性不断下降。到 1995 年，绝对配额让位于关税—税率配额。关税—税率配额将在本章后面的内容里予以讨论。

世界贸易组织（WTO，见第 6 章）规定，成员目前应在整体上禁止对进口的或出口的任何商品设置配额。这是因为配额比关税具有更大的保护作用，而且更有可能扭曲贸易的自由流动。当一个国家，比如加拿大，征收关税以限制机械进口时，如果德国机械的价格竞争力足以克服关税壁垒，那么德国就可能将其机械卖给加拿大。然而，如果加拿大设置配额，那么无论德国机械价格多么有竞争力，它都不可能向加拿大出售超过配额数量的机械。因此，配额被认为会对贸易产生扭曲作用，而倡导公开、公平、自由竞争的世界贸易组织也将禁止配额作为一项基本原则。但是，世界贸易组织的确为有限的或临时的配额政策设置了一些例外，这些例外情况包括解决国际收支问题、维护国家安全或环境保护等。

5.1.1 贸易和福利效应

与关税一样，绝对配额也会影响一个经济体的福利。图 5.1 展示了美国与欧盟之间的奶酪贸易。假定美国在世界奶酪市场上是一个"小国"，其对奶酪的供给曲线和需求曲线分别为 $S_{U.S.}$ 和 $D_{U.S.}$，S_{EU} 代表欧盟的奶酪供给曲线。在自由贸易条件下，欧盟和美国每磅奶酪的价格均为 2.5 美元。在这一价格水平上，美国企业生产 1 磅奶酪，而美国消费者购买的奶酪数量为 8 磅，其中的 7 磅从欧盟进口。

137

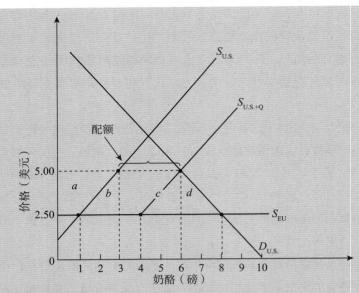

图5.1 进口配额：贸易和福利效应

配额通过限制进口商品的可获得的供给来提高进口商品的价格。这一价格保护伞使得本国进口竞争行业的生产商能够提高价格，结果导致消费者剩余的减少，其中的一部分是进口国家的福利损失，包括保护效应、消费效应和国外出口商获得的收入效应。

假定美国通过实施进口配额将奶酪的进口数量限制为3磅。配额将美国奶酪的价格提高到自由贸易价格水平之上，此时美国奶酪的总供给量等于本国产量加配额。图5.1描述了这一变化，即供给曲线从 $S_{U.S.}$ 移动到 $S_{U.S.+Q}$，进口数量从7磅减少到3磅，均衡价格上升到5美元。价格的上升导致美国企业的供给量由1磅增加到3磅，美国的需求量则由8磅下降到6磅。

与前一章讨论的关税一样，也可以从福利效应的角度对绝对配额进行分析。上例中，配额导致每磅奶酪的价格上升至5美元，美国消费者剩余的损失为面积 $a+b+c+d$（总额为17.5美元）。其中，面积 a（5美元）代表**再分配效应**，面积 b（2.5美元）代表**保护效应**，面积 d（2.5美元）代表**消费效应**。配额导致的美国福利的**无谓损失**，等于保护效应加上消费效应。

但是该如何解释由面积 c（7.5美元）代表的配额的**收入效应**呢？配额提高了美国市场上奶酪的稀缺程度，因此美国消费者购买进口的3磅奶酪时，每磅都不得不多支付2.5美元。配额的收入效应表现为"**意外收益**"，或者称为"**配额租金**"。原则上来说，配额租金由那些有权将商品进口至国内并在这一受保护的市场上销售这些进口商品的人获得。那么，在不同的情况下，这些意外收益又归谁所有呢？

138　　　为了分析配额收入效应的归属问题，我们对接下来要讨论的例子做一系列不同的前提假设。假设欧洲出口企业将奶酪销售给美国百货公司（进口企业），并由美

国百货公司将奶酪卖给美国的消费者[①]:

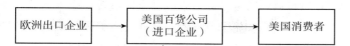

配额的收入效应如何在这些群组之间进行分配取决于谁能在交易价格上占据优势,也就是谁将获得这份意外收益取决于相关出口企业和进口企业之间的竞争关系。

一种情况是,欧洲出口企业可以进行串谋,并最终形成垄断卖方。如果美国的百货商店属于竞争性买方,那么它们将会相互抬价竞争购买欧洲的奶酪,奶酪的价格将会因此从每磅 2.5 美元上升到 5 美元,这样,欧洲的出口企业就将攫取配额带来的意外收益。除了保护效应和消费效应所带来的无谓损失之外,由欧洲企业攫取的意外收益也将成为美国经济的福利损失。

另一种情况是,假设美国进口企业组织成单一的进口企业(例如西夫韦百货公司),从而成为垄断买方。再假设欧洲出口企业属于竞争性卖方。这样,美国进口企业能够以每磅 2.5 美元的世界市场通行价格购买奶酪,继而以每磅 5 美元的价格销售给美国消费者。在这种情况下,配额的收入效应流向进口企业。由于进口企业属于美国企业,因此,这种意外收益并不意味着美国经济福利的损失。

除此之外,美国政府可能会将进口企业所获得的配额收入效应据为己有。假设政府向美国的百货公司出售许可证。通过对进口许可证收费,政府可以获得部分或者全部的配额意外收益。如果进口许可证被拍卖给了竞争市场上出价最高的投标者,那么政府将尽数攫取在配额制度下原本由进口企业获得的意外收益。由于配额的收入效应流向了政府,所以这种收益流向也不意味着美国经济福利的损失(假设政府将收益又全部回馈于经济)。这一点将在本书接下来的部分进行进一步讨论。

5.1.2 分配配额许可证

由于进口配额通常将商品的进口数量限制在自由贸易水平之下,而且并不是本国所有的进口商都能获得与自由贸易条件下相同的进口数量,因此,政府需要在本国进口商之间就有限的进口商品供给量进行分配。

对于石油和牛奶产品,美国政府曾经根据各进口商以往在进口市场中所占的份额签发进口许可证。但是,这种做法对于那些初次尝试进口的商户构成了歧视。在其他行业,美国政府**按比例**分配配额,每个进口商所获得的配额比例等于其所获得的进口配额量与美国进口商的全部进口需求量之间的比值。

---

① 本例中假设欧洲出口企业从处于完全竞争市场中的欧洲生产商那里购买奶酪。由于每家生产商的产量很小,不足以影响奶酪的市场价格,所以任何一家生产商都不能获取进口配额所带来的任何意外利润。

139　　　　在本国进口商之间分配许可证的另一种方法，是在完全竞争市场中以拍卖的方式将配额出售给报价最高的竞买者。这种分配方法已经在澳大利亚和新西兰开始应用。假设美国对纺织品进口实施配额限制，从而使得美国纺织品的市场价格高于世界市场价格，并且美国因此成为利润极高的市场。如果美国进口商（比如梅西百货和沃尔玛）能够以较低的世界价格购买到纺织品，再以较高的价格（进口配额会推高国内价格）将其卖给美国消费者，那么这些进口商将从中获得意外收益。假设这些意外收益在现实中确实存在，那么美国进口商就有可能为了获得纺织品进口权而购买许可证。通过将进口许可证拍卖给竞争市场上报价最高的竞买者，美国政府将获得意外收益（也就是图 5.1 中由面积 c 代表的收入效应）。进口商为了得到进口许可证而展开的相互竞争，会把许可证的拍卖价格推高到没有意外收益可图的地步，因此全部的收入效应被转移至政府手中。如果用拍卖的办法来分配许可证，那么配额就类似于可以给政府带来税收收入的关税。

5.1.3　配额与关税的比较

　　　　前面的分析指出，绝对进口配额的收入效应与进口关税的收入效应有所不同；实际上，这两种商业政策对贸易量的影响力度也存在差异。下面的例子说明了在需求增长时期，绝对配额是如何比等额进口关税更大程度地限制商品进口数量的。

140　　　　图 5.2 展示了一个假设的美国汽车贸易的例子。美国汽车的供给曲线和需求曲线分别用 $S_{U.S.0}$ 和 $D_{U.S.0}$ 表示。日本汽车的供给曲线为 S_{J0}。假设为保护本国企业免受国外竞争的威胁，美国政府面临两种选择：对进口汽车征收关税或者实行配额。

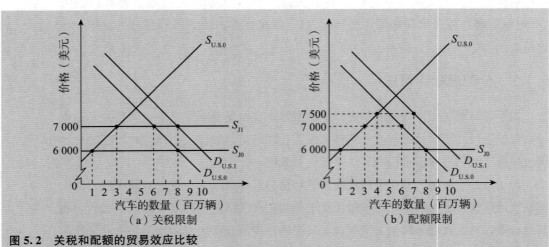

图 5.2　关税和配额的贸易效应比较

　　在一个不断增长的市场中，等量进口配额比进口关税对贸易的限制程度更高。在进口关税制度下，应对国内需求增加所做出的调整是增加商品的进口量。而在进口配额制度下，需求增加引致商品价格上升，进而导致国内生产扩大和对进口竞争商品消费的下降，但进口量仍维持不变。

在图 5.2（a）中，征收 1 000 美元的关税会使日本汽车的价格从 6 000 美元上升至 7 000 美元，汽车的进口量将会从 700 万辆下降到 300 万辆。在图 5.2（b）中，如果实施 300 万辆的进口配额，那么美国将处于与征收关税时相同的贸易状况，即配额引致的稀缺性使汽车的价格从 6 000 美元上升到 7 000 美元。因此，从对贸易量的限制作用来看，关税与配额似乎是等效的。

现在假设美国的汽车需求曲线由 $D_{U.S.0}$ 上移到 $D_{U.S.1}$。如图 5.2（a）所示，尽管需求增加了，但进口汽车的价格仍维持在 7 000 美元，这是因为美日两国间的汽车价差不能超过关税税额。在这种情况下，汽车的进口数量从 300 万辆增加到 500 万辆。因此，在进口关税制度下，国内调整采取的方式是增加进口数量而不是提高汽车价格。

在图 5.2（b）中，同等幅度的需求增长引致了国内汽车价格的上升。在配额制度下，美国价格高出日本价格的程度不受任何限制。假设国内汽车价格上升时，美国公司能够扩大生产，那么国内价格将一直持续上涨，直到扩大的国内产量加上固定的进口量等于国内需求量为止。由图 5.2（b）可知，汽车的需求曲线由 $D_{U.S.0}$ 上移到 $D_{U.S.1}$，迫使汽车价格从 7 000 美元上升至 7 500 美元。在新的价格水平下，美国国内的汽车产量为 400 万辆，消费量为 700 万辆，进口量为 300 万辆，进口量与国内需求增加之前的情况相同。因此，在配额制度下，做出调整的是汽车的国内**价格**，而不是汽车的进口量。

因此，当需求不断增加时，与等量进口关税相比较，绝对配额对贸易的限制程度更高。在配额制度下，政府强行限制产品的进口量。而在关税制度下，国内价格可以高于世界价格，但价格差额也仅限于关税额；而且如果国内消费者愿意并且能够花得起那么多钱，那么他们可以购买无限数量的进口品。尽管配额的实施使本国产业的竞争劣势更加凸显，但同时也阻止人们转向消费更多的进口品。因此，如果不考虑对市场条件的改变，配额对进口产品设置了上限，从而保护了本国产业。[①]

总之，与关税相比较，配额对进口的限制性更强。关税虽然会提高国内价格，但是不能限制一国进口商品的数量。如果进口商的效率很高，从而足以支付得起关税税额，那么它仍然可以进口商品；此外，外国生产商通过降低成本或者削减利润率来降低价格，从而可以抵销关税。因此，关税允许了一定程度的竞争。但是，由于配额通过对进口商品施加绝对数量限制，因此它不仅比关税的限制性更强，而且还压制了竞争。关税的保护程度由市场机制决定，而配额则将市场机制排除在外。最后，关税为政府创造了收入；而在配额制度下，政府就要损失这一项收入，除非政府对进口许可证收费。因而，世界贸易组织的各成员方同意取消绝对配额，取而代之的是关税—税率配额，并且最终将只使用关税。

---

① 为了检测对这种方法的掌握程度，你可以自行分析以下两种假设条件下的详细情形：（a）由于生产成本的上升，汽车的国内供给下降了；（b）由于经济出现衰退，进口国对汽车的需求下降了。

5.2 关税—税率配额： 双重关税

141   另一种进口配额是**关税—税率配额**（Tariff-Rate Quota）。美国政府已经对乙醇、钢铁、扫帚、橄榄、牛、金枪鱼、蔗糖、牛奶、奶油以及其他农产品的进口实施了关税—税率配额。

正如名称所示，关税—税率配额同时具有关税和配额的特征。其具体实施方法是，对特定数量的进口商品实行某一种关税税率（**配额内税率**），超出这一数量水平的进口商品则按照更高的税率（**配额外税率**）征收关税。因此，在实施该项配额制度期间，政府对于产品的进口数量没有绝对限制。在实践中，配额外税率经常制定得非常高以阻止进口产品进入本国市场。

关税—税率配额有两个组成部分：（1）配额，它限制了征收配额内税率的商品的最大进口量；（2）配额外关税税率。因此，关税—税率配额是一种**双重关税**。关税—税率配额仅适用于单个贸易年度，如果某一贸易年度内进口配额没有用完，那么剩余配额不能结转到下一个贸易年度。表 5.1 列举了美国对某些进口商品实施关税—税率配额的情况。

表 5.1   美国关税—税率配额范例

产品	配额内关税税率	进口配额	配额外关税税率
花生	0.935 美元/千克	30 393 吨	187.9％从价
牛肉	0.44 美元/千克	634 621 吨	31.1％从价
牛奶	0.32 美元/升	570 万升	0.885 美元/升
蓝纹奶酪	0.10 美元/千克	260 万千克	2.60 美元/千克

资料来源：U. S. International Trade Commission，*Harmonized Tariff Schedule of the United States*，Washington，DC，U. S. Government Printing Office，2019.

关税—税率配额与本章前面所讨论的绝对配额区别很小。二者的区别在于，在实行绝对配额条件下，进口量超过规定的数量在法律上是不可能的。而在实行关税—税率配额条件下，进口量理论上可以超过规定的数量，但是超额部分必须缴纳更高的配额外关税。然而在实践中，许多进口产品的配额外关税税率很高，因而有很强的限制性，也就是能够有效地排除配额外进口的可能性。

在关税—税率配额的管理方面，最常用的方法是**按需求分配许可证**（License on Demand Allocation）。在这种制度下，美国海关和边境保护局对于按配额内关税进口的商品会要求出示许可证。而在配额期开始之前，潜在的进口商将应邀申请进口许可证。如果对许可证的需求小于配额，许可证的发放就按照"先到先得"原则实施。在通常情况下，如果对许可证的需求超过配额，那么将在所有的申请者之间按比例减少实际申领的进口量。配额许可证的其他分配方法包括按各进口商以前的市场份额以及通过拍卖进行分配。

　　在 1995 年世界贸易组织成立时（详见第 6 章），各成员方根据各自政府的农业扶持计划对农产品的进口保护制度进行了改革。世界贸易组织要求各成员方废除对其他成员方进口商品实施的所有非关税壁垒（如进口配额、差价税、自由裁量许可、全面进口禁令等），转而实施关税壁垒。换句话说，世界贸易组织要求将所有的非关税壁垒都转换为任何出口商都可以直接判断并理解的贸易壁垒——关税。世界贸易组织允许成员方在转换期内采用关税—税率配额制度作为过渡性手段。在撰写本教材的时候，这一转换期要延续多久尚不能确定。因此，关税—税率配额制度在未来一段时期里可能还会继续存在。关于关税—税率配额的福利效应分析，参见本书线上学习系统 MindTap 中的**"进一步探索 5.1"**。

142

5

专栏

甜中带苦的蔗糖关税—税率配额

　　美国蔗糖业为我们提供了一个可以分析关税—税率配额效应的例子。美国的甘蔗种植商一直以来都是以最低保障价格的形式从政府那里获得补贴。然而，这种人为抬高蔗糖价格的做法会促使人们进口国外低价蔗糖，并最终导致国内蔗糖价格下降。为了避免这种结果，美国政府通过实施关税—税率配额对市场进行了二次干预，从而阻止国外蔗糖进入美国市场。

　　美国对未加工蔗糖设置的关税—税率配额在 41 个国家间按国别进行分配，而对精制蔗糖设置的关税—税率配额在全球范围内按先到先得的原则进行分配。对于在关税—税率配额之内进口到美国市场的蔗糖征收的关税税率较低，对于超额部分的进口蔗糖征收的关税税率较高，甚至起到了禁止进口的效果。通过这种方式，关税—税率配额对贸易量的限制作用就和本章前面讨论过的绝对配额大致相当。然而，如果美国政府觉得国内蔗糖的供给不足以满足国内需求，那么它可以选择增加关税—税率配额的数量。

　　关税—税率配额能够限制进入美国市场的国外蔗糖数量，因而能使国内市场的蔗糖价格大幅度提高。由于存在关税—税率配额制度，美国国内蔗糖的价格通常是世界市场价格的两倍。例如，在 2013 年，世界市场上蔗糖的平均价格为每磅 26 美分，而美国市场上的价格为每磅 43 美分。蔗糖价格较高的结果是，美国食品公司面临更高的成本并且食品店里商品售价也比较高。因此，像糖果、巧克力、早餐谷物食品等在制作过程中需要大量使用蔗糖的食品加工商有些已经从美国搬迁到了加拿大和墨西哥等蔗糖价格十分低廉的地区。比如，好时食品（Hershey Foods）公司关闭了其在科罗拉多州、加利福尼亚州和宾夕法尼亚州的工厂，转而在加拿大重新开设工厂；布拉奇（Brach's）糖果公司将其位于芝加哥市的糖果加工工厂转移到了墨西哥。一个备受争议的问题是，一些分析师估计，蔗糖产业保护项目所产生的收益中大约有一半进入了 1% 的甘蔗种植商的口袋。这个保护少数富有糖业大亨的政策合理吗？

少数人享受利益，多数人承担成本，就这一点来说，蔗糖的关税—税率配额堪称经典案例。配额为美国少数的甘蔗种植商和加工商带来了巨大收益，然而这些收益背后的成本却由美国经济整体来承担，尤其是由美国家庭消费者和使用蔗糖的软饮料制造公司来承担。总之，对于美国消费者来说，美国政府的蔗糖贸易政策真可谓是甜蜜之中带着一丝苦涩。[①]

5.3 出口配额

除了实施进口配额外，一些国家还使用**出口配额**（Export Quotas）来限制贸易。在实施出口配额政策时，贸易伙伴国之间一般要通过协商达成一份关于市场份额的协议，即**自愿出口限制协议**（*voluntary export restraint agreement*），也被称为**有序销售协议**（*orderly marketing agreement*）。协议的主要目的在于缓和国际竞争强度，使得本国低效率的生产商在原本由物美价廉的国外产品占领的市场中也能分得一杯羹。例如，日本对出口至欧洲的钢铁实施数量限制，或者中国台湾同意削减出口至美国的纺织品数量。出口配额带有一定的自愿性，因为进口国可能实施更加严厉的贸易限制，而出口配额只是一种替代性措施。虽然在20世纪80年代自愿出口配额支配了电视机、钢铁、纺织品、汽车和轮船等产业的贸易，但近年来的国际贸易协定已经禁止进一步使用这种贸易限制措施。当前有关出口配额的一个例子是石油输出国组织，该组织对原油生产设置限额以"维持"世界市场上的原油价格。

自愿出口配额往往与进口配额产生的经济效应是一样的，只不过自愿出口配额是由出口国设定的。出口配额的收入效应被国外出口公司或者出口国政府所获得。出口配额的福利效应在本书线上学习系统 MindTap 中的**"进一步探索5.2"**中予以详细说明。

一项对20世纪80年代美国主要的自愿出口限制协议（涉及汽车、钢铁、纺织品和服装等产品）的研究得出结论认为，这些限制协议给美国消费者带来的成本中有大约67%成为国外出口商的利润。[②] 从美国整体经济角度看，自愿出口限制往往要比关税带来更高的成本。接下来，让我们分析一项源自20世纪80年代的自愿出

---

① Bryan Riley，*Abolish the Costly Sugar Program to Lower Sugar Prices*，The Heritage Foundation，December 5，2012；U. S. International Trade Commission，*The Economic Effects of Significant U. S. Import Restraints*，Washington，DC，2011；and Mark Groombridge，*America's Bittersweet Sugar Policy*，Cato Institute，Washington，DC，December 4，2001.

② David Tarr，*A General Equilibrium Analysis of the Welfare and Employment Effects of U. S. Quotas in Textiles*，*Autos*，*and Steel*，Washington，DC，Federal Trade Commission，1989.

口限制协议。

专栏

日本汽车的自愿出口限制妨碍了美国汽车业的发展

1981 年，随着国产汽车销量的下降，贸易保护主义情绪在美国国会中占据了上风，要求立法实施进口配额的呼声越来越高，这在很大程度上促使里根政府希望与日本协商达成一项自愿限制协议。日本之所以接受了这一协议，是因为它明显地认识到，自愿限制汽车的出口量可以避免美国国会的保护主义势力进一步采取更严厉的措施。

该限制方案要求日本在从 1981 年开始的三年内，对其出口到美国的汽车实施自愿性出口配额。第一年日本汽车的出口量被限制为 168 万辆，比 1980 年 182 万辆的出口量减少7.7%。在接下来的每一年里，配额都有所扩张，交易量也有所增长，直到 1984 年取消出口配额。

这项出口协议的目的是将美国消费者从日本汽车展厅吸引到美国展厅，以此帮助美国汽车生产商。而随着美国国产汽车销量的上升，美国汽车工人的就业机会也会增加。人们认为，日本的出口配额还将有助于美国汽车产业的发展，因为在配额过渡期，美国汽车产业可以转向生产小型、省油的汽车，并且可以调整生产从而使成本更具竞争力。

出口配额给日本各家汽车制造商带来的影响不尽相同。配额政策使日本的汽车企业结成了出口卡特尔共同对付美国消费者，也就是该政策使得一些大型的、老牌汽车公司（如丰田、日产和本田）提高了其在美国销售的汽车价格。然而，出口配额并不受铃木（Su-zuki）和五十铃（Isuzu）等日本小型汽车制造商的欢迎，它们认为出口配额分配更加有利于大型生产商，而非小型生产商。①

到 1985 年，丰田、本田、日产都已在美国设立了制造工厂。这个结果是由美国联合汽车工会（UAW）以及美国汽车公司共同促成的，因为它们认为，通过这项举措，日本汽车公司将不得不雇佣美国工人，同时日本汽车公司也将和美国汽车公司一样面对相同的制造业竞争环境。然而，事情并没有向着美国汽车利益集团期望的方向发展。在美国市场开展生产以后，日本汽车公司调整了生产策略，推出了为美国市场量身定制的新车型。虽然日本汽车公司的出口量的确下降了，但它们在美国设立的日本移植工厂中生产的汽车却完全弥补了这一损失，而美国生产商的市场份额反而下降了。除此之外，由于美国联合汽车工会无法在大部分日本移植工厂中成功地将工人们组织起来，所以日本汽车公司可以持续降低劳动力成本。

---

① U. S. International Trade Commission，*A Review of Recent Developments in the U. S. Automobile Industry Including an Assessment of the Japanese Voluntary Restraint Agreements*，Washington，D. C.，Government Printing Office，1985.

5.4 本地成分规则

目前，汽车和飞机等许多产品都体现着全球化生产。这些产品的国内制造商从国外购买资源或者在国外进行组装生产——这被称为**外包**或者**生产共享**。例如，通用汽车公司从墨西哥的子公司购买发动机，克莱斯勒汽车公司从日本生产商那里购买球形接头，福特汽车公司从欧洲企业那里购买汽缸盖。企业发展外包业务可以利用海外工资率较低等低生产成本优势，同时也可以将生产设施配置在距离消费者较近的地方。然而，这种做法却经常遭到国内工人的反对，他们认为外包让廉价的国外劳动力抢走了他们的就业机会，即使能够保住自己的工作，他们的工资也会因此面临下调的压力。

为了限制外包，工人们组织起来四处游说主张制定**本地成分规则**〔Domestic (Local) Content Requirements〕。本地成分规则明确要求对于在某个经济体中运营的企业，其产品总价值中应由该经济体本地创造价值的最低百分比。制定本地成分规则的目的是迫使在本国销售产品的国内外企业在生产这些产品的过程中使用本国的投入要素（包括工人）。如此一来，对国内投入要素的需求将会增长，投入要素的价格也会相应提高。但是，生产商们却普遍要去四处游说反对本地成分规则，因为这一规则使其无法以更低的成本获得投入要素，从而导致商品价格上升以及产品竞争力的丧失。

本地成分规则的应用到底有多普遍呢？研究人员发现，该规则被广泛地应用于汽车、石油和天然气、可再生能源以及医疗保险等行业。印度大量使用本地成分规则，阿根廷、巴西、中国、印度、印度尼西亚、俄罗斯和沙特阿拉伯也经常使用这一规则。在2007—2009年欧美经济大衰退期间以及在那之后，本地成分规则的使用频率有所增加。[1]

图5.3展示了澳大利亚对汽车产业实施本地成分规则所可能产生的福利影响。假设 D_A 为澳大利亚对丰田汽车的需求曲线，S_J 表示出口到澳大利亚的日本丰田汽车的供给价格，即2.4万美元。在自由贸易条件下，澳大利亚进口500辆丰田汽车。假设这些汽车在生产过程中只使用了日本的资源，那么日本资源的所有者将获得1 200万美元的总收入，由面积（$c+d$）表示。

假设澳大利亚政府对汽车产业实行本地成分规则，这项政策将会促使丰田公司在澳大利亚设立工厂以生产汽车，而不是像以往那样由澳大利亚进口丰田汽车。假设丰田移植工厂在汽车生产过程中使用了日本的管理和澳大利亚的资源（劳动力和原材料），并且澳大利亚较高的资源价格（包括较高的工资）导致移植工厂的汽车

---

① Gary Clyde Hufbauer and Jeffrey J. Schott，et al. *Local Content Requirements：A Global Problem*，Peterson Institute for International Economics，Washington，D. C.，2013.

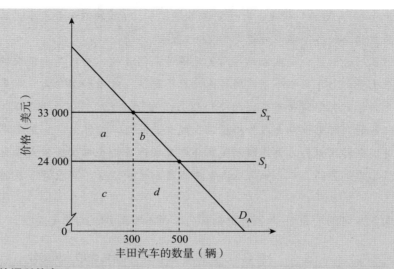

图 5.3　本地成分规则的福利效应

　　本地成分规则提高了生产成本和产品价格，以至于生产商"被迫"要将生产设施建立在成本更高的国家。尽管本地成分规则有助于保护国内就业，但是也给国内消费者造成了福利损失。

供给价格上升至 3.3 万美元，用 S_T 表示。在本地成分规则下，澳大利亚消费者对丰田汽车的需求量为 300 辆。由于生产从日本转移到了澳大利亚，所以日本资源所有者损失了 1 200 万美元的收入。澳大利亚资源所有者的收入等于丰田汽车的销售收入 990 万美元（面积 $a+c$）减去付给日本管理者的工资及丰田在澳大利亚投资（工厂）的回报。

　　然而，尽管本地成分规则使澳大利亚资源所有者获得了收益，却加重了澳大利亚消费者的成本负担。由于本地成分规则使丰田汽车的价格上升了 9 000 美元，所以澳大利亚的消费者剩余减少了面积（$a+b$）（360 万美元）。其中，面积 b（90 万美元）是澳大利亚福利的无谓损失；面积 a（270 万美元）是因使用价格昂贵的澳大利亚资源而放弃价格低廉的日本资源所增加的消费者成本，它代表的是澳大利亚的消费者和资源所有者之间的福利再分配，也就是原本属于消费者的福利转而成为资源所有者的福利。与其他进口限制措施类似，本地成分规则导致国内消费者为国内生产商提供补贴。虽然本地成分规则可能有助于政府实现某些短期目标，比如为国内工人提供就业机会，但是这样的政策往往会损害国内产业的长期竞争力。

国际贸易案例

你的汽车有多少美国成分？

　　你知道吗，美国的轿车和轻型卡车的购买者可以知道他们的新车包含了多少美国成分或包含了多少外国成分。1994 年通过的《美国汽车标签法案》（The American Automobile La-

146

beling Act，AALA）规定，对于重量不超过 8 500 磅的轿车和卡车，其成分标签上应告知购买者该机动车的各个零部件是在哪里制造的。

　　这里所说的成分是按零部件的美元价值来衡量的，而不是由装配机动车所耗费的劳动力成本来衡量。对于每一个系列的轿车，北美地区（美国和加拿大）生产的零部件和北美以外地区生产的零部件所占百分比的平均值必须列示出来。汽车生产商可以自由设计成分标签，成分标签的内容可以包含在价格标签上或者燃油效率标签上，或者设计独立的成分标签。

　　美国底特律市的三大汽车制造商碰巧都在该市西北部的加拿大安大略省拥有几家生产汽车和汽车零部件的工厂。如果从汽车中减去加拿大成分，那么许多底特律汽车就不那么"美国"了。

　　表 5.2 列举了 2018 年在美国销售的各种车型所包含的北美成分。

表 5.2　在美国销售的汽车所包含的北美成分

车型	最后装配地	北美成分比例（%）
道奇 凯领（Dodge Caravan）	加拿大安大略省温莎市	76
雪佛兰 科尔维特（Chevrolet Corvette）	美国俄亥俄州鲍林格林城	67
丰田 亚洲龙（Toyota Avalon）	美国肯塔基州乔治城	65
福特 F-150（Ford F-150）	美国密歇根州迪尔伯恩市	65
本田 雅阁（Honda Accord）	美国俄亥俄州马里斯维尔镇	60
别克 昂科雷（Buick Enclave）	美国密歇根州兰辛市	57
雪佛兰 迈锐宝（Chevy Malibu）	美国堪萨斯州堪萨斯城	50
特斯拉 Model S（Tesla Model S）	美国加利福尼亚州弗里蒙特市	45

资料来源：National Highway Traffic Safety Administration，"2018 AALA Listing," available at www.nhtsa.gov.

5.5　补贴

　　为了提高本国的贸易地位，一国政府有时会向国内生产商提供**补贴**（Subsidies）。补贴为国内企业提供了成本上的优势，使得它们可以在国际市场上以较低的价格出售产品而无须过多考虑实际成本或利润。政府补贴可以采取多种形式，如直接的现金支付、税收减免、保险安排和低息贷款等。

　　为了便于讨论，我们将补贴分为两种形式：一是**国内生产补贴**（Domestic Production Subsidy），即给予进口竞争产品生产商的补贴；二是**出口补贴**（Export Subsidy），即给予在海外销售商品的生产商的补贴。在实施这两种补贴时，政府不是要去压低消费者支付的价格，而是在消费者支付的价格之外再给予生产商一定数额的补贴。也就是生产商实际得到的价格等于消费者支付的价格加上政府给予的补贴，生产商因而也就能够在该价格下供给更多的商品。下面我们用图 5.4 来分析这两种补贴的经济效应。

5.5.1　国内生产补贴

如果一国政府判定，出于公共福利的考虑，需要维持半导体产业或飞机制造业的生存和发展，那么政府直接给予这些产业补贴不是更好吗？为何要选择大费周章地限制这些产品的进口呢？国内生产补贴就是为了鼓励生产，增强国内进口竞争产业的活力。

147

图 5.4（a）说明了向本国国内进口竞争产业提供生产补贴的贸易效应和福利效应。假定美国钢铁初始的供给曲线和需求曲线分别由 $S_{U.S.0}$ 和 $D_{U.S.0}$ 表示，由此决定的市场均衡价格为 430 美元/吨。再假定美国是钢铁的进口小国，其购买数量的变化不会对 400 美元/吨的世界钢铁价格产生影响；并且在 400 美元/吨的自由贸易价格下，美国将会消费 1 400 万吨钢铁，其中，本国生产 200 万吨，进口 1 200 万吨。

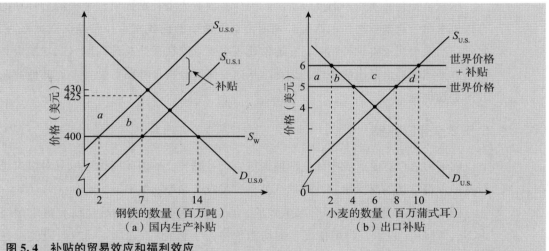

图 5.4　补贴的贸易效应和福利效应
　政府向进口竞争产业的生产商提供补贴，导致国内生产增加和进口减少。生产商获得的补贴收入被生产者剩余和高成本生产（保护效应）所吸收。在获得补贴以后，出口商可以将其产品以低于成本的价格销售到国外。然而，根据保护效应和消费效应，这会导致每国出现净福利损失。

假定为了使国内生产商在一定程度上免受国外竞争，美国政府对其给予每吨钢铁 25 美元的生产补贴。补贴带来的成本优势使美国的钢铁供给曲线由 $S_{U.S.0}$ 移至 $S_{U.S.1}$，国内产量从 200 万吨扩张到 700 万吨，而进口则由 1 200 万吨降至 700 万吨，这些变化表示了补贴的贸易效应。

补贴也影响美国的国民福利水平。由图 5.4（a）可知，补贴使得美国的钢铁产量增加到 700 万吨。需要注意的是，在这一产量水平上，美国钢铁生产商获得的净价格为 425 美元——消费者支付的价格（400 美元）加上补贴（25 美元）。对美国政府来说，为保护本国钢铁生产商所支出的总成本等于单位补贴额（25 美元）乘以国内钢铁产量（700 万吨），即 1.75 亿美元。

　　既然政府支出了补贴，那么这些补贴收益又到哪里去了呢？其中的一部分以**生产者剩余**的形式重新分配给了更有效率的美国钢铁生产商，数额相当于图中的面积 a（1.125 亿美元）。**保护效应**也是补贴收益的一个去向，正是由于政府的补贴，高成本的国内产品才能够在市场上销售；该效应的数额等于图中的面积 b（6 250 万美元）。对于美国整体来讲，保护效应代表了福利的无谓损失。

　　为了鼓励本国进口竞争产业的生产，政府还可以对进口商品征收关税或者实施配额。但是，关税和配额造成的国家福利损失要比等量补贴*大很多。与补贴不同，关税和配额除了允许低效率的本国生产存在以外，还会扭曲国内消费者的选择（导致国内对进口商品的需求减少）。结果导致了我们所熟悉的贸易保护措施的消费效应，本国的消费者剩余因而遭受无谓损失，然而这一福利损失在实施生产补贴的情况下是不存在的**。因此，补贴在保护国内生产商方面可以达到与等量关税或配额相同的结果，但在国民福利上付出的成本**更少**。

　　然而，补贴并不是不需要成本的，因为必须有人为补贴提供资金来源。补贴的直接成本由公众来承担，也就是必须由公众所缴纳的税收来为补贴提供资金来源。此外，当某个产业得到补贴时，它通常还要接受政府在某些关键问题（比如工资和薪金水平问题）上开出的条件。因此，从这一角度分析，补贴可能并不比其他商业政策更加优越。

5.5.2　出口补贴

　　除了对进口竞争产业中的生产商提供生产补贴外，一国政府也可以只对出口进行补贴。最常见的享受出口补贴的产品类目是农产品和奶制品。

　　图 5.4（b）显示了出口补贴的效应。假设美国对小麦的供给曲线和需求曲线由 $S_{U.S.}$ 和 $D_{U.S.}$ 表示，封闭情况下的均衡价格为 4 美元/蒲式耳。同时假设美国是一个小麦生产小国，其产量的改变不会影响世界价格。当世界价格为 5 美元/蒲式耳时，美国的产量为 800 万蒲式耳，国内购买 400 万蒲式耳，出口 400 万蒲式耳。

　　假设美国政府为了鼓励出口，对出口的每蒲式耳小麦补贴 1 美元。补贴使美国出口企业可以获得每蒲式耳 6 美元的收益（即世界价格 5 美元加上补贴 1 美元）。虽然在国内销售产品不能获得补贴，但这些出口企业也只愿意以 6 美元/蒲式耳的价格出售小麦给国内消费者。它们之所以不愿意以低于 6 美元/蒲式耳的价格在美国市场销售小麦，是因为它们完全可以在世界市场上按这个价格出售。由于价格从

---

*　"等量补贴"，equivalent subsidy，或称等效补贴，指达到与实施关税或者补贴情况下相同进口量的补贴。"等量"的含义下同。——译者注

**　在小国模型中，生产补贴不会改变消费者面对的市场价格。——译者注

5 美元/蒲式耳上升至 6 美元/蒲式耳时，美国国内的购买量从 400 万蒲式耳下降至 200 万蒲式耳，供给量则从 800 万蒲式耳上升至 1 000 万蒲式耳，出口量从 400 万蒲式耳上升至 800 万蒲式耳。

出口补贴对美国经济造成的福利效应可以用消费者剩余和生产者剩余加以分析。如图所示，出口补贴导致消费者剩余减少了面积（$a+b$）（300 万美元），生产者剩余增加了面积（$a+b+c$）（900 万美元）。出口补贴给纳税人造成的损失等于每单位补贴额（1 美元）乘以小麦的出口量（800 万蒲式耳），即面积（$b+c+d$）（800 万美元）。因此，美国小麦生产商的获利是以美国消费者和纳税人的利益损失为代价的。

同时，出口补贴也对美国经济造成了福利的无谓损失。这包括因生产额外小麦而上升的国内成本——面积 d（100 万美元），以及由于价格上涨引起的消费者剩余损失——面积 b（100 万美元）。

在这个例子中，我们假设出口国是一个相对较小的国家。然而，在现实世界中，出口国可能是世界市场上的生产大国，为出口提供补贴会降低其贸易条件。这是为什么呢？原因在于为了出口更多的产品，出口商将不得不降低价格，而出口商品价格下降则会恶化出口国的贸易条件。

5.6 倾销

反倾销论也支持对进口竞争厂商进行保护以使其免受外国竞争的威胁。**倾销**（Dumping）是国际价格歧视的一种表现形式。在考虑了运输成本和关税之后，如果同一种商品在国外市场的售价低于国内的售价，就会发生倾销；如果产品在国外市场上以低于生产成本的价格销售，那么这也被视为倾销。

5.6.1 倾销的类型

商业倾销就其性质来说，一般可分为偶发性倾销、掠夺性倾销和持续性倾销三种类型，企业在不同的条件下实施不同形式的倾销。

当一个企业在国外市场上以低于国内的价格处理其过剩的存货时，就发生了**偶发性倾销**（Sporadic Dumping）（或称遇险倾销，distress dumping）。这种类型的倾销是外国生产商遭遇不幸或者计划失误所导致的。比如，未预见到的供需变化使得存货积压，继而导致了倾销。虽然偶发性倾销对进口国的消费者有利，但会使进口国竞争产品的生产商面临销量下降和短期损失，因而具有相当大的破坏性。当发生偶发性倾销时，政府可以征收暂时性关税来保护国内生产商，但由于这种倾销对国际贸易影响不大，所以政府往往不愿意实施关税保护。

掠夺性倾销（Predatory Dumping）是指为了将国外竞争对手挤出市场，生产商临时降低商品在国外售价的行为。当成功地获得垄断地位以后，该生产商又会提高价格以使其与自己拥有的市场势力相匹配，而且新的价格水平必须高到足以补偿在打价格战阶段所遭受的所有损失。可以猜测，这样的企业相信自己能够长期阻止潜在的竞争对手进入市场进而独享经济利润。为了成功实现目标，必须大规模实施掠夺性倾销，也就是要能为消费者提供足够的购买便宜货的机会。各国政府普遍关注外国厂商以垄断为目的的掠夺性定价，并且可能会通过征收反倾销税来进行报复以消除价格差异。

掠夺性倾销的一个例子发生在 20 世纪 70 年代，当时美国最大的电视机制造商真力时无线通信公司（Zenith Radio Corporation）指责其日本竞争对手实施了掠夺性倾销。真力时无线通信公司发明了遥控器和收费电视。面对日益流失的市场份额，真力时无线通信公司认为其原因在于一些日本公司建立了一个卡特尔来垄断价格，并以最低价格在美国销售它们的电视机。真力时无线通信公司声称，这些日本公司在美国以低于边际成本的价格销售电视机，然后又以两倍价格在日本销售同款产品以弥补其在美国市场上的损失。该案件最终被美国最高法院审理并驳回。真力时无线通信公司于 1999 年根据《美国破产法》第 11 章申请破产，并被韩国 LG 电子公司收购。

虽然掠夺性倾销在理论上是可行的，但是经济学家们还没有发现支持其存在的经验性证据。此外，如果掠夺性倾销损害了目标市场的生产商利益，那么根据世界贸易组织规则，这种倾销是非法的。而且只要能够证明外国企业实施了这种非法倾销，那么就可以获得世界贸易组织的许可对从国外运入本国的货物征收严厉的反倾销税。

持续性倾销（Persistent Dumping），顾名思义，倾销的延续是没有限期的。为了追求经济利润最大化，生产商可能会持续地在国外市场以低于国内市场价格的价格销售产品。关于持续性倾销的基本原理将在下一节阐述。

5.6.2 国际价格歧视

假设本国设置的贸易壁垒限制了国内竞争，进而使本国的一家销售商获得了市场势力；再假设该销售商同时也在高度竞争的国外市场上销售产品。这些假设意味着国内消费者对价格变化的反应程度要小于国外消费者，也就是国内的需求弹性小于国外的需求弹性。在这种情况下，追求利润最大化的企业可以通过国际价格歧视而获益，具体做法是，在竞争不激烈并且需求弹性较小的国内市场索取**高一些**的价格，同时为了适应竞争，在国外市场销售同一种产品时索取**低一些**的价格。与没有价格歧视的情形相比，将一种产品的购买者们划分为不同的群体，并对每个群体索取不同的价格，这种做法会增加企业的收入和利润。

图 5.5 描绘的是韩国钢铁（South Korean Steel，SKS）公司的市场供求情况，该公司同时向韩国（缺乏弹性的市场）和加拿大（富有弹性的市场）出售钢铁，公司面临的总的钢铁市场由这两个子市场构成。假定 D_{SK} 和 D_C 分别表示韩国和加拿大

的钢铁需求曲线，与之相对应的边际收益曲线分别为 MR_{SK} 和 MR_C。将两个子市场的需求曲线水平相加得到整个市场的需求曲线 D_{SK+C}；类似地，MR_{SK+C} 表示市场的边际收益曲线。SKS 公司的边际成本曲线和平均总成本曲线分别为 MC 和 ATC。[①]

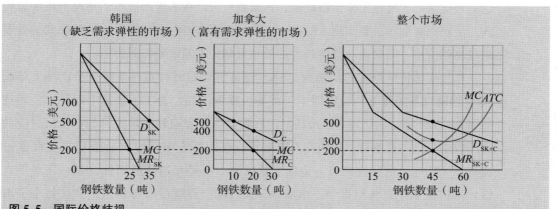

图 5.5　国际价格歧视

　　一个实行价格歧视的企业在每个细分市场上按照边际收益等于边际成本的原则组织生产从而实现利润最大化。在缺乏需求弹性（竞争性较弱）的市场上，企业将制定高价；同时，在富有弹性（竞争性较强）的市场上，企业将制定低价。与没有实施倾销的情况相比，成功的倾销会给企业带来额外的收入和利润。

　　如图所示，在生产和销售 45 吨钢铁时，SKS 公司的总利润达到最大，此时的边际收益等于边际成本。在这一产出水平上，平均总成本（ACT）为 300 美元/吨，总成本等于 13 500 美元（＝300 美元/吨×45 吨）。在这种情况下，公司面临的问题是：如何在两个子市场上分配这 45 吨的总产量，以及在每个子市场上如何定价？该公司应该对销往韩国和加拿大的钢铁采取统一（单一）定价，还是应该实行歧视性定价？

　　如果 SKS 公司是一个不实施价格歧视行为的销售商，那么它将以每吨 500 美元的单一价格向韩国和加拿大的购买者销售 45 吨钢铁，此价格是由 $MR＝MC$ 决定的产出水平所对应的需求曲线 D_{SK+C} 上的价格。为了确定在每个子市场应该销售多少吨钢铁，在图 5.5 中价格等于 500 美元处画一条水平线，并与两个国家的需求曲线相交，交点决定了每个子市场的最优产量。因此，SKS 公司以每吨 500 美元的价格向韩国购买者销售 35 吨钢铁，获得 17 500 美元的总收入；同时，以每吨 500 美

---

　　①　图 5.5 有助于我们从直观上来分析倾销。该图假设韩国的钢铁需求曲线比加拿大的需求曲线更缺乏弹性（也就是韩国的钢铁需求曲线更加陡峭——译者注）。我们不关注每条需求曲线在特定价格上的弹性大小。事实上，弹性通常是沿着需求曲线变化的，因为对于价格变化的给定百分比值，购买者需求变化百分比的大小要取决于初始的价格水平。对于倾销的一个更复杂的解释是，韩国钢铁公司作为一家拥有市场势力的企业，最初是以某一相同的价格或者考虑以某一相同的价格在韩国和加拿大销售钢铁。然而，该公司判定，在该相同价格下，加拿大的需求价格弹性大于韩国的需求价格弹性。因此，该公司会利用两个市场的价格敏感性差异，在加拿大索取较低的价格，也就是在加拿大实施倾销。William Rieber，"A Note on the Teaching of Dumping in International Economics Textbooks," *The American Economist*，55，No. 2，Fall 2010.

元的价格向加拿大购买者销售 10 吨钢铁，实现 5 000 美元的收入。两个子市场的销售收入总计为 22 500 美元。扣除 13 500 美元的总成本之后，SKS 公司获得了 9 000 美元的利润。

虽然 SKS 公司在不实施价格歧视的情况下也实现了利润，但它的利润并没有达到最优水平。通过实施价格歧视，这家公司可以在不增加成本的情况下增加总收入，从而提高利润。要实现这一点，该公司只需要对需求弹性较小的韩国购买者索取较高的价格，而对需求弹性较大的加拿大购买者索取较低的价格。

作为实施价格歧视的销售商，SKS 公司仍然要面对如何在两个子市场上分配 45 吨钢铁以及如何分别确定两个子市场价格的问题。为了解决这个问题，公司按照 $MR=MC$ 原则，使每个子市场的边际收益等于实现利润最大化的产量所对应的边际成本。这一原则可以用图 5.5 来展示。在图 5.5 中，绘制一条水平直线通过由 $MC=MR_{SK+C}$ 所确定的点，也就是从纵轴 200 美元边际成本处绘制一条水平直线，从这条水平直线与每个子市场 MR 曲线的交点就可以得到该厂商在每个子市场上的最优产量和价格。于是，SKS 公司以每吨 700 美元的价格向韩国购买者出售 25 吨钢铁，获得 17 500 美元的总收入；同时，以每吨 400 美元的价格向加拿大购买者出售 20 吨钢铁，得到 8 000 美元的收入；两个子市场的收入总计为 25 500 美元，比不实施价格歧视的情况下增加了 3 000 美元。扣除总成本 13 500 美元之后，该公司实现了 12 000 美元的利润，而在两个子市场索取单一价格的情况下，利润是 9 000 美元。因此实施价格歧视使得 SKS 公司获得了更高的收入和利润。

需要注意的是，SKS 公司利用其歧视性定价能力，在两个市场索取不同的价格，即对韩国的钢铁购买者索取每吨 700 美元的价格，而对加拿大的购买者索取每吨 400 美元的价格。国际价格歧视要获得成功，必须具备一定的条件。第一，为了确保在任何价格水平下两个子市场的需求曲线都具有不同的需求弹性，两个子市场的需求条件必须不同。例如，国内购买者的收入水平或者喜好和偏好不同于国外购买者。第二，该公司必须能够将两个子市场分隔开，从而防止产品从低价市场向高价市场大规模转售。这是因为消费者的任何转售都会抵消差别性定价所产生的效果，缩小歧视性的价格结构，最终使所有消费者面临的价格相等。由于存在高昂的运输成本和各种政府性贸易限制措施，在国际上将不同的市场分隔开比在国内隔离不同的市场通常要更容易一些。

5.7 反倾销条例

尽管倾销会给进口国的消费者带来好处，但是各国政府却常常对那些被认为在其国内市场倾销的外国商品征收惩罚性关税。美国设立反倾销法的目的就是为了预防价格歧视，并且防止以低于成本的价格销售的外国商品损害美国产业的利益。根据美国法律，当美国商务部确定一类或一种国外商品正在以**低于公平价值**（*less than fair value*，LTFV）的价格在美国销售，或者当美国国际贸易委员会（ITC）确定进口品以低于公平价值的价格在美国销售，并且对美国产业造成了或者预示将会造成实质性损害威胁（例如失业、销售量和利润的损失）时，那么美国政府就会对进口品征收**反倾销税**（Antidumping Duty）。反倾销税是在普通关税基础上附加的一种关税，其目的是抵消价格歧视或者以低于成本的价格销售商品所带来的影响。

倾销幅度（Margin of Dumping）是以产品在国外市场上的价值与其在美国市场上的价格之间的差额来计算的。产品在**国外市场上的价值**按照以下两种方法中的一种来确定。根据**价格定义法**（Price-Based Definition），只要外国公司在美国市场上销售商品的价格低于同一种商品在其母国市场的价格即视为倾销。当无法获得该商品在其母国的价格时（例如，生产这种商品仅仅是为了出口，因而并不在其生产国国内销售），可以参照该商品在第三方市场上的销售价格。

如果不能使用价格定义法，那么允许采用**成本定义法**（Cost-Based Definition）来确定商品在国外市场上的价值。根据这一原则，美国商务部规定商品在国外市场上的价值等于以下四项之和：（1）商品的制造成本；（2）一般费用；（3）商品在其母国市场上的销售利润；（4）包装商品运输到美国的成本。一般费用不得低于制造成本的 10%，利润至少等于制造成本与一般费用总和的 8%。

打一场反倾销官司，首先要向美国商务部和美国国际贸易委员会同时提交诉讼。反倾销诉讼的提交方应来自进口竞争产业内部（企业或工会），诉讼材料须包含倾销的实施证据以及能够证明倾销对美国产业造成损害或预示将要造成损害的资料。

美国商务部首先要初步确定是否发生了倾销，并估计倾销幅度究竟有多大。如果初步调查发现了倾销的证据，那么美国进口商必须立即对所有存在问题的进口商品支付特别关税（税额与估计的倾销幅度相等）。然后，商务部再对倾销是否发生和倾销幅度做出最后决定。如果商务部裁定没有发生倾销，那么先前征收的特别关税将退还给美国进口商。否则，将由美国国际贸易委员会确定倾销是否已经对美国产业造成了实质性损害。

如果美国国际贸易委员会裁定倾销没有损害到美国国内的进口竞争企业，那么特别关税也将退还给美国进口商。如果国际贸易委员会和商务部的裁决都支持倾销诉讼，那么就要根据商务部最后审查核算的倾销幅度征收一项持久性关税。接下来我们考察一些有关倾销的案例。

153

惠而浦公司鼓动对进口洗衣机征收反倾销税

惠而浦公司（Whirlpool Corporation）是一家生产大型家用电器的世界级龙头企业。该公司以惠而浦、美泰克（Maytag）和凯膳怡（KitchenAid）等品牌销售洗衣机、烘干机、电冰箱以及其他家用电器，企业经营触角几乎遍及世界上的每一个国家。

惠而浦的历史可以追溯到1908年。当时，其创始人卢·厄普顿（Lou Upton）用自己的储蓄金冒险投资了一个家用设备生产企业。但是，这家企业后来经营失败，厄普顿被允许从这个失败的商业项目里挑选一些有价值的东西以补偿其投资损失。厄普顿挑选了手提式抽洗机的专利权，在他看来，这个设备可以进行电气化改良。凭借这项专利和创新愿景，厄普顿带领着他的叔伯兄弟一起开始生产电动绞拧式洗衣机。随着时间的推移，惠而浦公司日渐昌隆，逐步发展成为生产大型家用电器的世界级龙头企业。在2006年惠而浦收购其竞争对手美泰克公司时，这两家企业占据了美国洗衣机市场60%的份额，而进口洗衣机占据的市场份额还不到10%。

然而，惠而浦很快就面临来自墨西哥和韩国等国的家用电器生产商的激烈竞争。惠而浦也越来越高调地声称，这些外国生产商得到了其母国政府给予的补贴，因而可以在美国市场上以显著低于美国法律所定义的正常价值的价格来销售家用电器。这使得惠而浦失去了原有的市场份额，公司的家电产量和工人的就业机会因而都有所减少。

2011年，惠而浦公司针对洗衣机制造商三星电子（Samsung Electronics）公司和LG电子公司提出反倾销和反补贴诉讼，要求美国商务部和美国国际贸易委员会调查韩国和墨西哥的厂商将其生产的洗衣机以低于正常价值的价格在美国销售的问题。2013年，美国商务部和美国国际贸易委员会做出裁决：三星和LG对其产自韩国和墨西哥的洗衣机实行了非法定价，这种贸易行为使惠而浦受到了实质性损害。根据裁决，美国海关对三星和LG的产品征收反倾销和反补贴进口关税，税率从11%到151%不等。然而，惠而浦的反倾销胜利是短暂的。由于美国的反倾销法律通常是针对特定国家执行的，所以当三星和LG都把生产线从韩国和墨西哥转移到中国时，新加征的反倾销和反补贴关税就没有意义了。这两家公司的做法被称作**国别跳换**（*country hopping*）。

到2016年，这个故事又开始重演。惠而浦再次针对三星和LG提起反倾销诉讼，声称这两家公司将其在中国生产的洗衣机非法倾销到美国。美国商务部裁定这两家公司的确存在非法倾销。但是在美国国际贸易委员会就倾销的洗衣机是否对惠而浦造成实质性损害做出裁决之前，三星和LG就已经将其洗衣机生产线转移到了越南和泰国，以规避可能的反倾销税。惠而浦因此抱怨说，美国的反倾销政策只针对特定国家，这样的政策没有为惠而浦提供足够的保护。

在2017年唐纳德·特朗普当选总统以后，惠而浦感到有希望可以采取更为积极的保护措施来抵御外国竞争。然而这一次惠而浦并没有指控三星和 LG 向美国市场非法倾销洗衣机，而是向美国国际贸易委员会提交了一份申诉书，要求采取一项以往很少使用的政策来加强贸易保护。根据美国《1974 年贸易法》第 201 条，美国公司只要能够证明进口激增给其造成了严重损害，那么就可以获得进口保护，而无须证明其所遭受的损害是由外国企业的非法倾销或外国政府的出口补贴造成的。这种带有"保障"性质的保护措施，全球范围内的各国政府都可以采用，适用对象是来自世界各地的进口品，而不只是来自某个特定国家的进口品。* 因此与更加普遍使用的反倾销法和反补贴法相比，201 条款为美国企业抵御外国竞争提供了更为有力的支持（参见本书第 6 章）。

在惠而浦要求的保障性保护措施得到批准以后，特朗普政府于 2018 年开始对进口洗衣机征收关税：对每年进口到美国的前 120 万台洗衣机征收 20% 的关税，对所有后续进口的洗衣机征收 50% 的关税。外国生产商，比如 LG 和三星，对该项关税措施的回应是，宣布计划增加其在美国的产量并且雇佣多达 1 600 名新工人。惠而浦也表示将增加雇佣 200 名美国工人。尽管特朗普关税给惠而浦带来了好处，但美国的消费者却付出了代价。该项关税使洗衣机的价格大约上涨了 12%，或者说每台洗衣机的价格大约上涨了 86 美元。[1]

专栏

沃恩-巴塞特家具公司：来自中国的家具倾销

在 20 世纪的大部分时间里，弗吉尼亚州南部和北卡罗来纳州是世界上最大的家具工厂和供应商的所在地。该地区的家具工厂受益于当地富饶的硬木森林、廉价的劳动力和贯穿该地区的铁路。

巴塞特家具公司就是位于该地区的一家生产商，该公司由 J.D. 巴塞特（J. D. Bassett）和他的兄弟们在 1902 年创立。巴塞特一家经营的两个锯木工厂为诺福克和西部铁路（Norfolk and Western Railroad）的建设提供铁路枕木和桥梁建设材料。在铁路建成以后，巴塞特一家开始向家具制造商销售木材，但后来他们意识到生产家具可以获得更多利润。于是，他们在一个小村庄成立了自己的家具公司生产木床和梳妆台，这个小村庄后来被称作弗吉尼亚州巴塞特镇，他们的公司也日渐兴隆。一般来讲，家具的设计样式很难受到保护，巴塞特公司利用这一点使用廉价的木材和劳动力制造外观相似的产品，从而能够以低

---

[1]　Aaron Flaaen，Ali Hortacsu，and Felix Tintelnot，"The Production Relocation and Price Effects of U. S. Trade Policy：The Case of Washing Machines，" National Bureau of Economic Research，Working Paper No. 25767，April 2019；Jacob Schlesinger and Andrew Tangel，"Whirlpool Wins Backing for Import Protection from Key Government Panel，" *Wall Street Journal*，October 5，2017.

*　世界贸易组织《保障措施协议》（Agreement on Safeguards）第 2.1 条规定，当进口激增的产品对国内同类或者直接竞争产品的国内产业造成严重损害或者严重损害威胁时，进口国可以采取保障措施（如提高关税、数量限制）以限制进口。世界贸易组织的这一协议规定实际上体现了早期美国贸易法规的影响。与反倾销和反补贴措施不同，保障措施针对的是公平贸易，这一观点得到了世界贸易组织专家组和上诉机构的普遍认可。——译者注

于同行的价格销售产品。在当时，家具制造业主要集中在密歇根州的大急流城，在那里有工会和工艺师，而且工资也比较高。

1983年，J.D.巴塞特三世（J.D.巴塞特的孙子）从家族企业中分离出来，在弗吉尼亚州盖勒克斯市附近的一家名为沃恩-巴塞特（Vaughan-Bassett）的小型家具公司担任工厂经理。起初，这家公司经营得不错，制造业务不断扩展。但是后来，亚洲的家具制造业依靠更为廉价的劳动力和政府补贴的资金横空出世。这些亚洲的家具公司都是冷酷的竞争对手，它们可以把价格降到最低，这导致美国家具生产商的市场份额下降、利润减少和员工失业。

包括巴塞特家具公司在内的大多数美国家具生产商都没有抵制亚洲家具制造业的兴起。相反，它们接受了这一趋势，它们不仅向亚洲的家具制造商展示如何制造更好的家具，而且还在美国家具公司的零售店里以美国公司自己的品牌销售亚洲企业制造的家具产品。巴塞特家具公司逐步关闭了其在全国各地的制造工厂，只保留了其40家工厂中的两家，转而经营进口家具并且在其开设的零售店里进行销售。

然而，J.D.巴塞特三世和他的沃恩-巴塞特家具公司的员工们进行了反击。巴塞特三世升级了企业的生产线，要求他的工人们为改进车间提出建议，并且采取激励措施以提高生产效率。此外，他的工人们在将进口家具拆解以后认为，家具不可能在没有倾销的情况下以如此低的价格进行销售，这种倾销是以低于生产成本的价格销售产品并且在损害美国产业。于是，巴塞特三世与美国其他家具制造商组成了一个联盟，不顾众多从中国大量进口产品的美国家具零售商的反对，对中国提起了反倾销诉讼。

在反倾销诉讼案上花了一大笔钱之后，J.D.巴塞特三世打赢了官司。2005年，美国政府对输往美国市场的中国家具征收了大约7%的反倾销税，这导致中国家具在美国的销量下降。然而，在对中国家具征收反倾销税之后，从越南、印度尼西亚和其他不受反倾销限制的国家进口的家具出现在美国市场，填补了由于从中国进口下降造成的空白。

尽管对从中国进口的家具征收的反倾销税远低于巴塞特三世所期望的30%至40%的关税，但这仍然有助于他的家具公司恢复盈利。沃恩-巴塞特家具公司依旧是美国领先的木质卧室家具制造商。[1]

5.8 反倾销法不公平吗？

反倾销法的支持者们认为，反倾销法的目的是为那些面临不公平进口竞争的国内生产商创造一个"公平的竞争环境"，因为反倾销法可以消除人为创造的竞争优

---

[1] Beth Macy, *Factory Man*, Little, Brown and Company, Boston, MA, 2014; Marc Levinson, "Book Review: *Factory Man* by Beth Macy," *Wall Street Journal*, July 18, 2014; and Daniel Ikenson, "Antidumping and Bedroom Furniture from China: The Real Story," *Cato at Liberty*, May 25, 2011.

势来源。通过消除倾销价格和公平市场价格之间的差异，反倾销税给国内生产商重新提供了平等的竞争地位。然而，批评者们指出，虽然受保护的产业能从反倾销税中获益，但正如第 4 章所讨论的那样，受保护产品的消费者们尤其是宏观经济都会遭受损失。因此，反倾销法受到批评也就不足为奇了；接下来我们就这个问题做一些讨论。

5.8.1　是否应该以平均可变成本作为定义倾销的标准？

按照现行规则，外国生产商在美国市场上以低于公平价格的价格销售产品，就被认为在实施倾销。其中，公平价格等于平均总成本加上 8% 的利润。然而，许多经济学家认为公平价格应该以**平均可变成本**而不是平均总成本为基础，特别是在国内需求出现暂时性衰退的时候。

我们以一家收音机生产商为例进行分析。假设：（1）在给定时期内，该厂商的生产能力为 150 单位产品。（2）在国内市场上，收音机的需求对价格缺乏弹性，而在国外市场上收音机的需求对价格富有弹性，如表 5.3 所示。假设对于国内外消费者，生产商都索取每单位 300 美元的统一价格（不存在倾销）。由于国内需求缺乏弹性，国内销售量为 100 单位。由于国外需求富有弹性，假设在现行价格水平下，该生产商无法在国外市场卖出收音机。此时，该生产商的销售收入等于 3 万美元，可变成本与固定成本之和也是 3 万美元。在不存在倾销的情况下，该企业会有 50 台收音机的剩余生产能力，而且其在国内市场的经营刚好实现盈亏平衡。

表 5.3　倾销与超额生产能力

	不实施倾销	实施倾销
国内市场销售	100 单位×300 美元	100 单位×300 美元
出口销售	0 单位×300 美元	50 单位×250 美元
销售收入	30 000 美元	42 500 美元
减去可变成本，每单位 200 美元	−20 000 美元 10 000 美元	−30 000 美元 12 500 美元
减去固定总成本，10 000 美元 利润	−10 000 美元 0 美元	−10 000 美元 2 500 美元

假设该生产商决定以低于国内市场的价格向国外倾销收音机。只要全部可变成本都得到弥补，那么固定成本能够在价格中得到补偿就意味着厂商能够比产能闲置时得到更多的利润（或者承受更少的损失）。根据表 5.3，对国内消费者索取 300 美元的价格，生产商能够销售 100 单位产品。假设对国外消费者索取 250 美元的价格能使该生产商在国外多销售 50 单位产品。在这种情况下，总销售收入等于 42 500 美元，这不仅能够抵消可变成本和固定成本，而且能使生产商获得 2 500 美元的

利润。

在实施倾销的情况下，尽管是以低于平均总成本（平均总成本＝40 000 美元/150＝267 美元）的价格在国外销售产品，但生产商仍然能够增加利润。因此，具备剩余生产能力的企业就有动力通过削减价格来刺激产品在国外的销售，价格可能会削减到刚好弥补平均可变成本的水平。当然，在这种情况下，国内价格必须高到足以使厂商获得经营利润。因此，许多经济学家认为，反倾销法采用平均总成本作为公平价格的判定标准是有失公平的。

5.8.2 反倾销法是否应该反映币值波动?

对于反倾销法的另一种批评是，它没有考虑币值波动。我们知道，倾销是以价格为基础进行定义的，也就是如果以很低的价格在国外销售产品，那么就会被视为倾销。由于外国生产商经常需要向其外国客户以外币报价，所以按照反倾销法中以价格为基础的倾销定义，汇率波动就可能会导致外国生产商被认定在实施"倾销"。假设日元对美元升值，也就是用更少的日元就可以买到 1 美元。如果日本钢铁出口商此时正在竞争美国市场并且以美元定价，那么日元升值将导致其出口产品的日元价格下降，从而看起来像是日本出口商在对美国市场实施倾销。按照美国反倾销法，美国企业无须遵守在美销售产品的外国企业所必须遵守的规则。反倾销法到底是纠正了不公平的贸易行为，还是造成了不公平的竞争环境呢?

5.9 其他非关税贸易壁垒

其他非关税贸易壁垒主要指的是各国政府对进口商品实施的各种管理规则。尽管这些管理条款常常被很好地伪装起来，但它们仍然被视为商业政策的重要组成部分。接下来我们讨论三种非关税贸易壁垒：政府采购政策、社会规制、海上运输和货运管制。

5.9.1 政府采购政策:"购买美国货"

美国政府是世界上最大的单一买家，它每年购买的货物和服务总额达到 6 000 亿美元。如果政府只从报价最低的供应商那里采购货物和服务，那么这种交易模式就与竞争性市场中所发生的交易没有显著区别。然而，与大多数其他国家政府一样，美国政府在采购汽车、计算机等产品时更偏向于本国供应商而不是外国供应商。之所以这样讲是因为如下事实：公共部门采购的进口品占其全部采购品的比率要远远低于私人部门（如表 5.4 所示）。

表 5.4　2011 年部分国家政府采购[a]中进口品占比和进口与 GDP 的百分比（％）

国家和地区	政府采购中进口品占比	货物和服务的总进口与 GDP 的百分比
韩国	14.0	54.3
印度尼西亚	7.1	23.9
印度	6.5	31.1
日本	5.2	15.5
澳大利亚	5.2	20.1
俄罗斯	4.9	20.2
欧盟	4.4	40.0
美国	4.4	17.3
墨西哥	3.8	32.5
世界平均	5.6	30.1

a. 包括联邦、州和地方政府。

资料来源：Gary Clyde Hufbauer and Euijin Jung, *Buy American is Bad for Taxpayers and Worse for Exports*, Peterson Institute for International Economics, September 5, 2017; World Bank, World Development Indicators database; and Patrick Messerlin, "How Open Are Public Procurement Markets?" In *The Internationalization of Government Procurement Regulation*, eds. Aris Georgopoulos, Bernard Hoekman, and Petros Mavroidis. Oxford: Oxford University Press, 2017.

　　政府经常通过制定**购买国货政策**（Buy National Policies）为国内供应商提供优惠，这也是本地成分规则的一种形式。美国法律明确允许美国政府在采购决策中公开歧视外国供应商。此外，美国的州和地方政府机构也有关于购买国货的规定，包含从明确禁止购买外国产品到偏向美国产品的松散性政策指导规则。美国政府应该用纳税人的钱只买美国制造的商品吗？

　　为了刺激大萧条期间的国内就业，美国政府在 1933 年通过了《购买美国货法》（Buy American Act）。该法案要求，只要美国公司的报价不是"不合理地"高于国外竞争者，那么美国联邦机构就应从美国公司购买材料和产品（该法案不涉及服务产品）。当然，这些美国公司的产品必须在美国制造，并且美国产零部件的成本在产品的零部件总成本中所占比重必须达到 50％以上——也就是达到本地成分门槛值以上。

　　例如，假设美国供应商从政府那里得到 10％的价格优惠幅度。这一幅度意味着，如果具备资格的美国供应商获得了政府的采购合同，那么其报价不得高于国外竞争对手报价的 10％。但如果美国供应商的报价比国外竞争对手的报价高 10％以上，那么美国政府可以将合同授予外国供应商。

　　根据《购买美国货法》，当确定美国生产的商品数量不足或者质量不能令人满意时，美国供应商所获得的价格优惠将被免除或者豁免。如果外国商品是在与美国有贸易协定的国家生产的，那么价格优惠可能也会被免除。然而，批评人士认为，《购买美国货法》存在漏洞，它设置了太多的优惠免除条款，从而允许外国公司向美国政府出售商品。

类似地，1982年，美国政府在执行《购买美国货法》时将该法案适用于包括由美国联邦政府管理拨款的州政府和地方政府的公共交通采购项目，比如公路、铁路或快速交通系统的建设项目。根据该法案，对于那些不优先从美国供应商那里采购钢铁等材料的州政府和地方政府公共交通项目，联邦政府将不会为其提供资金支持。

2021年1月19日，美国政府采取行动，对其长期以来坚持的国内优惠政策做出了重新调整——提高本地成分的门槛值，该门槛值指的是按照1933年《购买美国货法》获得联邦政府采购资格的产品中必须包含的美国成分的数量。大多数最终产品和建筑材料的本地成分门槛值从50％提高到55％，而钢铁的本地成分门槛值则被设定到95％。此外，对于美国企业生产的产品，政府提高了价格优惠幅度——美国大企业的产品价格可以比世界价格高6％至20％，而美国小企业的产品价格可以比世界价格高2％至30％。这些调整旨在令美国政府可以购买更多的由美国制造的产品和材料，从而为美国工人提供更多的就业机会。然而，对1933年《购买美国货法》持批评意见的人们坚持认为，该法案不仅不能起到促进国内创新和提高生产率的作用，而且还让美国企业能向美国政府索取比世界通行价格更高的价格。

在2021年1月20日入主白宫之后，乔·拜登（Joe Biden）总统签署了一项行政命令要求进一步收紧政府采购规则，即要求美国政府优先选择国内供应商而不是国外供应商，这是拜登竞选总统期间做出要投资美国制造业的承诺的一部分。拜登特别指出，他所领导的政府机构将对1933年《购买美国货法》中允许联邦机构购买外国商品的相关免除条款采取更加强硬的立场。拜登指出，2018年美国国防部在涉外建造合同上花费了30亿美元，却"让美国生产的钢铁受到了冷落"。然而，美国对世界贸易组织所做出的承诺会对美国在歧视性政府采购中偏向本国企业构成限制。拜登的"购买美国货"政策将如何演变仍有待观察。

5.9.2　社会规制

自20世纪50年代以来，国家在提高社会生活质量方面发挥着越来越重要的作用。**社会规制**（Social Regulation）的目的在于纠正经济中的各种因素对健康、安全和环境产生的不良影响，因为如果不采取措施的话，市场往往不会对这些不良影响加以纠正。社会规制措施一般被用于解决环境质量等特殊问题，并且会对汽车、钢铁和化工等许多行业的企业行为产生影响。

5.9.3　企业平均燃油经济性标准

尽管社会规制措施可能会促进健康、安全和环境等方面目标的实现，但是那些措施也可能成为国际贸易的障碍。下面以美国政府对汽车制造商实施的燃油经济性标准为例来说明这个问题。

　　企业平均燃油经济性标准［Corporate Average Fuel Economy（CAFE）Stand-ards］最初于 1975 年颁布，它构成了美国节能政策的基石。该标准是基于所有制造商销售的所有车辆的平均燃油效率而设定的，并且适用于在美国销售的所有载人机动车。按照现行法律，到 2026 年，载人轿车的油耗必须达到每加仑 54.5 英里，轻型卡车的油耗必须达到每加仑 40.3 英里。平均燃油经济性低于这一标准的制造商可能会被罚款。

　　在 20 世纪 80 年代，CAFE 标准不仅被用于促进节约燃料，而且被用于保护美国汽车工人的就业机会。对于美国汽车制造商来说，提高机动车辆平均燃油效率的最简单方法是从其在亚洲和欧洲设立的子公司那里进口更小、更省油的机动车。然而，这种做法会使已经处于萧条状态的美国汽车产业的就业进一步减少。因此，美国政府对国产载人轿车和进口载人轿车分别制定了**单独并且相同的**燃油经济性标准。像通用汽车、福特和克莱斯勒这些既在美国制造机动车并且也在美国销售进口轿车的公司，将被要求在这两类机动车辆上**都**遵循 CAFE 标准。这样，美国企业要达到 CAFE 标准，就不能用其进口汽车较高的燃油经济性来平均美国国产汽车较低的燃油经济性。通过单独计算国产机动车和进口机动车的燃油经济性，美国政府试图迫使国内企业不仅要制造出更省油的机动车，而且要在美国生产这样的机动车。简而言之，无论制定政府管制措施的本意如何，这些措施有时的确会对外国商品形成有效的进口壁垒，而且会激怒国外竞争对手。

5.10　小结

　　1. 在过去的 20 年中，随着进口关税的降低，非关税贸易壁垒作为贸易保护的一种手段逐渐受到重视。非关税贸易壁垒包括以下几种方式：（1）进口配额；（2）有序的销售安排；（3）本地成分规则；（4）补贴；（5）反倾销管制；（6）歧视性政府采购行为；（7）社会规制；（8）海上运输和货运管制。

　　2. 进口配额是政府对进口商品施加的数量限制。配额的实施可以以全球（整个世界）为基础或者以个别国家为基础。虽然配额的经济效应在很大程度上与关税相同，但它的管制性更强。配额的收入效应究竟归属于本国进口商还是归属于外国出口商，取决于它们所拥有的市场势力的强弱。如果政府希望攫取收入效应，那么它可以在竞争性市场上以拍卖的方式将进口配额许可证出售给出价最高的竞标者。

　　3. 关税—税率配额是对进口商品征收的一种双重关税。它允许限额以内的商品以较低的关税税率进口，而超过这个限额的进口商品则将面临较高的进口关税。税率配额产生的收入中，一部分作为关税收入成为国内政府的收入，剩余的部分则被生产商以意外收入的形式获得。

　　4. 在供给方做出口限制的情况下，由于出口配额由出口国政府管理，所以配额的收入效应往往被出口国的销售商获得。对进口国来说，配额的收入效应是除了保护效应和消费效应之外的另一种福利损失。

5. 本地成分规则试图限制海外承包，并且鼓励国内产业的发展。此类规则通常是规定免征关税的产品价值中所应包含的本国生产的价值的最小百分比。对本地成分的保护导致了更高的生产成本和更高的产品价格，这些往往都会给本国经济带来福利损失。

6. 政府补贴有时获得通过是因为它能为本国出口商和进口竞争产业中的生产商提供保护。政府补贴可以采取直接的现金奖励、税收减免、低息贷款或特殊保险协议等形式。与等量的税收和配额相比，对进口竞争产业中的生产商给予直接的生产补贴，在经济福利方面引起的损失通常更小。实施出口补贴会产生贸易条件效应和出口收入效应。

7. 当一个企业在国外销售产品的价格满足以下两个条件之一时，即被认为是国际性倾销：（1）低于平均总成本；（2）低于同一产品在其生产国国内的销售价格。倾销就性质而言可分为偶发性倾销、掠夺性倾销和持续性倾销三种。各国政府通常对它们认定在本国倾销的国外产品处以严厉的惩罚。

8. 政府在安全、技术标准和营销要求上所制定的法规、条例能够对世界贸易格局产生重大影响。

5.11　关键概念及术语

- 绝对配额（Absolute Quota；p. 135）
- 反倾销税（Antidumping Duty；p. 152）
- 购买国货政策（Buy National Policies；p. 157）
- 企业平均燃油经济性标准［Corporate Average Fuel Economy（CAFE）Standards；p. 159］
- 成本定义法［Cost-Based Definition；p. 152］
- 本地成分规则［Domestic（Local）Content Requirements；p. 144］
- 国内生产补贴（Domestic Production Subsidy；p. 146）
- 倾销（Dumping；p. 149）
- 出口配额（Export Quotas；p. 142）
- 出口补贴（Export Subsidy；p. 146）
- 全球配额（Global Quota；p. 136）
- 进口许可证（Import License；p. 136）
- 按需求分配许可证（License on Demand Allocation；p. 141）
- 倾销幅度（Margin of Dumping；p. 152）
- 非关税贸易壁垒（Nontariff Trade Barriers，NTBs；p. 135）
- 持续性倾销（Persistent Dumping；p. 150）
- 掠夺性倾销（Predatory Dumping；p. 149）
- 价格定义法（Price-Based Definition；p. 152）

- 国别配额（Selective Quota；p. 136）
- 社会规制（Social Regulation；p. 158）
- 偶发性倾销（Sporadic Dumping；p. 149）
- 补贴（Subsidies；p. 146）
- 关税—税率配额（Tariff-Rate Quota；p. 141）

5.12　习题

1. 过去 20 年，作为保护措施的非关税贸易壁垒逐渐受到重视。主要的非关税贸易壁垒有哪些？

2. 进口配额的收入效应和关税的收入效应有何不同？

3. 政府给国内生产商的补贴有哪些形式？

4. **自愿出口限制**的含义是什么？它和其他保护性贸易壁垒有什么不同？

5. 平均总成本和平均可变成本，应该用哪一个作为美国反倾销法中倾销的判定标准？

6. 进口关税和等量进口配额，哪一个是更具有限制性的贸易壁垒？

7. 偶发性倾销、持续性倾销和掠夺性倾销之间的区别是什么？

8. 补贴为进口竞争产业中的生产商所提供的保护程度与关税和配额相同，但与后两者相比，补贴造成的国家福利损失更小。请解释其原因。

9. 补贴不像关税那样产生税收收入，反而要耗费税收收入，因此补贴不是保护本国经济的有效措施。你同意这种观点吗？

10. 1980 年，美国汽车产业建议对进入美国市场的国外汽车设置进口配额。这一政策可能带来的收益和成本是什么？

11. 为什么 1982 年美国政府通过设置进口配额来帮助国内蔗糖生产商？

12. 哪种政策通常会造成本国经济更大的福利损失：（a）本国政府设置进口配额；（b）外国政府设置自愿出口配额？

13. 日本对出口到美国的汽车数量进行限制可能给美国带来什么影响？

14. 为什么使用美国钢铁的企业会开展游说活动以抵制对在美国销售的外国钢铁设置配额？

15. 针对国际倾销，区分以价格为基础和以成本为基础确定的国外市场价值。

16. 表 5.5 为委内瑞拉对电视机的需求和供给表。委内瑞拉属于小国，不能影响电视机的世界价格。在图上画出委内瑞拉的电视机需求曲线和供给曲线。

a. 假设委内瑞拉每台进口电视机的价格是 150 美元。在自由贸易条件下，委内瑞拉生产、消费和进口的电视机数量分别是多少？计算委内瑞拉的消费者剩余和生产者剩余。

b. 假设委内瑞拉设置进口配额，将进口电视机的数量限制在 300 台。计算配额引起价格上涨的幅度和消费者剩余的减少量。计算配额的再分配效应、消费效应、保护效应和收入效应。假设委内瑞拉的各个进口公司组织起来成为买方，与相互竞争的外国出口商们进行讨价还价，那么配额给委内瑞拉造成的全部福利损失是多少？假如外国出口商组织起来形成垄断卖方，那么配额给委内瑞拉造成的全部福利损失又是多少？

c. 假设委内瑞拉不设置配额，而是对进口竞争产业中的生产商给予每台电视机 100 美元的补贴。请在你之前绘制的图中画出给予补贴后委内瑞拉生产商的供给曲线。补贴使电视机的价格上升到自由贸易水平之上了吗？计算在补贴条件下委内瑞拉生产、消费和进口的电视机数量。委内瑞拉政府补贴的总成本是多少？在这一总成本中，有多少被转移到委内瑞拉生产商身上成为生产者剩余？又有多少被无效率的国内生产所导致的高昂的生产成本消耗掉？计算在实施补贴的情况下委内瑞拉的总体福利损失。

表 5.5　委内瑞拉对电视机的供给和需求

每台电视机的价格（美元）	需求量（台）	供给量（台）
100	900	0
200	700	200
300	500	400
400	300	600
500	100	800

17. 这个问题使用到出口配额福利效应的知识，关于出口配额福利效应的内容，参见本书线上学习系统 MindTap 中的 "进一步探索 5.2"。表 5.6 为厄瓜多尔对计算机的需求量和供给量表。厄瓜多尔是一个不能影响世界价格的小国。在图上画出厄瓜多尔的计算机需求曲线和供给曲线。

表 5.6　厄瓜多尔的计算机需求量和供给量

每台计算机的价格（美元）	需求量（台）	供给量（台）
0	100	—
200	90	0
400	80	10
600	70	20
800	60	30
1 000	50	40
1 200	40	50
1 400	30	60
1 600	20	70
1 800	10	80
2 000	0	90

a. 如果中国香港和中国台湾能够分别以 300 美元/台和 500 美元/台的价格向厄瓜多尔供给计算机，那么在自由贸易条件下，厄瓜多尔将会进口多少台计算机？从哪个地区进口？

b. 假设厄瓜多尔与中国香港达成了一项自愿出口协议，商定中国香港对出口设置配额，出口到厄瓜多尔的计算机数量限制为 40 台。同时假设中国台湾没有趁此机会向厄瓜多尔出口计算机。计算配额使厄瓜多尔计算机价格升高的幅度和消费者剩余的减少量。计算配额的再分配效应、消费效应和收入效应。由于出口配额由中国香港管理，所以中国香港的出口商将获得配额的收入效应。计算配额给厄瓜多尔造成的总的福利损失。

c. 仍然假设中国香港向厄瓜多尔出口的配额限制为 40 台计算机，并且假设中国台湾属于非限制性出口地区，它向厄瓜多尔出口 20 台计算机。因此，厄瓜多尔进口 60 台计算机。计算配额给厄瓜多尔造成的总体福利损失。

d. 总的来说，当非限制性供给的增加可以弥补由于设置出口配额而造成的供给减少时，与没有非限制性供给时相比较，进口国的福利损失是更多还是更少？以厄瓜多尔为例计算福利损失的数量。

18. 图 5.6 显示的是大不列颠玩具（British Toys,，BTI）公司进行国际倾销的实例。图 5.6（a）表示 BTI 在英国所面临的需求曲线和边际收益曲线，图 5.6（b）表示 BTI 在加拿大所面临的需求曲线和边际收益曲线。图 5.6（c）是两个市场汇总后的需求曲线和边际收益曲线，以及 BTI 的平均总成本曲线和边际成本曲线。

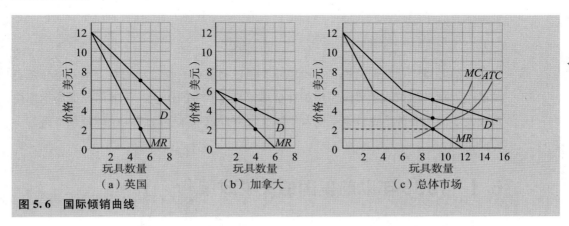

图 5.6　国际倾销曲线

a. 在没有国际倾销的情况下，BTI 对英国和加拿大消费者索取相同的价格（忽略运输成本）。计算公司实现利润最大化时的产量、价格和总利润水平。BTI 在英国和加拿大销售时获得的利润分别为多少？

b. 现假定 BTI 实施国际倾销，求解其对英国购买者制定的价格和销售利润，以及对加拿大购买者制定的价格和销售利润。实施国际倾销会比统一定价策略带来更高的利润吗？如果是这样，利润会高多少？

19. 为什么关税—税率配额可以被视为兼顾了国内消费者利益和国内生产者利益的政策？关税—税率配额与进口关税在收入效应上有哪些不同？

进一步探索

1. 关于关税—税率配额福利效应的分析，请在本书线上学系统 MindTap 中查询"**进一步探索 5.1**"。

2. 关于出口配额福利效应的分析，请在本书线上学习系统 MindTap 中查询"**进一步探索 5.2**"。

第6章　贸易法规与产业政策

在前几章中，我们讨论了关税和非关税贸易壁垒的收益及成本。本章将介绍美国的主要贸易政策、世界贸易组织在全球贸易体制中的作用、各国用以提高本国生产商竞争力的各种产业政策，以及用以实现对外政策目标的国际经济制裁措施的本质和效果。

6.1　1930 年以前美国的关税政策

从表 6.1 中可以清楚地看出，美国的关税发展历程呈现明显的波动性。美国早期关税法的主要目的在于为政府提供重要的税收收入来源。1789 年，美国议会通过了第一个关税法案，其最主要的目的就在于获取税收收入。按照这个法案，只有联邦政府有权征收统一的关税，税率从 5% 到 15% 不等；这样一来，各州单独征收关税的旧体制便不复存在了。从 18 世纪末到 19 世纪，关税是美国联邦政府收入的最主要来源，联邦政府收入的 90% 以上都源自关税。1913 年，联邦政府开征个人所得税，从那以后，关税在联邦政府的收入来源中不再占据主导地位。随着经济的演化和其他税收来源（例如企业所得税和工资税）的出现，将关税作为政府收入重要来源的动机进一步弱化。目前，联邦政府征收的关税大约只占联邦政府总收入的 1%，这个收入占比几乎可以忽略不计。

表 6.1　美国关税发展历史：平均关税税率

关税立法和颁布时间	平均关税税率[a]（%）
《麦金利关税法案》（McKinley Tariff Law），1890 年	48.4
《威尔逊关税法案》（Wilson Tariff Law），1894 年	41.3
《丁格利关税法案》（Dingley Tariff Law），1897 年	46.5
《佩恩-奥尔德里奇关税法案》（Payne-Aldrich Tariff Law），1909 年	40.8
《安德伍德关税法案》（Underwood Tariff Law），1913 年	27.0

续表

关税立法和颁布时间	平均关税税率[a]（%）
《福德尼-麦坎伯关税法案》（Fordney-McCumber Tariff Law），1922 年	38.5
《斯穆特-霍利法案》（Smoot-Hawley Act），1930 年	53.0
1930—1949 年	33.9
1950—1969 年	11.9
1970—1989 年	6.4
1990—1999 年	5.2
2000—2009 年	3.5
2019 年	2.0

a. 税率指简单平均税率。

资料来源：U. S. Department of Commerce，*Statistical Abstract of the United States*，various issues，and World Trade Organization，*World Tariff Profiles*，2019.

6

164

　　随着关税的财政收入作用论的日渐弱化，强调关税的**保护**作用的论点日渐凸显。1791 年，亚历山大·汉密尔顿（Alexander Hamilton）向美国国会提交了著名的《关于制造业报告》（Report on Manufactures*），主张对美国的不成熟产业进行进口保护，直到它们能够成长并且实现繁荣——这就是一种**幼稚产业**保护论。汉密尔顿的报告起先并没有产生法律效力，但是到 19 世纪 20 年代，美国的保护主义情绪持续高涨，特别是在美国北部工业较为发达的各州。然而，由于美国南部各州基本上没有制造业，而且进口许多产品时需要缴纳高昂的关税，所以那里的人们在政治上强烈反对高关税政策。南方人声称，他们不得不为进口的制造品支付更多的钱，但他们从销往海外的棉花中赚到的钱却少得可怜。

　　1828 年通过的所谓"可恶的关税"（Tariff of Abominations）使得美国汹涌澎湃的贸易保护主义运动达到了高潮。这一措施将平均关税税率提高到 45%，达到美国内战之前的最高水平，这激怒了希望对其进口制成品征收较低关税的南方各州。由于南方各州反对这一关税，1833 年《折衷关税法案》（Compromise Tariff）得以通过，该法案规定减少对美国制造商的关税保护。在 19 世纪四五十年代，美国政府的税收收入超过了政府支出，这促使美国政府通过了《沃克关税法案》（Walker Tariffs），根据该法案，平均关税税率降低到 23% 以减少财政盈余。1857 年，美国政府进一步削减了关税，平均关税水平下降到 16% 左右，达到了 1816 年以后的最低水平。

　　在美国南北战争期间，美国政府于 1861 年、1862 年和 1864 年通过的《莫里尔关税法案》（Morrill Tariffs Law）一再提高关税水平，这些关税措施的最初目的是

---

　　*　原文为 "Report on Manufacturers"，应为笔误。——译者注

为内战筹措经费。到 1870 年，贸易保护程度再次上升至 19 世纪 40 年代的最高水平。然而，此时的关税水平已很难降低了。因为在 19 世纪后期，美国劳动者和企业领导们不断抱怨**廉价的外国劳动力**使得外国产品大量涌入美国市场，这一观点对美国的政策制定者们产生了极大的影响。《麦金利关税法案》和《丁格利关税法案》得以颁布在很大程度上就是因为受到这一观点的影响。到 1897 年，美国对进口商品征收的保护性关税的平均税率为 46%。

尽管 1909 年《佩恩-奥尔德里奇关税法案》标志着保护主义浪潮由上涨转为下降，但是直到 1913 年，《安德伍德关税法案》出台以后平均关税税率才被降到 27%。如果不是第一次世界大战爆发，那么贸易自由化可能会有条件持续得更久一些。在一战期间，贸易保护主义的压力不断增加，并且在战争结束之后，仍然保持强劲势头。在 20 世纪 20 年代早期，**科学关税**（*scientific tariff*）理念颇具感召力，受其影响，1922 年颁布的《福德尼-麦坎伯关税法案》包含了一项条款，允许美国总统在外国生产成本低于美国的情况下提高关税水平。在《福德尼-麦坎伯关税法案》的影响下，美国的平均关税税率攀升至 38%。[①]

6.2 《斯穆特-霍利法案》

1929 年随着美国股市崩盘，美国经济陷入大萧条，这导致美国失业率持续上升，并在 1933 年最终达到 25% 的峰值。尽管美国政府原本可以采取增加支出项目等财政刺激措施，美联储原本可以削减利率以增加国内支出，但是这些政策最终都没有付诸实施。取而代之的是，美国政府通过实施关税政策来减少进口，从而保护美国的企业和工人。美国的关税政策不仅降低了美国贸易伙伴的销售量，而且降低了它们出口到美国的商品价格，这样一来，美国就把应对大萧条的成本转嫁到贸易伙伴的身上。

1930 年颁布的《斯穆特-霍利法案》使得美国贸易保护主义达到了高潮，根据该法案，美国对进口商品征收的保护性关税平均税率达到 53%。当"斯穆特-霍利议案"（Smoot-Hawley Bill）递交到美国国会时，其他国家纷纷向华盛顿政府提出了正式抗议，并最终形成了一份长达 200 页的文件。然而，美国众议院和参议院还是一致通过了该项议案。尽管有大约一千名美国经济学家恳求赫伯特·胡佛（Herbert Hoover）总统否决该项立法，但是胡佛总统并没有那样做；1930 年 6

[①] 在整个 19 世纪，美国对进口商品征收高额关税，幼稚产业保护论的影响是其重要原因。19 世纪下半叶也是美国经济高速增长的时期。按照保护主义者的说法，那一时期的高额关税为经济增长奠定了基础。然而，自由贸易的支持者们指出，这样的结论是毫无根据的，因为那一时期也是大量移民涌入美国的时代，这促进了经济增长。T. Norman Van Cott and Cecil Bohanon, "Tariffs, Immigration, and Economic Insulation," *The Independent Review*, Spring 2005, pp. 529 - 542.

月 17 日，斯穆特-霍利关税被签署为正式法律。简单来说，美国颁布《斯穆特-霍利法案》的目的在于引导国内需求从进口商品转向本国生产的商品。

《斯穆特-霍利法案》使美国的 25 个贸易伙伴采取报复行为。在美国对来自西班牙的软木、橙子和葡萄征收高额关税之后，作为报复，西班牙对美国产品开征威斯关税（Wais Tariff）。瑞士开始抵制美国的出口商品以抗议美国对瑞士手表和鞋类产品开征新的关税。加拿大将关税提高了三倍，以报复美国对加拿大的木材、原木和许多食品征收关税。意大利对美国汽车征收关税，以报复美国对其橄榄油和帽子征收关税。墨西哥、古巴、澳大利亚和新西兰也加入了这场关税战。其他以邻为壑的政策，如外汇管制和货币贬值，也被各国竞相采用。结果是，少数几个国家试图通过减少进口来实现贸易盈余的做法最终导致了国际贸易体系的崩溃。在《斯穆特-霍利法案》颁布后的两年内，美国的出口额减少了近 2/3。图 6.1 显示了在全球经济陷入大萧条以后，世界贸易量持续减少的情形。

胡佛总统是如何陷入这一贸易保护主义陷阱的呢？1928 年的共和党政纲呼吁通过征收关税来帮助疲软的美国农业经济，胡佛总统认为有必要捍卫共和党政纲的荣光。1929 年美国股票市场的崩盘以及紧随其后的大萧条进一步导致了危机气氛的蔓延。在过去的几十年里，共和党人一直都支持保护主义，而现在他们更是认为进口关税就是政府为应对国内失业问题所应采取的积极措施。

166

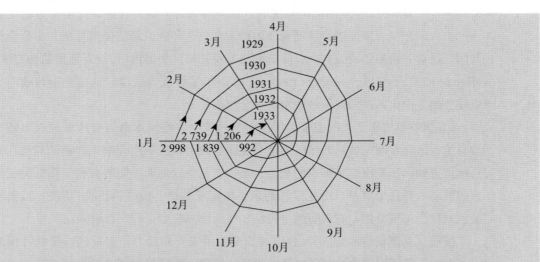

图 6.1 斯穆特-霍利保护主义与世界贸易：1929—1933 年（百万美元）

　　本图展示了 1929—1933 年间的世界贸易状况。1930 年颁布的《斯穆特-霍利法案》将美国的平均关税税率提高到 53％。作为报复，其他国家相应地提高了自己的进口限制程度。随着全球经济陷入大萧条，世界贸易总量下降了。

　　资料来源：League of Nations, *Monthly Bulletin of Statistics*, February 1934; See also Charles Kindleberger, *The World in Depression* (Berkeley, CA: University of California Press, 1973), p.170.

胡佛总统认为有义务遵循惯例以及共和党的纲领。亨利·福特（Henry

Ford)* 曾花了一个晚上的时间恳求胡佛行使总统否决权，制止这种被他称作"经济上的愚蠢行为"。其他汽车公司的总裁也都站在福特一边。但是，国会通过的关税法案从来没有被哪位总统否决过，而胡佛也不想开这个先例。胡佛的答复是："待经济恢复正常以后，我们的对外贸易将继续扩张。"

到 1932 年，美国同其他国家之间的贸易就已经崩溃了。富兰克林·罗斯福（Franklin Roosevelt）在竞选总统时痛斥该贸易法具有毁灭性。而胡佛的回应则是，罗斯福的政策会让美国工人遭受外国廉价农民工的竞争。1932 年，胡佛在总统大选中失败，随后民主党政府废除了《斯穆特-霍利法案》。不过，民主党政府还是采取了谨慎的态度，其贸易政策的重点是推进互惠贸易协定的落实，而不是美国单方面对外实施全面关税减让。众议院发言人山姆·雷伯恩（Sam Rayburn）坚称，任何党派的成员只要想成为众议员筹款委员会（House Ways and Means Committee）的一员，那么就必须支持互惠贸易，而不能支持贸易保护主义。至此，斯穆特-霍利方案名誉扫地，美国开始通过互惠贸易协定来实现贸易自由化。

6.3 《互惠贸易协定法》

大萧条和外国对《斯穆特-霍利法案》的关税报复对美国的出口造成了不利影响，进而对美国经济造成了冲击。当富兰克林·德拉诺·罗斯福（Franklin Delano Roosevelt）在 1933 年成为美国总统时，他坚持认为，要实现美国经济复苏就需要通过扩大国际贸易来促进经济增长和增加需求。这种认识促使美国总统和国会合作共同开展对外贸易协议谈判，以降低商品关税和增加美国出口。《互惠贸易协定法》（Reciprocal Trade Agreements Act）于 1934 年签署成为法律，这是罗斯福政府为促使美国走出大萧条所采取的政策的一个组成部分。

《互惠贸易协定法》改变了美国的贸易政策：它将原本由国会执掌的权力转交给总统；国会在制定贸易政策时通常会照顾国内进口竞争产业中生产商的利益，而总统则更倾向于考虑整个国家的利益。这一变化使权力天平朝着有利于降低关税的方向倾斜，并且为贸易自由化浪潮的来临奠定了基础。《互惠贸易协定法》以实现关税减让为主要目的，它具有两个特征：（1）协商权力；（2）普遍减让。

按照《互惠贸易协定法》，总统被授予前所未有的权力，有权同特定的外国政府（例如，美国同瑞典）签订**双边**关税减让协定。无须经过国会批准，总统就可以将现行关税降低 50%，但关税减让是否得以实施则取决于其他国家是否愿意降低其对美国商品征收的关税。从 1934 年至 1947 年，美国签署了 32 个双边关税协定，在此期间，受保护产品的平均关税税率降低到 1934 年关税水平的一半左右。

《互惠贸易协定法》还通过了**最惠国条款**［Most-Favored-Nation（MFN）

---

* 亨利·福特，美国福特汽车公司的创始人。——译者注

Clause]，提供普遍的关税减让机会。根据这个条款，一国不能歧视性地对待参与同一贸易协定的不同贸易伙伴：在给予一个成员国的某种产品更低关税的同时，也必须给予其他所有成员国该产品相同的关税水平。这使得一国可以从其贸易伙伴那里获得最好的贸易条件，包括最低的关税和最少的贸易壁垒。因此，最惠国条款意味着对所有成员国给予平等待遇，而不是给予某些国家排他性的贸易特权。例如，世界贸易组织（本章稍后讨论）的所有成员方都享有最惠国待遇，这意味着它们都享有与所有其他成员方相同的贸易利益。在 1998 年，美国政府用**正常贸易关系**（Normal Trade Relations）代替了**最惠国待遇**这个术语。

尽管《互惠贸易协定法》使得政治天平朝着有利于降低关税的方向倾斜，但双边贸易协定不仅显得零碎，而且让美国为推进自由贸易所付出的努力受到限制。美国意识到，需要采取更具综合性的方案，在涵盖许多国家的多边性协定的基础上推进贸易自由化。

6.4　《关税与贸易总协定》

在第二次世界大战以后，美国及其部分盟国力图建立新的国际贸易秩序，其部分原因在于美国与这些国家之间的贸易在大萧条期间几近中断。1947 年签署的**《关税与贸易总协定》**（General Agreement on Tariffs and Trade，GATT）是战后世界贸易在多边协定基础上向自由化迈出的第一步。GATT 是经各缔约方（也可称为成员方）* 周密协商达成的，目的在于降低贸易壁垒，使所有缔约方在贸易关系中处于平等地位。起初，各成员方并不打算要将 GATT 发展成为一个组织；它不过是为了减少贸易壁垒以及为商业政策确立一般性规则而由世界上的各个国家之间所达成的一套协定。

1995 年，GATT 转设为**世界贸易组织**（World Trade Organization，WTO）。WTO 不但保留了 GATT 的主要条款，还增强了 GATT 解决成员方之间贸易争端的能力。我们首先探讨最初的 GATT 体制的基本原则。

6.4.1　非歧视性贸易

根据 GATT（以及后来的 WTO），任何成员方不能在其贸易伙伴之间采取歧视性行为。非歧视原则的两个支柱是最惠国待遇原则（正常贸易关系原则）和国民待遇原则；前者适用于即将进入国境的货物，后者适用于已经进入国境的进口货物。

对于即将进入一个国家的进口商品，最惠国待遇原则意味着，如果 GATT 的

168

---

*　由于 GATT 只是各国（或地区）政府缔结的国际贸易协定，而不是一个具有法人地位的国际组织，所以在有的文献中称参与协定的国家（或地区）为缔约方，而不称其为"成员方"。——译者注

一个成员方给予另一个成员方的产品较低的关税税率，那么它必须对 GATT 的所有其他成员方也给予相同的关税税率。当然，也有一些例外。各成员方可以另外订立适用于它们自己产品的自由贸易协定，这样，它们就能歧视非自由贸易协定成员方的产品。或者，它们可以为发展中国家或地区提供特殊的市场准入（低关税）待遇。一个成员方还可以对某些产品抬高贸易壁垒，只要能够认定特定国家在交易该产品时采取了不公平的贸易行为。截至 2020 年，除了古巴和朝鲜以外，美国对与其进行贸易的大多数国家都给予了最惠国待遇。

非歧视性贸易的另一方面内容涉及**国民待遇**原则，它适用于已经进入国境的进口商品。按照国民待遇原则，一旦外国商品进入本国市场，GATT 的成员方就必须对进口商品和本国制造的商品给予相同的待遇。因此，国内管制政策和国内税收不能歧视外国商品。当然，进口国仍然可以对第一次进入本国的进口品征收关税。

我们以加拿大报刊产业为例说明一国采取的国内税收政策实际上违反了国民待遇原则。加拿大政府长期坚持的一项政策是保护其报刊产业，因为加拿大政府认为报刊不仅是加拿大观念和利益的承载媒介，而且也是加拿大文化的传播工具。在 20 世纪 90 年代，加拿大政府对出售给加拿大人的《体育画报》等美国杂志课征重税。课征重税的目的是让美国企业针对加拿大市场推出的特别版期刊无利可图，从而保护加拿大出版物所带来的广告收入。加拿大政府的课税行为被认为违反了 GATT 的国民待遇原则，因为这些税收对外国杂志构成了歧视。

6.4.2　促进自由贸易

GATT 的另一个目标是通过发挥其自身在解决贸易争端上的作用来促进自由贸易。在以前，贸易争端只是贸易双方的事情，它们无法向第三方求助以寻求更好的解决方案。其结果往往是争端迁延多年而不能得到解决，即使最后争端得以解决，也是强国获胜，弱国付出代价。GATT 改进了争端解决流程：它制定了申诉程序并且提供争端调解专家小组，受害国可以向该小组表达其不满。但是，对于争端调解专家小组提出的解决方案，GATT 没有执行权力——GATT 的这一弱点促成了WTO 的建立。

GATT 还约束其成员，要求它们使用关税而不是配额来保护其国内产业。GATT 认为，配额从本质来说比关税更加容易导致贸易扭曲，因为配额允许政策使用方在供应商之间采取歧视性行为，同时配额政策对于出口商来说既难以预料也不透明，并且最终会导致对进口商品实行最高限额。但是，GATT 的禁止配额条款也存在例外：成员方可以利用配额保障国际收支平衡、促进经济发展和推进国内农业扶持项目。自愿出口限制协定也没有被包含在限制配额条款之中，因为相关的协定是自愿的。

6.4.3　通过增强约束性和透明度提高可预见性

有时，不增加贸易壁垒的承诺和减少贸易壁垒的承诺一样重要，因为不增加贸易壁垒的承诺可以让企业更加清晰地辨识未来机遇。GATT 规定，国家一旦同意开放其货物和服务市场，那么它就要受到其承诺的"约束"。这种约束实际上就是该国设置的进口关税税率的上限。对于发达国家来说，承诺的关税税率通常就是这些国家实际实行的关税税率。大多数发展中国家承诺的关税税率上限略高于其实际实行的关税税率，因此，设定关税税率上限起到了限制性作用。一国可以改变其在关税税率上的承诺，但前提是必须与其贸易伙伴进行磋商；这意味着要改变承诺就要对贸易伙伴的损失予以补偿。其结果是贸易商和投资者都能够享有安全程度更高的市场。

此外，GATT 还试图通过使各国的贸易规则更加明确和公开（即更加透明）来提高贸易政策的可预见性和稳定性，它要求各国必须在其国内或者通过通知 GATT 秘书处公开披露其贸易政策和实际做法。

6.4.4　多边贸易谈判

在达成 GATT 之前，贸易协定涉及的都是双边（比如美国和单个外国之间的）谈判。随着 GATT 的达成，由于所有成员方都参与了谈判，所以 GATT 的贸易谈判是以多边参与的方式开展的。随着时间的推移，尽管 GATT 逐渐将几乎所有的主要贸易国都纳入其中，但是仍有一些国家还不是 GATT 的成员。因此，我们用**"多边的"**（*multilateral*）这个术语而不用**"全球的"**（*global*）或**"世界的"**（*world*）这样的术语来描述 GATT 体制。为了促进世界贸易朝着更加自由的方向发展，GATT 主办了一系列谈判以降低关税和非关税壁垒，如表 6.2 所示。

表 6.2　GATT 谈判回合

谈判回合和谈判范围	时间	参与成员数量	关税削减幅度（%）
涉及关税的谈判回合			
日内瓦回合	1947 年	23	21
安纳西回合	1949 年	13	2
托基回合	1951 年	38	3
日内瓦回合	1956 年	26	4
狄龙回合	1960—1961 年	26	2
肯尼迪回合	1964—1967 年	62	35
涉及关税和非关税壁垒的谈判回合			
东京回合	1973—1979 年	99	33
乌拉圭回合	1986—1993 年	125	34
多哈回合	2002—2015 年终止	149	—

GATT 谈判的第一个回合结束于 1947 年，关税平均降低了 21%。然而，在 20世纪 40 年代末至 50 年代的 GATT 谈判回合中，关税减让幅度小了很多。在此期间，随着日本和欧洲在二战中遭到破坏的产业得以重建，美国的贸易保护主义压力不断加剧，这些因素使得 GATT 谈判进程缓慢而冗长，各国通常也都不愿意考虑许多产品的关税削减问题。

在 1964—1967 年间，GATT 各成员方参加了由美国总统约翰·F. 肯尼迪（John F. Kennedy）发起倡议的贸易谈判，即贸易谈判的**肯尼迪回合**（Kennedy Round）。在这一回合中，GATT 各成员方首次召开多边会议，谈判方式从按照产品进行逐项谈判转变成全面谈判。关税谈判按照商品大类展开，达成的关税减让条款适用于该大类中的所有商品，这是一种更加简单并且更加有效率的谈判方式。肯尼迪回合谈判将制成品的关税平均削减了 35%，平均从价关税水平下降到 10.3%。

20 世纪 40—60 年代，GATT 各回合的谈判重点几乎都集中在了关税减让方面。随着战后工业化国家平均关税税率的下降，非关税壁垒的重要性与日俱增。为了应对这些变化，GATT 的谈判重点转向了非关税壁垒造成的国际贸易扭曲问题。

在 1973—1979 年的**东京回合**（Tokyo Round）*贸易谈判中，各缔约方一致同意采用肯尼迪回合创立的全面关税削减的形式。9 个主要工业国制造品的平均关税税率从 7.0% 削减到 4.7%，降幅达到 39%**。而且，产成品的关税削减幅度高于原材料的关税削减幅度，因而有助于降低关税升级的程度。东京回合谈判结束之后，由于关税水平大幅降低，所以关税不再是工业化国家之间显著的贸易障碍。东京回合的第二个成果是达成协议取消或降低多种非关税壁垒，并在以下 6 个领域建立了行为准则：海关估价、进口许可、政府采购、技术性贸易壁垒（如产品标准）、反倾销程序和反补贴税。

尽管东京回合在贸易自由化方面作出了许多努力，但在 20 世纪 80 年代，世界各国的领导人还是普遍感受到 GATT 体制的作用日趋弱化。GATT 的成员方越来越多地使用双边协议（如自愿出口限制），以及其他一些由国内保护主义政策滋生的贸易扭曲措施（如补贴）。各国领导人也意识到，GATT 还需要涉及知识产权、服务和农业等诸多领域，同时还希望 GATT 能够对发展中国家给予更多的关注，因为发展中国家认为 GATT 的前几轮谈判忽视了它们的利益。

正是基于这些考虑，GATT 各成员方在 1986—1993 年间进行了**乌拉圭回合**（Uruguay Round）***谈判。乌拉圭回合成功地让工业化国家关税的平均水平全面下降了 40%，而且一些行业（包括钢铁、医疗设备、建筑设备、制药和造纸）完全取消了关税。许多国家还首次同意对其自身的大部分关税实施限制，承诺将来关税税

---

* 该轮谈判仍由美国首倡，因谈判始于日本东京，故被称为"东京回合"。——译者注
** 原文如此。似应为 33%。——译者注
*** 因发动该轮谈判的贸易部长级会议在乌拉圭埃斯特角城举行，故被称为"乌拉圭回合"。——译者注

率不会超过限制值。乌拉圭回合在降低或消除非关税壁垒上也取得了重大进展。政府采购规则为各缔约方开拓了更为广阔的市场。乌拉圭回合还下大力气取消了农产品配额，要求各国用关税代替配额。服装和纺织品行业的各种双边配额也将在 2005 年之前逐步取消。达成的保障措施协议禁止使用自愿出口限制。

1999 年，世界贸易组织（相关知识参阅下一节内容）的成员方在美国华盛顿州西雅图市拉开了 21 世纪新一轮贸易谈判的帷幕。与会国家制定的谈判议题涉及：农产品贸易、知识产权保护、劳工和环境问题，以及对欠发达国家的援助。发展中国家认为在过去的贸易谈判中它们输得精光，而在这次谈判中它们决心不让这种情况再次发生。发展中国家和发达国家之间的分歧是导致西雅图会议停摆的主要原因。这次会议也被称为"西雅图之战"（Battle in Seattle），因为在会议召开期间，西雅图的街道上爆发了骚乱和破坏。

尽管贸易自由化的支持者们对于西雅图会议的失败感到沮丧，但是他们继续推动新一轮贸易谈判。其结果是 2002 年在卡塔尔多哈启动了**多哈回合**（Doha Round）谈判。描述多哈回合的措辞非常复杂：它将减少补贴以减轻农产品贸易扭曲，削减发展中国家的制造业关税，削减贫穷国家特别关注的纺织品和服装产品的关税，开放服务贸易，并就竞争、投资、政府采购和贸易便利化这四个新领域的全球规则展开谈判。

尽管多哈回合设定的目标非常宏大，但是谈判并没有取得多大进展。发达国家提出发展中国家要想获得富裕国家农产品市场的更多准入机会，那么就必须大幅度降低工业品关税。由于这一核心协议遭到发展中国家的拒绝，多哈回合谈判随即遭遇困难。2003 年，多哈回合谈判陷入僵局，2015 年，谈判最终破裂。一些怀疑论者指出，由于多哈回合谈判并不成功，所以现在可能是时候来考虑这些大型的多边回合谈判在规模上是否恰当，也许由数量相对较少的国家达成的双边贸易协定可以作为下一阶段谈判形式的最佳选择。在撰写本教材的时候，多边贸易协定正日益让位于区域贸易协定。

6.5　世界贸易组织

1995 年 1 月 1 日，乌拉圭回合谈判成果正式生效，GATT 在当天转设为 WTO，这样，GATT 就从一个贸易协定转变成一个负责管理成员之间贸易关系的会员制机构。WTO 的核心体现了 GATT 要求各成员方承担的义务，同时 WTO 协议要求其各成员方不仅要遵守 GATT 规则，还要遵守近几十年来 GATT 框架下所达成的各项贸易条约。这样，GATT 的许多成员方（尤其是发展中国家）就不能再"搭便车"：这些成员方拒绝加入自 20 世纪 70 年代以来 GATT 框架下所达成的新协议，却受惠于这些协议。2020 年，WTO 的成员方达到 164 个，成员方之间的贸易量占世界贸易总量的 97% 以上。

WTO 与旧 GATT* 有何区别呢？WTO 是一个真正意义上的国际组织，总部设在瑞士日内瓦；旧 GATT 则是由特设秘书处负责的临时协定。WTO 所涉及的范围比旧 GATT 广泛得多，并且首次将服务贸易、知识产权和投资纳入多边贸易体制。WTO 还执行一揽子协定，所有成员方都必须遵守；与之相对比，GATT 则包含了许多只对少数几个国家生效的附带性协议（比如，关于反倾销措施协议和补贴协议）。此外，WTO 还取消了某些敏感领域（例如农产品和纺织品）的保护政策；而旧 GATT 则或多或少地容忍这些政策的存在。WTO 不是一个政府，各成员方仍然可以自由地就环境、劳工、健康和安全保护确定符合自身实际的标准。

WTO 通过各种理事会和委员会执行乌拉圭回合达成的诸多协定以及政府采购协定和民用飞机协定。WTO 监督有关削减关税和减少非关税措施的协议的执行情况。WTO 还扮演国际贸易的监察人角色，它会定期审查各个成员方的贸易制度。在 WTO 的各个机构中，各成员方可以就其他成员方提出的或草拟的可能引发贸易冲突的措施提出抗议。各成员方还必须更新各种贸易指标和统计数据，这些资料都保存在 WTO 的大型数据库中。

按照 WTO 规则，当成员方通过消除贸易壁垒开放市场时，它们就必须**遵守**自己的承诺。因此，如果 WTO 成员方是通过谈判降低关税，那么它就必须承诺遵守与贸易伙伴谈判时所确定的关税减让水平，并且实际征收的关税不会高于承诺的关税水平。WTO 框架下的关税约束为世界贸易提供了一个稳定的、可预见的发展基础，这是该机构的基本运作规则。当然，WTO 也为成员方就约束性关税进行重新谈判设定了一项条款。按照该条款，一国在征得其他国家同意的情况下可以提高某种产品的关税，但通常需要以降低其他产品关税的方式对其他国家予以补偿。当前，发达国家几乎所有的关税税率都是有约束性的，发展中国家大约75%的关税税率也是如此。

6.5.1　解决贸易争端

WTO 的一个主要目标是强化 GATT 解决贸易争端的机制。旧 GATT 在解决争端时拖延的时间很长，被指控方有机会阻止 GATT 的专家小组作出不利于它们的解决建议，并且裁判决议往往得不到有效执行。因此，旧 GATT 缺少解决贸易争端的可靠机制。WTO 的争端解决机制弥补了旧 GATT 争端解决机制存在的所有缺陷。一旦发生贸易争端，WTO 确保能够组建起来一个负责解决争端的专家小组，并且对争端解决过程的每一个阶段都设定时间限制。如果争端一方对专家小组的决议不满，那么它可以向另外成立的上诉部门起诉，但对于上诉部门作出的最终决定，争端各方必须执行。这种争端解决机制对美国尤为重要，因为美国是最常使用

---

* 旧 GATT，指 WTO 成立之前的 GATT。在 WTO 成立之后，GATT 或者说更新后的 GATT 仍被保留，是 WTO 协议的一部分。——译者注

GATT 贸易争端解决机制的国家。

当 WTO 的一个成员方所制定的贸易政策措施或者采取的某些行为被一个或者多个其他成员方认为违反了 WTO 协议或者没有履行应尽义务时，就会发生贸易争端。WTO 的争端解决程序包括三个主要阶段，概括如下：

- **磋商。** 如果某一成员方认为另一成员方违反了 WTO 协议，那么它可以要求与另一成员方进行磋商以解决贸易争端。贸易争端如果能够通过磋商予以解决，那当然最好；但如果贸易争端在 60 天内不能解决，那么申诉方可以要求 WTO 建立一个解决争端的专家小组。

- **解决争端的专家小组和上诉受理机构。** 解决争端的专家小组通常由三人组成，他们都由 WTO 秘书处任命。专家小组将听取争端涉案方的法律性书面答辩和口头辩论。在对争端涉案方的陈述进行审议之后，专家小组将向争端涉案方和 WTO 的所有成员方发布一份报告，该报告将就专家小组的调查结果（包括可能存在的违反 WTO 贸易协定的行为）予以说明。在解决争端的专家小组宣布某一成员方违反了 WTO 规则以后如果不服，该成员方可以向由七人组成的 WTO 上诉受理机构提出上诉，上诉受理机构可以维持、修改或者推翻专家小组的调查结果和处理建议。如果解决争端的专家小组裁定某一成员方的贸易政策违反了 WTO 的规则，并且上诉受理机构维持了专家小组的裁定，那么违反 WTO 规则的一方将有一段适度的时间调整其政策以符合 WTO 规则。只有当违反 WTO 规则的一方不采取行动或者 WTO 认为调整后的政策仍然违反 WTO 规则时，申诉方才能通过贸易报复措施来寻求补偿。

- **报复性关税。** 从违反 WTO 规则的行为首次发生之日起，到 WTO 授权可以就贸易争端开征报复性关税之日为止，这期间可能需要经历四年或者更长的时间。即使报复性措施已经开始实施，WTO 也不会要求违反 WTO 规则的一方废除其非法贸易政策。也就是说，各成员方可以不对其非法贸易政策进行改革，而选择承受贸易伙伴实施报复所带来的成本。WTO 根据一个贸易影响计算公式来确定允许申诉方在多大程度上进行报复：如果违反 WTO 规则的一方拒绝改革其贸易政策，那么申诉方可以在 WTO 确定的贸易额范围内进行报复以获得补偿，直至 WTO 确定的贸易额被用尽，贸易争端便宣告结束。申诉方可以相对自由地决定如何实施获得授权的报复措施，也就是它可以决定对哪些商品征收报复性关税。表 6.3 展示了 WTO 贸易争端的一些例子，这些贸易争端都走到了要采取贸易报复性措施的阶段。在实践中，WTO 框架下的大多数贸易争端都是在没有穷尽法律程序、没有实施报复性关税的情况下解决的。

表6.3　　WTO框架下的部分贸易争端最终导致了贸易报复

被指控违规的年份	争端被告方	WTO对申诉方的补偿裁定额
1999	欧盟（香蕉案）	美国，1.914亿美元
1999	欧盟（荷尔蒙牛肉案）	美国，1.168亿美元
2000	美国（外国销售公司的税收减免案）	欧盟，40.4亿美元
2003	加拿大（航空信贷和担保案）	巴西，2.478亿美元
2015	美国（肉制品标签规定案）	加拿大，8.05亿美元
2015	美国（肉制品标签规定案）	墨西哥，2.278亿美元

资料来源：Chad Brown and Rachel Brewster, "U. S.-Cool Retaliation: The WTO's Article 22.6 Arbitration," *World Trade Review*，Vol. 16，Issue 2，April 2017.

然而，批评者们认为，以报复性关税为基础的WTO争端解决机制使得那些没有太大市场势力的小国处于不利地位。假设厄瓜多尔（小国）得到了WTO的授权，可以对美国（大国）的不公平贸易行为进行报复。在竞争性市场条件下，如果厄瓜多尔对从美国进口的商品征收更高的关税，那么就像第4章所述的那样，厄瓜多尔的国民福利将会下降。因此，就算厄瓜多尔得到了WTO的批准，它可能也不愿意征收报复性关税。

然而，对于那些大到足以影响世界价格的国家来说，这个问题就不太容易弄清楚了。这是因为报复性关税可以改善大国的贸易条件，从而提高其国民福利。如果美国抬高贸易壁垒，那么世界市场对该产品的需求就会减少。而需求的减少会使美国的进口品更为廉价，因此美国少出口一些产品就可以支付这些进口产品。这意味着美国的贸易条件（出口价格与进口价格之比）有所改善。而贸易条件的改善至少可以部分抵消提高关税以后效率下降所导致的福利减少。

6.5.2　WTO是否削弱了国家主权？

WTO规则或争端解决机制是否削弱了美国或其他国家的主权？美国从WTO的争端解决机制中获益，因为WTO有一套规则能让其他国家对自己的贸易行为负责。与此同时，美国政府也在精心构建WTO争端解决规则，以维护美国人的权益。然而，左翼和右翼的批评者们都认为，美国加入WTO严重损害了美国的主权。

但是，支持者们指出，WTO争端解决小组的调查结果不能迫使美国改变法律。美国可以全权决定如何对WTO争端解决小组的建议作出反应。如果美国的某项措施违背了WTO条款，那么美国可以自行决定是否改变法律，或者可以通过降低另一个行业等量贸易壁垒来补偿外国的损失，再或者什么都不做，但可能要承受受影响的国家通过等量增加对美国出口商品的贸易壁垒来对美国进行报复。但是，对于是否执行WTO争端解决小组的建议，美国享有充分的主权。也就是说，WTO协定既没有阻碍美国制定和维持自身的法律，也没有对美国设立其认为适当水平的环境、劳工、健康和安全方面标准的权利构成限制。不过，如果一个成员方的贸易限制措施对外国生产商产生了选择性和歧视性影响，那么 WTO 就不会允许该成员方利用这些贸易限制措施来执行其环境、劳工、健康和安全方面的标准。

6.5.3　WTO 是否危害了环境？

近些年来，贸易和环境之间的联系以及 WTO 在促进环境友好型贸易方面应当发挥什么样的作用，引起了广泛的争论。那些对 WTO 提出这一问题的人的核心关切是，贸易和追求贸易自由化在某些情况下可能会对环境产生负面影响。事实上，成千上万的环保主义者在 1999 年西雅图 WTO 峰会期间举行的抗议活动，就是人们在表达对这些问题的担忧。环保主义者们声称，从海洋环境破坏到全球变暖等方方面面，WTO 都在发挥着不良影响。接下来让我们考察一下关于贸易与环境之间联系的两种截然相反的观点。[①]

批评者们认为，贸易自由化会导致环境标准上的"逐底竞争"。如果某些国家的环境标准比较低，那么环境密集型或高污染型产品的生产就会向这种"污染天堂"转移，而贸易自由化使得污染产业向"污染天堂"的跨国转移变得更有吸引力。更糟糕的是，贸易引发的竞争压力可能会迫使各国降低自身的环境标准，进而助长全球性污染产品的贸易。此外，贸易行为还会导致人们在捕捞金枪鱼的过程中杀死海豚，以及使用捕兽夹捕捉动物以获取它们的皮毛。

另一种观点认为，贸易自由化不但不会加剧环境恶化，反而能够改善环境质量。首先，贸易会刺激经济增长，而经济繁荣又是决定社会提高对清洁环境需求的一个主要因素。人们越富有，就越想要更清洁的环境，而且也越有能力为获得更清洁的环境买单。其次，随着对绿色产品需求的增加和市场规模因贸易而不断扩大，贸易和经济增长能够促进环境友好型生产技术的研发和传播。

专栏

WTO 裁决反对中国囤积稀土金属[*]

我们可以通过中国的稀土金属（工业原材料）贸易政策来观察 WTO 在参与解决贸易和环境问题中发挥的作用。2011 年，WTO 裁定中国限制锌、锰等稀土金属出口的政策不合法，这些稀土金属对于生产光纤电缆、智能手机、电动汽车、电脑显示器和武器等高科技产品至关重要。中国过去一直都在使用出口关税和出口配额来减少这些重要资源销

---

① World Trade Organization, *Annual Report*, Geneva, Switzerland, 1998, pp. 54 - 55；"Greens Target WTO's Plan for Lumber," *Wall Street Journal*, November 24, 1999, pp. A2 and A4.

* 2012 年 6 月 20 日，中国国务院新闻办公室发布了《中国的稀土状况与政策》白皮书，全面介绍了中国稀土的现状、保护和利用情况、发展原则和目标以及相关政策。白皮书指出："中国政府对稀土的出口加强管理，是与对稀土的开采、生产等环节加强管理同步实施的。这既符合中国的可持续发展，也符合世界各国的利益。"——译者注

往海外。中国是稀土金属出产"大国"，占世界稀土金属出产量将近97%。

为什么一个国家会限制原材料的出口，因而减少全球供给量呢？第一，通过限制原材料出口，本国市场上原材料的供给将会增加，这会使本国购买者面对的原材料价格下降。第二，通过限制产品出口从而减少全球供给，出口品的世界价格可能会被抬高，这会改善出口国的贸易条件。第三，出口国可能希望保护稀缺资源。第四，限制原材料出口不仅能够增加本国制造商获得生产所需原材料的机会，而且能够压低投入成本，从而使本国制造商在全球市场上具有竞争优势。

图6.2显示了中国对锌（一种稀土金属）征收出口关税所产生的影响。假设中国的锌产量占世界总产量的比例很大。在图中，S_C代表中国的国内供给曲线，D_C代表中国的国内需求曲线，D_{C+W}代表世界市场的总需求曲线，在每一价格上D_C和D_{C+W}之间的距离代表除中国以外的世界需求量。市场在S_C和D_{C+W}相交的点达到均衡。在该均衡点，中国生产900万磅，其中400万磅为国内销售量，500万磅被用于出口，国内和国外市场的统一价格为1.05美元/磅。

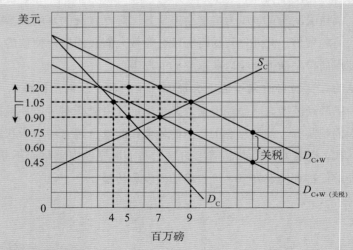

图6.2　中国的原材料出口限制

中国对原材料出口的限制可以保证中国制造商能够获得生产所需的原材料，并且能够压低中国制造商的投入成本。此外，中国的出口限制还将抬高外国制造商的原材料使用成本，从而使其在与中国制造商竞争的过程中处于不利的地位。

现在假设中国对每磅锌征收0.30美元的出口关税。由于对国外买家征收关税，所以他们愿意从中国卖家那里购买的数量下降，于是，需求曲线下移，从D_{C+W}移动到$D_{C+W(关税)}$。在供给曲线和新需求曲线相交点达到新的均衡，均衡产量是700万磅，其中500万磅在国内销售，200万磅被用于出口。国外买家需要支付1.20美元/磅的价格，其中中国出口商获得比征收关税之前价格更低的0.90美元/磅，0.30美元/磅成为中国政府的关税收入。当然，中国本土买家只需支付0.9美元/磅的价格，因为他们不需要缴纳出口关税。中国对出口的锌征收关税导致国内售价降低，而世界市场价格上升。限制出口的另外一种措施是出口配额，它在价格和产品数量上会产生相同的效果。

对于本国的贸易政策，中国政府表示，其所采取的出口限制措施对于保护本国环境和稀缺资源至关重要。WTO 允许成员方为保护环境采取出口管制措施，但前提是其管制措施也能对限制其国内生产和消费起到作用，也就是这些限制措施不能被用于歧视其他国家的购买者和原材料加工企业。

在这一有关自然资源的案例中，美国等上诉国家认为，中国的出口限制措施是歧视性的贸易保护主义政策。这些限制措施导致国外市场上关键资源的供给减少，并且使世界价格高于中国国内价格，这对于将这些资源作为投入品的外国生产商和与中国企业开展竞争的国外生产商都是不利的。原材料出口限制措施还被视为中国为吸引更多生产商搬至中国国内采取的举措。WTO 的裁决对于中国实施稀土金属囤积政策构成了阻碍。作为对 WTO 裁决的回应，中国表示将对其出口管制措施做出调整以避免处罚。

到 2021 年，中国对稀土矿物市场的管制正在减弱。与此同时，多种稀土矿物的新供应商也在不断涌现，这一方面是由于中国的政策存在不确定性，另一方面是由于一段时期稀土矿物的高昂价格促进了格陵兰岛和俄罗斯等其他地区的新的采矿项目投资。美国和其他一些西方国家也投资了一些项目，核准了资源开采许可证，并且努力加快矿山的开发进度。此外，美国正在发展新的技术以回收利用堆积在垃圾场和废物填埋场的稀土沉积物。尽管做出了这些努力，但新的采矿项目和对稀土沉积物的回收利用能否提供足够的材料以及究竟需要多久才能利用，仍然存在不确定性。

6.5.4 世界贸易组织的未来

多哈回合谈判没有能够达成一个成功的多边贸易协定。多哈回合谈判的失败令一些观察人士质疑 WTO 的非歧视性贸易原则是否还适用于当今世界。尽管主要经济体之间的大部分贸易仍然是在非歧视性原则（最惠国原则）下进行的，但是现实中也的确存在由各种区域贸易协定和双边贸易协定构成的"意大利面碗"（spaghetti bowl）*。近年来，多边贸易协定日益让位于区域贸易协定，世界贸易结构也在朝着更加碎片化的体制方向发展。

达成多边协议的一个主要障碍是世界经济实力的平衡在不断演化。巴西、俄罗斯、印度和中国（金砖国家，BRIC）仍将自己视为贫穷国家，因而强调需要保护

---

* 意大利面碗，是由印度裔学者贾格迪什·巴格瓦蒂（Jagdish Bhagwati）在 1995 年的一篇题为《美国的贸易政策：对自由贸易区的迷恋》（US Trade Policy：The Infatuation with FTAs）的论文中首次使用的词汇。在巴格瓦蒂的一些论文中，意大利面碗一词最先被用于形容自由贸易协定和优惠贸易安排中的各种规则（尤其是原产地规则）如同意大利面条般根根缠绕，纷繁芜杂，该词后来被用于形容厂商为了利用基于原产地规则的关税优惠待遇以降低成本从而形成的在各种自由贸易协定签约方之间往来穿插的制成品和零部件的贸易流动轨迹。由于自由贸易协定具有选择性和排他性，所以巴格瓦蒂认为，这些基于原产地规则的协定人为创造了一个不具有经济效率的国际生产网络。简单地说，"意大利面碗"（有的学者称为"面碗"）效应指基于原产地规则的各种自由贸易协定的相互交织，以及由此所产生的贸易效率或经济效率损失。——译者注

本国的产业，并要求富裕国家降低贸易壁垒，特别是开放农产品市场。而富裕国家则普遍认为，金砖国家已经成为有竞争力的经济体，其所实行的国家资本主义做法也与自由开放的世界经济格格不入。此外，现在的贸易自由化已经在朝着两个不同的方向迈进。其一是美国青睐的方向，这个方向的贸易自由化试图加强环境和劳工保护，协调健康、安全和技术标准，并且解决知识产权保护问题。其二是中国期望的方向，这个方向的贸易自由化强调降低非敏感行业的关税。既然谈判国家的观点大相径庭，那么要达成多边贸易协定也就十分困难了。[①]

在解决贸易争端方面，WTO上诉法院的做法也成为争论的焦点。批评人士抱怨称，贸易争端持续的时间往往比宣称的最长90天解决期限要长得多。更为严重的是，上诉法院所做出的裁决可能会超出WTO成员方已经达成的共识。尤其是美国对WTO的上诉裁决感到失望。尽管美国在WTO诉讼中取得了一些胜利，但也输掉了一些重要的官司。例如，WTO经常对美国为保护国内制造商（包括钢铁制造商）免受进口冲击所采取的措施做出限制。因此，唐纳德·特朗普总统将WTO描述为对美国主权的威胁，认为WTO削弱了美国对抗其经济竞争对手的能力，而且中国这样的竞争对手只是口头上支持WTO，实际上是在破坏WTO规则。[*]

2019年，由于特朗普政府不同意任命新的法官来填补即将结束任期的法官所空出的席位，WTO上诉法院实际上就处于被关闭的状态了。这意味着各国无法在WTO就贸易争端达成最终解决方案，也就是说，WTO的下级法院（争端解决机构）仍然可以对案件做基础性审理，但如果败诉方向不再运作的上级法院上诉，那么下级法院所做出的裁决将毫无意义。因此，各国不必担心WTO的制裁，它们可以征收关税以及设置其他贸易壁垒来限制进口。在撰写本教材时，WTO的未来仍有不确定性。

6.6 贸易促进权（快速审批权）

如果国会坚持要对贸易协定进行修订，那么就算不是一点希望都没有，要最终达成贸易协定肯定也是很费劲的。如果经由总统谈判达成的贸易条款很快就被国会大幅度修改，那么任何接受原始条款的贸易伙伴都会立即表示反对。

为了防止这种情况发生，1974年美国制定了**贸易促进权**（Trade Promotion Authority）[又被称为**快速审批权**（Fast-Track Authority）]制度。该制度规定：总统在计划与其他国家进行贸易谈判之前必须正式通知国会；国会要在接到通知后

---

① Greg Ip, "The Gated Globe," *The Economist*, October 12, 2013, pp. 3-20.

* 这只是特朗普或者特朗普们的看法。2021年12月10日，在日内瓦举办的纪念中国加入世界贸易组织20周年的高级别论坛上，WTO总干事恩戈齐·奥孔乔-伊维拉（Ngozi Okonjo-Iweala）称，在过去的20年中，中国一直是"全球贸易一体化中，如何推动增长和发展的教科书级案例"。2022年12月8日，奥孔乔-伊维拉在会见中国国务院总理时再次积极评价中国在维护多边贸易体制中发挥的积极、建设性作用。——译者注

的 60 个法定工作日内对是否授予快速审批权做出答复；如果国会同意授予快速审批权，那么总统就需要在规定期限内完成贸易谈判，超过这一期限则需要经过国会批准；一旦谈判结束，在结果呈报国会后的 90 个立法日内，参众两院将直接投票决定批准或驳回该谈判结果，而且国会不能对谈判结果提出修改要求；作为获得快速审批权的回报，总统应同意在贸易协议的整个谈判过程中与国会和私营部门积极地开展协商。

快速审批权在重大贸易协定的谈判和执行过程中发挥了重要作用，如 1994 年的《乌拉圭回合协定法》* 和 1993 年的《北美自由贸易协定》。多数分析家认为，未来各项贸易协定要得以实施，总统就需要获得快速审批权。

然而，延长快速审批权的努力遭到了强烈反对，这主要是因为国会担心总统享有太多的自由裁量权，而且部分社会群体也对美国贸易谈判的目标存在异议。尤其是工会和环境保护主义者，他们一直希望贸易协定能够体现他们所关切的问题。他们认为，美国较高的劳工和环境标准会使美国生产商处于竞争劣势，而增加与标准宽松国家之间的贸易可能会导致美国面临降低劳工和环境标准的压力。如果其他国家想同美国进行贸易，难道它们就不应该制定与美国相似的劳工和环境标准吗？

6.7　保障措施（豁免条款）：紧急进口保护

为了使美国生产商免受外国竞争的影响，美国政府颁布了一系列**贸易救济法**（Trade Remedy Laws），根据这些法律，美国政府可以在特殊情况下实施贸易限制措施。这些法律涉及豁免条款（保障措施）、反补贴税、反倾销税以及与《1974 年贸易法》第 301 条款有关的不公平贸易行为。表 6.4 总结了美国贸易救济法的一些条款。

表 6.4　贸易救济法的条款

条款	关注点	行动标准	响应措施
公平贸易（豁免条款）	增加的进口	增加的进口造成实质损害	关税、配额、关税—税率配额、有序市场安排、调整性援助
受补贴的进口品（反补贴税）	制造业生产或出口补贴	重大损害或重大损害威胁	关税
倾销的进口品（反倾销税）	进口商品以低于生产成本或外国市场价格的价格销售	重大损害或重大损害威胁	关税

---

* 1994 年的《乌拉圭回合协定法》（Uruguay Round Agreements Act of 1994），是美国国会于 1994 年 12 月 8 日颁布的批准乌拉圭回合协定和相关条款的法案；当年 9 月 27 日，美国政府向国会呈交了执行乌拉圭回合协议的行政行动声明。——译者注

续表

条款	关注点	行动标准	响应措施
不公平贸易 （301 条款）	外国的行为违反了贸易协定或对美国贸易造成损害	不公平、不合理或歧视性行为，对美国商业造成负担	所有合理和可行的行为

豁免条款（Escape Clause）向在公平贸易中因进口品激增而遭受重大损害的美国企业和工人提供暂时性的**保障措施**（Safeguards）（或称救济措施）。为了抵消进口品激增所造成的影响，豁免条款允许总统终止或修改给予外国的贸易优惠，并且允许总统实施贸易限制措施。最常见的贸易救济措施是增加关税，其次是实施关税-税率配额和贸易调整援助。因进口激增而采取的救济措施第一次可以实施 4 年时间，并且到期后可以再延长 4 年。保障措施是暂时性的，其目的是给国内产业一定的时间来适应进口竞争。然而，为使国内产业逐渐摆脱对保护主义的依赖，保障措施在其实施期间通常都会不断地减少。

美国某一产业可以向美国国际贸易委员会呈交请愿书，要求启用豁免条款，美国国际贸易委员会负责进行调查并向总统提出政策建议。为了获得救济，该产业必须证明自己受到了进口商品的严重损害，此外还需准备一份材料，说明保障措施将如何帮助其适应进口竞争。在认可了该产业提交的材料以后，美国国际贸易委员会将向总统提交肯定性报告，由总统来决定采取什么样的救济措施才符合美国的国家利益。由于保障性保护广泛适用于来自世界各地的进口商品，而反倾销法和反补贴法通常只适用于来自某个特定国家的进口商品，所以保障措施比反倾销法和反补贴法能为美国企业抵御外国竞争提供更加强大的防护。表 6.5 列举了一些美国产业受到保障性救济的例子。

表 6.5　按照豁免条款给予保障性救济的例子

产品	救助措施
磁钢厨具	征收 4 年附加关税，按年份税率依次为每磅 20 美分、20 美分、15 美分和 10 美分
干制蘑菇	征收 3 年附加从价关税，按年份税率依次为 20%、15% 和 10%
高碳铬铁合金	临时提高关税
彩色电视接收器	与韩国签订有序市场协定
鞋类	与韩国签订有序市场协定

资料来源：*Annual Report of the President of the United States on the Trade Agreements Program*，Washington, DC，Government Printing Office，various issues.

例如，2018 年，唐纳德·特朗普总统宣布对进口的某些太阳能电池和太阳能模块实行为期 4 年的保障措施，对进口的大型家用洗衣机实行为期 3 年的保障措施，具体做法是对美国进口的这些产品征收附加关税。实行这些保障措施的依据是美国国际贸易委员会的调查结果，该委员会认定美国进口这些商品的数量太多，以至于给美国制造商造成了实质性严重损害。

6.8　反补贴关税：　抵制外国出口补贴

　　另一项贸易救济法与外国出口补贴这样一种不公平贸易行为有关。作为消费者，我们倾向于欢迎受到国外政府补贴的产品，因为其价格低廉。然而，本国生产商却对外国出口补贴表示憎恶，它们坚持认为，补贴使外国生产商获得了不公平的竞争优势——由于受到其母国政府的补贴，外国生产商能以较低的价格销售产品。出口补贴包括多种形式，比如政府向出口企业提供补助、贷款和税收抵免。

　　在有关外国出口补贴的案件中，美国企业或产业需要准备一份针对受补贴产品的保护请愿书。美国商务部负责调查外国生产商是否获得了补贴，美国国际贸易委员会负责调查美国生产商是否因为外国补贴而遭受实质性损害。如果这两个问题都得到了肯定性答案，那么美国政府将对受补贴的进口商品征收**反补贴税**（Counter-vailing Duty）（关税），从而抵消外国生产商从其母国政府那里获得的补贴，进而为相同产品的国内生产商和国外生产商创造公平的竞争环境。反倾销税的规模以外国出口补贴数额为限。[①] 接下来，我们考察两个有关反补贴税的案例。

专栏

从加拿大进口木材

　　美国的木材生产商经常抱怨说，加拿大政府为其木材生产商提供的补贴使他们处于不利的地位。美国的木材生产商声称，加拿大生产商在加拿大政府拥有的土地上采伐木材时只缴纳了很低的费用，而美国的木材生产商要获得在美国政府拥有的森林里采伐木材的权利需要缴纳较高的费用。在美国生产商看来，加拿大政府的做法并不公平，因为这相当于是在对美国生产商的竞争对手提供出口补贴。因此，贸易限制措施是抵消美国木材生产商竞争劣势的适当政策。

　　例如，1996 年，由美国木材加工公司组建的公平进口木材联盟（Coalition for Fair Lumber Imports）向美国政府呈交了一份要求征收反补贴税的请愿书，指控加拿大对木材出口提供补贴因而损害了美国木材公司的利益。公平进口木材联盟赢得了诉讼，美国政府实施了关税-税率配额政策以保护美国生产商。[②]

---

　　① 对于 WTO 补贴规则的签约方，美国国际贸易委员会必须在征收反补贴税之前确定其出口补贴损害了美国生产商的利益。对于非签约方，在美国商务部确定其实施了出口补贴之后便会立即征收反补贴税，国际贸易委员会无须做出损害裁定。
　　② Brink Lindsey, Mark Groombridge, and Prakash Loungani, *Nailing the Homeowner*：*The Economic Impact of Trade Protection of the Softwood Lumber Industry*, CATO Institute, July 6, 2000, pp. 5 - 8.

　　为了解决木材贸易争端，美国和加拿大两国政府于 2006 年宣布达成了《软木材协议》（Softwood Lumber Agreement）。根据该协议，当美国市场上软木材产品的价格低于特定水平时，加拿大出口到美国的软木材将被征收出口费或被实施配额限制；同时，美国也不会自行对从加拿大进口的软木材产品发起反倾销或反补贴调查。因此，该协议可以被视为两国木材生产商相互妥协的产物。2015 年，《软木材协议》到期。由于未能与加拿大达成新的木材协议，唐纳德·特朗普总统对出口到美国的加拿大木材征收高达 24% 的关税。然而，WTO 站在了加拿大一边。2020 年，WTO 裁定加拿大没有不恰当地补贴软木材生产，因而美国设置的关税是非法的。在撰写本教材时，这场贸易争端将如何解决仍有待观察。

专栏

6

从加拿大进口的铜版纸

180

　　加拿大与美国之间的另一起贸易争端涉及加拿大工厂生产的铜版纸（又被称作超级压光纸）。2015 年，加拿大的造纸厂将其生产的四分之三的铜版纸出口到美国，价值 8.5 亿美元，占据了 60% 的美国市场份额。随着市场需求下降，美国造纸厂的盈利能力也在下降，美国的一些造纸工人被解雇。

　　这种市场状况导致两家美国造纸厂——缅因州的麦迪逊纸业公司（Madison Paper Industries）和俄亥俄州的韦尔索公司（Verso Corporation）——向美国政府提出控诉。这两家公司声称，加拿大的造纸厂从其政府那里获得了非法补贴，因而它们在铜版纸的销售上具有不公平的价格优势。支持该项控诉的还有代表这两家美国造纸厂工人利益的工会。

　　美国商务部首先对该项控诉进行了审查，并且认定非法补贴确实存在，加拿大政府对其国内各造纸厂的补贴比例从 18% 到 20% 不等。补贴形式包括加拿大政府批准的人为低息贷款，以及加拿大造纸厂在购买电力时获得的特别折扣。据此，美国国际贸易委员会认定，加拿大的补贴对美国造纸厂构成了实质性损害。

　　2015 年，当美国商务部对加拿大生产的铜版纸征收反补贴税时，在困境中苦苦挣扎的美国造纸厂的工人们欢呼雀跃。然而，仅征收反补贴税还不足以解决问题。在对加拿大生产的铜版纸征收反补贴税几个月以后，麦迪逊纸业公司关闭了其在缅因州的工厂，解雇了200 多名工人。这是缅因州在两年内关闭的第五家造纸厂。[1]

---

① U. S. International Trade Commission，*Supercalendered Paper from Canada*，Washington，DC，December，2015；and U. S. Department of Commerce，*Commerce Finds Countervailable Subsidization of Imports of Supercalendered Paper from Canada*，Washington，DC，October 14，2015.

国际贸易案例
_____

碳关税有助于解决气候问题吗？

许多科学家认为，二氧化碳是导致全球变暖的因素之一。每当石油、煤炭和其他化石燃料燃烧时，这种无色无味的气体就会被释放到环境中。减少化石燃料消耗的政策包括限制企业每年可以排放到大气中的污染物数量，以及向排放污染物的企业征税。这些政策尤其提高了钢铁、铝、化工、造纸和水泥等二氧化碳密集型产业的污染排放成本。

经济的竞争力问题一直是困扰全球减排谈判的症结所在。如果美国通过设置排放上限或者征税来单方面提高对二氧化碳排放的惩罚，那么美国生产商将处于竞争劣势地位，因为美国的碳排放管制措施所带来的不断增加的成本，将使美国产品的总体价格水平高于那些很少采取或没有采取二氧化碳排放管制措施的国家。为了逃避管制措施所带来的高昂成本，美国企业可能会迁往污染执法标准较低的国家，这样一来，不仅美国人的就业机会减少了，而且为减少全球二氧化碳排放所付出的努力也失败了。

保护美国企业的一种方法是，如果某个国家限制二氧化碳排放的法规不怎么严格，那么就对于从该国进口的商品征收**碳关税**（carbon tariff）。如果采取这种方法，那么对从中国等国家（污染物排放较多的国家）进口的商品所征收的碳关税大概将高于对从巴西（节约能源的国家）进口的商品所征收的碳关税。碳关税的支持者们坚持认为，碳关税会提高进口商品的价格，因而征税国国内产业的竞争地位不会因为其遵守污染管制法规而被削弱。他们还认为，碳关税还会刺激其他国家也制定污染管制法规。

但是，也有人反对征收碳关税。他们认为，首先，由于对进口产品的二氧化碳含量缺乏了解，所以碳关税很难实施；其次，征收碳关税可能会引发贸易战，并对本国产业造成破坏性影响，因为碳关税针对的是中国、印度等发展中国家，而这些国家的合作对于全球气候政策来说至关重要。

事实上，实施碳关税无论是在实践上还是在政治上都存在许多复杂问题需要解决。碳关税能否成为全球气候政策的一个重要组成部分还有待观察。

问题：你认为应该对进口商品征收碳关税吗？

资料来源："Can Trade Restrictions Be Justified on Environmental Grounds?" *The Economist*，February 23，2013 and David Drake，*Carbon Tariffs*，Working Paper 12 - 29，Harvard Business School，October 19，2011.

6.9　反倾销关税：抵制外国倾销

由于反补贴关税程序烦琐，所以近年来选择通过要求征收反补贴来获得救济的美国企业越来越少。取而代之的是另一种保障措施：美国企业发现指控外国企业在美国市场上倾销并且说服美国政府对其商品征收反倾销税要容易得多。

美国反倾销政策的目的是抵消外国的两种不公平贸易行为：（1）以低于平均总成本的价格在美国销售出口品；（2）价格歧视，即外国企业以低于在其母国市场的售价在美国销售产品。这两种行为都会令美国的进口竞争企业陷入经济困境，因为外国出口企业降低在美国市场上的售价，会使美国消费者购买的本国产品更少。

反倾销调查是根据进口竞争产业的书面请求发起的。美国商务部判定是否发生倾销，美国国际贸易委员会判定国内产业是否因倾销而遭受损害。如果这些调查结果是肯定性的，那么美国政府就要对倾销商品征收与倾销幅度相等的反倾销税（关税）。反倾销税的作用是抵消倾销商品的价格与其平均总成本之间的差额，或者抵消倾销商品的价格与其在出口商母国市场售价之间的差额。反倾销税通常很高，税率一般在 60% 左右。[①]

经济学家们通常认为，只有在打击掠夺性定价（即通过淘汰竞争对手来垄断市场的定价策略）时，才适合征收反倾销税。经济学家们的共识是，既然反倾销法很少涉及掠夺性定价，那么从经济学意义上看，反倾销法就没有存在的理由了。然而，支持者们却以公平为评判标准为反倾销法辩护，他们认为，国内生产商不得不与低价倾销商品的外国企业竞争，这对于前者来说是不公平的。

抵制倾销和受补贴进口品的救济措施

如前所述，外国实施倾销和补贴的直接后果是降低了进口商品的价格，这给进口国既带来了收益，也带来了成本。如果进口品是最终产品，那么进口国消费者将从中获益；如果进口品被用作中间产品投入进口国产业（**下游**产业）的生产中，那么这些消费进口品的产业也将获益。相反，进口竞争产业和其工人，以及向进口竞争产业销售中间投入品的产业（**上游**产业）都将承担成本。按照国际贸易法，以低于公平市场价值的价格倾销商品和实施出口补贴都被认为是不公平的贸易行为；进口国家可以对倾销的进口商品或受到补贴的进口商品征收反倾销关税或反补贴关税，以抵消外国的不公平贸易行为。

图 6.3 说明了不公平贸易行为对加拿大的影响。假定加拿大是一个小国，无力影响钢铁的国外价格；为了简化分析，假设加拿大的钢铁、铁矿石和汽车市场都是完全竞争的。在图 6.3（a）中，S_C 和 D_C 分别表示加拿大对钢铁的供给曲线和需求曲线。假设韩国在钢铁生产上具有比较优势，按照每吨 600 美元的公平贸易价格向加拿大供应钢铁。在这一价格水平上，加拿大的钢铁产量为 200 吨，消费量为 300 吨，进口量为 100 吨。

① U. S. International Trade Commission，*The Economic Effects of Antidumping and Countervailing Duty Orders and Suspension Agreements*，Washington，DC：International Trade Commission，June 1995.

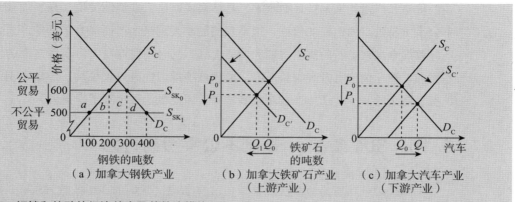

图 6.3　倾销和补贴的经济效应及其救济措施

对于实施倾销的进口品或受到补贴的进口品来说，如果是最终产品，那么消费者将从中获益；而如果这些商品被用作中间产品投入到进口国企业的生产中，那么消费这些进口品的生产商也将获益。但是，实施倾销的进口品或受到补贴的进口品同时也会给进口竞争产业中的生产商和其工人，以及向其提供中间投入品的其他国内生产商带来成本。反倾销税和反补贴税给消费者带来成本（如果进口的是最终产品），也会给那些在生产过程中将进口品当作中间投入品的国内生产商带来成本；但是，反倾销税和反补贴税给进口竞争产业中的生产商和其工人，以及向该被保护产业提供中间投入品的其他国内生产商带来收益。

现在，假定由于韩国实施了倾销和补贴行为，加拿大的钢铁进口价格下降至每吨 500 美元；因此，倾销和补贴的幅度为 100 美元（600 美元－500 美元＝100 美元）。这种不公平的贸易行为使加拿大钢铁的产量从 200 吨下降到 100 吨，需求量从 300 吨增加到 400 吨，进口量从 100 吨增加到 300 吨。价格和产量的下降反过来又导致加拿大钢铁行业的投资和就业的下降。尽管加拿大钢铁商的生产者剩余因为不公平贸易减少了面积 a，但消费者剩余却增加了面积（$a+b+c+d$）。由于消费者的收益比生产者的损失多了面积（$b+c+d$），所以从整体上看，不公平贸易行为会使加拿大钢铁市场受益。

不公平贸易也会影响加拿大钢铁产业的上游和下游产业。如果加拿大的铁矿石产业（上游产业）主要为加拿大的钢铁生产商供货，那么当它们的客户因来自低价进口钢铁的竞争而减产时，加拿大的铁矿石需求就会相应减少。如图 6.3（b）所示，在公平贸易的情况下，加拿大钢铁生产商对铁矿石的需求量为 Q_0 吨，价格为每吨 P_0。由于钢铁业的不公平贸易，铁矿石的需求曲线从 D_C 降至 $D_{C'}$，该行业的产量、收入和就业水平也都随之下降。在汽车产业（下游产业），由于生产商可以买到更廉价的进口钢铁，所以生产成本下降，进而汽车产量将会增加。如图 6.3（c）所示，随着供给曲线从 S_C 向右移至 $S_{C'}$，加拿大的汽车产量从 Q_0 增至 Q_1，收入和就业也随之增加。生产成本的下降还将提高加拿大汽车产业在国际市场上的竞争力。

假定钢铁产业上的不公平贸易促使加拿大政府对进口钢铁征收反倾销税或反补贴税，征税额等于倾销或补贴的幅度（100 美元）。如图 6.3 所示，因为钢铁产业的反倾销税或反补贴税刚好抵消了倾销或补贴，所以加拿大的钢铁、铁矿石和汽车产业的价格和产量均恢复到最初水平。具体来说就是，抵消性关税提高了加拿大通过不公平贸易进口的钢铁的价格，这不仅使加拿大钢铁生产商提高了钢铁产量，而且还导致加拿大铁矿石的需求增加和价格上涨，同时还使加拿大汽车制造商的生产成本增加，汽车价格上升和销量下降。征收该项抵消性进口关税后，加拿大钢铁市场消费者剩余的减少大于生产者剩余的增加，因此抵消后出现了净损失。[①]

6.10 301条款： 抵制不公平贸易行为

美国最后一项贸易救济法规是《1974年贸易法》中的**301条款**（Section 301）。该条款规定，美国贸易代表（U. S. Trade Representative，USTR）经总统批准后有权对外国的不公平贸易行为做出回应。这些不公平贸易行为包括侵犯了贸易协定赋予美国的权利，以及给美国商业带来负担或限制的不正当行为。

301调查通常是根据受到负面影响的美国企业或工会的请求发起的，美国总统也可以发起301调查。如果经调查认定外国正在实施不公平的贸易行为，美国贸易代表有权（1）对产品和服务征收关税或采取其他进口限制；（2）不再对外国给予贸易协定中的优惠。

虽然美国最终能够采取的制裁措施往往是报复性的进口限制，但是301条款的目的在于成功地解决贸易冲突。在大多数情况下，美国只是用301条款促使外国改变或消除美国认定的不公平贸易行为，只有在少数情况下，才真正使用关税或配额对外国生产商进行报复。然而，其他国家通常将301条款比作解决贸易争端的一种"撬棍"式方法[*]，这种方法会招致报复性贸易限制。涉及301调查的两个案例总结如下。

- **2017年对中国开展301调查。** 这个问题涉及中国知识产权政策和创新实践。中国在这些方面的做法被认为不公正、带有歧视性并且给美国商业带来负担。美国采取的行动是对从中国进口的产品征收关税。
- **2019年对欧盟开展301调查。** 这一问题涉及欧盟对大型民用飞机生产过程的补贴，这侵犯了美国根据WTO协议所应享有的权利。调查发现，欧盟给予的补贴使欧洲空中客车公司获得了竞争优势，并使美国波音公司处于竞争劣势。结果，美国对从欧盟进口的75亿美元商品加征10%至25%的关税。

在撰写本教材时，这两个案例的结果仍有待确定。

[①] U. S. International Trade Commission，*The Economic Effects of Antidumping and Countervailing Duty Orders and Suspension Agreements*，Washington，DC：International Trade Commission，June 1995.

[*] 指迫使事物朝着期望状态急剧转变的强制性方法。——译者注

6.11 知识产权保护

在 19 世纪，查尔斯·狄更斯（Charles Dickens）谴责美国出版商未经授权就出版了他的著作，也没有付给他任何酬金。由于美国的版权保护并不适用于外国（英国）作者，所以美国出版商盗版狄更斯的畅销小说就不会受到任何惩罚。近年来，无法实现利润预期的是美国企业了。韩国出版商在不支付版权税的情况下就私下翻印美国的教科书；日本电子产品生产商也在侵犯美国的专利权，迫使美国的科研实验室不得不同它们打官司。

知识财产（*intellectual property*）是在政府注册的一项发明、一种想法、产品或生产工艺，发明者（或作者）在规定的一段时期内享有使用该项发明的排他性权利。政府采用多种方式保护知识产权。政府对作品（如音乐作品、教科书等）的原创者授予**版权**（*copyright*）以保护其权益；在大多数国家，作者终生享有版权保护，在其去世之后，版权保护还将延续 50 年。政府对企业授予**商标权**（*trademark*），企业因而享有某一独特名称或符号（如"可口可乐"）的排他性使用权。政府授予**专利**（*patent*）从而保证发明人在一定期限内（通常是 20 年）拥有制造、使用或出售其发明的排他性权利。

尽管对思想的生产进行度量比较困难，但是专利为我们考察思想的生产提供了一定的条件。从表 6.6 我们可以看出，世界的思想生产一直被美国、中国和日本所主导。

表 6.6   2018 年部分国家的有效专利数量

国家	专利数量（件）
美国	3 063 494
中国	2 366 314
日本	2 054 276
韩国	1 001 163
德国	703 606
法国	602 084
英国	572 063
瑞士	244 581

资料来源：World Intellectual Property Organization，*Patents in Force*：*Total Count*，Statistics Data Center. See also World Intellectual Property Organization，*Statistical Country Profiles*.

尽管很多国家都在努力保护**知识产权**（Intellectual Property Rights，IPRs），但参与竞争的企业有时会通过廉价地模仿原创产品来侵犯其他企业的知识产权。当抄袭一项创新技术所要付出的成本（包括被发现时所要支付的罚金成本）低于购买或租赁该项创新技术的成本时，缺乏保护知识产权的有效国际规则就成了一个问题。

6.12　贸易调整援助

1962 年，约翰·F. 肯尼迪总统宣称，不应要求那些因贸易竞争而受到利益损失的人承担贸易冲击的全部后果，相反，联邦政府应该部分地承担经济调整成本。肯尼迪总统的表态导致美国国会通过了 1962 年《贸易扩张法》（Trade Expansion Act）。根据该法案所赋予的前所未有的权力，美国总统可以开展关税减让谈判以及设立**贸易调整援助**（Trade-Adjustment Assistance，TAA）方案。1962 年《贸易扩张法》涉及贸易调整援助机制的一个关键动机是基于政治方面的考虑。为了赢得工会对《贸易扩张法》能够赋予总统开展关税减让谈判权力的支持，贸易调整援助机制作为一揽子方案的一部分被写进了《贸易扩张法》。肯尼迪认为，除非联邦政府向受到进口竞争伤害的美国人提供贸易调整援助，否则国会议员们不会支持贸易自由化协议。

贸易理论深刻地指出，各国按照比较优势原则进行贸易可以实现共赢，而消费者也可以从更低的价格和更为丰富的商品选择中受益。然而，贸易竞争的不断加剧也会使一些企业和个人沦为"失败者"。在遭遇日益激烈的外国竞争时，效率较低的企业可能会减产、被兼并甚至倒闭。这样一个调整过程对于一些企业及其工人来说，尤其是对于那些年龄较大并且没有大学学历的工人来说，可能是非常艰难的。在一个理想的世界里，因为贸易竞争而失业的工人可以找到新的工作，有时是通过搬家从而在其他地方另谋生计，有时是通过学习新的技能从而适应新的工作岗位。然而，在现实世界里，对于许多失业工人来说，转向新的工作岗位极其困难，这个调整过程不仅会给他们自己也会给他们所在的社区带来持久的不利影响。例如，在 21 世纪初，美国密歇根州、俄亥俄州、宾夕法尼亚州和弗吉尼亚州（即所谓的"锈带州"*）的钢铁业出现了大规模裁员。

自由贸易可以普遍地给整个经济带来收益，但其所带来的成本通常会集中在某些特定的群体身上。要对自由贸易所带来的收益和成本进行平衡，一种方法是满足那些因自由贸易而受到不利影响的企业和工人的需求。为了实现这一目标，许多发达国家制订计划向因贸易自由化而陷入困境的企业和个人提供贸易调整援助。其基本理由源自这样一种观念：如果贸易自由化提高了效率，进而使社会在总体上获得福利增进，那么就应该为那些因进口竞争而受到伤害的企业和个人提供某些补偿；而且只要更自由的贸易能为国家带来显著收益，那么成功者在为失败者提供一些补偿以后仍然会享有一部分收益。

---

* rust belt，铁锈地带或锈带。锈带州拥有大量的钢铁厂和汽车制造厂，但在 20 世纪 70 年代以后该地区钢铁业逐渐衰落，如钢铁生锈般荣光不再。——译者注

为工人、企业、农民和渔民提供贸易调整援助

美国政府通过批准对企业、农民、渔民和工人的贸易调整援助方案来应对贸易调整成本（如本书第 2 章所述）。符合条件的企业、农民和渔民可以从联邦政府那里获得技术援助和现金支付，以有助于提高他们的生产效率和在全球经济中的竞争地位。

对于工人来说，贸易调整援助机制为那些因外国竞争或离岸外包而不是自己意愿失去工作的人提供联邦援助。提供给失业工人的特殊福利由美国政府提供融资，并通过各州的人力资源体系和失业保险体系进行管理。贸易调整援助机制的目标是帮助那些受贸易影响的工人尽快找到合适的工作。失业工人可以获得的特殊福利包括：

- 帮助工人适应新的工作，并帮助他们争取新的工作机会，比如支持工人学习技术以适应新的工作岗位。
- 为那些已经耗尽失业保险津贴和报名参加符合条件的培训计划的工人提供每周收入支持。
- 为工人报销搬迁费用以帮助其有条件在以往生活区以外的地方工作。
- 为 50 岁及以上的工人和以更低工资重新就业的工人提供工资保险。工资保险制度规定，工人可以获得新的工资额和过去工资额之间差额 50% 的现金支付，每两年可以获得的现金支付最高可以达到 1 万美元。

尽管美国政府在贸易调整援助上的预算时多时少，但在该机制下受到援助的都是有资格获得政府援助的工人。一些批评人士指出，其他主要经济体目前在对工人进行再培训和帮助他们找到新工作方面的支出至少是美国的两倍。

然而，并非所有的观察人士都满腔热忱地支持贸易调整援助机制。一些人指出，除了由于进口竞争和离岸外包会导致失业以外，还有许多工人失业是因为经济周期性波动、技术变化、企业管理不善以及其他因素。因此，一些批评人士疑虑，与因周期性经济下行或技术变迁而失业的工人相比，因国际贸易而失业的工人为什么就更值得享有贸易调整援助这样一种特殊待遇。对于这个问题，现在似乎还没有一个完全令人满意的答案。[①]

6.13　美国的产业政策

为了给参与国际贸易的所有企业或者个人提供一个公平的贸易环境，美国政府除了实施一些法规之外，还推行一系列**产业政策**以增强本国企业的竞争力。如第 3 章所述，政府可以通过产业政策引导资源流向对未来经济增长有重要意义的某些特

---

① Edward Alden, *Failure to Adjust*：*How Americans Got Left Behind in the Global Economy*，Rowman and Littlefield，Lanham，Maryland，2016.

定的目标产业。引导资源流向的产业政策包括税收刺激、贷款担保和低息贷款。

那么，美国实施产业政策的手段有哪些呢？在当今的社会、环境和安全要求限制下，美国政府一直试图为企业营造一个有利的环境。总体而言，美国政府没有制定协调一致的产业政策来影响特定产业，而是在一般意义上通过强化宏观经济政策（财政政策和货币政策）来实现经济稳定、增长以及地区间发展平衡等目标。

然而，毋庸置疑，美国政府调节经济结构的措施在其他国家可能被称为"产业政策"。其中表现最为突出的就是农业政策。在农业生产中，如果一个农民研制出一项重大的创新成果，那么其他农民便会纷纷模仿，这些跟随模仿的农民们虽然没有承担创新的成本，却攫取了经济利益。为了矫正这一问题，美国政府积极参与农业技术研发，并且利用其农业推广服务体系向农民传播技术信息，同时还积极参与灌溉设施等大规模农业项目的建设。出于国家安全的考虑，美国政府还对海运业、航空业、造船业、能源产业和国防工业的发展提供支持。

进出口银行

我们可以通过**进出口银行**（Export-Import Bank，Eximbank）的例子来考察美国的产业政策。美国的进出口银行为美国制造商提供出口补贴以促进其在国外的销售，从而为美国人提供就业机会。

进出口银行是美国政府的官方出口信贷机构。该银行于1934年建立，旨在为购买美国产品的外国客户提供廉价的信贷支持服务，比如各种贷款、贷款担保和保险服务。在这些信贷支持服务中，贷款担保是进出口银行的主要融资服务形式。尽管无论美国企业的规模如何，它们都可以获得进出口银行提供的服务，但是只有2%的美国出口商品得到美国进出口银行的融资支持，这表明美国绝大多数的出口竞争没有受到该银行的援助。

进出口银行不与私营贷款机构开展业务竞争，其提供信贷服务的对象是私营贷款机构无力服务或不愿服务的具有内在风险的国际交易。表6.7列举了进出口银行提供直接贷款或者贷款担保的一些事例。进出口银行信贷支持服务的主要受益产品项目包括飞机、通信、发电设备和能源开发。波音、通用电气、卡特彼勒和西屋电气（Westinghouse）以及许多中小型公司都从这些信贷服务项目中获益。进出口银行自负盈亏，向服务对象收取费用和利息。

表6.7 美国进出口银行提供贷款的一些事例

外国借款方/美国出口商	用途
巴西桑坦德诺罗埃斯特银行/通用电气	火车头
保加利亚政府/西屋电气	仪器
中国航空/波音	飞机
克罗地亚政府/贝克特国际	高速公路建设
加纳政府/万安国际	电子设备

续表

外国借款方/美国出口商	用途
印度尼西亚政府/IBM	计算机硬件
日本航空/波音	飞机
墨西哥的 Fevisa 工业/宾夕法尼亚 Crusher 公司	玻璃加工设备
墨西哥 Delta 通信网/摩托罗拉	通信设备

资料来源: Export-Import Bank of the United States, *Annual Report*, various issues, http://www.exim.gov.

我们来分析一下美国进出口银行向美国私营贷款机构（比如美国银行，Bank of America）提供贷款担保的影响。美国银行为日本航空（Japan Airlines, JAL）公司购买波音飞机提供贷款。日本航空公司必须向美国进出口银行支付贷款担保费用，作为交换，美国进出口银行为美国银行向日本航空公司发放贷款总额的85%提供担保。如果日本航空公司不能偿还贷款，那么美国进出口银行将承担偿还义务。因此，日本航空公司就以比私人信贷市场更好的条件获得了贷款。

图 6.4 说明了该项贷款担保的影响。在图中，横轴表示可贷资金的数量，纵轴表示贷款的价格（即利率）。可贷资金的需求曲线（曲线 *D*）代表日本航空公司对资金的需求；该曲线向下倾斜意味着随着利率下降，贷款需求增加。美国银行的可贷资金供给曲线用曲线 *S* 表示；该曲线向上倾斜反映了供给规律，也就是当贷款的价格（利率）上升时，银行愿意向借款方提供更多的资金。在没有贷款担保的情况下，市场均衡点为点 *A*，在均衡点上，美国银行以6%的利率借出 2 000 万美元。

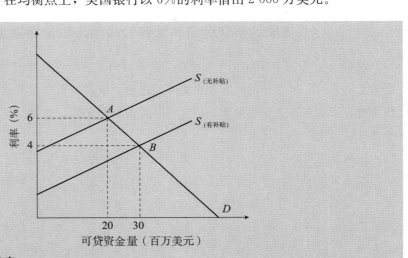

图 6.4 贷款担保的经济效应
有了贷款担保，日本航空公司就以比私人信贷市场更好的条件获得了一笔贷款。然而，美国纳税人却承担了贷款无法偿还的风险。此外，由于稀缺资源被从高价值用途转向低价值用途，美国经济变得更差。

我们现在来分析当美国进出口银行为美国银行提供贷款担保时会出现什么结果。由于意识到美国纳税人愿意为美国银行高达85%的损失买单，美国银行将愿意以较低的利率提供任意数量的贷款。因此，可贷资金的供给曲线向下移动到曲线 *S*（有补贴）。结合日本航空公司的可贷资金需求曲线（*D*）可知，均衡利率下降到4%。

日本航空公司因此就以比私人信贷市场更好的条件获得了贷款。尽管该项贷款担保使美国银行不用承担该笔资金的真实放贷成本，但这并不意味着没有放贷成本，只不过在这种情况下，放贷风险要由美国纳税人来承担。因此，由于稀缺资源被从高价值用途转向低价值用途，所以美国经济变得更差了。换句话说，由于美国进出口银行为日本航空公司提供贷款补贴，所以资金就从其他没有补贴的借款人（包括为进行商业投资而寻求贷款的中小企业）那里被分流出去了。

这个例子说明，美国进出口银行提供的出口补贴是有受益人的。第一类受益人是美国制造商，其产品是美国进出口银行的主要补贴对象，补贴增加了美国产品的海外销售。第二类受益人是外国买方，美国进出口银行向其提供贷款和贷款担保，条件是它们必须购买美国商品。第三类受益人是美国私有银行，它们为出口交易提供融资，并将高达 85％的放贷风险转嫁给美国纳税人。

然而，贷款担保也是有成本的。第一，美国纳税人承担着美国私营贷款机构无力承担或者不愿意承担的放贷风险。第二，由于美国进出口银行对外国买方提供补贴，所以美国消费者必须花更多的钱才能买到被人为抬高价格的商品。* 第三，其他一些美国借款方失去了筹集投资资本的机会，因为他们不够幸运，没有得到美国纳税人的充分信任和支持。

专栏

美国的航空公司和波音公司因出口信贷发生争执

2014 年，美国主要航空公司联合起来反对向波音出售给外国航空公司的飞机提供数十亿美元的补贴。航空公司反对的正是美国进出口银行的出口信贷业务。该银行为购买美国产品的外国政府和企业提供廉价信贷，而且信贷利率低于市场利率，普通的商业贷款机构不会以这么低的利率放贷。

达美航空（Delta Airlines）和西南航空（Southwest Airlines）等航空公司表示，由于它们都是美国公司，所以无法获得这些出口补贴，而与它们竞争的外国航空公司却可以通过出口信贷获得更多的融资支持以及更低的融资成本。达美航空坚称，其从波音公司购买飞机的融资利率与阿联酋航空公司相比高出 4.5 个百分点，并且这些与其竞争的国际航空公司还可以获得更长的贷款期限和更高的贷款融资比例。达美航空认为，让国外竞争对手获得廉价融资就会使本国航空公司处于竞争劣势，并且使国际航空市场运力成本上升。

这场纠纷最后演变成了一场争执，争论的焦点是航空公司和飞机制造商究竟哪一方对美国经济的贡献更大，以及政府如何才能对它们予以扶持又不扭曲市场。按照达美航空的说法，美国政府必须意识到，出口信贷在扶持了波音的同时，也对美国的航空业造成了负

---

* 出口信贷降低了资源配置效率，抬高了商品价格。——译者注

面影响。波音驳斥了达美航空的立场，它指出在加拿大、巴西和欧洲国家的政府扩张出口信贷的情况下，如果美国收缩出口信贷，那么美国航空航天工业的竞争力将受到损害。

对于美国整体经济而言，各方在出口补贴问题上的争执揭示了经济政策上的一种权衡。出口信贷给波音公司带来的好处是增加销售额、利润、就业岗位以及工人的收入，提高波音喷气式飞机的出口量也会巩固美国的贸易平衡。然而，对波音的出口补贴却会使美国航空业处于成本劣势地位，随着美国航空公司的市场份额被外国航空公司抢走，美国航空公司的销售额和利润都会减少，航空业的就业岗位和工人收入都会遭受损失，美国的贸易平衡也会被削弱。

在 2015 年，联邦法官驳回了达美航空关于美国进出口银行以牺牲达美航空公司的利益为代价帮助其国际竞争对手的指控。法官表示，实质性的问题是美国进出口银行的出口信贷业务是否对达美航空公司及其工人的利益造成了严重损害，而达美航空公司无法证明这一点。在法庭上败诉以后，达美航空表示，其与美国进出口银行之间的纠纷将只能由国会来决定谁胜谁负。[①]

专栏

开利公司同意在美国印第安纳州保留工作岗位

在当选美国总统后不久，唐纳德·特朗普就开始着手制定产业政策。2016 年 12 月，特朗普得意扬扬地宣布，他已经说服开利（Carrier）公司——一家生产冷暖设备的企业——不要搬迁到墨西哥，并且要在公司位于印第安纳州波利斯市的工厂保留大约 1 000 个工作岗位。作为交换，开利公司将在 10 年内从印第安纳州获得 700 万美元的税收优惠，并从特朗普政府那里获得减免税收和减少监管的承诺。特朗普还威胁要对那些将生产外包给其他国家，然后又在美国销售其产品的公司征收 35% 的进口关税。开利公司是总部位于康涅狄格州哈特福德市的联合技术公司（United Technologies Corporation）的子公司，联合技术公司还拥有普拉特·惠特尼（Pratt and Whitney）公司，后者是战斗机发动机的大型供应商，其部分业务依赖于美国军方的订购合同。

开利在印第安纳州波利斯市的工厂里制造的燃气炉是一种技术含量较低的产品，美国在该产品的生产上没有比较优势。然而，墨西哥在该产品的生产上具有比较优势，这主要是因为墨西哥的工资水平较低。开利希望将其生产线搬迁到墨西哥以保持其在燃气炉市场上的竞争力。开利曾预计，通过将其位于印第安纳州波利斯市的工厂业务搬迁到墨西哥的蒙特雷市，公司每年将节省 6 500 万美元的开支。蒙特雷市的日平均工资大约为 11 美元；相比之下，开利在印第安纳州保留下来的工作岗位的每小时平均工资大约为 30 美元。

191

---

① "Carriers Oppose Plane Subsidies," *Wall Street Journal*, October 7, 2010, p. B-3; "U. S., European Airlines to Seek Curbs on Aircraft Subsidies," *Bloomberg*, October 6, 2010 at http://www.bloomberg.com/news.

开利指出，如果继续在印第安纳州波利斯市保留工厂所增加的成本削弱了公司的燃气炉业务，那么波利斯市的工人无论如何最终都会失业。换句话说，任何公司如果被迫保持高成本的工厂持续运营，那么这样的公司要么将利润降到平均水平以下从而可以与廉价的进口品竞争，要么干脆失去市场份额。

除了对开利实施产业政策以外，特朗普还咄咄逼人地向福特、通用汽车以及克莱斯勒等美国汽车公司施压，要求它们在美国生产汽车。此外，他还批评美国五角大楼为洛克希德·马丁公司（Lockheed Martin Corp.）* 生产的喷气式飞机支付的价格太高，以及波音公司大型喷气式飞机卖得太贵。

对特朗普的产业政策持批评意见的人士指出，特朗普的施压策略不仅不会剥夺墨西哥在劳动密集型制造业上的比较优势，而且还会鼓励美国的其他企业以牺牲美国纳税人和消费者的利益为代价，向美国政府寻求特殊待遇。简而言之，特朗普政策的批评者认为，强迫美国企业进行不符合经济原则的投资不会让美国变得更加繁荣。[①]

6.14 战略性贸易政策

从 20 世纪 80 年代开始，一种有关产业政策的新理论引起了人们的重视。**战略性贸易政策**（Strategic Trade Policy）背后的理论认为，一国政府能够帮助本国企业从外国竞争对手那里攫取经济利润。[②] 这种帮助表现为政府对特定"战略性"产业（如高新技术产业）的支持。所谓的战略性产业，是指对一国未来经济增长具有重要意义或能为社会提供广泛收益（外部性）的产业。

战略性贸易政策的基本假设是**不完全竞争**的市场结构。该论点认为，参与国际贸易的许多产业都是由少数几家大企业控制的，每家企业的规模都很大，能够显著地影响市场价格。这样一种市场势力使这些企业有潜力获得长期经济利润。根据战略性贸易政策的论点，政府政策能够促使竞争条件朝着有利于本国企业的方向转变，从而将不完全竞争市场中外国企业的经济利润转移给本国企业。

---

① Ted Mann，"Carrier Corp. Agrees to Keep About 1,000 Jobs at Indiana Plant," *Wall Street Journal*，November-29，2016；Ted Mann，Damian Paletta，and Andrew Tangel，"Donald Trump Warns of Penalties if U. S. Firms Take Jobs Abroad," *Wall Street Journal*，December 1，2016；Julie Pace，"Carrier Says It Has Deal with Trump to Keep Jobs in Indiana," *PBS NewsHour*，November 30，2016；and Vikas Bajaj，"Donald Trump's Company-by-Company Industrial Policy," *The New York Times*，December 8，2016.

② 支持战略性贸易政策的论点首次出现在：J. Brander and B. Spencer，"International R&D Rivalry and Industrial Strategy," *Review of Economic Studies* 50（1983），pp. 707 - 722；See also P. Krugman，ed.，*Strategic Trade Policy and the New International Economics*（Cambridge，MA：MIT Press，1986）；and P. Krugman，"Is Free Trade Passe?" *Economic Perspectives*，Fall 1987，pp. 131 - 144.

* 洛克希德·马丁公司，美国老牌的航空航天制造商，也是位居世界第一的武器制造商。——译者注

　　飞机制造业是分析战略性贸易政策的一个标准范例。[①] 由于研制新型飞机的固定成本高昂，而生产过程中显著的学习曲线效应又使得单位生产成本递减，因此该产业只能容纳数量很少的制造商。飞机产业通常也是一个与国家声望密切相关的产业。

　　假设有两个相互竞争的制造商：波音公司（美国的代表性企业）和空中客车公司（由欧洲四个国家的政府共同拥有的联合企业），它们都在考虑是否要开发一款新型飞机。如果**只有一家**公司生产该型飞机，那么该公司将获得 1 亿美元的**利润**。如果两家公司**同时**生产该型飞机，那么每家公司都将**损失** 500 万美元。

　　现在假设欧洲政府决定为空中客车提供 1 000 万美元的补贴。这时，虽然两家公司都生产新型飞机，但空中客车肯定能够获 500 万美元的利润。这里的关键点是，波音将取消生产新型飞机的计划。也就是说，欧洲政府给予的补贴不仅可以确保空中客车将生产新型飞机，而且可以确保波音如果加入生产的话，那么就要遭受损失。最终，空中客车将获得 1.1 亿美元的利润，并可以轻松地偿还欧洲政府的补贴。如果我们假设两家制造商生产的飞机全部用于出口，那么这 1 000 万美元的政府补贴就使得 1 亿美元的利润从美国转移到了欧洲。图 6.5 对这些结果做了归纳。关于对战略性贸易政策的福利效应的分析，参见本书线上学习系统 MindTap 中的**"进一步探索 6.1"**。

假定的收益矩阵（单位：百万美元）

		空中客车公司				空中客车公司	
		生产	不生产			生产	不生产
波音公司	生产	空中客车 −5 波音 −5	空中客车 0 波音 100	波音公司	生产	空中客车 5 波音 −5	空中客车 0 波音 100
	不生产	空中客车 100 波音 0	空中客车 0 波音 0		不生产	空中客车 110 波音 0	空中客车 0 波音 0
		（a）不存在欧洲政府补贴				（b）存在欧洲政府补贴	

图 6.5　欧洲政府对空中客车提供补贴的效应分析

根据支持战略性贸易政策的理论，政府补助可以帮助本国企业攫取外国企业的利润。

资料来源：Paul Krugman, "Is Free Trade Passe?" *Economic Perspectives*，Fall 1987，pp. 131 - 144.

　　战略性贸易政策的支持者指出，古典的自由贸易理论虽然也充分考虑了外部性，但它是以**完全竞争**假设为基础的，因此无法指出外部性最可能的来源；然而，以不完全竞争为基础的现代贸易理论则可以做到这一点。现在我们讨论的外部性是指企业捕获昂贵的创新成果的能力。我们之所以说这一因素被以完全竞争假设为基础的传统理论所忽视，是因为我们可以观察到，在现代经济中创新和研发需要投入

---

① Paul Krugman, "Is Free Trade Passe?" *Economic Perspectives*，Fall 1987，pp. 131 - 144；R. Baldwin and P. Krugman，"Industrial Policy and International Competition in Wide-Bodied Jet Aircraft," in R. Baldwin, ed., *Trade Policy Issues and Empirical Analysis*（Chicago：University of Chicago Press，1988），pp. 45 - 77.

大量的固定成本，因而一个产业中所能容纳的竞争者数量是很少的。

战略性贸易政策的基本理念遭到一些人士的批评，理由如下。第一，从政治角度来看，一些特殊利益集团可能会通过实施各种手段来决定谁将获得政府的扶持。第二，如果在全球范围内出现激进的贸易政策报复和反报复的循环，那么所有国家的情况都将变得更糟。第三，政府缺少足够的信息以支持其对市场采取明智的干预政策。在波音—空中客车的案例中，政府在采取积极的补贴措施之前必须知道，在有或者没有外国竞争的情况下，本国企业开发新型飞机究竟能获得多少利润。即使是微小的误判也会导致政府干预行为的失败，使本国经济变得更糟而不是更好。第四，即使政府掌握充分信息，只有不完全竞争的市场结构这一个条件也还不足以确保一定存在战略机会可供政府追寻。如果存在战略机会，本国企业就必须拥有可持续的并且不能被竞争对手夺走的经济利润来源。但是，要让本国企业拥有**持续的**经济利润可能并不像政府想象的那样容易。

6.15 经济制裁

政府为了实现国内和国外的政策目标，有时候非但不促进出口，反而要限制出口。**经济制裁**（Economic Sanctions）是政府在获得授权以后对国家之间的常规贸易或金融关系施加的限制，常被用来保护本国经济，减少核扩散，补偿被外国政府没收的财产，反对国际恐怖主义，维护国家安全，以及保护人权等等。经济制裁的发起国，即**实施国**（imposing nation），希望通过制裁削弱**目标国**（target nation）的经济实力，使其屈服于自己的目标。

实施国可以采取多种类型的经济制裁。**贸易制裁**包括实施国拒绝向目标国出口商品。美国就经常利用自己作为世界上主要的粮食产地、军事装备和高技术产品生产国的地位，迫使外国服从自己的对外政策目标。贸易制裁还包括实施国对来自目标国的进口产品设置配额。**金融制裁**是对官方借款或援助进行限制。20世纪70年代末，美国冻结了伊朗金融资产，该项制裁政策被视为促使美国人质获释的因素之一。表6.8列举了美国为了实现对外政策目标而实施经济制裁的例子。

表 6.8　美国的部分经济制裁

年份	目标国家	制裁目的
2014	俄罗斯	阻止吞并克里米亚
1998	巴基斯坦和印度	阻止核扩散
1993	海地	改善人权
1992	塞尔维亚	终止波黑战争
1990	伊拉克	制止伊拉克入侵科威特
1987	伊朗	防止核扩散

续表

年份	目标国家	制裁目的
1985	南非	改善人权
1981	苏联	结束波兰军事管制
1979	伊朗	解救美国人质；解决国家征用赔偿
1961	古巴	加强国家安全

图 6.6 可以说明对目标国（比如伊朗）实行经济制裁的目的。该图显示了假设的伊朗生产可能性曲线——伊朗生产机器设备和石油。假设在实施经济制裁之前，伊朗能够在生产可能性曲线 PPC_0 的点 A 处以最高效率进行生产。而在实施经济制裁之后，实施国拒绝购买伊朗的石油，于是伊朗的油井、炼油设施和工人都被闲置。由于生产能力没有得到充分利用，伊朗的生产点被迫移到 PPC_0 线以内。如果实施国还对生产投入品实行出口制裁，并且减少向伊朗出售设备的数量，那么伊朗的潜在产出就会下降，其生产可能性曲线将向内移至 PPC_1。经济制裁导致的经济效率和生产潜力的下降将使伊朗民众和政府陷入困境。随着时间的推移，经济制裁将会使伊朗的经济增长率降低。尽管经济制裁所带来的短期福利损失并不大，但经济制裁会导致劳动力和资本的使用效率下降，国民对国内经济形势的预期将变得悲观，以及储蓄、投资和就业水平的下降。因此，制裁确实会降低伊朗的产出潜力。

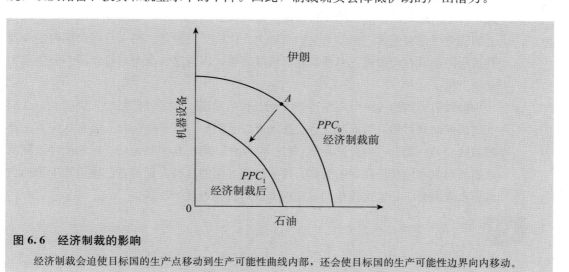

图 6.6　经济制裁的影响

经济制裁会迫使目标国的生产点移动到生产可能性曲线内部，还会使目标国的生产可能性边界向内移动。

影响经济制裁成功的因素

通过对以往经济制裁的分析可以发现一些影响制裁有效性的因素。决定经济制裁成功与否的最重要因素是：（1）制裁实施国的数量；（2）目标国与实施国之间经济和政治联系的紧密程度；（3）目标国在政治上对制裁的抵制程度；（4）目标国的文化因素。

　　尽管单边制裁可能会达到部分预期效果，但是如果很多国家同时实施经济制裁，那么效果会更加明显。一般来说，多边制裁对目标国产生的经济压力要比单边制裁更大。多边制裁措施彰显反对目标国行为的国家不止一个，多个国家同时实施制裁也会增强制裁行动的合法性，因而多边行动可以提高制裁的成功概率。同时，国际社会的排斥会给目标国的人民造成巨大的心理压力。然而，如果不能形成强有力的多边合作，那么制裁将很难发挥作用。各实施国之间在制裁问题上的争执会被目标国解读为混乱和软弱的表现。

　　如果在实施制裁之前，目标国与实施国之间存在大量的经济和政治往来，那么制裁往往会更加有效，因为如果目标国不按照实施国的意愿行事，那么其潜在成本是非常高的。例如，在20世纪80年代，西方国家对南非的制裁促成了南非政府改革其种族隔离制度。这次制裁之所以成功，部分原因是南非与六个西方工业国之间的贸易占其全部对外贸易的五分之四，而且南非所需的资本也几乎全部来自西方国家。

　　目标国国内的政治抵制力度也会影响经济制裁能否成功。当目标国政府面临强烈的国内反对时，经济制裁会通过目标国国内强大的商业利益集团（如与国外有联系的企业）向政府施压，要求政府服从实施国的意愿。实施国一方面有选择地、温和地实施制裁，另一方面又用更严厉的后续制裁作为威胁，这不但会给目标国的居民造成一定程度的经济困境，还会激发他们为避免更严重的制裁去游说政府。因此，虽然渐进式制裁需要给予目标国一段时间去调整经济，但这种制裁方式在政治上的优势可能会更大。而如果立即实施全方位的严厉制裁，那么目标国国内的商业利益集团就没有动力再去迫使其政府修改政策，因为这时商业利益集团的经济损失已经发生了。

　　如果目标国的人民与实施国在文化上联系紧密，那么目标国的人民可能会认同实施国的制裁目的，因而制裁也会更加有效。例如，南非的白种人通常认为自己是西方社会的一部分；因此，在20世纪80年代，当西方国家为反对南非的种族隔离政策而对其实施经济制裁的时候，许多思想开明的白种人觉得自己在道德上被西方世界孤立在外了，这促使他们游说南非政府去实行政治改革。[*]

> **专栏**
>
> ### 对伊朗、朝鲜和俄罗斯的制裁
>
> 几十年来，美国和联合国一直对涉嫌恐怖主义和侵犯人权行为的国家实施经济制裁。

---

　　[*] 1652年，荷兰殖民者登上南非这片土地。1910年，来自英国和荷兰的白人殖民者联合建立了南非联邦。南非白人政权通过立法在政治、土地、就业、婚姻和居住地等方方面面实行极不人道的种族隔离制度，剥夺当地黑人、有色人种和亚洲人的自由，对他们进行野蛮镇压和统治。20世纪80年代，西方国家出于种种原因（比如冷战缓和、南非战略地位下降以及反种族隔离组织的施压等）改变了之前不制裁或者有限制裁的政策，开始对南非白人政权实施全面制裁。——译者注

我们来分析一下有关伊朗、朝鲜和俄罗斯的案例。

对伊朗的制裁

针对伊朗继续推行核计划，美国和其他国家对伊朗实施了前所未有的经济制裁，以谴责伊朗并阻止其进一步发展被禁止的核活动。美国等国的制裁始于 1979 年，在 2006 年伊朗公开寻求开发核反应堆时，制裁变得更加严厉。虽然伊朗坚称其核计划都属于发电和医疗领域的民用核项目，但是其他国家一直怀疑伊朗的核技术被其转用于研制核武器。

通过联合国和地区性当局，美国联合欧盟、日本、韩国、澳大利亚、挪威、加拿大、瑞士以及其他国家共同对伊朗实施了一系列强有力的贸易和金融制裁，涉及领域包括伊朗核工业部门、导弹制造企业、航运部门、运输部门和金融部门。已经采取的制裁措施包括：禁止向伊朗出口可能有助于伊朗推进核计划的原材料、设备和技术；禁止从伊朗进口石油；冻结与伊朗核计划有关的该国个人和企业的资产。这些制裁措施已经导致伊朗货币急剧贬值，通货膨胀率上升，国内生产总值大幅度下降以及失业率上升。

随着制裁压力的增加，伊朗开始意识到它正处于一种不可持续的境地。2015 年，伊朗与美国及其盟友达成了一项协议。根据该协议，伊朗同意限制其铀浓缩活动（浓缩铀是用于制造核弹的燃料），同时在 10～15 年时间内逐步削减低浓缩铀和中浓缩铀（利用它们可以提炼武器级的高浓缩铀）的库存；伊朗还同意联合国核查人员监督其所有核设施，包括军事设施；一旦该协议得到执行，大部分制裁将被取消。然而，在 2018 年，特朗普政府认定伊朗在履行该项协议时作弊，这导致美国取消该协议并重新对伊朗实施制裁。在 2021 年，美国拜登政府在与伊朗的核谈判陷入僵局的情况下取消了对伊朗的部分制裁，以表明如果伊朗改变路线，那么拜登政府愿意进一步减轻对伊朗施加的制裁压力。

对朝鲜的制裁

在 1950 年朝鲜战争爆发后，美国和联合国就一直对朝鲜实施贸易和金融等多种制裁。制裁的理由是朝鲜对全球安全构成了威胁，因为朝鲜被认为不仅资助恐怖主义组织而且还研制核弹和导弹等大规模杀伤性武器。

然而，制裁并没有能够迫使朝鲜改变其行为。其中的一个原因是，朝鲜与其他国家的贸易和金融往来十分有限。这种有限的对外经济联系限制了制裁的范围及其对朝鲜的影响力。

在 2017 年，由于朝鲜试射了第一枚可能攻击到美国本土的弹道导弹，朝鲜和美国之间的紧张局势猛然加剧，这导致联合国对朝鲜实施了更多制裁。这些制裁措施包括：禁止朝鲜在纺织品和煤炭（朝鲜的主要出口产品）、天然气、铁矿石和稀土矿物等产品上与其他国家开展贸易；对朝鲜可购买的石油量设置上限，这导致朝鲜的石油进口量下降了30%；禁止各国雇佣朝鲜劳工，除非出于生死攸关的人道主义方面的原因。此外，美国还扩大了制裁范围，打压任何与朝鲜有业务往来的个人、企业和金融机构。

大多数分析人士认为，这些制裁措施是促使朝鲜最高领导人金正恩（Kim Jong Un）在 2018 年和 2019 年与唐纳德·特朗普会晤并讨论朝鲜半岛无核化前景的一个因素。然而，峰会在没有达成协议的情况下结束了，因为据传闻金正恩坚持要求先取消制裁，然后再对无核化取得重大进展做出承诺。然而，在无核化取得重大进展之前，特朗普不愿意解除制裁。从撰写本教材时的情况看，朝鲜半岛无核化即便可以实现，那也将是一个漫长而渐进的过程。

对俄罗斯的制裁

2014 年，美国、欧盟以及其他国家联合起来，针对俄罗斯在乌克兰危机中所扮演的角色，实施了一揽子协调一致的贸易和金融制裁。制裁措施包括：阻止向俄罗斯出口有关石油和国防工业所需的技术，冻结俄罗斯富商在美国持有的金融资产。

在撰写本教材时，制裁仍然在实施。针对俄罗斯实施的这些制裁措施将发挥什么样的作用仍有待观察。

6.16 小结

197

1. 美国的贸易政策体现了政府官员、工会领导以及企业管理层等许多利益集团的利益诉求。

2. 美国以往的关税一直在上下浮动。美国的关税立法已经体现了许多传统的关税理论（收入、就业）。

3. 1930 年颁布的《斯穆特-霍利法案》把美国的关税提高到了前所未有的高度，并带来了灾难性后果。1934 年通过的《互惠贸易协定法》普遍削减了美国的关税水平，并实施了最惠国条款。

4. 《关税与贸易总协定》的目的在于降低贸易壁垒，使所有国家在贸易关系中处于平等地位。1995 年，GATT 转变为 WTO。WTO 继承了 GATT 的主要条款，并提供了一套机制以改进解决成员方之间贸易争端的流程。东京回合和乌拉圭回合的多边贸易谈判在削减关税的同时，还对各种非关税壁垒做出了限制。

5. 贸易救济法可以保护国内企业免受国外的激烈竞争，这些法律包括豁免条款、反倾销和反补贴关税条款，以及《1974 年贸易法》中针对外国不公平贸易行为制定的 301 条款。

6. 豁免条款可以为美国生产商提供暂时性保护，以使其在公平贸易的条件下免遭国外进口商品的竞争。

7. 反补贴税用来抵消外国生产商因外国补贴而获得的任何不公平的竞争优势。

8. 经济理论表明，如果一国是外国补贴产品或倾销产品的净进口国，那么该国在整体上就会从外国补贴或倾销中获利。这是因为本国消费者从倾销或补贴商品中获得的收益，高于本国进口竞争产品的生产商所遭受的损失。

9. 美国反倾销税的目的在于抵消外国的两种不公平贸易行为：（1）以低于平均总生产成本的价格向美国出售商品；（2）国际性价格歧视，即外国企业在美国的销售价格低于其在本国的销售价格。

10. 如果贸易分歧不能被成功解决，《1974 年贸易法》中的 301 条款允许美国政府对那些采取不公平竞争行为的国家实施贸易限制。

11. 知识产权包括版权、商标和专利。外国侵犯知识产权一直是许多工业国所面临的一个重大问题。

12. 由于外国竞争可能会使本国进口竞争行业中的企业倒闭，所以美国和其他一些国家实施了贸易调整援助方案，由政府对受到不利影响的企业、工人和社会群体提供援助。

13. 美国政府一直不愿意制定直接的产业政策，并且不愿意选择哪些企业可以获得政策扶持。美国政府更愿意采取不太激进的方式（如通过进出口银行和出口商协会）向国内生产商提供帮助。

14. 按照战略性贸易政策的观点，政府可以帮助本国企业攫取外国竞争对手的经济利润。该政策适用于不完全竞争市场中的企业。

15. 经济制裁包括对外国实施的贸易和金融限制。它们被用来维护国家安全、保护人权和反对国际恐怖主义。

6.17 关键概念及术语

- 反补贴税（Countervailing Duty；p. 179）
- 多哈回合（Doha Round；p. 170）
- 经济制裁（Economic Sanctions；p. 193）
- 豁免条款（Escape Clause；p. 177）
- 进出口银行（Export-Import Bank；p. 188）
- 快速审批权（Fast-Track Authority；p. 177）
- 《关税与贸易总协定》（General Agreement on Tariffs and Trade，GATT；p. 167）
- 知识产权（Intellectual Property Rights，IPRs；p. 184）
- 肯尼迪回合（Kennedy Round；p. 169）
- 最惠国条款［Most-Favored-Nation（MFN）Clause；p. 167］
- 正常贸易关系（Normal Trade Relations；p. 167）
- 《互惠贸易协定法》（Reciprocal Trade Agreements Act；p. 167）
- 保障措施（Safeguards；p. 177）
- 301 条款（Section 301；p. 183）
- 《斯穆特-霍利法案》（Smoot-Hawley Act；p. 165）
- 战略性贸易政策（Strategic Trade Policy；p. 191）
- 东京回合（Tokyo Round；p. 170）
- 贸易调整援助（Trade-Adjustment Assistance，TAA；p. 186）
- 贸易促进权（Trade Promotion Authority；p. 177）

- 贸易救济法（Trade-Remedy Laws；p. 177）
- 乌拉圭回合（Uruguay Round；p. 170）
- 世界贸易组织（World Trade Organization，WTO；p. 167）

6.18 习题

1. 为贸易保护主义辩护的传统论点实际上在多大程度上被纳入了美国的贸易立法？

2. 在美国贸易史上，贸易保护主义达到最高峰是在什么时期？

3. 最惠国条款是什么？它与美国的关税政策有什么联系？

4. GATT 及其以后的 WTO 都为各国的贸易行为设立了一套规则。试加以解释。

5. 什么是贸易救济法？面对不公平（公平）的商品贸易，它们如何保护美国企业？

6. 什么是知识产权？为什么知识产权成为近几轮国际贸易谈判的主要问题？

7. 贸易调整援助计划如何帮助在进口竞争中被取代的国内企业和工人？

8. 东京回合贸易谈判针对非关税壁垒主要采取了哪些政策？乌拉圭回合又采取了哪些政策？

9. 请叙述一下美国政府实行的产业政策，这些政策与日本的政策相比有什么不同？

10. 如果美国是日本补贴或倾销产品的净进口国，那么美国消费者不仅会获利，而且他们获得的收益还将高于美国生产商因日本倾销或补贴而蒙受的损失。请予以解释。

11. 战略性贸易政策的目的是什么？

12. 经济制裁的目的是什么？实施经济制裁的国家会遇到什么困难？在什么时候实施制裁是最有效的？

13. 假定西班牙是个"小国"，不能影响巴西（世界）的钢铁价格。西班牙对钢铁的供给和需求见表 6.9。假定巴西钢铁的价格为每吨 400 美元。用图纸在同一个坐标系中画出西班牙的供给曲线和需求曲线，以及巴西的供给曲线。

表 6.9　西班牙对钢铁的供给和需求情况

价格（美元）	供给量（百万吨）	需求量（百万吨）
0	0	12
200	2	10
400	4	8
600	6	6
800	8	4
1 000	10	2
1 200	12	0

a. 在自由贸易情况下，西班牙将会生产、购买和进口多少吨钢铁？以美元计价，计算西班牙的生产者剩余和消费者剩余。

b. 假定巴西政府为其钢铁公司生产的每吨钢铁提供 200 美元的生产补贴。请在图中画出巴西实施补贴后的供给曲线。

（1）钢铁的新的市场价格是多少？在这一价格水平上，西班牙将生产、购买和进口多少吨钢铁？

（2）巴西实施的补贴帮助/伤害了西班牙企业，因为西班牙企业的生产者剩余提高/降低了＿＿＿＿＿＿美元；西班牙钢铁使用者的消费者剩余提高/降低了＿＿＿＿＿＿美元；巴西实施补贴给西班牙整体经济带来的收益/损失为＿＿＿＿＿＿美元。

进一步探索

关于战略性贸易政策的福利效应的讨论，请在本书线上学习系统 MindTap 中查询"**进一步探索 6.1**"。

6

第7章

发展中国家的贸易政策

按照实际收入对所有国家进行排序，然后画一条分界线，将世界划分为发达国家和发展中国家，这是人们普遍接受的一种做法。**发达国家**（Advanced Nations）包括北美和西欧地区的国家，以及澳大利亚、新西兰和日本。世界上大多数国家属于发展中国家或者欠发达国家。大多数**发展中国家**（Developing Nations）分布在非洲、亚洲、拉丁美洲和中东地区。表 7.1 显示了部分国家的经济和社会指标。一般来说，发达国家的特点是人均国内生产总值较高，预期寿命较长，成人识字率较高。世界上大部分人口生活在贫穷的发展中国家。

表 7.1　2018 年部分国家的基本经济和社会指标

国家	人均国内生产总值（美元[a]）	预期寿命（年）	成人识字率（%）	
			男性	女性
瑞士	81 007	84	99	99
美国	62 641	79	99	99
日本	42 794	84	99	99
智利	25 222	80	96	96
墨西哥	19 888	75	96	95
阿尔及利亚	15 622	76	87	75
印度尼西亚	13 057	71	97	94
几内亚	2 630	61	44	22
布隆迪	743	61	76	61

a. 按购买力平价换算成世界美元。1 世界美元与 1 美元在美国有相同的购买力。
资料来源：http://www.worldbank.org/data.

尽管国际贸易能够为国内生产商和消费者带来收益，但是一些经济学家却坚持认为，当前的国际贸易体制阻碍了发展中国家的经济发展。他们认为，建立在比较优势原则基础上的传统国际贸易理论并不适用于发展中国家。本章介绍部分经济学家对现行国际贸易体制担忧的理由，并探讨旨在改善发展中国家经济条件的政策。

7.1　发展中国家的贸易特征

如果考察发展中国家的贸易特征，我们会发现发展中国家对发达国家具有很强的依赖性。发展中国家的大部分出口商品销往发达国家，而其绝大多数进口商品来源于发达国家。虽然近年来发展中国家之间的贸易在不断增加，但是仍然相对较少。

发展中国家贸易的另一个特征是其出口主要集中在**初级产品**（Primary Products）（农产品、原材料和燃料）领域。发展中国家出口的制成品大多（如纺织品）都属于劳动密集型产品，这些产品在生产过程中只使用到少量的技术。

然而，在过去的 30 年里，发展中国家和地区贸易中初级产品所占的主导地位已经明显下降了，相对于初级产品，制成品和服务产品在出口中所占的比重得到了提高，如中国、印度、墨西哥、韩国、中国香港、孟加拉国、斯里兰卡、土耳其、摩洛哥、印度尼西亚、越南等国家和地区。这些已经融入世界工业品市场的国家和地区，在减少贫困方面取得了显著进展。

发展中国家是如何步入制成品出口国行列的呢？首先，对人力和工厂两个方面的投资都起到了作用。在整个发展中国家，工人的平均受教育水平和劳均资本存量已经得到了大幅度提高。其次，运输和通信条件的进步，再加上发展中国家的改革，使得产品的生产链被分解成很多部分，进而使发展中国家在全球生产共享中发挥着关键性作用。最后，在 20 世纪 80 年代中期，发展中国家降低了贸易壁垒，这增强了它们的竞争力，尤其是在制成品和初级加工产品方面更是如此。目前，发展中国家在高技术产品出口领域也在不断取得进展，它们还成功地将这些产品出口给发达国家，然而这样的成功还很微小，这令一些发展中国家感到沮丧。

仍然还有许多发展中国家没有全面地融入全球工业化经济，这些国家大部分位于非洲和前苏联地区，它们的出口商品仅限于小范围的初级产品。这些国家的发展通常受制于落后的基础设施、不充分的教育、猖獗的腐败以及较高的贸易壁垒。此外，在这些国家将商品运往工业化国家市场的时候，运输成本往往会高于富裕国家对该产品征收的进口关税，因此，与富裕国家的贸易政策相比，运输成本是这些国家融入全球工业化经济的更大障碍。这些发展中国家在过去 20 年里收入水平不断下降，贫困化程度不断提高。因而，对它们来说重要的是尽可能多地进入全球制成品和服务产品市场，实现出口商品的多样化。

7.2　发展中国家与发达国家之间的紧张局势

尽管发展中国家在国际贸易中屡屡受挫，但是目前大多数学者和政策制定者一致认为贫穷国家发展经济最好的战略是充分利用国际贸易带来的机遇。在过去 20

年中，许多发展中国家认识到这一战略的重要性，并对外国商品和投资开放了国内市场。但是具有讽刺意味的是，尽管学者们支持发展中国家的这一战略变化，但是发达国家有时还是会对来自这些发展中国家的进口商品维持贸易壁垒。这是为什么呢？

我们不妨把世界经济看作一个梯子。位于梯子底端的是发展中国家，主要生产纺织品和其他低技术产品；位于梯子顶端的是美国、日本和其他发达国家，这些国家生产先进的软件、电子器件和医药品；位于梯子中间的是所有其他国家，这些国家生产从存储芯片、汽车到钢铁的所有产品。如果从这样的角度来看待世界经济，那么经济发展就简单了：每个国家都努力爬到上一层阶梯。只要处于梯子最顶层的国家能够创造出新的产业和新的产品，从而使梯子向上增加一层，那么这一过程就会进展顺利——在顶层国家的夕阳产业向海外转移的同时，顶层国家内部也能不断地创造出新的就业机会。但是如果最顶层的国家不能及时地进行创新，那么美国人就必须与发展中国家的低工资工人展开竞争。

发展中国家所面临的困境是，如果要实现经济发展，它们就会替代发达国家中生产最不先进产品的那些厂商。例如，如果赞比亚打算生产纺织品和服装，那么它就将与美国和欧洲生产这些产品的厂商展开竞争。当发达国家的生产商面临进口竞争时，他们往往会寻求贸易保护。然而，这样的保护措施会使发展中国家无法进入关键市场，从而阻碍了发展中国家的增长。因此，发展中国家在追赶发达国家的过程中受到不公平的待遇。

在发达国家中，那些受到保护因而免受发展中国家竞争的人，一般都生活在发达国家收入分配的底端附近。这些人中的大多数都在劳动密集型产业中工作，而且只具备有限的劳动技能并接受较低的工资收入。收入再分配计划应该帮助而不是伤害这些人。所以说，发达国家在某种程度上就面临着一种权衡——是帮助自己国家的穷人，还是帮助世界上其他国家的穷人。批评人士指出，世界是一个整体，所有的穷人都应被一视同仁，而且那些国际性组织都应尽力为所有的穷人提供公平待遇。例如，WTO 就有责任防止发达国家的贸易政策由于过度偏袒本国人民，因而不利于世界其他国家。这就是为什么在最近的 WTO 会议上，贫穷国家和富裕国家之间充满了紧张气氛。

然而，为发展中国家提供更多进入发达国家市场的机会，并不能解决发展中国家的所有问题。因为发展中国家的经济存在结构性缺陷，而当法律和规则、可持续的宏观经济管理以及公共服务等方面的主持机构和相应政策不存在或者供给不充分时，发展中国家经济的结构性缺陷又会进一步加剧。

7.3　发展中国家的贸易问题

比较优势理论认为，如果各国都专业化生产其具有比较优势的产品，并用这些产品的一部分交换其他国家生产的产品，那么所有国家都将从自由贸易中获益。

美国和其他许多发达国家的政策制定者们坚持认为，现行国际贸易体制下以市场为导向的贸易结构为各国获取比较优势利益提供了条件。他们声称，现行的世界贸易体制给所有国家都带来了广泛的收益，对现行体制进行务实的、渐进式的改革最符合所有国家的贸易利益。发达国家还认为，发展中国家要想取得贸易成功就必须管理好其自身的对内和对外的经济政策。

通过总结与发达国家之间的贸易经验，一些发展中国家对其与发达国家之间的贸易利益**分配**产生了怀疑。它们认为，发达国家的贸易保护主义政策阻碍了许多发展中国家的工业化进程。为此，发展中国家寻求建立新的国际贸易秩序，以使它们能够获得更多的进入发达国家市场的机会。实际上，困扰发展中国家的问题有很多，其中包括出口市场的不稳定、贸易条件的日益恶化以及进入发达国家市场的机会受到限制。

7.3.1 不稳定的出口市场

一些发展中国家具有的一个共同特征是其出口仅仅集中在一种或几种初级产品上。比如，沙特阿拉伯 90% 的出口收入来源于石油出口，布隆迪 80% 的出口收入来源于咖啡出口，赞比亚 60% 的出口收入来源于铜出口。对于这些国家来讲，如果出口产品的产量下降或者国外市场的需求量下降，那么出口收入就会显著减少，而且国内居民收入和就业水平都会受到重创。

经济学家们坚持认为，导致初级产品价格及其生产商收入不稳定的一个关键因素是，这些产品（如锡、铜和咖啡等）的需求和供给的价格弹性较小。[1] 需求（供给）的价格弹性是指价格变动 1% 所引起的需求（供给）量变化的百分比。如果某种商品的需求与供给在一定程度上相对缺乏弹性，那么就说明该产品价格变动的百分比大于需求量或供给量变动的百分比，因而需求或供给的一个微小变动就会使价格和出口收入发生巨大变化。

图 7.1 显示了咖啡的供给曲线和需求曲线，我们将咖啡市场作为一个整体进行分析。假设这些曲线是高度缺乏弹性的。市场在点 A 处达到均衡，也就是在点 A 处供给曲线 S_0 与需求曲线 D_0 相交。咖啡生产商的销售收入为 2 250 万美元，等于均衡价格（4.5 美元）乘以销售数量（500 万磅）。

参照图 7.1 (a)，假设外国收入降低导致咖啡的市场需求曲线移至 D_1。由于咖啡供给缺乏弹性，需求的降低导致市场价格大幅下降，从每磅 4.5 美元下降至 2 美元。咖啡生产商的销售收入因此下降至 800 万美元，这意味着生产商利润也减少

---

[1] 对于大多数商品来说，其需求和供给的价格弹性大约为 0.2 至 0.5，这意味着如果商品价格变动 1%，那么商品的数量将变动 0.2%~0.5%。有关这一问题的经典的经验研究是：Jerre Behman，"International Commodity Agreements：An Evaluation of the UNCTAD Integrated Commodity Program," in William Cline, ed., *Policy Alternatives for a New International Economic Order*（New York：Praeger，1979），pp. 118 - 121.

了。我们可以得出结论：当市场供给缺乏弹性时，咖啡的价格和生产商的销售收入具有高度的波动性。

不仅在供给缺乏弹性的时候，需求变化会引起价格的大幅度波动，当需求缺乏弹性时，供给变化也会引起价格的显著波动。图 7.1（b）显示了后一种情形。假设有利的增长条件导致咖啡的市场供给曲线向右移至 S_1，因而价格从每磅 4.5 美元大幅降低至每磅 2 美元，生产商的销售收入也降至 1 400 万美元（2 美元/磅×700 万磅＝1 400 万美元）。由此可见，当需求缺乏弹性时，价格和销售收入也具有波动性。

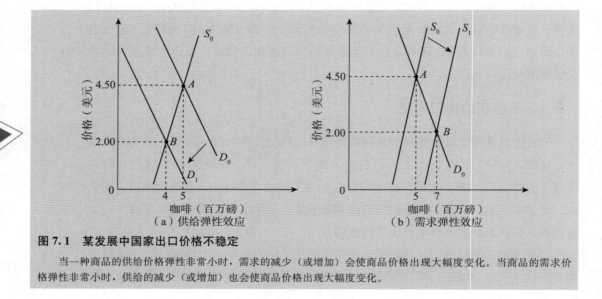

图 7.1　某发展中国家出口价格不稳定

当一种商品的供给价格弹性非常小时，需求的减少（或增加）会使商品价格出现大幅度变化。当商品的需求价格弹性非常小时，供给的减少（或增加）也会使商品价格出现大幅度变化。

7.3.2　日益恶化的贸易条件

关于国际贸易利益在贸易伙伴国之间是如何分配的这一问题一直存在争议，尤其是在涉及那些集中出口初级产品的发展中国家的时候更为引人关注。这些国家普遍坚持认为，国际贸易收益更多地流向了发达国家。

发展中国家抱怨，在过去的一个世纪中，它们的商品贸易条件恶化了，这意味着相对于进口商品而言，它们的出口产品价格下降了。因为贸易条件的日益恶化，许多发展中国家拒绝参与贸易自由化谈判，并且要求在与发达国家进行贸易时享受优惠待遇。

一些观察人士认为，发达国家的制造商凭借垄断力量抬高价格；同时，生产率提高所带来的收益表现为制造商的收入增加，而不是产品的价格下降。观察人士们进一步指出，发展中国家初级产品的出口价格由竞争性市场决定，并且会上下波动，因而国外消费者可以以较低的价格分享发展中国家生产率提高的收益。发展中国家还认为，市场力量使其进口商品价格上升的速度快于出口商品，这令它们的商品贸易条件不断恶化。另外，随着收入增加，人们往往会消费更多的制成品，而不是消费更多的初级产品，这就会进一步恶化发展中国家的贸易条件。

发展中国家对自身产品贸易条件日益恶化的看法得到了联合国 1949 年的一项研究的印证。[①] 这项研究得出结论：在 1876—1880 年和 1946—1947 年，与制成品价格相比，初级产品的价格下降了 32%。然而，由于数据不足并且价格指数的构造存在问题，联合国的这项研究尚不足以作为定论。其他一些研究对贸易条件变动持相反结论。[②]

至于印度和俄罗斯等其他发展中国家以及其他发展中产油国，贸易条件恶化的论点在近些年似乎有些站不住脚。许多发展中国家在谷物、棉花等某些初级产品的生产方面已经实现了规模经济，并且其总体经济也已经实现了多元化发展，不再完全依靠原材料出口。

发展中国家整体的贸易条件究竟是恶化了还是有所改善，确实难以形成定论。在进行比较时选择的基准年份、技术和生产率变化的处理方式、是否考虑新产品和产品质量、衡量进出口商品价值的方法以及在计算指数时商品权重的确定方法，这些方面的差异都会使有关贸易条件变动趋势的研究呈现不同的结论。

7.3.3　有限的市场进入机会

在过去 20 年间，发展中国家在整体上提高了对世界市场的渗透力。但是，全球保护主义一直以来都是发展中国家的产品进入世界市场的一个障碍，特别是其农产品、服装和纺织品等劳动密集型制成品。这些产品对于世界上的贫穷国家来说非常重要，因为这些产品的出口额占低收入国家出口总额的一半以上，占最不发达国家出口总收入的 70% 左右。

发达国家对来自发展中国家的进口商品征收的关税一般会高于对来自其他发达国家的进口商品所征收的关税。平均关税税率上的这种差异部分原因是由于存在一些大型的贸易集团（如欧盟和北美自由贸易区），这些贸易集团多由发达国家组成并且废除了伙伴国之间的关税。此外，在 20 世纪 90 年代以前，发展中国家没有积极参与多边自由贸易协定*，因而 WTO 框架下的多轮贸易谈判所达成的大幅度关税减让成果往往没有涵盖发展中国家的产品。目前，富裕国家的平均关税税率是比较低的，但是这些国家却在发展中国家具有比较优势的领域——农产品和劳动密集

[①]　United Nations Commission for Latin America, *The Economic Development of Latin America and Its Principal Problems*, 1950, available at http://archivo.cepal.org/pdfs/cdPrebisch/002.pdf.

[②]　Food and Agriculture Organization (FAO) of the United Nations, *The State of Agricultural Commodity Markets*, Rome, Italy, 2004, pp. 8 - 12. See also Kevin Watkins and Penny Fowler, *Rigged Rules and Double Standards: Trade, Globalization and the Fight Against Poverty* (Oxford, England: Oxfam Publishing, 2002), Chapter 6.

*　中国在 1986 年 7 月正式递交恢复关贸总协定缔约国地位的申请（申请复关）。1995 年 WTO 取代 GATT 成为有法人地位的正式国际组织，中国于同年决定申请加入 WTO（申请入世）。在中国复关与入世的谈判过程中，都遇到了经贸问题政治化、西方国家漫天要价等障碍。2001 年 12 月中国正式成为 WTO 成员方。——译者注

型制成品——维持较高的贸易壁垒。

发展中国家也会受到第 4 章所讨论的关税升级问题困扰。发达国家关税升级的幅度较大，特别是在农产品领域。关税升级有可能会减少发达国家对发展中国家深加工产品的需求，这会限制发展中国家开发多样化的高附加值出口商品。尽管发达国家的关税升级不涉及所有商品，但它的确会影响发达国家对工业品尤其是半加工产品的进口。这类产品包括纺织品和服装、皮革和皮革制品、木材、纸张、家具、金属和橡胶制品，许多发展中国家在这类产品上具有比较优势。

此外，保护主义壁垒也会使发展中国家的纺织品和服装生产商蒙受大量的出口收入损失。在过去的几十年里，发达国家对这些产品设置进口配额。尽管乌拉圭回合达成的《纺织品和服装协议》要求各国在 2005 年废除纺织品和服装领域的配额，但由于该领域的关税壁垒仍然较高，所以发展中国家的纺织品和服装进入发达国家市场时还是要受到限制。

在区域性和多边性贸易自由化进程中，传统的贸易壁垒正在逐渐减少，取而代之的是被广泛采用的反倾销税和反补贴税等措施。发展中国家认为，美国等发达国家通过积极使用反倾销税和反补贴税措施限制了发展中国家进入其市场的机会，因而导致发展中国家出口量和国际市场份额的大幅度减少。

事实上，贫穷国家一直以来都寄望于美国和欧洲能够减少贸易壁垒。然而，富裕国家指出，贫穷国家也需要降低自己的关税，因为它们征收的关税高于富裕国家（如表 7.2 所示）。发展中国家也普遍采取关税升级的做法，它们对全加工的农产品和工业品所征关税的平均水平要高于未加工产品。尽管发展中国家之间的贸易额在世界贸易总额中所占的比重要小得多，但是发展中国家之间工业制成品贸易的平均关税水平要比其向发达国家出口工业制成品所面临的平均关税水平高出三倍左右。批评人士们指出，发展中国家自身存在问题，它们应该推进贸易自由化。

表 7.2 　 2018 年部分发展中经济体和发达经济体的关税水平（所有产品）

经济体	平均实际关税税率[a]（%）
马尔代夫	36.8
巴哈马	33.2
乍得	17.9
印度	13.8
韩国	13.7
巴西	13.4
俄罗斯	6.7
欧盟	5.1
日本	4.0

续表

经济体	平均实际关税税率[a]（%）
美国	3.4
中国香港	0.0

a. 平均实际关税税率（average applied tariff rate）指对进口品实际征收的关税税率的平均值。实际关税税率可以低于受约束的关税税率，后者指在协议中承诺的最高关税税率。一旦关税税率受到约束，那么在没有对受影响的各方进行补偿的情况下，不得提高关税税率。

资料来源：World Trade Organization，World Tariff Profiles，2018.

　　然而，这一观点并没有得到许多贫穷国家的认同。它们认为大幅度削减关税将会使其原本就很脆弱的经济陷入更加糟糕的境地，这与富裕国家降低关税的结果如出一辙：随着富裕国家的企业将业务转移到成本最低的中心地区，一些工人必定会失去工作。但是与美国和欧洲国家不同的是，贫穷国家不具备良好的社会保障网络和再教育计划，因而无法缓冲降低关税所带来的冲击。因此，发展中国家所得到的教训是它们应该推进国内市场的自由化进程。然而，发达国家的立场似乎也是自相矛盾的：它们希望发展中国家废除贸易壁垒，但是像美国和加拿大这样的发达国家却在其经济处于发展阶段的时候通过高筑贸易壁垒获得利益。

7.3.4　发达国家的农业出口补贴

　　发展中国家面临的另一个重要问题是农业领域的全球保护主义。除了使用关税保护本国农产品免受进口商品的竞争之外，发达国家还给予其国内农民巨额补贴。粮食安全、农村社区维护等非经济性利益往往是发达国家将农业补贴合理化的借口。这些补贴鼓励发达国家国内的农产品生产，因而抑制了农产品进口，这样发展中国家的农产品就很难出口到发达国家。此外，由于受到政府的扶持，发达国家的农业部门往往会生产大量的计划外剩余农产品，这些剩余农产品在出口补贴政策的鼓励下经常倾销到国际市场，因而压低了许多农产品的国际价格，进而造成发展中国家的收入减少。

　　譬如，西非生产大米的农民抱怨称，美国与欧洲的出口补贴压低了国际米价，因而使他们难以参与竞争。西非的棉农也发出了同样的抱怨，他们指出，美国出口的棉花得到了大量补贴。西非的农民们认为，让他们既与美国农民竞争，又与美国政府竞争，实在是不公平。

　　美国的粮食援助政策常常也会加剧这种争议。诚然，美国向发展中国家提供的粮食捐助已经拯救了数百万因农场破产而穷困潦倒的农民。但是，发展中国家的农民们却抱怨说，美国政府宁愿从美国农民那里购买剩余粮食，再绕地球半圈把粮食送到发展中国家，也不愿优先购买他们种植的粮食。按照美国法律，除了十分特殊的情况外，美国政府援助的粮食必须产自美国本土，美国政府几乎在所有情况下都不能花钱购买外国产品充作援助物资。这项政策有利于美国的农民、加工企业、船

206

运企业以及世界上正在忍受饥饿的人。西非农民的抱怨在美国并没有博得太多的同情，因为美国农民反对政府用纳税人的钱购买外国粮食。

然而，也有许多发展中国家是农产品的净进口国，因而它们受益于发达国家的农业补贴。由于存在这些补贴，发展中国家能以较低的价格从世界市场上购买粮食；如果这些补贴被取消，那么许多发展中国家的利益将受到损害。

专栏

孟加拉国的血汗工厂

血汗工厂是发展中国家面临的一大问题。血汗工厂是指工作环境很差并且不安全、工作时间不合理、工资待遇不公平、使用童工以及没有员工福利的工厂。下面我们来分析一下孟加拉国服装制造工厂的情况。

孟加拉国的服装行业非常特殊：数百万名工人能够忍受辛苦，快速地生产出做工精良的牛仔裤、T恤和内衣，却只能领到全世界最低的工资。服装行业是孟加拉国经济增长的主要动力，孟加拉国也是仅次于中国的第二大服装出口国，其所生产的服装在沃尔玛、西尔斯（Sears）、盖璞（Gap）和杰西潘尼（JC Penney）等零售店里贩卖。

在1974—2005年期间，世界服装贸易受《多种纤维协定》（Multifibre Agreement，MFA）的支配，该协定对发展中国家可以销往发达国家的多种纤维产品的数量设定了配额。由于拥有丰裕而廉价的劳动力资源，所以发展中国家在服装生产领域具有比较优势。在2005年MFA到期时，人们预计孟加拉国可能遭受的影响最大，因为它将面对更多的尤其是来自中国的竞争。然而，实际情况并非如此。事实证明，即使面对其他经济大国的竞争，孟加拉国的劳动力工资仍然相对较低。在2005年MFA到期之后，孟加拉国服装业的订单仍然源源不断。

服装的巨大需求使得孟加拉国的制衣工厂数量在2013年达到大约5500家，与2005年相比增长了30%。制衣工厂数量的急剧增加不仅给该国的发电、供电和油气等行业带来很大压力，而且还导致孟加拉国的土地供给捉襟见肘——企业非但没有搬离孟加拉国，而且还在当地建起大量的高层厂房。尽管许多高层厂房建造得都很安全，但是也有一些厂房存在严重的安全隐患：一些仓促加盖的楼层在建造过程中没有遵守消防和安全条例。结果，这场产能扩张竞赛为一系列可怕的安全事故埋下了伏笔，甚至可以说孟加拉国整个服装产业的工作条件都因此变得更加恶劣了——2013年发生的几起服装厂致命火灾以及一栋八层厂房倒塌总共造成了1100多名工人丧生。

孟加拉国制衣工人的悲剧使西方国家的零售商承受了更大的压力，它们不仅要向受害者或其家属支付赔偿金，而且还要改善条件以保证孟加拉国工厂在消防和建筑方面的持久安全。在灾难发生之后，为受害者或其家属索取赔偿金是一件很困难的事情，尤其当服装生产订单被层层转包时更是如此。零售商通常会通过复杂的订单转包系统使自己撇清与生产工人的关系——生产订单被跨国中间商拿到并几经转手以后才会转包给工厂,在生产工厂到订货零售商之间往往隔着三四个层级的跨国中间商。

　　在孟加拉国工厂建筑倒塌事件发生之后,几个最大的欧洲服装公司同意为与它们有业务联系的孟加拉国工厂改进消防安全设施和修缮厂房提供资金。沃尔玛则公然将大约 250 家可能存在安全隐患的孟加拉国工厂列入了合作黑名单。其他一些大型零售商,如西尔斯,仍然认为一直与其合作的孟加拉国上游工厂安全可靠,并且仍然从那些工厂订购针织套衫和其他服装产品。这些零售商对孟加拉国工厂灾难的反应存在显著差别,这说明尽管要求变革的呼声一浪高过一浪,但是由于判断的标准和方法存在差异,实际上很难确定孟加拉国的哪些工厂能够确保安全生产。①

国际贸易案例

外国直接投资会阻碍还是会促进发展中国家的经济发展?

　　在低收入国家,经济发展的条件之一是增加国内的资本存量。发展中国家可以通过吸引外国直接投资来增加国内经济中的资本数量。外国直接投资是指外国企业在本国设立生产工厂或者取得对本国企业的实质性所有权;对于这个主题,我们将在第 9 章中做进一步讨论。

　　由于民族主义情绪以及担忧外国可能会在政治和经济上对本国造成影响,所以许多发展中国家一直以来都在试图限制外国直接投资（foreign direct investment,FDI）的流入。产生这种情绪的一个原因是,许多发展中国家过去一直都在充当发达经济体的殖民地。这段被殖民的历史往往会留下一种后遗症,即担心外国直接投资不过是新殖民主义的一种现代形式,来投资的外国企业可能会压榨东道国的资源。

　　近些年来,随着国际协议的签订、国际货币基金组织或世界银行不断施加压力,以及一些政府逐渐认识到外国直接投资能够促进本国经济增长因而采取了单边行动,许多发展中经济体大幅度放松了对外国直接投资流入的限制,这导致一些发展中经济体吸收的外国直接投资数量急剧扩张。

　　通过扩大东道国经济中的总需求,外国直接投资可以在较短的时间内促进东道国经济增长。在长期,资本存量的增加会提高劳动生产率,并且导致收入水平和国内总需求的进一步增加。然而,另一个长期的影响是伴随着外国直接投资的流动,技术知识从发达经济体转移到发展中经济体。许多经济学家认为,这种技术转移是外国直接投资给发展中经济体带来的主要好处。

208

① "Major Retailers Join Bangladesh Safety Plan," *The New York Times*, May 13, 2013; "Apparel Makers Promise Bangladesh Factory Safety," *Dow Jones Business News*, May 13, 2013; Jonathan Lahey and Anne D'Innocenzio, "Bangladesh Increasingly Risky for Clothing Makers," *Boston Globe*, May 13, 2013; "Before Dhaka Collapse, Some Firms Fled Risk," *Wall Street Journal*, May 8, 2013; and "Global Standards for Garment Industry under Scrutiny after Bangladesh Disaster," *PBS NewsHour*, April 26, 2013.

经常有人争辩说，出于国家安全考虑，有必要对某一特定行业的外国直接投资进行限制。这样的逻辑适用于禁止外国企业投资本国国防产业或者被认为与本国安全休戚相关的产业。如果本国的武器是由外国企业生产的，而且外国企业的母国将来有可能成为本国的敌对国家，那么本国政府应该会对该领域的外国投资感到不放心。

环境保护主义者们担心发展中经济体吸收的外国直接投资越来越多会恶化全球环境，因为外国投资扩张最迅速的国家往往也是环保标准相对宽松的国家。他们指出，正是由于缺乏严格的环保标准，资本投资才能够在欠发达经济体获得相对较高的收益率。然而，发达国家的技术转移也可能会促使发展中国家采用效率更高并且环保效果好的生产技术，而在缺乏外国投资的情况下，发展中国家可能无法获得这样的生产技术。

问题：你认为外国直接投资对发展中国家有利吗？

资料来源：John Kane, Does Foreign Direct Investment Hinder or Help Economic Development? South-Western Policy Debate，2004.

7.4 稳定初级产品价格

尽管发展中国家已经开始出口制成品，但是农产品和自然资源产品出口仍然是其吸纳就业的主要渠道。然而，正如我们所知，这些产品的出口价格和收入是相当不稳定的。

为了维持初级产品的出口价格和出口收入稳定，发展中国家制定了一系列**国际商品协定**（International Commodity Agreements，ICAs）。国际商品协定是商品的主要生产国和消费国就稳定商品价格和出口收入、保证充足供给和促进生产国经济发展等问题达成的协定。迄今为止共有六个国际商品协定——《国际可可协定》（International Cocoa Agreement）、《国际咖啡协定》（International Coffee Agreement）、《国际天然橡胶协定》（International Natural Rubber Agreement）、《国际糖协定》（International Sugar Agreement）、《国际锡协定》（International Tin Agreement）和《国际小麦协定》（International Wheat Agreement）——它们都包含了以稳定价格为目的的干预性条款。这些条款包括我们在后面将要讨论的生产和出口管制、缓冲存货和多边合同等，它们是国际商品协定赖以促进商品市场稳定性的基础。

尽管国际商品协定在20世纪60年代和70年代很流行，但是到80年代和90年代，国际商品协定便开始失效或者崩溃了。例如，在20世纪80年代，随着国际市场对锡的需求大幅下降，《国际锡协定》土崩瓦解了，国际锡业协会耗尽资金也无法通过购买来稳定国际锡价，最终就连为国际锡业协会再融资的努力也被终止了。同样，需求疲软和缺乏融资支持使得维持可可和糖的国际价格稳定变得越来越不切合实际。此外，对咖啡市场的管制也结束了，其原因主要是生产国之间和生产国内部在对由价格上涨所带来的利益如何分配的问题上存在矛盾。

简而言之，以往那些包含了价格稳定条款和存货控制义务的国际商品协定的兴废历史表明，尽管国际商品协定试图稳定初级产品价格，但在减少价格的波动性方面，其所取得成功是非常有限的，而且这种成功还要受到国际商品协定在操作层面上所遭遇的各种问题的限制。随着以稳定初级产品价格为目标的各个国际商品协定次第终止，由其演变而成的各种"研究小组"协定被建立起来。建立"研究小组"协定的目的包括收集和传播市场信息，开拓市场以及开展新产品的研究与开发。

7.4.1 生产和出口管制

如果一项国际商品协定所能影响到的商品数量占该商品世界总产出量（或出口量）的比重很大，那么该项国际商品协定的成员国就可能会商定运用**生产和出口管制**（Production and Export Controls）的方法来稳定出口收入。生产和出口管制就是通过影响世界市场上某种商品的供给来影响该商品的价格。商品协议的成员国首先要商定一个**目标价格**，然后再以该目标价格为基础确定商品的总生产量或者总出口量。比如，如果认为锡的国际价格在未来将下降到目标价格以下，那么生产国将被分配更少的生产量或者更少的出口配额。通过使锡在国际市场上更加稀缺，《国际锡协定》的成员国就将锡的国际价格保持在目标水平上。相反，如果预计锡的国际价格在未来将上升到目标价格以上，那么生产国将会被允许提高其产量和出口量。

然而，要对产量和出口量施加限制往往会存在一个障碍，这个障碍就是限定的产量和出口量在相关生产国之间究竟如何分配通常难以确定。比如，为了使咖啡价格不再下降，就需要降低咖啡的总出口量，那么咖啡出口的减少量又该如何在单个的生产国之间进行分配呢？不容易确定。第一，当咖啡价格下降时，咖啡生产小国可能不愿意减少其产出水平。第二，由于咖啡的价格在被人为抬高，因而可能会有新的咖啡生产国出现。第三，当咖啡价格下降时，那些刚刚开始从事咖啡生产或出口的国家可能不愿意减少其产出量或出口量。在上述每一种情况下，生产国都有动机去背叛产出限制协议，这样一来，执行产出限制协议就会非常困难。

7.4.2 缓冲存货

限制商品价格波动的另一种手段是**缓冲存货**（Buffer Stock）。通过建立缓冲存货，生产国结成联盟（或者一个国际机构）从而可以大量地买进和卖出该商品。生产国联盟提供资金购买并持有的商品库存就构成了缓冲存货。当商品的供给非常充足，价格低到无法接受的水平时，缓冲存货的管理者就会从市场上**买进**该商品；而在商品供给紧张、价格高昂时，缓冲存货的管理者就会卖出部分缓冲存货。

图 7.2 展示了《国际锡协定》为稳定价格做出努力的一个假想案例。假设该商品联盟设定锡的价格下限为每磅 3.27 美元、价格上限为每磅 4.02 美元，并以此作

209

7

为缓冲存货管理者稳定价格的行动方针。在图 7.2（a）中，市场的初始均衡状态位于点 A。假设锡的需求曲线从 D_0 上升到 D_1，为了使价格不超过 4.02 美元的上限，缓冲存货的管理者必须抵消这部分超额需求，做好在价格上限卖出 20 000 磅锡的准备。反之，若最初的均衡位置为图 7.2（b）中的点 E，当市场上锡的供给曲线从 S_0 向右移动到 S_1 时，要使价格不低于 3.27 美元的价格下限，缓冲存货的管理者必须准备好按照底线价格购入 20 000 磅的超额供给。

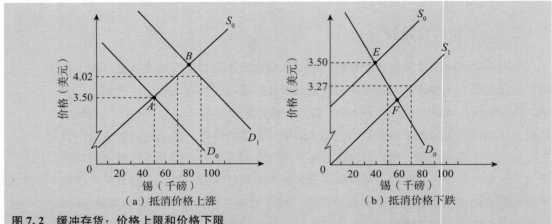

（a）抵消价格上涨　　　　　　　（b）抵消价格下跌

图 7.2　缓冲存货：价格上限和价格下限

当锡的市场需求增加时，缓冲存货管理者售出锡以阻止价格超过上限。然而，对上限价格的持续维护将导致存货的枯竭，从而破坏该价格稳定机制的有效性并引起价格上限的调整。而供给充足时，管理者将购入锡以阻止价格跌破下限。而在底线价格下大量购入锡将导致资金枯竭并引起价格下限的调整。

支持者认为，缓冲存货机制给初级产品生产国带来了一些好处。首先，成功运作的缓冲存货能够提高经济效率，因为如果初级产品的生产商意识到价格不会大起大落，那么就会有计划地进行投资和扩张。其次，由于初级产品价格的飙升会不可避免地拉动工业产品价格的上涨，而初级产品价格的下跌又会对工业品的价格造成巨大的下行压力，因此，缓冲存货机制通过稳定初级产品价格可以缓和发达国家的通货膨胀。从这个意义上说，与自由市场机制相比，缓冲存货机制是初级产品生产国稳定价格的更强有力的手段。

建立和管理一项缓冲存货计划也存在一定的成本和困难。在运用缓冲存货稳定价格的过程中，最基本的难题是如何商定能够反映长期市场趋势的目标价格。如果目标价格设置得过低，那么管理者要使市场价格与目标价格保持一致，就需要在公开市场上大量出售商品，因而缓冲存货会日益枯竭。如果目标价格设置得过高，那么管理者为了维持市场价格就不得不大量购入商品，而保存这些商品又需要支付运输费、保险费和人工费，因而持有存货的成本将越来越高。就目标价格的选择来说，缓冲存货管理方的决策通常是不尽如人意的。因此，缓冲存货的管理方通常并不会进行大规模地稳定价格的操作，而是定期修改目标价格以使其符合长期价格变动趋势。

7.4.3　多边合同

多边合同（Multilateral Contract）是稳定商品价格的另一种手段。这类合同通常会设定一个**最低价格**和一个**最高价格**，进口国可以按最低价格从生产国购买一定数量的商品，生产国则可以按最高价格销售一定数量的商品到进口国。进行这种形式的购买和销售是为了把商品的价格保持在目标范围之内。多边合同下的贸易通常发生在几个出口国和几个进口国之间，如《国际糖协定》和《国际小麦协定》。

与缓冲存货和出口控制等其他稳定价格的手段相比，多边合同的一个可能的好处是其对市场机制和资源配置造成的扭曲较少。之所以具有这种优势，是因为典型的多边合同并不涉及产出限制，从而不会制约效率高、成本低的生产商的发展。不过，如果多边合同设定的目标价格偏离长期均衡价格，那么供给和需求就会存在偏差。如果出现超额需求，那么表明价格上限定得过低；而如果供给发生了过剩，则说明价格下限定得太高。此外，如果规定参与者可以相对比较容易地进入和退出，那么多边合同对市场的稳定作用也是很有限的。

211

7

专栏

公平买卖运动能帮助贫穷的咖啡种植者吗？

我们已经知道，商品的价格如果太低的话，这对于发展中国家的生产商来说是一个很棘手的问题。那么，商品的消费者能否帮助生产商呢？我们来考察尼加拉瓜有关咖啡生产的一个案例。

尼加拉瓜一位咖啡种植者圣地亚哥·里维拉（Santiago Rivera）走出他在山区的家很远，去宣传著名的公平买卖咖啡运动。你听说过公平买卖咖啡运动吗？或许，你很快就会听说了。这项运动出现于 20 世纪 90 年代初的欧洲，宗旨是增加发展中国家贫困农民的收入，方法是通过制度建设让农民可以将其生产的咖啡豆直接卖给烘焙商和零售商，而不是再像过去那样卖给本国的中间商。

对于那些主要在拉丁美洲和其他热带地区耕作的农民来说，如果他们像过去那样把咖啡豆卖给中间商，那么每磅咖啡豆售价仅为 0.40 美元。而如果按照新的制度安排，农民把口感好、价格高的咖啡豆直接卖给美食店，那么他们销售每磅咖啡豆所赚取的收入可以达到 1.26 美元。

在公平买卖运动中，由农民组成的合作社里可以有多达 2 500 名成员。合作社制定价格，并直接向国外的经纪公司和其他分销商出口产品；合作社所做的这些事情，以前是由中间商——在尼加拉瓜被称作"土狼"——来做的。目前，发展中国家 400 万名种植咖啡的农民中有 50 万人已经加入了公平买卖运动。然而，这项运动也导致拉丁美洲一些地区发生了暴力事件，而且这些暴力事件大多涉及被绕过的中间商。

公平买卖咖啡运动作为一个最新的例子说明了社会活动家们如何利用自由市场经济来促进社会变革。该运动的组织者们表示，他们已经与八家美食烘焙商和大约 120 家商店（其中包括美国西夫韦有限公司等大型连锁企业）签约。公平买卖的咖啡制品包装上通常都带有"公平买卖"字样的认证标志。

公平买卖运动在欧洲取得了巨大成功，公平买卖的咖啡在 35 000 家商店中销售，年销售额达到 2.5 亿美元。在荷兰和瑞士等国，公平买卖的咖啡占咖啡总销售量的 5%。基于这些成果，欧洲的公平买卖运动组织者们正在努力将公平买卖扩展到糖、茶叶、巧克力和香蕉等其他商品。但公平买卖运动的积极参与者们承认，说服美国人购买带有社会性意义的咖啡比说服欧洲人更具挑战性；他们指出，美国人通常比欧洲人更不了解发展中国家的社会问题。公平买卖运动还没有得到麦斯威尔（Maxwell）和福爵（Folgers）等美国主要咖啡公司的支持。

然而，批评者们则质疑"公平买卖"咖啡究竟能提供多少帮助。他们指出，在公平买卖咖啡运动中最大的赢家不是农民，而是那些不时以公平买卖咖啡的名义大幅加价同时又宣扬自己是企业公民的零售商。那些零售商可以侥幸这么做，是因为消费者们通常很少或者根本不了解产品价格中有多少流向了农民。

7.5 石油卡特尔——欧佩克

尽管近几十年来许多发展中国家的经济没有得到明显改善，但还是有一些国家取得了显著进步，这其中就包括拥有石油矿藏的国家。一些石油出口国结成了卡特尔，其目的不只是为了稳定价格和收入而达成协议，更是为了提高石油价格，从而实现"垄断"利润。石油输出国组织就是一个典型的卡特尔。

石油输出国组织（欧佩克）（Organization of Petroleum Exporting Countries，OPEC）是由那些在世界市场上销售石油的国家组成的一个集团，该集团的成员国努力将石油价格维持在竞争市场价格之上以获取成员国的最大化利益。在整个 20 世纪 60 年代，OPEC 一直默默无闻，没有多大实际影响。然而，在 1973 年和 1974 年，OPEC 取得了石油价格的控制权，当时的石油价格受其影响从大约每桶 3 美元上升至每桶 12 美元。1979 年爆发的伊朗伊斯兰革命使 1980 年初的油价比 1979 年初高了一倍，到 1981 年，石油平均价格几乎达到每桶 36 美元。OPEC 的市场势力来源于两个方面，其一，国际社会对石油的需求不仅强劲而且缺乏弹性，其二，OPEC 控制了大约一半的世界石油生产和三分之二的世界石油储量。1986 年，世界经济陷入萧条，需求开始下降，受此影响，石油价格跌至每桶 11 美元，之后又有所反弹。

在 OPEC 形成之前，各石油生产国在销售石油时彼此独立，相互竞争。对全球市场而言，单个石油生产国并不重要，其出口水平的改变在较长的时间里也不会对世界石油价格产生明显的影响。然而，石油输出国发现，通过共同商定用生产配额来限制彼此之间的竞争，它们就可以在很大程度上操纵世界石油价格，比如，20世纪 70 年代的石油价格暴涨就是 OPEC 操纵价格的结果。

7.5.1　卡特尔利润的最大化

为了增加成员国的利润，**卡特尔**（Cartel）试图将价格维持在竞争市场价格之上。接下来我们分析一下卡特尔在提高利润时遇到的一些困难。

假设石油是一种标准化产品，并且在国际石油市场上现在共有 10 个规模相同的石油供应商。假设这些供应商之前在打价格战，其结果是所有供应商索取的价格都等于最低平均成本——供应商们都担心如果自己提高价格但其他供应商不跟进的话，那么自己将失去所有的市场份额。

假设这些供应商决定彼此不再进行残酷的价格竞争，而是进行串谋从而组成卡特尔。那么卡特尔将如何实现整体利润的最大化呢？答案是，像追求利润最大化的垄断厂商一样运作，即限制产量，提高价格。

图 7.3 显示了由这 10 个石油供应商组成的集团的需求和成本条件［图 7.3（a）］，以及集团中每个供应商平均的需求和成本条件［图 7.3（b）］。在组成卡特尔之前，竞争条件下的石油市场价格为每桶 20 美元。由于每个供应商的价格都恰好弥补其最小平均成本，所以其经济利润为零。市场上的每个供应商每天生产 150 桶石油，因而石油产业每天的总产量为 1 500 桶（150×10＝1 500）。

假设这些石油供应商组成卡特尔以实现供应商集体的利润最大化。为了实现该

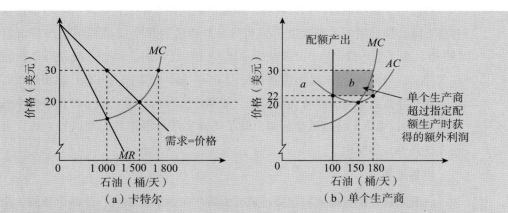

图 7.3　OPEC 利润最大化

作为一个卡特尔，OPEC 可以通过向其成员指定生产配额，进而将油价从每桶 20 美元提高到每桶 30 美元。该项配额使石油产量从每天 1 500 桶减少到每天 1 000 桶，并使这些在过去按照平均成本定价的生产商现在可以获得利润。每个生产商都希望突破指定的配额限制，将产量提高到自己的边际成本等于 OPEC 价格时的水平。但如果所有的生产商都以这种方式增加产量，那么在卡特尔价格水平上就会有石油供给过剩，进而迫使石油价格跌回每桶 20 美元。

目标，卡特尔必须首先按照边际收益等于边际成本的原则确定利润最大化时的总产出水平，然后以对每个供应商设置生产配额的方式在成员之间分配卡特尔的总产量。

如图 7.3（a）所示，卡特尔将产量从每天 1 500 桶限制为每天 1 000 桶，以此实现集团利润的最大化。这意味着，卡特尔中的每个成员必须将自己的产量从每天 150 桶减少到每天 100 桶，如图 7.3（b）所示。这一生产配额导致石油的市场价格从每桶 20 美元上升到每桶 30 美元。每个成员从每桶石油中可获得的利润为 8 美元（30 美元－22 美元＝8 美元），生产 100 桶石油的总利润为 800 美元（用面积 a 表示）。

接下来就要确保卡特尔成员的石油销售量不会超出该配额。这是一项艰难的任务，因为在卡特尔价格水平下，每个供应商都希望在配额之外销售更多的石油。但如果所有成员的销售量都超出配额，卡特尔价格就会跌回竞争性价格，从而利润将不复存在。所以，卡特尔要对不忠实履行指定配额的国家进行处罚。

如图 7.3（b）所示，每个卡特尔成员按照指定的配额每天销售 100 桶石油，并获得 800 美元的经济利润。然而，**单个**供应商意识到，在卡特尔价格水平下，如果自己的销量超出指定配额，那么将会获得更多的利润。受此激励，每个供应商都会提高产量，一直持续到其边际成本等于卡特尔价格 30 美元为止，这时产量为每天 180 桶。在此产出水平下，供应商将实现 1 440 美元的利润，用面积（a＋b）表示。通过暗中违反商定的生产配额，供应商能够增加的利润为 640 美元（1 440 美元－800 美元＝640 美元），用面积 b 表示。请注意，供应商获得 640 美元利润增量的前提是，在供应商增加产出时，石油的价格没有下降，也就是假定供应商增加的产出在整个产业的供给中只占很小一部分。

单独一个供应商或许可以在将产量维持在配额水平之上时不引起石油市场价格显著下降。但如果为了赚取更多的利润，卡特尔的每个成员都将其产量增至每天 180 桶，那么总产量将达到 1 800 桶（180×10＝1 800）。然而，要使石油价格维持在 30 美元，行业产量又必须控制在每天 1 000 桶。超限的 800 桶产出将压低石油价格，进而导致供应商的经济利润减少。如果经济利润跌回至零（即竞争性市场中的利润水平），那么卡特尔就会瓦解。除了不忠实履行指定的配额以外，成立卡特尔还存在其他一些障碍：

销售商数量

一般来讲，销售商数量越多，成立卡特尔的困难就越大。控制市场的 3 个销售商合作操纵价格和产量，要比 10 个各占 10％市场份额的销售商更容易达成一致。

成本和需求差异

当卡特尔成员在成本和产品需求方面存在差异时，价格协商就更加困难。因为存在这种差异，所以每个成员都会有不同的利润最大化价格，因而不存在能够被所有成员都接受的单一价格。

潜在的竞争

由组成卡特尔所带来的潜在利润增长可能会吸引新的竞争者进入市场，这会导致产品供给增加，从而引起价格下降和利润减少。所以，卡特尔要想成功，必须能够阻止新竞争者进入市场。

经济不景气

经济不景气是卡特尔经常遇到的问题。在经济低迷期，市场销售量下降，利润相应减少。卡特尔成员可能会通过降低价格来获得销量的增加，尽管这会避免利润的大幅度下降，但却会牺牲其他成员的利益。

替代商品

如果顾客可以用其他产品（煤炭和天然气）代替卡特尔生产的产品（石油），那么卡特尔的价格控制能力就会被削弱。

7.5.2　作为卡特尔的 OPEC

OPEC 一直不承认自己是一个**卡特尔**，然而，它的组织架构却包括了秘书处、部长会议、理事会和经济委员会。OPEC 一直在不断地通过在其成员之间制订系统性生产控制计划来维持油价。不过，OPEC 现在很难再控制油价了，因为它目前所控制的石油供给还不到世界总供给的 40％，这个数量不足以支撑其建立一个有效的卡特尔。同时，OPEC 的生产协定也并不总能如预期的那样落实到位，因为太多的成员违反协定，生产的石油数量超过了分派给它们的配额。自 1983 年首次对各成员实施生产配额开始，OPEC 的实际产量几乎总是高于目标水平，这意味着各成员国销售的石油数量一直都超过了授权量。事实上，OPEC 没有任何一个机构可以起到实施法令的作用。

沙特阿拉伯是一个例外。这个国家拥有世界上最多的石油储量以及最低的石油生产成本。沙特阿拉伯花费巨额资本来维持强大的石油生产能力，虽然强大的产能并没有完全被用于生产石油，但却使该国有能力在短期内影响或者威胁影响石油价格。

为了抗衡 OPEC 的市场势力，美国和其他的石油进口国可能会出台政策来增加供给或（和）减少需求。然而，对于美国来说，采取这些措施不可避免地会面临很多困难的选择，例如：

- **提高联邦政府强制的燃油经济性标准**。分析人士估计，如果从 1987 年开始，新型汽车的每加仑汽油行驶里程每年增加 1 英里，并且新型卡车的每加仑汽油行驶里程每年增加半英里，那么美国每天将能节省 130 万桶石油。然而，提高燃油经济性标准可能会遭到汽车生产商的抵制，因为这一政策将会提高它们的生产成本。

- **提高联邦政府对汽油征收的消费税**。尽管由此导致的汽油价格上涨会鼓励消费者节约能源，但是这一政策也会遭到偏好低价格汽油的美国消费者的反对。汽油价格上涨尤其会伤害那些支付能力最弱的低收入消费者的利益。
- **允许石油公司在美国阿拉斯加州被认定为荒野的联邦土地上钻探，因为在那里很有可能发现石油。** 或许真的可以发现石油。但如果荒野遭到破坏并且无法恢复，那么接下来又会发生什么呢？又由谁来承担这一切后果呢？
- **实现进口来源的多样化**。尽管成本很高，但是美国应该努力加强与中东地区以外的石油生产国之间的关系，从而降低对不稳定地区的依赖。然而，这就需要美国与安哥拉、印度尼西亚和越南等国的令人讨厌的政权开展更加密切的合作。另外，OPEC石油能够以比较低廉的成本被开采出来。而在墨西哥湾以及北海地区，诸如埃克森美孚（ExxonMobil）和康菲石油（Conoco）等深水钻探公司生产一桶石油的成本是6~8美元，但是沙特阿拉伯和科威特的石油开采成本只是它们的一小部分，每桶1美元或者更低。这一成本优势增强了OPEC的市场势力。
- **开发生物燃料和风能等替代能源**。这一努力或许可以成为现实。但是，这往往需要政府给予补贴支持，而且最终是由纳税人买单。

尽管上面的措施实施起来存在困难，但是我们已经看到了一些变化。20世纪70年代OPEC的崛起刺激美国和其他国家生产更多的能源，包括石油。今天，我们可以看到现代化的风能和太阳能产业蓬勃发展，我们可以看到核能和煤炭被用来发电，我们还可以看到新研制的技术被用于生产天然气，等等。特别是，随着水力压裂法等新技术的应用，美国北达科他州和得克萨斯州的大量页岩油资源得到了开发，美国的原油产量因而大幅提高了；此外，宾夕法尼亚州等地的页岩矿床则主要出产天然气。随着墨西哥湾、加拿大及其他国家和地区石油产量的不断扩大，世界的石油产量比20世纪70年代初要高得多。因而，OPEC不能再像几年前那样在国际石油市场上呼风唤雨了。

7.6 对发展中国家的援助

我们已经知道，石油出口国是一个特殊的发展中国家集团，它们在近几十年里赚取了巨额财富。然而，大多数发展中国家并没有这样好的处境。许多发展中国家对自身的经济发展状况不满意，并且认为它们所面临的很多问题是由现行国际贸易体制的缺陷造成的，因此它们组织起来不断要求发达国家成立机构并制定政策以改善经济发展环境。由此产生的支持发展中国家的机构和政策包括：世界银行、国际货币基金组织以及普遍优惠制度。

7.6.1　世界银行

20 世纪 40 年代，为了使世界格局能够尽快从战争环境过渡到和平环境，并且防止大萧条时期经济动荡局势再次发生，两个世界性机构成立了——1944 年 7 月，在美国新罕布什尔州布雷顿森林地区召开的联合国货币和金融会议上，成立了世界银行和国际货币基金组织。发展中国家可以从这两个机构获得资金以促进经济发展和金融稳定。

世界银行（World Bank）是向发展中国家提供贷款的国际组织，其宗旨在于减少贫困和促进经济发展。世界银行向成员国政府及其代理机构，以及成员国的私营企业提供贷款。世界银行并不是一般意义上的"银行"，它是联合国的专设机构之一，由 189 个成员国组成，这些国家共同负责世界银行资金的筹措和发放。

"世界银行集团"（World Bank Group）一词被用来描述紧密联系在一起的 5 个机构。国际复兴开发银行（International Bank for Reconstruction and Development，IBRD）和国际开发协会（International Development Association，IDA）负责向发展中国家提供低息贷款和补助金。国际金融公司（International Finance Corporation，IFC）负责向资本稀缺的发展中国家提供股权、长期贷款、贷款担保以及咨询服务。多边投资担保机构（Multilateral Investment Guarantee Agency，MIGA）通过向外国投资者提供担保，使其免受因为战争、国内骚乱等类似原因所造成的损失，来鼓励它们向发展中国家投资。最后，国际投资争端解决中心（International Center for Settlement of Investment Disputes，ICSID）通过为解决投资纠纷提供协调和仲裁方面的便利，在发展中国家和外国投资者之间形成一种相互信任的氛围，从而鼓励了外国投资。

世界银行向通过其他途径无法按照合理条件获得资金的发展中国家提供贷款，这些贷款资金用于具体发展项目，如修建医院、学校、公路和水坝。世界银行的业务还涉及许多项目：提高几内亚人民预防艾滋病的意识，支持孟加拉国的女孩教育，提高墨西哥卫生保健的覆盖面，以及资助印度遭受地震破坏后的重建工程。世界银行向难以甚至无法按照市场条件筹措到资金的发展中国家提供低利率贷款，并在一定条件下提供无息贷款。

近年来，世界银行为一些债务沉重的发展中国家的债务再融资项目提供了资金。如表 7.3 所示，世界银行鼓励私人资本投向发展中国家。世界银行的资金主要由富裕的发达国家提供。在世界银行位于华盛顿的总部和 109 个国家的办事处里，有来自世界上几乎每一个国家的总共大约 10 000 名发展问题专家为成员国提供专业的援助服务。

216

217

表 7.3　2019 年世界银行为各部门提供贷款ª所占的百分比

发展中国家的行业部门	占总量的百分比（%）
农业、渔业和林业	4
教育	8
能源和采矿	12
金融	10
健康和社会服务	7
工业和贸易	10
信息通信	1
公共管理、法律和司法	23
社会保障	10
交通	7
水源、公共卫生和防洪	8

a. 向各部门提供的贷款总额为 231.91 亿美元。

资料来源：The World Bank, "World Bank Lending by Theme and Sector," Annual Report 2019, available at http://www.worldbank.org.

在帮助发展中国家抗击疟疾以及修建水坝和学校的同时，世界银行还必须处理欺诈和腐败问题。发展中国家政府中的一些腐败官员和一些项目承包商有时会将世界银行提供的发展资金装进自己的腰包，而不是将这些资金用于造福广大穷人。由于货币很容易被挪作他用，所以世界银行很难对已经拨付的资金进行追踪，从而识别腐败的源头。如果世界银行提供的资金被贪腐掉，那么这么一大笔资金就不能用于穷国的经济发展，并且穷国的纳税人还要向世界银行偿还贷款。世界银行能否采取保障措施以确保各成员国委托给世界银行的资金有效地用于预定目标仍有待观察。

随着全球化的发展，世界经济不断演变，世界银行的作用也在减弱。新的竞争者正在源源不断地向发展中国家输送资金。例如，新加坡和阿布扎比酋长国的主权财富基金为了追逐利润已经将投资触角延伸到偏远的地区；而中国、巴西、印度和俄罗斯也在为更贫穷国家的基础设施建设和工业发展提供资金，以确保它们能够获得原材料和出口市场。*

7.6.2　国际货币基金组织

另一个向发展中国家（以及发达国家）提供援助的机构是总部设在美国华盛顿特区的**国际货币基金组织**（International Monetary Fund，IMF）。IMF 共有 189 个

---

*　大量的实证研究表明，中国对外投资有力地推动了东道国尤其是贫穷国家的就业增进、基础设施建设和经济发展，为提升东道国人民乃至全人类的共同福祉做出了巨大贡献。——译者注

成员方，它可以被视为各成员方中央银行的银行。在特定的时期内，某些成员方会面临国际收支盈余，同时其他成员方会面临国际收支赤字。当某个经济体出现国际收支赤字时，它首先会动用其外汇储备（如美元）来偿付对其他经济体的债务。然而，如果赤字方没有足够的外汇储备，那么其他经济体就可以通过 IMF 对其提供援助——通过向 IMF 提供可贷资金，国际收支盈余的一方就可将资金输送给面临短期赤字的一方。在长期，借款方必须消除国际收支赤字，而且 IMF 也努力确保借款方能够尽可能及时、有序地调整其国际收支。

IMF 的资金主要有两个来源：配额和贷款。配额（或称会费），也就是成员方缴纳的统筹资金，是 IMF 资金的主要来源。成员方的配额资金规模取决于其在世界经济和金融中的重要性，成员方的经济重要性越大，其承担的配额规模也就越大。配额规模是周期性增加的，其目的是增加 IMF 的资金总量。IMF 还通过向其成员方贷款的方式来筹措资金，主要的发达国家以及沙特阿拉伯都对 IMF 提供一定的信贷额度。

IMF 提供的所有贷款都带有一定程度的**限制性**，也就是说，国际收支赤字的成员方要想获得贷款就必须同意 IMF 规定的经济和金融政策。这些政策的目的是消除成员方的国际收支赤字，并且促使其实现无通胀的经济增长。然而，IMF 的贷款限制性条件往往会遭到赤字方的强烈抵制。为了能让赤字方"量入为出"，IMF 有时会要求其实行紧缩性政策，包括大幅度削减公共开支、私人消费和进口。

批评人士指出，IMF 提供的紧急援助可能会滋生所谓的道德风险问题，即当经济形势好转时，成员方能够从其决策中获利，而当经济形势恶化时，成员方则会受到 IMF 的保护。然而，如果成员方不需要为其错误的决策承担成本，那么这会不会鼓励它们在将来继续做出错误的决策呢？另一个值得关注的问题是，IMF 的限制性贷款条件（表现为紧缩性货币政策和财政政策）所带来的收缩效应。这样的贷款条件是否会导致企业和银行倒闭，引发严重的经济衰退，并且限制政府为帮助穷人而增加支出？许多分析人士认为答案是肯定的。

7.6.3　普遍优惠制度

由于进入发达国家市场的机会有限，发展中国家一直以来都在要求发达国家降低关税壁垒。为了帮助发展中国家增强国际竞争力，扩展工业基础，许多发达国家对发展中国家的出口商品实施了非互惠的关税优惠政策。在**普遍优惠制度**（Generalized System of Preferences，GSP；简称普惠制）下，主要发达国家暂时降低从发展中国家进口的指定制成品的关税，并且关税水平低于对从其他发达国家进口的商品所征收的关税水平。尽管如此，普惠制并不是一项统一的制度，它由许多独立的减税方案组成，这些方案在适用的产品种类、关税削减幅度方面都存在差异。简单地说，普惠制是通过扩大贸易而不是对外援助来促进发展中国家的经济发展。

发达国家提供的贸易优惠是自愿性的，也就是说，普惠制不属于世界贸易组织规定的义务。提供贸易优惠的国家可以决定受惠国的资格条件、受惠产品范围、优惠幅度以及优惠期限。在实践中，发达国家政府很少会对发展中国家具有较大出口潜力的部门提供较大程度的优惠。因此，发展中国家通常情况下在自身具有比较优势的领域只能得到有限的优惠。只给予有限优惠的主要原因在于发达国家中的一些部门强烈反对贸易自由化。

美国自 1976 年开始实施普惠制，至今享受免除关税待遇的产品已经扩展到了大约 3 000 项。受惠国的资格条件包括不支持国际恐怖主义，服从国际环境、劳工和知识产权法律。美国实施的普惠制对源于符合条件的国家的符合条件的产品提供完全免除关税和免除配额的优惠。美国实施的普惠制的受益方涉及大约 120 个发展中国家及其属地。与其他发达国家实施的普惠制类似，美国实施的普惠制规定某些敏感的进口产品不能享受关税优惠待遇。

纺织品和服装、鞋靴类产品以及一些农产品不具备享受普惠制待遇资格。此外，如果发展中国家某种产品的年出口额超过 1 亿美元，或者发达国家进口该产品后对国内产业造成了实质性损害，那么该产品将不能再享受发达国家给予的普惠制待遇。随着普惠制的参与者越来越富有，有的国家和地区也逐渐从普惠制中"毕业"。这些"毕业生"中包括中国香港、新加坡、马来西亚和中国台湾。

尽管普惠制为发展中国家的产品进入发达国家市场提供了优惠待遇，但是仍有一些因素会弱化减少贫穷国家面临的贸易壁垒所产生的效果。第一，优惠措施主要适用于关税税率已经相对较低的产品。第二，关税优惠也可能被非关税壁垒措施（例如反倾销税和保障措施）所抵消。第三，在进口国国内利益集团的游说下，一些商品和国家不再具备享受普惠制待遇资格。因此，发展中国家对于进入发达国家市场的机会有限感到沮丧。

7.6.4 援助能够促进发展中国家的经济增长吗？

援助能够促进发展中国家的经济增长吗？关于援助是否有效的争论已经持续了几十年。批评者们坚持认为，对发展中国家的援助助长了政府官僚主义，延长了糟糕的政府的任期，只能让穷国的富人受益，或者有的援助干脆被挥霍掉了。他们指出，南亚和非洲的国家虽然接受了 40 年的援助，但那里仍然普遍贫穷；某些接受巨额援助的国家（例如海地、刚果民主共和国、索马里和巴布亚新几内亚）的境况非常糟糕。在他们看来，援助项目应从根本上进行调整，或者大幅度削减，或者干脆全部取消。

然而，支持者们反驳称，上述观点虽然有正确的成分，但是过于夸张。他们表示，虽然对发展中国家的援助有时不能完全达到效果，但是在减贫、促进经济增长以及防止境况恶化方面，援助还是发挥了极大作用的。对发展中国家的援助之所以还存在许多缺陷，其原因主要在于实施援助的国家而不是接受援助的国家，特别是许多援助被发放给了施援国的政治盟友，而不是那些真正亟待援助以促进发展的国家。支持者们会列举几个接受大量援助并且成功实现经济增长的国家，如韩国、印度尼西亚、博茨瓦纳、莫桑比克和坦桑尼亚。他们还会指出，自国际援助被广泛实施以来的 40 年里，许多国家的贫困指数都下降了，而健康和教育指数的增长速度则要快于人类历史上的任何其他 40 年。

位于美国华盛顿特区的全球发展中心（Center for Global Development）的研究员们试图为争论找到答案。他们把给予发展中国家的援助分成不同的类别并认为，用于发展基础设施（如交通系统、通信、能源以及金融服务）的援助对受援国的经济增长有较强的影响，因此将其称为**增长导向型援助**（growth-oriented aid）；然而，用于赈灾和人道主义、食物供应、饮用水卫生等的援助不会对受援国的经济增长产生立竿见影的效果。研究发现，在为期四年的援助期里，每 1 美元的增长导向型援助可使受援国的收入平均增加 1.64 美元，援助资金的年收益率约为 13%。研究员们得出的结论是：在增长导向型援助和受援国的经济平均增长率之间存在着正向因果关系，尽管并非每个国家都是这样。总之，以促进经济增长为目的的援助起到了积极作用。[①]

7.7　经济增长战略：进口替代型增长抑或出口导向型增长

除了向发达国家寻求经济援助以外，发展中国家为了实现工业化还实施了两种竞争性战略：（1）内向型战略（即进口替代型工业化战略），该战略强调发展工业的目的主要是支持国内市场，因而不考虑对外贸易的重要性；（2）外向型战略（即出口导向型工业化战略），该战略强调鼓励发展本国具有比较优势的产业，因而不断增产的可用于出口的商品在很大程度上要依赖于外国购买。

7.7.1　进口替代型经济增长

在 20 世纪 50—60 年代，**进口替代**（Import Substitution）型工业化战略流行于阿根廷、巴西和墨西哥等发展中国家，目前还有一些国家依然采用这一战略。实施进口替代型战略要求广泛地设置贸易壁垒，从而保护国内产业免受进口竞争。这一战略是内向型的，也就是说，贸易和工业生产的目的在于扶植国内市场，而不是培育出口市场。例如，按照进口替代型战略，如果出现了化肥进口，那么本国就应当建立自己的化肥产业，用国产化肥代替进口化肥。在极端情况下，进口替代型政策将导致完全的自给自足。

---

① Steven Radelet，Michael Clemens，and Rikhil Bhavnani，"Aid and Growth," *Finance and Development*，September 2005，pp. 16 - 20.

实施进口替代型战略的根本原理源于发展中国家对贸易所采取的观点。许多发展中国家认为，由于它们没有能力与发达国家的成熟企业竞争，所以无法向发达国家出口制成品，尤其在发达国家维持很高的贸易壁垒时更是如此。考虑到经济增长和发展的需要，发展中国家必须自己生产一部分原本需要进口的商品，除此之外别无选择。因此，发展中国家需要采取各种贸易限制措施以阻止贸易，从而把国内市场留给本国生产商。这种观点经常与幼稚产业保护论结合在一起：保护新兴产业，让它们成长壮大，直至能够与发达国家的产业进行竞争。

从一个侧面来看，进口替代似乎是合理的：如果一种商品存在需求，需要进口，那么为什么不在本国进行生产呢？然而，经济学家对此的解释是，国内生产成本可能会更高，而进口可能会更便宜；比较优势会决定哪些商品该进口，哪些商品该出口。

进口替代型工业化战略在促进经济发展方面具有以下优势：

- 由于进口制成品的国内市场已经存在，所以建立本土产业以生产进口替代品的风险较低。
- 对发展中国家来说，保护国内的制造商免受国外竞争，要比迫使发达国家减少对发展中国家出口商品的贸易限制更加容易。
- 为了避开发展中国家的进口关税壁垒，外国厂商可能会将工厂建在该国国内，这就为当地劳工提供了就业机会。

与这些优势相对，进口替代型工业化战略也存在一些劣势：

- 由于贸易限制措施使国内产业免受国际竞争，国内产业因而也就会失去提高效率的动力。
- 许多发展中国家的国内市场规模较小，制造商难以实现规模经济，因此，产品的单位生产成本偏高。
- 如果没有贸易保护，那么受保护产业所使用的资源原本会流向其他产业。因此，对进口竞争产业的保护自然也就对其他产业（包括潜在的出口产业）构成了歧视。
- 如果一些领域只有在受到关税和配额保护的情况下才能获利，并且该领域已经沉淀了大量投资，那么任何废除这些贸易限制措施的努力都将受到很大的阻力。
- 进口替代还会滋生腐败现象。经济的保护程度越高，走私等非法活动所获得的收益将会越大。

20世纪70年代，进口替代型工业化越来越多地遭到批评。实证研究表明，与采取保护主义政策的国家相比，采取更加自由化政策的发展中国家通常实现了更快的净增长。因而，到20世纪80年代中期，许多发展中国家开始取消进口配额，降低关税。

> 专栏

进口替代型战略给巴西造成的负面影响

　　尽管发展中国家在工业化进程中经常采用进口替代型战略，但是这一战略所产生的结果有时与其初衷背道而驰。让我们看一看巴西的例子。

　　在 1991 年，安瑞科·米萨斯（Enrico Misasi）作为意大利计算机制造商 Olivetti 有限公司巴西分公司的总裁，却没有一台 Olivetti 制造的计算机。他的办公桌上摆放的计算机是由两家巴西企业制造的，不仅成本是 Olivetti 的三倍多，而且质量也很差。在巴西，Olivetti 有限公司不能生产计算机，只被允许生产打字机和计算器。

　　之所以会出现这种反常现象，是因为巴西直到 1991 年仍然实施进口替代型政策。从 20 世纪 70 年代到 1991 年，巴西禁止从国外进口个人计算机或微芯片、传真机及几十种其他电子产品。巴西不仅禁止进口电子产品，也禁止外国公司在巴西投资建立电子产品制造厂。由于法律规定合资公司中外国公司拥有的股份不能超过 30%，所以合资企业在巴西也建不起来。采取这些限制措施的目的是培育巴西国内的电子产业。但事实上，就连该法律的支持者也开始承认，巴西的电子产业技术落后，根本不具备国际竞争力。

　　从 20 世纪 90 年代初期开始，由禁止进口所带来的代价日益凸显。巴西的汽车中几乎看不到电控燃油喷射系统和刹车防滑系统，而这两种装置当时在世界范围内已被广泛使用了。巴西不允许诸如苹果公司的麦金塔计算机等产品在其国内销售。巴西宁可让美国企业——德州仪器关闭其在巴西的半导体工厂，损失 250 个就业机会，也不允许该公司投资 1.33 亿美元为巴西工厂配备现代化的生产线。对进口替代型政策的坚持使巴西成为一个计算机普及率较低的国家——到 1991 年，巴西只有 12% 的中小企业实现或部分实现了计算机现代化，只有 0.5% 的教室装备了计算机。由于国外品牌的计算机既不能在巴西国内生产，又不准许进口到巴西，所以巴西许多企业没有能够及时推进现代化进程。为了解决问题，一些巴西企业甚至通过走私来获取计算机和其他电气设备；而那些遵守进口禁令的企业则只能继续使用陈旧且昂贵的设备。

　　由于意识到进口替代型政策对其计算机产业产生了负面影响，巴西政府在 1991 年取消了电子产品进口禁令。尽管这时的巴西政府仍然通过高昂的进口关税保护国内产业，但取消电子产品进口禁令无异于粉碎了巴西民族主义政策的基石。此外，巴西政府还允许外国合作伙伴在合资企业中持有的股份占比从 30% 提高至 49%，并且允许它们向巴西转移技术。

7.7.2 出口导向型经济增长

另一种发展战略是**出口导向型增长**（Export-Led Growth）或**出口导向型政策**（Export-Oriented Policy）。这一战略是外向型的，因为它将国内经济与世界经济联系在了一起；同时，这一战略不是通过保护处于比较劣势的国内产业来实现经济增长，而是通过出口制成品来促进本国经济增长。即便本国设置的进口壁垒对本国出口产生了抑制作用，这种抑制作用也会被本国政府采取的出口补贴政策所抵消，从这个意义上讲，在出口导向战略下，贸易管制要么不存在，要么程度非常低。这样，工业化就是发展的自然结果，而不再是需要以牺牲经济效率为代价才能实现的目标。到20世纪80年代中期，许多发展中国家已经放弃了进口替代型战略，将政策重点转向了促进出口导向型经济增长。

出口导向型政策具有三个优点。第一，出口导向型政策可以促进发展中国家比较优势产业（如劳动密集型制造业）的发展。第二，出口导向型政策通过为国内制造商提供更为广阔的销售市场，从而使它们有条件更充分地发挥规模经济效应。第三，由于出口导向型政策对商品进口的限制较少，所以国内企业迫于竞争压力会努力提高效率。

世界银行的经济学家们已经研究了发展中经济体的贸易开放与其经济增长之间的关系。他们将分析样本中包含的72个经济体划分为"**全球化经济体**"（*globalizers*）和"**非全球化经济体**"（*nonglobalizers*）两类。全球化经济体是指那些在1975—1995年间贸易额与国内生产总值之间的比值提高最大的24个经济体。在20世纪60—70年代，非全球化经济体经历了一段人均实际收入较快增长的时期，增长速度相对稍快于全球化经济体。然而，进入20世纪80年代，全球化经济体则经历了更高速度的经济增长，这些经济体的实际人均收入的年均增长率为3.5%，而非全球化经济体的这一指标仅为0.8%。这些发现支持这样一种观点：实施出口导向型政策的经济体的经济表现比实施进口替代型政策的经济体更为出色。①

7.7.3 经济增长对穷人有利吗？

尽管事实强有力地证明国际贸易能够促进经济增长，但是经济增长就必然会对发展中国家里的贫穷工人有利吗？批评者们争辩称，如果经济增长是由贸易或者海外直接投资推动的，那么这种增长通常不利于穷人。他们指出，投资流入会加剧经济的不稳定性，从而使工人更易于遭受金融危机风险的影响，甚至成为发达国家银行的关注对象。此外，批评者们还认为，贸易拉动的经济增长使西方的跨国公司控制了发展中国家的发展——这是很糟糕的，因为西方的跨国公司根本不关心发展问

---

① David Dollar and Aart Kraay, *Trade*，*Growth*，*and Poverty*，World Bank Development Research Group，2001.

题，它们只想通过让穷国继续贫穷的方式来获取更多的利润。这种观点的依据——批评人士们声称——在于这样一件事实：虽然发展中国家和发达国家的国民收入都增加了，但两者之间的经济不平等仍然在加剧，更何况跨国公司在生产商品的时候还使用了血汗工厂。因此，如果工人们的福利是你首要关心的问题，那么即便贸易真的能够促进增长，这种增长也不能给出令你满意的回答。

然而，也有事实能够强有力地证明经济增长有利于穷人。那些实现了持续性增长的发展中国家，比如一些东亚国家，在减贫方面已经取得了显著的进步。而那些存在大面积贫困或者贫困状况日益恶化的国家通常是经济增长不明显的国家，其中尤以非洲国家最为典型。尽管短期的经济政策能够在减少贫困方面发挥作用，但从长期来看，经济增长所能产生的影响更加重要。

人们对于穷人在多大程度上受益于经济增长这个问题，一直存在着激烈的争论。持反对意见的人们认为，经济增长给穷人带来的潜在利益，被伴随着经济增长而急剧增加的不公平完全破坏掉了或者完全抵消掉了。然而，支持者们认为，开放市场等自由化的经济政策以及促进金融和财政稳定的政策，会使社会中穷人和其他人的收入按合理的比例增长。

7.7.4　所有发展中国家都能够实现出口导向型经济增长吗？

尽管出口能够促进发展中国家经济增长，但是这取决于发达国家是否愿意和是否有能力从发展中国家进口大量的产品。悲观者认为，出口促进发展中国家经济增长这一逻辑过程包含了一个合成谬误*。如果所有的发展中国家同时努力扩大出口，那么其产品在世界市场上的价格将会下降。此外，发达国家可能会由于担心外国竞争，特别是在其国内处于高失业率时期，从而征收关税以减少来自进口商品的竞争。那么，如果过多的发展中国家同时努力扩大出口，贸易自由化会适得其反吗？

从地理和人口方面看，发展中国家作为一个整体的确是一个庞然大物，但是从经济方面来看，它就显得很小了。合计起来，世界上所有贫穷国家和中等收入国家的出口总额只占世界产出的 5%，这大约仅相当于英国的国民产出水平。所以说，就算全球对进口商品的需求受到了某种限制，那些原本没有积极参与扩大出口的发展中国家现在联合起来推动出口，也不会对全球贸易体系造成太大的压力。

悲观主义者们也往往会低估产业内贸易在整个贸易中所占的比重，而产业内贸易也正在为发展中国家创造一系列新的贸易机会。发展中国家之间（而不是其与发达国家之间）的新型贸易也被低估了。随着经济不断增长，一些发展中国家或地区通常将会从劳动密集型制造业转向更加复杂的产业，这样一来，它们就将原本由自己占据的市场让渡给发展程度更低的国家或地区。例如，在 20 世纪 70 年代，日本国内淘汰了劳动密集型制造业，这为韩国、中国台湾和新加坡扩大出口提供了条

223

----

*　简单地说，合成谬误指符合每一个个体利益的事情却不符合由这些个体构成的整体的利益。——译者注

件；而到了 20 世纪 80 年代和 90 年代，随着中国大陆生产的劳动密集型产品大量进入世界市场，韩国、中国台湾和新加坡也逐渐淘汰了劳动密集型产业。另外，随着发展中国家通过出口实现经济增长，它们自身对进口商品的需求也在不断增加。

7.8 东亚经济体

尽管许多发展中国家的经济发展缓慢，但是也有一些国家实现了持续性的经济增长，如表 7.4 所示。东亚地区的一些发展中国家或地区作为一个群体在经济方面获得了成功，其中尤以中国和印度尼西亚最为突出。它们获取成功的原因是什么呢？

表 7.4　2012—2018 年东亚部分经济体国内生产总值增长率

国家	当年 GDP 增长率（%）		
	2012 年	2015 年	2018 年
中国	7.7	6.9	6.6
柬埔寨	7.3	7.0	7.5
菲律宾	6.8	5.9	6.2
印度尼西亚	6.3	4.8	5.2
泰国	6.5	2.8	4.1
越南	5.2	6.7	7.1
马来西亚	5.6	5.0	4.7

资料来源：World Bank, World Data Bank, World Development Indicators, available at www. databank. world-bank. org. See also Central Intelligence Agency, World Fact Book, available at www. cia. gov.

东亚经济体虽然在自然资源、人口、文化和经济政策方面存在着巨大差异，但是在它们经济成功的背后也存在着一些共同特征：（1）较高的投资率；（2）由于初等教育和中等教育被广泛普及，所以人力资本不断增加并且已经达到了较高水平。

为了增强竞争力，东亚各经济体的政府一直以来注重人力资本投资，并为私营企业提供有利的竞争环境。此外，它们还通过发展国际贸易保持自身经济的开放性，通过获得许可权、资本品进口和外国培训等方式积极吸收国外技术。

对于工会，有的政府进行蓄意镇压（如韩国），有的政府进行家长式的管制（如新加坡），也有的政府实施自由放任的政策，但不管怎样，东亚经济体普遍都在抑制工会组织的成长。这样做的结果是，不仅避免了最低工资立法，而且维持了当地劳动力市场的自由性和竞争性。

在第二次世界大战以后，东亚经济体（中国香港除外）都实施了一段时期的进口替代型贸易政策。为了培育本地消费品产业，这些国家和地区不仅对进口商品征收高额关税，实行数量限制，而且对纺织等制造产业提供补贴。尽管这些政策最初使得当地生产得以增加，但随着时间的推移，这些政策让东亚经济体付出了代价。

由于进口替代型政策在刺激资本品和中间产品进口的同时，抑制了当地工业制成品的出口，所以东亚经济体在推行这些政策的时候就必然要面临巨额贸易赤字。为了获得外汇以消除这些赤字，东亚经济体逐渐转向了外向型的、促进出口的发展战略。

在 20 世纪 50 年代末和 60 年代，东亚经济体实施了出口促进战略。新加坡和中国香港建立了类似于自由贸易的贸易制度。日本、韩国和中国台湾一方面保护自己的生产商免受进口竞争，另一方面推行出口促进政策。印度尼西亚、马来西亚和泰国在逐步减少进口限制的同时，采取多种政策鼓励出口。由于这些措施，东亚经济体的出口在世界总出口中所占的比重不断增长，而且工业制成品出口增长在其中占据了主要部分。

然而，东亚经济体在取得成功的同时也出现了一些问题。强调不惜一切代价实现工业化的发展模式给许多东亚经济体带来了严重的污染问题。同时，东亚经济体积累的巨额贸易盈余引发了海外——特别是美国——越来越强烈的保护主义情绪；在美国看来，东亚经济体未来的出口增长仍然要在很大程度上依赖于美国市场。

雁行经济增长模式

人们普遍认为，东亚经济体遵循的是**雁行经济增长模式**（Flying-Geese Pattern of Economic Growth），即在发展进程中，各经济体通过模仿领先者的增长模式，逐步提高技术发展水平。例如，当日本集中发展汽车、电子和其他资本品等高新技术产业时，中国台湾和马来西亚取代日本成为服装和纺织品的主要生产地。又过了大约 10 年之后，当中国台湾和马来西亚也有能力生产汽车和电子产品时，服装和纺织业又转移到了泰国、越南和印度尼西亚。

在某种程度上，雁行经济增长模式是市场力量发挥作用的结果——劳动力丰裕的国家会在靴鞋等劳动密集型产业上拥有国际竞争力，而随着储蓄和教育不断增加资本和熟练劳动力的供给，该国的竞争优势将逐渐转向资本密集型或技术密集型产业。不过，正像东亚经济体所呈现的那样，雁行经济发展模式所必需的不仅仅是市场。即便是像电子产品组装这样基础性的劳动密集型产业，也在逐渐为跨国公司和发达国家创造的技术所支配。

对于东亚经济体来说，一个强大的出口平台是支撑其雁行经济增长模式的基础。东亚各经济体的政府已经构建了多样化的出口平台，如保税仓库、对外贸易区、合资企业以及与跨国公司组建战略联盟等。这些政府通过经济政策支持这些机制，以促进劳动密集型产品的出口。①

---

① Terutomo Ozawa, *Institutions, Industrial Upgrading, and Economic Performance in Japan: The Flying-Geese Theory of Catch-Up Growth* (Cheltenham, United Kingdom: Edward Elgar, 2005).

7.9　中国的巨大飞跃

中国是另一个在近年来取得卓越经济成就的东亚国家。我们来看看其中的原因。

在 18 世纪以前，中国是世界上最大、最发达的经济体之一。中国发明了丝绸、造纸术、活字印刷术、火药、罗盘、机械时钟等等，甚至还曾拥有先进的海军体系。尽管取得了这些技术进步，但是在 19 世纪和 20 世纪初，中国经济便停滞不前了，经济的绝对量甚至出现了下降。

225

在中华人民共和国成立后，中国即开始实行苏联式的中央计划经济和进口替代型政策，这种经济政策的重点是推进快速的经济增长，特别是工业增长。为此，中国政府接管了城市制造业，实施了农业集体化，并且建立了指令性的生产配额制度。然而，由于市场无法发挥作用，中国政府当时所采取的政策反而抑制了经济增长。

到 20 世纪 70 年代，在目睹了曾经贫穷的邻居——日本、新加坡和韩国——实现了强劲增长和经济繁荣以后，中国开始对经济进行市场化改革。在农业和工业领域，改革的内容包括增加生产企业的决策权，提高经济个体的积极性，减少政府计划部门的权限。许多商品也不再由政府定价，而是按市场决定的价格来出售。新设立的企业之间以及新设立的企业与国有企业之间可以开展更为激烈的竞争。此外，中国还向外国投资者开放经济，允许其在中国设立合资企业。正是这样的一些政策使中国突破了将进口替代作为经济增长战略的原有路径。

在 2001 年加入 WTO 后，中国更是启动了多项改革，比如降低关税以及减少其他贸易壁垒等。

7.9.1　中国经济面临的挑战以及对中国经济的担忧

226

虽然中国取得了巨大进步，但要想越过中等收入层级，成为富裕国家，仍然面临着一些障碍。我们简要分析一下中国经济面临的挑战和问题。[①]

劳动力成本上升

廉价劳动力供给的日渐减少给中国带来了挑战。在中国劳动力成本上升的压力之下，一些企业已经把生产业务转移到其他国家或地区，以求降低成本。例如，裕元工业有限公司——世界上最大的制鞋企业——在 2010 年把一部分低档靴鞋制造业务从中国转移到柬埔寨和孟加拉国等国家。

基础设施建设

建设基础设施仍然是中国政府的一项主要目标。中国政府早就认识到，现代经

---

① "China's Next Chapter," *McKinsey Quarterly*，Number 3，2013；and Wayne Morrison，*China-U. S. Trade Issues*，Congressional Research Service，Library of Congress，December 5，2014.

济运行需要可靠的电信、铁路、公路和电力作为支撑。中国一直致力于将基础设施提升至中等收入国家水平，从而利用日益高效的交通体系将全国各地连接在一起。这就需要中国增加大量额外投资以建设机场、高速公路、港口和铁路。

对投资的过度依赖

中国面临的另一个挑战是对投资的过度依赖，以及消费对经济的拉动作用仍不显著。中国官员认识到，中国经济需要再平衡，因为过去三十年依赖大规模投资推动中国经济强劲增长的模式已不可持续。此外，除非消费者能够被重新赋予更多的财富，否则他们没有能力产生更多的需求。

人民币的可自由兑换

随着中国经济和金融影响力与日俱增，中国的货币——**人民币**——在国际交易中也被更加频繁地使用。中国希望人民币能够成为与美元和欧元相媲美的国际货币。要实现这一目标，中国首先需要为企业债券等以人民币计价的金融资产提供广阔且活跃的金融市场。其次，需要将人民币塑造为国际金融交易的常用媒介。这意味着要实现人民币的完全可自由兑换，也就是任何个人和企业都可以在任何外汇交易商或银行那里以任何理由将其所持有的人民币兑换成外币。事实上，要实现中国所追求的金融全球化仍然需要时间和耐心。

227

7.9.2 技术转让与中国

技术转让（Technology Transfer）是将生产方法从其原创者传播给次级使用者的过程。技术转让可以发生在大学之间、企业之间，或者大学将技术转让给企业，再或者政府将技术转让给大学或企业。技术转让通常会导致其他一些用户也能有机会共享新技术，然后这些用户可以对技术做进一步发展，也可以运用该项技术开发出新的产品。

让我们来考察一下中国如何从两家美国企业——通用电气有限公司和波音有限公司——那里引进技术。

通用电气有限公司

228

生产最好的设备并且以最低的价格销售，由于遵循了这个简单原则，通用电气一直以来都能有效地保持其在中国发电设备市场上的竞争力。为了能与中国买家签订涡轮机销售合同，通用电气与中国国有电力公司合作，并将其涡轮机制造技术转让给中方合作伙伴。

通用电气的管理方同意了中国方面的技术要求，因为中国巨大的电力市场可以为企业提供理想的利润前景——通用电气预计，中国用于建设发电厂的资金每年将超过 100 亿美元。此外，美国燃气涡轮机市场疲软也增加了中国市场的吸引力。通用电气的管理方因此就要做好相应的准备：在短期，它可以在中国销售涡轮机，而在长期，它就要面对中国本土涡轮机生产商的竞争。

在与通用电气共同组建生产燃气涡轮机的合资企业之前，中国所掌握的技术只能生产效率较低的蒸汽涡轮机。中国也可以通过与西屋电气等美国其他企业组建合资公司来引进燃气涡轮机的生产技术。但是，中国希望寻求更先进的技术从而能够生产出更高效的燃气涡轮机。因此，双方达成了组建合资公司的意向。

波音有限公司

自20世纪70年代以来，波音公司在中国一直保持着令人羡慕的地位。波音向中国航空公司销售喷气式客机，其生产的喷气式客机有25％出口到中国，并且占据了中国当前商用飞机市场份额的一半左右。在未来20年，预计中国将需要大约7 700架商用喷气式客机，以满足中产阶层日益增多的交通需求。波音希望在这个巨大的市场上能够大赚一笔。

中国希望波音像其他外国企业一样在华开办业务。换句话说，中国希望外国企业与中国企业组建合资公司并学习其专有技术。

为了尽可能多地获得中国采购787梦幻客机的订单，波音不仅同意将数量空前的飞机零部件生产外包给中国（以及欧洲和日本）的合作伙伴，而且还同意向它们转让先进的技术知识。在向市场推出787梦幻客机之前，波音几乎将喷气式客机设计的控制权全部抓在手里，只向外国供应商提供建造飞机零部件的工程规范，唯一的例外是喷气式飞机的发动机，因为这种发动机一直以来都是由劳斯莱斯（Rolls Royce）、普惠和通用电气等公司设计生产的。然而，787梦幻客机项目偏离了这种经营策略，波音为外国供应商提供了设计和建造该型喷气式客机的更多技术细节。

2019年，波音在中国开设了一家喷气式客机工厂。按照这一安排，波音在美国生产737喷气式客机，然后将飞机运往其设在中国的工厂，在工厂为飞机安装座椅并喷涂油漆之后再交付给中国的航空公司。波音表示，公司不打算增加该工厂的业务范围，也没有计划将该工厂的业务扩展到其他机型。

7.10 印度：冲出第三世界国家行列

在施行了更加自由的贸易政策之后，印度的经济表现有所改善。印度经济已经实现了多元化，其经济成分包括农业、手工业、制造业和大量的服务业。虽然印度2/3的劳动力仍然直接或间接地依靠农业维持生计，但是印度的服务业却在不断增长。随着数字时代的到来，大量受过良好教育、会说流利英语的印度年轻人正在将印度转变为全球客户服务外包和技术支持外包的目的地。

印度与中国走的是不同的发展道路。中国走的是一条与日本和韩国相似的传统发展道路——通过发挥低工资优势努力成为工业品的制造中心。印度意识到自己在制造业上无法与中国媲美，但在服务出口方面却有很好的发展前景。根据赫克歇尔-

俄林理论，印度的丰裕资源是受过较好教育、会说英语的劳动力，这些劳动力使印度能以很低的价格向全球提供数据处理、电话客服中心等基础服务。尽管以商品生产为主导的战略使中国赢得了迄今为止更高的经济增长率纪录，但从长远来看，印度的战略可能会带来更好的回报。因为分析一下世界各地的人均收入状况就会发现，国家财富更多地取决于服务业，而不是工业。

在 1947 年脱离英国获得独立之后，印度开始实行社会制度改革以及进口替代型经济发展战略。之所以实行这两种制度是因为独立后的印度对任何形式的帝国主义都感到恐惧。为此，印度政府设置了保护主义贸易壁垒并且禁止外国投资从而限制竞争，对私营企业和金融市场实行严格监管，建立了庞大的公共部门，并且实行中央计划经济。这些政策的结果是，印度从 20 世纪 50—80 年代被孤立于世界主流经济体之外。在那期间，印度经济增长缓慢，贫困现象普遍存在，印度人也越来越认识到正是公共部门导致了印度的失败。

到 1991 年，印度的政策制定者们意识到，国家管制体制和进口替代型政策扼杀了印度的经济活力，印度需要进行一场改革。于是，以建立外向型、市场化经济为目标的显著转变在印度全面铺开。原先工业投资支出必须经由政府审批的规定被取消，进口配额制度被废除，出口补贴被取消，进口关税被大幅度削减。此外，印度还允许企业从国际市场上借款，印度货币卢比也出现了贬值。这些政策使印度从一个依赖农业、不发达、封闭的经济体转变成一个鼓励外国投资、依靠工业和农业汲取更多财富的更加开放、进步的经济体。经过这样的转变，印度的经济增长加快了，贫困率也出现了下降。

印度的外包业务说明了外国投资和对外贸易如何使该国受益。在 20 世纪 90 年代印度取消对外商投资的限制措施以后，通用电气和英国航空（British Airways）等公司将通信技术和其他后台业务转移到了印度。这些公司对印度投资的成功实践向世人表明，印度是外包业务的可行接包国，于是更多的企业开始在印度开办业务。这些在印度开办业务的跨国公司培训了数千名当地工人，其中有许多工人还把他们学到的技术转移到其他新创立的印度企业。印度工人受益于外国投资带来的数千个就业岗位和不断增长的收入。

然而，印度外包产业的蓬勃发展与印度其他绝大部分产业形成了鲜明对比。在印度的大部分产业中，对贸易和外国投资的限制依然存在，这不仅扼杀了竞争，而且还使无效率的企业获得了生存空间。食品零售业的状况可以说明在外国投资被禁止的情况下，印度的产业如何得以生存。印度食品产业的劳动生产率只是美国的一个零头，这种差异在很大程度上是因为印度几乎所有的食品零售商店都是路边摊点和夫妻店，而不是现代化的超市。此外，即便是印度的超市，其生产率水平也要大大低于美国超市，因为印度超市规模较小，营销方法效率低下。

大多数经济学家认为，印度需要系统性地解除对零售业、新闻媒体和银行业等部门的管制，过时的管制政策制约着这些部门的发展。印度还需要解除对小规模、低效率生产企业的优惠待遇，并且废除对大中型企业裁员的法律限制。随着放松管制和市场开放，关键性的外国资本和技术投资可以更容易地流入印度，印度的产业将因此变得更加高效，印度的经济也将因此更具活力。此外，为了使经济增长能够惠及全国，印度政府还需要对农业进行改革，从而为农村创造更多的就业机会。

7.11　小结

1. 发展中国家通常具有的特征包括：人均国内生产总值相对较低、预期寿命较短、成人识字率较低。许多发展中国家认为，当前建立在比较优势原则基础上的国际贸易体系不适合它们。

2. 发展中国家可能面临的困难包括：（1）不稳定的出口市场；（2）日益恶化的贸易条件；（3）有限的市场进入机会。

3. 援助发展中国家的国际机构和政策包括：世界银行、国际货币基金组织和普遍优惠制度。

4. 达成国际商品协定是为了稳定初级产品价格和生产商收入。实现这些目标的手段主要有缓冲存货、出口管制和多边合同。事实证明，这些手段都获得了一定的成功。

5. 针对国际上的主要石油公司操纵石油报价的现象，石油卡特尔 OPEC 于 1960 年成立。OPEC 运用生产配额提高石油价格，从而获得高于竞争条件下的收益。

6. 除了向发达国家寻求资金援助外，发展中国家还通过实施进口替代型政策和出口导向型政策来推进国内工业化进程。相对于实施进口替代型政策的国家来说，着力促进出口的国家往往实现了更高的经济增长率。

7. 在近几十年里，东亚经济实现了举世瞩目的增长，这主要得益于高投资率、受过教育的劳动力资源日益丰裕，以及出口促进政策的实施。

8. 到 20 世纪 90 年代，中国已经成为高速发展的亚洲经济体。基于丰裕的劳动力禀赋，中国专业化生产许多劳动密集型产品。中国在 2001 年加入了 WTO。

9. 印度是另一个通过采取自由贸易政策快速改善经济表现的国家。在 1947 年脱离英国获得独立之后，印度开始通过实行社会制度改革和进口替代型政策来发展经济。到 1991 年，印度的政策制定者们意识到，国家管制体制和进口替代型政策并不能发展经济。于是，印度转而采取了鼓励外商投资的开放经济政策，这种政策加速了印度的经济增长。

7.12　关键概念及术语

- 发达国家（Advanced Nations；p. 199）
- 缓冲存货（Buffer Stock；p. 209）
- 卡特尔（Cartel；p. 212）
- 发展中国家（Developing Nations；p. 199）

- 出口导向型增长（Export-Led Growth；p. 221）
- 出口导向型政策（Export-Oriented Policy；p. 221）
- 雁行经济增长模式（Flying-Geese Pattern of Economic Growth；p. 224）
- 普遍优惠制度（普惠制）（Generalized System of Preferences，GSP；p. 218）
- 进口替代（Import Substitution；p. 219）
- 国际商品协定（International Commodity Agreements，ICAs；p. 208）
- 国际货币基金组织（International Monetary Fund，IMF；p. 217）
- 多边合同（Multilateral Contract；p. 210）
- 石油输出国组织（欧佩克）（Organization of Petroleum Exporting Countries，OPEC；p. 212）
- 初级产品（Primary Products；p. 200）
- 生产和出口管制（Production and Export Controls；p. 209）
- 技术转让（Technology Transfer；p. 227）
- 世界银行（World Bank；p. 216）

7.13　习题

1. 许多发展中国家对比较优势原理和自由贸易产生怀疑的主要原因是什么？

2. 稳定商品价格已经成为许多初级产品生产国的主要目标。实现价格稳定的主要方法是什么？

3. 国际商品协定的例子有哪些？为何许多这样的协定经过一段时间后会解散？

4. 为什么发展中国家关心商品价格稳定？

5. 普通人可能在 1973 年和 1974 年石油价格飞涨之前从未听说过 OPEC。实际上，OPEC 成立于 1960 年，为什么 OPEC 直到 20 世纪 70 年代才产生世界性的影响呢？近年来，OPEC 出现问题的主要原因是什么？

6. 为何背叛是卡特尔的一个典型问题？

7. 普遍优惠制度的目的在于帮助发展中国家进入国际市场，试对此进行解释。

8. 进口替代型政策和出口导向型政策如何帮助发展中国家实现工业化？

9. 试叙述 20 世纪 70—90 年代，东亚为实现经济增长所实施的战略。东亚奇迹在新千年能否继续？

10. 中国如何实现良好的经济形势？为什么中国的正常贸易关系地位总是美国争论的焦点？中国加入世界贸易组织可能产生了什么影响？

11. 印度在 20 世纪 90 年代放弃进口替代型政策的原因是什么？印度采取了什么样的经济增长战略？

第8章 区域贸易协定

第二次世界大战以来，发达国家大大降低了对贸易的限制。当代贸易自由化的实现途径主要有两种。第一种是国与国之间在非歧视性基础上相互削减贸易壁垒。在《关税与贸易总协定》以及后来的世界贸易组织的框架下，任意两个成员方之间达成的关税减让协议都将无条件地扩展到所有其他成员方。这种国际性的做法促进了全世界范围内关税的逐步降低。

实现贸易自由化的另一种途径是几个国家以地域为基础组成小集团，签订**区域贸易协定**（Regional Trading Arrangement）。在这种区域贸易协定中，成员国之间同意相互降低贸易壁垒，而对非成员国则实施相对较高的贸易壁垒；同时，每个成员国仍然有权决定自己的国内政策，但每个国家的贸易政策都会规定给予其他成员国优惠待遇。正因为如此，区域贸易协定（如自由贸易区和关税同盟）排除了在WTO中坚持的非歧视性原则。本章考察两大区域贸易协定——欧盟（EU）和《北美自由贸易协定》（NAFTA）（及现在的《美国—墨西哥—加拿大协定》）的运作方式及其产生的影响。

8.1 区域一体化与多边主义

如前所述，WTO的一个主要目标是通过达成世界范围内的贸易协定促进贸易自由化。然而，要让多数国家在贸易改革上达成一致协议是相当困难的。到21世纪初，WTO为达成新的全球贸易协定所付出的努力屡屡受挫，于是各国越来越多地寻求签订区域贸易协定以将其作为一种替代性选择。在1990年，区域贸易协定的数量大约有70个，而现在其数量已经超过300个，并且覆盖了一半以上的国际贸易。那么，区域贸易协定是为多边贸易体制的进一步发展奠定了基石，还是埋下了绊脚石呢？[1]

---

① World Trade Organization, "The WTO and Preferential Trade Agreements: From Co-Existence to Coherence," *World Trade Report*, 2011.

与 WTO 所构建的多边自由化框架相比较，区域贸易协定框架下的贸易自由化有着明显的不同。在区域贸易协定框架下，各国只对小范围内的伙伴国降低贸易壁垒，这样的政策对世界上其他国家构成了歧视。而在 WTO 框架下，每个成员所采取的贸易自由化措施都会按照非歧视性原则适用于 WTO 的所有 164 个成员。

尽管区域贸易集团能够弥补多边贸易体制的不足，但其本质是具有歧视性的，是与正常的贸易关系原则相背离的，而这一原则正是 WTO 赖以存续的基石。某些分析人士指出，由于区域贸易集团削弱了成员国与集团外国家追求贸易自由化的自行决定权，所以它很可能会成为多边主义的绊脚石。例如，如果马来西亚已经成功进入了美国市场，那么它对与美国签订自由贸易协定的兴趣就不会很大。但是，阿根廷的情况则完全不同。作为一个不太成功的竞争对手，阿根廷可能会渴望与美国签订区域自由贸易协定，因为这样它就无须通过生产更好或者更廉价的商品，而是只要通过美国贸易法所赋予的特殊待遇就能夺取原本由马来西亚占据的美国市场份额。一旦阿根廷获得了这种特殊待遇，那么它还有什么动力去参加 WTO 会议，签署可能会废除这些特殊待遇的多边贸易协定呢？

另外两个因素也会使区域贸易协定的成员国不会对推进世界范围内的自由化抱有很大兴趣。第一，贸易集团的成员国可能无法通过参与全球贸易自由化协定实现规模经济，因为全球贸易自由化协定中所开放的外国市场往往是比较有限的。然而，区域贸易集团通常能够提供更加广泛的贸易自由化，这可能会使本国企业有条件开足马力生产以充分发挥规模经济优势。第二，贸易集团成员国可能愿意花费大量的时间和精力来建立强有力的区域联系，而不是参与全球谈判。

此外，按照开放性和包容性原则，区域贸易集团也可以成为全球自由贸易和投资的基石，而不是绊脚石。区域贸易集团通过以下几种方式来促进全球市场的开放。第一，由于利益的一致性和谈判进程的简化，区域贸易协定比多边贸易协定能够使成员国之间经济的相互依赖程度更深。第二，自由贸易区的建立将形成一个自我强化的过程，即随着自由贸易区的扩大，市场范围也不断扩张，从而吸引更多的非成员国加入集团，以获得与成员国同等的贸易优惠。第三，区域贸易自由化能够促进工人的部分调整，即工人从其国内比较劣势较强的进口竞争产业转移到比较优势较强的出口产业。随着调整的推进，越来越多的劳动力将能从贸易自由化中获益，同时因贸易自由化而遭受利益损失的劳动力将越来越少，所以这样一个调整过程会以自我加强的方式来促进人们从政治上支持自由贸易。基于以上这些原因，当根据开放性原则达成区域贸易协定以后，众多的区域贸易协定之间可能会有重叠而且会使贸易自由化协议覆盖的范围得到进一步扩张，因而区域贸易协定就以自下而上的方式促进了全球自由贸易的发展。

我们接下来考察区域贸易协定的类型及经济效应。

8.2 区域贸易协定的类型

235 从 20 世纪 50 年代中期开始，**经济一体化**（Economic Integration）一直是经济学家经常提到的词汇之一。经济一体化是对国际贸易、跨境支付和要素国际流动取消限制的一个过程，它往往会使两个或更多的经济体通过达成区域贸易协定连接在一起。在展开讨论之前，我们先来区分一下不同类型的区域贸易协定。

自由贸易区（Free-Trade Area）是指若干贸易国之间达成协定，一致同意相互间取消所有的关税和非关税贸易壁垒而形成的国家联盟。但是，每个成员国仍然保留自己对非成员国家的一系列贸易限制。这种一体化形式的一个例子是《北美自由贸易协定》（North American Free Trade Agreement，NAFTA），该协定是由加拿大、墨西哥和美国共同签署的，并且已经被《**美国—墨西哥—加拿大协定**》（United States-Mexico-Canada Agreement，USMCA；简称《美墨加协定》）所取代。除了《美墨加协定》之外，美国还和其他许多国家签订了自由贸易协定，如表 8.1 所示。

表 8.1　美国参与的自由贸易协定

协定伙伴国	实施年份	协定伙伴国	实施年份
以色列	1985	摩洛哥	2006
加拿大	1989	CAFTA[b]，多米尼加	2006
NAFTA[a]	1994	阿曼	2009
约旦	2001	秘鲁	2009
智利	2004	韩国	2012
新加坡	2004	哥伦比亚	2012
澳大利亚	2005	巴拿马	2012
巴林	2006		

a.《北美自由贸易协定》（NAFTA）的成员国包括加拿大、墨西哥和美国。

b.《中美洲自由贸易协定》（Central American Free Trade Agreement，CAFTA）的成员国包括哥斯达黎加、萨尔瓦多、危地马拉、洪都拉斯、尼加拉瓜和美国。

资料来源：U. S. Census Bureau, *Foreign Trade Statistics*, and World Trade Organization, Regional Trade Agreements Information System.

和自由贸易协定相似，**关税同盟**（Customs Union）也是由两个或两个以上的贸易国达成的相互取消所有关税和非关税贸易壁垒的协定，此外，所有成员国都对非成员国采取一致的贸易限制措施。在这种共同的外部贸易政策作用下，在关税同盟内部进行自由贸易，成员国对非成员国则实行统一的关税和非关税贸易壁垒。比较著名的例子是 1948 年成立的**比荷卢关税同盟**（Benelux）（由比利时、荷兰和卢森堡组成）。

共同市场（Common Market）是由贸易国组建的一个集团，它有以下三个特征：（1）产品和服务可以在成员国之间自由流动；（2）对非成员国家采取共同的贸易限制措施；（3）在集团内部，生产要素可以越过国界自由流动。因此共同市场是一种比自由贸易区和关税同盟更彻底的经济一体化形式。**欧洲联盟**[①]（European U-nion，EU；简称**欧盟**）在 1992 年达到了共同市场的标准。

在经过上述阶段之后，经济一体化可能会进入**经济联盟**（Economic Union）阶段。在这一阶段，成员国之间在协调的基础上采取一致的国家、社会、赋税和财政政策，并由一个超国家的机构统一进行管理。在 20 世纪 20 年代，比利时和卢森堡组成了经济联盟。建立一个经济联盟要比实现其他形式的经济一体化任务更为艰巨，这是因为自由贸易区、关税同盟或共同市场的主要建设任务是废除现存的贸易壁垒，而构建经济联盟则需要将经济主权让渡给一个超国家的机构。最高等级经济联盟是成员国实施统一的货币政策，接受由超国家的货币当局管理的统一货币。因此，经济联盟包含了**货币联盟**（Monetary Union）的特征。

美国可以作为货币联盟的一个特例。50 个州使用同一种货币，连接成一个完全的货币联盟，这意味着州与州之间的汇率是固定不变的。美联储充当整个国家唯一的中央银行，它发行货币并制定国家的货币政策。州与州之间进行自由贸易，劳动力和资本也可以自由流动，目的是追求最大收益。联邦政府制定国家的财政政策，处理涉及退休与健康计划、国防、国际事务等其他类似问题。治安防护和教育等其他规划由州和地方政府制定，以保持联盟内部各州的相对独立性。

8.3　区域主义的推动因素

构建区域贸易协定的动机是多种多样的，最基本的动机是希望加快经济增长。区域市场的扩大有利于发挥生产的规模经济效应，促进专业化，增强干中学的优势，吸引外国投资。实施区域合作方案也有利于诸如管理移民流动、促进地区安全等目标的实现。此外，区域主义还能深化和巩固国内的经济改革。例如，东欧国家就把与欧盟的区域合作方案视为锁定其国内政策朝着私有化、市场化方向进行改革的一种手段。

当小国对未来能否进入大国市场缺少把握时，它可能会寻求与大国达成带有避险性质的贸易安排，NAFTA 的形成就明显带有这种市场进入动机。在北美地区，墨西哥加入 NAFTA 的部分原因是担心美国的贸易政策会朝着控制程度更高或者战略性贸易政策的方向转变；加拿大加入该协定则在很大程度上是为了约束美国使用

---

①　欧洲共同体（European Community）成立于 1957 年，是欧洲经济共同体、欧洲煤钢共同体和欧洲原子能委员会的统称。1994 年，在欧洲共同体的 12 个成员国签署了《马斯特里赫特条约》之后，欧盟取代了欧洲共同体。为简单起见，本章在讨论 1994 年之前以及之后发生的事件时都使用欧盟这一称呼。

反补贴税和反倾销税。

随着新的区域贸易安排的形成或现有贸易安排的扩展和深化，因停留在贸易安排之外而产生的机会成本将越来越高。非成员国的出口商会发现，如果其销售机会被成员国的企业抢走，那么它们原有的市场份额会下降并且给其带来严重损失。在这种情况下，当非成员国出口部门的利益集团胜过进口竞争部门的利益集团时，政治天平就会朝着支持加入区域贸易协定的这一方倾斜。美国和墨西哥组建自由贸易区的谈判似乎极大地影响了加拿大加入 NAFTA 的决定，该国因此才没有在北美自由贸易运动中掉队。

国际贸易案例

需要一个跨太平洋伙伴关系？

237   2017 年 1 月，唐纳德·特朗普总统在上任的第三天签署了一项行政命令，宣布美国退出拟议的《跨太平洋伙伴关系协定》（Trans-Pacific Partnership，TPP），这是美国第一次放弃起先支持的贸易协定。特朗普强调，他正在阻止那些让企业离开美国并且导致美国工人失业的贸易协定生效。特朗普还表示，未来他将只与其他国家单独签署双边贸易协定，而且这样的协定将会促使大量企业迁回美国。我们来考察一下 TPP 以及美国退出 TPP 所产生的影响。

2015 年 10 月 5 日，各国贸易代表达成了 TPP，该协定于 2018 年 3 月获得参与国政府的批准。TPP 是经过 10 年谈判形成的成果，也是巴拉克·奥巴马（Barack Obama）总统期待的成果。奥巴马希望通过一项对外政策建立与环太平洋地区的联系。

TPP 是美国和日本、越南、马来西亚、新加坡、文莱、澳大利亚、新西兰、加拿大、墨西哥、秘鲁以及智利共 11 个环太平洋国家之间的一项贸易自由化协定。这些国家一年的国内生产总值（GDP）大约为 28 万亿美元，约占全球 GDP 的 40%，贸易额约占全球贸易额的三分之一。

由于中国对该协定持怀疑态度，认为美国试图通过 TPP 加强与亚洲贸易伙伴国的关系从而会对中国构成潜在威胁，所以中国没有表现出对加入谈判的兴趣。此外，中国也不能加入这项协定，因为该协定不允许国有企业拥有特权，而国有企业在当前的中国经济中占据相当大的比重。

TPP 的目标是加强伙伴国之间的贸易与投资，促进创新、经济增长和发展，以及通过降低贸易壁垒来支持创造和保留就业机会。而美国则将 TPP 视为拟议中的《跨大西洋贸易与投资伙伴关系协定》（Transatlantic Trade and Investment Partnership）的配套协议，后者是美国与欧盟之间的一项类似协议。

支持者们坚持认为，TPP 将使所有参与国受益，制定该协定是为了鼓励更多的国家——甚至可能包括中国——签署协定。然而，对 TPP 持反对意见的美国人则认为，该协定不过是一种商业上的相互妥协，它在鼓励将美国更多的制造业就业机会出口到低工资国家的同时，不仅限制了竞争，而且通过将美国的专利保护标准推广到其他国家，推动美国的处方药和其他高价值产品维持更高的价格。

特朗普采取的放弃 TPP 的政策颠覆了自 20 世纪 60 年代以来美国共和、民主两党历任总统奉行的自由贸易战略，这也显示特朗普更多地站在了包括工会在内的左派政治团体一边。然而，美国共和、民主两党中都有一些人担心，随着美国更多地关注国内事务，中国可能会趁机填补由此造成的经济真空，并且增强其对亚洲和其他地区的影响力。美国在未来会重新考虑加入 TPP 吗？

问题：如果你是国会议员，你会批准 TPP 吗？

资料来源：Peter Baker，"Trump Abandons Trans-Pacific Partnership, Obama's Signature Trade Deal," *The New York Times*，January 23，2017；Brock Williams，*Trans-Pacific Partnership*（TPP）*Countries：Comparative Trade and Economic Analysis*，Congressional Research Service，June 20，2013；William Mauldin，"U. S. Reaches Trans-Pacific Partnership Trade Deal with 11 Pacific Nations," *Wall Street Journal*，October 5，2015；Devin Granville，"The Trans-Pacific Partnership Trade Deal Explained," *The New York Times*，October 5，2015；"In Size and Stakes, the Trans-Pacific Partnership Is a Big Deal," *PBS NewsHour*，October 5，2015.

8.4 区域贸易协定的经济效应

区域贸易协定可能产生的福利效应是什么呢？我们可以从两个方面描述区域贸易协定的理论收益和成本。首先是**经济一体化的静态效应**（Static Effects of Economic Integration），也就是经济一体化对生产效率和消费者福利所产生的影响。其次是**经济一体化的动态效应**（Dynamic Effects of Economic Integration），也就是经济一体化对成员国的长期经济增长率所产生的影响。由于经济增长率的一个微小的变化就会对国民产出产生巨大的累积性影响，因此贸易政策变化所产生的动态效应要比静态效应大得多。动态效应和静态效应共同决定了区域贸易协定的总福利收益或损失。

8.4.1 静态效应

为了说明贸易集团的成员国之间相互降低关税壁垒所带来的静态福利效应，假设世界上只有卢森堡、德国和美国三个国家。假设卢森堡和德国决定成立关税同盟，而美国是非成员国。组建关税同盟要求卢森堡和德国取消它们彼此之间的所有关税限制，并对美国采取统一的关税政策。

如图 8.1 所示，S_L 和 D_L 分别代表卢森堡对谷物的供给曲线和需求曲线。假设卢森堡的市场规模远远小于德国和美国，这意味着它不能影响国外价格，因此，谷物的国外供给曲线是完全弹性的。令德国的谷物供给价格为每蒲式耳 3.25 美元，美国的谷物供给价格为每蒲式耳 3 美元。注意，这里假设美国在供给谷物方面更有效率。

238

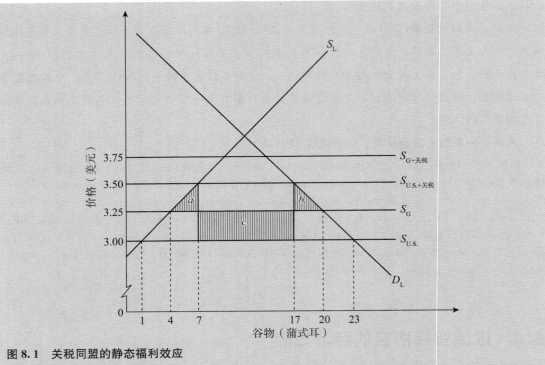

图 8.1 关税同盟的静态福利效应

关税同盟的静态福利效应包括两方面：增加福利的贸易创造效应和减少福利的贸易转移效应，两种效应的相对强弱决定了关税同盟对成员国福利和世界总福利的影响。

8

239

　　在组成关税同盟之前，在自由贸易条件下，卢森堡从美国进口所需的谷物。德国没有分享这一市场，因为它的供给价格高于美国。当自由贸易达到均衡时，卢森堡的谷物消费量为 23 蒲式耳，其中的 1 蒲式耳由本国生产，余下的 22 蒲式耳来自进口。如果卢森堡对从美国（或德国）进口的每蒲式耳谷物征收 0.5 美分的关税，那么进口量将从 22 蒲式耳下降到 10 蒲式耳。

　　假设作为贸易自由化协定的一部分，卢森堡和德国组成关税同盟。卢森堡削减了对德国征收的进口关税，而且对非成员国——美国所征收的关税保持不变。关税的这种变动使德国成为有效率的供应国，此时，卢森堡以每蒲式耳 3.25 美元的价格全部从德国进口 16 蒲式耳谷物，而从美国进口的谷物量则减少到 0 蒲式耳。

　　关税同盟内部的这种贸易自由化从两个相反的方面影响世界福利：一是增加福利的**贸易创造效应**（Trade Creation Effect），二是减少福利的**贸易转移效应**（Trade Diversion Effect）。两种效应的相对强弱决定了关税同盟对成员国和整个世界福利的总体影响。

　　当一成员国的部分国内产出被来自其他成员国的低成本进口商品所取代时，就发生了贸易创造效应。由于贸易创造提高了成员国之间按照比较优势原则进行专业化分工的程度，因此能够增加成员国的福利。贸易创造效应包括**消费效应**和**生产效应**。

在组成关税同盟之前，卢森堡在自己设置的关税保护下，以每蒲式耳 3.50 美元的价格从美国进口谷物。加入关税同盟以后，卢森堡降低了其对德国征收的所有关税。面对更低的进口价格 3.25 美元，卢森堡的谷物消费量增加了 3 蒲式耳。在图 8.1 中，由消费增加所带来的福利增量相当于三角形 b 的面积。

关税同盟能够提高世界资源的使用效率，因此还产生了生产效应。取消对德国的关税壁垒意味着卢森堡的生产商现在必须面临来自成本更低、效率更高的德国生产商的竞争。因而，无效率的卢森堡国内生产商会退出市场，国内产量下降了 3 蒲式耳，与自己生产 3 蒲式耳谷物相比，进口 3 蒲式耳谷物使获取等量谷物的成本减少了图中三角形 a 的面积，这是正向的生产效应。三角形 a＋b 的面积之和代表总的贸易创造效应。

尽管关税同盟可以通过贸易创造增加世界福利，但贸易转移效应却通常意味着福利的损失。当从关税同盟外部低成本国家进口的商品被从关税同盟内部高成本的国家进口的商品所取代时，就发生了贸易转移效应。因而，贸易转移效应意味着这种在世界范围内的生产重组是缺乏效率的。在图 8.1 中，虽然组建关税同盟之后的贸易总量增加了，但一部分贸易（10 蒲式耳）是从低成本的供给国——美国，转移到了高成本的供给国——德国。从德国进口这 10 蒲式耳谷物所增加的成本等于面积 c，这不仅是卢森堡的福利损失，也是整个世界的福利损失。通过静态分析，我们可以得出结论：如果正的贸易创造效应在抵消负的贸易转移效应后还有剩余，那么组建关税同盟不仅会提高成员国的福利，也会使世界其他国家获益。在图形中，如果 a＋b 的面积大于 c 的面积，那么上述情况就会发生。

这一分析说明，关税同盟的成功与否取决于决定贸易创造效应和贸易转移效应的各种因素。以下几个因素会影响这两个效应的相对大小。首要的一个因素是希望从关税同盟中获益的国家所属的类型。那些在组建同盟前经济就具有很强竞争力的国家最有可能从贸易创造中获利，因为组建关税同盟为它们开展专业化生产提供了更多机会。其次，同盟中的规模越大，同盟中国家的数量越多，那么世界上的低成本生产国也是同盟成员国的可能性也就越大，因而组建关税同盟就越有可能获益。如果整个世界组成一个关税同盟，那么在这种极端情况下，就只有贸易创造效应，而没有贸易转移效应了。最后，当关税同盟调低对外的共同关税时，贸易转移的范围也将缩小。因为如果对外关税较低，那么成员国与非成员国之间的贸易量就会增大，来自非成员国的廉价进口商品被来自成员国的高成本进口商品所取代的可能性就会降低。

8.4.2 动态效应

实际上，区域贸易协定对福利的影响并不仅仅是静态的。由于区域贸易协定影响着成员国的长期经济增长率，因此还会产生动态收益。在组建关税同盟的情况下，这种动态收益源于贸易自由化所导致的市场规模的扩大，而且动态收益可能足以抵消所有的负面静态效应。动态收益包括**规模经济**、**更激烈的竞争**和**投资激励**。

组建关税同盟最显而易见的一个结果或许就是市场扩大。在关税同盟成立以后，一国的企业可以自由进入其他成员国的国内市场，因此能够获得在贸易限制条件下的小范围市场中无法实现的规模经济优势。市场的扩大提高了工人和机器的专业化程度，同时企业可以采用最有效率的设备，并且能够更加充分地利用其副产品，所有这些都有助于提高效率。有证据表明，欧盟已经在钢铁、汽车、靴鞋和精炼铜等产品的生产中实现了显著的规模经济效应。

经济一体化对欧洲的冰箱产业产生了动态影响。在欧盟成立之前，欧洲主要的冰箱生产国为德国、意大利和法国，每个国家只有少数几家冰箱制造商，它们的产品主要满足国内市场需求。这些制造商每年的产量不到10万台，在这个产量水平上根本无法采用自动化的设备，因此冰箱的单位成本较高。欧盟的成立促进了欧洲市场的开放，为自动装配线、现场焊接等大规模生产方法的应用铺平了道路。到20世纪60年代末期，意大利的冰箱工厂平均每年生产85万台冰箱，这一产量远远超过年产80万台的最低有效规模。[1]

市场的扩大也会加剧关税同盟成员国企业之间的竞争。通常认为，贸易限制会助长垄断，即少数几家企业控制国内市场，而且这些企业更倾向于彼此相安无事，它们往往达成协议，一致同意不开展价格竞争。但是随着关税同盟内部市场的日益开放和竞争性厂商数目的增加，这种串谋行为成功的可能性降低了。在自由贸易条件下，国内生产商必须参与竞争，否则就有可能面临破产的风险。为了在竞争日趋激烈的大市场中生存，生产商必须减少浪费，保持较低的价格，改进产品质量，提高生产率。总之，竞争压力也可以对企业的垄断力量形成有效的遏制，而且这在总体上对国内的消费者有益。

此外，贸易可以加快科技前进的步伐，进而推动生产率水平的提高。由于贸易能够增加成功创新的预期收益率并且可以在更大的范围内分散研发成本，所以贸易能够推动大量资金用于发展最新科技。随着国际贸易的增加，人力和物质资本可以更自由地流动，各国间技术知识的交流将得以加强。这些积极因素往往会增加一国的经济增长率，这不仅会引起经济福利的一次性提高，而且随着时间的推移还会使收入出现持续的、稳步扩大的增长。

8.5 欧洲联盟

在第二次世界大战刚刚结束的几年里，处于经济重建中的西欧国家的国际收支出现了赤字。为了保护国内企业和工人免受外部竞争的压力，西欧国家建立了由关

---

① Nicholas Owen, *Economies of Scale, Competitiveness, and Trade Patterns Within the European Community* (New York: Oxford University Press, 1983), pp. 119-139.

税和外汇限制、数量管制以及国营贸易组成的一套复杂的政策体系。然而，进入 20 世纪 50 年代以后，各国普遍认识到这些贸易壁垒不利于生产率的提高。于是，在 GATT 的支持下，西欧各国成功进行了关税谈判，并开始废除贸易壁垒。它们希望加强经济和金融方面的紧密联系，这样战争就不再符合它们的利益了。

正是在这一贸易自由化的背景下，1957 年根据《罗马条约》（Treaty of Rome）创立了欧洲联盟（即当时的欧洲经济共同体）。欧盟最初由比利时、法国、意大利、卢森堡、荷兰和联邦德国共 6 个国家组成。1973 年，英国、爱尔兰和丹麦加入这一贸易集团。1981 年，希腊加入欧盟。1987 年，西班牙和葡萄牙也加入了该贸易集团。奥地利、芬兰和瑞典在 1995 年获准加入欧盟。2004 年，10 个中东欧国家加入欧盟，包括塞浦路斯、捷克共和国、爱沙尼亚、匈牙利、拉脱维亚、立陶宛、马耳他、波兰、斯洛伐克和斯洛文尼亚。2007 年，保加利亚和罗马尼亚加入欧盟。2013 年克罗地亚也加入欧盟，至此，欧盟成员国达到 28 个。2020 年英国脱欧以后，欧盟成员国减少到 27 个。欧盟认为，其扩张进程不仅为促进欧洲稳定提供了条件，而且为用和平手段增进欧洲大陆的一体化提供了机会。

8.5.1　经济一体化的进程

根据《罗马条约》，欧盟原则上同意走经济一体化的道路，并最终建立了一个经济联盟。为了实现这一目标，欧盟的各成员国首先废除了关税，并于 1968 年建立了自由贸易区。贸易自由化使欧盟成员国之间的工业品贸易额增加了 5 倍，远远高于世界贸易的增长速度。自由贸易区的成功促使欧盟国家继续推进经济一体化的进程。在 1970 年，欧盟所有成员国采取了共同的对外关税制度，欧盟进而成为一个完全意义上的关税同盟。

经济学家们分析了欧盟对各成员国的经济影响。他们的研究普遍表明，贸易创造效应大于贸易转移效应 2%～15%。另外，分析人士们还指出，经济一体化所带来的额外竞争与投资以及规模经济效应，使欧盟各国获得了动态收益。比如，可以确定的是，荷兰和比利时等小国的许多企业生产的产品由于同时要满足国内市场和出口市场的需求，因而这些企业实现了规模经济。[1]

从关税同盟开始组建到 1985 年，欧盟在向共同市场目标迈进的过程中几乎没有取得任何进展。20 世纪 70 年代恶劣的经济环境（衰退和通货膨胀）改变了欧盟成员国政策方向，它们不再积极地废除贸易壁垒和投资限制，而是保护本国居民免受外部竞争力量的影响。进入 20 世纪 80 年代，欧盟内部的贸易壁垒对成员国之间交易的制约越来越突出，以至于欧洲各国政府的官员们也担心欧盟的竞争力会落后

---

[1]　Richard Harmsen and Michael Leidy, "Regional Trading Arrangements," in International Monetary Fund, World Economic and Financial Surveys, *International Trade Policies：The Uruguay Round and Beyond*, Volume Ⅱ, 1994, p. 99.

于日本和美国。

于是，欧盟在 1985 年宣布了构建共同市场的详细计划，并且在 1992 年年底之前废除尚存的、制约欧盟内部交易的非关税贸易壁垒。这些非关税壁垒包括：边境管制、烦琐的关税程序、不一致的标准和技术规则、冲突的商业法规和保护性的政府采购等。这些贸易壁垒的废除促成了欧洲共同市场的形成，并使其发展成为世界第二大经济体，几乎和美国的经济规模相当。

在欧盟发展成为共同市场的同时，各成员国的政府首脑一致同意实现更高层次的一体化。他们的目标在于用欧洲中央银行取代各国自己的中央银行，用单一的欧洲货币取代各成员国自己的货币。1991 年，欧盟成员国签署《马斯特里赫特条约》（Maastricht Treaty），对完成前述目标设定了时间。1999 年 1 月 1 日，**欧洲货币联盟**（European Monetary Union，EMU）诞生，同时诞生的单一货币被称为**欧元**（Euro）。

在签署《马斯特里赫特条约》的时候，欧盟各成员国的经济条件差别很大。条约规定，一国的经济表现必须与其他成员国接近，才能被视为已经准备好加入欧洲货币联盟。因为要想使各成员国货币的相对价值保持稳定，它们当然不能各自追求不同的货币增长率、经济增长率和通货膨胀率。因此，欧盟要做的首要事情就是统一各成员国的经济政策和货币政策。

经过努力（这一努力过程被称作**趋同化**），各成员国在通货膨胀、货币供应量增长速度和其他关键经济变量上保持了高度的一致性。《马斯特里赫特条约》确定的具体**趋同准则**（Convergence Criteria）如下：

- **价格稳定**。如果一国想加入货币联盟，那么其通货膨胀率不能超过通货膨胀率最低的三个成员国平均通货膨胀率的 1.5%。
- **较低的长期利率**。长期利率不能超过成员国平均利率的 2%。
- **汇率稳定**。汇率要保持在货币联盟的目标范围之内，并且在加入货币联盟前至少两年内没有出现货币贬值。
- **良好的公共财政**。一国要想加入货币联盟，其年度预算赤字最多不能超过其 GDP 的 3%，同时政府未清偿的债务总量不能超过当年 GDP 的 60%。

欧元是 27 个欧盟成员国中 19 个成员国的官方货币。被统称为**欧元区**的国家有奥地利、比利时、塞浦路斯、爱沙尼亚、芬兰、法国、德国、希腊、爱尔兰、意大利、拉脱维亚、立陶宛、卢森堡、马耳他、荷兰、葡萄牙、斯洛伐克、斯洛文尼亚和西班牙。而英国、丹麦和瑞典尚未决定是否转换使用欧元。值得注意的是，英国、丹麦和瑞典迄今已决定不改用欧元。另有欧洲的其他 6 个国家也使用欧元。这样，每天有大约 3.3 亿欧洲人在使用欧元。

建立欧洲货币联盟的一个重要动机是它有助于进一步转向政治联盟，而建立政治联盟是许多欧洲政策制定者们的长远目标。法国和德国是欧洲货币联盟的发起国。在德国看来，建立货币联盟是巩固其在欧洲地位的重要途径。而与建立共同的中央银行相比，建立欧洲货币联盟可以让法国在决定欧洲的货币政策方面发挥更大的作用。在欧洲货币联盟成立之前，欧洲的货币政策主要是由德国联邦银行制定的。

8.5.2 农业政策

除了在成员国之间实行工业产品的自由贸易外，欧盟还废除了区域内农产品的贸易限制。欧盟的**共同农业政策**（Common Agricultural Policy）取代了各成员国在欧盟成立之前实施的各式各样的农业稳定政策。共同农业政策的一项重要内容是对农产品价格的支持，也就是要让农民获得稳定的收入。已经实施的农产品价格支持计划包括差额补贴、产量控制和直接收入补贴等。此外，为了保证农产品的价格稳定，共同农业政策还包括**差价税**（Variable Levies），即对进入欧盟的外国农产品征收进口关税；同时，欧盟对剩余农产品的出口实行**出口补贴**（Export Subsidies）。

欧盟农产品价格支持计划面临的一个问题是，成员国之间的农业生产效率参差不齐。以谷物为例，德国农民的生产成本偏高，为了生存就需要较高的支持价格；然而，法国农民的生产效率较高，维持经营原本并不需要和德国一样高的支持价格，但从自身利益出发，也去游说政府提高支持价格。近些年来，欧盟对牛肉、谷物和黄油等产品也制定了很高的支持价格。共同农业政策因此助长了欧盟农业的无效率生产，限制了来自高效率的非成员国的食品进口。这种贸易转移效应已经对欧盟福利产生了负面影响。

差价税

图 8.2 说明了差价税的运行机制。假设直线 S_{EU_0} 和 D_{EU_0} 分别表示欧盟对小麦的供给曲线和需求曲线，小麦的世界价格为每蒲式耳 3.50 美元。假设欧盟农民的生产成本较高，因此制定了每蒲式耳 4.50 美元的支持价格。只要允许进口小麦以 3.50 美元的自由市场价格进入欧盟，那么国内价格就不会保持在 4.50 美元的水平上。假定欧盟为了维持支持价格征收差价税。当进口关税为每蒲式耳 1 美元时，欧盟农民的小麦产量为 500 万蒲式耳，而在自由贸易条件下的产量则只有 300 万蒲式耳。同时，欧盟进口的小麦数量由 600 万蒲式耳下降为 200 万蒲式耳。

现在假定，由于海外小麦生产率的提高，小麦的世界价格下降到每蒲式耳 2.5 美元。在差价税制度下，税收等于世界市场的最低价格与支持价格之间的差额，并且逐日调整。差价税税额的滑动性决定了欧盟会把进口关税提高到每蒲式耳 2 美元。由于小麦的支持价格维持在每蒲式耳 4.5 美元，所以欧盟的小麦产量和进口量都保持不变，这样，国外供给变化就不会对欧盟农民产生影响。当欧盟的小麦减产时，可以通过降低进口税来鼓励进口，这样，欧盟消费者就可以免受小麦价格上涨的影响。

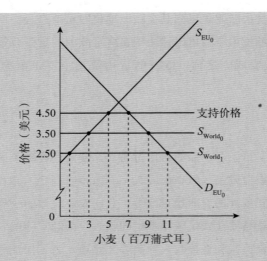

图8.2 差价税

欧盟的共同农业政策利用差价税保护欧盟成员国的农民免受低成本的外国生产商的竞争。当世界市场价格下降时，差价税税额的滑动性使得欧盟征收的进口关税自动增加。

与固定关税相比，差价进口关税往往具有更强的限制性。差价进口关税会阻止外国生产商承担部分关税，也就是会打消外国生产商通过降价来维持出口规模的念头，因为降价只会招致更高的差价税。出于相同的原因，差价税也会令外国生产商打消通过获取母国政府给予的出口补贴来进入本国市场的念头。

1994年完成的乌拉圭回合贸易谈判制定了差价税使用规则。乌拉圭回合规定，所有的非关税壁垒，包括差价税，都必须转换为等量关税。然而，欧盟采用的转换方式基本上维持了差价税制，只存在一个差别：对进口的农产品所征收的实际关税是能够根据世界价格不断调整的，这类似于之前的差价税。不过，目前对关税的提高程度设定了一个限制。

出口补贴

为了确保剩余的农产品能够在海外销售，欧盟还采用了出口补贴制度。共同农业政策维持了较高的农产品价格，这会刺激农民增加生产，有时甚至生产过量的农产品。但是，世界市场上的农产品价格通常又低于欧盟的价格。针对这一状况，欧盟实施了农产品出口补贴政策，这样一来，欧盟的农业生产商在把剩余产品以较低的价格卖到国外时，仍能得到较高的收入。通过鼓励出口，政府就能够减少国内供给，从而也就无须政府再去购买剩余产品。

欧盟维持农民高收入的政策也是有代价的。对农产品（如牛奶、黄油、奶酪和肉类等）的保护价格导致欧盟国家对这些产品的生产较多而消费较少。结果，为了保持价格稳定，欧盟各国政府必须大量购买这些剩余的农产品。为减少财政支出成本，欧盟各国政府又以低于收购成本的价格在国际市场上销售这些剩余的农产品。

这种在国际市场上销售受补贴产品的行为已经遭到其他国家农民的抵制。发展中国家农民的抵制尤其坚决，他们争辩称，自己不仅要在母国市场上面对因受到出口补贴而被压低价格的进口农产品的竞争，而且在出口市场上也要面对这些农产品的竞争，他们的利益因此受到了极大的损害。

实际上，所有工业化国家都对其农产品进行补贴。如表 8.2 所示，2018 年，欧盟各国政府所给予的补贴占农产品价格的 19%。这个比例在挪威和瑞士等国家更高，而在美国、加拿大、墨西哥、澳大利亚和新西兰较低。补贴较低的国家经常指责补贴较高的国家存在严重的保护主义。

表 8.2　2018 年政府对农业的扶持

国家（地区）	生产者补贴[a]占农产品价格的百分比（%）
挪威	61
冰岛	59
瑞士	54
韩国	51
日本	47
欧盟	19
美国	9
加拿大	8
墨西哥	7
澳大利亚	3
新西兰	1

a. 这里的生产者补贴包含市场价格支持、直接现金补贴以及使农民间接受益的转移支付等所有对农民的援助。

资料来源：Organization of Economic Cooperation and Development（OECD），*Agricultural Policy Monitoring and Evaluation*，2019. See also World Trade Organization，*Annual Report*，various issues.

关于政府采购政策与欧盟的讨论，参见本书线上学习系统 MindTap 中的"**进一步探索 8.1**"。

8.5.3　欧盟是一个真正意义上的共同市场吗？

几十年来，欧盟各成员国一直致力于构建共同市场，并在产品监管、贸易和生产要素的流动方面实行统一的政策。但是，这些国家所实行的政策真的就是统一的吗？

以美国家乐氏（Kellogg）公司为例。作为一家早餐谷物类食品生产商，多年来，家乐氏公司一直在请求欧盟各成员国允许其在欧洲销售添加了相同维生素的谷物食品。但是，该公司的请求屡屡碰壁。丹麦的政府监管部门不希望在食品中添加维生素，因为担心那些已经另外服用了维生素的消费者在食用添加维生素的谷物食品后，维生素的每日摄入量会超过推荐的安全标准。荷兰的监管部门认为，叶酸或者维生素 D 对身体都没有好处，因而希望不要将其添加在食品当中。然而，芬兰比其他国家更希望添加一些维生素 D，以帮助芬兰人弥补日照不足所可能引发的健康问题。因此，家乐氏公司不得不在其设在英国的工厂生产四种不同的玉米片和其他谷物食品。

246

欧盟最初的设想是建立基于统一规则的共同市场。通过为整个欧洲这样一个单一市场生产产品，企业的生产流水线就会大到足以获得坚实的规模经济优势。相反，持续的国别差异会增加企业的成本，进而抑制企业的扩张和就业创造能力。

在政策法规方面缺乏一致性不仅表现在早餐谷物食品领域。卡特彼勒公司在欧洲各国销售拖拉机。但是，在德国，机动车辆必须要有备用的高音喇叭，并且在车身不同部位装配车灯。另外，欧盟各国对拖拉机与其他推土设备的让路标志和车牌安装部位的规定五花八门，安装部位的差距有时几厘米。卡特彼勒公司的管理人员认为，这些监管规则上的差异毫无根据，只能使高效的大规模生产更加困难。

各国市场之间持续存在的监管规则差异对整个欧洲许多企业的扩张计划都产生了不利的影响。例如，瑞典家具零售企业宜家集团（IKEA Group）必须花钱做几项研究，证明宜家的进入不会挤垮当地企业。按照宜家的说法，每项研究大约要花费 25 000 美元，而且需要大约一年的时间才能形成研究结论。但是，宜家只有 33%～50% 的市场准入申请得到了批准。

虽然欧盟成员国在过去 50 年间不断将一体化推向更高水平，但是监管规则上的差异依然存在，这些差异形成了欧盟内部贸易和投资的壁垒，进而不利于各国经济增长。这些壁垒引发了生产企业和政府监管部门之间，以及欧盟委员会和各国政府之间的大量法律诉讼。总之，欧盟还不是一个真正意义上的共同市场。[①]

8.5.4 英国脱离欧盟

自 20 世纪 60 年代初以来，经济一体化朝着更为高级的方向持续发展，这主要是因为政府官员们已经接受了一体化背后的经济逻辑：经济一体化扩大了市场规模，使国内生产商面临更为激烈的竞争，并且通过外国投资和移民加速了新思想的传播。

然而，在 2016 年 6 月 23 日，英国解决了一代人长期关注的一个焦点问题：英国是应该继续留在欧盟，还是离开这个组织单干？通过就英国是否继续保留欧盟成员国资格进行全民公投，英国选民们解决了这个问题。公投结果是，52% 的选民支持脱离欧盟，48% 的选民持相反意见。英国脱离欧盟被称为**英国脱欧**（Brexit），它是英国（Britain）和脱离（exit）的合成词。英国如何脱离欧盟？它又意味着什么呢？

2016 年英国关于脱欧问题进行全民公投

在英国，有关英国脱离欧盟的想法已经争论了几十年，在 2013 年时任首相戴

---

① "Corn Flakes Clash Shows the Glitches in European Union," *Wall Street Journal*, November 1, 2005, p. A1.

维·卡梅伦（David Cameron）进行艰难的连任竞选期间，这种想法再度甚嚣尘上。面对选民强烈的反欧盟情绪，卡梅伦首相承诺将于 2016 年 6 月 23 日就是否保留英国的欧盟成员国资格问题举行全民公投。在公投中，选民被问的问题是："英国应该保留欧盟成员国资格，还是应该脱离欧盟？"令人惊讶的是，选民们选择脱离欧盟——52％的选民投票选择"脱离"，48％的选民投票选择"保留"。这一公投结果导致卡梅伦辞去了首相职务。*

支持英国脱欧的人们认为，欧盟的规则削弱了英国的竞争力，通过收回主权并且摆脱欧盟规则的束缚，英国的政治和经济状况都会变得更好。他们还认为，英国对欧盟预算所贡献的会费过于昂贵。同时，脱欧支持者们还担心，从其他欧盟国家涌入英国的大量人口会使英国公民的就业机会减少、工资降低。

然而，那些支持英国继续留在欧盟的人警告说，公投脱欧可能会带来极其严重的经济后果。他们认为，英国与欧盟的贸易和投资关系极为深厚和广泛，以至于脱离欧盟可能会导致英国经济增长疲软、通货膨胀上升以及英镑贬值。他们还认为，欧盟成员国身份有利于吸引外国企业在英国设立子公司或者在英国投资，并且使英国在全球政治中有更大的影响力。

247

一些分析人士认为，英国脱欧可能会严重破坏欧盟的未来，促使其他欧盟国家要求享有特殊的成员国资格条件，或者要求享有额外的政策选择性豁免权。同时，随着欧盟试图让英国脱离欧盟，并努力就脱欧条款达成一致，欧盟可能会长期处于不确定、分裂和反省的状态。

8

脱欧谈判

根据欧盟规定，成员国要想脱离欧盟需要首先正式通知其他成员国政府，启动《里斯本条约》第 50 条规定的复杂程序，这将为解决在脱离欧盟以后，英国企业进入欧盟单一市场的条件、英国在反恐斗争中共享欧盟安全数据库等诸多问题打开一扇窗。

英国脱欧最温和的方式应该是采取类似挪威的安排（挪威人民在 1994 年投票反对加入欧盟），包括继续保留英国进入欧洲单一市场的原有条件，作为回报，英国应当允许欧盟其他国家的人员可以自由进入英国，并且要为欧盟预算做出一些贡献**。挪威方案可能对英国经济的伤害最小，同时这也是维护其与苏格兰和北爱尔兰政治联盟关系的最好选择（苏格兰和北爱尔兰都投票支持留在欧盟）。一个极端的选择是，英国完全切断与欧盟的联系，这意味着英国不再向欧盟预算付款，也不再允许欧盟其他国家的人员无限制地涌入英国，当然，英国也就不再拥有进入欧盟市场的特殊便利。在英国脱欧之前，欧盟其他国家购买了英国将近一半的出口

---

　　* 在一些演讲或采访中，卡梅伦表达了对脱离欧盟的反对意见。——译者注
　　** 挪威不是欧盟成员，也不用承担欧盟预算分摊，但为了分享利益，挪威向欧盟社会基金以及一些教育和科研项目提供资金。——译者注

商品。

2020 年 1 月 31 日，英国正式脱离欧盟，这天距离英国选民决定脱离欧盟已经超过了三年。尽管如此，英国和欧盟之间的关系条款仍然悬而未决，因为伦敦和布鲁塞尔商定它们的商业关系在 2020 年 12 月 31 日之前基本保持不变。设置这段过渡期旨在为谈判人员提供时间来制定分手协议。

英国脱欧协议

2020 年 12 月 24 日，谈判代表就英国脱欧实施方案达成了一项长达 1 000 多页的协议，各谈判参与国政府很快批准了该协议。该协议包含了一项自由贸易协定，根据该协定，英国和欧盟 27 个成员国不对相互之间的商品贸易设置关税或配额。然而，该协议也设置了一些障碍——与英国作为欧盟成员国时相比，英国的进出口商在欧盟开展业务将更加麻烦。例如，英国出口到欧盟的动物和食品在到达时需要接受检查，而且英国出口商也需要报关。此外，律师和会计师专业证书不再自动被视为可以在其他司法管辖区执业的充足条件；双方的物流公司和航空公司在运输货物时也遭遇了新的官僚主义障碍。[①]

尽管分手协议涵盖了货物贸易，但却让英国庞大的金融服务业坐了冷板凳。虽然英国是金融服务出口强国，但是按照协议，巴克莱银行（Barclays PLC）和苏格兰皇家银行（Royal Bank of Scotland）等英国金融企业的吸收存款和放贷等业务被排除在欧盟市场之外。不仅如此，英国金融企业的其他一些业务也必须经欧盟委员会单方面批准才能进入欧盟市场。

英国希望通过脱离欧盟摆脱欧盟的监管，从而获得更大的自主权，进而获得长期经济利益。按照英国的想法，在脱离欧盟之后，英国将能够自主与其他国家开展贸易谈判并签署协议，增进与世界其他国家之间的贸易，并将原先需要缴纳的欧盟成员国摊派费投向英国国内的技术研究和教育。不仅如此，英国还将有权制定自己的环境和劳工法规，而更严格的移民法规将为英国工人带来更多的就业机会和更高的薪水。

然而，对上述观点持怀疑态度的人们则认为，英国未来不会更加富裕，情况不会比留在欧盟内部更好。因为脱离欧盟会减少贸易，降低英国对外国企业投资的吸引力，而贸易、外国投资和移民数量的下降势必进一步压制本已放缓的生产率增速。在撰写本教材时，这些观点孰是孰非仍有待观察。

---

① Stephen Fidler, "Brexit: What You Need to Know About the U. K. 's Deal With the EU," *Wall Street Journal*, December 24, 2020; "Brexit Fallout: Adrift," *The Economist*, July 2 - 8, 2016, p. 10; Kristin Archick, *The European Union: Current Challenges and Future Prospects*, Congressional Research Service, June 21, 2016; "Between the Borders," *The Economist*, June 16, 2016, pp. 45 - 50; Greg Ip, "Impact of Brexit Would Likely Be Gradual and Global," *Wall Street Journal*, June 23, 2016; and Henry Kissinger, "Out of the Brexit Turmoil: Opportunity," *Wall Street Journal*, June 29, 2016.

8.6　欧元区——欧洲货币联盟

我们已经知道，1999 年启动的欧洲货币联盟（也被称作**欧元区**）创建了单一货币（欧元）和欧洲中央银行。改用一种新的货币是极其困难的。想象一下，如果美国的 50 个州都有各自的货币和中央银行，然后它们都得采用相同的货币和金融体系，那将是一项多么复杂的工程，而这正是欧洲人已经做到的事情。

欧洲中央银行位于德国法兰克福市，负责制定欧洲货币联盟的货币政策和汇率政策，独家控制欧元的供给，设定欧元的短期利率，并维持成员国的永久性固定汇率。在共同中央银行的管辖之下，每个成员国的中央银行执行的功能类似于美国 12 家地区性联邦储备银行。

对美国人来讲，共同货币的好处显而易见。美国人知道，他们可以用口袋和钱夹里的美元钞票在美国任何一个地方的麦当劳（McDonald's）和汉堡王（Burger King）购买汉堡。而在欧洲货币联盟成立之前，这样的事情在欧洲国家是不可能发生的，因为那里的每个国家都有自己的货币，法国人不先把手里的法国法郎换成德国马克就无法在德国的商店里买东西，这就像圣路易斯人每次到芝加哥都不得不把密苏里州货币换成伊利诺伊州货币一样。更糟糕的是，德国马克和法国法郎的汇率在一定范围内上下浮动，法国游客今天换到的德国马克数量很可能与昨天或明天的完全不同。除了汇率具有不确定性之外，游客还不得不为兑换货币支付一笔费用，这样算来，出国旅行实在是件花费较大的事情。虽然这样的花费对于个人来讲可能还是有限，因为毕竟涉及的钱款金额较小，但对于企业来说就会产生高昂的成本。建立欧洲货币联盟，用单一货币（欧元）取代各种欧洲货币后就能够避免这类成本。总之，欧元有助于降低获取产品和服务的成本，方便欧盟内部各国之间的价格比较，从而使成员国之间的价格趋于一致。

8.6.1　最优货币区

很多关于共同货币成本和收益的分析都是基于最优货币区理论。[①] **最优货币区**（Optimal Currency Area）是指在经济上最好使用单一官方货币而不是多种官方货币的区域，换句话说，最优货币区是指单一货币能够创造最大效益的区域。例如，美国可以被视为一个最优货币区。如果美国的 50 个州各有自己的货币，那么我们很难想象在这种货币环境下，50 个州的商业活动能够达到当前这么高的效率。表8.3 列出了建立共同货币区的一些利弊。

249

---

① "最优货币区"理论最初是由罗伯特·蒙代尔（Robert Mundell）提出的，他于 1999 年获得诺贝尔经济学奖。Robert Mundell, "A Theory of Optimum Currency Areas," *American Economic Review*, Vol. 51, September 1961, pp. 717 - 725.

表 8.3　采用共同货币的利弊

利益	弊端
• 在共同货币区内部汇率波动风险被消除。 • 货币之间的兑换成本降低。 • 使经济免受货币动荡和投机的影响。 • 出于政治方面的原因要求贸易保护的呼声会减弱。	• 各国缺乏应对宏观冲击的、单独的国内货币政策。 • 单个国家无法利用通货膨胀来减少实际公共债务。 • 各国在从独立货币向共同单一货币过渡的过程中可能会遭受投机性冲击。

　　根据最优货币区理论，不同国家使用同一种货币会产生很多收益，包括更加统一的价格，降低交易成本，给投资者带来更大的确定性和增强竞争等。此外，独立的中央银行制定的单一货币政策还可以促进价格稳定。

　　然而，施行单一的货币政策也要付出一定的代价，尤其是当利率变化以不同方式影响不同的经济体时，这种代价会更加显著。使用单一货币会给一国带来更加广泛的收益，但是该国也会因此失去两种政策工具——制定独立货币政策的权利和调整汇率的权利，所以政府必须在收益和损失之间进行权衡。如果一个国家或地区有可能会出现经济动荡（即经济衰退），并且这种经济形势对该国的影响方式与对单一货币区中其他国家或地区的影响方式不同，那么失去制定独立的货币政策权利和调整汇率的权利就会产生极其严重的后果，因为这个国家或地区已经不再有能力通过采取更具扩张性的货币政策或者调整其货币来应对经济困境。

　　最优货币区理论还分析了应对经济冲击的各种办法。第一是劳动力的流动性，即受影响国家的工人必须能够也愿意自由流动到其他国家。第二是价格和工资的灵活性，即该国必须能够在经济动荡发生的时候相应地调整价格和工资。第三是要有某种自动调节机制，可以把财政资源转移到受影响的国家。

　　最优货币区理论的结论是：一个货币区要想获得最大的成功机会，货币区内的所有国家应该具有相似的商业周期和经济结构；单一的货币政策应该以同样的方式影响货币区内的所有国家；货币区内劳动力的跨境流动不应受到法律、文化和语言的阻碍；各参与国的劳动工资应该具有灵活性；同时，为维护稳定，应建立财政资源的跨境转移制度。

8.6.2　作为最优货币区的欧元区：问题和挑战

　　尽管欧洲货币联盟为其成员国提高经济效率带来了机会，但它也存在一些问题。我们前面介绍过，要被纳入欧洲货币联盟，各国应满足某些经济标准，比如预算赤字要比较小，通货膨胀率要比较低，并且利率要接近欧元区的平均水平。然而，一些国家在被接纳加入货币联盟时并没有达到这些标准，而且有些国家一旦成为货币联盟的成员国以后往往也会忽略这些标准。换句话说，欧元区的金融基础从一开始就较为脆弱，这可以从 2007—2009 年大衰退期间希腊经济崩溃中得到验证。

另一个问题是，虽然彼此存在差距的经济体被整合成一个货币联盟，但是货币联盟却没有找到有效的方法对这些经济体进行调节。近几十年来，货币联盟北部成员国（如德国）的生产率快速增长，而南部成员国（如意大利和希腊）的生产率一直增长乏力。结果是，与南部国家相比，北部国家单位产出的劳动力成本一直在下降。在一般情况下，汇率调整会缩小这种差距，也就是相对于北部国家的货币来说，南部国家的货币会贬值，从而提高南部国家的竞争力。[*] 然而，在欧元区内部，不存在改变汇率这回事了，因为所有成员国都只使用一种货币——欧元。

最后，欧元区国家没有建立起财政联盟，也就是说，这些国家各有独立的政府支出计划和税收方案。之所以没有建立起财政联盟，是因为成员国都坚持认为财政政策的控制权对国家主权至关重要。然而，既然没有财政联盟，那么这些国家也就没有共同应对经济冲击的风险分担机制。简单地说，欧元区有一个货币联盟，但没有一个财政联盟。

8.7　从《北美自由贸易协定》到《美国—墨西哥—加拿大协定》

欧洲在组建欧洲联盟上取得的成功促使美国也发起并签订了若干区域自由贸易协定。例如，在 20 世纪 80 年代，美国与加拿大商讨并签订了自由贸易协定，1989 年该协定正式生效。《美加自由贸易协定》为墨西哥、加拿大和美国签订**《北美自由贸易协定》**（North American Free Trade Agreement，NAFTA）铺平了道路。1994 年，《北美自由贸易协定》生效。2020 年，《北美自由贸易协定》被更新为《美国—墨西哥—加拿大协定》。

美国的战略家们对《北美自由贸易协定》的构想堪比一场带有革命性质的赌博。墨西哥政治制度缺少民主，经济体制缺少自由，人民普遍贫困，由此所产生的种种问题不可能永远地被遏制在墨西哥边境以内，墨西哥不稳定的局势最终会蔓延到格兰德河[**]的另一边。美国面临的选择很简单，要么将墨西哥纳入北美一体化进程以帮助其发展，要么坐视经济差距不断扩大以及美国由此面临的风险日益增加。

人们期望《北美自由贸易协定》的签署可以为成员国之间共享市场、技术、劳动力和专业知识提供更好的机会。在许多方面，成员国之间都具有显著的互补性，例如，美国将得益于来自墨西哥的廉价、技能日益提高的劳动力，而墨西哥则会得益于美国的投资和专业知识。尽管如此，自由贸易协定的谈判仍然困难重重，因为

---

[*]　如果一个国家的单位产出成本较高，那么其产品的价格竞争力通常较低，该国可以通过宣布本币对外币贬值来降低本国产品以外币表示的价格，从而在短期提高本国产品的国际竞争力。深入的理论说明参见本书第 12 章和第 13 章。——译者注

[**]　格兰德河，发源于美国西南部的科罗拉多州，总体东南流向，注入墨西哥湾，全长 3 000 多公里，大约 2/3 的河段形成了美国与墨西哥之间的天然河界。——译者注

251

未来需要将两个发达的工业大国（美国和加拿大）与一个规模可观的发展中国家（墨西哥）紧密联系在一起。由于墨西哥工资水平较低，所以墨西哥与加拿大和美国之间在生活水平上的巨大差距就成了一个政治上敏感的问题。人们对《北美自由贸易协定》所关注的一个主要问题是，加拿大和美国作为发达国家在与墨西哥开展的自由贸易中是否获得了很多的利益。表 8.4 列举了墨西哥和美国的经济一体化可能带来的收益和损失。

表 8.4　在与墨西哥开展自由贸易的过程中，美国的赢家和输家

美国的赢家	美国的输家
• 高技术、高科技企业及其工人能够从贸易中获益。 • 在墨西哥设厂进行生产的劳动密集型企业因生产成本降低而获利。 • 在生产过程中使用进口商品作为零部件的国内企业能够节约生产成本。 • 自由贸易刺激了竞争，美国国内消费者可以购买到价格较低的产品，从而增加消费者的福利。	• 劳动密集型、低工资和进口竞争企业因为进口商品关税的下降而遭受损失。 • 如果进口竞争企业关闭或者搬迁到国外，那么其工人将会遭受损失。

8.7.1　《北美自由贸易协定》给墨西哥和加拿大带来的收益和成本

由于美国和加拿大的经济体量数倍于墨西哥，所以《北美自由贸易协定》给墨西哥带来的好处在比例上要比给美国和加拿大带来的好处大得多。废除贸易壁垒促使墨西哥生产更多的具有比较优势的产品和服务。不过，墨西哥所获得的好处在很大程度上是以韩国和中国台湾等其他低工资国家和地区的出口下降为代价的。总的来说，在加入一体化进程以后，墨西哥生产了更多需要大量投入低工资、非熟练劳动力的产品，如西红柿、牛油果、水果、蔬菜、加工食品、糖、金枪鱼和玻璃，同时，诸如家用电器和经济型汽车等劳动密集型制成品的出口也增加了。日益增加的海外投资不仅帮助墨西哥增加了工资收入和就业，提高了国民产出水平以及外汇收入，而且还促进了对墨西哥的技术转让。

尽管墨西哥的农业只占其 GDP 的 4%～5%，却养活了该国约 1/4 的人口。大部分墨西哥农业工人属于自耕农，他们在小块土地上种植谷物和油籽，以此养活自己并世代相传。墨西哥的水稻种植者以及牛肉、猪肉和家禽肉的生产者声称，《北美自由贸易协定》使美国生产者进入墨西哥市场，进而损害了他们的利益。他们还认为，美国的农民更容易取得信贷支持，运输和技术条件先进，并且得到政府的大量补贴，因而拥有了不公平的竞争优势，所以墨西哥农民生产的产品无法与从美国进口的商品相竞争。

加拿大最初对《北美自由贸易协定》的担忧与低技能制造业的就业岗位流失问题关系不大，因为它与墨西哥之间的贸易量要比与美国之间的贸易量小得多。加拿大的担忧是其社会福利体制可能会受到威胁，因为在实现了与美国经济更紧密的融合以后，要么加拿大的某些福利措施和政策（比如全民医保或高标准的最低工资制度）可能会被认为无法与美国相竞争，要么加拿大的个人和企业税收基础可能会受到下行压力，进而使政府福利项目的资金来源枯竭。然而，当前加拿大的社会福利体制没有发生变化。

加拿大从《北美自由贸易协定》中所获得的好处主要体现在安全方面：其国际贸易地位得以保持，在美国市场上享有的自由贸易待遇没有减少，同时还能以与美国相同的优惠待遇进入墨西哥市场。加拿大甚至希望加入能够扩大中南美洲市场准入机会的所有协定。不过，虽然加拿大希望随着时间的推移能够从与墨西哥的贸易中获益，但是大多数研究人员估计，由于加拿大与墨西哥之间现有的贸易规模较小，所以加拿大的贸易收益也相对较小。

尽管《北美自由贸易协定》成功地促进了贸易和跨国投资的增长，但是仅凭该协定还不足以使墨西哥实现现代化或者确保其经济繁荣，这一结果令许多墨西哥人感到失望。然而，贸易和投资所能够做到的也就只有这些了。自从《北美自由贸易协定》签署以来，墨西哥政府一直在努力解决腐败、教育水平低下、官僚作风、基础设施支离破碎、信用缺失以及税基薄弱等问题。这些问题会对一个国家的经济发展构成极大的影响。对于墨西哥来说，要想在经济上跻身发达国家之列，就必须通过建立更好的教育制度，保证廉价的电力供应，建设更好的公路，以及实施良好的投资激励措施来促进经济增长，然而这些都是《北美自由贸易协定》无法提供的。

8.7.2　《北美自由贸易协定》给美国带来的收益和成本

《北美自由贸易协定》的支持者们坚持认为，该协定扩大了贸易机会，降低了商品价格，增加了竞争，并且增强了美国企业获取规模经济优势的能力，进而使美国经济在整体上受益。美国已经生产了更多需要大量投入实物资本和高技能劳动的产品，包括化工产品、塑料、水泥、精密电子和通信设备、机床以及家用电器。墨西哥放松对外国保险公司的限制也使美国的保险公司受益。美国企业，特别是大型企业，还能够更便利地获得廉价劳动力和零部件。此外，美国还获得了更加可靠的石油来源，而且由于墨西哥变得更加富裕，入境美国的墨西哥非法移民减少了，墨西哥政局也更加稳定，这些都让美国获益匪浅。尽管存在这些好处，但是据估计，美国从《北美自由贸易协定》中获得的整体经济利益仍然是有限的，因为美国经济规模是墨西哥的 25 倍，而且美国和墨西哥之间的许多贸易壁垒在签署自由贸易协定之前就已经被废除了。

规模经济是《北美自由贸易协定》带来的另一个好处。北美自由贸易区的成员国可以克服其国内市场狭窄的缺陷，通过向其他成员国出口商品，实现生产上的规模经济。《北美自由贸易协定》还让通用汽车和通用电子等工业巨头在其生产线上

252

8

发挥规模经济优势。在本书线上学习系统 MindTap 的**"进一步探索 8.2"**中，我们对制造业规模经济效应做进一步分析。

然而，即使《北美自由贸易协定》最忠实的支持者都承认，该协定会给美国经济的某些部门造成负面影响。在商业方面，损失最大的是柑橘种植和制糖等行业，这些行业现在仍然要依靠贸易壁垒来限制廉价的墨西哥商品进口才能生存。此外，服装等行业的低技能工人也遭受了损失，他们的工作岗位最容易受到来自国外低工资工人的竞争。

美国工会尤其担心墨西哥较低的工资水平会吸引美国企业到墨西哥去设厂生产，从而造成美国国内就业机会的流失。在密歇根州的马斯基根等城市，数以千计的工人靠生产活塞铰链等汽车基本部件谋生，他们特别容易受到来自墨西哥低工资工人的竞争。事实上，墨西哥制造业工人每小时的报酬仅仅是美国和加拿大工人工资的一个零头。

对《北美自由贸易协定》持批评意见的人士指出，美国公司为了利用墨西哥的廉价劳动力会像蜜蜂一样涌向墨西哥。然而，美国公司并没有像预测的那样大量迁往墨西哥。国际贸易理论告诉了我们这其中的原因。如表 8.5 所示，2017 年美国平均劳动生产率（人均 GDP）是 127 136 美元，而墨西哥是 46 679 美元，可见美国工人的劳动生产率是墨西哥工人的 2.7 倍。尽管雇主向美国工人支付的工资是墨西哥工人的 2.7 倍，但每单位产出的成本却没有任何差异。此外，在美国经营的公司还得益于美国比墨西哥拥有更加稳定的法律和政治环境。

表 8.5　2017 年部分国家国内生产总值（按购买力平价换算[a]）、雇佣人数以及劳动生产率

国家	国内生产总值 （万亿美元）	雇佣人数[b] （百万人）	劳动生产率[c] （美元）
美国	19.49	153.3	127 136
澳大利亚	1.25	12.2	102 459
加拿大	1.77	18.3	96 721
德国	4.20	44.2	95 023
英国	2.93	32.0	91 563
日本	5.44	63.1	86 212
墨西哥	2.46	52.7	46 679
中国	23.21	775.2	29 941

a. 按购买力平价换算的一国 GDP 是指，该国生产的所有货物和服务按美国当年价格计算的总价值。这是大多数经济学家在研究各国人均福利和比较各国人民生活条件或资源使用情况时更喜欢采用的衡量指标。

b. 雇佣人数＝（1－失业率）×劳动力人数。

c. 劳动生产率＝GDP/雇佣人数。由于四舍五入，数字不精确。

资料来源：Central Intelligence Agency, *World Fact Book*, http://www.cia.gov. See also World Bank Group, *Data and Statistics*, http://www.worldbank.org/data/; and International Monetary Fund, *International Financial Statistics*.

人们担忧的另一个问题是，墨西哥的环境规制不像美国那样严格。美国的劳工和环境保护人士担心，虽然美国工厂更加环保，但运营成本更高，因而墨西哥对污染的放任会促使美国企业将工厂转移到墨西哥。环境保护主义者们还担心墨西哥经济的高速增长可能加剧空气和水资源的污染。然而，《北美自由贸易协定》的拥护者们则辩称，墨西哥的经济越繁荣，就越愿意并且越有能力加强环境规制，而且一个经济体的开放程度越高，其在生产过程中通常也越趋向于使用接近最先进的并且也是更清洁的技术。

迄今为止，《北美自由贸易协定》对美国经济的影响一直偏小。存在的一些影响包括提高了美国整体的收入水平，提升了美国和墨西哥之间的贸易量。《北美自由贸易协定》尽管使某些行业失去了一些就业岗位，但是对美国整体就业水平基本没有影响。当然，对于那些参与北美自由贸易区内部贸易比较多的特定行业和产品来说，其影响（包括对某些工人就业岗位的影响）通常还是比较大的。不过，研究结果表明，总体而言，《北美自由贸易协定》对美国所产生的贸易创造效应大于贸易转移效应，因而该协定增进了美国的福利水平。[①]

与经济方面相比，《北美自由贸易协定》在政治方面的影响更大。该协定已经成为美国与墨西哥两国之间紧密关系的象征。鉴于两国在历史上长期处于敌对状态，美国和墨西哥现在的紧密合作有着极为突出的历史意义。《北美自由贸易协定》使美国和墨西哥成为盟友国家。

专栏

《北美自由贸易协定》的现代版：《美国—墨西哥—加拿大协定》

创立于 1994 年的《北美自由贸易协定》从一开始就备受争议。批评人士们认为，《北美自由贸易协定》并不公平，它会减少就业机会；而支持者们则坚持认为，该贸易协定促进了加拿大、墨西哥和美国之间的贸易和投资，从而促进了经济增长。作为总统候选人时，唐纳德·特朗普称《北美自由贸易协定》是美国有史以来签署的最糟糕的贸易协定，并且表示他在当选后将废除该协定。然而，在担任美国总统以后，特朗普让步了，因为他显然认识到他的许多选民要依靠与加拿大和墨西哥的贸易来维持生计。于是，特朗普在 2017 年与墨西哥和加拿大的政府就该协议进行了重新谈判。特朗普指出，原来的《北美自由贸易协定》在 21 世纪的头十年里就已经不适应显著变化的经济环境了。

在经过多次讨论之后，特朗普政府与国会中的民主党议员们就美国与墨西哥、加拿大之间的贸易协定达成共识。该贸易协定经国会通过以后，由特朗普总统以及墨西哥和加拿

---

① Peterson Institute for International Economics，*NAFTA 20 Years Later*，Briefing No. 14 - 3，November 2014 and *A Path Forward for NAFTA*，Briefing No. 17 - 2，July 2017.

大政府签署后成为法律，即 2020 年 7 月 1 日生效的《美国—墨西哥—加拿大协定》。总的来说，《美国—墨西哥—加拿大协定》包含了《北美自由贸易协定》约 90％的条款；我们接下来讨论其中的一些重要变化。

汽车

《美国—墨西哥—加拿大协定》增加了汽车公司在北美从事免税汽车贸易时所必须遵守的义务。《美国—墨西哥—加拿大协定》要求汽车和卡车成品价值的 75％以上必须在位于北美的工厂里生产，而《北美自由贸易协定》要求的门槛比例为 62.5％。此外，《美国—墨西哥—加拿大协定》还要求汽车价值的 40％以上以及轻型卡车价值的 45％以上，必须在工人时薪不低于 16 美元的北美工厂里生产。这相当于要求一些汽车制造企业必须设在加拿大或者美国，而不是墨西哥——2018 年墨西哥工人的时薪还不到 8 美元。

墨西哥的劳动力保护

美国工会长期以来一直坚持认为，墨西哥工人由于经常受到劝阻所以未能自由地组建工会并要求公平的工资，这导致美国制造业工人的就业岗位被更为廉价的墨西哥工人抢走。《美国—墨西哥—加拿大协定》包含的劳工规则允许墨西哥工人拥有不受雇主支配的工会，因为一旦工会受到雇主支配，工人的工资就会受到压制。此外，该协定还建立了劳工问题专家制度，由专家负责监督墨西哥是否履行协议。

技术自由化

与《北美自由贸易协定》不同，《美国—墨西哥—加拿大协定》为在墨西哥、加拿大和美国进行跨境转移和存储数字信息提供了自由。同时，数字产品的关税也被取消。受科技公司青睐的版权和法律保护条款也被写进了新的协定，这些条款日后可能会适用于中国等其他国家。

汇率操纵

《美国—墨西哥—加拿大协定》包含了关于汇率操纵的相关内容，这是贸易协定中首次包含此类条款。加拿大和墨西哥没有抵制这一条款，因为它们没有通过操纵汇率来为本国出口商提供竞争优势。美国计划将《美国—墨西哥—加拿大协定》中有关货币的章节作为其与中国谈判的模板，因为美国认为中国一直在频繁地操纵人民币汇率。

农业

《美国—墨西哥—加拿大协定》增加了美国奶农进入加拿大市场的机会。同时，根据该协定，美国的家禽、小麦和酒精出口将会增加，而加拿大也将向美国出口更多的糖和糖制品。

药品

美国大型制造商对《美国—墨西哥—加拿大协定》感到失望。美国国会中的民主党议员向特朗普总统施压，要求从《美国—墨西哥—加拿大协定》中删除保护高成本品牌药物在 10 年内不受低成本仿制药物影响的词句。《北美自由贸易协定》中对药物没有这样的保护。

人们预计《美国—墨西哥—加拿大协定》将为三国经济带来实实在在的好处。在经历了对先前《北美自由贸易协定》前景的一段时期的担忧之后，人们希望《美国—墨西哥—加拿大协定》能够开创稳定的政治和经济局面，进而扩大贸易和投资。新的协定将如何演变仍有待观察。

8.8　小结

1. 贸易自由化有两种主要形式。一种形式是如同世界贸易组织所采用的那样，在非歧视性原则的基础上相互削减贸易壁垒；另一种形式是一组国家在内部签订区域贸易协定，如欧盟和《北美自由贸易协定》。

2. **经济一体化**是指对国际贸易、跨境支付和要素国际流动取消限制的过程。经济一体化的发展阶段包括：（1）自由贸易区；（2）关税同盟；（3）共同市场；（4）经济联盟；（5）货币联盟。

3. 经济一体化的福利含义可以从两个方面来分析。第一是静态福利效应，来自贸易创造和贸易转移；第二是动态福利效应，源自可能由经济一体化引起的竞争加剧、规模经济和投资刺激。

4. 从静态角度来看，如果由贸易创造带来的消费和生产上的收益在抵消由贸易转移造成的世界效率损失后还有剩余，那么构建关税同盟就会产生福利净收益。

5. 影响贸易创造和贸易转移的因素包括：（1）关税同盟形成之前成员国之间的经济竞争程度；（2）成员国的数目和经济规模；（3）对非成员国外部关税的大小。

6. 根据《罗马条约》，1957 年欧盟成立。目前，欧盟包括 27 个成员国。到 1992 年，欧盟基本达到了一体化的共同市场阶段。事实表明，欧盟从贸易创造中获得的收益超过了贸易转移所造成的损失。欧盟发展进程中的一个绊脚石是其共同农业政策，该政策要求政府提供大量补贴资助欧洲农民。1991 年的《马斯特里赫特条约》号召符合条件的欧盟成员国参与建立货币联盟，1999 年，货币联盟正式开始实施。然而，英国在 2020 年脱离了欧盟。

7. 1999 年，欧洲货币联盟成立，进而创造了单一货币（欧元）和欧洲中央银行。在共同中央银行的管辖之下，每个成员国的中央银行执行的功能类似于美国 12 家地区性联邦储备银行。

8. 关于欧洲共同货币收益和成本的很多分析都是以最优货币区理论为基础的。根据这一理论，由不同国家共用同一种货币所产生的收益包括：更加统一的价格、降低交易成本、给投资者带来更大的确定性和增强竞争等。使用单一货币会给一国带来更加广泛的收益，但是该国也会因此失去制定独立的货币政策的权利和调整汇率的权利，所以政府必须在收益和损失之间进行权衡。

9. 1989 年，美国和加拿大成功完成了自由贸易协定谈判，根据该协定两国将在 10 年内逐步实现自由贸易。该协定后来发展成由美国、墨西哥和加拿大谈判签署的《北美自由贸易协定》，2020 年又被《美国—墨西哥—加拿大协定》取代。

8.9 关键概念及术语

- 比荷卢关税联盟（Benelux；p. 235）
- 英国脱欧（Brexit；p. 246）
- 共同农业政策（Common Agricultural Policy；p. 243）
- 共同市场（Common Market；p. 235）
- 趋同准则（Convergence Criteria；p. 242）
- 关税同盟（Customs Union；p. 235）
- 经济一体化的动态效应（Dynamic Effects of Economic Integration；p. 237）
- 经济一体化（Economic Integration；p. 235）
- 经济联盟（Economic Union；p. 236）
- 欧元（Euro；p. 242）
- 欧洲货币联盟（European Monetary Union，EMU；p. 242）
- 欧洲联盟，欧盟（European Union，EU；p. 235）
- 出口补贴（Export Subsidies；p. 243）
- 自由贸易区（Free-Trade Area；p. 235）
- 《马斯特里赫特条约》（Maastricht Treaty；p. 242）
- 货币联盟（Monetary Union；p. 236）
- 《北美自由贸易协定》（North American Free Trade Agreement，NAFTA；p. 250）
- 最优货币区（Optimal Currency Area；p. 249）
- 区域贸易协定（Regional Trading Arrangement；p. 233）
- 经济一体化的静态效应（Static Effects of Economic Integration；p. 237）
- 贸易创造效应（Trade Creation Effect；p. 239）
- 贸易转移效应（Trade Diversion Effect；p. 239）
- 《美国—墨西哥—加拿大协定》（United States-Mexico-Canada Agreement，USMCA；p. 235）
- 差价税（Variable Levies；p. 243）

8.10 习题

1. 贸易自由化如何在非歧视和歧视的环境下存在？分别有哪些实际例子？

2. **经济一体化**的含义是什么？经济一体化包括哪些阶段？

3. 贸易创造和贸易转移的静态福利效应如何影响一国建立关税同盟的决策？动态福利效应对这一决策有什么重要意义？

4. 为什么所谓的共同农业政策对于欧盟来说是一个具有争议的问题？

5. 通过经验研究，欧盟的贸易创造和贸易转移的福利效应分别是什么？

6. 表 8.6 显示了葡萄牙对手套的供给和需求，假设葡萄牙是一个小国，不能影响手套的世界价格。在纸上画出葡萄牙对手套的供给和需求曲线。

表 8.6　葡萄牙对手套的供给和需求

价格（美元）	供给数量	需求数量
0	0	18
1	2	16
2	4	14
3	6	12
4	8	10
5	10	8
6	12	6
7	14	4
8	16	2
9	18	0

a. 假设德国和法国分别能以 2 美元和 3 美元的价格向葡萄牙供给手套。在自由贸易情况下，哪个国家能将手套出口到葡萄牙？葡萄牙生产、消费和进口的手套数量各为多少？

b. 假设葡萄牙对进口手套征收 100％ 的非歧视性关税。哪个国家会对葡萄牙出口手套呢？葡萄牙将生产、消费和进口多少手套？

c. 假设葡萄牙与法国组成关税同盟。试确定关税同盟的贸易创造效应和贸易转移效应。关税同盟对葡萄牙福利总的影响如何？

d. 假设葡萄牙与德国组成关税同盟。这个关税同盟是贸易转移型同盟还是贸易创造型同盟呢？关税同盟是增加还是降低了葡萄牙的福利水平？增加或降低了多少？

进一步探索

1. 关于政府采购政策与欧盟的讨论，请在本教材线上学习系统 MindTap 中查询"进一步探索 8.1"。

2. 关于制造业的规模经济效应与《北美自由贸易区》的讨论，请在本教材线上学习系统 MindTap 中查询"进一步探索 8.2"。

257

第9章 要素国际流动和跨国企业

迄今为止，我们关注的一直是货物和服务的国际流动。然而，当代世界经济中的一些最显著的变化是由劳动力和资本等生产要素的国际流动引起的。在19世纪，欧洲的资本和劳动力（还有非洲和亚洲的劳动力）流到美国，促进了美国的经济发展。20世纪60年代，美国向加拿大和西欧大举投资；而在20世纪80年代和90年代，投资又从日本流向美国。今天，来自南欧的工人可以在北欧的工厂找到工作，而墨西哥工人则移居到美国寻求就业。1989年，柏林墙的倒塌促使大量工人离开民主德国，移居到联邦德国。

实际上，无论是生产要素的国际流动，还是货物和服务的国际流动，它们都受到相同的经济力量的驱动。如果条件允许，生产要素会从禀赋充裕（因而也是要素生产率较低）的国家流动到禀赋稀缺（因而也是要素生产率较高）的国家。不同国家生产要素收益率（如工资和资本收益）的差距是生产要素流动的动力，只要生产要素收益率的国别差额高于生产要素从一国流动到另一国的成本，那么生产要素就会在国家间流动。

本章考察资本国际流动（投资）作为资本密集型产品贸易的一种替代所发挥的作用。本章重点研究跨国企业，正是它们在世界范围内重新配置资本。本章还将研究劳动力的国际流动，它对劳动密集型产品贸易起到了替代性作用。

9.1 跨国企业

尽管"企业"这个术语可以被准确地定义，但对于**跨国企业**（Multinational Enterprise，MNE）却没有普遍可接受的精确定义。然而，仔细观察一些有代表性的跨国企业后可以发现，这些企业有很多相似的特征。跨国企业在许多东道国从事经营，它们除了制造商品、采矿、提炼和提供商业服务以外，通常还开展研发活动。跨国企业的经营超越了国家疆界的限制，其所有经营活动通常要受到远离东道国的企业规划中心的控制，其股权和公司管理通常也具有国际化特征。一个典型跨国企业的国外销售收入占总销售收入的比重通常高达25%，甚至更多。尽管大家对跨国企业的构成要素尚未达成共识，但是毫无疑问，跨国企业在现实中大量存在。表 9.1 显示了当今世界规模最大的一些公司的概况。

表 9.1　2019 年世界上规模最大的几家公司

公司	总部所在国家或地区	收入（十亿美元）
沃尔玛百货有限公司	美国	514.4
中国石油化工集团有限公司	中国	414.6
荷兰皇家壳牌公司	荷兰	396.6
中国石油天然气集团有限公司	中国	393.0
国家电网有限公司	中国	387.1
沙特阿拉伯国家石油公司	沙特阿拉伯	355.9
英国石油公司	英国	303.7
埃克森美孚公司	美国	290.2
大众汽车集团有限公司	德国	278.3
丰田汽车有限公司	日本	272.6

资料来源："The 2019 Global 500," *Fortune*, available at http://www.fortune.com.

跨国企业可以在东道国和母国间沿着垂直的、水平的以及混合型的路径开展多种多样的一体化经营。当母公司决定建立国外子公司，生产最终产品所需的中间产品或原材料时，通常就属于**垂直一体化**（Vertical Integration）*。对于石油精炼和钢铁等产业来说，实施**后向一体化**可能就是要将企业的经营范围延伸至原材料的提炼和加工等环节，不过，大多数制造商往往只把经营范围向后延伸至零部件的生产环节。就世界范围内来看，开展后向一体化的典型企业是那些大型的国际石油公司。这些石油企业把生产石油的子公司设在中东等地区，而其炼油和销售业务则集中在西方工业化国家进行。跨国企业也可以朝着终端消费者市场的方向实施**前向一体化**。例如，汽车制造商可能会通过其在外国设立的子公司来销售由母公司完成制造的产品。在实践中，大多数对国外的垂直投资都属于跨国企业的后向一体化。跨国企业通常都希望以垂直一体化的方式来扩展其经营活动，以获取规模经济和国际专业化所带来的利益。

如果母公司在母国生产一种商品，并在东道国设立子公司生产相同的产品，那么就属于**水平一体化**（Horizontal Integration）。同一跨国企业的不同子公司都具有独立的生产能力，母公司设立这些子公司就是为了在海外市场生产和销售母公司的产品。譬如，可口可乐（Coca-Cola）公司和百事可乐（Pepsi-Cola）公司不只在美国，在世界很多国家都设有罐装可乐的工厂。有时，跨国企业在海外设立生产工厂是为了规避外国严厉的关税壁垒，因为这些关税壁垒使其产品处于竞争劣势。此

***

＊　vertical integration 和 horizontal integration 也可译作纵向一体化和横向一体化。——译者注

外，母公司还喜欢把工厂设在距离客户较近的地方，因为不同国家的偏好不同，所以可能需要对产品进行特殊的设计。

除了进行垂直的和水平的对外投资以外，跨国企业还可能在不相关的市场上开展多元化经营，也就是所谓的**混合一体化**（Conglomerate Integration）。例如，在20世纪80年代，由于预计石油和天然气的未来投资机会将会减少，美国的石油公司加速并购了一些非能源行业的企业。埃克森美孚公司在智利并购了一家外国铜矿开采子公司，天纳克（Tenneco）公司收购了一家生产汽车尾气排放装置的法国公司。

从贸易理论的角度来看，跨国企业分析方法与比较优势原理所做出的预测是基本一致的，这两种方法都认为一种产品将在低成本国家生产。跨国企业分析方法与传统贸易模型之间的主要区别在于，前者强调投入要素的国际流动，而后者则以商品在国家间的流动为基础。

为了在世界范围内开展经营，跨国企业大量进行**对外直接投资**（Foreign Direct Investment）*，即收购海外公司或设施的控制权。对外直接投资的典型形式包括：

（1）母公司收购某一外国公司足够多的普通股，以获得表决控制权（如果一个"外国人"持有美国公司10%的权益，那么这家公司就会被美国商务部认定为被外国直接拥有的公司）；

（2）母公司在海外购买或者建造新的工厂和设备；

（3）母公司向海外转移资金，为其在外国的子公司扩张提供融资；

（4）将外国子公司的收益用于再投资以扩张该子公司的生产规模。

表9.2概要性地显示了2018年美国的对外直接投资状况，数据包括美国的对外直接投资和外国对美国的直接投资。近年来，美国的对外直接投资主要流向了欧洲、拉丁美洲和加拿大，尤其是流向了制造业。美国吸收的外国直接投资大部分来自欧洲、加拿大和亚洲，主要集中在美国的制造业、石油产业和批发贸易机构。

表 9.2　2018 年美国的直接投资概况（按历史成本计价[a]）

国家或地区	美国的对外直接投资		外国对美国的直接投资	
	投资额（十亿美元）	百分比（%）	投资额（十亿美元）	百分比（%）
加拿大	401.8	6.8	511.2	11.9
欧洲	3 610.4	60.9	2 957.4	68.3
拉丁美洲	932.3	15.8	131.4	3.0
非洲	47.8	0.1	0.5	0.0
中东	72.2	1.2	28.4	0.1

---

* 根据行文需要，也译作"外国直接投资"。——译者注

续表

国家或地区	美国的对外直接投资		外国对美国的直接投资	
	投资额 （十亿美元）	百分比（%）	投资额 （十亿美元）	百分比（%）
亚太地区	886.3	15.2	710.6	16.7
总和	5 950.8	100	4 339.5	100

a. 历史成本计价指的是投资发生时的数值，没有对价格变化进行调整。

资料来源：U. S. Department of Commerce, *U. S. Direct Investment Position Abroad and Foreign Direct Investment Position in the United States on a Historical-Cost Basis*，available at http://www. bea. doc. gov/. See also U. S. Department of Commerce, *Survey of Current Business*，Washington D. C. , Government Printing Office.

9.2　对外直接投资的动因

262

与对外国商品开放市场的理由相比，对外国直接投资开放市场的理由同样让人信服。更开放的经济将享有更高的私人投资率，而私人投资率是经济增长和就业创造能力的主要决定因素。各国竞相吸引外国直接投资，因为它能产生溢出效应，比如提高管理效率，促进技术进步等。与开展对外贸易的企业一样，外国直接投资密集的企业和部门往往具有更高的平均劳动生产率并且能给雇员支付更高的工资。从另一方面看，开展对外投资不仅可以使企业保持竞争力，促进母国国内就业，而且还能刺激母国制造的机械设备和其他资本品的出口。

新的跨国企业不会无缘无故地在外国出现，它们的设立都是企业管理层精心谋划的结果。经济理论和实证研究都支持这样一种观点：预期的**未来利润**是企业开展对外直接投资的驱动力。一般认为，在考虑了投资风险因素之后，资本（包括货币资本和实物资本）会从预期利润低的地区流向预期利润高的地区。虽然预期利润可以作为对外直接投资行为的终极解释，但当被问及投资动机时，企业管理层可能会强调其他各种因素。这些因素包括市场需求条件、贸易限制措施、投资管制、劳动力成本和运输成本，所有这些因素都会影响企业的成本和收入状况，从而也会影响利润水平。

9.2.1　需求因素

对利润的追求促使跨国企业不断寻找新的市场和需求来源。有些跨国企业在海外设立子公司是为了开拓海外市场，因为海外市场份额在有些情况下可能无法完全通过出口商品来维持。而有时，跨国企业在海外设立子公司则是出于对海外分销方法的不满。为此，跨国企业通常会自行设立海外营销部门，然后又建立制造工厂。如果企业意识到当地消费者的喜好和对产品设计的要求存在差异，那么在海外建立营销部门乃至制造工厂的动机就会尤其强烈，因为要想制定一个成功地营销方案，最重要的就是深入了解当地情况。

当一些母公司意识到自己的生产能力已经能够充分满足母国国内市场时，它们就有可能到外国设立制造工厂。如果想让企业的增长速度超过母国国内需求的扩张速度，那么企业的选择就只能是要么出口，要么在国外建立生产设施。例如，通用汽车公司在英国、法国和巴西等国家设立了制造子公司，这些国家的庞大市场足以为通用汽车的子公司提供生存空间。但是，波音公司却将其制造业务集中在美国，并向国外出口飞机，这是因为设立一家高效的喷气式飞机制造厂需要很大一笔投资，而大多数国外市场规模又相对较小。

9.2.2 成本因素

跨国企业经常通过降低生产成本来提高利润水平。以降低成本为目的的对外直接投资包括很多形式。获取关键的原材料可能是一些企业实施跨国经营的初衷，对于采掘业和某些农产品行业尤其如此。例如，美国联合果品（United Fruit）公司在洪都拉斯建立了香蕉生产基地，目的就是为了获取由当地气候和种植条件所形成的天然贸易优势。与之相似的天然贸易优势还可以解释为什么加拿大阿纳康达（Anaconda）公司在玻利维亚设立采矿厂，以及为什么荷兰壳牌（Shell）公司在印度尼西亚生产和精炼石油。资源禀赋或气候条件等供给方面的天然优势确实影响着一个企业的海外投资决策。

生产成本中除了原材料之外，还包括很多其他因素，最突出的就是劳动力。**劳动力成本**往往会随着各个国家经济状况的不同而有所差异。通过把部分或全部的生产设施建在海外，跨国企业能够降低成本。例如，美国的许多电子企业在国外生产产品，或者至少是在国外进行产品组装，目的就是利用外国廉价的劳动力。（美国工人获得的工资虽然高于国外，但这并不一定意味着会给美国境内的企业带来更高的成本。高工资可能是因为美国工人的劳动生产率高于国外工人。只有当劳动生产率的优势不能补偿美国的高工资时，外国劳动力才会具有相对吸引力。）

运输成本也会影响跨国企业的选址决策，特别是对于那些运输成本在产品价值中占很大比例的产业。当原材料的运输成本远远超过将产成品送往市场的运输成本时，跨国企业一般会将生产工厂设立在靠近原材料产地的地方，而不是设在接近消费市场的地方——木材、基础化工产品、铝和钢铁等都属于这类产品。相反，当产成品的运输成本大大高于生产所需的原材料的运输成本时，跨国企业将会在接近消费市场的地方设立生产工厂。可口可乐公司和百事可乐公司等饮料制造商就是把浓缩糖浆运到其在世界各地的工厂，再由这些工厂将碳酸水加入糖浆并装瓶，然后再卖给消费者。如果运输成本只占产品价值的一小部分，那么跨国企业往往会根据劳动力和其他投入要素的可得性和成本，将工厂设在制造成本最低的地方。生产电子元件、服装和鞋类产品的跨国企业在考虑对外直接投资的时候通常都是按照这种原则进行灵活选址的。

政府实施的政策也可能引来外国直接投资。一些国家为了吸引外国制造商前来开办工厂，从而创造本地就业机会，可能会向跨国企业提供补贴，补贴形式包括给予税收优惠或免费厂房等。但在更多情况下，直接投资是规避进口关税壁垒的一种方式。例如，由于巴西对进口汽车征收高额关税，所以如果外国汽车生产商想在巴西市场销售汽车，那它就必须在该国设立生产工厂。

国际贸易案例

制造商会退出中国转向越南吗？难以做到

随着美国在 2019 年陷入一场与中国的激烈贸易战，唐纳德·特朗普总统宣布，他针对中国征收的进口关税将导致数千家企业离开中国并迁往越南和印度，那些企业在越南和印度生产的商品在出口到美国时不会被征收高额关税。此举是为了给中国施加压力，以迫使其与特朗普进行谈判。然而，分析人士们考虑的是，美国对中国提高关税是否真的会导致越南和印度等低工资国家取代中国成为世界工厂。他们发现，有几家企业正在逃离中国，但不是特朗普所说的那样有几千家。为什么会有如此大的差距呢？

许多企业，特别是美国企业，在中国经营主要为了制造产品并将其卖给中国客户。这些企业不需要迁往亚洲其他国家或者迁往美国，以应对其出口到美国的商品将被征收的高额关税。例如，卡特彼勒公司在中国各地生产推土机和其他建筑设备，而且其产品几乎全部卖给了中国客户。由于相对于卡特彼勒挖掘机本身的价值来说，其运输成本很高，所以该公司不太可能希望将生产地点设在其他国家，然后再将其产品运往中国。

此外，将生产业务迁出中国会给企业带来很高的成本。许多在中国制造产品的外国企业都得益于中国经过多年发展起来的、庞大的本地供应链，同时，这些外国企业还雇佣了大约 2 500 万名中国员工，其中许多是高素质的管理人员和工程师。换句话说，专业化的本地供应链已经使中国成为智能手机、吸尘器和餐桌等产品制造领域的领导者，而越南就不具备这样的生产条件。不仅如此，越南的公路运力和港口吞吐量都较为有限。所以，尽管越南有时被认为是可以替代中国的另一个生产基地，但是越南实在太小了，它最多也就只能吸纳外国企业在华生产业务的一小部分。至于印度，它有充足的廉价劳动力供给，但是其技术水平却低于中国，而且政府管制也相对严格。因此，尽管一些企业正在考虑是否通过将部分生产线转移到亚洲其他国家，或者推动其中国供应商将业务迁出中国，以实现生产业务的多元化，但实际上很少有企业会完全退出中国。

问题：美国对从中国进口的商品加征关税是否会导致大量企业退出中国转向东亚其他国家？

资料来源：Nicholas Lardy, *Are Foreign Companies Really Leaving China in Droves?* Peterson Institute for International Economics, Washington D. C., September 10, 2019; Niharika Mandhana, "Manufacturers Want to Quit China for Vietnam. They're Finding it Impossible," *Wall Street Journal*, August 21, 2019; J. R. Reed, "President Trump Ordered U. S. Firms to Ditch China, But Many Already Have and More Are on the Way," CNBC, September 1, 2019.

9.3　向国外买家供应商品：国内生产还是国外生产

　　一家企业一旦了解到国外对其产品存在需求，它就必须弄清楚以什么样的方式向国外供应这些产品能使成本最低。假设美国的安海斯-布希公司（Anheuser-Busch，以下简称 A-B 公司）打算将其百威啤酒卖到加拿大，并且有三种方式可以选择：(1) 在美国威斯康星州设立啤酒厂生产百威啤酒，然后将其出售给美国中西偏北部的消费者以及加拿大的消费者（直接出口）；(2) 在加拿大设立啤酒厂生产百威啤酒并将其出售给加拿大消费者（对外直接投资）；(3) 授权加拿大的一家啤酒厂在加拿大生产并销售百威啤酒。A-B 公司选择哪种方式取决于规模经济的大小、运输和分销成本以及国际贸易壁垒，接下来分别对这些因素进行讨论。

9.3.1　直接出口抑或对外直接投资/特许经营

　　A-B 公司可以采用三种方式向加拿大供应百威啤酒，即直接出口、对外直接投资或者特许经营，我们接下来分析一下该公司的决策。首先分析规模经济对 A-B 公司决策的影响。一般说来，当加拿大的啤酒需求量相对较小时，考虑到规模经济，A-B 公司会向加拿大出口啤酒；而当加拿大的啤酒需求量相对较大时，规模经济效应会引导 A-B 公司通过特许经营协议或者对外直接投资向加拿大供应百威啤酒。

　　为了说明这一原理，假设有三家企业：A-B 公司可能会设在威斯康星州的啤酒厂、A-B 公司可能会设在加拿大的啤酒厂、可能获得 A-B 公司授权生产百威啤酒的加拿大啤酒厂；假设这三家企业具有相同的平均生产成本曲线，在图 9.1 中都由曲线 AC 表示；假设随着啤酒产量的增加，每箱啤酒的平均生产成本在下降至某一水平以后便不再下降并且稳定在该水平上。

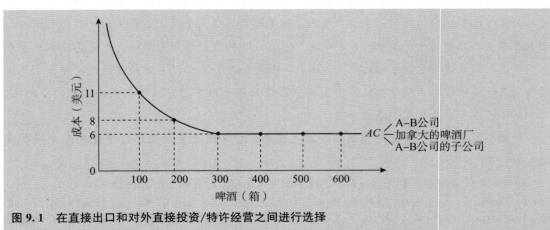

图 9.1　在直接出口和对外直接投资/特许经营之间进行选择

　　当加拿大市场规模足够大，因而可以进行有效率的生产时，美国企业在加拿大建立生产子公司，或者授予加拿大企业生产和销售其产品的权利，能够增加利润。如果加拿大的市场规模相对较小，因而无法进行有效率的生产，那么向加拿大出口商品能够增加美国企业的利润。

假定 A-B 公司估计，美国消费者对百威啤酒的年需求量为 200 箱，如图 9.1 所示。在这一产量水平下，A-B 公司的威斯康星啤酒厂能够实现规模经济，每箱啤酒的生产成本为 8 美元。假如 A-B 公司估计，加拿大对百威啤酒的需求量较小，只有 100 箱。由于威斯康星啤酒厂已经为供应美国消费市场生产了 200 箱啤酒，所以为满足加拿大的额外需求增加产出将使该啤酒厂的平均生产成本下降，即以每箱 6 美元的成本生产 300 箱啤酒。

作为一种替代方案，A-B 公司也可以在加拿大生产百威啤酒。由于加拿大消费者估计只需要 100 箱百威啤酒，也就是市场规模太小，所以当地生产无法充分实现规模经济。A-B 公司的加拿大啤酒厂或者得到授权的加拿大啤酒厂生产百威啤酒的成本是每箱 11 美元。所以，在威斯康星州酿造百威啤酒并出口到加拿大可以使 A-B 公司的每箱生产成本节省 5 美元（11 美元－6 美元＝5 美元）。如果向加拿大消费者运送和分销百威啤酒的成本低于这个数字，那么 A-B 公司为实现利润最大化将采取出口的方式向加拿大消费者提供百威啤酒。

如果加拿大对百威啤酒的需求量是 300 箱或者更多，那么对 A-B 公司来说在加拿大进行生产更为合适，它可以与加拿大的一家啤酒厂签订特许经营协议，也可以投资建立一个酿酒子公司。我们用图 9.1 来说明这种可能性。假设加拿大对百威啤酒的需求量预计为每年 400 箱，而美国消费者的需求量仍然是 200 箱。由于在产量达到 300 箱时，规模经济已经达到极限，所以加拿大的需求量再大，也不能使 A-B 公司每箱啤酒的生产成本降到 6 美元以下。在生产 400 箱啤酒的情况下，得到授权的加拿大啤酒厂或者 A-B 公司的加拿大子公司达到了最低有效规模，它们的生产效率与 A-B 公司威斯康星啤酒厂相当，每个啤酒厂的生产成本都降到每箱 6 美元。在生产成本相同的条件下，在加拿大当地生产可以避免从美国向加拿大消费者运送和分销啤酒所产生的额外成本，从而使 A-B 公司的总成本实现最小化。因此，将生产啤酒的技术授权给加拿大酿酒企业，或在加拿大投资设立酿酒子公司，将会增加 A-B 公司的利润。

与运输成本相似，贸易限制措施也会抵消生产成本的优势。如果加拿大征收高昂的进口关税，那么 A-B 公司威斯康星酿酒厂的成本优势就会被抵消。这时，进入加拿大市场的唯一可行的途径就是对外直接投资或特许经营。

9.3.2 对外直接投资抑或特许经营

企业一旦决定以国外生产的方式向海外供应产品，那么它就必须判断是设立国外生产子公司的效率更高，还是将技术授权给国外企业并由其生产产品的效率更高。在英国，肯德基炸鸡店由当地居民拥有并经营，美国总部只是提供店名和经营规程，英国当地的经营者要向美国总部支付特许经营费。虽然在实践中，特许经营有着广泛的应用，但前提是，当地企业有能力使其经营活动适应总部的生产规程或技术要求。

假定 A-B 公司正在考虑是将百威的生产技术授权给加拿大的一家啤酒厂，还是直接在加拿大投资设立生产子公司。图 9.2 为假设的成本曲线，其中，曲线 $AVC_{子公司}$ 代表 A-B 公司在加拿大的子公司的平均可变成本（例如劳动力和原材料），曲线 $AVC_{加拿大}$ 为加拿大啤酒厂的平均可变成本。设立国外酿酒子公司也要产生固定成本，由曲线 $AFC_{子公司}$ 表示，包括总部与子公司之间的关系协调费用、对外国市场潜力进行评估时耗费的沉没成本等。A-B 公司成立一个外国子公司的平均总成本由曲线 $ATC_{子公司}$ 来表示。

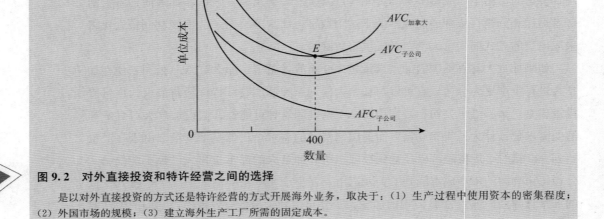

图 9.2　对外直接投资和特许经营之间的选择

是以对外直接投资的方式还是特许经营的方式开展海外业务，取决于：（1）生产过程中使用资本的密集程度；（2）外国市场的规模；（3）建立海外生产工厂所需的固定成本。

通过对曲线 $ATC_{子公司}$ 和曲线 $AVC_{加拿大}$ 进行比较可以发现，当市场容量较小、不足 400 箱时，加拿大的啤酒厂具有绝对成本优势。在这种情况下，与加拿大的啤酒厂签订特许经营协议对 A-B 公司更为有利。但是，如果加拿大对百威啤酒的需求量超过 400 箱，A-B 公司的海外子公司就具有绝对成本优势，因而以对外直接投资的方式向加拿大供应啤酒会增加 A-B 公司的利润。

相对于加拿大的啤酒厂来说，A-B 公司在加拿大投资设立的酿酒子公司具有绝对成本优势的条件是产量达到一定水平（在图 9.2 中是 400 箱），而这一产量水平要受到几个因素的影响。第一，如果产品的生产过程具有较高的资本密集度，并且 A-B 公司的酿酒子公司获取资本的成本低于加拿大啤酒厂，那么子公司的可变成本优势就会更大，其在较低产量水平上的固定成本劣势就会被抵消。第二，子公司固定成本的大小也会对这一最低产出水平构成影响，因为较低的固定成本会降低子公司的平均总成本，从而使得子公司在较低的产量水平上就开始拥有绝对成本优势。

如上所述，跨国企业在决定要不要在国外生产、以什么样的方式在国外生产时，其决策会受到生产成本、在国外设厂的固定成本、生产过程中劳动力和资本的相对重要性以及外国市场规模等因素的影响。此外，国际商业决策还要受到风险和不确定性因素的影响，因为当需要决定在哪里设立生产工厂时，货币价值是否会波动和子公司是否会被没收等诸多可能性也是管理层所关切的问题。

9.4　国家风险分析

虽然海外投资或贷款可能会带来回报，但是这些商业活动总伴随着风险。譬如，俄罗斯政府可能随时没收外国投资者的资产，或者将偿还外国借款定为非法行为。因此，跨国企业和银行需要进行**国家风险分析**（Country Risk Analysis），以帮助它们判断是否可以在国外开展业务。

在国际化企业或银行里担任职务的每个人可能都会参与国家风险分析，他们的工作方法通常是对计划发生业务关系的国家逐个进行风险评估。比如，美国银行（Bank of America）的管理人员可能会根据恐怖主义风险以及市场因素，对其向土耳其客户所能提供的贷款金额做出限制。

要对在国外开办业务所可能产生的成本和收益进行评估，就需要对外国的政治风险、金融风险和经济风险进行分析。**政治风险**分析的目的在于评估一个国家的政治稳定性，评价指标包括政府稳定性、腐败状况、国内冲突、宗教矛盾和民族矛盾等。**金融风险**分析旨在考察一个国家的偿债融资能力，评价因子包括外债占其国内生产总值（GDP）的百分比、债务违约状况和汇率稳定性等。**经济风险**分析的目的是判断一国当前经济力量的强弱，评价方法是观察这个国家的 GDP 增长率、人均GDP、通货膨胀率等指标。然后，分析人员会根据这三类风险评估结果计算出一个综合性的国家风险等级指数，这个综合等级指数对在某些国家开展业务所存在的风险做出了总体评价。

在进行国家风险分析的时候，跨国企业和跨国银行或许可以从一些风险分析机构那里获取帮助。例如，政治风险服务集团（Political Risk Services Group）* 每月会发布一份名为《世界各国风险指南》（*International Country Risk Guide*）[1] 的报告。该指南对 130 多个发达国家和发展中国家的政治风险、金融风险和经济风险逐个进行评级，并且提供了综合性的国家风险等级指数。在计算综合风险等级指数时，政治风险因子所占权重为 50%，金融风险和经济风险两个因子各占 25% 的权重。表 9.3 显示了一些国家的综合风险等级指数——在综合风险评价中，得分越高意味着风险越低，而得分越低则意味着风险越高。这些信息作为国际投资和国际金融交易的风险预测工具，对企业是有帮助的。

---

① 还有其他一些机构也提供国家风险评估服务，其中一些比较受欢迎的机构包括欧洲货币（Euromoney）、经济学人智库（Economist Intelligence Unit）、美国银行世界信息服务（Bank of America World Information Services）、商业环境风险情报（Business Environment Risk Intelligence）、机构投资者（Institutional Investor）、标准普尔评级公司（Standard and Poor's Rating Group）和穆迪投资者服务（Moody's Investor Services）。

* 成立于 1979 年的一家政治风险评级公司。公司目前所在地为美国。——译者注

表 9.3　2016 年部分国家综合风险等级排名

国家	综合风险等级指数（总分 100）	
瑞士	88.0	极低风险
新加坡	86.8	
德国	84.3	
美国	79.3	
中国	71.3	
巴西	63.3	
俄罗斯	62.5	
乌克兰	55.3	
津巴布韦	54.5	
苏丹	48.3	极高风险

资料来源：Political Risk Services，*International Country Risk Guide*，available at https://www.prsgroup.com/FreeSamplePage.aspx/.

在确定了一个国家的风险等级以后，企业必须判断该风险是否可以容忍。如果估计风险太大，那么企业就无须再对拟议项目做可行性论证。但如果该国的风险等级在可接受的范围内，那么与其相关的任何项目都值得进一步考虑。为了辨识风险水平，《世界各国风险指南》把风险分为以下几类：（1）低风险，80～100分；（2）中度风险，50～79分；（3）高风险，0～49分。当然，必须对这种宽泛的风险等级划分方法做出一定调整后才能满足特定跨国企业和跨国银行的业务需要。

9.5　设在美国的外国汽车移植工厂

自 20 世纪 80 年代以来，日本对美国汽车产业的直接投资持续增长，媒体也对此做了广泛的宣传。如表 9.4 所示，日本汽车制造商已经对其设在美国的**移植工厂**（Transplants）投入了数十亿美元的资金。在美国设立移植工厂给日本汽车制造商带来了很多好处，包括：

- 一些人认为，在美国出售的汽车必须在美国生产，把工厂建在美国让这些批评者无话可说。
- 避免美国潜在的进口壁垒。
- 在日本市场接近饱和的情况下进入另一个不断扩张的市场。
- 避开日元与美元之间汇率的波动。

表 9.4　设在美国的部分外国汽车移植工厂

工厂名称/母公司	厂址
美国本田公司 （本田）	俄亥俄州马里斯维尔市；亚拉巴马州林肯市；俄亥俄州东利伯蒂社区；印第安纳州格林斯堡市
丰田汽车美国公司 （丰田）	肯塔基州乔治敦市；亚拉巴马州汉茨维尔市；印第安纳州普林斯顿市；得克萨斯州圣安东尼奥市；西弗吉尼亚州布法罗镇；密西西比州蓝泉市
日产汽车制造公司 （日产）	田纳西州士麦那镇、戴克德市；密西西比州坎顿市
马自达汽车美国公司 （马自达）	密苏里州克莱科莫村
大众汽车美国公司 （大众）	田纳西州查塔努加市

　　日本对美国汽车产业投资的快速增长在赢得美国人褒奖的同时，也让一些美国人对美资汽车制造业和零部件制造产业的未来感到担忧。支持吸收外国直接投资的人们认为，在美外国直接投资提高了美国国内汽车装配产业和零部件制造产业的整体竞争地位，同时，外国直接投资还为美国创造了就业机会，并且为美国消费者提供种类更多、价格更低的产品。然而，美国汽车工人联合会却坚持认为，这些在美外国直接投资会导致美国汽车装配产业和零部件制造产业的就业机会损失。

　　可以肯定地说，移植工厂促进了所在地区经济的繁荣，并且有助于将日本的质量控制、即时交付和其他的生产技术带到美国。然而，美国对移植工厂的最初期望只得到了部分实现。持怀疑态度的人们认为，与一般的外国企业或普通的美国企业相比，日本的制造企业更有可能用进口零部件完成其在美国的组装业务，而日本移植工厂大量使用进口零部件会导致美国汽车工人的就业机会减少。

9.6　国际合资企业

　　跨国企业涉足的另一个领域是**国际合资企业**（International Joint Ventures）。合资企业是由两个或两个以上的企业结合各自的技能和资产而成立的经营性组织，它可以是为了有限的目标（如研究或生产）在短期内存在，也可以具有多国性特征，也就是涉及几个国内和国外企业之间的合作。合资企业不同于并购后的企业，合资企业是被创造出来的一个**新**企业，而不是两个现有企业的联合。下面是一些国际合资企业的例子：

- 2016 年，美国科技巨头阿尔法特（Alphabet）公司和英国制药企业英国葛兰素史克（Glaxo and Smith）公司签订了为期 7 年的生物电子药物生产合作协议。
- 2016 年，美国网约车巨头优步科技（Uber Technologies）公司与瑞典豪华汽车制造商沃尔沃（Volvo）共同新建了一家生产无人驾驶汽车的合资企业。

- 2001—2010年，电子行业的两家巨型企业日本索尼（Sony）公司和瑞典爱立信（Ericson）公司合作生产智能手机和周边配件。
- 2012年，美国的谷物和零食生产商家乐氏公司与新加坡首屈一指的农业综合企业丰益国际有限公司（Wilmar International Limited）共同成立了一家合资企业，并通过该合资企业向中国消费者销售谷物。

创建合资企业的原因有几个方面。有些功能性的业务，比如研发，可能会耗费巨额成本，以至于任何一家企业都没有能力独自承担。全球最大的几家铜业公司共同拥有并开采着世界上最大的一些铜矿，因为只有合资才能筹集到足够的资本。油田也经常由几家石油公司联合开采。此外，发展中国家的政府有时会将外国企业拒于国门之外，除非外国企业愿意与当地企业合作。

创建国际合资企业也被认为是预防针对进口的保护主义措施的一种手段。例如，在20世纪80年代，美国的贸易保护主义日益高涨，丰田等日本汽车制造商担心其进入美国市场的机会可能会因此受到限制，于是纷纷与美国企业组建了合资企业。这些合资企业采取的典型做法是，雇用美国工人组装由日本制造的零部件，再将产成品卖给美国的消费者。这种做法不仅使日本的产品进入了美国市场，而且模糊了日本产品和美国产品之间的区别。我们是谁？他们又是谁？说不清楚。于是，保护国内产出和就业免受外国竞争的理论基础也因合资企业的创建和运营而相应地被削弱了。

然而，与构成单一的企业相比，合资企业管理起来可能会显得很麻烦。合资企业控制权的分散往往会导致所谓"两个主人"的问题，因而合资企业的成功或失败就取决于出资企业之间的磨合，毕竟这些出资企业在经营目标、公司文化和运营方式方面都存在着差异。

福利效应

对于合资企业所在国经济而言，国际合资企业既能产生福利增加效应，也能产生福利减少效应。合资企业能够带来**福利收益**的情形包括：（1）新建企业提高了现有的生产能力，促进了竞争；（2）新建企业能够进入两个母公司在单独经营的情况下都无法进入的新市场；（3）新建企业节约了成本，而且这是每个母公司在单独从事相同业务的情况下所无法节约的成本。然而，建立合资企业也可能导致**福利损失**。例如，企业的市场势力可能会增加，从而有更大的能力影响市场产出和价格。如果在母公司经营的市场上组建合资企业，这种情况尤其可能发生。母公司通过它们在合资企业的代表，就其所在市场的价格和产出达成协定，这种内部勾结行为会限制竞争，强化价格上涨压力，降低国内的福利水平。

接下来我们通过一个案例来比较以下两种情况对福利的影响：（1）两个相互竞

争的企业在国内市场销售汽车；（2）这两个竞争对手组建一家合资企业，并由合资企业作为单一的卖方（一个垄断厂商）在国内市场上经营。我们将会发现，当合资企业像垄断厂商那样经营时，产品的价格会较高，产量会较低，只要合资企业的边际成本曲线等于单个竞争企业的边际成本曲线的水平加总，就会出现这种结果。这种结果也就是**市场势力效应**（market power effect），它会给国内经济造成无谓的福利损失，即消费者剩余减少，减少的数额超过生产者所获得的相应收益。然而，如果合资企业能够实现任何一个母公司在合资企业成立之前所无法获得的**生产率增长**，那么国内福利就会增加，这是因为本国现在只需要使用较少的资源就能得到任意既定数量的产出。合资企业究竟会提高还是减少国内的福利，要取决于这两种相反作用力的大小。

图 9.3 说明了两个母公司在它们所在的市场组建合资企业的福利效应。假设日本的索尼汽车公司（Sony Auto Company）和美国的美洲汽车公司（American Auto Company）是美国市场上仅有的两家生产和销售汽车的企业。假定每家企业的长期成本均固定不变，这意味着在任何产量水平上，平均总成本总是等于边际成本。令每家企业在组建合资企业前的成本曲线为 $MC_0 = ATC_0$，数额为 10 000 美元。于是，$MC_0 = ATC_0$ 就表示汽车的长期市场供给曲线。

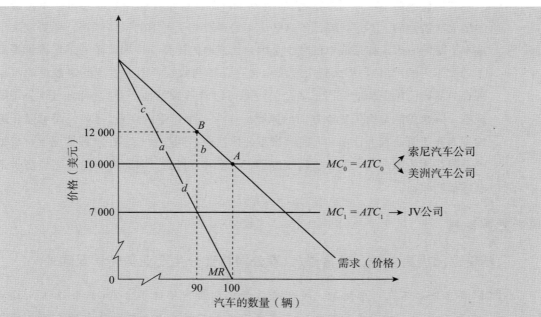

图 9.3　国际合资企业的福利效应

　　国际合资企业既会产生减少福利的市场支配力效应，又会产生增加福利的成本削减效应。成本削减效应可能来自资源价格的降低，或者技术和生产率的提高。如果成本的下降是由于技术和生产率的提高，并且下降的幅度远远大于市场支配力效应，那么合资企业的建立就会改善国内福利状况。

假设索尼汽车公司和美洲汽车公司最初是竞争对手，所售汽车的价格等于边际成本。在图 9.3 中，市场在点 A 处达到均衡，以每辆 10 000 美元的价格售出 100

271

辆汽车。消费者剩余等于面积 $a+b+c$。因为汽车的供给曲线是水平的，所以不存在生产者剩余（回想一下，生产者剩余等于从零到均衡产量的每一个产量水平上，市场价格与供给曲线所表示的最小价格之间差额的总和）。

现在，假设这两个竞争对手成立了一家合资企业 JV 公司，并由其在美国市场上生产和销售汽车，两个母公司在美国市场上出售的汽车被 JV 公司的产品所取代。

假设组建 JV 公司的目的是提高生产效率，削减成本。令 JV 公司的新成本曲线为 $MC_1 = ATC_1$，数额为 7 000 美元。作为一个垄断厂商，JV 公司会在边际收益等于边际成本的水平上进行生产，从而实现利润最大化。因此，市场均衡点位于点 B，这时该公司以每辆 12 000 美元的价格售出 90 辆汽车。价格的上涨减少了消费者剩余，消费者剩余减少面积 $a+b$。其中，面积 a 作为生产者剩余转移到了 JV 公司，面积 b 没有转移给 JV 公司，成为美国福利的无谓损失（消费效应）。

能够对这种无谓福利损失起到抵消作用的是 JV 公司的效率效应，即每辆汽车的单位生产成本由 10 000 美元下降到 7 000 美元。在利润最大化的产出水平上（90 辆汽车），JV 公司的生产成本比母公司的生产成本减少了面积 d，它代表了额外的生产者剩余，同时也是美国经济的福利收益。通过分析，可以得出结论：如果面积 d 大于面积 b，那么成立 JV 公司对美国来说就是可取的。

272

9

我们已经假定，JV 公司能够削减成本，而且这是任何一个母公司在单独经营时所无法做到的。不过，降低的这些成本是否有利于美国的整体经济，还要取决于成本下降的原因。如果成本的减少是因为**生产率**的提高（比如，新的工作流程提高了每个工人的产出），那么整个经济就会存在福利收益，因为生产既定数量的汽车现在只需要使用更少的资源，多余的资源可以转移到其他产业。然而，JV 公司的成本下降也可能是由于**货币**方面的原因。作为一个新建的企业，JV 公司可以让国内工人在工资谈判上让步，而美洲汽车公司就做不到这一点。在这种情况下，成本的下降是因为国内工人的工资转变成了 JV 公司的利润，因而没有给美国经济带来总体福利收益。

国际贸易案例

随着欧洲提高关税，哈雷-戴维森公司将部分生产业务转移至国外

在 2017 年上任后不久，唐纳德·特朗普总统就在白宫接待了哈雷-戴维森（Harley-Davidson）公司的高管。特朗普称该公司是"真正的美国标志——美国伟大的企业之一"，并且感谢该公司在美国生产摩托车。然而在 2018 年，当这家总部设在威斯康星州的公司表示要将其部分摩托车生产业务转移到欧洲，以规避欧盟征收的高额关税时，哈雷-戴维森公司陷入了与特朗普的政治纷争。该公司的管理人员指出，之所以要将部分生产业务转移出美国，并不是因为公司喜欢这样做，而是因为这是该公司能把摩托车卖给欧盟消费者的唯一可持续性的选择。

哈雷-戴维森公司与特朗普之间的纷争在特朗普宣布他的"美国优先"计划时就开始了，该计划包括对进口的钢铁和铝分别征收 25% 和 10% 的关税，目的是保护美国的钢铁公司、铝业公司及其工人。这项关税政策使哈雷-戴维森公司的原材料成本在 2018 年上涨了 1 500 万美元至 2 000 万美元。紧随特朗普关税之后，欧盟对美国征收了高额的报复性关税，这导致哈雷-戴维森公司面临的欧盟关税税率从 6% 提高到 31%，这意味着该公司从美国出口到欧盟的每辆摩托车的成本平均增加了 2 200 美元。

起初，哈雷-戴维森公司的选择是暂不提高出口到欧盟的摩托车价格，而是由公司自行承担每年 9 000 万美元至 1 亿美元的关税成本。然而，随着美国市场上摩托车销量的下降，欧洲市场变得越来越重要。哈雷-戴维森公司表示，为了避免欧盟长期征收高额关税给公司造成的高昂成本，公司将把一部分生产业务转移到其设在欧洲的工厂里完成。公司的管理人员还指出，如果不通过海外移植工厂来规避关税并且利用当地较低的制造成本，那么公司就无法为其在欧洲销售的摩托车制定有竞争力的价格。哈雷-戴维森公司声称，简而言之，公司必须尽一切努力保持竞争力，为此它需要大约 18 个月的时间来减小其设在美国的部分生产基地的规模，并将部分生产业务转移至欧洲。

特朗普严厉地批评了哈雷-戴维森公司的这一举动，称该公司把欧盟的报复性关税用作其将制造业务转移至国外的借口。特朗普强调，为了哈雷-戴维森公司和其他美国公司的利益，他将竭尽全力削减联邦企业所得税，减少政府对商业活动的种种管制。然而，哈雷-戴维森公司还是选择将其部分生产业务转移至欧洲，而不是在向欧盟销售产品时支付关税。特朗普因此敦促美国消费者抵制哈雷-戴维森摩托车。

特朗普的批评者们指出，其与哈雷-戴维森公司之间纷争的根源是关税，而不是该公司对关税的反应。批评者们坚持认为，哈雷-戴维森公司对其股东负有信托责任，公司的责任是使股东的投资回报达到最大，而不是从事特朗普所说的爱国行动。如果该公司不将生产业务转移至欧洲，那么该公司的替代方案是，要么自行承担关税并因此遭受利润损失，要么提高价格并因此遭受销售额损失。如果哈雷-戴维森公司的管理层选择了这些替代方案，那么他们就违背了对股东所应肩负的义务。

问题：当欧盟提高对进口摩托车征收的关税时，哈雷-戴维森公司有道德责任继续在美国生产摩托车吗？

资料来源：Edward Lazear, "Keep Your Tariffs Off My Harley," *Wall Street Journal*, August 28, 2018; Bob Tita, "Tariffs Send More Harley Assembly Abroad," *Wall Street Journal*, June 26, 2018; Alan Rappeport, "Harley-Davidson, Blaming EU Tariffs, Will Move Some Production Out of U. S.," *The New York Times*, June 25, 2018; Charles Wallace, "Harley-Davidson Swerves Amid Trump's Tariff War," *Forbes*, June 25, 2018.

9.7 对跨国企业的争议

273 　　尽管跨国企业可能会给一个国家带来额外的投资和资本、新的就业机会以及技术和生产工艺的改进等好处，但是跨国企业也不可避免地会造成如下一些争议。虽然无论母公司位于哪个国家都要产生相同的问题，但接下来的分析主要以美国的跨国企业为背景。

9.7.1 就业

　　在关于跨国企业的讨论中，争议最大的问题之一就是它们对母国和东道国就业的影响。跨国企业经常宣称，它们的对外直接投资让东道国的劳动力受益颇多。比如，在加拿大设立新的跨国汽车制造工厂可以为加拿大工人创造更多的就业机会。但是，跨国企业对就业的影响不能一概而论。当外来跨国企业的直接投资是用来购买已经存在的当地企业而不是设立新企业时，就会争议四起，因为在这种情况下，跨国企业的投资支出可能不会带来额外的生产能力，因而对东道国的就业也就不能产生显著的影响。如果跨国企业任命外国人作为经理和其他高层主管来执掌东道国的子公司，那么也容易产生问题。比如，在沙特阿拉伯开办业务的美国石油企业中，沙特阿拉伯籍雇员越来越多地要求由他们自己的同胞来担任企业高层职务。

　　对跨国公司的母国来讲，工作岗位的减少和廉价的外国劳动力是母国工人最为关注的问题。因为工会只在单个国家发挥作用，所以跨国企业的多国特性使得它们可以逃避许多国内工会集体的工资议价。还有人指出，跨国企业在设立子公司时，往往会挑选劳动力的市场地位相对较低的那些国家。

专栏

卡特彼勒公司解雇加拿大机车工人

　　如果一个企业在雇用工人时有更多的选择，那么这个企业降低劳动力成本的能力就会更强。以卡特彼勒公司为例，该公司总部位于美国伊利诺伊州皮奥瑞亚市，是重型机械、柴油机、建筑采矿机械和拖拉机等产品的全球性生产商。

　　在 2012 年，卡特彼勒关停了其设在加拿大安大略省伦敦市持续营业了 62 年的铁路机车制造厂；该厂雇工大约有 450 人。代表该厂绝大多数雇工利益的加拿大汽车工人（Canadian Auto Workers，CAW）工会将关停工厂视作卡特彼勒管理层自私的表现。此外，加拿大汽车工人工会还指出，在宣布关停加拿大工厂的同时，卡特彼勒立刻公告该公司在美国印第安纳州曼西市开设了一家新的机车制造厂。在这家新工厂中，工人有权但不会被强迫加入工会。卡特彼勒清楚地表示，公司将不会与曼西工厂的工会代表开展任何谈判。

这是为什么呢？

　　由于曼西市失业率较高并且工人普遍没有加入工会，卡特彼勒支付给曼西市工人的工资只有加拿大安大略省工人的一半：卡特彼勒曼西市工厂工人的工资为每小时 12～18.50 美元，与之相比较，加拿大安大略省工厂工人的平均工资则高达每小时 35 美元。鉴于加拿大安大略省的劳动力工资较高，卡特彼勒曾经要求当地工人的工资减少一半，但是这一要求遭到了加拿大汽车工人工会的拒绝。在经过 10 个月的谈判并且没有取得成功之后，卡特彼勒公司宣布其与加拿大汽车工人工会的工资纠纷无法得到解决。于是，卡特彼勒宣布停工并且关闭了该机车制造厂。除了把工厂搬到美国曼西市之外，卡特彼勒还调高了巴西和墨西哥工厂的机车生产量，这两个国家的劳动力成本比加拿大或者美国的更低。

　　卡特彼勒关停受工会保护的工厂的做法与其竞争对手通用电气公司有所差别。在 2011 年，通用电气公司在平静的气氛下完成谈判，并且与受工会保护的工人们签订了为期四年的劳动合同，同意每年工资按大约 2.25％ 的比率增长。由此，宾夕法尼亚州伊利市通用电气机车制造厂的工人工资就达到每小时 25～36 美元，这大约是曼西市卡特彼勒工厂工人工资的两倍。通用电气表示，公司将在得克萨斯州沃斯堡市开办另一家机车制造厂。得克萨斯州加入工会的工人较少，工人的工资水平也比伊利市工人的工资低一些。①

274

9.7.2　国家主权

　　有关跨国企业行为的另一个有争议的问题，是它们对东道国和母国的经济和政治政策的影响。许多东道国都担忧跨国企业的存在会削弱其国家主权。其表现包括：（1）跨国企业可能会阻碍政府通过税收进行国民收入的再分配；（2）跨国企业利用会计技术把利润转移到海外，从而逃避东道国的税收；（3）为了避税，跨国企业还可能提高其在低税率国家的子公司那里采购产品的价格，以减少其在高税率国家的经营利润，而且事实上，它的大多数业务可能都是在高税率国家进行的。

　　跨国企业表现出来的政治影响力也备受质疑，对此我们从以下有关智利的案例中可见一斑。多年以来，美国企业积极从事对智利的直接投资，而且多数投资集中于铜矿开采业。当萨尔瓦多·阿连德（Salvador Allende）*在 1970 年竞选总统时，

　　①　James Hagerty，"Caterpillar Closes Plant in Canada After Lockout," *Wall Street Journal*，February 4，2012，p. B‑1. See also James Hagerty and Alistair MacDonald，"As Unions Lose Their Grip, Indiana Lures Manufacturing Jobs," *Wall Street Journal*，March 18，2012，pp. A‑1 and A‑12；and Shruti Date Sing，"Caterpillar Factory Closing Deal Ratified by CAW," *Bloomberg News*，February 23，2012.
　　*　由智利多个党派联合组成的人民团结阵线推举的总统候选人萨尔瓦多·阿连德在 1970 年赢得智利大选。由于阿连德在竞选期间主张转向社会主义道路的改革被认为可能会触及美国在智利的大量经济利益，美国朝野对阿连德都表示出反对态度。阿连德政府施政期间，国内外各种势力激烈斗争，再加上激进的经济政策导致国内社会矛盾进一步加深，智利政治经济局势严重动荡。1973 年，阿连德在国内军事政变中殉职。——译者注

美国企业因为担心其在智利开办的工厂可能会被东道国政府没收而横加阻挠。美国国际电话电报公司（International Telephone and Telegraph）不但竭力阻止阿连德的当选，甚至还试图煽动国内动乱，以使阿连德下台。

9.7.3 转移定价

跨国企业的转移定价行为也面临争议。**转移定价**（Transfer Pricing）是指对在跨国企业内部流转的商品所采取的定价策略。例如，当企业的生产部门将商品出售给国外销售部门时，或者在外国子公司向母公司提供生产投入品时，都可能涉及转移定价。转移价格可能是任意价格，也就是说转移价格可能与实际发生的生产成本或企业实际采取的经营方式无关。转移价格的高低会影响企业各个部门或子公司的利润，并因而影响企业的总体税收负担。

例如，假设戴尔公司在美国生产计算机，所用到的芯片从其设在马来西亚的子公司进口，并且假设美国企业所得税税率是 21%，而马来西亚企业所得税税率是 15%。如果戴尔公司让马来西亚的子公司以严重虚高的价格（转移价格）将芯片出售给美国母国公司，那么在根据公司在美国的盈利业务来计算应税收入时，戴尔就有一大笔业务费用需要被扣除。如果戴尔将转移定价所造成的应税收入减少发挥至极致，那么该企业就可以规避美国 21% 的税率。由于虚高的转移价格使戴尔的马来西亚子公司获得了收入增长，所以该子公司要被征收企业所得税，但税率较低，只有 15%。也就是说，戴尔可以通过在马来西亚（低税率国家）申报其大部分收入来降低总体税负，尽管这些收入实际上是在美国（高税率国家）获得的。这样一来，企业向美国政府缴纳的税收就会减少，而向马来西亚政府缴纳的税收则会增多。换句话说，一国政府的税收损失就是另一国政府的税收所得。因此，一国政府会希望通过立法反对不公平的转移定价做法，而另一国政府则预计会抵制这种立法。

9.8 劳动力国际流动：移民

从历史上看，美国一直是国际**移民**（Migration）青睐的目标国家。由于存在大量的移民流入，美国一直以来被形容为世界的熔炉。表 9.5 显示了从 19 世纪 20 年代至 2017 年流入美国的移民数量。这个时期的移民主要来自西欧，移民来源最多的 3 个国家是德国、意大利和英国。近些年来，大量的墨西哥人和亚洲人移民美国。移民的动机包括获得更好的经济机会以及政治、战争和宗教等非经济因素。

表 9.5　1820—2017 年进入美国的移民

时期	数量（千人）
1820—1840	743
1841—1860	4 311
1861—1880	5 127
1881—1900	8 934
1901—1920	14 531
1921—1940	4 636
1941—1960	3 551
1961—1980	7 815
1981—2000	16 433
2001—2017	17 963

资料来源：U. S. Department of Homeland Security，Office of Immigration Statistics，*Yearbook of Immigration Statistics*，2019，available at http://www. uscis. gov/graphics/shared/statistics/yearbook/. See also U. S. Department of Commerce，Bureau of the Census，*Statistical Abstracts of the United States*，Washington，DC，Government Printing Office，available at http://www. census. gov/.

虽然劳动力国际流动能够提高世界经济效率，但却通常受到政府管制措施的限制。和大多数国家一样，美国也限制移民。在上一个世纪之交的移民浪潮之后，美国于 1924 年通过了《移民法案》（Immigration Act）。该法案除了限制进入美国的移民总数以外，还通过实施配额制度对每个国家移民到美国的人数进行限制。由于移民配额是根据当时的美国居民来源国构成确定的，所以该项制度给予北欧国家更多的移民配额，而给予南欧国家较少的移民配额。在 20 世纪 60 年代末，美国对配额的计算公式进行了修改，这使得越来越多的亚洲人移民到美国。

9.8.1　移民的经济效应

图 9.4 说明了劳动力流动的经济效应。假设世界上只有两个国家——美国和墨西哥，并且它们最初是相互隔离的。图中横轴代表美国和墨西哥的劳动力总量，纵轴代表劳动力的工资。每个国家的劳动力需求曲线都由劳动的边际产品价值（VMP）[①] 表示。此外，我们还假设美国和墨西哥的劳动力供给量均固定为 7 个工人，分别记作 $S_{U.S.}$ 和 $S_{M.}$。

276

[①] 劳动的边际产品价值（value of the marginal product of labor，VMP）指的是企业出售其雇用的最后一个工人生产的产品所获得的货币收入。换句话说，VMP＝产品价格×劳动的边际产量。VMP 曲线就是企业对劳动力的需求曲线。这是因为，在竞争条件下，企业会发现，雇用的劳动力数量达到能使劳动力的价格（工资率）等于 VMP 时，利润实现最大化。VMP 曲线的位置取决于劳动力的边际生产率和由该劳动力生产的产品的价格。在完全竞争条件下，产品的价格是常数。因此，劳动力的边际生产率递减决定了劳动力需求曲线向右下方倾斜。

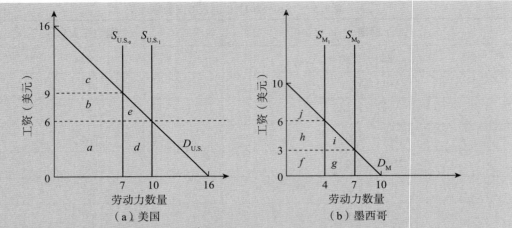

图 9.4　劳动力从墨西哥向美国移民的经济效应

在发生移民之前，美国的工资水平高于墨西哥，受这种工资差距的吸引，墨西哥的工人移民到美国，墨西哥的劳动力供给减少，而美国的劳动力供给增加。墨西哥的工资水平将会不断上升，美国的工资则不断下降，直到二者最终相等为止。劳动力移民损害了美国本土工人的利益，却有利于美国的资本所有者，墨西哥的情况刚好相反。由于移民的工人从生产率低的工作转移到生产率高的工作，所以提高了世界的总体产出水平。

　　每个国家的均衡工资由劳动力的供给曲线和需求曲线的交点决定。在图 9.4（a）中，美国的均衡工资为 9 美元，劳动力的总收入为 63 美元，用面积 $a+b$ 表示。劳动力需求曲线的下方还有一个区域，即面积 c，等于 24.50 美元，代表了国民收入中由资本所有者所获得的部分。[1] 在图 9.4（b）中，墨西哥的均衡工资是 3 美元，劳动力的总收入是 21 美元，用面积 $f+g$ 表示；墨西哥资本所有者获得的收入等于面积 $h+i+j$，数额为 24.50 美元。

　　假设劳动力可以在美国和墨西哥之间无成本地自由流动，而且当两国工资存在差距时，移民就会发生。由于美国的工资水平相对较高，所以墨西哥的工人会希望移民到美国，并且参与美国劳动力市场的竞争——这一过程将一直持续到两国之间的工资差距消失为止。假设有 3 个工人从墨西哥移民到美国，美国新的劳动力供给曲线是 $S_{U.S._1}$；也就是说，美国工资率为 9 美元时的劳动力的超额供给，将使得工资率下降到 6 美元。在墨西哥，劳动力移民到国外后，新的劳动力供给曲线为 S_{M_1}；也就是说，墨西哥工资率为 3 美元时的劳动力的超额需求，将使得工资率上升到 6 美元。因此，**劳动力流动**（Labor Mobility）的效果是使这两个国家的工资率呈现均等化。[2]

---

　　① 我们如何判断区域 c 代表的是美国资本所有者的收入呢？这里，我们假定有两种生产要素：劳动力和资本。将一定数量的劳动力与固定数量的资本相结合，获得的总收入（即产出的价值）等于这一劳动力数量对应的 VMP 曲线下方的面积。在这一面积中，劳动力所享有的部分可以用雇用的劳动力数量与工资相乘来计算，剩余的面积就是资本所有者的收入。

　　② 工资率均等化假设劳动力的流动不存在任何限制，工人们也只关心自己的收入，而且移民对劳动力来说没有任何成本。在现实中，移民到另一个国家会产生经济上和心理上的成本。这些成本可能只会使少数人认为移民国家的工资收入高到足以补偿他们的移民成本。因此，完全的工资均等化不可能发生。

接下来我们进一步估计，由工资差距导致的劳动力流动会如何影响世界经济效率。在移民不受限制的情况下，世界的产出是扩张还是收缩？对美国来讲，移民使劳动力的供给从 $S_{U.S._0}$ 上升到 $S_{U.S._1}$，而劳动力供给的增加又导致产出扩张，新增产出的价值由面积 $d+e$ 表示（22.50 美元）。对墨西哥来讲，劳动力供给从 S_{M_0} 下降到 S_{M_1} 导致产出收缩，产出减少的价值由面积 $g+i$ 表示（13.50 美元）。因此，劳动力流动给世界产出带来了 9 美元的净收益，这是因为在相关的劳动力数量范围内，美国劳动力的边际产品价值高于墨西哥劳动力的边际产品价值。工人被高额工资吸引到美国，也就是说，高额工资标志着工人在美国可以生产更多价值，这会吸引墨西哥工人流入可以发挥最大效率的地区。随着劳动要素使用效率的提高，世界产出趋于扩张。

移民也会影响到**收入分配**。正如我们接下来将看到的那样，劳动力流动所增加的世界收入并没有在所有国家和所有生产要素之间平均分配。美国总体上得益于移民流入，移民流入给美国带来的总收入增量等于美国本土工人的损失、生活在美国的墨西哥移民的收益与美国资本所有者收益这三者之和。由于劳动力外迁，墨西哥遭受了总收入损失。不过，相对于墨西哥的资本所有者而言，留在墨西哥的工人的收入增加了。正如前面所说的那样，墨西哥的工人迁移到美国以后，他们的收入也会增加。

对美国而言，因移民流入而增加的收入由图 9.4（a）中的面积 $d+e$ 表示（总计 22.50 美元）。其中，来自墨西哥的移民获得了面积 d（18 美元），而面积 e（4.50 美元）是美国的资本所有者获得的额外收入，这部分收入要归因于原有资本结合了更多的劳动力。然而，墨西哥移民的进入使美国的劳动工资率从 9 美元下降至 6 美元，美国本土工人的收入因此减少了面积 b（21 美元）；这部分减少的工人收入被转移到了美国资本所有者的手中。

对墨西哥来说，由于劳动力外迁，总收入减少了面积 $g+i$（总计 13.50 美元）。这部分收入由墨西哥转移到了美国。由于工资水平上升，所以留在墨西哥的工人的收入增加了面积 h（12 美元）。然而，墨西哥资本所有者的收入减少了，因为原有资本现在只能与更少的劳动力相结合。

尽管移民入境可能会降低某些美国本土工人的工资率，但是还应该注意到，较低的工资率不仅有利于美国的生产商，而且还会导致较低的产品均衡价格，从而有利于消费者。所以从整个社会的角度来看，必须在入境移民给生产商和消费者带来的收益与工资下降的工人所遭受的损失之间进行权衡。

通过以上分析，我们可以得出结论：劳动力流动增加了世界总收入，使美国的收入分配更加有利于国内资本而不利于本土工人，同时使墨西哥的收入分配更加有利于本土工人而不利于国内资本。移民对收入分配的影响类似于墨西哥增加向美国出口劳动密集型产品。

9.8.2 关于移民的争议

上面的例子清楚地说明了，为什么资本丰裕国家的劳动力经常要求政府采取措施以限制移民入境，因为如果放开移民入境会使他们的工资下降。正如这个典型的例子所说明的那样，当流入的工人是非技能劳动力时，工资下降主要影响的就是本土的非技能工人。相反，国内的制造商往往倾向于支持移民自由政策，因为这是它们获得廉价劳动力的一个渠道。

有关入境移民的另一个争议是，他们是否会消耗政府资源。向经济弱势群体提供慷慨福利的国家可能会担心这种福利会引来大批游手好闲的移民。如果他们不像图 9.4 中的入境工人那样工作，却享受优渥的福利待遇，那么就会侵蚀本土居民和积极工作的入境移民们的福利。不过，政府财政负担的减轻可能并非遥不可及。入境移民的子女很快就会进入劳动力市场并且开始纳税，税金不仅可以用来支付其子女的教育费用，而且可以用来支付其父母的退休金。在大约两代人的时间里，大多数移民家庭的财政负担都会逐渐变得与本土居民家庭没有区别。如果把所有这些都放在一起考虑的话，大多数基于长期数据的计算结果表明，入境移民对国库做出了正向的净贡献。

发展中国家有时也对开放的移民政策心存顾虑，担心**人才流失**（Brain Drain），即受过高等教育、有一技之长的人从发展中国家移民到工业化国家，从而限制了发展中国家的经济增长潜力。美国和其他工业化国家的移民法为高素质的人口移民入境大开方便之门，而限制低技能工人移民流入，因而加剧了发展中国家的人才流失。

在前面有关劳动力流动的例子中，我们暗含了一个假设：墨西哥工人移民入境美国或多或少是永久性的。但在现实中，很多劳动力移民都是临时性的，尤其是在欧盟。譬如，法国等国家会在需要的时候，临时允许外国工人入境本国，这些工人就是所谓的**客籍劳工**（Guest Workers）。如果发生经济衰退，不再需要外国工人，法国就会拒绝再签发工作许可证。借助这种做法，法国在经济扩张时期不至于出现劳动力短缺，而在经济衰退时期又不会出现劳动力过剩。不过，这样一来，劳动力调整问题也被转移到了劳动力的流出国。

在劳动力的国际流动中，还存在着非法移民问题。在美国，这一问题已经成为政治上的烫手山芋——数百万的非法移民在所谓的地下经济中找到工作，他们获得的报酬通常低于最低工资水平。对于美国，尤其是西部各州来说，入境的墨西哥移民充当了廉价的农业劳动力和低技能工人。而对于墨西哥来说，劳动力的流出不仅提供了外汇的主要来源，同时也是应付国内失业问题的缓冲器。非法移民的涌入使得美国低技能工人的收入趋于下降，因此对美国本土居民的收入分配产生了影响。至于这种影响究竟有多大，人们莫衷一是。[1]

---

[1] Pia Orrenius and Madeline Zavodny, "From Brawn to Brains: How Immigration Works for America," *Annual Report*, Federal Reserve Bank of Dallas, 2010, pp. 4-17.

换个角度看，外来移民不仅可以使一国经济更趋多元化，而且可能会促进经济增长。正是因为入境移民通常与本土居民存在差别，所以移民流入国的经济才能够在整体上获利。在许多情况下，入境移民不仅使商品价格下降，从而使所有消费者获益，而且能够增加国内生产产品的种类，而单靠本土居民，产品不会这么丰富。

从图 9.4 中我们已经了解到，入境移民增加了经济中的劳动力供给。**如果所有工人都是同质的**，那么市场的整体工资水平将会下降。但事实上，并不是所有的工人都是同质的。有些本土工人与入境移民拥有相似的技能，因而将与入境移民竞争工作岗位；而其他一些本土工人则会和入境移民一道工作，互相取长补短。工人在技能上的差别意味着，不是所有本土工人的工资都会下降。与入境移民竞争岗位的工人（也就是与入境移民存在劳动替代关系的工人）的工资将比没有入境移民时更低，而与入境移民存在劳动互补关系的工人的工资将会提高。对不同国家的大量分析发现，入境移民占国内人口比重每增长 10％，本土工人的工资将减少 1％～3％。这一结果表明，入境移民对绝大多数美国人的生活水平只造成了很小的影响。[①]

9.8.3 美国的移民法

当今美国的大多数居民都是过去 150 年间来到美国的那些移民的后代。然而，由于担心入境移民会对本地工人造成影响，美国已经通过了几项旨在限制移民入境的法律。

在 1921 年《紧急配额法》（Emergency Quota Law）通过之前，美国没有对移民入境采取实质性的限制。这项法律按来源国对入境移民的数量设置了配额，并且主要限制来自东欧和南欧的移民数量。《1965 年入境移民和国籍法修正案》（Immigration and Nationality Act Amendments of 1965）取消了按国家设置入境移民配额的制度，取而代之的是对入境美国的最大移民数量做出限制。根据这项法案，为家庭团聚而移民美国的人享有优惠待遇，拥有特殊技能的人也会得到优先考虑，而且对移民美国的政治难民没有人数限制。当然，并非所有移民都是通过合法途径进入美国的。一些个人经常持学生或者旅游签证入境美国，并且从事与其签证身份不相符的工作，甚至还有一些个人是在没有有效签证的情况下进入美国的。为了解决非法移民问题，《1986 年入境移民改革和控制法案》（Immigration Reform and Control Act of 1986）规定对雇佣无证移民的雇主处以巨额罚款。

《1996 年非法入境移民改革和入境移民责任法案》（Illegal Immigration Reform and Immigrant Responsibility Act of 1996）对入境移民做出了几项新的限制。根据该法案，美国寄宿家庭只有在收入达到贫困线的 125％ 及以上的情况下才能接纳入

① G. Borjas, *We Wanted Workers: Unraveling the Immigration Narrative*, New York, Norton, 2016; D. Card, "Is the New Immigration Really So Bad?" *Economic Journal*, Vol. 115, November 2005, pp. F300 - F323; and R. M. Friedberg and J. Hunt, "The Impact of Immigrants on Host Country Wages, Employment and Growth," *Journal of Economic Perspectives* (Spring 1995), pp. 23 - 44.

境移民，美国移民归化局（Immigration and Naturalization Service）也要对暂住美国的外国人保持更严格的出入境记录。

专栏

美国应当仿效加拿大的移民政策吗？

280

如同美国一样，入境移民对加拿大的社会和文化发展做出了重要贡献。由于人口稀少并且未开发的地域辽阔，加拿大推行自由的移民政策，希望借此推动经济发展。现在，加拿大人口老龄化的压力日益增大，为了增加人力资源储备，加拿大的移民制度积极鼓励掌握较高技能和两种语言的年轻人移民加拿大。加拿大的移民政策将入境移民视为朋友，而不是敌人，因为入境移民的劳动和技能对加拿大的经济发展至关重要。

如今，进入加拿大的移民来自200多个国家或地区，其中中国、印度和菲律宾是移民的最大来源地。移民人口的增长主要出现在大城市，比如蒙特利尔、多伦多和温哥华。今天的加拿大是世界上入境移民率最高的国家之一，自21世纪以来，该国每年接纳大约25万名新移民，约占其人口总数的1%。

加拿大的入境移民可以分为三类。第一类是加拿大居民的近亲；第二类是适应市场需要的技能型人才和商务人士；第三类是出于人道主义被接受入境的移民以及因逃避原籍国迫害或异常惩罚而入境加拿大的移民。加拿大采用积分制决定哪些人可以入境成为其公民。移民申请人不需要在加拿大有工作或者雇主，有一技之长就可以了，并且可以根据申请人所掌握的英语或法语水平、教育背景和工作经历获得加分。

加拿大移民事宜由各省政府和地处渥太华市的联邦政府共同管理。各省可以根据自身的人口数量接纳一定名额的移民工人，并且有权决定以何种理由接纳何人的移民申请。联邦政府无权质疑各省的移民接纳标准和政策执行方法，但是有权对各省挑选的入境移民就安全、犯罪记录和健康进行审查。

为什么加拿大敞开怀抱欢迎入境移民呢？因为加拿大必须这么做。加拿大人意识到，入境移民带来了积极影响，比如促进经济发展，为土生土长的加拿大人创造新的就业机会。之所以会有这样的影响，是因为加拿大接纳的大部分移民是高技能工人，他们对经济发展能够做出积极贡献。此外，加拿大人口稀少，生育率低，它需要通过接纳入境移民来促进人口增长和经济发展。大多数加拿大人认为，这种人才流入提高了加拿大的经济活力。

2013年，加拿大开始全面修改移民政策。新的政策更加强调移民申请人的工作技能和英语或法语的熟练程度等因素，其目的是为了解决加拿大原住民和许多入境移民之间日益扩大的经济差距。加拿大政府认为，它根据先前政策挑选的入境移民在工资待遇上落后于加拿大的原住民。新的移民政策将考察移民申请人是否在加拿大有工作安排、是否拥有数据处理等适应市场需要的专门技能。此外，加拿大还将移民申请人的适应能力（比如以前在加拿大待过多长时间等因素）纳入考察范围。

由于地处偏远，加拿大在无证移民问题上一直都没有遇到太大的麻烦。目前在美国境内，在外国人生育的人口中有三分之一都没有合法身份证明，而加拿大的这一数字不超过 6%。[①]

9.8.4　国际贸易可以替代劳动力的流动吗？

入境移民为美国经济做出了重要贡献——他们增加了美国的劳动力规模从而促进了美国经济增长，他们不仅承担了土生土长的美国人不愿意承担的最底层工作，还承担了能让美国在科技创新领域领袖群伦的工作。尽管入境移民给美国带来了这些好处，但是批评人士们坚持认为，入境移民抢走了美国人的就业岗位，压低了美国国内工资，并且消耗了大量的公共服务，因此有必要通过设置法律壁垒来减少移民流入美国。如果政策目标是减少入境移民，那么通过国际贸易而不是设置法律壁垒是否就可以实现这一目标呢？本书第 3 章讨论过的赫克歇尔和俄林的要素禀赋模型就可以解决这个问题。

根据要素禀赋理论，国际贸易可以替代资源的国际流动。例如，像墨西哥这样劳动力丰裕的国家可以专业化生产劳动密集型产品，并将其出口到劳动力稀缺的国家。从某种意义上说，劳动力体现在产品之中并且通过国际商品贸易进行了重新配置。因此，墨西哥可以在国内生产劳动密集型产品并将其出口到美国，而无须让其工人移民到美国。同样的结论也适用于资本、土地和其他资源。

9.9　小结

1. 投入要素的国际流动是当今世界经济的一大特征，跨国企业在这个过程中发挥着核心作用。

2. 对于什么是跨国企业，没有统一的定义。跨国企业最突出的一些特征包括：（1）股权和管理具有多国性；（2）公司总部可能与具体业务的发生国距离很远；（3）国外销售额占总销售额的比重很高。

[①]　Jonathan Tepperman, "Immigration, Canadian Style," *Wall Street Journal*, September 17, 2016; Alistair MacDonald, "As Disparities Grow, Canada Tightens Its Immigration Rules," *Wall Street Journal*, August 31, 2013; A. E. Challinor, *Canada's Immigration Policy: A Focus on Human Capital*, Migration Policy Institute, Washington, DC, September 2011; Fareed Zakaria, *Global Lessons: The GPS Roadmap for Making Immigration Work*, CNN TV Special, June 10, 2012; and E. G. Austin, "Immigration: The United States v Canada," *The Economist*, May 20, 2011.

3. 跨国企业沿着垂直的、水平的以及混合型的路径开展多种多样的一体化经营。

4. 影响对外直接投资决策的关键因素包括：（1）市场需求；（2）贸易限制；（3）投资管制；（4）劳动生产率和成本。

5. 如果计划在海外开展业务，一个企业必须决定是在国外设立（或者购买）工厂，还是给予外国企业特许经营权，允许其生产自己的产品。

6. 跨国企业理论与比较优势理论所作的预测基本一致。然而，传统的贸易理论假设商品的贸易发生在相互独立的竞争企业之间，而跨国企业经常采用垂直一体化贸易，大量的交易发生在公司内部。因此，跨国企业可能通过转移定价来实现整个企业的利润最大化，而不是实现单个子公司的利润最大化。

7. 近些年，越来越多的企业与先前的竞争对手通过组建合资企业开展合作。国际合资企业既能产生福利增加的效应，也会产生市场势力效应。

8. 对于跨国企业，争议较大的问题包括：（1）就业；（2）技术转移；（3）国家主权；（4）国际收支；（5）税收。

9. 劳动力的国际流动既有经济方面的原因，也有非经济方面的原因。对移民流入国来说，移民会增加产出，降低工资水平；而对移民流出国来说，移民会减少产出，提高工资水平。移民将使世界总产出出现净增长。

9.10 关键概念及术语

- 人才流失（Brain Drain；p. 278）
- 混合一体化（Conglomerate Integration；p. 261）
- 国家风险分析（Country Risk Analysis；p. 267）
- 对外直接投资（Foreign Direct Investment；p. 261）
- 客籍劳工（Guest Workers；p. 278）
- 水平一体化（Horizontal Integration；p. 260）
- 国际合资企业（International Joint Ventures；p. 269）
- 劳动力流动（Labor Mobility；p. 277）
- 移民（Migration；p. 275）
- 跨国企业（Multinational Enterprise，MNE；p. 259）
- 转移定价（Transfer Pricing；p. 274）
- 移植工厂（Transplants；p. 268）
- 垂直一体化（Vertical Integration；p. 260）

9.11 习题

1. 跨国企业可以在东道国和母国间沿着垂直、水平以及混合型的路径开展多样化经营。请对跨国企业的多样化经营方式作区分。

2. 美国企业的对外直接投资主要集中在国外的哪些产业？外国人在美国的直接投资主要集中在哪些产业？

3. 为什么美国对发展中国家直接投资的收益率通常超过对工业化国家投资的收益率？

4. 企业决定开展对外直接投资的最重要动机是什么？

5. **跨国企业**的含义是什么？

6. 为了进入国外市场，在什么条件下一个企业希望通过扩展许可或特许经营的方式授权当地企业生产其产品？

7. 东道国和母国围绕跨国企业的争议主要有哪些？

8. 与比较优势的传统模型相比，跨国企业理论在本质上与其基本一致还是不一致？

9. 相互竞争的企业之间组成国际合资企业既会带来福利收益，也会导致福利损失。试举出一些例子。

10. 劳动力流动对移民入境国、移民流出国以及世界总体分别产生了什么影响？

11. 表 9.6 显示了 ABC 公司和 XYZ 公司的收入状况，它们是美国计算器市场上的竞争对手。每个公司的长期平均成本（$MC=AC$）都是常数，即每台计算器 4 美元。在纸上画出企业的需求曲线、边际收益曲线和边际成本（平均成本）曲线。根据这些信息，回答下面的问题。

表 9.6　价格和边际收益：计算器

数量	价格（美元）	边际收入（美元）
0	9	—
1	8	8
2	7	6
3	6	4
4	5	2
5	4	0
6	3	−2
7	2	−4

a. 在 ABC 公司和 XYZ 公司是竞争对手的情况下，均衡价格为＿＿＿＿＿＿美元，均衡产出是＿＿＿＿＿＿。在均衡价格水平上，美国家庭获得的消费者剩余为＿＿＿＿＿＿美元，而公司的利润总和是＿＿＿＿＿＿美元。

b. 假设这两家企业合资组建一家新的公司 JV，并由其代替两家母公司在美国计算器市场上进行生产和销售。假设 JV 公司是垄断厂商，它的单位成本（$MC=AC$）为 4 美元，公司的产出将是＿＿＿＿＿＿，价格为＿＿＿＿＿＿美元，总利润为＿＿＿＿＿＿美元。与 ABC 公司和 XYZ 公司相互竞争时的市场均衡状况相比，JV 公司的垄断给消费者剩余造成的无谓损失是＿＿＿＿＿＿美元，美国资本所有者获得的收入为＿＿＿＿＿＿美元。

c. 现在假设 JV 公司的组建带来了技术进步，因而导致单位成本降到 2 美元。在图中画出新的 $MC=AC$ 曲线。如问题 b 所描述的那样，JV 公司的成立会导致消费者剩余的无谓损失。成立 JV 公司对美国福利的净效应为＿＿＿＿＿＿美元的收益/损失。如果 JV 公司成本的下降是因为 JV 公司的美国雇员作出了工资让步，那么美国的净福利收益/损失将会是_____美元。如果 JV 公司的成本下降来自由工作流程的变化而导致的更高的劳动生产率，那么美国的净福利收益/损失将为_____美元。

12. 表 9.7 为假设的美国劳动力的需求和供给状况。假设只存在劳动力和资本两种生产要素。在纸上画出劳动力的需求曲线和供给曲线。

表 9.7　劳动力的需求和供给

工资（美元）	需求量	供给量 S_0	供给量 S_1
8	0	2	4
6	2	2	4
4	4	2	4
2	6	2	4
0	8	2	4

a. 在没有移民的情况下，假设美国的劳动力供给曲线用 S_0 表示。此时，均衡的工资率为_____美元，支付给美国本土工人的工资总额为_____美元，美国的资本所有者获得的收益为_____美元。

b. 假设来自中国香港的移民流入美国，这导致美国总的劳动力供给量增长，用曲线 S_1 表示。在这种情况下，工资率将会上升/下降到_____美元，支付给美国本土工人的工资总额为_____美元，来自中国香港的移民获得的总收入为_____美元，美国的资本所有者的收入为_____美元。

c. 美国哪一种生产要素将会从接纳入境移民中获利？美国哪一种生产要素可能抵制允许中国香港工人自由移民到美国的政策？

第 2 部分

国际货币关系

第10章

国际收支

当美国与其他国家进行贸易时，不同类型的财务往来都会被记录在一个摘要中，这个摘要被称为**国际收支平衡表**。本章通过研究一国国际收支平衡表的性质和意义来考察国际贸易中的货币关系。

国际收支平衡表（Balance of Payments）是一国居民与他国居民之间进行经济交易的记录。在通常情况下，各国国际收支平衡表的记录周期为1年，美国和其他某些国家也按照季度来记录其国际收支平衡表。

国际交易是一国居民与他国居民之间进行的货物、服务以及资产的交换。那么"**居民**"的含义又是什么呢？一国的居民包括以该国作为法定居住地的企业、个人以及政府机构。虽然一家公司属于其注册国的"居民"，但是它的海外分支机构或子公司却不属于该国的"居民"；暂时居住在国外的军人、政府外交官员、旅行者和工人都属于其公民身份所属国家的居民。

10.1 复式记账

通过国际收支账户记录国际交易，需要将每一项交易都按借方或贷方进行分录。**贷方交易**（Credit Transaction）是从国外居民处**获得**支付的交易；贷方通常记为加号"＋"。**借方交易**（Debit Transaction）则是向国外居民进行**支付**的交易。借方通常记为减号"－"。为了阐明二者的区别，假设交易发生在美国居民与非美国居民之间，而且所有的支付都用美元计价。

从美国的角度来看，下列交易的结果是从国外得到美元，记入贷方账户（＋）。

• 货物出口。
• 运输及旅游收入。
• 通过国外投资获得的收入。
• 获得外国居民捐赠。
• 获得外国政府援助。

- 外国居民在美国的投资。

与之相对应，从美国的角度来看，下列交易计入借方账户（一），因为这些交易的结果是美国向外国进行了支付。

- 货物进口。
- 运输及旅游支出。
- 支付给外国投资者的收入。
- 向外国居民的捐赠。
- 美国政府给予的援助。
- 美国居民的海外投资。

虽然我们使用了"贷方交易"和"借方交易"这两个术语，但是每一项国际交易都涉及资产的交换，都同时包含借、贷两个方面。借方的每一项都与贷方平衡，反之亦然，因此记录任何一笔国际交易都有两个互相抵消的分录。换句话说，国际收支账户使用的是**复式记账**（Double-Entry Accounting）体系，下面用两个例子来说明复式记账法。

10.1.1 例 1

IBM 公司向德国一家进口商出售了价值 2 500 万美元的计算机。货款用汇票支付，这就增加了纽约的银行在德国波恩的代理银行的账户余额。由于这项出口使美国的资产转移到国外并获得支付，因此在美国的国际收支平衡表中作为一项贷方交易予以记录。由于美国对德国这家银行的金融债权增加了，所以 IBM 公司获得并且由德国的这家银行持有的货款就被归类为短期资本流动。美国的国际收支记录如下所示：

	贷方（＋）	借方（一）
货物出口	2 500 万美元	
短期资本流动		2 500 万美元

10.1.2 例 2

某美国居民拥有一家日本公司发行的债券，并获得 10 000 美元的利息收入。利息支付后，纽约的银行在其东京分行的账户余额增加了。这项交易在美国国际收支中的记录如下：

	贷方（＋）	借方（一）
利息收入	10 000 美元	
短期资本流动		10 000 美元

这两个例子说明了每一项国际交易都有借方和贷方两个方面的记录。假如我们把贷方所有的项目相加，再减去借方所有的项目，那么净额将为零，即贷方总和总

是等于借方总和。这意味着**总的**国际收支账户必须总是平衡的，不会存在盈余或赤字的情况。

虽然根据定义，国际收支必须在总体数量上保持平衡，但是这**不**一定意味着每一个明细账户或国际收支平衡表的若干个明细账户都必须平衡。例如，货物出口总额与货物进口总额可能相等也可能不相等。因此，通常所说的国际收支逆差或顺差指的是国际收支的特定明细账户，而不是总体账户。当一个（或若干个）明细账户的差额为正数时，就称作盈余；而当一个（或若干个）明细账目的差额为负数时，就称作赤字。

国际金融案例

国际支付的程序

如图 10.1 所示，不同国家的居民进行货物买卖时，必须考虑如何进行支付。假设你是美国居民，从韩国生产商那里直接购买了一台电视机，那么韩国生产商将在何时、何地以何种方式获得**韩元**收入，从而才能在韩国用这笔钱呢？

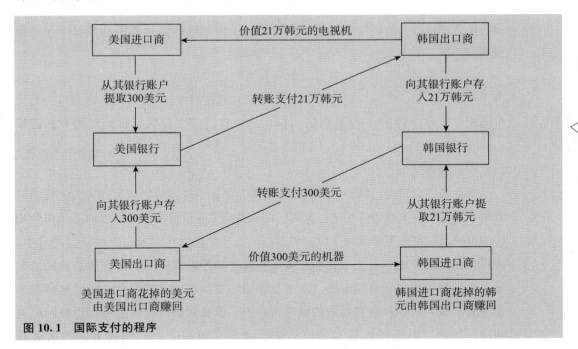

图 10.1 国际支付的程序

首先，你需要签发一张面额为 300 美元的支票，由你在美国的开户银行将其兑换为 21 万韩元（假设汇率为 1 美元兑 700 韩元）。韩国生产商收到韩元汇票后，会将这笔资金存入他的开户银行。由此，韩国银行就持有了一张美国银行承诺支付一定数量韩元的支票。

假设你在购买电视机的同时，一位韩国买家花了 300 美元向一家美国生产商购买了一台机器。上面的流程图展示了这两次交易的路径。

当贸易达到平衡时，不同国家的货币就不存在实际的跨国转移。在这个例子中，韩国向美国出口货物的价值等于韩国从美国进口货物的价值；韩国进口商用来购买美元以支付美国货物的韩元数量与韩国出口商将产品卖到美国而得到的韩元数量相等；从美国进口商手中转移到美国出口商那里的美元数量也同样相等。

所以从理论上看，国际货物买卖中货币流动的本质是，一国的进口商将本国货币支付给本国的出口商。但在现实中，一国的进口商和出口商之间并不直接交易，而是由银行来承担支付业务。

10.2 国际收支平衡表的结构

接下来，我们通过考察国际收支平衡表的各种明细账户来了解它的结构特征。

10.2.1 经常账户

国际收支中的**经常账户**（Current Account）是指与货物贸易、服务贸易、收入及与单方转移有关的国际流动货币的价值。下面对这些资金的流动情况一一进行说明。

货物贸易包括美国进口和出口的所有货物，包括农产品、机械、汽车、石油、电子产品、纺织品等等。货物出口的美元价值记在加方（贷方），货物进口的美元价值记在减方（借方）。将货物的出口与进口进行综合计算就得到**货物贸易差额**（Merchandise Trade Balance）。如果差额为负，就是货物贸易赤字；如果差额为正，就是货物贸易盈余。

服务的进出口也包括很多项目。在美国轮船运输外国货物或者外国游客在美国餐馆、汽车旅馆消费的情况下，美国居民就提供了有价值的服务，因而必须得到相应的报酬。这种服务被认为是服务的出口，记录在货物和服务账户的贷方项目中。相反，在外国轮船运输美国货物或美国游客在国外的酒店和餐馆进行消费的情况下，外国居民提供了有偿服务。由于美国居民是在进口这些服务，所以这些服务交易应记录在货物和服务账户的借方项目中。保险和银行服务也可以用相同的方法进行解释。服务还包括军用物资的调拨、建筑服务、法律服务、技术服务等等。

为了更全面地了解一国的国际交易，我们必须把服务加到商品贸易账户中，这就形成了**货物和服务贸易差额**（Goods-and-Services Balance）。当这一差额为正时，货物和服务贸易出现盈余，反之则出现赤字。美国货物和服务账户上出现的盈余或赤字到底意味着什么呢？如果货物和服务账户出现盈余，那么就表示美国在一年内向外国转移的资源（货物和服务）多于从外国获取的资源。货物和服务贸易差额除了能够衡量**净资源转移**（*net transfer of resources*）的价值以外，还对一国国内生产总值（GDP）的状况提供了解读信息，这就是为什么货物和服务贸易差额的定义方法与**货物和服务的净出口**的定义方法一致（货物和服务的净出口是一国 GDP 的一部分）。

291

回顾宏观经济学课程上所学到的知识，我们可以知道，GDP 等于一国在一段时间内生产的货物和服务的总价值。在开展国际贸易的经济体中，GDP 等于发生在该经济体内部四种不同类型支出的总和：消费、总投资、政府支出与货物和服务的净出口。实际上，净出口代表了在国内生产但是没有被用于国内消费的货物和服务的价值。

由此，对于一国的 GDP，货物和服务账户的差额可以这样解释：该账户差额为正表示出口大于进口，多出的部分必须加到 GDP 中；当该账户出现赤字时，进口大于出口的部分要从 GDP 的总额里扣除。如果一国货物和服务的进口与出口相等，那么该账户的净余额为零，不影响 GDP 的数额。因此，货物和服务账户的收支状况对一国产出水平的影响要取决于进口和出口的相对价值。

对国际收支平衡表做进一步扩展就必须包括**收入差额**（Income Balance），它由收入和支出构成，包括美国对外投资的净收入（股利和利息），即美国对外投资的收入扣除美国对境内外国资产收益的支付。此外，收入差额还包括雇员的工资。

国际收支平衡表中经常账户的最后一部分是**单方转移**（Unilateral Transfer），它包括货物和服务（实物赠与）或者金融资产（货币赠与）在美国和其他国家之间的转移。**民间转移支付**是指个人和非政府机构对外国居民的赠与，包括生活在美国的某个移民向生活在原籍国的亲属所汇出的款项，为海外朋友寄去的生日礼物，或者美国居民向发展中国家捐赠的救济金。**政府转移支付**是一国政府对另一国居民或政府的捐赠。美国政府的转移支付包括捐赠给发展中国家的货币和资本品，对外国政府的军事援助，或者诸如支付给返回母国的外国工人的退休金之类的补偿金。在某些情况下，美国政府的对外援助项目提供的资金被外国政府用来发展与美国之间的贸易。应当注意的是，美国的很多转移支付项目（如对外援助）都附加了购买美国出口货物（如军事装备或农业出口货物）的条款，因此这些对外转移支付相当于对美国出口商的补贴。将投资收入、单方转移与货物和服务贸易进行综合计算就得到了经常账户差额，这是报纸、国家电视节目及新闻广播定期播报的有关一国国际收支的最全面的衡量指标。

10.2.2 资本与金融账户

国际收支中的资本和金融交易包括所有的国际性资产买卖。广义"**资产**"包括房地产、公司股票和债券、政府证券以及普通商业银行存款。**资本与金融账户**（Capital and Financial Account）既包括私人部门的资产交易，也包括官方部门

（中央银行）的资产交易。[①]

292

　　资本交易包括资本转移以及特定非金融资产的收购和处置。资本转移的主要形式包括债务减免、移民进出某个国家时所携带的商品和金融资产。特定非金融资产的收购和处置包括对自然资源、专利、版权、商标权、专营权和租借权的买卖。尽管从概念上来看，资本交易十分重要，但是在通常情况下，资本交易在美国账户中所占的比重很小，因此在本章分析中不做重点强调。

私人部门金融交易

　　资本与金融账户中出现的绝大部分交易源于金融交易。接下来列举几个私人部门金融交易的例子。

- **直接投资**。当一国居民取得外国某企业的控制权时（拥有的股份不少于10%），就发生了直接投资。
- **有价证券**。有价证券是指私人部门购买的短期或长期债券，如短期国库券、中期国库券和私营企业的证券。
- **银行债权和债务**。银行债权包括发放的贷款、在国外的储蓄、持有的承兑票据、外国商业票据、对海外分支银行以及外国政府的债权。银行债务包括活期存款、可转让提款单、存折储蓄存款、定期存款单以及对海外分支银行的债务。

　　资本和金融交易在记录到国际收支平衡表中时，资本和资金流入计为"＋"（贷方），资本和资金流出计为"－"（借方）。在美国，**资金流入**（financial inflow）在下面几种可能的情况下发生：(1) 美国对外国居民的债务增加（如法国居民购买 IBM 公司的债券）；(2) 美国对外国居民的债权减少（如花旗银行发放给墨西哥一家企业的贷款得到偿还）；(3) 外国居民在美国持有的资产增加（如丰田公司在美国建立一家汽车移植工厂）；(4) 美国的海外资产减少（如可口可乐公司将其在日本的一家装瓶工厂卖给日本企业）。**资金流出**（financial outflow）的情况则刚好相反。

　　以下规则有助于我们理解资本与金融账户的借方交易和贷方交易之间的根本区别。任何使本国从外国获得支付的交易都被视为贷方项目。资本（资金）的流入可以被看作是货物和服务的**出口**。与之相对应，任何使外国从本国获得支付的交易都被认为是借方项目。资本（资金）的流出实际上类似于货物和服务的**进口**。

官方结算交易

　　资本与金融账户除了包括私人部门之间的交易之外，还包括本国中央银行所进

---

　　① 自1999年开始，美国国际交易被划归三个账户，即经常账户、资本账户与金融账户；在此之前，国际交易被划归经常账户和资本账户。"Upcoming Changes in the Classification of Current and Capital Transactions in the U. S. International Accounts," *Survey of Current Business*，February 1999.

行的**官方结算交易**（Official Settlements Transactions）。官方结算交易是指金融资产在官方持有机构（例如，美联储和英格兰银行*）之间的流动。这些金融资产可分成两类：官方储备资产（美国政府的海外资产）和对外国官方机构的债务（外国官方在美国境内拥有的资产）。

　　政府储备资产主要出于以下两个目的：第一，为国家提供足够的国际流动性，从而使国家有能力为短期贸易赤字融资，并且有助于其渡过周期性货币危机。这种提供流动性的功能通常只对少数发展中国家非常重要，因为这些国家没有可兑换的货币或者在国际市场上很难获得融资优惠。第二，中央银行有时会在私人部门市场上买卖官方储备资产以稳定本国货币汇率。如果美国希望维持美元在外汇市场上的汇率，那么就需要卖出外币或者黄金以买入美元，这样就会增加对美元的需求，进而增加美元的兑换价值。相反地，美国如果想使美元贬值，那么就需要买入外币或者黄金以抛出美元，这样就会增加对美元的供给，从而降低美元的兑换价值。实际上，美国当前实行有管理的浮动汇率制度，这种汇率制度通常要求对汇率只进行较少干预。因而，美国的官方储备资产变化较小。这个话题将在本书第 14 章中进一步讨论。

　　中国近年来一直是美国国债的主要持有者。一些分析人士担心，中国大量持有美国国债可能会增强中国对美国对外政策（包括贸易政策）的影响力。他们坚持认为，中国可能会因为双边政策冲突而试图抛售或者威胁抛售其所持有的大量美国国债，从而损害美国经济。然而，其他一些人则坚持认为，中国持有的美国国债只让中国对美国具有微不足道的影响力。他们指出，鉴于中国在经济上不仅依赖于稳定的并且不断扩大的美国经济，而且也依赖于其持有的大量美国国债，所以任何抛售大量美国国债的企图都有可能损害美国和中国的经济。此外，中国抛售美国国债还有可能会导致美元对其他货币贬值，而这也会降低中国持有的剩余美元资产的价值。表 10.1 显示了持有美国政府证券的主要经济体。

表 10.1　2018 年部分经济体持有的美国政府证券

经济体	持有的美国政府证券规模 （十亿美元）	占外国持有美国政府证券 总额的比重（%）
日本	1 979	10.7
开曼群岛	1 643	8.9
中国	1 602	8.7
英国	1 553	8.4
卢森堡	1 391	7.6
加拿大	1 191	6.5

---

*　美联储和英格兰银行分别为美国和英国的中央银行。——译者注

293

10

续表

经济体	持有的美国政府证券规模 （十亿美元）	占外国持有美国政府证券 总额的比重（%）
爱尔兰	1 015	5.5
瑞士	783	4.3
世界	18 421	

资料来源：U. S. Treasury Department，*Report on Foreign Portfolio Holdings of U. S. Securities as of June 29, 2018.*

美国的**官方储备资产**（Official Reserve Assets）包括黄金、外汇、特别提款权（相关内容见下一节）以及在国际货币基金组织的储备头寸。官方结算交易还包括本国与外国官方机构之间的债务交易。这些债务是指外国官方机构在美国商业银行中持有的资产和外国官方机构持有的美国政府证券。

10.2.3 特别提款权

在前面的内容中，特别提款权被列入官方储备资产。那么**特别提款权**（Special Drawing Rights，SDRs）是什么呢？

20 世纪 60 年代，各国一直担心缺乏国际储备资产，担心储备资产的供给跟不上需求的迅速增长。那时，国际储备资产由黄金、外币和在国际货币基金组织的储备头寸组成。然而，各国需要的是既能被所有国家接受，又能在对其需求增长时供给也能增长的国际储备资产。

1969 年，国际货币基金组织创造了一种新的储备资产，作为对其成员国已有储备资产的补充。这种被称作特别提款权的储备资产可以在成员之间转移，用以弥补国际收支赤字或者稳定汇率。比如，如果马来西亚需要用英镑来弥补赤字，那么它可以用其持有的特别提款权与国际货币基金组织指定的某个其他国家（比如加拿大）持有的英镑相交换，然后用换得的英镑弥补赤字。除了英镑以外，特别提款权还可以兑换成美元、日元和欧元。特别提款权只能被政府持有和使用，私人团体无权持有和使用。根据国际货币基金组织的规定，成员国按其在世界经济中的相对规模来获得相应比例的特别提款权。自 1970 年以来，国际货币基金组织已经多次发行特别提款权。

特别提款权的价值由美元、日元、英镑和欧元组成的一篮子货币*决定。货币篮子中各种货币的权重以过去五年以各种货币计价的货物和服务的出口价值，以及国际货币基金组织其他成员国过去五年以各种货币计价的储备资产的数额来确定。2019 年，特别提款权货币篮子中各种货币的权重为：美元 42%，欧元 31%，人民

---

* 人民币在 2016 年 10 月被纳入特别提款权货币篮子，当时权重为 10.92%。2022 年，国际货币基金组织完成了五年一次的特别提款权定值审查，维持货币篮子的五种货币构成不变，人民币权重上调至 12.28%。——译者注

币 11%，日元 8%，英镑 8%。特别提款权的最新价值可以在国际货币基金组织的网站查到，每天都有更新。

10.2.4　统计误差：错误与遗漏

在公布国际收支统计数据之前需要先搜集这些数据，而搜集这些数据的过程又是很不完善的。国际收支统计数据的搜集成本很高，建立完全精确的数据搜集系统的费用更是令各国难以负担。因此，各国政府中统计人员得出的相关数字部分源于搜集来的信息，部分则源于估计。最可靠的信息或许就是主要由海关统计的货物贸易数据。资本与金融账户的信息来自金融机构报告的对外债权及债务的变化情况，但这些数据与经常账户中的具体交易并不匹配。另外，由于统计人员没有建立一个协同系统能让他们对每笔交易的借方和贷方同时作出记录，所以任何一笔交易的贷方信息和借方信息往往都来自不同渠道。当然，还有可能会有大量的交易没有被记录下来。

因此，当统计人员加总国际收支平衡表的贷方和借方时，两边不相等也就不足为奇了。因为在理论上贷方总额必须等于借方总额，所以统计人员就加入了一个"余项"以使借贷相等。这一修正项目被称为**统计误差**（Statistical Discrepancy），或错误与遗漏（errors and omissions）。在国际收支平衡表中，统计误差被当作资本与金融账户的一部分，因为通常情况下短期资本交易的记录最容易出错。

10.3　美国的国际收支平衡表

表 10.2 显示的是以美国商务部的统计方法编制的国际收支平衡表。这种格式的国际收支平衡表按具体交易的功能进行归类，为分析国际交易如何影响国内经济提供了信息。定期公布的局部差额包括货物贸易差额、货物和服务贸易差额、经常账户差额以及有关资本与金融账户交易的信息。

表 10.2　2018 年美国国际收支平衡表　　　　　　单位：十亿美元

经常账户		资本与金融账户	
货物贸易差额	−887.4	以资本与金融账户交易衡量的美国净借款	445.5
出口	1 674.3	统计误差	45.5
进口	−2 561.7	资本与金融账户差额	491.0
服务贸易差额	259.7		
货物和服务贸易差额	−627.7		
收入和支付差额	254.0		
单方转移差额	−117.3		
经常账户差额	−491.0		

资料来源：U. S. Department of Commerce, *Survey of Current Business*, June 2017. See also Bureau of Economic Analysis, *U. S. International Transactions Accounts Data* at http://www. bea. gov/ and *Economic Report of the President*.

　　货物贸易差额，就是新闻媒体通常所说的**贸易差额**（Trade Balance），由货物账户的净出口（进口）计算得来。由于仅限于货物贸易，所以货物贸易差额的政策指导价值也是有限的，它之所以被普遍引述在很大程度上是因为该数据按月公布。货物贸易数据能够很迅速地被搜集和公布出来，而对服务贸易规模的测度则需要耗费大量时间进行问卷调查。

　　如表10.2所示，美国2018年货物贸易赤字达8 874亿美元，等于货物出口额（16 743亿美元）和货物进口额（−25 617亿美元）之间的差额。回忆前文已经说明过的，出口记"+"号，而进口记"−"号。从表中数字可以看出，美国2018年是货物净进口国。表10.3显示，在近几十年里，美国一直面临货物贸易赤字。这与20世纪50年代和60年代的情况形成鲜明对照，那时美国的货物贸易账户总是处于盈余状态。

表 10.3　　1980—2018 年美国国际收支平衡表　　　　　　　　单位：十亿美元

年份	货物贸易差额	服务贸易差额	货物和服务贸易差额	收入和支出差额	单方转移差额	经常账户差额
1980	−25.5	6.1	−19.4	30.1	−8.3	2.4
1984	−112.5	3.3	−109.2	30.0	−20.6	−99.8
1988	−127.0	12.2	−114.8	11.6	−25.0	−128.2
1992	−96.1	55.7	−40.4	4.5	−32.0	−67.9
1996	−191.3	87.0	−104.3	17.2	−42.1	−129.2
2000	−452.2	76.5	−375.7	−14.9	−54.1	−444.7
2004	−665.4	47.8	−617.6	30.4	−80.9	−668.1
2008	−820.8	139.7	−681.1	127.6	−119.7	−673.2
2012	−735.3	195.8	−539.5	198.6	−134.1	−475.0
2016	−749.9	249.3	−500.6	180.6	−161.2	−481.2
2018	−887.4	259.7	627.7	254.0	−117.3	−491.0

资料来源：U. S. Department of Commerce, *Survey of Current Business*, various issues.

　　国内居民和政策制定者通常不喜欢贸易赤字，因为贸易赤字不仅对本国贸易条件和就业水平不利，而且还会进一步影响外汇市场的稳定性。就美国来说，经济学家们担忧的主要是持续的贸易逆差可能会对美国与其他国家之间的贸易条件产生影响。发生贸易赤字时，由于支出的美元数量大于收入的美元数量，所以国际货币市场上美元的价值可能会下跌。当外国货币相对于美元变得更加昂贵时，美国居民购买的进口品也就会变得更加昂贵。* 也就是说，如果贸易赤字导致美元的国际价值

---

　　* 支出的美元数量更多，意味着国际货币市场上美元供给充足甚至过剩，相对于某些其他货币来说，美元币值可能会下降，详见本书第12章有关汇率决定理论的内容。参考表10.1，假设韩国电视机的价格不变，仍然是每台21万韩元，但美元对韩元贬值，1美元只能兑换350韩元，那么对于美国消费者来说，现在需要花费600美元才能购买一台韩国电视机。——译者注

下降，那么它也将通过增加进口成本导致美国居民的实际负担加重。

另一个经常被提及的由贸易赤字引发的后果，是其对国内某些产业（如钢铁或汽车产业）的就业水平造成的负面影响。贸易收支状况的持续恶化会损害国内工人的利益，这不仅是由于就业机会被生产进口商品的国外工人抢走，而且是由于出口销量下降也会减少国内就业机会。所以这就难怪国内的工会经常拉高调门宣传贸易赤字对其国内经济所造成的负面影响。不过要记住，虽然一国的贸易赤字可能会使国内某些产业中的就业水平下降，但是它同时也会使资本与金融账户的流入项目增加，从而提高另外一些产业中的就业水平。[*] 也就是说，贸易赤字影响的只是就业在国内各产业之间的分配，而不会决定整个国家的就业水平。

关于美国在货物贸易中的竞争力的讨论往往会给人留下这样的印象，即与其他工业化国家相比，美国一直处在弱势地位。但是，货物贸易赤字是一个很狭窄的概念，因为货物贸易只是国际贸易的一部分。描述一国国际收支状况的更好指标是**货物和服务贸易差额**。如表 10.2 所示，2018 年美国的服务贸易实现了 2 597 亿美元盈余，将这一数字再减去货物贸易赤字 8 874 亿美元，从而得出货物和服务贸易赤字 6 277 亿美元。这意味着，美国在 2018 年向其他国家转移的资源（货物和服务）数量少于从其他国家获得的资源数量，也就是美国的净出口额是负数。

在最近几十年里，美国服务贸易账户一直处于盈余状态，见表 10.3。美国在一些服务领域具有较强的国际竞争力，包括运输、建筑、工程、证券经纪和某些医疗服务。此外，一直以来，美国不仅从涉及知识产权和特许权的交易中获得大量的净收益，而且还从美国母公司与其海外子公司之间建立的长期关系中获得收益。

用收入和支付差额、净单方转移来校正货物和服务贸易差额，就得到了经常账户差额。如表 10.2 所示，2018 年美国的**经常账户**赤字为 4 910 亿美元。经常账户赤字意味着货物、服务、收入和单方转移的流入大于流出，这会导致美国对国外净投资的减少。[**] 不过，我们不必对经常账户的赤字过度关注，因为该账户不包括资本与金融账户的交易。如果外国居民在美国购买更多的美国资产（如土地、楼房以及债券），那么美国就有能力从国外进口更多的货物和服务。仅仅注意到一国国际收支状况的一个方面而忽略其他方面往往会产生误导。

总体看来，美国的国际交易一直处于平衡状态。这里所讲的平衡状态是指，使国际收支的一个账户差额增加或减少的任何力量都会被其他账户差额的变化刚好抵消。如表 10.2 所示，2018 年美国的经常账户赤字是 4 910 亿美元，抵消这一赤字的是资本与金融账户（包括统计误差）4 910 亿美元的差额。

10

---

　　[*]　这样的结论或说法是有前提的，那就是对资本与金融账户涉及的经济活动要完全放开，而对一些国家尤其是发展中国家来说，这意味着可能要承担更高的汇率风险。——译者注

　　[**]　在其他条件不变的情况下，本国经常账户逆差导致本币贬值，相应地也就提高了本国居民购买外国资产的成本，同时降低了外国居民购买本国资产的成本，因而会在一定程度上抑制本国居民对外国的净投资。对外国投资通常首先要在外汇市场上将持有的本币兑换成外币。——译者注

10.4 经常账户的赤字（盈余）意味着什么？

297 在国际收支平衡表中，经常账户和资本与金融账户并不是互不相关的，它们在本质上是相互映照的。由于国际收支平衡表采用复式记账体系，所以贷方总额总是等于借方总额。因此，如果经常账户出现**赤字**（借方大于贷方），那么资本与金融账户就必定出现**盈余**或资本资金的净流入（贷方大于借方）。相反，如果经常账户出现**盈余**，那么资本与金融账户必定出现**赤字**或资本资金净流出。

为更好地理解这个原理，假定某一年里你的支出超过了你的收入。如何为你的"赤字"融资呢？答案是借款或变卖你的部分资产。你可能会出售一部分实物资产（例如，卖掉你的计算机），或者卖掉某些金融资产（例如，卖掉你拥有的美国政府证券）。同样，一个国家出现经常账户赤字，也就意味着该国购买外国货物和服务的花费大于向外国出售货物和服务所获得的收入（当然，还要扣除投资收入流动以及与国外的往来赠与）。既然出现了这种情况，那么该国就必须采取措施为经常账户赤字融资。如何操作呢？答案是变卖资产和向外借款。换句话说，一国的经常账户赤字（借方大于贷方）主要是通过资本与金融账户的资本净流入（贷方大于借方）来抵消的。

然而，我们不能认为国际资本流动是对经常账户交易做出的被动反应。有人指出，经常账户赤字是由美国通过向外国借款来提供"融资"的。然而，国际投资者购买美国资产的目的不是要为美国经常账户赤字提供融资，而是因为他们相信购买美国资产是明智之举，毕竟那些投资不仅安全而且收益良好。此外，这些投资中有许多涉及的是在美国购买土地、企业和普通股票，它们与通常理解的借款没有丝毫关系。因此，流入美国的这些外国资本中有很大一部分的确用于为抵押贷款和消费贷款提供融资，这有助于提高美国人的生活水平；但还有很大一部分用于投资于美国的土地、厂房和设备以及金融资产，这些投资都不需要偿还，并且可以使美国经济和出口品更具全球竞争力。

国际金融案例

苹果手机复杂的供应链折射出贸易统计数据的局限性

美国企业发明的高科技产品会给美国带来贸易盈余吗？不一定。我们以苹果手机（iPhone）为例来说明这个问题。

苹果手机是由美国苹果公司设计和销售的一款带有摄像头的手机，其功能还包括可视化语音信箱、文字短信、便携式媒体播放器，以及能够收发电子邮件、浏览网页和进行 WiFi 连接的互联网客户端。显然，苹果手机是一种高科技产品。然而，苹果手机不但没有为美国的贸易盈余做出贡献，反而导致了美国对中国的双边贸易逆差，因为美国消费者购买的苹果手机都要从中国运至美国。

　　根据传统的贸易统计方法，2009 年，苹果手机使美国对中国的贸易赤字增加了 19 亿美元。这怎么可能呢？衡量贸易流量的传统方法没有考虑到全球商业运行的复杂性——商品的设计、制造和装配往往要由几个国家共同参与完成。传统统计方法的缺陷在于，尽管苹果手机是由美国公司设计并大量使用几个亚洲和欧洲国家生产的零部件制造出来的产品，但是苹果手机的全部价值都被统计成中国对美国出口的价值。事实上，中国对苹果手机价值的唯一贡献不过是最后的产品组装以及将其运往美国。

　　如表 10.4 所示，在 2009 年，运往美国的一部苹果手机的批发成本是 179.02 美元，这全部计入了中国对美国的出口，然而，中国组装工人的劳工成本只有 6.50 美元，或者说只占总成本的 3.6%。显然，这种贸易统计方法夸大了美国对中国的贸易赤字。如果中国的出口额只计入苹果手机价值中由中国创造的部分，那么即使中国向美国出口相同数量的苹果手机，中国的出口金额也会是一个很小的数字。这就是为什么许多经济学家认为，按照不同国家创造的增加值来划分进口和出口是更加准确的贸易统计方法。

表 10.4　全球生产和苹果手机的制造成本

在 2009 年，运往美国的一部苹果手机的批发成本是 179.02 美元，手机零部件来自许多国家并在中国完成组装。手机成本来源分解如下：

制造成本（劳动力和零部件）	价值（美元）	在全部制造成本中的占比（%）
日本	60.60	33.9
德国	30.15	16.8
韩国	22.96	12.8
美国	10.75	6.0
中国	6.50	3.6
其他	48.06	26.9
总和	179.02	100.0

资料来源：Yuqing Xing and Neal Detert, *How iPhone Widens the U. S. Trade Deficits with PRC*, National Graduate Institute for Policy Studies, Tokyo, Japan, November 2010.

　　传统的贸易统计方法往往会夸大被跨国企业用作出口加工区的国家与出口产品目的地国家之间的双边贸易逆差。以苹果手机为例，在 19 亿美元的贸易赤字中，中国只占了 3.6%，其余赤字来源于日本、德国等生产苹果手机零部件的国家。传统的统计方法夸大了美国对中国的双边贸易赤字，从而加剧了在华盛顿酝酿已久的对中国的政治紧张气氛，使美国急于寻求对策以应付中国据称被低估的汇率和不公平贸易行为。

　　问题：鉴于国际收支统计数据的局限性，这些数据对政策制定者还有很大用处吗？

资料来源：Yuqing Xing and Neal Detert, *How iPhone Widens the U. S. Trade Deficits with PRC*, National Graduate Institute for Policy Studies, Tokyo, Japan, November 2010; and Andrew Batson, "Not Really Made in China," *Wall Street Journal*, December 15, 2010, pp. B1 - B2.

10.4.1　国外净投资与经常账户差额

经常账户差额与国民收入账户中的**外国投资净额**（Net Foreign Investment）是同义词。**经常账户盈余**意味着货物、服务、投资收入以及单方转移的流出大于流入，这使本国居民拥有净的金融债权。这些资金可以被本国用来增加在国外的金融资产或减少对其他国家的外债，因而也就增加了本国对国外的净投资（即在其他国家拥有净资产）。换句话说，资本流出使本国成为世界上其他国家的资金净**供给国**（借出国）。与之相反，**经常账户赤字**意味着本国的货物、服务、投资收入及单方转移的流出小于流入，因而本国对外净债务增加。外国资本的流入使本国成为外国资金的净**需求国**，这种需求需要通过向别国借款或者将本国拥有的国外资产变现来满足。也就是说，本国正在利用全球储蓄来满足本国国内的投资和消费需求，结果是本国的净对外投资国地位恶化，成为净债务国。

因此，经常账户差额相当于一个国家损益表的底线。如果经常账户差额为正，那么该国的支出小于收入，其对外债权就会增加。如果经常账户差额为负，那么该国的支出大于收入，这个国家就在向其他国家借钱。

一国借入款项的净额可以用其各部门（政府部门和私人部门，私人部门包括企业和家庭）借款净额的总和来表示。政府借入款项的净额等于政府预算赤字，即政府购买（G）超出税收（T）的部分。私人借入款项的净额等于私人投资（I）超出私人储蓄（S）的部分。一国借入款项的净额可由下面的等式表示：

$$\underset{(\text{净借款})}{\text{经常账户赤字}} = \underset{\text{政府赤字}}{(G-T)} + \underset{\substack{\text{私人投资} \quad \text{私人储蓄}}}{(I \quad - \quad S)}$$

该等式的一个重要含义是，它表明经常账户赤字是一个宏观经济现象，即经常账户赤字反映了政府支出与税收之间的不平衡关系，以及私人投资与私人储蓄之间的不平衡关系；因此，任何能够有效减少经常账户赤字的政策从根本上说都必须减少这些失衡。减少经常账户赤字需要削减联邦政府、州政府以及地方政府的预算赤字，或者让私人部门储蓄增幅大于私人部门投资的增幅，或者同时采取这两种做法。然而，做出这些选择以后都很难落实。减少预算赤字需要提高税收或削减政府支出，二者都不受欢迎。为减少投资支出而采取的措施也会遭到反对，因为投资是一国生产力和生活水平的重要决定因素。最后，为了增加储蓄而采取的税收减免等措施可能也会遭到反对，因为这些措施往往被认为有利于富人而不利于穷人。

本国经常账户赤字的规模还取决于世界其他国家尤其是重要的贸易伙伴国的经济状况，以及本国货币与贸易伙伴国之间的汇率。

总之，当本国支出大于收入时，本国就会出现经常账户赤字——请记住，本国的支出和收入都会受到国外经济状况和本国货币汇率的影响。当国外经济繁荣时，本国企业更容易向国外买家销售货物和服务；当本国货币走强（更加昂贵）时，国内企业会发现向国外买家销售商品变得更加困难，但从国外购买货物和服务却更加容易。

因此，经常账户赤字的减少与否并不完全掌握在本国手中。由于对世界整体而言，所有国家经常账户差额的总和在理论上一定等于零，所以削减一国的经常账户赤字必定会使世界其他国家的经常账户盈余减少。这也就意味着，如果其他国家——特别是经常账户存在大量盈余的那些国家——采取辅助性的政策，那么这将有助于赤字国成功地实现向非赤字国的转型。

10.4.2　资本流动对经常账户的影响

在前文中，我们将一国的资本和金融流动描述成对经常账户变动的反应。然而，这种反应关系也可以而且经常是倒转过来的，也就是说，资本和金融流动会引发经常账户的变化。例如，如果外国人想要购买的美国金融工具的数量超过了美国人愿意持有的外国金融债务的数量，那么外国人就必须用其货物或服务来交换超出的部分。因此，外国资本流入美国将伴随着美国经常账户的赤字。

接下来详细说明资本净流入是如何导致美国经常账户赤字的。假设美国国内储蓄不能满足国内投资的需要，那么相对于国外利率，美国的利率水平就会上升。在高利率的吸引下，外国储蓄会流入美国以支持美国国内的投资，于是美国就成为外国储蓄的净流入国。当美国利用这些借来的购买力购买外国货物和服务时 *，就会产生相同价值量的货物和服务的净流入，因而产生了经常账户赤字。但是，资本流入是如何造成美国经常账户赤字的呢？当外国居民从美国购买的资产多于美国人购买的外国资产时，美元在外汇市场上的汇率就会升高（见第 11 章）。由此使得在国际市场上，对于外国居民来说，美国商品变得更昂贵，因而抑制美国商品出口；同时，对美国人而言，外国商品变得便宜，从而导致商品进口增加。最终结果就是经常账户赤字的增加或盈余的减少。以上内容总结如下：

经济学家们相信，在 20 世纪 80 年代，大量的资本流入造成了美国经常账户赤

---

　　* 根据宏观经济学原理，投资来源于储蓄。本国国内旺盛的投资需求会拉高本国利率，进而吸引外国资本流入（假设资本可以跨国流动并且利率差足以克服资本流动成本）。流入的外国货币资本首先需要在外汇市场上兑换成本国货币，因而增加外汇市场上对外币的供给和对本币的需求，这会导致本币对外币升值。进入本国的外国资本可以用来购买本国生产的货物和服务，也可以用来购买外国生产的货物和服务；由于外国资本为外国所有，所以这种购买力对本国而言是借来的。由于正文假设国内储蓄不能满足国内投资需求，所以进入本国的外国资本如果被用来增加购买本国生产的货物和服务，那么就会进一步推高本国国内货物和服务的价格，再加上本币升值，外国货物和服务的价格优势会更加明显，因而引起本国进口增加和出口减少。当然，在现实中，进入本国的外国货币资本通常不会全部用于购买外国货物和服务，所以本币汇率会有变化。即便外国资本所有者全部以实物资本（比如机械设备）对本国进行投资，资本品的进口同样会引起经常账户赤字增大或盈余减小。——译者注

字，资本的流入是因为美国利率比别国利率高，而高利率又主要归因于美国联邦政府预算赤字增加和私人储蓄率降低的共同作用。

与其认为资本流动是在为美国的经常账户赤字提供融资，倒不如认为资本流动导致了美国经常账户赤字：资本流入使美元更加强势，这会在刺激进口的同时抑制出口，从而导致美国经常账户赤字。

专栏

双边贸易逆差是否就意味着存在不公平贸易？

当唐纳德·特朗普在2017年与墨西哥和加拿大两国政府就《北美自由贸易协定》进行重新谈判时，他坚持要求修订后的《北美自由贸易协定》必须能够减少美国对加拿大和墨西哥的贸易赤字。之所以提出这样的要求是因为特朗普坚信，美国的贸易赤字往往是因为其他国家实施了不公平贸易行为，而且这些不公平贸易行为导致了美国工人失业。特朗普表示，只有保持贸易平衡才能实现贸易公平，为了创造公平的竞争环境，就应该使用关税措施。

然而，许多经济学家认为，特朗普把关注的焦点放在与某个特定国家的双边贸易赤字上的做法是错误的，因为双边贸易赤字对一个国家的总（全球）贸易平衡影响不大。例如，尽管德国对匈牙利和斯洛伐克两国都存在双边贸易赤字，但德国近年来却实现了巨额的总贸易盈余。因此，重要的是总贸易平衡，也就是经常账户平衡。此外，总贸易的失衡与关税等贸易政策的关系并不大。

一个国家的总贸易失衡是由该国的宏观经济基本面决定的。从实体经济层面看，起到决定性作用的是国内支出（消费、投资和政府支出）与国内生产之间的关系：过度的支出会导致贸易赤字，因为支出与产出之间的差额要由净进口来弥补；而过剩的产出会导致贸易盈余，因为过剩的产出需要靠出口来消化。从金融层面看，起到决定性作用的是国内储蓄与投资之间的关系：储蓄不足会导致资本净流入，因为要为贸易赤字提供融资；而投资不足（或者储蓄过剩）必然会导致资本净流出，这相当于贸易盈余。

许多经济学家认为，持续减少美国经常账户赤字的最有效举措是减少美国的财政预算赤字，因为这一举措不仅会减少美国国内支出，而且会减少利用外国资本为美国经常账户赤字融资的需求，尤其是在经济已经接近充分就业的情况下更是如此。相比之下，进一步增加财政预算赤字就会增加对外赤字，无论其他贸易伙伴国采取什么措施都是这个结果。

此外，即使美国与墨西哥、加拿大等主要贸易伙伴国之间完全实现了双边贸易平衡，那也极不可能大幅度减少美国的贸易逆差总额，进而对美国整体经济产生任何积极影响。这是因为一个国家的总贸易平衡是建立在该国经济的基本面（如生产率等），以及该国与其他国家经济基本面相互作用关系的基础上的。因此，如果美国对墨西哥的贸易赤字

10

减少不是由于美国经济基本面发生了变化，那么美国对其他国家的贸易赤字就会替代性地增加。也就是说，随着相关产品生产地的转移，美国的进口品来源地将从墨西哥转换为其他国家，或者美国的出口目标国将从其他国家转换为墨西哥，这些转换对美国总贸易差额的净影响可以忽略不计。①

10.4.3　经济周期、经济增长与经常账户

经常账户与经济周期和长期经济增长之间的关系如何呢？就经济周期来说，产出和就业的**快速**增长往往伴随的是大量的或不断扩大的贸易**赤字**和经常账户**赤字**。这些赤字往往也是一个健康经济体中的正常现象，因为它们意味着该国货币的购买力很强，而且该国消费者足够富裕并且对经济前景感到足够乐观，因而能够增加进口。反之亦然：处于经济衰退中的国家以及产出和就业增长较慢的国家，往往会伴随着大量的或者不断扩大的经常账户盈余；也就是说，这些国家里的失业者被迫勒紧裤腰带过日子，减少支出，甚至那些有工作的人也买不起进口商品。

在经济衰退期，储蓄和投资都趋于下降。面对收入的暂时下降，家庭会努力维持原有的消费方式，因此储蓄会减少。同时，由于产能利用率以及利润率都下降了，因而投资也会减少。但是因为投资对增加产能的需求格外敏感，所以在经济衰退期，投资下降的幅度要比储蓄更大。在储蓄和投资两种力量变化的共同作用下，经常账户差额会趋于增大。换一个角度来看，与经常账户差额增大一样，贸易差额往往也会向改善的方向发展，因为在经济衰退期，进口通常会随着整体的消费和投资需求的下降而下降。在经济繁荣期则会出现相反的情况：当投资需求的增长速度超过储蓄的增长速度时，经常账户差额就会减小。当然，收入之外的因素也会影响储蓄和投资，所以对于处于经济衰退期的国家来说，其经常账户赤字减少的趋势并非不可逆转。

刚才所描述的经常账户和经济运行之间的关系并不仅仅适用于短期或一个经济周期，它们也同样适用于长期。一般来讲，经济**高速**增长的国家存在长期的经常账户**赤字**，而那些经济增长**缓慢**的国家经常账户则长期处于**盈余**状态。之所以存在这一关联可能是因为这样一个事实——高速的经济增长总伴随着强劲的投资。如果经济高速增长的推动力是发现了新的自然资源、获得了技术进步或实行了经济改革，那么经济快速增长时期可能同时也是新的投资可以获取超额利润的时期。然而，一国的投资资金必须来源于国内储蓄，如果一国的国内储蓄不足以为所有新的盈利性

① C. F. Bergsten and Monica de Bolle, editors, *A Path Forward for NAFTA*, Peterson Institute for International Economics, July 2017; Caroline Freund, *Public Comment on Trump Administration Report on Significant Trade Deficits*, Peterson Institute for International Economics, May 8, 2017; and Mary Amiti, Caroline Freund, and Tyler Bodine-Smith, *Why Renegotiating NAFTA Could Disrupt Supply Chains*, Liberty Street Economics, Federal Reserve Bank of New York, April 18, 2017.

投资项目提供融资，那么该国就将借助于外国储蓄来弥补资金缺口。于是，该国就会发生资本净流入，相应地也就会出现经常账户赤字。只要新增投资可以盈利，那么就会有多余的收入可以用来偿还由资金借贷所产生的债务。因此，当经常账户赤字反映的是规模庞大并且盈利的投资项目时，这些赤字就会使产出和就业加速增加，而不会破坏就业和生产。

专栏

美国是如何以极低的成本借款的？

自20世纪80年代初期以来，美国的经常账户从略有盈余转向了大规模赤字。为这些借款提供融资的途径有两条，即要么从外国借款，要么向外国出售美国资产。随着经常项目赤字的不断积累，美国逐渐变成净债务巨大的国家。通常情况下，如果一个国家从国外借入更多款项，那么该国的还债成本也将增加，因为该国必须向国外借款人偿付更多的利息和本金。

然而，在过去20年里，美国的国际交易一直存在着这样一个悖论：美国居民从对外投资中所获取的回报，大于外国居民从对美国的大规模投资中所获取的回报。因此，虽然美国的债务不断增加，但没有出现负的偿债成本。这个悖论表明，美国经常账户赤字的负担或许并没有通常描述的那么沉重。

悖论出现的原因是什么呢？一种解释是不对称的投资回报。美国居民在国外的投资收益率一直高于外国居民在美国的投资收益率，两者差距一般在1~2个百分点之间。这种投资收益率的差异主要是因为美国企业在向他国投资时承担了更大的风险，例如，国外的政治和经济形势往往并不稳定。如果不存在潜在的高额回报，人们通常不会进行高风险投资。相反，由于美国一直被认为是投资的安全港，所以外国人更愿意购买美国资产，因而投资收益率和投资风险都相对较低。

这一悖论解释了为什么在过去20年里，大规模对外借款没有给美国带来什么痛苦。但是，未来的借款前景或许就不再这么美好了。对未来持怀疑态度的人们担心，如果全球利率上升，那么美国将不得不设置更高的利率以吸引外国投资，而这会使美国对外支付的利息增加，其结果是美国的投资收入账户从盈余转向赤字，美国的偿债成本也将因此变得沉重。随着这些成本增加，美国经常账户赤字及其后果可能会日益成为经济政策制定者们担心的问题。[1]

---

[1] Juann Hung and Angelo Mascaro, *Why Does U. S. Investment Abroad Earn Higher Returns Than Foreign Investment in the United States?* Washington, DC, Congressional Budget Office, 2005; Craig Elwell, *U. S. External Debt: How Has the United States Borrowed without Cost?* Washington, DC, Congressional Research Service, 2006; and William Cline, *The United States as a Debtor Nation*, Washington, DC, Institute for International Economics, 2005.

10.4.4 经常账户赤字使美国就业机会减少了吗？

我们在报纸上读到关于贸易的报道时，总感觉贸易（经常账户）赤字拖累了美国经济，或者至少遏制了经济增长。为什么呢？由于进口会使对本国生产的货物和服务的需求减少，因而会减少国内就业机会。每进口一部手机、一部收音机或者一件 T 恤衫，意味着国内就要少生产一部手机、一部收音机或者一件 T 恤衫，这会导致这些行业中的工人失业。

尽管进出口趋势引发了人们对美国失业的担忧，但是纽约联邦储备银行和卡托研究所（Cato Institute）的经济学家们发现，就业统计数据并不能证明经常账户赤字上升与就业下降之间存在着关系。[1] 为什么呢？随着外国商品进入本国市场，本国经常账户赤字确实会减少某些行业或企业的就业机会。但是，从整个经济层面来讲，经常账户赤字的出现意味着同等数额的资本流入本国，这些资金不仅会增加就业，而且会带动更多的投资支出。例如，美国的某个地区可能会从向外国销售美国本土种植的谷物中获益，也可能会从日本对美国投资建设一家汽车工厂中获益，后一种获益即便不比前一种获益更多，至少也会大致相当。此外，如果外国购买美国国债，那么长期利率将会降低*，因而会刺激美国经济增长；而如果外国购买美国的股票和房地产，那么资金就会流入出售这些资产的美国人手中，这些美国人将有能力更多地购买由美国生产的商品。总之，流入美国的资金不论是购买商品还是购买资产，都有助于提高美国的经济活力。外国购买美国资产与美国出口货物和服务一样，都会起到刺激美国经济增长的作用。

如果将经常账户赤字视为外国投资的净流入，那么经常账户赤字反而增加了本国就业：既直接增加了投资导向型产业的就业，又间接增加了整体经济的就业机会。这种观点有助于消除人们的这样一种误解，即认为经济全球化会对本国就业市场产生不利的影响。

尽管上述分析认为，经常账户赤字不会导致一个经济体在总体上出现产出和就业下降，但是需要指出的是，经常账户赤字往往会改变产出和就业的结构。有证据表明，在过去的 30 年里，持续的经常账户赤字可能导致了美国制造业的萎缩，同时使美国服务业的产出和就业出现了增长。

---

[1] Matthew Higgins and Thomas Klitgaard，"Viewing the Current Account Deficit as a Capital Inflow," *Current Issues and Economics and Finance*，Federal Reserve Bank of New York，December 1999；and Daniel Griswold，*The Trade-Balance Creed：Debunking the Belief That Imports and Trade Deficits Are a Drag on Growth*，Washington，DC，The Cato Institute April 11，2011.

* 美国国债大多带有固定的票面价值和固定的利率，也就是说普通国债的到期价值是固定的。意愿购买国债的投资资金越多，竞购越激烈，为购买国债实际支付的金额就越多，相对于国债固定的到期价值来说，投资回报率（利率）就越低，这会拉低整个美国市场利率。同时，涌入的外国资金提高了美国的资本总供给，这会降低美国市场上资本的服务价格——利率。——译者注

10.4.5　美国能否继续无限期地保持经常账户赤字？

世界上许多国家的储蓄都大于投资，这些储蓄盈余为美国提供了资本，从而使美国受益。美国之所以能够获得这些储蓄盈余，是因为外国人一直以来都愿意用他们的储蓄购买美国国债等资产，而美国出售这些资产就是为了弥补经常账户赤字。例如，在 20 世纪 90 年代和 21 世纪的头 10 年里，美国同时出现了国内储蓄率下降和国内投资率上升的局面，如果没有来自日本和中国等高储蓄率国家的资本适时地流入美国，那么美国的经常账户赤字不可能大幅度增加。

中国是对美国供给资本较多的国家之一，部分原因在于中国为了向美国出口商品从而为其工人创造就业岗位，采取的汇率政策压低了**人民币**价值（即让人民币更加廉价）*（参见第 14 章）。为了抵消人民币对美元的升值压力，中国的中央银行用人民币购买美元。然后，中国的中央银行又用其所持有的美元购买美国的有息证券，毕竟持有美元不能获得利息收入。这就让美国处于一个非常特殊的有利地位，即中国愿意为美国的经常账户赤字提供融资。说到底，中国持有的美元是美国为了满足自己的过度支出而"印出来的钱"。中国所建立起来的美元储备有助于支撑美国的股票和债券市场，并且使美国有条件在不提高国内利率的情况下，既增加支出，又能削减税收。

美国可以无限期地维持经常账户赤字从而依靠外国资本的流入来过日子吗？由于经常账户赤字的产生主要是由于外国居民愿意购买美国资产，所以从经济角度来看，没有理由认为美国的经常账户不能无限期地维持赤字状态。只要投资机会足够多并且投资回报有足够的竞争力，那么外国投资者就会愿意继续为美国提供资金。这一过程完全有可能无限期地维持下去，毕竟仅仅依靠经济自身力量，经常账户的赤字不会自动地变成盈余，盈余也不会自动地变成赤字。

一些经济学家认为，随着全球化浪潮席卷世界各地，世界金融市场向美国提供的储蓄资金将会史无前例地增加，资金的流动性也会增强，这会促使外国投资者继续向美国提供其所需要的资金，而且不要求美国支付较高的利率。我们大概可以推想，在几十年前，占美国 GDP 6% 甚至更多的经常账户赤字都没有轻易地得到融资支持。尽管当时美国的投资收益率相对较高，但是国际金融领域的一体化程度却非常低，这使得大量的国际储蓄资金无法流入美国。近年来，一体化程度日益提高的国际金融市场，不仅创造了而且扩大了愿意并且有能力向美国进行投资的国外投资者群体。

---

*　译者反对本书有关中国操纵人民币汇率以促进出口等说法。美国给其他国家贴上"汇率操纵国"标签始于 1988 年，指责其他国家操纵汇率的主要经济原因是美国的双边贸易逆差。正如本书正文相关内容指出的那样，美国对外贸易逆差根本上还是其自身的经济结构性矛盾导致的，与其他特定国家无关。美国前任财政部部长、著名经济学家劳伦斯·萨默斯（Lawrence Summers）以及国际货币基金组织的相关报告等都曾指出，将中国列为"汇率操纵国"不符合事实，人民币汇率水平与中国经济基本面相符。——译者注

美国经常账户赤字的后果是由外国居民拥有的美国资本存量越来越大，同时美国收入中越来越多的部分也必须要以利息及红利的形式转移到外国居民手中。如此一来，一旦外国居民对美国偿还海外借款的能力失去信心，美国就会出现严重的问题。假设由于对美国丧失信心，外国居民决定减少其储蓄当中用于在美国投资的数额，最初的结果是：一方面，随着外汇市场上美元的供给增加，美元币值瞬间大幅下跌；另一方面，随着金融市场上储蓄的重要来源被撤走，美国的利率水平将突然大幅上涨。利率水平的大幅上涨会给美国经济带来诸多问题，因为增高的利率会压低债券的市场价值，导致股票市场价格下跌，并引发对各类债务人偿债能力的质疑。因此，美国能否在可预见的将来继续保持经常账户赤字，主要取决于外国居民是否愿意增加对美国资产的投资。或许也可以说，经常账户赤字使外国投资者部分地掌握了美国经济的命运。

10.5　国际债务平衡表

美国国际收支平衡表的一个主要特点是它衡量了美国一年或一个季度的经济交易状况。但是在任何时刻，一国相对于别国的资产与负债存量都是固定的，汇总这种存量关系的表格被称为**国际债务平衡表**（Balance of International Indebtedness）。美国国际债务平衡表是特定时刻（年终数据）美国国际地位的一个记录。

美国国际债务平衡表说明了美国拥有的国外资产的累计价值，以及外国在美国拥有的资产的累计价值。这些资产包括公司股票和债券、政府证券、直接商业投资和不动产投资等金融资产。这些资产的价值会随着新资产的交易而波动，也会因为通货膨胀或者通货紧缩而变动。如果某一时期美国拥有的国外资产的累计价值大于外国在美国拥有的资产的累计价值，那么美国就被认为是世界上其他国家的**净债权国**（Net Creditor）。如果情况相反，那么美国则处于**净债务国**（Net Debtor）地位。表 10.5 显示了几个年度的美国国际投资头寸状况。

表 10.5　美国年末国际投资头寸　　　　　　　　　单位：十亿美元

投资类型[a]	1995	2000	2018
美国拥有的国外资产（美国资产）	3 406	6 168	25 241
外国在美国拥有的资产（美国负债）	3 906	8 010	34 796
净国际投资头寸	−500	−1 842	−9 555
相对份额：美国净国际投资头寸/美国国内生产总值	6%	15%	44%

a. 按当前市场价格计算。

资料来源：U. S. Department of Commerce，Bureau of Economic Analysis，*The International Investment Position of the United States at Year End*，available at http://www. bea. gov. See also U. S. Department of Commerce，*Survey of Current Business*，various June and July issues.

国际债务平衡表有什么用处呢？最重要的意义可能在于该表将国际投资分成几类，每一类都可以提供有关该国资本**流动性**的政策信息。就短期投资状况而言，具有战略意义的统计项目是外国居民持有的本国短期负债（银行存款以及政府证券）的数量，因为这些资产可以在很短的时间内被撤走，进而造成本国金融市场的混乱。官方持有的金融资产的余额也有重要意义。假设从美国的角度看，这一余额是负数，并且外国政府决定将其持有的美国政府证券出售并转换成官方储备资产，那么美元在国际金融市场上的影响力就会下降。至于外国对美国的长期投资状况，它对美国的流动性的影响就不那么重要了，因为长期投资通常是对一国基本经济趋势的反应，并且不会受到变化无常的撤资的影响。

作为债务国的美国

在工业化发展的早期阶段，美国在国际上是一个净债务国，也就是当时的美国在很大程度上依赖于外国资本，通过将部分财富抵押给外国人才建立起了自己的工业体系。第一次世界大战以后，美国演变成净债权国。然而，自 1987 年开始，美国再次成为净债务国并一直延续到现在。

为什么转变发生得如此之快？原因是外国投资者对美国投入的资金多于美国居民对国外的投资。美国从 20 世纪 80 年代初的经济衰退中很快恢复过来，加上它的政局稳定，利率相对较高，因此美国对其他国家的投资者具有很强的吸引力。美国对外投资下降的原因是多方面的：其一，欧洲对资金的需求萎缩；其二，拉丁美洲的债务偿付出现问题，美国的商业银行希望减少投到国外的资金；其三，由于石油价格下降，进口石油的发展中国家减少了借款数量。国外对美国的投资中，只有不到 1/4 是直接用于购买美国的不动产和企业，大部分资金都用来购买美国的银行存款单、债券、股票等金融资产。

虽然美国的普通居民觉察不到美国从净债权国向净债务国的转变，但是人们还是就美国的净债务国身份的正当性提出了质疑。许多观察者认为，美国作为世界上最富裕的国家，从其他国家大笔借钱似乎是不恰当的。

10.6 世界储备货币： 美元

在结束有关国际收支的讨论之前，我们来探讨一下与美元的国际货币地位相关的问题。

现在，美元是世界上最主要的储备货币。全世界都把美元当作交易的媒介、记账单位和价值贮藏手段，比如，许多国家就通过投资以美元计价的资产（如美国国债）来保存财富。世界各国的官方外汇储备中几乎有三分之二是美元，而且全球每天五分之四以上的外汇交易也涉及美元。欧元是排在第二位的储备货币，但是与美元相比则要逊色许多，再往后排名的重要国际货币是英镑和日元。美元之所以受到欢迎，是因为不仅有强大且先进的美国经济为其背书，而且美国也一直被视为国际投资的安全天堂。但是，近几十年来，美国日益扩大的贸易赤字和不断扩张的对外债务已经削弱了美元的国际声誉。

第二次世界大战以后，随着越来越多的人在国际交易中使用美元，货币兑换效率由于美元的使用而有所提高，这巩固了美元作为世界主要货币的地位。一些人将美元的普及程度与微软的 Windows 操作系统相提并论。有的计算机用户可能会觉得其他的操作系统更好用，但使用微软的操作系统和软件可以将文档传送给世界各地任何使用微软的操作系统和软件的其他计算机用户，这种便利性提高了 Windows 操作系统的普及程度。对于美元来说，它的广泛使用使得用美元进行交易比用任何其他货币都更便捷、更便宜——用美元进行交易的国家越多，这些国家用美元进行交易的成本就越低。因此，即使某个国家想使用不同的货币来完成国际交易，它也会在停止使用美元这件事上犹犹豫豫，除非它知道其他国家也要停止使用美元。在停止使用美元上的这种勉强态度，可能就是美元作为世界主要储备货币难以被取代的关键原因。

10.6.1　对美国的好处

美国意识到，美元作为世界各国的主要储备货币给美国带来了实实在在的好处。首先，美国人购买商品的价格更加低廉，因为其他国家每次购买外国商品时都要将其本币兑换成国际交易货币并且支付货币兑换成本，而美国人直接用美元就可以购买外国商品。其次，美国人能以较低的利率借款用以购买住宅和汽车，同时美国政府也可以为大规模赤字获得期限更长、利率更低的融资。最后，美国可以在国际市场上发行以美元计价的债券（证券），这样就把汇率风险转移到外国投资者身上。这里所说的汇率风险是指，外国投资者因美元可能贬值而遭受的在美投资收益损失。

尽管美元对投资者很有吸引力，但是人们越来越关注美元能否继续充当世界主要储备货币。中国等国家担心，美国经济是建立在巨额赤字和大规模借贷基础上的，这种经济模式存在很大问题，美元的前景也因此会受到影响。这些国家还担心美元的波动可能会造成国际贸易和国际金融市场的不稳定。批评人士表示，美元等以信贷为基础的储备货币具有内在风险，这种货币容易引发全球经济失衡，导致金融危机蔓延，所以美元不应再充当世界储备货币。

在美元的世界储备货币地位被取代之前，必须得有一个新的竞争者来抢夺这一宝座。这个竞争者既不是英镑，因为英镑的辉煌已经过去了，也不是人民币，因为即便人民币能够成为储备货币，那也是未来好些年之后的事了。至于欧元，欧洲金融市场的流动性和覆盖面在过去得到了很大扩展，这的确削弱了支持美元充当储备货币的一些历史性优势。然而，欧洲最近几年金融问题缠身，欧元的地位也受到了削弱。尽管日本和瑞士都拥有强大的金融机构和金融市场，但是这两个国家近年来

10

307

一直都在积极地让本国货币贬值，因而从价值贮藏的角度考虑，投资者不愿意持有这两国的货币。因此，由于相比于其他国家的金融市场，美国的金融市场在规模、信贷质量、流动性以及国际结算习惯方面具有优势，所以美元一直保持着其作为世界主要储备货币的地位。尽管美国近年来也饱受各种经济和政治问题的困扰，但是美元仍然被视为一种安全的货币。

10.6.2 特别提款权或人民币将成为储备货币？

在 2009 年，中国中央银行的官员们提议对国际货币体系进行全面改革，让特别提款权最终代替美元成为世界主要储备货币。中国的目标是储备货币不再与某个单独的国家（美国）相关联并且能够在长期保持稳定，从而降低由美元波动造成的金融风险。为了实现这个目标，中国提议使用一篮子货币（而不仅仅是美元）充当储备货币。这个货币篮子实际上就是特别提款权，其价值由欧元、日元、英镑和美元在当前国际贸易和国际金融中的相对重要性来决定。中国还提议扩张货币篮子的规模，把人民币和俄罗斯卢布也纳入其中。改革后的特别提款权仍由国际货币基金组织管控。

特别提款权要发挥更大的用处，从而能够充当国际货币基金组织各成员国的储备货币，需要经过以下几个步骤。首先，要建立特别提款权与其他货币之间的结算系统，以方便特别提款权在国际贸易和国际金融交易中被广泛接纳和使用。现在，特别提款权只是被国际货币基金组织和其他一些国际组织用作会计记账单位。其次，还要积极提倡人们在国际贸易、商品定价、投资和企业会计中积极使用特别提款权。最后，还要创造以特别提款权计价的金融资产（证券），以提升特别提款权的吸引力。但是，要实现这些目标需要很长时间。

然而，以特别提款权充当储备货币也存在一些潜在的问题。其中一个问题是，特别提款权只有国际货币基金组织的信用作为支撑，也就是说，国际货币基金组织没有生产任何东西来支撑特别提款权的价值。相比之下，美元由美国生产的货物和服务为其提供支撑，而且美国人愿意用其生产的货物和服务来交换美元。那么，特别提款权的"合理价格"又由谁来决定呢？国际货币基金组织吗？

如果美元失去储备货币的地位，那么美国将会承担几个方面的代价。第一，由于外国人不会再像以前美元充当储备货币时那样购买美元，所以美元将会贬值，这意味着美国人将不得不为购买进口商品花费更多的钱。第二，美国私人和政府的融资利率将会升高。私人部门借贷成本的增加会导致消费疲软、投资萎缩和增长放缓。第三，如果美元失去了储备货币的地位，那么美国至高无上的经济地位也将被削弱。因而，美国对于用特别提款权替代美元作为主要货币储备的提议十分不满。

另一种可能是让人民币充当储备货币。中国要想发行储备货币，至少需要具备两个条件：一是庞大的经济体量，二是深厚、成熟和开放的金融市场。中国具备第一个条件，但不具备第二个条件。尽管中国最近一直在向外国人开放其金融体系，

10

但我们尚不清楚中国是否希望成为一个能够发行主要储备货币的国家，毕竟外国人持有的人民币数量越多，中国对人民币汇率及其金融体系的控制力就会越弱。

2015 年 12 月，国际货币基金组织宣布人民币将被纳入国际货币基金组织的精英储备货币篮子，2016 年这一决定生效，人民币的地位因此得到了提升。尽管国际货币基金组织的决定提振了中国的自尊心，但分析师们并不认为这会驱使人们大量地购买人民币。既然如此，人民币也就不会很快威胁到美元的世界关键储备货币地位，特别是考虑到中国正在面对的政治和经济方面的挑战。

专栏

加密货币会削弱美元的世界储备货币地位吗？

对当前的国际货币体系持批评意见的人们，对美元、英镑和欧元等由中央银行管理的货币（这些货币都是由政府发行并且不与黄金等实物资产挂钩的法定货币）所能发挥的作用提出了质疑。例如，批评人士们指出，美联储创造了太多的货币，这导致了通货膨胀和美元币值下降。有没有一种不同的货币能够更好地保持其购买力呢？金本位制度的支持者们认为，金本位制度能够促进健全货币*的应用，尽管在政治上现在已经很难再恢复这种货币本位制度了。此外，数字加密货币的支持者们认为，数字加密货币符合健全货币的标准。目前，使用最为广泛的加密货币是比特币（Bitcoin），与其竞争的加密货币如瑞波币（Ripple）、莱特币（Litecoin）和以太币（Ethereum）也在全球支付系统中得到使用。

例如，诞生于 2009 年的比特币是建立在去中心化数字支付系统基础上的一种在线货币。比特币没有实物载体，只有保存在公共收支总账上的数字余额。比特币支持以匿名的方式购买商品。此外，由于比特币不受任何国家的约束和监管，所以将比特币用于国际支付既简单又便宜。与政府发行并且可以随意增加的货币不同，比特币的供给量在数学上被限制为 2 100 万单位，而且永远无法改变。因此，一些自由主义者对比特币不受政府影响的特点大加赞赏。简而言之，由于比特币的交易成本为零，并且供给量有限，所以对于那些正在寻求法定货币和黄金的替代货币的投资者来说，比特币是很有吸引力的。

2017 年，国际货币基金组织总裁克里斯蒂娜·拉加德（Christine Lagarde）警告称，加密货币可能在未来几年取代中央银行、传统银行和各国货币。为什么呢？因为加密货币倾向于使各国的金融系统脱离政府的控制。

例如，根据美国政府的说法，犯罪组织会使用加密货币洗钱或资助非法活动。剥削儿童的雇主、毒品走私者、非法枪支销售商和侵犯他人知识产权的人可能会使用加密货币进行交易以隐藏犯罪收益。俄罗斯也在积极地推广一种国家加密货币，以规避西方制裁及其

10

309

---

* 一些主张恢复金本位制度的人所称的健全货币（sound money）是指，通过自由市场体系自我纠错机制发挥作用，从而在长期不会突然增值或贬值的货币。——译者注

产生的经济影响。此外，加密货币也为朝鲜规避西方制裁提供了机会，因为加密货币减少了对美元的依赖，不需要银行等中介机构参与交易（中介机构有义务报告其与朝鲜的交易）。最后，肯尼亚等发展中国家的居民也已经接受了加密货币，因为这些国家要么政治和经济动荡不安，要么缺乏传统的银行服务或没有机会获得外汇，而加密货币刚好可以解决这些问题。

简而言之，大量使用加密货币的结果是使全球金融系统去中心化。那么，这种趋势真的会发生吗？像比特币这样的加密货币在许多国家还没有被广泛接受，甚至在一些国家使用比特币是非法行为。因此，广大企业很难完全使用加密货币来开展业务。尽管一些企业可能会允许客户用加密货币进行跨国支付，但是企业并不能确定客户是否能够或者是否愿意使用加密货币。此外，用加密货币充当价值贮藏手段也是非常危险的。例如，在2017年，比特币的价格从969美元跃升至5 000多美元，但不久又快速回落，这种价格上的大起大落使得比特币的交易者们面临着巨大风险——可能会快速获取巨额利润，也可能快速遭受巨额亏损。在撰写本教材时，加密货币的前景如何仍然是一个悬而未决的问题。

10.7　小结

1. 国际收支平衡表是指在既定年份，一国与所有其他国家之间所发生的经济交易的记录。贷方交易是指一国从外国获得收入的交易，而借方交易则是指向国外支付的交易。由于采用的是复式记账法，一国的国际收支平衡表总是平衡的。

2. 国际收支平衡表按照功能将经济交易分为两类：（1）经常账户交易；（2）资本与金融账户交易。

3. 货物和服务贸易差额反映了国外实际资源的净流入，也衡量了一个国家的进出口在其国内生产总值中的大小，因此对政策制定者很重要。

4. 国际收支平衡表中的资本与金融账户表示了投资及贷款等的国际流动。资本流入（流出）与货物和服务的出口（进口）类似，因为它们都会导致一国从（向）其他国家获得（支付）资金。

5. 官方储备由一国的金融资产构成，包括：（1）黄金储备；（2）可自由兑换货币；（3）特别提款权；（4）在国际货币基金组织的储备头寸。

6. 当前，美国商务部用来表示国际收支状况的方法是使用一种按功能划分的表格，主要强调这几项差额：（1）货物贸易差额；（2）货物和服务贸易差额；（3）经常账户差额。

7. 由于国际收支平衡表采用复式记账系统，所以贷方总额总是等于借方总额。这说明，如果经常账户出现赤字（盈余），那么资本与金融账户就必然会出现盈余（赤字）或资本净流入（流出）。如果一国经常账户出现赤字（盈余），那么它就会成为世界上其他国家的资金净需求方（供给方）。

8. 在一个商业周期里，生产和就业的快速增长往往伴随着大量或不断增加的贸易和经常账户赤字，而产出及就业量的缓慢增长则伴随着大量或不断增加的经常账户盈余。

9. 美国在某一时期的国际投资状况是由国际债务平衡表来衡量的。国际收支是流量的概念（一定时期内），而国际债务平衡则是存量的概念（某一个时间点）。

10.8 关键概念及术语

- 国际债务平衡表（Balance of International Indebtedness；p.305）
- 国际收支平衡表（Balance of Payments；p.287）
- 资本与金融账户（Capital and Financial Account；p.291）
- 贷方交易（Credit Transaction；p.287）
- 经常账户（Current Account；p.290）
- 借方交易（Debit Transaction；p.287）
- 复式记账（Double-Entry Accounting；p.288）
- 货物和服务贸易差额（Goods and Services Balance；p.290）
- 收入差额（Income Balance；p.291）
- 货物贸易差额（Merchandise Trade Balance；p.290）
- 净债权国（Net Creditor；p.305）
- 净债务国（Net Debtor；p.305）
- 外国投资净额（Net Foreign Investment；p.298）
- 官方储备资产（Official Reserve Assets；p.293）
- 官方结算交易（Official Settlements Transactions；p.292）
- 特别提款权（Special Drawing Rights；p.293）
- 统计误差（Statistical Discrepancy；p.294）
- 贸易差额（Trade Balance；p.295）
- 单方转移（Unilateral Transfer；p.291）

310

10

10.9 习题

1. 国际收支平衡表的含义是什么？

2. 什么样的经济交易会使美国从国外收到的美元数量增加？什么样的交易会使美国对国外支出的美元数量增加？

3. 为什么国际收支平衡表是"平衡"的？

4. 从功能上看，一国的国际收支可以分成哪几类？

5. 对美国而言，哪些金融资产是官方储备资产？

6. 下面这些项目盈余（赤字）的含义是什么？（a）货物贸易差额；（b）货物和服务贸易差额；

(c) 经常账户差额。

    7. 为什么货物贸易差额出现赤字的时候，货物和服务贸易差额有时会出现盈余？

    8. 国际债务平衡表衡量的是什么？其与国际收支平衡表的区别是什么？

    9. 请说明对美国而言，下面哪些交易应计入国际收支平衡表的借方，哪些应计入贷方？

      a. 美国进口商从法国买进一船法国酒。

      b. 一家日本汽车公司在美国肯塔基州建了一家移植工厂。

      c. 一家英国制造商用美国船舶运送向中国台湾出口的机器。

      d. 一个美国大学生在瑞士学习了一年。

      e. 美国的慈善团体向非洲遭受旱灾的地区捐赠食物。

      f. 日本投资者因购买美国政府证券而获得利息收入。

      g. 一德国居民给其美国亲戚寄钱。

      h. 英国伦敦劳埃德保险公司（Lloyds of London）向美国一家商业公司出售一份保险单。

      i. 一瑞士居民因持有 IBM 公司股票而获得红利。

    10. 表 10.6 表示在某一特定年度的一项假设交易。

表 10.6　美国的国际交易　　　　　　　　　　　单位：十亿美元

旅游及运输净收入	25
进口货物价值	450
单方转移净值	−20
特别提款权的分配	15
美国在国外的投资收入	20
统计误差	40
雇员报酬	−5
美国国外资产的变动净值	−150
出口货物价值	375
其他服务净值	35
对在美国的外国投资的支付额	−10

311　　　a. 计算美国的货物贸易差额、服务贸易差额、货物和服务贸易差额、收入差额、单方转移差额，以及经常账户差额。

    b. 这些差额中的哪一项与美国的对外净投资状况有关？你怎样解释这种状况？

    11. 如表 10.7 中假设的项目所示，计算美国的国际投资状况如何？美国是净债务国还是净债权国？

表 10.7　美国的国际投资状况　　　　　　　　　单位：十亿美元

在美国的外国官方资产	25
在美国的外国其他资产	225
在国外的美国政府资产	150
在国外的美国私人部门资产	75

第 11 章　外　汇

国际经济学之所以能成为一门独特的学科，在一定程度上是因为不同国家使用不同的计价货币单位。在美国，价格是以美元衡量的，墨西哥的计价单位是比索，瑞士的计价单位是法郎，日本的计价单位是日元。

一次典型的国际交易包括两个不同的买卖过程：首先买入外币，然后用外币进行支付以完成国际交易。例如，在从美国出口商那里购买货物之前，法国进口商必须首先购买美元，再用美元支付货款。因此，我们需要建立某些制度安排以提供有效的机制，从而帮助人们完成国际交易，并尽量减少交易双方收支货币时的不便。这样一种机制的表现形式就是外汇市场。① 本章将考察外汇市场的性质和运行机制。

11.1　外汇市场

外汇市场（Foreign-Exchange Market）是个人、企业、政府和银行买卖外汇和其他债务工具的组织形式。② 在日常外汇交易中，仅有一小部分真正涉及货币交换，绝大部分的外汇交易涉及的是商业银行或外汇交易商之间的电子账户余额的转账。美国的主要银行，如摩根大通银行（JP Morgan Chase）或者美国银行（Bank of America），在其国外的分支银行或代理银行都持有外汇存款。美国居民可以从当地银行获得外汇，因为当地银行可以从美国银行购买这些外汇。

外汇市场是迄今为止世界上规模最大、流动性最强的市场。每天全世界的外汇交易量约有 6.6 万亿美元，单笔交易金额在 2 亿美元到 5 亿美元之间的也并不罕见。外汇市场上的报价通常每分钟变化 20 次，世界上最活跃的汇率一天之内的变化次数可以达到 18 000 次。

外汇市场由美元、欧元、日元和英镑四种货币主导。并不是所有的货币都参与

---

① 本章考察的是没有政府限制情况下的外汇市场。但在现实中，很多货币的交易市场都是受政府控制的。因此，本章所讨论的外汇交易活动并不是完全可行的。

② 本部分来源于：Sam Cross, *The Foreign Exchange Market in the United States*, Federal Reserve Bank of New York, 1998.

外汇市场的交易。一种货币无法在外汇市场上进行交易的原因是多种多样的，包括不稳定的国内政局以及不确定的经济形势等等，有时候，一国货币之所以没有出现在外汇市场上，仅仅是因为该国生产的产品几乎没有引起其他国家的兴趣。

与股票或商品交易不同，外汇市场没有一个有组织的交易体系。它没有集中的交易场所，对参与规则也没有正式要求，任何国家都可以参与外汇市场交易。一种货币的外汇市场包括所有将该货币兑换成他国货币的场所，例如美元的外汇市场。纽约、伦敦和东京外汇市场是世界上最大的三个外汇市场，承载了绝大部分的外汇交易。其他的外汇市场分布在世界各地，如巴黎和苏黎世。由于外汇交易商随时通过电话和计算机进行联络，因此，外汇市场是一个竞争性市场，其功能与集中市场没有任何差别。

中国香港的外汇市场在星期一上午开盘，这时的纽约仍是星期天的晚上。随着一天时间的推移，东京、法兰克福、伦敦、纽约、芝加哥、旧金山等地的外汇市场相继开盘。当美国西海岸的外汇市场收盘时，距离中国香港星期二的开盘时间只有1个小时。所以说，外汇市场实际上是24小时连续运转的。

典型的外汇市场交易分为三个层次：（1）商业银行与其商业客户之间的交易，这些商业客户是外汇的最终需求者和供应者；（2）国内银行借助经纪人进行的**银行同业市场**（Interbank Market）交易；（3）国内银行与国外银行之间的外汇交易。

出口商、进口商、投资者以及旅游者主要通过商业银行买卖外汇，而不是相互之间进行外汇交易。例如，美国的一家汽车经销商要进口德国汽车，每辆车的价格为50 000欧元。由于美国的经销商没有欧元账户，所以它不能直接按照欧元价格开具支票。该经销商需要首先到美国银行的外汇部办理外汇支付。如果汇率是1.1欧元＝1美元，那么美国经销商按每辆车45 454.55美元（50 000欧元/1.1＝45 454.55美元）的价格开出支票给美国银行。随后，美国银行再以每辆车50 000欧元的价格向德国制造商进行支付。美国银行之所以能够支付欧元，是因为它在地处德国波恩市的分行里有欧元支票存款。

办理外汇业务的各大银行相互之间一般不直接进行交易，而是通过**外汇经纪人**来完成外汇交易。经纪人的目标是使银行保持合意的外汇余额。如果在某一时刻一家银行的外汇余额偏离了恰当水平，那么经纪人就会替其卖出多余的外汇，或买入不足的外汇。于是，经纪人就创造了一个可供银行间批量买卖外汇的同业市场，经纪人则从卖出外汇的银行那里获得佣金。

外汇市场交易的第三个层次是国内银行与其国外分行或国外代理银行之间的外汇交易。虽然在美国办理外汇业务的银行多达几十家，但通常只有纽约的几家大银行与外国银行进行外汇交易。美国内陆地区的其他银行与纽约的各大银行之间保持业务往来关系以满足自身的外汇需求。这些设立在纽约的银行与国外银行之间的外汇买卖，维持着纽约外汇市场上的外汇供求平衡，这些国际外汇交易主要是通过电话和计算机来完成的。

外汇市场上出于商业和金融目的的外汇交易在名义上规模很大，但是与基于投机目的的外汇交易相比，其交易规模就很小了。到目前为止，大多数货币交易都是出于投机目的。交易者根据每秒、每小时和每天的价格波动进行货币买卖，从而获得短期收益。据估计，以投机为目的的外汇买卖约占外汇市场每日交易量的90%。

在2000年之前，那些每天都需要用硬通货来支付外国员工工资的公司，或者需要将经营所得的外币收入转换为美元收入的公司，一直都要与摩根大通等大银行的交易员们打交道，也就是这些企业客户需要通过电话同时与多家银行的交易员进行洽谈以获取合适的外汇报价。那时候，银行之间几乎没有正面竞争，所以企业客户希望能有替代方案让它们能够获得廉价的外汇。然而，这一切在1999年发生了改变。当时，刚刚成立的Currenex公司建立了一个在线市场，银行可以在该在线市场上向企业提供外汇兑换服务并开展竞争。这种线上外汇交易市场受到大银行以及家得宝（Home Depot）公司等企业客户的欢迎，因为它令外汇交易过程更加透明，企业客户可以即时看到多个报价并选择最有利的成交条件完成外汇交易。进一步的讨论如下。

11.2 外汇交易自动化

如果有这么一个外汇交易员，他聪明，做事有条理，头脑冷静，能够持续地寻找有利可图的外汇交易机会并且果断行动，最后还能把赚的利润派发到你的账户，那么你愿意和这样的外汇交易员合作吗？外汇市场的自动交易系统就具有这样的特点。

现在，大多数外汇交易都是在自动化外汇交易系统中进行的。在这个系统中，计算机软件程序通过分析货币价格图表和其他的市场信息来完成外汇交易。如果软件识别出货币配对交易（例如美元和欧元之间的交易）满足预定的盈利参数，那么该交易系统就会发出买入或卖出的提示信号并自动完成交易。截至2021年，70%以上的货币交易是在计算机平台上完成的，大约25%或更多的货币交易是由自动化的高频交易公司来处理的。

在自动化的外汇交易系统中，交易员必须首先在计算机软件中设置需要搜寻什么信号，以及如何解读这些信号，从而为进入交易和退出交易建立特定的规则，而且一旦完成编程，所有交易就可以通过计算机自动执行。例如，交易员可能会设定一旦欧元的50天移动平均线穿行到200天移动平均线之上超过5分钟，那么就执行买入欧元的交易操作。如果这种交易策略被置入软件，那么交易员就可以打开计算机，激活软件，由软件在无人值守的情况下执行交易。然而，没有任何一种交易策略能在所有的时间范围里都带来利润，毕竟损失也是游戏的一部分。

支持使用自动化外汇交易系统的人们认为，第一，该系统最大限度地减少了交易员的情绪对交易过程的影响，从而使外汇交易员能够坚持既定的交易计划。因为

11

一旦交易规则得到满足，那么交易系统就会自动地完成外汇交易订单，交易员没有犹豫或者质疑交易的余地。第二，在冒险开始实际交易之前，交易员可以利用历史交易数据进行回测，以确定按照规则完成的交易是否真的有利可图。第三，由于计算机能够对不断变化的市场条件立即做出反应，所以在交易规则得到满足以后，自动化系统就会生成订单。提前几秒进入交易或者退出交易都可能会对利润产生较大影响。而一旦按照规则进入仓位，所有其他订单都会自动生成。第四，自动化交易系统允许交易员在同一时间完成多个账户的交易，而且可以对不同账户采用不同的交易策略，这有利于分散交易风险，并且对损失头寸形成对冲。

尽管自动化外汇交易系统有很多优点，但它也有局限性。首先，有的交易平台的交易订单数据可能驻留在计算机上，而不是服务器上。在这种情况下，如果互联网连接失败，那么订单可能就无法发送到外汇交易市场中。其次，尽管在无人值守的情况下由计算机完成交易的确让人感觉良好，但自动化的交易系统确实需要监控，因为可能会出现机械故障、网络连接问题、断电、计算机崩溃和系统异常。最后，计算机软件中的交易规则如果存在程序构建错误（这不是只在自动化外汇交易系统中才有的问题），那么外汇交易员就要遭受损失。

随着外汇市场上自动化交易的兴起，对人工外汇交易员的需求量已经减少了。外汇交易员工作已经变得与股票市场中的场内交易员非常类似，它们都是需求量正在迅速减少的工种。[1]

11.3 外汇交易的类型

在买卖外汇时，银行承诺在规定日期向另一家银行或客户支付一定数量的货币。银行从事的外汇交易主要包括三种类型：即期交易、远期交易和掉期交易。

即期交易（Spot Transaction）是指交易员**现在**就可以直接买入或卖出货币的交易（这种交易如同"现场"交易一样），也就是在买卖双方达成交易后的两个工作日内完成货币结算（即货币的真实交换）的交易。两天内完成的外汇结算被称为**即期交割**。按照惯例，外汇结算日是买卖双方达成交易后的第二个交易日。两天的期限使交易双方有足够的时间确认协议，也有时间在世界各地的银行账户中安排清算和必要的借贷。即期汇率等于或接近当前市场汇率，因为即期交易就是当前发生

---

[1] Dagfinn Rime, "New Electronic Trading Systems in Foreign Exchange Markets," in *New Economy Handbook*, Derek Jones, Academic Press, San Diego, CA, 2003; Anthony Webb, "Retail Forex Client: High Frequency Automated FX Trading," *e-forex Magazine*, January 2005; Ambereen Choudhury and Julia Verlaine, "FX Traders Facing Extinction as Computers Replace Humans," February 17, 2014, Bloomberg at http://www.bloomberg.com/news/articles/; Jean Folger, "The Pros and Cons of Automated Trading Systems," Investopedia, at http://www.investopedia.com/articles/, retrieved April 21, 2016; and Marc Davis, "Forex Automation Software for Hands-Free Trading, Investopedia, at http://www.investopedia.com/articles/, retrieved April 21, 2016.

的交易，而不是在未来某个时点上发生的交易。

即期交易的操作过程如下：

- 交易一方先向另一方询问某种货币（例如欧元）的价格。他只是初步表达交易意向，并未明确说明是要买入还是卖出。
- 另一方接受问询后将告知买价和卖价。
- 双方达成交易意向后，一方将用欧元交换另一方的货币（例如美元）。按照惯例，实际的支付将在两天后完成。

即期交易的优势在于可以用最便捷的方式满足外币需求，但这种交易同时也伴随着汇率波动的巨大风险，因为在交易结束之前，汇率是不确定的。汇率的波动能显著地提高或降低物价，这对于企业或个人的财务规划来说都是严峻的考验。

在很多情况下，一家企业或者一家金融机构明确知道自己在将来的某一特定日期会获得或支出一定数量的外币。例如，为了应付圣诞节前后的销售高潮，美国一家进口公司在 8 月份向日本订购了一批收音机，10 月份到货，而且销售协议规定 10 月 20 日以日元支付货款。为了防范日元相对于美元升值可能造成的损失，美国进口公司可以与银行签订合约，以协定价格买入日元，但货币的实际交割日为 10 月 20 日，即真正需要日元的那一天。当外汇交易合约到期时，这家美国进口公司就用已知数量的美元购买日元以支付货款。这种外汇交易就是**远期交易**（Forward Transaction）。远期交易能防范不利的汇率波动所带来的损失，但如果在签订合同至完成货币结算期间汇率向有利于你的方向变动，那么你也不可能获得收益。

远期交易与即期交易的区别是，远期交易的到期日超过了两个交易日，可能是未来的几个月，甚至几年。在最初签订外汇交易合约的时候，汇率就确定下来了。虽然外汇交易商可能要求某些客户事先提供担保，但在交易实际发生前，货币并不一定会转手。请注意，在远期交易中，货币的买方和卖方都受到合约中固定价格的约束，既然货币交易的价格在合约中固定了，那么结算价格也就不受市场汇率变动的影响。这种货币交易方法不仅使市场参与者们能够事先知道自己的外汇交易成本，从而可以做出更加稳妥的经营规划，而且还能使他们避免为了防范汇率风险而立即支出现金。

银行与企业之间的外汇交易还包括掉期交易。**货币掉期**（Currency Swap）是指在某一时点将一种货币兑换成另一种货币，同时签订协议，在未来某一指定时刻，再将其兑换成原来的货币。两次货币交易的汇率水平均事先约定。掉期交易的运作过程如下：

- 假设一家美国公司需要 1 500 万瑞士法郎在瑞士进行一项为期 3 个月的投资。
- 它同另一家公司达成了为期 3 个月的瑞士法郎掉期交易，约定以 1 美元兑 1.5 瑞士法郎的价格换取 1 500 万瑞士法郎。
- 3 个月后，美国公司偿还了 1 500 万瑞士法郎，并得到了事先支付的 1 000 万美元，当然需要根据利率差异扣除一定的交易费用。

这里的关键是，一笔掉期交易包括两次外汇买卖。两家企业或银行约定，以确定的汇率支付和获取一定数量的货币。掉期为企业或银行提供了一种有效的机制，使它们在一段时间内的外汇需求得以满足。企业或银行可以用暂不需要的货币来换取另一种货币。

表 11.1 说明了美国的银行机构外汇交易的分类情况。外汇掉期和即期交易是两种最重要的外汇交易类型。

表 11.1　2019 年全球外汇交易分类情况（平均每天交易量）

外汇交易工具	金额（十亿美元）	占比（%）
外汇或货币掉期	3 309	50.2
即期交易	1 987	30.1
远期交易	999	15.2
外汇期权	295	4.5
总和	6 590	100.0

资料来源：Bank for International Settlements, *Triennial Central Bank Survey of Foreign Exchange and Derivatives Market*，2019. See also Federal Reserve Bank of New York, *Triennial Central Bank Survey of Foreign Exchange and Derivatives Market*，available at http://www.newyorkfed.org/.

11.4　银行同业交易

遍及世界各地的外汇市场每时每刻都在进行着货币交易。通信设备将世界各地的银行紧密联系在一起，银行之间因而能够实现即时沟通。在美国，少数几家货币中心银行*担负着绝大多数的外汇交易。事实上，与伦敦、东京、中国香港、法兰克福等金融中心的同行一样，纽约的所有大银行都积极开展外汇交易业务，洛杉矶、芝加哥、旧金山和底特律等城市的大银行也是如此。然而，对美国的大多数银行来说，外汇交易在其业务中所占的比重并不大，它们通过地处纽约或其他地方的代理银行从事外汇交易。

所有这些银行都随时准备买入或卖出外币，其目的要么是为了银行自身参与投机活动，要么是为了向企业、政府机构和富人提供交易服务。如果银行从其客户那里买入或向其客户卖出的货币量低于 100 万个货币单位，那么这样的货币交易就被归类为**零售交易**；超过 100 万个货币单位的交易被归类为**批发交易**，这类交易多发生在银行之间或银行与大型企业客户之间。

全球大约有 400 家银行为世界各地的买家和卖家提供每日外汇交易服务。一家

---

* 货币中心银行，是在国内外金融市场上筹集主要资金而不是依赖于储户存款的大型银行。——译者注

银行的外汇交易员总是与其他交易员随时联络以买卖外汇。在多数大银行中，一个交易员往往专门负责一种或几种外汇交易。首席交易员决定外汇交易的整体政策和方向，在满足客户外汇需求的同时，力求为银行赚取尽可能多的利润。外汇交易是24 小时进行的，汇率每时每刻都可能发生变化。银行的外汇交易员睡觉时也要保持警惕，因为电话常常会在半夜响起，告诉他们外国市场的汇率大幅波动，他们必须随时准备对此作出反应。为了应付这种情况，银行通常允许高级交易员在家办公。

在先进的电子设备的帮助下，外汇交易是在计算机终端达成的，按一个键就可以确认一笔交易。通过使用路透交易（Reuters Dealing）和 EBS 等电子交易行情板，交易员可以及时登记每一笔交易，核实其银行的外汇头寸。除了在白天进行外汇交易外，各主要银行还建立了夜间交易部门，这样既可以利用晚上的汇率波动获利，也可以满足企业对货币交易的需求。在银行同业市场上，一笔交易的数量至少是 100 万货币单位。表 11.2 列出了外汇市场上交易量领先的部分银行。

表 11.2　2019 年外汇市场上交易份额排名前十的银行

银行	占外汇市场份额（%）
摩根大通银行（JP Morgan；美国）	9.81
德意志银行（Deutsche Bank；德国）	8.41
花旗银行（Citi；美国）	7.87
XTX 市场（XTX Markets；英国）	7.22
瑞士联合银行（UBS；瑞士）	6.63
道富银行（State Street；美国）	5.50
HC 科技（HC Tech；美国）	5.28
汇丰银行（HSBC；中国香港）	4.93
美银美林（Bank of America Merrill Lynch；美国）	4.63
高盛集团（Goldman Sachs；美国）	4.50

资料来源："Foreign Exchange Survey," *Euromoney*, 2019, available at www.euromoney.com.

美国银行等银行是如何在同业市场上通过外汇交易赚取利润的呢？这些银行在向其他银行报出货币买价的同时也报出货币卖价。**买入价**（Bid Rate）是银行买入一单位外币愿意支付的价格，**卖出价**（Offer Rate）是银行卖出一单位外币所愿意接受的价格。买价与卖价之差就是**价差**（Spread），这一价差随着交易规模以及交易货币的流动性的变化而发生变化。无论什么时候，一家银行的外汇买价总是低于卖价，价差用来弥补银行兑换货币的成本。参与外汇交易的大银行通过提供一种货币的买价和卖价来创造该货币的交易市场。正是通过使用买价和卖价，银行得以从即期市场和远期市场上的外汇交易中获取利润。

由于各银行之间在外汇业务上的竞争十分激烈，所以各种货币的价差往往很小。如果某种货币的交易频率较低，或者外汇交易员们认为该货币在不久的将来可能会有巨大的贬值风险，那么该货币的价差通常就会比较大。

外汇交易商通过同时买入和卖出外汇，按价差赚取利润。例如，花旗银行报出的瑞士法郎的买入价和卖出价分别为 0.585 1 美元和 0.585 4 美元。买入价为 0.585 1 美元/瑞士法郎意味着花旗银行准备按照这个价格用 585 100 美元买入 100 万瑞士法郎；卖出价为 0.585 4 美元/瑞士法郎表示花旗银行愿意按照这个价格卖出 100 万瑞士法郎，收回 585 400 美元。如果花旗银行能够同时买入和卖出 100 万瑞士法郎，那么它就可以赚到 300 美元，这一利润等于价差（0.000 3 美元/瑞士法郎）乘以交易量（100 万瑞士法郎）。

除了赚取货币买卖的价差利润以外，外汇交易商还力图通过正确预测货币的价格走势来牟利。如果花旗银行的交易员预计日元将对美元**升值**（走强），那么他就可能会**抬高**买入价和卖出价，并努力劝说别的交易员将日元卖给花旗银行，而不让他们从花旗银行买走日元。于是，花旗银行的交易员买入的日元多、卖出的日元少。如果日元真如预期那样相对于美元升值了，那么花旗银行的交易员就能以较高的价格卖出日元，赚取利润。相反，如果花旗银行的外汇交易员预计日元将对美元**贬值**（走弱），那么他就会**降低**日元的买入价和卖出价。由于这种报价在鼓励卖出日元的同时会抑制日元的买入，因此，该交易员卖出的日元多、买入的日元少。如果日元真如预期那样贬值，那么该交易员就能以较低的价格购回日元，赚取利润。

如果汇率的变动方向与预期一致，那么外汇交易员将会赚钱。但是，一旦汇率的变动方向与预期相反，那么他就要蒙受损失。为了将外汇交易可能造成的损失限制在一定范围内，银行通常要对外汇交易员的交易数量做出约束。交易员买卖任何一种外汇时，要遵守**头寸限额**（*position limits*），头寸限额是对某种货币的买入量和卖出量做出的明确限制。尽管各银行都采取了正式的限制规定，但还是会存在未经许可的、超出头寸限额的外汇交易，而且这些交易有时还会给银行造成大量损失。之所以会出现这种现象，是因为在银行的管理层眼中，外汇交易部门是银行的重要盈利部门，而投入外汇业务的银行资金的收益率必须达到满意的水平，交易员们因此承担了巨大的压力。

当银行向企业和个人客户出售外币时，银行报出的就是"零售"汇率。该汇率是银行在买入外币时的同业（批发）汇率的基础上加成银行服务费后的汇率，汇率加成的大小取决于货币交易的规模、市场波动形势和货币兑换的种类。

11.5 解读外汇牌价

大多数日报每天都会公布主要货币的即期汇率。**汇率**（Exchange Rate）是用另一种货币表示的一种货币的价格。例如，购买 1 英镑所需的美元数量，简记为

$ER=$ 美元/英镑,其中的 ER 就是汇率。如果 $ER=2$,那么购买 1 英镑就需要支付 2 美元($2/1=2$)。汇率也可以用购买 1 单位本国货币所需的外国货币数量来表示,例如 $ER'=$ 英镑/美元。在我们的例子中,$ER'=0.5$($1/2=0.5$),表明购买 1 美元需要 0.5 英镑。显然,ER' 是 ER 的倒数($ER'=1/ER$)。

表 11.3 显示了 2019 年 9 月 18—19 日的即期汇率。在该表第 3 列和第 4 列中,外汇的卖出价是用美元表示的,也就是说明购买 1 单位给定外汇需要多少美元。例如,澳大利亚元(AUD)在星期四(9 月 19 日)的报价为 0.679 1,这意味着买入 1 澳大利亚元需要付出 0.679 1 美元。该表第 5 列和第 6 列从反方向表示汇率,说明的是购买 1 单位美元需要的外汇数量。仍以星期四的外汇牌价为例,购买 1 美元需要 1.472 5 澳大利亚元。

表 11.3　外汇牌价表(2019 年 9 月 18—19 日)

以下汇率适用于金额在 100 万美元及以上的银行间外汇交易,数据为根据路透社和其他消息来源报道的美国东部时间下午 4 点的外汇报价。对于金额在 100 万美元以下的零售外汇交易,每一美元所能兑换的外币数量更少,同时还需要支付额外的服务费,因此与批发外汇交易中的汇率不同。

国家 (地区)	货币	美元/外币		外币/美元	
		2019 年 9 月 19 日 星期四	2019 年 9 月 18 日 星期三	2019 年 9 月 19 日 星期四	2019 年 9 月 18 日 星期三
阿根廷	比索	0.017 7	0.017 7	56.497 2	56.497 2
巴西	雷亚尔	0.239 9	0.243 3	4.167 6	4.110 4
加拿大	元	0.753 9	0.752 4	1.326 5	1.329 1
智利	比索	0.001 396	0.001 397	716.20	716.00
哥伦比亚	比索	0.000 296	0.000 296	3 378.60	3 374.50
厄瓜多尔	美元	1	1	1	1
墨西哥	比索	0.051 4	0.051 6	19.456 2	19.397 1
乌拉圭	比索	0.027 20	0.027 29	36.760 0	36.640 0
澳大利亚	元	0.679 1	0.682 9	1.472 5	1.464 3
中国	人民币元	0.140 9	0.141 1	7.096 3	7.086 0
中国香港	港币	0.127 7	0.127 7	7.830 8	7.830 6
印度	卢比	0.014 01	0.014 05	71.393	71.189
印度尼西亚	印尼盾	0.000 071 1	0.000 071 1	14 060	14 060
日本	日元	0.009 258	0.009 221	108.02	108.45
马来西亚	林吉特	0.238 7	0.239 0	4.189 8	4.184 5
新西兰	元	0.630 1	0.631 8	1.587 0	1.582 8
巴基斯坦	卢比	0.006 38	0.006 38	156.700	156.750

续表

国家（地区）	货币	美元/外币		外币/美元	
		2019 年 9 月 19 日 星期四	2019 年 9 月 18 日 星期三	2019 年 9 月 19 日 星期四	2019 年 9 月 18 日 星期三
菲律宾	比索	0.019 1	0.019 2	52.306	52.161
新加坡	元	0.725 3	0.726 6	1.378 7	1.376 2
韩国	韩元	0.000 836 6	0.000 839 1	1 195.35	1 191.73
中国台湾	台币	0.032 25	0.032 29	31.006	30.971
泰国	泰铢	0.032 74	0.032 73	30.540	30.55
越南	盾	0.000 043 09	0.000 043 09	23 209	23 207
捷克	克朗	0.042 63	0.042 63	23.457	23.460
丹麦	克朗	0.147 9	0.147 7	6.763 2	6.771 2
欧元区	欧元	1.104 1	1.103 1	0.905 8	0.906 6
匈牙利	福林	0.003 321	0.003 312	301.07	301.92
挪威	克朗	0.111 4	0.111 8	8.979 5	8.946 5
波兰	兹罗提	0.254 2	0.254 1	3.933 7	3.934 8
俄罗斯	卢布	0.015 62	0.015 58	64.014	64.197
瑞典	克朗	0.103 1	0.102 8	9.695 2	9.726 8
瑞士	法郎	1.007 3	1.002 7	0.992 8	0.997 3
土耳其	里拉	0.174 9	0.176 1	5.718 9	5.677 2
英国	英镑	1.252 2	1.247 2	0.798 6	0.801 8
巴林	第纳尔	2.652 7	2.652 2	0.377 0	0.377 0
埃及	埃及镑	0.061 3	0.061 2	16.308 5	16.350 5
以色列	新谢克尔	0.284 7	0.283 4	3.513 0	3.528 3
科威特	第纳尔	3.291 7	3.288 8	0.303 8	0.304 1
卡塔尔	里亚尔	0.274 4	0.273 9	3.644	3.651
沙特阿拉伯	里亚尔	0.266 6	0.266 6	3.751 1	3.751 1
南非	兰特	0.067 5	0.068 1	14.819 2	14.690 9

资料来源：Reuters, *Currency Calculator*, at http://www. reuters. com. See also Federal Reserve Bank of New York, *Foreign Exchange Rates*, at http://www. newyorkfed. org/markets/fxrates/ten. AM. Cfm/.

表 11.3 表头中的**汇率**是指美国的一家银行向其他银行卖出价值 100 万美元及以上的外汇时所收取的价格。表头还说明报价是当天哪一时刻的报价（美国东部时间下午 4 点），因为在一天之中，外汇价格根据供求条件的变化随时都在波动。交

易量在 100 万美元以下的外汇零售交易需要支付额外的服务费用，所以采用不同的汇率。

在零售交易情况下，消费者通常要为兑换小额外币支付多少费用呢？零售汇率通常要在批发汇率的基础上加成 1% 至 10% 甚至更多的服务费。比如：

- 世界许多地方的自动取款机通常加价 2%，如果需要更多服务，还可能加价。
- 通过信用卡兑换主要货币通常加价 3%，如果兑换的不是主要货币，就要加价更多。
- 当换取主要货币现金时，外汇兑换亭和银行通常加价 4%，如果兑换的不是主要货币，就要加价更多。

322

如果汇率是由自由市场力量决定的，那么它是可以频繁变动的，在实际中也确实如此。例如，当英镑的美元价格从 2 美元＝1 英镑上涨到 2.10 美元＝1 英镑时，美元就相对于英镑**贬值**了。货币贬值（Depreciation）是指购买 1 单位外币需要花费更多数量的本币。相反，当英镑的美元价格下跌，例如从 2 美元＝1 英镑下降到 1.90 美元＝1 英镑时，则说明美元相对于英镑**升值**了。货币**升值**（Appreciation）是指购买 1 单位外币需要更少数量的本币。

从表 11.3 的第 3 列和第 4 列（美元）可以看出，从星期三（9 月 18 日）到星期四（9 月 19 日），澳大利亚元的美元价格从 0.682 9 美元降到 0.679 1 美元；这表明美元相对于澳大利亚元升值了，也就是澳大利亚元相对于美元贬值了。为了确认这一点，观察表中第 5 列和第 6 列我们可以看到，从星期三到星期四，1 美元兑换澳大利亚元的数量从 1.464 3 澳大利亚元增加到 1.472 5 澳大利亚元。利用相同的方式，我们可以看到从星期三到星期四，美元对丹麦克朗贬值了，即从 0.147 7 美元＝1 克朗升至 0.147 9 美元＝1 克朗，也就是丹麦克朗对美元升值了，即从 6.771 2 克朗＝1 美元降至 6.763 2 克朗＝1 美元。

不管在哪个国家，绝大多数的外汇牌价都用美元来表示外汇价格。然而，在许多情况下，美元并不参与外汇交易。这时，交易双方需要知道两种非美元货币之间的汇率。例如，英国一家进口商要用瑞士法郎购买瑞士手表，他需要知道瑞士法郎与英镑之间的汇率。任意两种货币（如瑞士法郎和英镑）之间的汇率可以用这两种货币以第三种货币（美元）所表示的汇率来计算。通过这种方法得出的汇率被称为**套算汇率**（Cross Exchange Rate）。

从表 11.3 中我们可以看到星期四英镑的美元价格是 1.252 2 美元，瑞士法郎的美元价格是 1.007 3 美元。根据上面的这两个数据，我们可以算出英镑对瑞士法郎的汇率：

$$\frac{\text{英镑的美元价格}}{\text{瑞士法郎的美元价格}} = \frac{1.252\,2\ \text{美元/英镑}}{1.007\,3\ \text{美元/瑞士法郎}} = 1.24\ \text{瑞士法郎/英镑}$$

1 英镑可以兑换大约 1.24 瑞士法郎，这就是英镑和瑞士法郎之间的套算汇率。

11

利用相同的计算方式，我们可以计算出表11.3中任何两种非美元货币的套算汇率。纳斯达克货币转换器（NASDAQ Currency Converter）有这样的功能，网址是www.nasdaq.com/aspx/currency-converter.aspx/。

11.6 远期市场和期货市场

外汇的买卖既可以立即交割，也可以在未来交割，前者形成的外汇交易市场被称作**即期市场**（Spot Market），后者形成的外汇交易市场被称作**远期市场**（Forward Market）。远期合同是由银行之间（如摩根大通银行与美国银行）或者银行与客户之间［如富国银行（Wells Fargo Bank）与福特汽车公司］签订并执行的，它们签订远期合同通常是因为要在未来几周或者几个月内收入或者支出一笔外汇。纽约外汇市场是世界上大多数货币的即期市场，而正规的远期外汇市场只对那些流通范围较广的货币开放。由于进出口商的外汇收支都是在将来发生，所以它们是远期市场的主要参与者。英镑、加拿大元、日元以及瑞士法郎等货币的远期报价是指，在远期合同签订之后的1个月、3个月或6个月时的交割价格。

远期合同是具有"场外交易"性质的、根据交易双方（如美国银行和波音公司）的需求量身定制的双务契约。交易双方经过协商以后达成远期合同的确切条款，包括合同到期日、未来将要交易的货币的数量和价格以及结算方式。尽管可能会有经纪人帮助双方来安排交易，但远期合同是在没有交易所（如芝加哥商业交易所）监督的情况下履行的。交易双方可以通过网络或者电话连线的方式履行合同，在合同到期时交易双方进行一次性结算，合同的持有方有义务履行合同条款。

外汇交易还可以在**期货市场**（Futures Market）上进行，在这种情况下，双方需要在交易所交易货币。在美国，期货市场主要由商品期货清算委员会（Commodities Futures Clearing Commission）监管。期货市场的大多数交易都是通过电子方式完成的。在期货市场上，合同当事方商定未来将要兑换的货币并事先设定适用的汇率。期货市场与远期市场的区别在于：第一，期货市场上交易的货币种类有限，交易对象只涉及主要货币；第二，期货合同金额是标准化的*；第三，外汇期货交易要在特定的地理位置进行。表11.4总结了远期市场和期货市场的主要区别。

表11.4 远期合同与期货合同

	远期合同	期货合同
签约方	商业银行（如美国银行）	芝加哥商业交易所的国际货币市场（IMM）和其他外汇交易所（如东京国际金融期货交易所）
交易方式	通过电话或网络履行的"场外交易"	在IMM等的交易厅内进行

---

* 期货合同由交易所统一制定标准化格式，对合同中的标的物数量、交割时间和地点都有明确规定。——译者注

续表

	远期合同	期货合同
合同规模	按进口商、出口商或投资者的需要裁定，无固定数量	标准化整批交易量
交割日期	谈判商定	只能在特定的日期
交易成本	基于买卖价差额	买卖订单的经纪人佣金
结算	在到期日按预定的价格结算	每天交易结束时结算利润或损失

芝加哥商业交易所的**国际货币市场**（International Monetary Market，IMM）就是一个期货市场。建立于 1972 年的 IMM 是从商品期货市场发展而来的。商品期货市场是买卖指定数量的小麦、玉米或其他商品，并在未来某个特定日期进行交割的市场。IMM 为在未来交割的各种金融工具（如外汇）和贵金属（如黄金）的买卖提供了便利，它特别受到小型银行和小型企业的青睐。此外，IMM 还是少数几个允许个人进行外汇投机的场所之一。与远期合同一样，期货合同的持有方有义务履行合同条款。

IMM 的外汇交易仅限于主要货币。合同的交割日期设定在特定月份的第三个星期三，外币报价用美元来表示每单位外币的价格，但是每份期货合同的货币交易数量是固定的（如 62 500 英镑）。

接下来我们谈一谈如何解读表 11.5 中所列出的 IMM 期货牌价。[①] 每份外汇期货合同的交易规模与货币名称、所属国家都显示在同一行。例如，一份日元期货合同意味着具有购买 1 250 万日元的权利。在表示合同交易规模的文字的右边，给出了合同计价方式，即以美元表示 100 日元的价格。表中的第一列是该合同的**到期月份**（Maturity Months）。以 11 月为例，表中其余各列提供以下信息。

表 11.5　2019 年 11 月 13 日外汇期货牌价

	开盘价	最高价	最低价	收盘价	涨跌额	未结清权益
日元（芝加哥商业交易所）——1 250 万日元；美元/100 日元						
11 月	0.918 7	0.920 5	0.916 5	0.919 6	0.001 5	1 769
12 月	0.919 2	0.922 0	0.917 8	0.921 0	0.001 5	179 959

资料来源：Chicago Mercantile Exchange, International Monetary Market, available at http://www.cme.com/trading.

开盘价指的是 2019 年 11 月 13 日早上 IMM 开盘后的第一笔交易报价。根据国际上隔夜发生的事件，开盘价可能与前一个交易日的收盘价不同。由于报价方式是以美元来表示 100 日元的价格，所以表中 0.918 7 的含义是日元的开盘价是 0.918 7

---

① R. Wurman and others, *The Wall Street Journal*: *Guide to Understanding Money and Markets* (New York: Simon and Schuster, Inc., 1990).

美元/100 日元。用这个价格乘以合同中的货币交易数量，就可以计算当天开盘后第一份合约的总价值：（0.918 7×1 250 万）/100＝114 837.50 美元。

最高价、最低价和**收盘价**分别代表当天合同的最高价、最低价以及当天结收价。从这些数字中，我们可以看出当天日元市场的波动状况。在以 0.918 7 美元/100 日元的价格达成第一笔交易后，11 月交割的日元合同最高价为 0.920 5 美元/100 日元，最低价为 0.916 5 美元/100 日元，收盘价或者最后一份合同的报价为 0.919 6 美元/100 日元。用合同中的货币交易数量乘以收盘价，可以得到该交易日收盘时的日元合同的总价值：（0.919 6×1 250 万）/100＝114 950 美元。

涨跌额这一列将该交易日的收盘价与前一天公布的收盘价相比较。正号（＋）表示当天的收盘价比前一天高，负号（－）表示当天的收盘价比前一天低。以日元为例，2019 年 11 月 13 日的日元期货合同中 11 月交割的日元收盘价比前一个交易日的收盘价高 0.001 5 美元/100 日元。**未结清权益**是所有未平仓的合同份数，即那些还没有被对冲交易结清的合同，说明某项交易合同还剩多少权益[*]。

11.7 外汇期权

20 世纪 80 年代，出现了一种新形式的外汇市场：期权市场。简单说来，**期权**（Option）是持有人（买方）与开立人（卖方）之间的一项协议，该项协议给予持有人一种**权利**，而非义务，即有权在指定时期内的任何时刻买入或卖出金融工具。虽然期权持有人没有义务买卖货币，但是期权开立人却有履行货币交易的义务。期权是一种特殊的金融合约，它的特点是一次性使用，也就是只有在人们想要使用期权合约的时候才去使用它。相比之下，在远期外汇合同中，就算市场发生了变化或者当事人不想再做这笔交易，他也有**义务**履行合同，按照规定的汇率完成交易。

外汇期权（Foreign Currency Options）为其持有人提供在几天或几年之内按预定价格买卖一定数量外汇的权利。期权持有人既可以按照意愿选择汇率，也可以选择合同的履行期限。企业和外汇投机商通过使用外汇期权来寻求套期保值以防范汇率风险。

外汇期权有两种类型。**认购期权**（Call Option）[**] 赋予持有人按指定价格**买入**外

---

[*] 与远期市场不同（尽管远期合同也可转让），期货市场上的交易对象就是标准化的期货合同。期货交易可以通过对冲或者到期交割来了结，而绝大多数的期货交易都是通过对冲平仓的方式了结的。对冲平仓是指，期货投资者买入或者卖出与其所持期货合同的标的、数量及交割月份相同但交易方向相反的期货合同，以了结期货交易的行为。在交割日期之前的规定时间未能平仓的合同最终就要以实物（外汇）交割的方式进行了结。——译者注

[**] 也被译作看涨期权。——译者注

汇的权利，**认售期权**（Put Option）* 赋予持有人按指定价格**卖出**外汇的权利。执行期权合同时的价格（买入或卖出外汇的价格）被称为**执行价格**（Strike Price）。外汇期权的持有人有权履行合同，但是如果无利可图，也可选择不履行合同。如果认购期权的持有人要求执行期权，那么开立人（如美国银行、花旗银行、美林银行）必须交付外汇；如果认售期权的持有人要求执行期权，那么开立人则必须买入外汇。由于负有这种义务，期权合同的开立人要收取一定数额的**溢价**或手续费（也称期权费）。金融机构一直以来都非常愿意开立外汇期权，因为这会带来大量的期权费收入（从事一笔 500 万美元的交易，期权费收入可达 10 万美元，甚至更高）。不过，由于期权开立人要面对变幻莫测的汇率，所以签发货币期权是一项有风险的业务。在欧洲和美国，很多外汇都可以进行期权交易。《华尔街日报》每天公布外汇期权合同清单。关于外汇期权的交易机制，请参考更高级的教材。

这里我们通过波音公司为了向日本一家航空公司销售喷气式飞机而进行投标的案例，分析出口商是如何使用外汇期权来规避汇率风险的。波音不仅要面对能否中标这一不确定性，而且要面对汇率风险。如果波音中标，那么它会在将来获得日元收入。但是如果在获得收入期间，日元出现贬值，例如从 115 日元＝1 美元贬值到 120 日元＝1 美元，那么结果将会怎样呢？波音届时持有的日元将只能兑换更少数量的美元，这会减少喷气式飞机的销售利润。由于波音打算将日元兑换成美元，所以它可以购买认售期权，从而使波音公司有权按照确定的价格卖出日元。在获得认售期权之后，如果波音中标，那么它将只面临有限的汇率风险；而如果投标失败，那么波音的损失也就仅限于购买期权的费用。因此，外汇期权能够向从事国际业务的企业提供一种最坏情况下的汇率。企业因汇率风险所造成的最大损失等于期权费。

11.8　汇率决定

在自由竞争市场上，均衡汇率是由什么因素决定的呢？下面从美国的角度，即从每单位外汇的美元价格来考察汇率。与其他价格一样，自由竞争市场上的汇率也是由供求条件决定的。

11.8.1　外汇的需求

一国对**外汇的需求**是一种派生需求，其与该国国际收支平衡表中的**借方**项目相对应。例如，当美国打算从英国进口货物和服务，在英国投资，或者向英国居民进行转移支付时，均会产生对英镑的需求。

与大多数需求曲线类似，美国对英镑的需求量与英镑的价格成反方向变动关

326

---

* 也被译作看跌期权。——译者注

系，即英镑的价格越高，对英镑的需求量就越少。图11.1中的曲线D_0表示了这一关系。当美元相对于英镑贬值（即英镑的美元价格上涨）时，美国进口商会发现，英国的货物和服务变贵了，因为进口商品需要以英镑支付，而购买每一英镑所需花费的美元数量增加了。汇率的上升减少了对进口商品的购买量，从而使美国居民减少对英镑的需求量。同理，如果美元相对于英镑升值，那么进口会增加，美国居民对英镑的需求量将会增加。

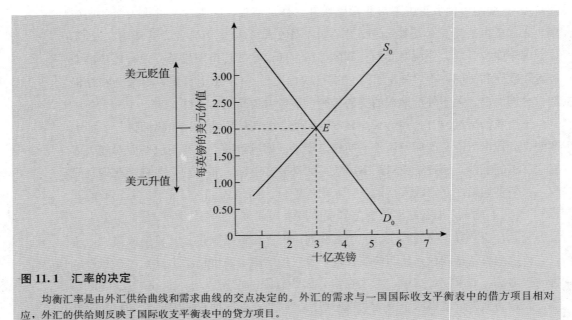

图 11.1　汇率的决定

　　均衡汇率是由外汇供给曲线和需求曲线的交点决定的。外汇的需求与一国国际收支平衡表中的借方项目相对应，外汇的供给则反映了国际收支平衡表中的贷方项目。

11.8.2　外汇的供给

　　外汇的供给是指在其他条件保持不变的情况下，在各种可能的汇率水平下，市场提供的外汇数量。如果英国的家庭或企业打算进口美国的货物和服务，或者他们向美国居民提供贷款和在美国投资，再或者他们要偿还美国债权人的债务，以及向美国居民提供转移支付，这些都会形成对英镑的供给。在其中任何一种情况下，英国居民向外汇市场提供英镑，以换取向美国居民支付时所需的美元。需要注意的是，引起英镑供给的国际交易都被登记在美国国际收支平衡表中的**贷方**项目上。因此，国际收支平衡表与外汇市场之间是相互关联的。

　　在图11.1中，英镑的供给曲线用S_0表示，它代表英国居民为了获得购买美国货物、服务和资产时因需要美元而向外汇市场提供的英镑数量。在该图中，英镑的供给量被描述为美国外汇市场上英镑汇率的正函数。当美元相对于英镑贬值（即英镑的美元价格上涨）时，英国居民将倾向于购买更多的美国商品。这当然是因为英镑的美元价格越高，1英镑换得的美元数量就越多，英国居民也就能买到更多的美国商品。于是，对英国居民来说，美国商品变得便宜了，这会诱使他们购买更多的美国商品。结果是，英国居民向外汇市场提供更多的英镑以兑换美元，再将美元支付给美国出口商。

11.8.3 均衡汇率

只要货币当局不试图稳定汇率或者减少汇率波动，那么**均衡汇率**就由市场供求力量决定。在图 11.1 中，外汇市场在 D_0 和 S_0 的交点 E 处达到均衡，均衡汇率为 2 美元/英镑。在这一均衡汇率水平上，均衡交易量为 30 亿英镑，外汇市场刚好出清，既不存在英镑的超额供给，也不存在英镑的超额需求。

如果图 11.1 中的供求曲线保持不变，那么汇率就不可能偏离均衡水平。但在实际中，均衡汇率不可能在既定水平上维持很长时间，因为随着时间的推移，外汇需求曲线和供给曲线位置的决定因素会发生变化，从而导致曲线移动。如果英镑的**需求曲线**向**右**移动（需求增加），那么美元将会对英镑**贬值**；如果英镑的需求曲线向**左**移动（需求减少），那么美元将对英镑**升值**。反过来说，当英镑的**供给曲线**向**右**移动时（供给增加），美元将会对英镑**升值**；当英镑供给曲线向**左**移动时（供给减少），美元将会对英镑**贬值**。美元升值和贬值所产生的影响总结在表 11.6 中。

表 11.6　美元坚挺与疲软的利弊

美元坚挺（升值）	
利益	弊端
1. 对美国消费者而言，外国商品的价格降低了。	1. 削弱了美国出口企业在国外市场的竞争力。
2. 外国商品价格下降有助于美国保持较低的通货膨胀率。	2. 在面临进口竞争的市场上，美国企业很难与外国的低价商品进行竞争。
3. 美国消费者去国外旅游的成本降低了。	3. 外国游客到美国旅游的成本更高。

美元疲软（贬值）	
利益	弊端
1. 美国出口企业更易于在国外市场销售商品。	1. 对美国消费者而言，外国商品的价格提高。
2. 美国企业可以保持低价格以减小竞争压力。	2. 外国商品价格上升，会加剧美国的通货膨胀。
3. 更多的外国游客能够负担得起到美国旅游的成本。	3. 美国消费者去国外旅游的费用增加。

11.9　美元的兑换价值指标：名义汇率和实际汇率

自 1973 年以来，以外国货币衡量的美元价值每天都在变化。在这种由市场决定汇率的环境中，衡量美元的国际价值是一件很麻烦的事情。报纸的金融专栏可能会在头条报道美元相对于某些货币**贬值**，同时又报道美元相对于另一些货币**升值**。普通老百姓往往因此被弄得满头雾水，搞不清楚美元的实际价值。

如果美元相对于日元升值 10%，同时相对于英镑贬值 5%，那么美元的兑换价值的变化量就是这两种双边汇率变化量的某一加权平均值。在由市场决定汇率的情况下，一天之内美元相对于任何货币的价值都可能发生变化。因此，要直接地比较不同时期的美元汇率，就要把美元与所有的双边汇率变化进行**加权平均**，这个平均值被称作美元的**汇率指数**（Exchange Rate Index），也被称为**有效汇率**（Effective Exchange Rate）或**美元的贸易加权价值**（Trade-Weighted Dollar）*。

汇率指数是本国货币与主要贸易伙伴国货币之间的汇率的加权平均值，权重由该国与每一个贸易伙伴国之间贸易的相对重要性决定。一个广泛使用的汇率指数是由美国联邦储备委员会设计的"主要货币指数"。该指数反映的是美元汇率变动对美国与7个主要贸易伙伴国之间进出口的影响，指数的基期为1973年3月，正是在那个时候，美国从固定汇率制度转向了浮动汇率制度。

表11.7列出了美元的**名义汇率指数**（Nominal Exchange-Rate Index）。这一指数衡量的是美元的平均价值，它没有经过美国及其贸易伙伴国的价格水平变动的调整。名义汇率指数（逐年）**上升**不仅意味着美元相对于该指数所涉及的其他国家的货币**升值**了，而且还意味着美国商品的国际竞争力的**减弱**。反过来说，名义汇率指数的**下降**不仅意味着美元相对于该指数所涉及的其他国家的货币**贬值**了，而且还意味着美国商品的国际竞争力的**增强**。总之，名义汇率指数以**名义汇率**（Nominal Exchange Rate）为基础，名义汇率并不反映贸易伙伴国价格水平的变动状况。

表 11.7　美元的汇率指数（1973 年 3 月＝100）[a]

年份	名义汇率指数	实际汇率指数
1973（3 月）	100	100
1980	87.4	91.3
1984	138.3	117.7
1988	92.7	83.5
1992	86.6	81.8
1996	87.4	85.3
2000	98.3	103.1
2004	85.4	90.6
2008	80.7	88.5
2012	73.6	82.8
2016	95.8	109.0
2019（11 月）	92.4	108.9

a. "主要货币指数"的计算涉及的货币包括：美元、加拿大元、欧元、日元、英镑、瑞士法郎、澳大利亚元和瑞典克朗。

资料来源：Federal Reserve, *Foreign Exchange Rates*, available at http://www.federalreserve.gov/releases/H10/Summary/.

---

*　也被直译为贸易加权美元。——译者注

　　然而，当价格不固定时，关于名义汇率指数变动的解释就会出现问题。当美国或其一个贸易伙伴国（或者二者）的货物和服务的价格发生变化时，如果只简单地考察名义汇率的变动而不考虑两国新的价格水平，那么将无法了解外国货物和服务的相对价格变化。例如，在其他条件既定的情况下，如果美元相对于墨西哥比索升值了 5%，那么我们预期在世界市场上，美国商品相对于墨西哥商品的竞争力与先前相比要下降 5%。然而，如果在美元升值的同时，美国商品价格上升的速度要快于墨西哥商品价格上升的速度，那么在这种情形下，美国商品相对于墨西哥商品的国际竞争力的下降幅度将会超过 5%，也就是说，5% 的名义汇率变动将会误导人们对美国的国际商品竞争力的看法。总之，美国制成品的总体国际竞争力不是取决于名义汇率的变动，而是取决于名义汇率相对于价格水平的变动情况。

　　因此，经济学家们构建了新的指标——**实际汇率**（Real Exchange Rate），以包含相关国家的价格变化。简而言之，实际汇率是名义汇率经过相对价格水平调整后得到的汇率。我们运用以下公式计算实际汇率：

$$实际汇率 = 名义汇率 \times \frac{外国价格水平}{本国价格水平}$$

其中，名义汇率和实际汇率均以每单位外国货币可以兑换的本国货币的数量来衡量。

　　现举例说明。假设 2013 年美国和欧元区之间货币的名义汇率为 0.9 美元/欧元；到 2014 年，名义汇率下降到 0.8 美元/欧元，也就是美元相对欧元升值 11%〔（0.90−0.80）/0.90=0.11〕，这个计算结果促使人们预计美国商品的竞争力相对于欧洲商品将会大幅下降。要计算实际汇率，我们必须考虑价格因素。假设 2013 年为基准年，消费者价格指数为 100。到 2014 年，美国消费者价格指数上升到 108，而欧元区的消费者价格指数上升到 102。于是，实际汇率的计算过程如下：

$$实际汇率_{2014} = 0.80 \times 1.02/1.08 = 0.756 \text{ 美元/欧元}$$

　　在这个例子中，实际汇率意味着美国商品在国际市场上竞争力下降的幅度**更甚**于用名义汇率所表示的水平。出现这一结果是因为虽然美元名义上相对于欧元升值了，但**同时**美国物价上涨的速度要快于欧元区物价上涨的速度。实际上，美元不止升值了 11%（按名义汇率计算），而是升值了 16%〔（0.90−0.756）/0.90=0.16〕。简而言之，如果汇率的变动对美国的产出结构、产出增长、就业和贸易产生了影响，那么实际汇率就一定会发生变化。也就是说，名义汇率的变动必定会改变美元在国外所能够购买的货物和服务的数量；而实际汇率也可以进行这种比较，而且它能比名义汇率更好地衡量国际竞争力的变化。

　　经济学家们不仅构建了名义汇率指数，还以美国的主要贸易伙伴国为样本编制了实际汇率指数。表 11.7 也列出了美元的**实际汇率指数**（Real Exchange-Rate Index），这是根据实际汇率的概念计算出来的美元的平均价值。根据这一指数，美元升值对应较高的指数值。货币当局之所以认为实际汇率指数十分重要，是因为经济

11

理论表明美元的实际汇率上升往往会降低美国企业的国际竞争力，反之，美元的实际汇率下降往往会提高美国企业的国际竞争力。[①]

专栏

套汇和计算机软件程序

我们已经了解到，外汇的供求关系是如何决定市场汇率的。以上分析是从美国（纽约）外汇市场的角度出发的，那么美国外汇市场的汇率与其他国家外汇市场的汇率之间又有什么样的关联呢？如果管制措施没有改变外汇市场的有效运作能力，那么正常的市场力量能够使所有货币的市场汇率保持一致。也就是说，如果在纽约外汇市场上1英镑＝2美元，那么在伦敦外汇市场上1美元＝0.5英镑，即同一种货币在世界不同地方的价格是一样的。

汇率之所以会保持一致性，主要是因为存在**套汇**（Exchange Arbitrage）行为。套汇是指在不同的外汇市场上同时买卖一种货币，以从两个市场的汇率差价中赚取利润。这种行为使得同一种货币在不同地方的价格趋于相同，从而形成统一的市场价格。

假设在纽约外汇市场上，美元对英镑的汇率为1英镑＝2美元，而在伦敦外汇市场上，1英镑＝2.01美元。外汇交易员会发现赚钱的机会，在纽约外汇市场上以1英镑＝2美元的价格买入英镑，然后立即在伦敦外汇市场上以2.01美元的价格售出。如果不考虑银行转账费用和套汇过程中对冻结资金所收取的利息，那么每卖出1英镑将可赚取1美分的利润。这个收益看起来微不足道，但是对于一笔100万美元的套汇交易来说，将产生近5 000美元的利润，几分钟之内就能赚这么多钱是相当不错的！然而，随着纽约外汇市场上对英镑需求的增加，英镑的美元价格将会上升并超过2美元；而在伦敦外汇市场上，随着英镑供给的增加，英镑的美元价格将会下降并低于2.01美元。这种套汇过程将一直持续下去，直到纽约外汇市场上美元对英镑的汇率与伦敦外汇市场上美元对英镑的汇率大致相等为止。因此，两种货币之间的套汇使不同地方的外汇市场结为一体。前面的这个例子展现的是**两点套汇**（Two-Point Arbitrage）的过程，即在两个金融中心之间买卖两种货币。

由于套汇机会通常只存在于几秒这样极短的时间内，所以外汇交易员必须迅速做出反应以利用汇率差异。为此，交易员们使用计算机软件程序来帮助他们立即发现和计算套利机会。这些软件程序包括自动交易软件、交易提醒程序和远程提醒程序。

自动交易软件

自动交易软件作为一种计算机软件程序可以不停地扫描不同的外汇市场信息以寻找套

---

① 关于名义汇率指数和实际汇率指数的讨论参见："New Summary Measures of the Foreign Exchange Value of the Dollar," *Federal Reserve Bulletin*, October 1998, pp. 811 - 818; "Real Exchange Rate Indexes for the Canadian Dollar," *Bank of Canada Review*, Autumn, 1999, pp. 19 - 28.

汇机会,其搜寻和处理信息的速度是外汇交易员无法企及的。只要程序确定有套利机会,那么它就会代表外汇交易员自动执行并在几分之一秒的时间内完成指定的交易。

交易提醒程序

交易提醒程序是为那些不希望计算机自动执行交易的外汇交易员设计的,也就是说,由外汇交易员自己做出最终的交易决定。与自动交易软件类似,交易提醒软件不停地关注各外汇市场信息以寻找套汇机会。当发现套汇机会时,它只向外汇交易员发送一个有关套汇机会的提醒,然后由交易员决定是否执行外汇交易。

远程提醒程序

一些外汇交易员不操作自己的计算机软件程序,而是订阅远程提醒服务。通过订阅此类服务,外汇交易员们可以获得套汇交易机会的提醒信息,这与他们亲自使用软件程序所达到的效果一样。

11.9.1 远期市场

我们已经知道,外汇市场分为即期市场和远期市场两种。在**即期市场**上,买卖的货币立即交割(通常是在成交后的两个交易日内)。在**远期市场**上,现在买卖的货币要到未来才会交割,交割日期一般是成交日的 1 个月、3 个月或 6 个月之后。尽管汇率水平在签订合同的时候就已经确定,但是实际的货币支付直到交割日才会发生。外汇交易商可能会要求某些客户提供抵押品,以确保其履行对交易商所负有的义务。虽然只有使用最广泛的货币才会被纳入远期市场的常规交易,但是大多数国家的货币都可以通过谈判签订单独的远期合同。由于远期合同的标的金额一般都在 100 万美元及以上,所以只有大企业才使用远期合同进行外汇交易,小企业和普通消费者通常不使用远期合同。

花旗银行、美国银行之类的银行会通过签订远期合约向某些客户购入外汇,同时也会通过签订远期合约向另一些客户出售外汇,其目的是赚取收益。银行提供这项服务虽然不收取手续费,但是要以较低的买入价购入外汇,并以略高的卖出价出售外汇。譬如,美国银行与沃尔玛签订远期合约,在 180 天以后向沃尔玛出售欧元,售价为 1.2 美元/欧元——这是银行的卖出价。同时,该银行可能会与波音公司签订远期合约,在 180 天以后从波音公司那里购入欧元,价格为 1.19 美元/欧元——这是银行的买入价。于是,该银行的欧元买卖价差为 0.01 美元/欧元,这一价差包含了该银行为满足货币兑换需求而提供服务的成本以及利润。

外汇买卖价差的大小取决于货币的流动性和波动性。如果是交易量大的主要货币,比如欧元和日元,那么价差就小;如果是交易量相对较小的货币,比如韩元和巴西雷亚尔,那么价差就大。此外,汇率波动越大的货币,其买卖价差通常也就越大。

11.9.2 远期汇率

远期交易结算时所使用的汇率被称为**远期汇率**（Forward Rate），其报价方式与即期汇率相同，即用一种货币表示的另一种货币的价格。表 11.8 显示了截至 2019 年 9 月 17 日的部分远期汇率。例如，1 个月远期欧元的售价为每欧元 0.901 5 美元，3 个月远期欧元的售价为每欧元 0.898 3 美元，6 个月远期欧元的售价为每欧元 0.893 2 美元。

表 11.8 部分远期汇率

2019 年 9 月 17 日汇率	
国家或地区/货币	美元/外币
欧元区欧元	0.905 5
1 个月远期	0.901 5
3 个月远期	0.898 3
6 个月远期	0.893 2
英国英镑	0.799 6
1 个月远期	0.798 7
3 个月远期	0.796 6
6 个月远期	0.793 7

资料来源：Forward Calculator-Investing. com at https://www. investing. com/tools/forward-rates-calculator；See also HSBC（Hongkong and Shanghai Banking Corporation），*Forward Calculator*，at http://www. hsbcnet. com/gbm/fwcalc-disp♯.

在表述一种货币的远期汇率的时候，我们通常是将其与该货币的即期汇率联系起来。如果一种货币在远期市场的价值高于其在即期市场的价值（即在远期市场更加昂贵），那么该货币的这种价值状况就被称为**升水**（Premium）；如果该货币在远期市场的价值低于其在即期市场的价值（即在远期市场更为廉价），那么该货币的这种价值状况就被称为**贴水**（Discount）。货币远期报价的年升水（贴水）率的计算公式如下：

$$升水（贴水）率 = \frac{远期汇率 - 即期汇率}{即期汇率} \times \frac{12}{远期的月数}$$

如果计算结果是远期升水率为负值，那么就意味着该货币远期贴水。

根据表 11.8，在 2019 年 9 月 17 日，1 个月远期欧元的卖出价为 0.901 5 美元，欧元的即期卖出价为 0.905 5 美元。由于欧元的远期价格低于即期价格，所以 1 个月远期欧元相对于美元贴水 0.004 0 美元或者说 1 个月远期欧元相对于美元的年贴水率为 5.3%：

$$贴水率 = \frac{0.901\,5 - 0.905\,5}{0.905\,5} \times \frac{12}{1} = -0.053\,3，或者 -5.3\%$$

需要注意的是，如果欧元的远期价格大于即期价格，那么欧元远期升水，并且欧元对美元的远期升水率前就要带有"＋"号。

11.9.3　远期汇率与即期汇率之间的关系

从表 11.8 中我们可以看到，欧元的 1 个月远期价格低于即期价格，欧元的 3 个月远期价格与 6 个月远期价格之间也具有同样的高低关系。这是否意味着外汇市场中的交易员们都预期欧元的即期价格在未来将会下降呢？从逻辑上讲，可以做这样的猜测；但在实际上，就远期汇率与即期汇率之间的关系而言，市场预期在其中几乎不起作用。远期汇率与即期汇率之间的关系纯粹是一种数学上的计算关系。

远期汇率是在现行的即期汇率的基础上加上升水或减去贴水后得到的汇率，而升水或贴水是由两个国家的利率差异决定的。例如，如果英国现在的利率水平**高于**美国的利率水平，那么英镑就会远期**贴水**，即英镑的远期汇率小于即期汇率；相反，如果英国现在的利率水平**低于**美国的利率水平，那么英镑就会远期**升水**，即英镑的远期汇率高于即期汇率。

现举例说明。假设美国 3 个月期国债的利率水平是 2%，而英国 3 个月期国债的利率水平是 6%，这意味着英国的利率比美国高 4 个百分点。同时，还假设美元和英镑的远期汇率和即期汇率相同，都是 2 美元＝1 英镑。在这种情况下，美国投资者将按现行的即期汇率出售美元，换取英镑购买英国国债。为了确保在国债到期后将英镑转换成美元时不会遭受损失，投资者将签订一份 3 个月的远期合同，从而他们可以按确定的远期汇率用英镑购买美元*。当投资者在即期市场上用美元购买英镑，又在远期市场上用英镑买回美元时，他们的行为在抬高即期市场上英镑价格的同时，还会压低远期市场上的英镑价格。因此，英镑在远期市场上贴水。这种由利率差异带来的相对收益往往会被由外汇转换引起的损失所抵消，从而减少或消除投资者投资英国国债的动力。[①] 这一过程如下图所示：

①　根据利率平价理论，这一过程将会持续到两国之间的利率差异恰好被英镑 2% 的远期贴水所抵消为止，此时，美国投资者就没有在英国投资的动力了。有关这一问题留给更高级的教科书来解释。〔原文如此。似应为 4%。假设美国 3 个月利率为 $r=2\%$，英国 3 个月利率为 $r^*=6\%$，英镑的即期汇率为 S_0，英镑的 3 个月远期汇率为 S_1。1 美元投资于美国 3 个月后的本息和为 $1\times(1+r)$；假设投资者进行抵补套利，即在将美元按即期汇率 S_0 兑换成英镑并在英国投资 3 个月的同时，通过签订远期外汇合同确定在 3 个月后将英镑投资的本息和兑换成美元的汇率为 S_1，3 个月后换回的美元收入为 $(1/S_0)\times(1+r^*)\times S_1$。利率平价理论假设在不考虑其他交易成本的情况下，大量的套利行为会使投资者在美国的 3 个月期投资收益与英国的 3 个月期投资收益（以美元计价）相等，即 $1\times(1+r)=(1/S_0)\times(1+r^*)\times S_1$，此时就不存在跨国套利空间，也就是大量的套利行为会消除国别相对投资收益。令英镑远期升水（贴水）率为 $f=(S_1-S_0)/S_0$，可有 $(1+r)=(1/S_0)\times(1+r^*)\times S_1=(1+r^*)\times(1+f)$，忽略 $r^* f$ 这个较小的量，即有 $f\approx r-r^*$，这说明在均衡状态下，英镑远期升水（贴水）率等于美国和英国之间的利率差异。代入数据后可知，由于美国 3 个月利率比英国低 4 个百分点，所以英镑远期贴水 4%。然而，正文接下来指出，由于现实并不完全符合利率平价理论的假设，所以很难看到国别利率差异刚好等于外汇升水率或贴水率。——译者注〕

*　这种在跨国投资套利过程中通过签订远期外汇合同规避汇率风险的行为称为抵补套利（covered interest arbitrage）；如果没有通过签订远期外汇合同规避汇率风险，那么就称为无抵补套利（uncovered interest arbitrage）。详见下一节内容。——译者注

为了从英国相对较高的利率中获利，美国投资者将会	在即期市场上用美元购买英镑；在远期市场上用英镑购回美元	英镑的即期价格上升，如2.01美元/英镑；英镑的远期价格下跌，如1.99美元/英镑	在远期市场上英镑贴水，投资于英国国债的收益下跌

这就是为什么利率较高国家的货币倾向于在远期市场上贴水，而利率较低国家的货币倾向于在远期市场上升水。

国家间的利率差异的确会对即期汇率与远期汇率之间的关系产生重要影响。但无论在哪一天，我们都很难看到各金融中心之间的短期利率差异刚好等于外汇升水率或贴水率。其原因在于：第一，利率差的变化并不总能吸引投资者立即做出反应，因而也就不能立即消除跨国套利空间；第二，投资者有时是在无抵补的情况下进行跨国投资的，这种资金转移对远期汇率没有影响；第三，政府实施的外汇管制和投机等因素可能也会削弱利率差异与即期汇率和远期汇率之间的关联紧密程度。

11.9.4　汇率风险管理：远期外汇合同

虽然即期交易很普遍，但它同时也给货币购买者带来了潜在的金融风险。汇率波动将显著地提高或降低货币的价格，这对企业和个人的财务规划来说都是一场噩梦。为了说明即期交易中的汇率风险，假设有一家美国公司从一家德国公司进口一批机器零件。

- 零件可于 6 个月后交货，费用是 1 000 万欧元。
- 在下订单时，欧元的汇率是 1.4 美元/欧元。
- 这家美国公司的预算安排是在收到货以后，支付 1 400 万美元（1 000 万欧元×1.4 美元/欧元＝1 400 万美元）。

然而，我们无法保证 6 个月后汇率将维持在同一水平。假设汇率上升为 1.6 美元/欧元，那么这家美国公司将因此多支付 200 万美元（1 000 万欧元×1.6 美元/欧元＝1 600 万美元）。相反，如果汇率降低至 1.2 美元/欧元，那么该公司可以少支付 200 万美元（1 000 万欧元×1.2 美元/欧元＝1 200 万美元）。

公司和个人如何才能不受汇率波动的影响呢？他们可以在远期市场上进行**套期保值**（Hedging）[1]。套期保值是规避或抵补汇率风险的过程。现在我们来分析以下有关套期保值的案例。

11.9.5　案例 1

美国进口商通过套期保值应对美元贬值

假设梅西百货公司欠瑞士手表制造商 100 万瑞士法郎，3 个月后支付，并且在

---

[1]　根据上下文义，hedge 也可被译作对冲。——译者注

这段时间内，梅西百货公司持有风险头寸或称**无抵补**头寸。由于 3 个月后瑞士法郎的美元价格可能上涨（即美元可能会对瑞士法郎贬值），所以梅西百货公司面临着汇率风险；如果汇率从现在的 0.60 美元/瑞士法郎上涨至 3 个月后的 0.70 美元/瑞士法郎，那么 3 个月后梅西百货公司购买 100 万瑞士法郎就要比现在多花 10 万美元。

为了规避此风险，梅西百货公司可以立即在即期市场上购买 100 万瑞士法郎，但这会占用公司资金长达 3 个月之久。另一种做法是，该公司在远期外汇市场上按照现行的远期汇率签订 3 个月后交割的价值 100 万瑞士法郎的远期合同。3 个月后，梅西百货公司再按合同价格用美元购买瑞士法郎，并将其支付给瑞士出口商。这样，梅西百货公司就通过套期保值避免了瑞士法郎在 3 个月期间内可能升值所带来的损失。尽管在远期市场上套期保值并不需要占用梅西百货公司的自有资金，但是签订合同就意味着要承担一项义务，而且能否履行义务会对企业信用产生影响。梅西百货公司的开户银行也希望确认该公司是否有足够的资金结余或者信用额度，从而能够在 3 个月后足额支付美元。当然，如果在此期间汇率朝着有利于梅西百货公司的方向变动，那么该公司也不会因瑞士法郎贬值而获利，因为该公司受远期合同的约束必须履行相关义务。

11.9.6 案例 2

美国出口商通过套期保值应对美元升值

假设微软公司向瑞士零售商出口计算机软件，预计 3 个月后会收到 100 万瑞士法郎的货款。在此期间，微软公司持有**无抵补**头寸。如果瑞士法郎的美元价格下跌（也就是美元对瑞士法郎升值），比如从现在的 0.5 美元/瑞士法郎下降到 3 个月后的 0.4 美元/瑞士法郎，那么当微软公司把收到的 100 万瑞士法郎兑换成美元时，其收入就要减少 10 万美元（100 万瑞士法郎 × 0.5 美元/瑞士法郎 = 50 万美元；100 万瑞士法郎 × 0.4 美元/瑞士法郎 = 40 万美元）。

为了避免这种汇率风险，微软公司可以按当时的远期汇率，在远期市场上签订卖出瑞士法郎的远期合同，合同金额等于预计收到的瑞士法郎的数量。锁定远期汇率后，即使瑞士法郎价值突然下跌，微软公司也能够保证自己获得的瑞士法郎兑换的美元数量保持不变。

因此，远期市场消除了国际交易中因即期汇率波动所引起的不确定性。也就是出口商可以通过套期保值应对本币升值，而进口商可以通过套期保值应对本币贬值。当然，并不只有出口商和进口商才通过套期保值抵御汇率风险，那些在未来将收到外汇或者支出外汇的任何经济个体都可以这样做。例如，国际投资者就会利用外汇远期市场来达到套期保值的目的。

正如前面两个案例所述，进口商和出口商通过参与远期市场活动可以避开汇率

335

波动所产生的风险。由于进出口商主要通过商业银行进行远期外汇交易，所以汇率风险就被转移给了商业银行。这些商业银行一方面从出口商那里购买远期外汇，另一方面向进口商出售外汇，通过对远期外汇买卖进行匹配，商业银行可以使自己面对的汇率风险达到最小化。不过，由于出口商和进口商对远期外汇的供给和需求通常不是同时发生的，所以银行可能要承担一些风险。

假设某一天，一家商业银行对特定货币的远期买入量和远期卖出量不匹配，那么这家银行可能就会在市场上寻找其他持有对冲性头寸的银行。比如，美国银行在某一天对远期欧元的买入量比卖出量多 5 000 万欧元，那么它将努力寻找远期欧元的卖出量比买入量多的银行，并与其签订远期外汇合同以消除任何可能存在的汇率风险。

专栏

马克尔公司和大众公司如何管理汇率风险

对于诸如通用电气公司和福特汽车公司之类的企业巨头来说，汇率波动是全球化生产过程中的一个无法改变的事实。但是对于像马克尔公司（Markel Corporation）这样的小型企业来说，世界货币市场的波动对其生存具有重大影响。[1] 马克尔公司是一家位于宾夕法尼亚州的生产管材的家族企业。该公司生产的管材和绝缘导线用于家电、汽车和水净化产业，公司产品的 40% 用于出口，出口市场主要集中在欧洲。

为了使自己免受汇率波动的影响，马克尔公司可以通过位于美国匹兹堡市的 PNC 金融服务集团购买远期外汇合同。比方说，马克尔公司承诺 3 个月后卖出 50 000 欧元，而银行则保证不管市场汇率发生何种变化，它都将为马克尔公司兑换确定数额的美元。如果马克尔公司的财务主管们认为美元将对欧元升值，那么他们就可能会通过远期合同对预期的全部欧元收入进行套期保值。而如果财务主管们认为美元将要贬值，那么他们就可能只对一半的欧元收入进行套期保值，并通过承担汇率风险来伺机赚取更多的美元。

然而，财务主管们对汇率走势的判断并不总是对的。例如，在 2003 年，马克尔公司按照 3 个月前订立的远期合同必须向 PNC 卖出 50 000 欧元。银行支付的价格为 1.05 美元/欧元，即 52 500 美元。如果马克尔公司再等一段时间，那么它将能够按照 1.08 美元/欧元的汇率卖出欧元，并因此可获得 1 500 美元的额外收入。

另一个案例是德国大众（Volkswagen）汽车公司通过套期保值来应对汇率波动。在 2005 年，大众公司宣布它将增加套期保值的资金规模以应对汇率风险。大众公司之所以面临汇率风险是因为公司的大部分运营成本——尤其是劳动力成本——都是以欧元计价的，而公司的很大一部分收入又是以美元计价的。在实际业务中，大众公司用欧元支付工人工

---

[1] "Ship Those Boxes：Check the Euro," *Wall Street Journal*，February 7，2003，p. C1.

资，而在美国销售汽车获得的是美元收入。

在 2002—2004 年间，欧元相对美元出现了大幅度升值，也就是购买 1 欧元需要支付更多的美元。由于大众公司无力或不愿意改变在美国所售汽车的价格以有效抵消汇率波动造成的损失，所以该公司在将来自美国市场的销售收入兑换成欧元时，就要遭受价值不菲的损失。在成本保持不变并且销售收入不断下滑的情况下，随着欧元和美元之间的汇率朝着不利于大众公司的方向变化，大众公司的美国业务利润出现了下降。

为了避免将来出现同样的损失，大众公司选择通过增加套期保值的资金规模来应对欧元升值风险。在 2004—2005 年间，大众公司在外汇市场上签订的各种外汇合同涉及的资金规模翻了一倍多。这种套期保值策略的本质是通过签订远期合同来预先确定欧元的价格。这样，如果欧元对美元升值，从而造成公司的美元收入按即期汇率兑换成欧元后出现意外减少，那么该公司就从远期合同中获得对冲收益；但如果欧元对美元贬值，从而造成公司的美元收入按即期汇率兑换成欧元后出现意外增加，那么该公司就会因持有外汇头寸而遭受对冲损失。通过这种方式，大众公司就能在远期外汇合同存续期间使其收入免受汇率波动的影响。①

11.9.7 套期保值总是有利的吗？

一家企业在多大程度上进行套期保值操作取决于该企业的业务类型以及外汇敞口（foreign-exchange exposure）*的可预见性。许多开展国际业务的企业都会尽力对冲掉一半的货币风险。利润率较低的公司，比如经营大宗商品和农产品的公司，可能会将其已知外汇需求量的五分之四进行套期保值。然而，当货币大幅波动时，审慎的套期保值策略对于许多公司来说成本就太高了。在实践中，即使最聪明的财务主管往往也要避免仅仅为了增加利润而进行货币投机交易，因为货币投机交易很容易给企业造成灾难性的损失。

还有一些企业根本不进行套期保值，这要么是因为企业不能确定从其海外业务中能获得多少收入，要么是因为企业已经采取了审慎的策略从而使其从全球业务中所获得的各种外汇相互之间能够保持平衡。3M 公司的管理层指出，如果公司要对整个经营周期中对外业务涉及的资金全部进行套期保值，那么成本将是极其高昂的，也就是外汇套期保值会吞噬企业利润。为锁定汇率而签订的一份普通的一年远期外汇合同所耗费的成本，可能要达到套期保值收入的 0.5%，而使用外汇期权等规避汇率风险的其他金融工具所耗费的成本更高，何况企业自身业务的波动也会降

---

① "Hedging against Foreign-Exchange Rate Fluctuations," *Economic Report of the President*，2007，p.154.

* 外汇敞口是指没有轧平的同种外币资产和负债之间的差额，也就是同种外币资产和负债之间在数量和时间上的不匹配部分。如前文所述，如果某一天，一家商业银行对特定货币的远期买入量（银行资产）和远期卖出量（银行负债）不相匹配，那么该银行就存在外汇敞口，需要通过对冲来轧平敞口以规避汇率风险。——译者注

低外汇套期保值的有效性。[1]

337

国际金融案例

海外投资的货币风险

对于美国投资者来说，把资金押在外国证券（股票或债券）上比押在美国证券上要面对更多的风险。这些风险包括其他国家政治上的不确定性，和其他国家与美国在金融与会计标准、监管政策以及经济因素上的差异。此外，货币波动也是投资国外证券可能遭遇的一种风险。

当投资者们购买了国际证券基金的时候，他们就把赌注押在了基金持有的企业身上，赌基金的业绩表现和管理风格。同时，投资者们也在赌外国证券计价货币的走势，赌基金是否会进行货币套期保值，赌他们自己最后是否真的需要对基金进行套期保值。除了厌恶权益类证券风险以外，一些投资者也不愿意承担汇率风险，他们希望通过对冲将外汇敞口转换成美元。但是，也有一些投资者认为不断变化的汇率可以很好地分散投资风险。总之，如果外国证券的收益率和汇率变化都有很好的表现，那么总的投资收益就会增加；但如果两者表现都很糟糕，那么投资者就要亏损了。

国际投资者在套期保值时通常使用远期合同，也就是合同双方现在就约定在未来某一确定的时间以协定的价格买入或卖出一定数量的货币。套期保值的成本因时间和货币的不同而不同，这是因为成本主要是由美国和其他国家之间的利率差异决定的。对于投资公司等大型机构投资者来说，使用远期合同进行套期保值往往更为经济。美元和日元等主要货币的远期市场具有很高的流动性，这些货币的买卖价差往往很小；而如果要对俄罗斯卢布或印度卢比等交易量相对较小的货币进行套期保值，那么成本就要略高一些。套期保值的主要缺陷是存在机会成本，也就是即使市场汇率朝着于己有利的方向波动，己方也不能从中获利。因此，大多数国际证券基金并不对冲其外汇敞口，而其他一些基金也只对冲部分外汇敞口。对于奥克马克基金（Oakmark Funds）（一种国际股票基金）的经理们来说，只有当货币存在相当大的风险敞口（如相对于美元可能被高估20%）时，他们才会进行对冲。

为了给投资者提供多样化的选择，总部位于纽约的投资公司——特威迪布朗（Tweedy Browne）公司为其客户提供了两只国际基金。该公司在1993年推出的特威迪全球价值基金（Tweedy's Global Value Fund）利用货币对冲来保护投资者免受货币风险的影响。在了解到一些投资者喜欢的是该基金的选股方法而不是对冲政策以后，该公司在2009年推出了特威迪全球价值2号基金（Global Value Fund II）。与前者相比，全球价值2号基金的股票投资组合相同，但不进行对冲操作。这样，投资者不仅能从有利的股票价格波动中获利，而且能从有利的汇率波动中获利。当然，如果汇率或者股票价格出现了不利的波动，那么投资者就要承担亏损的风险。

[1] "Perils of the Hedge Highwire," *Business Week*, October 26, 1998, pp. 74-76.

问题：如果考虑到汇率可能会波动，那么你愿意投资外国证券吗？

资料来源：Annelena Lobb，"Making Sense of Currency Effects，"*Wall Street Journal*，October 4，2010，p. R10；and *Global Value Fund and Global Value Fund II*，available at www. tweedy. com.

11.10　套利、货币风险和套期保值

在制定投资决策时，投资者要对国内投资和国外投资的收益率进行比较。如果国外投资的收益率更高，他们就会把资金转移到国外。这种为了获得国外高额投资回报而将资金兑换成外币的行为被称作**套利**（Interest Arbitrage）。但是，投资者进行国外投资时面临一个风险，即当他们将国外投资收入兑换成母国货币时，既可能遭受损失也可能获得额外收益。这种风险就是**货币风险**（Currency Risk）。

美国人在购买德国化工企业巴斯夫（BASF）公司的股票时必须使用欧元。如果该股票的欧元价值上升了 4%，但是欧元相对于美元贬值了 7%，那么该投资者会意识到当他卖出股票并兑换成美元时，他将面临净损失。他可以通过套期保值或其他方法来抵消任何与货币风险相关的损失。然而在实践中，对冲一种货币通常会耗费大量成本并且操作起来也较为复杂，因此正如我们接下来将要讨论的那样，并不是所有的投资者都会选择采用套期保值这种方法来应对货币风险。

11.10.1　无抵补套利

无抵补套利（Uncovered Interest Arbitrage）是指投资者没有在外汇市场上通过抵补（即套期保值）来保护投资收益免受外汇波动的影响。如果对冲一种货币需要耗费大量成本，那么投资者就可能会采取无抵补套利。此外，在经济稳定期，市场上交易的各种货币往往价格波动幅度较小，这时对货币进行套期保值的必要性就不那么突出了。

假设纽约市场上 3 个月期美国国债的年利率为 6%，而伦敦市场上 3 个月期英国国债的年利率为 10%，并且当前的即期汇率为 2 美元/英镑。美国某投资者发现了这一获利机会，按 2 美元/英镑的价格将美元兑换成英镑，并在伦敦购买 3 个月期的英国国债。与在纽约购买美国国债相比，该投资者购买英国国债的结果将是每年多赚取 4% 的收益，或者按 3 个月期计算多赚 1% 的收益，表 11.9 总结了这些可能的结果。

表 11.9　无抵补套利：一个例子

	年利率（%）	3 个月利率（%）
英国 3 个月期国债的利率	10	2.5
美国 3 个月期国债的利率	6	1.5
对英国有利的无抵补的利率差	4	1.0

　　然而，实际上美国投资者把资金转移到伦敦，并**不**一定能真正获得 1% 的额外回报（按 3 个月计）。只有英镑的价值在投资期间保持不变的情况下，投资回报才会增加 1%。如果英镑相对于美元**贬值**，那么该投资者的收益就会**减少**；如果英镑相对于美元**升值**，那么该投资者的收益就会**增多**。

　　假设该投资者没有购买美国国债，而是购买 3 个月期的英国国债，因而获得了 1% 的额外回报。假设在此期间，英镑的美元价格从 2 美元下跌到 1.99 美元（即英镑对美元**贬值**）。当投资收益被兑换成美元后，投资者将损失 0.5%，即（2－1.99）/2＝0.005。因此，与购买美国国债相比，该投资者只多赚了 0.5%（＝1%－0.5%）。如果在这 3 个月期间，英镑的美元价格从 2 美元下跌到 1.98 美元，那么投资英国国债将不会获得任何额外收入，这一点读者可自行证明。

　　反过来，假设在 3 个月内，英镑的价格从 2 美元/英镑上涨到 2.02 美元/英镑，即英镑对美元**升值** 1%。此时，该投资者购买英国国债除了获得 1% 的额外回报之外，还会从英镑的升值中得到 1% 的收入。这是为什么呢？当该投资者为了购买英国国债而将美元兑换成英镑时，兑换 1 英镑需支付 2 美元；而当该投资者将其投资收益兑换回美元时，每英镑可换回 2.02 美元，即英镑对美元升值 1%〔（2.02 美元－2 美元）/2 美元＝0.01〕。由于英镑升值增加了投资的收益率，所以购买英国国债比购买美国国债能多赚 2%。

　　简而言之，与在美国投资相比较，美国投资者在英国投资获得的额外收益率是经英镑汇率变动调整后的利率差，即：

$$额外收益率＝（英国利率－美国利率）－英镑贬值率$$

或

$$额外收益率＝（英国利率－美国利率）＋英镑升值率$$

11.10.2　抵补套利（降低货币风险）

　　在国外进行投资的资金都可能面临汇率风险。如果经济形势相当不稳定，那么货币交易往往也会呈现较大的波动性。在这种情况下，通过套期保值——也就是**抵补套利**——来应对汇率波动可能更为有利。

　　抵补套利（Covered Interest Arbitrage）包括两个基本步骤。第一，投资者按现行的即期汇率将本币兑换成外币，并用外币在国外进行投资。第二，该投资者同时在远期外汇市场上签订合同，卖出外币的数量等于该笔投资的总收入，交割日为该笔投资的到期日。只要国外投资的利率高于国内投资的利率，并且利率差大于远期抵补的成本，那么投资者就有利可图。

　　举例来说，假设伦敦市场上的 3 个月期英国国债年利率为 12%，而纽约市场上的 3 个月期美国国债年利率为 8%；可见，伦敦和纽约两地的年利率差为 4%，3 个月期的利率差为 1%。进一步假设英镑现行的即期汇率为 2 美元/英镑，3 个月的远期英镑卖价为 1.99 美元/英镑。这表明，3 个月的远期英镑**贴水** 0.5%〔（1.99－

2)/2＝－0.005]。

　　与在纽约购买 3 个月期的美国国债相比，在伦敦购买 3 个月期的英国国债，美国投资者可以多赚 1%。不过，在英国投资所获取的英镑收益到底能兑换回多少美元是不确定的，为了消除这种不确定性，投资者可以在 3 个月的远期外汇市场上卖出足够多的英镑，数量等于该项投资的预期收益。远期抵补的成本等于即期汇率与远期外汇合同规定的 3 个月期远期汇率之差，也就是英镑的贴水率，即 0.5%。1% 的利率差减去 0.5% 后尚余 0.5%，这说明该投资者购买英国国债的净收益率比购买美国国债的净收益率高 0.5%。前述内容总结见表 11.10。

表 11.10　抵补套利：一个例子

	年利率（%）	3 个月利率（%）
英国 3 个月期国债利率	12	3
美国 3 个月期国债利率	8	2
对英国有利的无抵补的利率差	4	1
3 个月远期英镑的贴水率		－0.5
对英国有利的抵补后的利率差		0.5

　　这样的投资机会不会持续存在很久，因为随着美国境内的其他投资者也进行相同方式的投资，跨国投资的净利润差额很快就会消失。随着美国投资者买入即期英镑，英镑的即期汇率将上升；同时，这些投资者卖出远期英镑又会推动英镑的远期汇率下降。结果，英镑的贴水率**上升**，这意味着抵补汇率风险的成本增加。当英镑的贴水率上升到 1% 时，美国投资者在国外投资的额外收益消失。比如说，英镑的即期汇率可能从 2 美元/英镑上升至 2.005 美元/英镑，3 个月远期英镑价格可能从 1.99 美元/英镑下降至 1.985 美元/英镑，也就是英镑的远期贴水率为 1%［(1.985－2.005)/2＝－0.01］。这就抵消了投资英国国债比投资美国国债多出的 1% 的额外收益。

11.11　外汇市场投机

　　外汇市场除了可以用来为商业交易和投资进行融资外，还可用于汇率投机。**投机**（Speculation）是根据对未来价格的预测通过买卖交易来赚取利润的行为。外汇市场上的一部分投机者是代表金融机构或企业利益的外汇交易员，其余则是个人投机者。这两类投机者都会买入预期升值的货币、卖出预期贬值的货币。在外汇市场上，投机者占据着主导地位：每天将近 90% 的外汇交易本质上都是投机性交易。

　　我们需要注意套利和投机的区别。在进行套利活动时，交易者以较低的价格买入货币，**同时**还以较高的价格卖出同一种货币，目的是赚取无风险利润。而投机者的目的是：在某一时间（比如今天）买入货币，等价格上涨之后（比如明天）再将其卖出。投机者本身必须承担汇率风险：如果货币价格到明天下降了，那么投机者就要亏损。外汇市场上的投机者故意承担汇率风险，并期望从即期汇率的未来变化中获利。投机者承担汇率风险的方式是在即期市场、远期市场、期货市场或期权市场上持有头寸。

11.11.1 多头和空头

我通常会想到的在外汇市场上赚取利润的方法是，先以较低的价格买入一种货币，然后再以较高的价格将其卖出，即"低买高卖"。如果你预计一种货币将要升值并且试图从对该货币的交易中获利，那么你所做的交易就被称作持有**多头**（Long Position）。

当然，你也可以通过持有**空头**（Short Position）获利，也就是你先以较高的价格卖出一种货币（原本并不归你所有），然后再以较低的价格买入这种货币，即"高卖低买"。换句话说，你在试图从预期**贬值**的货币交易中获利。

举例来说，假设你想进行美元和欧元之间的交易，当前汇率是1欧元＝1.25美元（即1美元＝0.8欧元），你从外汇经纪商那里借入100万欧元并将其卖出，从而获得125万美元（100万欧元×1.25美元/欧元 = 125万美元）。再假设第二天欧元贬值至1欧元＝1.20美元（即1美元＝0.83欧元），你再卖出前一天获得的125万美元，换回103.75万欧元（125万美元×0.83欧元/美元 = 103.75万欧元）。在向外汇经纪商归还100万欧元借款之后，你还剩37 500欧元，减去中间费用之后就是你的净利润。通过这种方式，你从欧元贬值中获利了。交易流程图如下：

| 从经纪商那里借入100万欧元。按今天的汇率1.25美元=1欧元买入125万美元。 | ⇒ | 假设明天欧元贬值到1.2美元=1欧元。卖掉前一天所获得的125万美元，换回103.75万欧元。 | ⇒ | 向经纪商归还100万欧元借款，余下的37 500欧元就是所得利润。 |

对于投机者来说，为了获得可观的利润，货币交易量必须十分庞大，比如50万美元或者更多。因此，外汇交易员们经常使用杠杆从各种货币间的汇率波动中获利。**杠杆**（Leverage）是由管理外汇交易员账户的经纪公司发放给外汇交易员的贷款。交易员从经纪公司借入的资金数量通常是其初始抵押存款金额的50倍、100倍或者200倍。100∶1的杠杆比率是指投机者可以用比方说5 000美元（称作保证金）质押50万美元用于投机，赌美元会对欧元贬值。当然，经纪公司会根据当前利率向外汇交易员收取贷款费用。虽然100∶1的杠杆比率对于货币交易来说似乎有很大风险，但因为货币价格在1个交易日内的波动幅度通常不到1%，所以这样高的杠杆比率所蕴含的风险往往还是比较低的。然而，杠杆也是一把双刃剑，如果交易员对汇率走势判断失误，那么它将对交易员不利并且会放大交易损失。接下来我们分析几个有关外汇投机的案例。

专栏

安迪·克雷格做空新西兰元

外汇交易史上最大的一笔交易发生在 1987 年，操盘手是美国信孚银行（Bankers Trust Company）32 岁的外汇交易员安迪·克雷格（Andy Krieger）。克雷格极具野心且拥有其所在银行的绝对授权。当时，该家银行绝大多数交易员的交易上限都是 5 000 万美元，而克雷格的交易上限却达到 7 亿美元，这相当于当时银行资本总量的四分之一。通过使用外汇期权，克雷格可以极大地利用自己的风险敞口：凭借 10 万美元的外汇期权，他可以购买 3 000 万至 4 000 万美元的实际控制权。1987 年，克雷格就是运用这种方法对新西兰元发起了一轮投机攻击。

克雷格当时正密切关注着在 1987 年 10 月 19 日世界股市崩盘后对美元升值的货币。随着投资者和企业疯狂地抛售美元并且买入在股灾中受害较小的货币，有些货币的币值势必将被高估，而这就为投机创造了有利时机。克雷格认定，新西兰元现在被高估了并且在未来一定会下跌。于是，他一次性抛售了数亿新西兰元，新西兰元因此在一日内贬值 5%。当新西兰元的价格达到 59 美分的谷底时，克雷格又通过重新买入新西兰元获取利润。克雷格之所以能通过高价卖出新西兰元和低价买入新西兰元获利，其原因在于他买入美元的价格低于卖出美元的价格。不过克雷格第二年就从信孚银行辞职了，显然他对信孚银行的老板们只给他 300 万美元的酬金极为不满，因为通过攻击新西兰元，他帮助银行赚到了超过 3 亿美元的利润。

乔治·索罗斯做空英镑和日元

乔治·索罗斯（George Soros）是一个著名的外汇投机商，他通过做空预期贬值的货币赚取了数十亿美元的利润。对于像马来西亚、泰国和英国等试图保护自己弱势货币的国家来说，索罗斯一直令它们感到不安。索罗斯绝不是一个只看数字就轻易决策的投机者，他会对一个国家进行调查从而试图找出货币估值中的问题，他对政治性政策问题尤其感兴趣。接下来我们分析索罗斯两个著名的做空战例。

1992 年做空英镑

在成立欧元区的最初计划中，英国打算与德国和其他欧洲国家一样成为欧元区的创始成员国，这就要求英国保持英镑与其他国家货币之间的汇率基本固定。例如，英国宣布打算将其货币保持在 1 英镑兑换 2.7 德国马克的水平上。保持固定汇率的目的是在 1999 年引入欧元之前，逐步减少欧洲的汇率波动。

然而，英国加入欧元区的进程在 1992 年戛然而止了。当时，德国是欧洲的经济强国，而英国则在饱受通货膨胀和经济低迷的困扰。在市场力量对英镑形成贬值压力的同时，一些投机者也在思考英镑和德国马克之间的固定汇率还能持续多久。

索罗斯认定出手的时机到了。他借了足够多的钱，卖空了价值 100 亿美元的英镑，希望从英镑对德国马克的预期贬值中获利。很快，其他外汇交易员也加入了索罗斯的行列，大举做空英镑。

为了对冲英镑贬值，英格兰银行（英国的中央银行）在不顾一切地用手中持有的德国马克购买英镑的同时，还将英国利率从 10% 提高到 15% 以吸引资本流入。然而，这些措施未能阻止英镑贬值，在 1992 年 9—12 月期间，英镑贬值了 30%。在这场较量中，输家是英格兰银行和英国纳税人，它们损失了数十亿美元的资产，而赢家是那些外汇投机者。据报道，索罗斯利用杠杆资金赚取的利润超过了 10 亿美元，这巩固了他的世界第一外汇投机商的地位。经过这一事件，英国决定不加入欧元区。

2012 年做空日元

2012 年 12 月，安倍晋三出任日本首相后立即表示，在经济低迷的情况下，他将采取扩张性的货币政策——增加货币供应量，以此来降低利率并增加国内支出。利率下降的副作用是日元贬值，因为投资者不太想购买以日元计价的资产。

由于预期日元未来会贬值，索罗斯认为做空日元的时机到了。他建立了日元空头头寸，希望通过日元贬值赚取收益。分析人士估计，在 2012 年 11 月—2013 年 2 月期间，索罗斯通过做空日元获利将近 10 亿美元。

做空日元可不是"胆小鬼"敢干的事。在 2012—2013 年之前，日本很多年都没有能够成功地通过引导日元贬值来刺激日本经济增长。在日元走强的那段时间里，许多试图做空日元的投机者都损失惨重。

11.11.2　如何应对美元贬值（升值）

当预期美元贬值时，美国投资者为了赚取更大的利润，可能会更加关注外国市场。为什么呢？因为美元贬值使得以外币计价的金融资产可兑换更多的美元。然而，那些从事外汇交易的人强调，买卖货币是在"投机"，而不是在投资。如果美元反弹，那么所有以外币计价的投资就会带来较少的收入。总之，如果预期失误，那么投资者将很容易遭受巨大损失。

如果预期美元贬值，那么最直接的牟利方法是到美国银行花 10 000 美元购买欧元，并将单据锁进保险箱，比方说 6 个月后再将其重新兑换成美元。然而，这并不是特别有效率的方法，因为这种操作存在交易成本。

另一种方法是购买以外国货币计价的债券。如果美国某投资者预期在不久的将来，日元将会大幅度升值，那么他可以从嘉信理财（Charles Schwab）和摩根大通等经纪公司那里购买由日本政府或者日本企业签发的以日元计价的债券。购买债券需要支付日元，因此需要按照现行的即期汇率用美元购买日元。如果日元升值，那么投资者将不仅获得债券的应计利息，而且还将获得以美元表示的升值价值。然而，问题在于其他人可能也有同样的预期。于是，对债券的总需求将会增加，并有可能足以推动债券价格上涨，进而导致利率下降。在这种情况下，如果投资者想获得利润，那么日元的升值幅度必须超过利息收入损失的程度。然而，在许多情况下，汇率的变动幅度都不会大到足以使投资有利可图的程度。除了投资特定的外国证券以外，投资者还可以购买由诸如美林证券等经纪公司发行的外国债券共同基金。投资者只需支付 2 500 美元就可以购买外国债券共同基金，但是如果要购买特定的外国债券，通常情况下必须支付 10 万美元甚至更多。

一些投资者选择购买外国企业发行的、以外币计价的股票，而不购买外国债券。在这种情况下，投资者不仅要预测外汇的变化趋势，而且还要预测股票市场走势，所以投资者需要对外国的金融和经济事务有充分的了解。投资者一般会将资金用于购买外国股票共同基金，而不是购买个股。

如果投资者预期外国货币的即期汇率很快要上升，那么开立以外币表示的储蓄存款账户将有利可图。例如，美国投资者可以联系花旗银行的主要分行或者联系外国银行的美国分行，办理以外币计价的有息存款单。这种储蓄账户的一个好处是，它可以保证投资者获得固定的利率，而且如果投资者预测正确的话，他还可以获得外币升值所带来的利益。然而，投资者需要注意的是，政府有可能对这种存款进行征税，或者撤销此类账户，再或者干预投资者持有他国货币的自由。

最后，为了应对美元贬值，还可以将资金转换成各种货币衍生产品，但是所有的货币衍生产品都存在风险。例如，你可以在芝加哥商业交易所买卖期货交易合同，或者在丹麦盛宝（Saxo）银行或英国 CMC 公司等专营外汇业务的企业那里开立账户直接买卖货币。通常情况下，外汇最小交易批量为 10 000 美元，杠杆率为 95%。因此，对于价值 10 万美元的外汇交易（常见交易规模）来说，你只需要投入 5 000 美元就可以了。如果美元在不断升值，那么外汇投机的技巧与前述方法相反。

11. 12　将外汇交易作为自己的职业

当你学完了国际经济学课程并即将从大学毕业的时候，你也许会考虑成为一名外汇交易员。你可能会在银行或者从事外汇交易的公司工作，或者作为当日交易员（day trader）独立地从事外汇交易工作。

11. 12. 1　受雇于商业银行、企业和中央银行的外汇交易员

外汇交易员通常受雇于摩根大通和美国银行等商业银行，这些银行通过彼此间买卖外汇盈利。一些大型公司如果在从事贸易时有外汇需求，也会雇用外汇交易员。外汇交易员的另一雇主是美联储等各国的中央银行，它们参与外汇市场是为了影响本国货币汇率。

一个外汇交易员需要研究影响当地经济和汇率的诸多因素，然后通过在不同市场上买卖被错误估值的货币来谋取利益。只有那些能够承受高风险和不确定性的人才能以此为业，因为每一个决定都输赢难测。信心和勇气是从事外汇交易必备的核心素质。

外汇交易员还必须有能力处理不同的账户，研究每个工作日发布的各种报告，并对世界各地最新的经济情况了如指掌。外汇交易员的大部分时间都被用来打电话或坐在计算机前工作。他们需要掌握十分迅捷的沟通方式，为了能够快速做出决定，还要有很强的逻辑推理能力。经济学或数学专业的学生在申请这个职位时有显著优势，财会专业知识也有助于在忙乱的工作节奏中记录仓位、盈利和亏损状况。从事这项工作的人需要拥有学士学位，但也很少有人在入行以后又离职去继续深造以获得更高的学位。

在职业发展初期，外汇交易员通常只专注于一种货币以及与这种货币相关的经济局势。随着经验增长和对操作多种货币更有信心，外汇交易员可以专注于地理上相邻国家（如环太平洋地区的国家）的货币之间的交易。

外汇交易员应该喜欢在这个充满风险的市场上博弈，并享受这种刺激的感觉。在上班期间，交易员要时刻警觉，因为世界上发生的任何一个事件都有可能影响一种货币的币值并因而带来盈利机会。多数交易员都承认，在每天结束工作时，他们都筋疲力尽。有关外汇交易的基本知识，参见本书线上学习系统 MindTap 中的 **"进一步探索 11.2"**。

11.12.2　你真的想买卖货币吗？

几十年来，只有像德意志银行和通用电气公司这样的银行和企业巨头才能从事外汇交易。然而，在欧洲和亚洲，越来越多的个人投机者开始参与其中，并从市场上瓜分利润。在 21 世纪的头 10 年，许多美国人也加入了这个"电子赌博游戏"，从事外汇交易的人来自各行各业，从摇滚明星、职业运动员到警察、律师、医生、教师等。

以马克·科波拉（Marc Coppola）的故事为例。科波拉是演员尼古拉斯·凯奇（Nicolas Cage）的哥哥，电影导演弗朗西斯·福特·科波拉（Francis Ford Coppola）的侄子。据传，在 2005 年，科波拉预测欧元将对美元升值并投资 6 万美元购买欧元，结果获利 1 400 美元。随后他改变方向，又投资 4 万美元赌欧元贬值。当欧元价格从 1.31 美元/欧元降到 1.30 美元/欧元时，他将一半的投资兑换成现金，随后又将剩下的投资也兑现了。科波拉坦言自己还是太过谨慎了：他担心欧元的汇率突然发生逆转，因此提早退出了。如果科波拉能坚持到欧元价格降至 1.2 美元/欧元，那么他能从此次投机中获取更多的利润。

外汇市场已经成为个人交易者的投机竞技场。他们建立了网上交易账户，同外汇市场一样，这些账户可以连续 24 小时运作。美国嘉盛集团（Gain Capital

Group)、环亚外汇（FX Solutions）、银特贝克外汇交易公司（Interbank FX）和福汇集团（Forex Capital Markets）是提供此类账户服务的较受欢迎的外汇经纪公司。开户的最低金额是 250 美元，不过经纪公司允许交易金额达到交易者初始账户存款金额的 50 倍。在欧洲和亚洲的一些国家或地区，杠杆率可以达到 200∶1 甚至更高。

与其他投资机会相比，外汇交易拥有一些优点。第一，24 小时运作的外汇市场使投机者在任何时刻都可以投资，不用像美国的股票市场那样，仅在东部时间的早上 9∶30 到下午 4∶00 才能交易。第二，由于交易成本更低，所以与股票交易相比，外汇交易成本更少。第三，外汇交易也更加简单，因为同成千上万的股票相比，6 种货币对（如美元对欧元）已占据了交易量的 90%。第四，与股票市场不同，外汇市场上没有熊市：因为一种货币的价值总是以另一种货币来衡量的，当一种货币升值时，另一种货币必然贬值。第五，投资外汇的风险比投资股票要小，因为货币市场几年就会出现一个周期，这使得投资者更容易判断投资趋势。

然而，我们不应将外汇交易误认为是"投资"。一项"投资"必须经过深入细致的分析，从而保证本金安全和令人满意的投资回报，那些不满足这些条件的商务活动都只能算是"投机"。在进行外汇交易时，如果你仅仅凭借直觉或者借助其他人都可以获得的软件工具来做判断，那么你所做的分析就算不上深入细致。在这种情形下，如果你使用 50∶1 的杠杆率，那么你的本金可能就不安全，而如果想大赚一笔，你或许会输得精光。简而言之，大多数从事外汇交易的人根本不是在投资，他们只是在投机而已。当然，如果你是为了在赌场上赢一把来取乐，或者你有钱可烧，那么在外汇市场上投机也无可厚非。

然而，专业的外汇交易员还是警告业余人士不要进行外汇投机。据统计，只有15% 的当日交易员能够获利。如果投机者对汇率走势猜测正确，那么通过开立网上账户获得的金融杠杆可以帮助投机者赚取巨额利润；但如果对汇率走势猜测错误，那么投机者就要承受巨额损失。总之，外汇投机是一种高风险行为。建议你还是不要把下学期的学费用来赌美元是升值还是贬值。[①]

11.13　小结

1. 外汇市场为个人、企业和金融机构买卖外汇提供了制度框架。世界上最大的三个外汇市场位于纽约、东京和伦敦。

2. 汇率是用本国货币表示的一单位外币的价格。例如，从美国的角度来看，汇率可能指的是购买 1 瑞士法郎所需的美元数量。美元贬值（升值）是指购买 1 单位外币所需的美元

[①]　"Currency Markets Draw Speculation，Fraud，" *Wall Street Journal*，July 26，2005，p. C1；"Young Traders Run Currency Markets，" *Wall Street Journal*，November 5，1987，p. A26.

数量的增加（减少）。

3. 在外汇市场上，全球各地连续 24 小时进行外汇交易。多数外汇交易发生在银行同业市场中。银行主要参与三种类型的外汇交易：即期外汇交易、远期外汇交易和掉期外汇交易。

4. 自由市场上的均衡汇率由外汇供给曲线和需求曲线的交点决定。外汇的供给和需求源于一国国际收支的借方项目和贷方项目。

5. 套汇使世界不同地方的汇率保持一致，这是通过低价买入、高价卖出而实现的。

6. 为了免受可能的汇率波动的影响，从事国际贸易的企业和投资者经常在远期外汇市场上交易。然而，投机者为了获取高额利润也在外汇期货市场上买卖外汇。一般说来，套利行为决定了即期汇率和远期汇率之间的关系。

7. 外汇市场上的投机活动可以分为稳定性投机和不稳定性投机两类。*

11. 14　关键概念及术语

346

- 升值（Appreciation；p. 322）
- 买入价（Bid Rate；p. 319）
- 认购期权（Call Option；p. 325）
- 抵补套利（Covered Interest Arbitrage；p. 339）
- 套算汇率（Cross Exchange Rate；p. 322）
- 货币风险（Currency Risk；p. 337）
- 货币掉期（Currency Swap；p. 317）
- 贬值（Depreciation；p. 322）
- 贴水（Discount；p. 332）
- 有效汇率（Effective Exchange Rate；p. 328）
- 套汇（Exchange Arbitrage；p. 330）
- 汇率（Exchange Rate；p. 320）
- 汇率指数（Exchange Rate Index；p. 328）
- 外汇期权（Foreign Currency Options；p. 325）
- 外汇市场（Foreign-Exchange Market；p. 313）
- 远期市场（Forward Market；p. 322）
- 远期汇率（Forward Rate；p. 331）
- 远期交易（Forward Transaction；p. 317）

　＊　比如，预期某种处于贬值过程中的货币将要进一步贬值时，投机者可能会抛售该货币，从而造成该货币的大幅度贬值，这种放大汇率波动的投机行为就是不稳定性投机。然而，如果预期某种目前处于对本币贬值过程的外国货币在未来将会升值时，投机者现在可能就会用本币买入该外币，这样当外币升值后换回本币就可获得投机收益，而现在买入该外币的行为能够阻止外币进一步贬值，起到稳定汇率的作用，因而被视为稳定性投机。——译者注

- 期货市场（Futures Market；p. 323）
- 套期保值（Hedging；p. 334）
- 银行同业市场（Interbank Market；p. 314）
- 套利（Interest Arbitrage；p. 337）
- 国际货币市场（International Monetary Market，IMM；p. 323）
- 杠杆（Leverage；p. 341）
- 多头（Long Position；p. 340）
- 合同的到期月份（Maturity Months；p. 324）
- 名义汇率（Nominal Exchange Rates；p. 329）
- 名义汇率指数（Nominal Exchange-Rate Index；p. 328）
- 卖出价（Offer Rate；p. 319）
- 期权（Option；p. 325）
- 升水（Premium；p. 332）
- 认售期权（Put Option；p. 325）
- 实际汇率（Real Exchange Rate；p. 329）
- 实际汇率指数（Real Exchange-Rate Index；p. 330）
- 空头（Short Position；p. 340）
- 投机（Speculation；p. 340）
- 即期市场（Spot Market；p. 322）
- 即期交易（Spot Transaction；p. 316）
- 价差（Spread；p. 319）
- 执行价格（Strike Price；p. 325）
- 美元的贸易加权价值（Trade-Weighted Dollar；p. 328）
- 两点套汇（Two-Point Arbitrage；p. 330）
- 无抵补套利（Uncovered Interest Arbitrage；p. 337）

11.15 习题

1. 什么是外汇市场？它位于什么地方？
2. 什么是远期市场？它和即期市场有何区别？
3. 外汇的供给和需求被认为是派生的，试予以解释。
4. 请解释为什么不同金融中心的汇率牌价会趋于一致。
5. 远期市场的参与者有哪些？远期市场能给这些参与者带来什么好处？
6. 解释即期汇率和远期汇率的关系。
7. 远期市场上的投机策略是什么？利用汇率变化进行投机的其他途径有哪些？
8. 区分稳定性投机和不稳定性投机。

9. 假如汇率从 1.70 美元＝1 英镑变为 1.68 美元＝1 英镑，这对美元意味着什么？对英镑又意味着什么？如果汇率从 1.70 美元＝1 英镑变为 1.72 美元＝1 英镑，情况又如何？

10. 假设在纽约外汇市场上，1.69 美元＝1 英镑，在伦敦外汇市场上，1.71 美元＝1 英镑。怎样利用套汇从汇率差异中赚取利润？试解释套汇是如何促使纽约市场美元兑英镑的汇率与伦敦市场的汇率一致的。

11. 表 11.11 列出了英镑的供求情况，假设汇率是富有弹性的。

表 11.11 英镑的供给和需求

英镑的供给数量	每英镑的美元价值（美元）	英镑的需求数量
50	2.50	10
40	2.00	20
30	1.50	30
20	1.00	40
10	0.50	50

347

a. 均衡汇率等于_____，在这一均衡汇率水平上，有多少英镑会被买入？如果以美元计价，成本是多少？

b. 假设汇率为 2 美元/英镑，在这一汇率水平上，存在着超额英镑（供给/需求）。这种不均衡会导致英镑的美元价格（上升/下降），英镑的供给量为_____，需求量为_____。

c. 假设汇率为 1 美元/英镑，这时存在着超额英镑（供给/需求）。这种不均衡状态会导致英镑的美元价格（上升/下降），英镑的供给量为_____，需求量为_____。

12. 假设英镑今天的即期汇率为 1.70 美元/英镑，3 个月后的远期汇率为 1.75 美元/英镑。

a. 美国某进口商需要在 3 个月后支付 20 000 英镑，他如何利用套期保值来规避汇率风险？

b. 如果该进口商没有进行套期保值，3 个月后英镑的即期汇率变为 1.80 美元/英镑，会发生什么情况？

13. 假设伦敦市场上 3 个月期英国国债的年利率为 10%，纽约市场上 3 个月期美国国债的年利率为 6%，英镑的即期汇率为 2 美元/英镑。

a. 美国投资者如何利用无抵补套利赚取利润？

b. 如果 3 个月远期英镑的价格为 1.99 美元/英镑，那么美国投资者能通过抵补套利赚取利润吗？假如能，能赚多少？

14. 表 11.12 为假设的 2008 年 5 月 5 日星期三的美元兑瑞士法郎的汇率。

a. 填写该表最后两栏用瑞士法郎表示的美元价格。

b. 星期三，两种货币的即期汇率为_____美元/瑞士法郎或_____瑞士法郎/美元。

表 11.12 美元/瑞士法郎汇率

	美元的瑞士法郎价格		瑞士法郎的美元价格	
	星期三	星期二	星期三	星期二
瑞士法郎	0.585 1	0.584 6		

续表

	美元的瑞士法郎价格		瑞士法郎的美元价格	
	星期三	星期二	星期三	星期二
30 天远期	0.585 3	0.584 8		
90 天远期	0.585 4	0.584 9		
180 天远期	0.585 1	0.584 7		

c. 在即期市场上，从星期二到星期三，美元相对于瑞士法郎（升/贬）值了；瑞士法郎相对于美元（升/贬）值了。

d. 在星期三的即期市场上，购买 100 瑞士法郎将花费_____美元，购买 100 美元将花费_____瑞士法郎。

e. 瑞士法郎在星期三的 30 天远期汇率将（升/贴）水_____美元，等于每年百分之_____。瑞士法郎的 90 天远期汇率呢？

15. 假定投机者预测瑞士法郎 3 个月后的即期汇率将比现在的 3 个月期远期汇率（0.5 美元/瑞士法郎）低。

a. 投机者怎样利用 100 万美元在远期市场上进行投机？

b. 假如瑞士法郎 3 个月后的即期汇率是 0.40 美元，那么投机者应该怎么做？如果是 0.6 美元呢？0.5 美元呢？

16. 给出以下即期汇率：1 美元＝3 瑞士法郎，1 美元＝4 奥地利先令，1 瑞士法郎＝2 奥地利先令。不考虑交易成本，一个人通过三点套汇能赚取多少利润？

进一步探索

1. 关于外汇市场上的投机技巧的内容，请在本书线上学习系统 MindTap 中查询"进一步探索 11.1"。

2. 关于外汇交易的基础知识，请在本书线上学习系统 MindTap 中查询"进一步探索 11.2"。

11

第12章 汇率的决定

20 世纪 70 年代，各主要工业国转向通过市场来决定汇率，从那以后，人们观测到汇率发生了显著的变动。虽然长期汇率的变化往往相对缓慢，但是如果考察较短时期，就会发现汇率变动频繁。事实上，即便在一天之内，汇率也会波动好几个百分点。本章分析在汇率由市场决定的情形（即浮动汇率制度）下，汇率波动的形成因素。

12.1 什么决定汇率？

我们已经知道，外汇市场本质上具有高度的竞争性。在各地的外汇市场上聚集了大量的买家和卖家，这些外汇市场都位于世界主要大城市，它们通过电子媒介联结成一个统一的世界市场。外汇市场的参与者充分掌握着与任何两个国家之间汇率有关的最新信息。因此，如果各国中央银行不采取稳定币值的措施，那么汇率将由不受管制的市场供求力量决定。不受管制的供求力量是指个人、私营企业、私有银行及政府机构对货币的供给与需求，但不包括各国中央银行的供求。在自由市场上，货币的需求量与供给量相等时的汇率就是均衡汇率。

如果说自由市场上的汇率由供求关系决定，那么这等于什么都说了，也等于什么都没说。因为如果要了解为什么有些货币会贬值，而有些货币会升值，我们就必须对引起货币供求曲线变化的各种因素进行深入研究。这些因素包括以各种经济变量描述的**市场基本面**（Market Fundamentals）和**市场预期**（Market Expectations）两大类。其中，市场基本面包括生产力水平、通货膨胀率、实际利率水平、消费者偏好和政府的贸易政策；市场预期包括有关远期市场基本状况的各种信息以及交易员对远期汇率走势的看法。①

经济学家认为，在短期（几周甚至几天）、中期（几个月）和长期（1 年、2 年

---

① 这种汇率的确定方法就是所谓的国际收支法，它强调货物、服务、投资基金的流动及其对外汇交易和汇率的影响。这种方法认为，如果一国在一定时期内通过购买或投资投入国外的资金大于（小于）它从国外得到的资金，那么该国货币就倾向于贬值（升值）。

甚至 5 年），影响汇率波动的因素存在很大差异，因此，我们将按这三个时间维度对影响汇率波动的因素进行分类并分别加以分析。在**短期**，外汇交易主要涉及资产（涉及银行账户和政府证券）的转移，这种资产转移是对实际利率差异和对未来汇率预期的变化做出的反应，这类外汇交易对短期汇率有重大影响。在**中期**，汇率取决于一些周期性因素，如经济活动的周期性波动。在**长期**，外汇交易主要涉及货物、服务和投资资本的流动，而货物、服务和投资资本的流动又是对通货膨胀率、投资盈利能力、消费者偏好、生产效率和政府贸易政策等因素做出的反应。由于这些因素往往变化缓慢，所以与之相关的外汇交易对汇率的影响是长期性的。

需要注意的是，在短期因素的作用下，汇率的波动方向可能会与长期市场基本面所决定的汇率走势相悖。尽管今天的汇率波动可能没有反映长期经济基本面，但这并不意味着今天的汇率波动没有反映短期决定因素。例如，如果不考虑时间维度，那么国别利率差异就是构成短期经济基本面的一个因素。

图 12.1 给出了汇率决定的框架。[①] 该图表明，汇率波动是三种因素综合作用的结果，这三种因素分别是长期结构性因素、中期周期性因素和短期投机性因素。从图中我们可以看出，在汇率波动过程中存在着一个均衡路径或均衡水平，汇率以之为中心上下波动。这个均衡路径就像一块永久磁铁或一个锚，确保汇率不会盲目地波动，而是围绕着长期均衡路径上下波动。

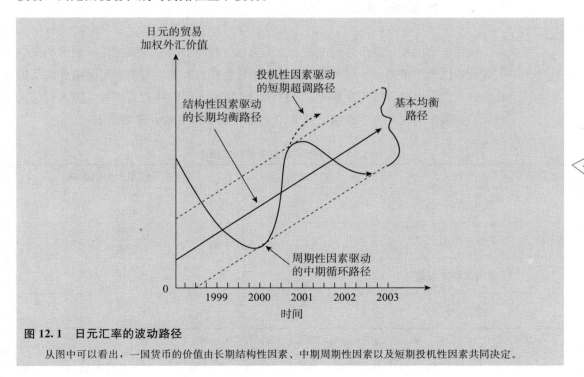

图 12.1 日元汇率的波动路径

从图中可以看出，一国货币的价值由长期结构性因素、中期周期性因素以及短期投机性因素共同决定。

---

① 图 12.1 及对其的分析摘自：Michael Rosenberg，*Currency Forecasting*（Homewood，IL：Richard D. Irwin，1996），pp. 3 - 5.

中期的周期性力量会引导币值偏离其长期均衡路径上下波动。然而，市场基本面的各种构成因素仍会推动汇率接近于其长期均衡路径。当然，如果经济失衡导致贸易流动及资本运动发生了巨大变化，那么中期的周期性波动通常也会使汇率严重偏离长期均衡路径。

一般来说，正是长期的结构性因素与中期的周期性因素之间的相互作用，形成了一个货币的均衡路径。如果短期力量（如市场预期的变化）对汇率波动的影响程度超过了市场基本面各构成因素的影响程度，那么汇率波动就可能会偏离这个均衡路径。这种超调现象有时会持续很长时间，但一般来说，由市场基本面所形成的力量还是会将汇率拉回到长期均衡路径上。

然而令人遗憾的是，预测汇率走势并不是一件容易的事情。因为各种经济因素会通过各自不同的路径影响汇率。有些因素会对货币价值产生正向影响，而另一些因素则会产生负向影响；有些影响路径可能对决定汇率短期走势更加重要，而另一些路径则可能对解释汇率的长期走势更有意义。

351　　　　　为了简化对汇率的分析，我们将分析过程分为两个步骤。第一，我们分析长期汇率是如何决定的。第二，我们用长期汇率的决定理论来帮助我们理解短期汇率是如何决定的。

12.2　长期汇率的决定

长期汇率的变化是由外汇市场上的买卖双方对四个核心因素变化所做出的反应引起的，这四个因素是：相对价格水平、相对生产力水平、消费者对国内外商品的偏好以及贸易壁垒。需要注意的是，这些因素影响了国内外商品贸易，因而对进出口商品的需求状况产生了影响，表 12.1 总结了这些因素对汇率的影响。

表 12.1　美元长期汇率的决定因素

因素[a]	变化	对美元汇率产生的影响
美国价格水平	上升 下降	贬值 升值
美国生产力水平	上升 下降	升值 贬值
美国消费者偏好	增加 减少	贬值 升值
美国贸易壁垒	增加 减少	升值 贬值

a. 相对于其他国家。对一种决定因素进行分析时假设其他决定因素保持不变。

为了解释这些因素的影响，图 12.2 描绘了英镑的供给曲线和需求曲线。最初，均衡汇率为 1.5 美元/英镑。接下来在讨论每一种因素变动所产生的影响时，我们都假设其他因素保持不变。

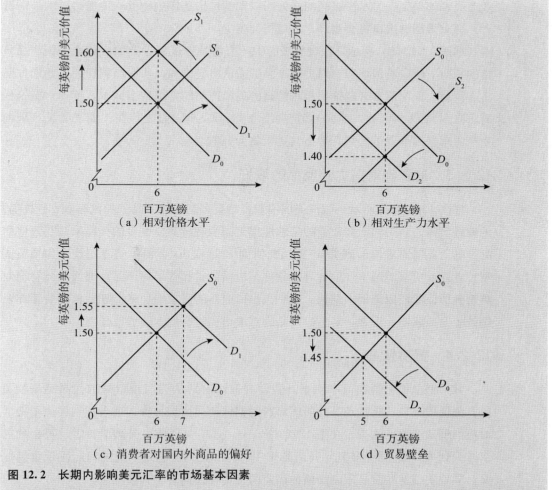

图 12.2 长期内影响美元汇率的市场基本因素

在长期,美元和英镑之间的汇率取决于相对价格水平、相对生产力水平、消费者对国内外商品的偏好以及贸易壁垒四大因素。

12.2.1 相对价格水平

如图 12.2(a)所示,假设美国国内的价格水平快速上升,而英国的价格水平保持不变。在这种情况下,美国消费者倾向于购买价格相对较低的英国商品,因此英镑的需求增加到 D_1。相反,随着英国消费者对价格相对较高的美国商品的购买量减少,英镑的供给减少到 S_1。英镑需求的增加以及供给的减少,最终导致美元贬值到 1.60 美元/英镑。这里的分析表明,美国价格水平相对于其他国家的价格水平上升时,将会导致美元在长期处于贬值状态。

12.2.2 相对生产力水平

生产力增长衡量了一国在既定投入水平下的产出增加。如果一国的生产力水平相对于其他国家变得更高,那么相对于外国竞争者来说,该国就能以更低的成本生产产品。如果生产力水平提高的好处能以较低价格这样一种形式传递给国内外消费者，那么该国的出口将会增加、进口将会减少。

如图 12.2（b）所示，假设美国的生产力增长速度超过英国。随着美国产品价格的相对下降，英国消费者对美国产品的需求将会增加，从而使英镑的供给增加到 S_2。同时，美国消费者对价格相对较高的英国产品的需求将会减少，使得对英镑的需求减少到 D_2。因此，美元升值到 1.40 美元/英镑。总之，在长期，如果一国的生产力水平高于其他国家，那么其货币将会升值。

12.2.3　消费者对国内外商品的偏好

如图 12.2（c）所示，假设美国消费者对英国制造的产品（如汽车和 CD 机等）的偏好增强。对英国产品较强的需求使得美国消费者需要更多的英镑来购买这些产品。随着英镑需求增加到 D_1，美元贬值到 1.55 美元/英镑。与之相反，如果英国消费者需要更多美国生产的计算机软件、机械设备和苹果等产品，那么美元将会对英镑升值。我们因此得出结论：对一国出口商品的需求增加将会导致该国货币在长期处于升值状态；反之，对进口商品的需求增加将会使本国货币贬值。

12.2.4　贸易壁垒

貿易壁垒也会影响汇率水平。假设美国政府对从英国进口的钢铁产品征收关税。关税使进口的钢铁产品比美国自产的钢铁产品更加昂贵，这会抑制美国消费者对英国钢铁产品的购买。在图 12.2（d）中，该项关税使得美国消费者对英镑的需求减少到 D_2，进而使得美元升值到 1.45 美元/英镑。总之，关税和配额等贸易壁垒会导致实施这些贸易限制措施的国家的货币在长期处于升值状态。

12.3　通货膨胀率、购买力平价和长期汇率

前面对汇率的决定因素的讨论有助于我们理解汇率的长期走势。接下来我们主要讨论购买力平价分析法，看看这种方法是如何在相对价格的基础上阐释长期汇率的决定。

12.3.1　一价定律

购买力平价分析法中最简单的概念就是**一价定律**（Law of One Price）。该定律断言，如果商品不存在国家间运输成本，不存在贸易壁垒，而且各国市场都是完全竞争的，那么同一种商品在任何国家以同一种货币表示的售价应该是相同的。其原因在于假设卖方总是想以最高的价格出售商品，而买方总是想以最低的价格购买商品；任何价格差别都会因为套利行为而迅速消失，这里所讲的套利是指在以较低的价格买入商品的同时再以较高的价格卖出该商品。

一般说来，一价定律适用于全球所有可贸易的商品，如石油、金属、化工产品

和某些农作物等。然而，这个定律并不适用于不可贸易的货物和服务，例如出租车服务、房地产以及诸如理发之类的个人服务等。由于这些产品基本不参与全球化竞争，所以它们的价格也因所处地域不同而有所差异。

在比较不同国家同一种商品的价格之前，应该用同一种货币来表示该商品的价格。一旦按现行的市场汇率换算以后，同一种商品在任何两个国家的价格应该是相等的。例如，将以瑞士法郎表示的价格换算成以美元表示的价格之后，在瑞士购买的机械工具的价格与在美国购买的价格应该相等。这意味着瑞士法郎和美元的购买力处于平价状态，一价定律有效。

在理论上，对利润的追求最终会使得相同产品在不同国家的价格趋于相等。例如，如果在瑞士购买的机械工具的美元价格比在美国购买的相同机械工具的价格更低，那么瑞士出口商就会在瑞士低价买进这种机械工具，再在美国将其高价卖出，从而赚取利润。这种套利行为会迫使瑞士市场上的产品价格上升，以及美国市场上的产品价格下降，直至两国机械工具的价格（不管都以瑞士法郎表示，还是都以美元表示）最终相等为止。因此，一价定律有效。

虽然一价定律在理论上看似合情合理，但是在现实中同一种商品可能并不只有单一价格。比如，在瑞士以较低的价格购买机械工具后再将其运到美国销售，这种做法可能没有多少意义。因为将瑞士生产的这种较为廉价的机械工具运到美国所需耗费的运费，以及在美国构建分销网络所需耗费的成本等等，可能会使瑞士产品变得比美国产品更为昂贵。也就是说，交易成本会使商品的地区间价格差异持续存在。类似地，美国对进口的机械工具所征收的关税也可能会使该工具的美国价格和瑞士价格之间存在差异。

一价定律可以用于说明汇率的决定。根据购买力平价的概念，当两个国家的同一种商品篮子按一定的汇率换算后用同一种货币表示的价格相等时，我们就称这两个国家的货币处于均衡状态（或称平价状态）。相反，如果同一种商品篮子在两个国家用同一种货币表示的价格不同，那么这两个国家的货币就处于不均衡的状态。这里所谓的不均衡状态是指一种货币相对于另一种货币要么被高估了，要么被低估了。麦当劳（McDonald's）餐厅出售的"巨无霸"汉堡为诠释一价定律和购买力平价提供了分析案例。现讨论如下。

12

专栏

汉堡经济学："巨无霸"指数和一价定律

　　"巨无霸"汉堡在全球 119 多个国家和地区都有销售，而且在配料上几乎没有差异。因此，它可被视为一价定律和购买力平价概念中所说的"相同的商品"。另一些全球性商品，如可口可乐、星巴克（Starbucks）咖啡等也有类似的属性，但多年来，"巨无霸"指

355

数一直是分析国家间价格差异的快速指南。

自 1986 年起，《经济学人》（*The Economist*）杂志每年都发布"巨无霸"指数，该指数试图根据同一种产品——"巨无霸"汉堡来衡量货币的恰当汇率。这种汇率被称为隐含汇率（implied exchange rate），它指的是在假设"巨无霸"汉堡在不同国家具有相同价格情况下的理论汇率。如果某一特定货币的隐含汇率高于其实际市场汇率，那么就意味着这种货币相对于基础货币——美元来说被"高估"了（即该货币的美元价格太高了）。相反，如果一种货币的隐含汇率低于其市场汇率，那么就意味着该货币相对于美元来说被"低估"了（即该货币的美元价格太低了）。

表 12.2 给出了 2019 年 7 月 10 日部分国家的"巨无霸"指数。我们以墨西哥为例来分析该指数的计算方法。在墨西哥，"巨无霸"汉堡的价格为 50 比索，而在美国，"巨无霸"汉堡的价格为 5.74 美元。根据一价定律，恰当汇率（隐含汇率）为 8.71 比索/美元（50 比索 / 5.74 美元 ＝ 8.71 比索 / 美元）。然而，在货币市场上，比索的实际交易价格是 18.9 比索/美元。因此，"巨无霸"指数表明，比索相对于美元被低估了 53.9%［(8.71/18.9)−1＝−0.539］。从表中还可以看到，瑞士法郎相对于美元被高估了 14.1%。

表 12.2　2019 年 7 月 10 日"巨无霸"指数

国家	以当地货币表示的"巨无霸"汉堡价格	以美元表示的"巨无霸"汉堡价格	隐含汇率：1 美元可兑换的外币数量[a]	实际市场汇率：1 美元可兑换的外币数量	外币相对于美元被高估[b]（＋）或低估（一）的百分比
瑞士	6.5 法郎	5.74	1.13 法郎/美元	0.99 法郎/美元	＋14.1
瑞典	51.0 克朗	5.74	8.89 克朗/美元	9.48 克朗/美元	−6.2
英国	3.29 英镑	5.74	0.57 英镑/美元	0.80 英镑/美元	−28.8
日本	390 日元	5.74	67.94 日元/美元	108.77 日元/美元	−37.5
墨西哥	50 比索	5.74	8.71 比索/美元	18.9 比索/美元	−53.9

a. 隐含汇率 ＝ 以当地货币表示的"巨无霸"汉堡价格 /"巨无霸"汉堡的美元价格。
b. 高估是指外币较为昂贵，低估是指外币较为廉价。
资料来源："Big Mac Index," *The Economist*, July 10, 2019, available at http://www.economist.com.

为什么在按照市场汇率换算成同一种货币计价后，"巨无霸"汉堡的价格在不同的国家仍然存在差异呢？其中一个原因是商品的跨界运输成本。"巨无霸"汉堡本身是不可贸易品，但是制作"巨无霸"汉堡的许多食材是可贸易品。冷冻牛排、食用油、芝麻面包和制作"巨无霸"汉堡所用到的其他食材的运输成本会导致不同国家间的价格鸿沟。另外，关税和其他贸易壁垒带来的成本也会拉大国别价格差异，因为这些贸易限制措施相当于在不同国家的价格之间打下了一个楔子。最后，收入差异也可以解释为什么"巨无霸"汉堡在不同的国家有不同的售价：在富裕的国家，人们有更强的购买力，因此价格也更高。

可以肯定的是，"巨无霸"指数是比较粗糙的统计指标，它有很多缺陷。然而，对于那些没有经济学背景的很多人来说，该指数易于理解，而且可以用来粗略估计哪种货币过于弱势或者过于强势，以及被低估了多少或者高估了多少。尽管"巨无霸"指数被开发出来最初只是为了娱乐，但令人惊讶的是，事实证明它已成为预测汇率走势的极为有用的指标，就连原先对"巨无霸"指数的有效性持怀疑态度的人现在也意识到该指数的价值。

国际金融案例

银行被判犯有操纵外汇市场罪

在 2015 年，银行监管机构判定五家银行犯有操纵外汇市场罪。这五家银行包括巴克莱银行（Barclays PLC）、花旗集团、摩根大通公司、苏格兰皇家银行（RBS）和瑞士联合银行（UBS）。这些银行同意支付 56 亿美元的罚款，以了结美国和欧洲的监管机构对其操纵外汇市场行为的进一步调查。

调查得出的结论是，这些银行在五年多的时间里以牺牲外汇业务客户的利益为代价，通过操纵外汇市场来增加自己的利润，这些银行的操纵行为有时还威胁到整个外汇市场的诚信。监管机构责令这些银行停止操纵外汇市场，不要采取进一步的违规行为，并且努力实施和加强银行的内部监管和流程控制。

这五家银行的不端行为可以分为三类。第一，这些银行试图共同操纵基准汇率。基准汇率被广泛地用于确定整个金融行业的和不同类别金融资产之间的各种汇率。尤其突出的是，这些银行操纵了欧元和美元之间的即期汇率。世界各地无数的个人和企业依赖这些汇率来了结金融合同，而只有当人们相信基准汇率的设定过程是诚信的、公平的，并且没有被世界上某些最大的银行实施的操纵行为所破坏时，人们才愿意依赖这些汇率，市场也才能正常运作。第二，银行力图说服客户发起止损指令以提高银行的交易利润。止损指令是在货币达到某一特定价格时由货币经纪商下达的买卖货币的指令。第三，这些银行允许外汇交易员在电子聊天室分享客户的机密信息，包括客户的身份信息以及客户希望达成的交易量信息等。利用这些即时信息，外汇交易员们就能在市场收盘时协调货币买卖，以达到操纵外汇价格为己谋利的目的。

在对银行操纵外汇市场行为的调查中，这些银行都将非法行为归咎于一小拨交易员，并且竭力说明这些非法行为不是这些银行自身的系统性问题。监管机构的执法行动旨在向外汇市场的所有参与者发出一个信号，即外汇市场上的不法行为和违规行为都是不可接受的，也都是不会被容忍的。

问题：操纵外汇市场的银行应该受到什么样的处罚？

资料来源：Aruna Viswanatha, "Banks to Pay $5.6 Billion to Settle U. S. Probe," *Wall Street Journal*, May 21, 2015; U. S. Commodity Futures Trading Commission, *CFTC Orders Five Banks to Pay over $1.4 Billion in Penalties for Attempted Manipulation of Foreign Exchange Benchmark Rates*, November 12, 2014; Suzi Ring, Liam Vaughan, and Jesse Hamilton, "Citigroup, JPMorgan to Pay Most in $4.3 Billion FX Rigging Cases," http://www. bloomberg. com/news/, November 12, 2014; Chiara Albanese, David Enrich, and Katie Martin, "JPMorgan, Citigroup Take Brunt of Pact," *Wall Street Journal*, November 13, 2014; Antoine Gara, "JPMorgan, Citi among Five Banks in $4.3 Billion Forex Settlement," http://www. forbes. com/sites/antoinegara/, November 12, 2014.

12

12.3.2 购买力平价

购买力平价理论（Purchasing-Power-Parity Theory）是关于汇率变动规律的一个重要理论。该理论认为，汇率会不断地发生调整以使世界各地货物和服务的价格相同，因此，购买力平价理论是一价定律的一种应用。

为了解释汇率的变动规律，我们先运用一价定律对单一商品——钢铁进行分析，如表 12.3 所示。假设日本钢铁的价格是 50 000 日元/吨，美国钢铁的价格是500 美元/吨。根据一价定律，为了确保两国钢铁以同种货币表示的价格相等，日元和美元之间的汇率应该是 100 日元/美元（50 000 日元/吨÷500 美元/吨＝100 日元/美元）。假设日本钢铁的日元价格上升 10％，达到 55 000 日元/吨，而美国钢铁的价格还是 500 美元/吨。根据一价定律，汇率应升至 110 日元/美元（55 000 日元/吨÷500 美元/吨＝110 日元/美元），日元贬值 10％。通过将一价定律运用到日本和美国的钢铁价格上，我们可以得出结论：如果日本的价格水平相对于美国的价格水平提高了 10％，那么日元将对美元贬值 10％。

表 12.3　一价定律运用于单一商品——钢铁

根据一价定律，如果钢铁的日元价格上升 10％并且钢铁的美元价格保持不变，那么日元将对美元贬值 10％以保证两国的钢铁价格一致。

钢铁的日元价格（日元/吨）	钢铁的美元价格（美元/吨）	汇率：日元/美元
50 000	500	100
55 000	500	110

一价定律只适用于一种商品，然而经济学家更感兴趣的是如何通过考察众多商品的价格（由一国的消费者价格指数或生产者价格指数衡量）来确定汇率。购买力平价理论从广义上阐释了如何通过众多商品的价格来确定汇率。也就是说，购买力平价理论不过是一价定律的运用，两者的差别在于用全国价格水平替代单一商品价格。

根据购买力平价理论，汇率的重要决定因素是经济体之间通货膨胀率的相对差异。如果一国的通货膨胀率更高，那么它的货币在国内市场的购买力就低。因此我们预计，为了使该国商品与国外商品以相同货币表示的价格保持一致（即保持平价），该国货币将会贬值（该国货币贬值将使进口商品对该国国内消费者而言更加昂贵，并使该国出口商品对国外消费者而言更为廉价）。因此，根据购买力平价理论，货物和服务的进口和出口（即贸易流动）便构成了使货币贬值或升值的机制。

进一步说，购买力平价理论表明，国家间相对价格水平的**变化**决定了长期汇率的**变化**。根据这一理论，一种货币对外币的升值或贬值的幅度与该国和外国之间通货膨胀率的差值相等。[①]

---

　　① 本章阐述的是所谓**相对形式**（*relative version*）的购买力平价理论，它重点关注的是一段时期内的价格变化和汇率变化之间的关系。该理论的另一种版本是**绝对形式**（*absolute version*）的购买力平价理论，它表明特定时点上的均衡汇率等于一个恰当的市场篮子（market basket）在该时点的国内外价格之比，不同国家的市场篮子由相同的一些货物和服务共同组成。

假设我们比较美国和瑞士的消费者价格指数后发现，美国的通货膨胀率每年高出瑞士 4 个百分点。这个差值意味着美元的购买力相对于瑞士法郎降低了。根据购买力平价理论，美元相对于瑞士法郎每年要贬值 4%。相反，如果美国的通货膨胀率低于瑞士，那么美元相对于瑞士法郎必然升值。

购买力平价理论可以用来预测长期汇率。在下面的例子中，我们用美国（下标 US）和瑞士（下标 S）的价格指数（P）对未来的汇率（汇率用 S 表示）进行预测。用下标 0 表示基期，用下标 1 表示第 1 期，购买力平价理论可以表示为：

$$S_1 = S_0 \frac{P_{US1} / P_{US0}}{P_{S1} / P_{S0}}$$

其中，S_0 为基期的均衡汇率，S_1 为预期的未来汇率。

例如，美国和瑞士的价格指数以及均衡汇率为：

$P_{US0} = 100$，$P_{S0} = 100$，$S_0 = 0.50$ 美元/瑞士法郎，$P_{US1} = 200$，$P_{S1} = 100$

将这些数字代入前面的等式，就可以确定第 1 期的均衡汇率：

$$S_1 = 0.50 \times \left(\frac{200/100}{100/100}\right) = 0.50 \times 2 = 1.00 \text{ 美元 / 瑞士法郎}$$

可见，在第 0 期和下一期之间，美国的通货膨胀率提高了 100%，而瑞士的通货膨胀率保持不变。要维持美元和瑞士法郎之间的购买力平价，美元就应对瑞士法郎贬值，贬值幅度应等于美国与瑞士的通货膨胀率之差。所以，为了维持美元的购买力平价，美元应贬值 100%，汇率从 0.50 美元/瑞士法郎升至 1 美元/瑞士法郎。如果假定瑞士的通货膨胀率翻倍，而美国的通货膨胀率保持不变，那么根据购买力平价原理，美元会升值，汇率将降至 0.25 美元/瑞士法郎。

虽然购买力平价理论有助于我们预测汇率应调整至什么水平，但这并不意味着我们运用这个理论就一定能准确地确定汇率，原因之一是该理论忽略了资本流动对汇率走势的可能影响。除此以外，该理论还存在其他一些问题：比如，在计算价格时难以选择合适的价格指数（究竟用消费者价格指数，还是用生产者价格指数）；难以选择合适的均衡汇率作为基期汇率；再比如，由于各国实施的贸易限制措施会干扰进出口商品的流动，所以政府政策也会对购买力平价理论的现实有效性构成影响。

购买力平价理论的预测能力在长期内最明显。如图 12.3 所示，在 1973—2003 年间，英国的价格水平相对于美国的价格水平上涨了约 99%。正如购买力平价理论预测的那样，这段时间英镑对美元贬值了大约 73%，尽管这一数字小于该理论预测的汇率增幅 99%。此外，图 12.3 还显示购买力平价理论的短期预测能力较弱。例如，在 1985—1988 年间，英国价格水平相对于美国价格水平上涨了，但英镑并没有像购买力平价理论预测的那样贬值，而是对美元升值了。简而言之，购买力平价理论是**预测汇率**（Forecasting Exchange Rates）长期变化趋势的最有效的方法，但该理论对汇率短期走势的预测效果比较差。

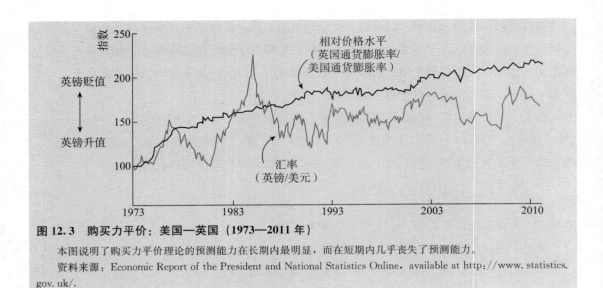

图 12.3　购买力平价：美国—英国（1973—2011 年）

本图说明了购买力平价理论的预测能力在长期内最明显，而在短期内几乎丧失了预测能力。

资料来源：Economic Report of the President and National Statistics Online，available at http://www.statistics.gov.uk/．

12.4　短期汇率的决定：　资产市场分析法

我们已经了解到，汇率的长期波动源于市场基本面各构成因素的变动，这些因素包括相对价格水平（购买力平价）、相对生产力水平、消费者对国内外商品的偏好以及贸易壁垒。然而，有时候汇率的波动幅度很大，发生很突然，而且仅凭这些因素无法加以解释。例如，一天之内汇率可能变动 2 个百分点或者更多，但是汇率的各种基本决定因素一般不会频繁变动，或者它们变动的幅度不会大到足以解释汇率的这种剧烈波动。因此，为了理解汇率为什么会在一天之内或者一周之内发生如此急剧的波动，我们就必须考虑相对价格水平、相对生产力水平、消费者对国内外商品的偏好以及贸易壁垒之外的其他因素。也就是说，我们需要再构建一个分析框架，用以说明汇率短期波动的成因。

要理解短期汇率波动的成因，重要的是认识到外汇市场是由各类投资者主导的。投资者购买的资产包括国债、企业债券、银行账户、股票和不动产。目前，所有的外汇交易中只有大约 2% 与进出口贸易融资有关，这意味着大部分外汇交易来源于在全球市场上进行的资产交易。由于世界各地的资产市场通过先进的电子通信系统相连接，并且进行 24 小时交易，所以金融资产的投资者不仅能够迅速地进行交易，而且能够及时修正其对货币价值的预期。简而言之，在短期（如一个月），虽然对进出口产品的需求也会影响汇率，但投资者对持有国内资产还是国外资产这一问题所做出的决策会在更大的程度上影响汇率。

根据**资产市场分析法**（Asset Market Approach），投资者在选择进行国内投资或进行国外投资时需要考虑两个关键因素：投资期间的相对利率水平以及汇率本身的预期走势。这些因素能够对我们所观测到的短期汇率波动作出解释。表 12.4 总结了这些因素的影响。

表 12.4 美元对英镑的短期汇率的决定因素

决定因素的变化[a]	国际金融投资的重组	对美元汇率的影响
美国利率		
提高	转向美元计价的资产	升值
降低	转向英镑计价的资产	贬值
英国利率		
提高	转向英镑计价的资产	贬值
降低	转向美元计价的资产	升值
美元汇率的预期走势		
升值	转向美元计价的资产	升值
贬值	转向英镑计价的资产	贬值

a. 对一种决定因素的变化所产生的影响进行分析时假定其他因素保持不变。

12.4.1 相对利率水平

名义利率（Nominal Interest Rate）（或称**货币利率**，*money interest rate*）水平是特定国家的资产收益率的一个有效估计值。因此，由于投资者追求更高的资产收益率，所以国家间名义利率水平上的差异往往会影响国际投资流动。

当美国的利率明显高于国外利率时，外国投资者对美国有价证券和银行账户的需求将会增加，为了购买这些资产，外国投资者就需要更多的美元，于是美元对外币升值。反过来说，如果美国的平均利率低于国外利率，那么对外国有价证券和银行账户的需求将会增加，而对美国有价证券和银行账户的需求将会减少，这将导致为购买外国资产所引致外币需求增加，同时对美元的需求减少，最终使美元对外币贬值。

为了解释相对利率水平在汇率决定中所起的作用，图 12.4 描绘了英镑的需求曲线和供给曲线。初始的均衡汇率为 1.50 美元/英镑。如图 12.4（a）所示，假设美联储实施的扩张性货币政策导致美国的利率下降到 3%，而英国的利率为 6%。于是，美国投资者会被英国相对较高的利率吸引，从而需要更多的英镑来购买英国国债，因此，英镑的需求曲线向右移动到图中曲线 D_1 的位置。与此同时，英国投资者会发现美国资产不像以前那么有吸引力了，于是他们为购买美元（为了购买美国有价证券）所支付（提供）的英镑的数量也减少了，因此英镑的供给曲线向左移动到图中的曲线 S_1 的位置。货币需求和供给两方面的联合变化使美元贬值到 1.60 美元/英镑。或者，如果英国的利率低于美国的利率，那么随着美国居民减少在英国的投资和英国居民增加在美国的投资，美元将对英镑升值。

361

12

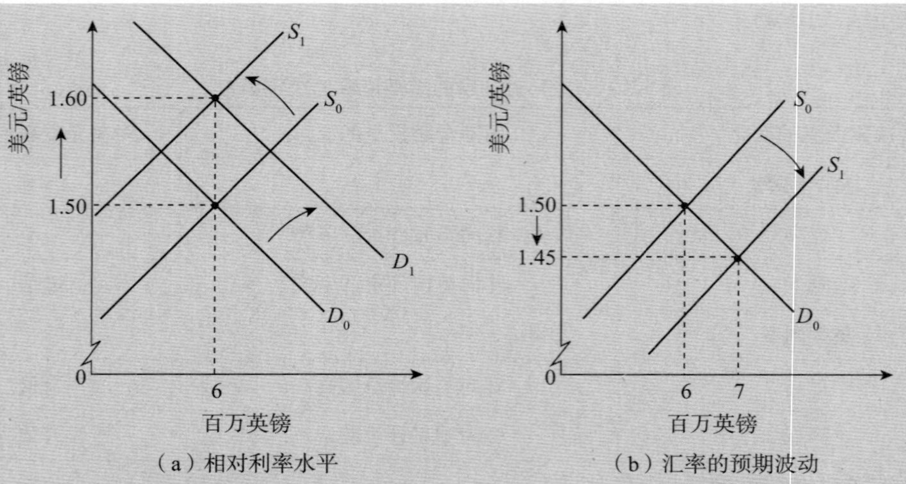

图 12.4　美元短期汇率的影响因素

在短期，美元和英镑之间的汇率反映相对利率水平和汇率的预期变化状况。

尽管如此，如果考虑到利率、投资流动以及汇率之间的关系，那么情况可能并不总是这么简单。重要的是要区分名义利率和**实际利率**（Real Interest Rate）（名义利率减去通货膨胀率）。

实际利率 ＝ 名义利率 － 通货膨胀率

对于国际投资者来说，起关键作用的是实际利率水平的相对变动。

如果在美国名义利率提高的同时，美国的通货膨胀率也提高了同等幅度，那么实际利率水平将保持不变。在这种情况下，较高的名义利率不能够使以美元计价的有价证券对英国投资者更有吸引力。这是因为美国通货膨胀率的提高会使美国居民转而购买价格较低的英国商品，这会增加对英镑的需求，从而使美元贬值。于是，英国投资者会预期，随着美元购买力的下降，美元将对英镑贬值。也就是说，美国有价证券较高的名义收益率将会被美元的未来汇率走低这样一种预期所抵消，因而不会对英国居民在美国的投资动机产生影响。只有当美国名义利率的提高意味着美国实际利率也将提高时，美元才会升值；如果美国名义利率的提高导致了通货膨胀率预期高涨，并因而降低了实际利率，那么美元将会贬值。表 12.5 列举了部分国家的实际利率。

表 12.5　2019 年 10 月部分国家的名义利率和实际利率

国家	名义利率[a]（%）	通货膨胀率[b]（%）	实际利率（%）
南非	8.4	4.5	3.9
墨西哥	6.8	3.6	3.2
俄罗斯	6.6	4.6	2.0
新加坡	1.8	0.5	1.3
美国	1.8	1.8	0.0

续表

国家	名义利率[a]（%）	通货膨胀率[b]（%）	实际利率（%）
英国	0.8	1.9	−1.1
土耳其	12.9	15.6	−2.7
阿根廷	11.3	53.7	−42.4

a. 10 年期政府债券利率。

b. 由最近 12 个月的消费者价格指数衡量。

资料来源："Economic and Financial Indicators," *The Economist*, November 2, 2019. See also International Monetary Fund, *International Financial Statistics*, and World Bank, *Data and Statistics*, available at www. data. worldbank. org.

实际利率波动有助于我们理解 1974—2006 年间的美元汇率走势。如图 12.5 所示，在 20 世纪 70 年代末，美国的实际利率处于较低水平，美元的贸易加权价值也处于低谷。到 20 世纪 80 年代初期，美国的实际利率开始上升，这种变化吸引外国资本进入美国，并引起美元升值。1985 年以后，美国的实际利率下降，美元的价值也随之衰减。美元的实际利率和汇率之间的正相关关系在 1995 年后被打破了：虽然当时美国的实际利率没有变化，但美元却升值了。美元升值的原因归于 20 世纪 90 年代末期美国日益繁荣的股票市场吸引了外国资本流入，从而在实际利率不变的情况下抬高了美元的兑换价值。从 2002 年起，美国的实际利率下降了，同期美元也出现了贬值，20 世纪 80 年代末期的规律开始重现。总之，当一国实际利率高于国外实际利率时，我们预期该国货币将会升值，因为世界范围内的投资资金会在高利率的吸引下流入该国；而那些实际利率相对较低的国家的货币将倾向于贬值。

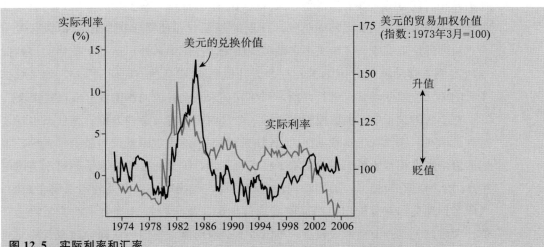

图 12.5 实际利率和汇率

美国实际利率的上升会提高美元资产（如美国国债和存款账户等）的预期收益率，这会鼓励境外资本流入美国，进而导致美元升值。相反，美元实际利率的下降会减少美元资产的预期收益率，从而促使美元贬值。

12.4.2 汇率的预期变化

在做出投资决策时，投资者需要知道的信息并不只有国别利率差异这一项，他们还必须考虑在投资期满时实际投资收益的支付问题。由于投资需要延续一段时间，所以在投资期满时投资者获得的实际价值就会随着汇率自身的波动而发生变化。换句话说，除了资产的利率之外，投资者还必须考虑外汇交易可能导致的收益或损失。

在投资者计算其购买的外国资产（以外币计价）的实际收益时，投资者对汇率未来走势的预期在其中起着重要作用。如果投资者预期计价货币的贬值幅度等于或者大于国别利率差，那么国外较高的利率将不再有吸引力，因为计价货币的贬值会消除全部经济收益。相反，如果计价货币预期升值，那么购买外国资产所获取的实际收益将大于利率差异本身所带来的收益，这时购买外国资产便有利可图。

假设英国投资者预期未来3个月美元将对英镑升值，从1.5美元/英镑升值到1.45美元/英镑。假设现在的汇率是1.5美元/英镑，英国投资者花100 000英镑购买了150 000美元用于购买美国国债。当3个月后国债到期时，投资者收到150 000美元（再加上利息），按照汇率1.45美元/英镑兑换成103 448英镑（150 000美元÷1.45美元/英镑＝103 448英镑），获利3 448英镑。也就是说，这笔投资的总收益大于单纯由利率带来的收益，汇率变化使购买美国国债更加有利可图，这将刺激英国投资者购买美国资产。

364

图12.4（b）说明了在投资期间，投资者对汇率走势的预期所产生的影响。假设初始均衡汇率为1.50美元/英镑，英国投资者预期3个月后美元将对英镑升值。因此，通过购买3个月期的美国国债，英国投资者预期能够获得外汇收益，即今天在美元相对便宜的时候卖出英镑、买入美元，3个月后，在美元更加值钱（英镑变得廉价）的时候，用美元购回英镑。预期的外汇收益使得美国国债显得更有吸引力，从而促使英国投资者购买更多的美国国债。在图中，外汇市场上英镑的供给曲线从S_0向右移动到S_1，因而美元在今天升值到1.45美元/英镑。因此，如果根据今天的美元价值变动状况进行判断，对美元在未来会升值的预期将可以自我实现。

在上面的例子中，英国投资者预期3个月内美元将对英镑升值。是什么引发了这种预期呢？答案在于本章前面讨论过的长期汇率的决定因素。如果投资者预期美国的价格水平相对于英国的价格水平将有所下降，美国的生产力水平相对于英国的生产力水平将有所提升，美国将提高进口关税，美国对进口商品的需求将会减弱，再或者预期英国对美国出口商品的需求将增加，那么投资者就会预期美元将会升值。考虑到美元升值会带来收益，英国资本会纷纷流入美国，从而导致今天美元对英镑升值。这一过程如下图所示：

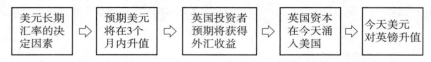

总之，如果有某种长期因素使得投资者预期美元将在未来升值，那么该长期因素会使美元在今天就升值。

12.4.3　多样化、"避风港"和投资流动

尽管国家之间的相对利率水平和投资者对汇率波动的预期是引导国家之间投资流动的强大力量，但是其他因素也会影响投资流动。例如，投资组合中以特定货币计价的资产存量规模能够改变投资者的投资偏好。为什么呢？因为投资者知道需要谨慎地保持不同种类的资产（包括计价货币）之间合理的**多样化**。就算以美元计价的国债能够带来较高的收益，但如果投资者手中美国国债的积累量已经很大并达到了某一水平，那么兼顾风险与收益的投资者就会认为美国证券在其投资组合中所占的份额已经足够高了。这时，为了促进投资组合的多样化，投资者将会减缓或者停止购买美国证券。

在某些投资流动中，也可能存在明显的**避险**动机。如果一个经济体能够为资金提供风险很低的存放地，那么投资者可能宁愿放弃在别处可观的投资收益也要将资金投放到该经济体。近几十年来，由于美国政治长期稳定，经济增长平稳，并且拥有庞大、高效的金融市场，所以它能够吸引大量的外国投资。

在本章，我们学习了汇率的决定因素。要了解这些决定因素在日常汇率变化中是如何发挥作用的，请参阅《**华尔街日报**》**商业和金融**版面中经常出现的"**货币交易**"专栏。在那里，你将了解到货币的汇率走势以及货币贬值和升值的影响因素。把你在本章所学到的知识应用于对现实世界的分析是一种很好的学习方法。

国际金融案例

GDP 的国际比较：购买力平价

经济学家计算一国国内生产总值（GDP）的方法是把一国所生产的所有货物和服务的市场价值相加并得到一个总数——在美国用美元计价，在中国用人民币计价。为了比较各国的GDP，有两种方法可以把各国的产出都换算为美元计价。

最简单的方法是使用市场汇率（market exchange rates）。比如，在 2015 年，中国货物和服务产出的价值为 72.1 万亿元人民币。使用市场汇率 6.5 元人民币/美元进行换算，中国 2015 年的 GDP 相当于 11.1 万亿美元（72.1 万亿元人民币÷6.5 元人民币/美元＝11.1 万亿美元）。然而，这个数值与实际相比太低了。因为，一方面，与美国等发达国家相比，同样的一些商品在中国等发展中国家要廉价得多；另一方面，中国也在维持人民币汇率以使人民币比美元更便宜。结果是，中国的生产成本低于美国，消费品的价格也低于美国。因此，在将中国产出价值换算为美元计价时如果不考虑人民币币值较低这个因素，那就显得不合理了。

简单地按市场汇率将中国的 GDP 换算成美元计价的问题在于，并不是所有的货物和服务都可以在世界市场上买卖。比如，像理发和管道维修之类的服务就不能进行跨国交易。如果所有的货物和服务都可以在世界市场上进行无障碍的（比如没有关税和运输成本等）交换，那么在考虑汇率因素后世界各地相同商品的价格应该是一样的。然而，在现实中，许多

货物和服务都是不可贸易品。因此，把以人民币计价的中国 GDP 按市场汇率换算成美元计价就会得出一个误导性的结果，因为市场汇率会**高估**价格水平较高国家的经济规模，并且**低估**价格水平较低国家的经济规模。

另外，市场汇率经常会出现大幅度波动。汇率波动意味着有些国家会突然变得"更加富裕"或者"更加贫穷"，但实际上这些国家的货物和服务的产出量并没有多大的变动。不过，购买力平价可以解决这些问题，因为与市场汇率只能对各国 GDP 做简单比较不同，购买力平价可以反映生活成本和通货膨胀率的国别差异。因此，用购买力平价将各国 GDP 换算成按同一货币计价的数值，就相当于以相同的价格水平为基础来估计各国的 GDP，其数值所反映的也就仅仅是各国生产的货物和服务在数量上的差别。

现在，世界银行、国际货币基金组织、美国中央情报局等机构都认为，在对各国 GDP 进行比较时，用购买力平价法比用市场汇率法更符合实际。它们以各国货币相对于美元的购买力平价为基础，得出 GDP 的国际统计数据。表 12.6 中的数据显示，如果按市场汇率换算，2017 年中国 GDP（12 万亿美元）在世界各国中位列第二，而按购买力平价换算，中国当年 GDP 为 23.2 万亿美元。

表 12.6　2017 年 GDP 的国际比较　　　　　　　　　　　　　单位：万亿美元

国家	GDP（按市场汇率换算）	国家	GDP（按购买力平价换算）
美国	19.5	中国	23.2
中国	12.0	美国	19.5
日本	4.9	印度	9.5
德国	3.7	日本	5.4
英国	2.6	德国	4.2
印度	2.6	俄罗斯	4.0
巴西	2.1	巴西	3.2
俄罗斯	1.6	英国	2.9

资料来源：World Bank, *Data and Statistics*, at www.data.worldbank.org/. See also Central Intelligence Agency, *CIA World Factbook*, and International Monetary Fund, *World Economic Outlook Database*. www.BillionPhotos.com/Shutterstock.com.

资料来源：Organization for Economic Cooperation and Development, "International Comparisons of GDP," *PPP Methodological Manual*, Paris, France, June 30, 2005, Chapter 1.

12.5　汇率超调

如果人们预期市场基本面各构成因素的未来状况将发生变化，那么短期汇率便会出现波动。例如，如果美联储宣布调整货币增长目标，或者美国总统和国会宣布变更税收或政府支出计划，那么人们对未来汇率的预期会有所改变，进而导致均衡汇率立即发生变化。从这一点来看，在市场决定汇率的制度中，政府政策的频繁变动会导致汇率波动。

如果汇率波动愈演愈烈，那么就可能出现了**超调**（Overshooting）现象。汇率超调是指汇率对市场基本面的变化所做出的短期反应（货币贬值或升值）比其长期反应**更加剧烈**。在这种情况下，也可以说市场基本面的变化对汇率造成了过大的**短期**影响。汇率超调是一种很重要的现象，它有助于我们理解为什么汇率每天的波动（货币贬值或升值）会如此剧烈。

汇率超调可以通过外币供给弹性的变化趋势来解释，一般来说，外币的短期供给弹性要小于长期供给弹性。如图 12.6 所示，英镑的短期供给曲线和需求曲线分别由 S_0 和 D_0 表示，相应地，均衡汇率是 2 美元/英镑。假如对英镑的需求增加到 D_1*，那么在短期，美元会贬值到 2.20 美元/英镑。然而，由于美元贬值使美国出口商品以英镑表示的价格降低了，所以英国对美国出口商品的需求量会增加，于是英镑的供给量会增加，而且时间越久，美国商品的出口量增加得越多，外汇市场上英镑供给的增加量也就越大。因此，英镑的长期供给曲线比短期供给曲线更富有弹性，图中曲线 S_1 表示英镑的长期供给曲线。在英镑的需求曲线移至 D_1 以后，长期均衡汇率变为 2.10 美元/英镑，相比之下，短期均衡汇率为 2.20 美元/英镑。正是由于英镑供给

367

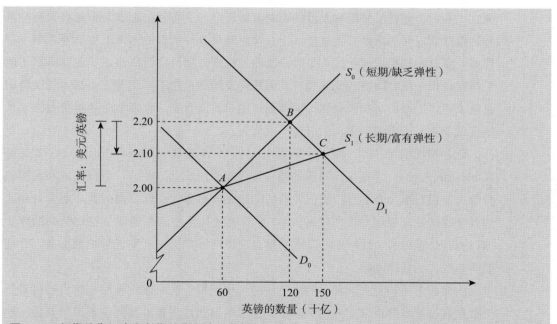

图 12.6 短期均衡汇率和长期均衡汇率：超调

假设英镑的短期供给曲线为 S_0，如果英镑的需求曲线从 D_0 上移到 D_1，那么美元将会贬值，即美元的短期均衡汇率从 2 美元/英镑升至 2.2 美元/英镑。在长期，英镑的供给曲线更富有弹性（S_1），均衡汇率水平更低，为 2.1 美元/英镑。由于英镑供给曲线的弹性在短期和长期存在差异，所以美元的短期贬值幅度大于长期贬值幅度。

---

* 比如，英国提高利率使以英镑计价的资产收益率增加，这会促使其他国家（包括美国）的投资者竞相兑换英镑用以购买英国资产。在这种情况下，人们对英镑的需求增加，英镑短期升值。——译者注

曲线弹性存在短期和长期的差异，所以美元的短期贬值幅度超过了长期贬值幅度。

与许多其他价格相比，汇率往往更容易变化，这一事实也有助于解释汇率超调现象。许多价格（如工人工资）由于都在长期合同中被确定下来，所以不能对市场基本面的变化立即做出反应。汇率则不然，它对当前的供求状况高度敏感。汇率在短期的波动幅度往往比在长期要大，这样就能对其他价格向长期均衡水平调整的缓慢过程构成一种补偿。随着总体价格水平向新的均衡水平缓慢移动，汇率超调现象便会逐渐消失，也就是汇率朝着长期均衡水平逐渐变动。

12.6　汇率的预测

在本章前几节中，我们详细讨论了汇率变动的各种决定因素。然而，即使清楚地知道这些因素（在理论上）如何影响汇率，也不能保证我们可以准确地预测汇率的未来变化。这不仅是因为汇率的各种决定因素往往（使汇率）朝相反的方向变动，而且还因为预测这些因素本身将如何变动也是很困难的。总之，预测汇率是一件很棘手的事情，预测短期汇率尤其如此。

然而，进出口商、投资者、银行家以及外汇交易商都需要对未来的汇率进行预测。比如，企业通常要持有大量的短期流动资金，这些资金表现为企业在银行的各种货币存款，而要选择存款货币，企业就需要对各种货币的未来汇率有所了解。再比如，要制定长期规划，尤其要对涉及海外投资的项目进行决策，企业就必须了解汇率在较长一段时间内的变动趋势，因此需要预测长期汇率走势。不过，对于跨国企业来说，汇率的短期预测比长期预测应用得更为普遍。大多数企业至少每隔一个季度就要对其做出的汇率预测进行一次修正。

企业和投资者对汇率预测的需求促使环球透视（Global Insights）和高盛（Goldman Sachs）等提供预测服务的咨询公司纷纷成立。此外，摩根大通和美国银行等大型银行也为企业客户提供免费的汇率预测服务。咨询公司的客户通常每年要为其获得的专家咨询意见支付高达 100 000 美元甚至更高的费用。咨询公司的雇员通过视频访谈或者"情报中心"式的信息交流向客户提供汇率走势预测服务，并回答客户提出的具体问题。

大多数汇率预测方法都是利用公认的经济因果关系来建立模型，然后通过对历史数据进行统计分析来完善模型。模型生成的预测往往要由预测专家根据其他一些观察或者推理进行修正以后再提供给最终用户。

在当前由市场决定汇率的制度中，货币价值几乎会随着利率、通货膨胀率、货币供给、贸易差额等方面信息的变化而瞬间波动。为了成功预测汇率走势，有必要估计这些经济变量的未来数值，并确定它们与未来汇率之间的关系。然而，即使是最精巧的分析方法也会因为政府政策、市场心理等因素的突然变化而变得毫无价值。事实上，那些每天都在外汇市场上进行交易的人已经意识到，市场心理是未来汇率的主要影响因素。

　　虽然存在以上这些问题，但是汇率预测专家目前还是很受欢迎。这些专家所采取的汇率预测方法可以分为**主观判断法**、**技术分析法**和**基本面分析法**。在 2010 年，花旗集团在对大约 3 000 名外汇交易员进行调查后发现，53％的交易员同时使用基本面分析法和技术分析法，36％的交易员使用技术分析法，只有 11％的交易员严格使用基本面分析法并辅以主观判断法。[①] 表 12.7 列出了几家汇率预测机构及其使用的预测方法。

表 12.7　汇率预测机构及其使用的预测方法

预测机构	预测方法	预测时间
环球通视	计量经济学方法	24 个月
摩根大通	主观判断法	12 个月内
	计量经济学方法	12 个月以上
美国银行	计量经济学方法	12 个月以上
	技术分析法	12 个月内
高盛	技术分析法	12 个月内
	计量经济学方法	12 个月以上
瑞银环球资产管理公司	主观判断法	8 个月
	计量经济学方法	12 个月

资料来源：由作者搜集。

12.6.1　主观判断法

　　主观判断法（Judgmental Forecasts）在有些情况下也就是众所周知的**一些主观性的或者常识性的模型**。这种方法要求预测专家搜集大量的政治和经济数据，从汇率变动的时机、方向和幅度等方面对这些数据进行解读，并在对各个国家的情况做了全面考察以后再做出汇率预测。预测专家需要考察的内容包括：（1）经济指标，比如通货膨胀率和贸易数据等；（2）政治因素，比如即将进行的全国大选等；（3）各种技术性因素，比如中央银行对外汇市场的潜在干预等；（4）心理因素，也就是人们"对市场的感受"。

12.6.2　技术分析法

　　技术分析法（Technical Analysis）就是利用汇率的历史数据来估计汇率的未来走势。这种方法的技术性在于，它在根据汇率的过往变动趋势预测汇率的未来走势的同时，忽略政治和经济因素对汇率走势的影响。技术分析法旨在找出汇率波动的特定模式，一旦确定了特定模式的开端，它就会自动显示汇率的短期波动状况。因

---

① CitiFx Pro, *Survey of Forex Traders*, New York，November 2010.

414 | 国际经济学（第18版）

此，技术分析法是建立在历史会重演这样一种理念之上的。

使用技术分析法需要掌握一套制图技术，常见的图形包括货币的价格图、周期图或者波动状况图。技术分析过程的起点通常是在图中标记一个交易期内的开盘价、最高价、最低价和收盘价，这里的交易期通常指的是一个交易日，但在有些情况下指的是一个星期、一个月或者一年。交易员们关注新的最高价、最低价、趋势线的转折点以及可以预测目标汇率和汇率走势的特定波动模式。

为了说明如何运用技术分析法，假设通过对经济基本面的分析，你已经就日元对美元的汇率走势形成了一定的看法。假设你现在想从外汇市场再得到一些信息，并且你正在利用图形探索汇率的波动趋势。如图 12.7 所示，你可能希望关注过去几个月内日元的一些相对高价和相对低价，图中的趋势线就是连接日元的若干高价和若干低价所得的两条直线。如果日元的汇率变动大幅度地高于或低于趋势线，那么就可能意味着汇率变动趋势正在发生改变。趋势变化可以帮助你决定在外汇市场上何时买入或卖出日元。

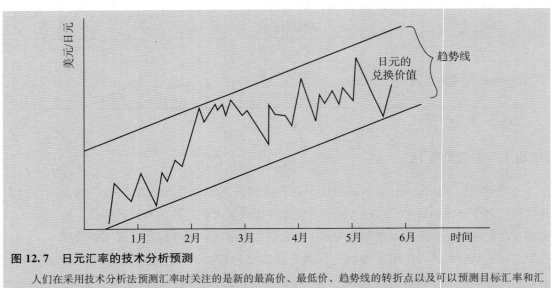

图 12.7　日元汇率的技术分析预测

人们在采用技术分析法预测汇率时关注的是新的最高价、最低价、趋势线的转折点以及可以预测目标汇率和汇率走势的特定波动模式。

由于技术分析法密切关注市场变化，所以这种方法被用于预测汇率的短期走势。然而，只有当市场一直遵循某种模式时，确定汇率波动的模式才有意义。事实上，任何一种模式都不能持续超过几天或几周，因此客户必须根据技术分析的结果迅速决定买入或卖出货币。客户必须随时与技术分析专家沟通消息，以便及时做出金融决策。

既然以基本面分析法为基础的模型通常只能预测长期汇率走势，那么技术分析法就被当作分析短期汇率走势的主要手段。技术分析法得出的结果可以用于预测汇率的市场走向，从而提示外汇交易员何时可以买入或者卖出货币。这就难怪大多数外汇交易商要通过一些技术性模型分析来帮助其制定外汇交易策略，尤其是一天之内和一周之内的交易策略。

12.6.3　基本面分析法

基本面分析法（Fundamental Analysis）是一种与技术分析法正好相反的方法，它考虑的是可能影响货币供求和货币兑换价值的各种经济变量。基本面分析法利用计算机建立计量经济学模型，计量经济学模型是对经济理论的一种统计判断。为了进行预测，计量经济学家为各国建立模型，并力求在模型中囊括影响汇率走向的基本变量，如利率、贸易差额、生产率水平、通货膨胀率等等。如果在大学里学习过计量经济学课程，那么你可以考虑将汇率预测作为课程作业。本书线上学习系统MindTap 中的**"进一步探索 12.1"**对预测汇率的计量经济学模型中所可能包括的变量种类做了一些提示。

然而，用计量经济学模型预测汇率也存在一些局限：第一，这类模型的预测结果往往取决于对诸如通货膨胀率或利率等关键自变量的预测，而要获得这些自变量的可靠信息又是很困难的；第二，一些影响汇率的因素（如中央银行对外汇市场的干预）很难被量化；第三，某一种因素影响汇率的准确时间可能很难确定，例如，通货膨胀率的变化可能要在 3～6 个月之后才会全面影响汇率。因此，计量经济学模型最适用于预测长期汇率走势。然而，当买卖某一货币时，计量经济学模型并不会给外汇交易员提供准确的价格信息。

因此，在制定交易策略时，外汇交易员通常更喜欢使用技术分析法而不是基本面分析法。尽管人们倾向于使用技术分析法，但是大多数市场参与者可能会综合使用基本面分析法、技术分析法和主观判断法，并依条件不同而有所侧重。他们会对特定的某种货币在长期是被高估还是被低估形成一个总体认识，在这一认识框架内，他们会对当前所有的经济预测、新闻事件、政治发展、统计数据、各种谣言以及社会心理变化进行评估，同时对各种图表进行研究并做技术分析。

12.6.4　汇率失调

在本章，我们已经讨论了导致汇率向其潜在的基本值或均衡值靠拢的因素。然而，许多经济学家认为，汇率也会偏离其基本值，即出现所谓的**汇率失调**（Exchange-Rate Misalignment）。更具体地说，当现实汇率过低时，就称该货币**被低估**了；当现实汇率过高时，就称该货币**被高估**了。[*]

汇率低估或高估会影响一个国家的贸易状况和就业创造能力。例如，如果人民币被低估了，那么对美国人来说，中国的出口商品就会变得更为廉价，而美国出口到中国的商品就会变得更加昂贵，于是中国就以牺牲美国利益为代价获得了贸易优

---

[*]　这里是针对直接标价法汇率（即以本币表示外币的价格）来讲的。例如，从美国人的角度看，如果均衡汇率是 1.5 美元/英镑，当现实汇率（即市场汇率）是 2.5 美元/英镑时，那么现实汇率就太高了，英镑的价值被高估了。——译者注

势。这种优势可以提高中国出口商品和进口竞争商品的产量，从而有助于促进中国出口导向型增长和出口部门的就业创造能力。正是出于这个原因，一些经济学家认为，通过低估汇率来增加本国出口的做法对其他国家来说是不公平的，因而是一种"以邻为壑"的政策。

371

然而，我们很难确定汇率的基本值或者均衡值究竟是多少，所以也就很难确定是否出现了汇率失调，更不用说失调的程度了。例如，国际货币基金组织的经济学家们对 2003—2005 年间人民币可能被低估的八种判断方法进行了考察，结果显示，根据使用的判断方法和研究假设的不同，人民币被低估的程度从 0 到 50％ 不等。经济学家们得出结论：没有万无一失的方法可以用来估算一种货币的准确价值。[①] 有关汇率失调的问题将在本教材第 15 章做进一步讨论。

12.7 小结

1. 在自由市场上，汇率由市场基本面和市场预期决定。前者包括实际利率、消费者对国内外商品的偏好、生产力水平、投资利润率、产品可用性、货币政策和财政政策，以及政府的贸易政策。经济学家普遍认为汇率波动的主要决定因素在长期和短期是不同的。

2. 长期汇率的决定因素不同于短期汇率的决定因素。在长期内，汇率取决于四个关键因素：相对价格水平、相对生产力水平、消费者对国内外商品的偏好以及贸易壁垒。这些因素影响国内外商品的交易，继而影响对进出口商品的需求。

3. 在长期内，如果一国的通货膨胀率水平相对较低、生产力水平相对较高、出口商品面临相对较多的国外需求并且进口贸易壁垒相对较高，那么该国货币倾向于升值。

4. 按照购买力平价理论，各国相对价格水平的变化决定了长期汇率的波动。如果一种货币贬（升）值的幅度与本（外）国通货膨胀率和外（本）国通货膨胀率变化幅度之差相等，那么该国货币与外国货币之间的购买力平价保持不变。

5. 本国投资者在持有国内资产还是国外资产上的决策，以及本国和外国的消费者在进口产品和出口产品上的需求都会对汇率产生影响，但就短期汇率的决定而言，前者的影响比后者更大。根据资产市场分析法，投资者在决定进行国内投资还是国外投资时要考虑两个关键因素：相对利率和汇率预期的变化。反过来，这两个因素的变化又会决定汇率的短期波动。

6. 任何两个国家之间的短期利率差异都是国际投资流动和短期汇率的重要决定因素。一国如果具有相对较高（低）的利率水平，那么其货币在短期内倾向于升（贬）值。

7. 在短期内，市场预期也会影响汇率波动。如果预期将来国内会出现高速的经济增长、利率的持续下降以及较高的通货膨胀率，那么这样的预期将会导致本国货币贬值。

[①]　Steven Dunaway and Xiangming Li，"Estimating China's Equilibrium Real Exchange Rate，" Working Paper，International Monetary Fund，October 2005；and Rebecca Nelson，*Current Debates over Exchange Rates：Overview and Issues for Congress*，Congressional Research Service，January 20，2015.

8. 超调现象加剧了汇率的波动。当市场基本面的变化对汇率造成的短期影响大于长期影响时，就称作汇率超调。

9. 汇率预测专家通过以下几种方法预测将来的汇率走势：（1）主观判断法；（2）技术分析法；（3）基本面分析法。

12.8 关键概念及术语

372

- 资产市场分析法（Asset Market Approach；p. 360）
- 汇率失调（Exchange-Rate Misalignment；p. 370）
- 预测汇率（Forecasting Exchange Rates；p. 359）
- 基本面分析法（Fundamental Analysis；p. 370）
- 主观判断法（Judgmental Forecasts；p. 368）
- 一价定律（Law of One Price；p. 354）
- 市场预期（Market Expectations；p. 349）
- 市场基本面（Market Fundamentals；p. 349）
- 名义利率（Nominal Interest Rate；p. 360）
- 超调（Overshooting；p. 366）
- 购买力平价理论（Purchasing-Power-Parity Theory；p. 357）
- 实际利率（Real Interest Rate；p. 361）
- 技术分析法（Technical Analysis；p. 368）

12.9 习题

1. 在自由市场中，货币的兑换价值由什么因素决定？长期汇率和短期汇率最重要的决定因素是什么？

2. 为什么国际投资者更关注实际利率而不是名义利率？

3. 在考虑国内通货膨胀对本国汇率的影响时，购买力平价理论是怎样预测汇率的？购买力平价理论的局限是什么？

4. 如果一种货币在外汇市场上被高估了，那么这会对该国贸易平衡产生什么样的影响？如果被低估了，情况又如何？

5. 辨别影响一国长期货币价值波动的因素。

6. 哪些因素影响短期货币价值的波动？

7. 请解释在市场决定汇率的制度中，下列因素如何影响美元的汇率：

a. 美国价格水平上升，外国价格水平不变。

b. 美国对进口设置关税和配额。

c. 美国的出口需求增加，进口需求减少。

d. 相对于其他国家，美国的生产力提高。

e. 相对于美国的利率，国外真实利率上升。

f. 美国货币供给量增加。

g. 美国货币需求量增加。

8. 汇率超调的含义是什么？是如何发生的？

9. 货币预测者用什么方法预测未来汇率的波动？

10. 在市场决定汇率的制度中，使用英镑的供求曲线来分析下列情况对美元和英镑间（美元/英镑）汇率的影响：

    a. 选民民意测验表明，英国的保守党政府将被主张对外国资产进行国有化的激进派取代。

    b. 英国和美国都陷入经济衰退，但英国的经济衰退没有美国严重。

    c. 美联储实施紧缩性货币政策，大幅度提升美国利率。

    d. 英国在北海的石油产量减少，因此对美国的石油出口也减少了。

    e. 美国单方面降低从英国进口的商品的关税。

    f. 英国通货膨胀严重，而美国国内价格稳定。

    g. 由于惧怕恐怖主义威胁，到英国旅游观光的美国人数量减少了。

    h. 英国政府邀请美国企业到英国投资石油业。

    i. 英国生产力增速急剧下降。

    j. 英国出现经济繁荣，这促使英国消费者购买更多由美国制造的商品，如汽车、卡车和计算机。

    k. 英国和美国都出现10%的通货膨胀率。

11. 你是否同意如下说法？请解释原因。

    a. "如果一国的通货膨胀率比其贸易伙伴的更低，那么该国货币将贬值。"

    b. "如果一国利率下降速度快于他国，那么该国货币将贬值。"

    c. "如果一国的生产力增长率高于其主要贸易伙伴，那么该国货币将升值。"

12. 在1980—1985年间，美元的兑换价值上升使得美国产品变得更（昂贵/便宜），外国产品变得更（昂贵/便宜）；美国进口（减少/增加），出口（减少/增加）。

13. 假定美元和瑞士法郎之间的汇率为0.50美元/瑞士法郎。根据购买力平价理论，在以下各种情况下，美元汇率将如何变化？

    a. 美国的价格水平上升10%，瑞士的价格水平不变。

    b. 美国的价格水平上升10%，瑞士的价格水平上升20%。

    c. 美国的价格水平下降10%，瑞士的价格水平上升5%。

    d. 美国的价格水平下降10%，瑞士的价格水平下降15%。

14. 假定3个月期国债的名义利率在美国为8%，在英国为6%；美国的通货膨胀率为10%，英国的通货膨胀率为4%。那么：

    a. 各国的实际利率分别为多少？

    b. 基于这种实际利率，国际资本的流向如何？

    c. 资本流动对美元的兑换价值会产生什么样的影响？

进一步探索

应用回归分析方法进行汇率预测的部分，请在本书线上学习系统MindTap中查询"进一步探索12.1"。

第13章 汇率调整和国际收支平衡

在本章，我们讨论汇率调整对贸易差额的影响。我们将要学到的是，货币贬值（升值）在何种情况下会改善（恶化）一国的贸易收支。需要指出的是，价格、利息和收入的自动调整也可以起到纠正贸易失衡的作用。

13.1 汇率变化对成本和价格的影响

与国外生产商竞争的产业或者依赖进口投入品的产业都会显著地受到汇率波动的影响。汇率变化会影响相对成本，进而影响到一国产业的国际竞争力。那么，汇率波动是如何影响相对成本呢？这要看企业的成本由本国货币或外国货币计价的程度。

13.1.1 情况1：没有国外采购——所有成本都以美元计价

表13.1假设的是美国钢铁制造商——纽柯（Nucor）钢铁公司的生产成本。假设在钢铁生产过程中，纽柯公司使用美国的劳动力、煤炭、铁和其他投入要素，这些成本都以美元计价。在时期1，假设美元的兑换价值为1瑞士法郎兑换0.5美元（即1美元兑换2瑞士法郎），如果该企业生产一吨钢铁的成本是500美元，那么在该汇率水平下相当于1 000瑞士法郎的成本。

假设由于市场条件变化，在时期2，美元汇率从0.50美元/瑞士法郎升值到0.25美元/瑞士法郎，美元升值幅度为100%（瑞士法郎由1美元兑2瑞士法郎贬值到1美元兑4瑞士法郎）。当美元升值以后，纽柯公司的劳动力、铁、煤炭和其他以美元计价的投入成本保持不变。然而，若以瑞士法郎计价，这些成本就从1 000瑞士法郎/吨上升到2 000瑞士法郎/吨，提高了一倍。美元升值100%使纽柯公司以瑞士法郎计价的生产成本上升了100%。于是，纽柯公司的国际竞争力降低了，它对瑞士买家销售的钢铁量减少了。

表 13.1　美元升值对美国钢铁企业生产成本的影响
（假设所有成本都以美元计价）

每吨钢铁的生产成本				
	时期 1 0.50 美元＝1 瑞士法郎 （2 瑞士法郎＝1 美元）		时期 2 0.25 美元＝1 瑞士法郎 （4 瑞士法郎＝1 美元）	
	美元计价	瑞士法郎计价	美元计价	瑞士法郎计价
劳动力	160	320	160	640
原材料（铁、煤炭）	300	600	300	1 200
其他成本（能源）	40	80	40	160
总成本	500	1 000	500	2 000
百分比	—	—	—	100%

　　这个例子的假设条件是，企业的所有生产投入都来自国内，并且成本都以本国货币计价。然而，在许多产业中，企业的部分投入是在国际市场上购买的（国外采购），因而这些成本用外国货币计价。在这种情况下，本国货币的兑换价值发生变动，会对企业的生产成本造成什么样的影响呢？

13.1.2　情况 2：国外采购——部分成本以美元计价，部分成本以瑞士法郎计价

　　表 13.2 还是假设纽柯钢铁公司的生产成本，包括劳动力、铁、煤炭和其他一些投入要素的成本，都是以美元计价的。不过，假设纽柯公司从瑞士供应商那里购买废铁（国外采购），成本以瑞士法郎计价。同样假定美元的兑换价值由每瑞士法郎 0.5 美元上升到每瑞士法郎 0.25 美元。与前例一样，在美元升值以后，纽柯公司的劳动力、铁、煤炭和其他投入以瑞士法郎计价的成本上升了 100%；但是，废铁的瑞士法郎成本保持不变，因为它本就是以瑞士法郎而不是美元来计价的。从表 13.2 可以看出，纽柯公司每吨钢铁的瑞士法郎成本从 1 000 瑞士法郎上升到 1 640 瑞士法郎，只增加了 64%。因此，美元升值虽然损害了纽柯公司在瑞士钢铁市场上的竞争力，但损害程度要小于上一个例子中的情形。

　　当使用以瑞士法郎计价的生产投入要素时，美元升值除了影响纽柯公司以瑞士法郎计价的钢铁生产成本以外，还会影响企业以美元计价的成本。由于废铁成本以瑞士法郎计价，美元升值后，它们仍保持 360 瑞士法郎的价格，但其美元成本却从 180 美元下降到 90 美元。由于纽柯公司其他投入要素的成本都以美元标价，不随美元升值而发生变化，因此，企业的总成本从每吨 500 美元下降到 410 美元，减少了 18%。成本的减少提高了纽柯公司在美国市场上的竞争力，毕竟在美国市场上钢铁生产成本都是以美元计价的。

表 13.2　美元升值对美国钢铁企业生产成本的影响
（假设一部分成本以美元计价，另一部分成本以瑞士法郎计价）

每吨钢铁的生产成本				
	时期 1 0.50 美元＝1 瑞士法郎 （2 瑞士法郎＝1 美元）		时期 2 0.25 美元＝1 瑞士法郎 （4 瑞士法郎＝1 美元）	
	美元计价	瑞士法郎计价	美元计价	瑞士法郎计价
劳动力	160	320	160	640
原材料				
以美元计价（铁、煤炭）	120	240	120	480
以瑞士法郎计价（废铁）	180	360	90	360
总计	300	600	210	840
其他成本（能源）	40	80	40	160
总成本	500	1 000	410	1 640
百分比	—	—	－18	＋64

　　从以上两个例子我们可以归纳出如下结论：与所有投入成本均以美元计价时的成本变化相比，以瑞士法郎计价的成本在纽柯公司总成本中的份额越大，美元升值（贬值）使纽柯生产钢铁的瑞士法郎成本增加（减少）得就越少，美元成本减少（增加）得就越多。当以瑞士法郎计价的成本占总成本的比重较小时，结论则相反。

　　汇率波动引起的相对成本变化也影响着各国的相对价格和产品贸易规模。当美元**升值**时，美国的生产成本上升，以外币计价的美国出口商品价格**提高**，美国商品的国外销售量因而下降，同时美国进口商品的数量增加。相反，当美元**贬值**时，美国的生产成本下降，以外币计价的美国出口商品价格**降低**，美国商品的国外销售量因而增加，同时美国进口商品的数量减少。

　　汇率变动后，国家间的相对价格会发生多大程度的变化，取决于若干因素。第一，美国一些出口商为了维持竞争力，可能会降低自己的利润空间，以抵消美元升值所带来的价格上涨效应。第二，对汇率长期趋势的预期也会促成价格刚性，即如果美国出口商认为美元的升值只是暂时性的，那么它们可能不愿意提高价格。第三，一个产业的定价策略取决于其产品的替代性，即产品的差异化（如质量和服务）程度越高，生产商的价格操纵能力也就越强。所以，生产商的这种价格政策在某种程度上是不受汇率波动影响的。

　　那么，企业有什么方法来抵消汇率波动对其竞争力的影响呢？假如日元相对于其他货币升值，并进而导致日本商品在国际市场上的竞争力下降。为了避免日元升值挤压企业的利润空间，日本企业可以转移生产，在货币相对于日元贬值的国家设立子公司。如果日元升值幅度较大并且升值是永久性的，那么日本企业就很有可能采取这种策略。即使日元升值不是永久性的，日本企业将生产转移到国外也有助于

13

降低汇率波动所带来的不确定性。事实上，日本企业为了保护自己免受日元升值的影响，确实采取了国外生产这样一种策略。

13.2 生产商为应对货币升值所采取的成本削减策略

多年以来，生产商们沮丧地看到，随着自己国家货币价值的不断攀升，它们从出口中获利变得越来越困难。然而，这样的经济环境也正是检验生产商是否能为维持其在世界市场上的竞争力而不断提高效率和创新能力的时机。我们接下来考察一下日本和美国的制造商是如何应对本国货币升值的。

13.2.1 日元升值：日本制造商的应对策略

在 1990—1996 年间，日元对美元升值了将近 40%。换句话说，如果两个国家商品的日元价格和美元价格各自保持不变，那么与美国商品相比，1996 年日本商品的价格比 1990 年高出将近 40%。这种变化可能会给日本制造商的国际竞争力带来毁灭性影响，那么日本制造商又是如何应对这一变化的呢？

日本企业利用日元坚挺这一优势，在美国以及与美元挂钩的亚洲国家以低廉的成本建立起一体化的制造基地，从而保持其国际竞争力。通过这种策略，日本企业可以双向利用日元—美元之间的汇率浮动：一方面，用美元计价的零部件和材料来抵消由日元升值带来的高昂成本，以维持其在美国市场上的份额；另一方面，许多日本企业还用处于强势地位的日元以较低的成本从全世界购买零部件，然后运回日本组装，这一举措也使这些企业保持了其在日本市场上的竞争优势。

现在我们来分析一下日本电子制造商日立（Hitachi）公司的例子。20 世纪 90 年代中期，日立电视机是全球化生产的产品。如图 13.1 所示，向电视屏幕发射信号的小显像管由日立公司设在美国南卡罗来纳州的分公司制造，带有电路板的底架由日立公司设在马来西亚的附属企业生产。

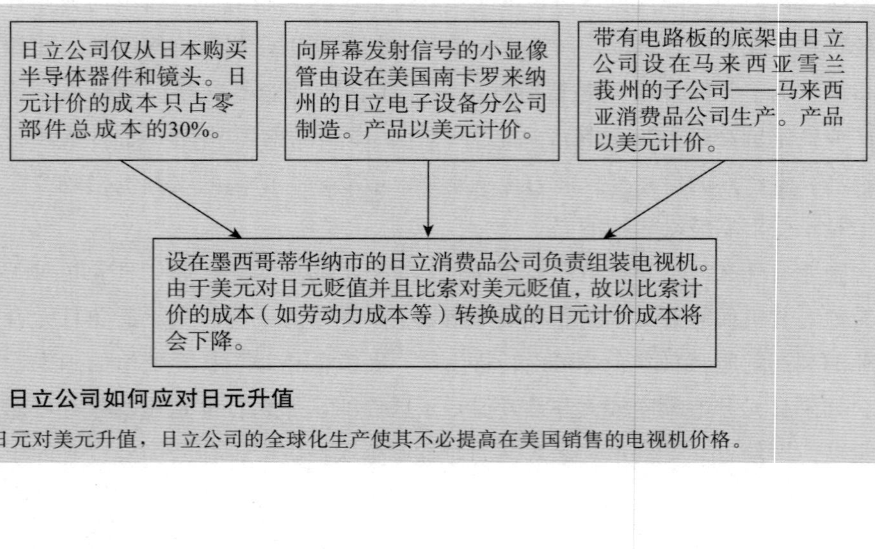

图 13.1 日立公司如何应对日元升值

随着日元对美元升值，日立公司的全球化生产使其不必提高在美国销售的电视机价格。

在日立电视机的零部件中，只有半导体芯片和镜头由日本制造，它们只占零部件总价值的 30%。由于日立公司把电视机的生产环节安排在货币对日元贬值的国家，所以尽管日元升值了，但日立公司仍然能够降低其生产的电视机的美元价格。

为了抵御日元升值的冲击，日本出口商还将出口商品的种类从具有大宗货物性质的商品转换为高价值含量的商品。一些具有大宗货物性质的商品，如金属和纺织品，除了价格之外，没有太大的差异，因此需求量对价格的变动会非常敏感。如果日元升值导致日本出口商品的美元价格上升，那么消费者很容易转向其他国家生产的商品。相比之下，消费者对交通工具和电子仪器等复杂的高价值产品的价格变动就不太敏感。对于这类商品来说，当日元升值导致价格上涨时，产品中体现的先进技术和高质量标准等因素会抵消价格上涨对需求的影响。在 1990—1996 年间，产品类型的转变（从大宗货物性质的产品转向高价值产品）增强了日本企业的竞争力。

我们再分析一下日本汽车产业的情况。为了抵消日元升值的影响，日本汽车生产商降低了汽车的日元价格，因而也就减少了每辆汽车的利润空间。日本生产商还通过各种方式削减制造成本，包括：(1) 提高工人生产效率；(2) 进口那些以对日元贬值的货币计价的原材料和零部件；(3) 在货币对日元贬值的国家建立移植工厂，并把大量的汽车生产业务转移到这些移植工厂。

在 1994 年，丰田汽车公司宣布，由于日元升值，其竞争力下降了 20%。为此，丰田公司说服其分包商在 3 年内把零部件价格下调 15%。此外，为了削减成本，丰田公司还在不同型号的汽车上使用相同的零部件，减少设计、测试和汽车产品商业化一整套流程所需消耗的时间，并迫使日本的钢铁生产商为其生产更为廉价的镀锌薄钢。为了降低成本和产品价格，并且重新获得中型家庭轿车这一细分市场份额，丰田公司还再次推出了价格低廉、配置单一的标准款轿车。

那些曾经因为质量低劣而被日本汽车制造商拒绝使用的国外零部件在 20 世纪 90 年代不再被排斥。在日元坚挺和日本汽车制造商急于降低成本的背景下，国外生产的零部件越来越多地被用到日本汽车生产中。为了降低成本，日本的汽车零部件生产商还在东南亚和南美洲建立了生产基地，生产的零部件出口到日本用以组装成品汽车。

13.2.2　美元升值：美国制造商的应对策略

在 1996—2002 年间，美元相对于美国主要贸易伙伴国货币的贬值幅度高达 22%，美国制造商对此感到惊慌不已。为了应对美元升值所带来的影响，美国制造商一方面寻求各种途径开辟国外市场，另一方面积极保卫其国内市场份额。

以美国费德（Feed）有限公司为例，这是一家位于美国俄亥俄州拿破仑市的企业，主要生产汽车工厂使用的机械。在 2001 年，该企业与西班牙一家同类制造商（这两家企业都生产汽车工厂用来延展巨型钢圈和使用压力机把钢圈制成零部件的机械）达成了一项协议。根据该协议，当接到订单时，两家企业的管理层就会开会讨论由哪一家企业生产哪些部件，这种安排在本质上就是进行分工以使两家企业都能正常运营。这相当于美国费德公司在欧洲拥有了生产基地并能从中获益，而且无须承担自己在欧洲设立工厂的风险。费德公司对机械产品进行了重新设计，使其生产效率更高并且建造成本更低。经过努力，费德公司的机械产品生产成本削减了大约20%。

380

Sipco模具技术公司，一家位于美国宾夕法尼亚州米德维尔市的工具和模型制造商，也必须削减成本以应对美元升值带来的影响。多年以来，Sipco与澳大利亚的一家企业保持着商业伙伴关系，这家企业设计了Sipco以前在美国生产工具的专业生产线。由于美元持续走强，这家澳大利亚企业承担了该工具的设计和生产，而Sipco只负责销售。尽管这些措施有助于Sipco降低成本，但同时也使得这家企业的雇员损失了30%的工作岗位。

国际金融案例

日本企业将生产迁至海外以应对日元升值导致的产品竞争力下降

近年来，日本出口商意识到日元持续升值使其产品变得更加昂贵，进而削弱了其在国外市场上的竞争力。那么日本出口商如何才能维持利润稳定呢？他们的做法是将生产业务搬迁到美国和其他国家，并尽量不用美元兑换日元。

在2010—2011年间，随着日元升值不断推动日本经济进行重大调整，从汽车制造商到电子产品公司的几乎所有日本企业都忙着把更多的生产业务搬迁到海外。在此期间，丰田汽车公司总产量中的57%是在海外完成的，而在2005年这一比重只有48%。这家世界领先的汽车制造商表示，它将在泰国曼谷市附近的一家工厂生产广受消费者欢迎的普锐斯车型，这是该公司第一次在海外生产这款混合动力旗舰车型。此外，丰田公司的竞争对手——日产汽车公司于2010—2011年间在海外生产的汽车数量约占总产量的71%，而在2009年，这一比率只有66%。日本商业领袖们表示，他们的企业必须越来越多地采购海外制造的商品，因为只有这样才能在日元持续升值的环境中保持企业的竞争力。

对于日本生产商来说，将生产迁至美国和其他国家不仅有助于规避日元对美元升值所产生的相当一部分问题，而且有助于产品在海外的销售增长。然而，此举也导致了日本国内汽车制造厂的产能过剩和日本工人失业。一些人士担心，持续的日元升值会加剧日本经济的"空心化"现象。

问题：为什么说将生产迁至美国能够帮助日本生产商规避日元升值所带来的问题？

资料来源："Japan Firms Send Work Overseas," *Wall Street Journal*，October 25，2010，p. B1；"Japanese Firms Practice Yen Damage Control," *Wall Street Journal*，September 26，2003，p. A7；Mike Ramsey and Neal Boudette，"Honda Revs Up Outside Japan," *Wall Street Journal*，December 21，2011，p. A1.

13.3 货币贬值能够减少贸易赤字吗？ 弹性分析法

我们已经知道，货币贬值通常会降低商品的成本和价格，从而增强一国企业的国际竞争力；而货币升值则往往会产生相反的结果。那么，在什么情况下货币贬值能够减少一国的贸易赤字呢？

要解决这个问题，我们就需要从不同的侧面对货币贬值予以分析，每一种分析方法都将在后面分别用一节的篇幅予以介绍。这些分析方法包括：（1）**弹性分析法**（Elasticity Approach）。这种方法强调贬值的相对**价格效应**，它表明在需求弹性较高的情况下，贬值能够很好地起到减少贸易赤字的作用。（2）**吸收分析法**（Absorption Approach）。这种方法研究的是贬值的**收入效应**，其政策含义是，一国若想通过贬值来改善其贸易收支，那么相对于国内收入来说，国内支出必须下降。（3）**货币分析法**（Monetary Approach）。这种方法着重强调贬值对**货币购买力**的影响，以及由此对国内支出水平造成的冲击。我们首先来讨论弹性分析法。

货币贬值通过改变货物和服务的国际相对价格来影响一国的贸易差额。存在贸易赤字的国家可以通过降低相对价格来增加出口并减少进口，从而扭转贸易失衡。降低相对价格水平的方法既可以是在自由市场上允许本国货币贬值，也可以是在固定汇率制度下对本国货币实行法定贬值。货币贬值的最终效果取决于一国进口和出口的需求价格弹性。

回想一下，**需求价格弹性**反映的是买方对价格变动的敏感程度，它表明价格变动 1% 引起的需求量变动的百分比。从数学上看，弹性是需求量变动百分比与价格变动百分比的比值，公式为：

$$弹性 = \frac{\Delta Q}{Q} \div \frac{\Delta P}{P}$$

弹性系数用数字表示，不考虑代数符号。如果该比率大于 1，那么就意味着价格变动 1%，需求量的变动幅度大于 1%，在这种情况下，我们称之为**有弹性的**需求。如果弹性系数小于 1，那么就说明需求量变动的百分比小于价格变动的百分比，这时的需求是**缺乏弹性的**。如果弹性系数刚好等于 1，也就是所谓的**单位弹性需求**，在这种情况下，需求量变动的百分比正好与价格变动的百分比相同。

接下来，我们考察货币贬值对一国贸易差额（即出口额减去进口额后的余额）的影响。假如英镑相对于美元贬值 10%，那么英国的贸易差额是否会得到改善，将取决于在英镑贬值以后，英国通过出口所获得的美元相对于进口所支出的美元将发生怎样的变化，而这又取决于美国对英国出口商品的需求是富有弹性还是缺乏弹性，以及英国对从美国出口商品的需求是富有弹性还是缺乏弹性。

根据对英国出口商品和进口商品的需求弹性的大小不同，在英镑贬值以后，英

381

13

国的贸易差额既可能改善，也可能恶化，还可能保持不变。决定实际结果的一般规律被称作**马歇尔-勒纳条件**（Marshall-Lerner Condition），其内容是：（1）如果货币贬值国家对进口商品的需求弹性与国外对该国出口商品的需求弹性之和大于 1[*]，那么贬值将**改善**贸易差额；（2）如果这两个需求弹性之和小于 1，那么贬值将使贸易差额恶化；（3）如果这两个需求弹性之和等于 1，那么贸易差额**既不会得到改善，也不会进一步恶化**。马歇尔-勒纳条件既可以用货币贬值国家的货币来表述，也可以用其贸易伙伴国的货币来表述。我们这里只用货币贬值国家（英国）的货币来表述马歇尔-勒纳条件。

马歇尔-勒纳条件最早是由英国经济学家阿尔弗雷德·马歇尔（Alfred Marshall）在 19 世纪晚期提出的，这是他的需求价格弹性理论在对外贸易问题上的应用——类似于这样一种思想，即如果需求是有弹性的，那么卖方可以通过降低价格来增加收入[**]。在 20 世纪初，出生于俄国的经济学家阿巴·勒纳（Abba Lerner）进一步完善了马歇尔的这一理论。

13.3.1 情况 1：贸易差额得到改善

表 13.3 举例说明了英镑贬值对英国贸易差额的影响。表 13.3（a）假设英国对进口商品的需求弹性为 2.5，美国对英国出口商品的需求弹性为 1.5，弹性之和等于 4.0。假设最初英国处于贸易均衡状态，即英国的出口收入等于进口支出。假设英镑对美元贬值 10%。要评估英镑贬值对英国贸易差额的总体影响，就需要分析贬值对进口支出及出口收入的影响。

表 13.3　英镑贬值对英国贸易差额的影响

(a) 贸易差额得到改善

部门	英镑价格的变化（%）	需求数量的变化（%）	净影响（以英镑计量）
进口	+10	−25	进口支出−15%
出口	0	+15	出口收入+15%

假设条件：
英国对进口品的需求弹性 = 2.5 ⎱
美国对英国出口品的需求弹性 = 1.5 ⎰ 弹性之和 = 4.0
英镑贬值 10%

---

[*]　注意，如前文所述，不考虑需求价格弹性的代数符号。需要指出的是，就普通商品而言，消费者对商品的需求量通常与该商品的价格成反比，所以在一些经济学教材中经常将需求价格弹性定义为小于零的数，即考虑需求价格弹性的代数符号。在这种定义下，马歇尔-勒纳条件表述为，只有当一国进出口商品的需求价格弹性之和的绝对值大于 1 时，该国货币贬值才能起到改善贸易差额的作用。——译者注

[**]　在以本币计价的本国商品价格不变的前提下，本币对某一外币贬值会使以该外币计价的本国商品价格下降，因而会刺激本国商品出口。——译者注

续表

(b) 贸易差额恶化			
部门	英镑价格的变化（%）	需求数量的变化（%）	净影响（以英镑计量）
进口	+10	−2	进口支出+8%
出口	0	+1	出口收入+1%

假设条件：

英国对进口品的需求弹性 = 0.2
美国对英国出口品的需求弹性 = 0.1　$\Big\}$　弹性之和 = 0.3
英镑贬值10%

如果进口商品的外币价格保持不变，那么在货币贬值以后，进口商品的本币价格将会上升。由于英镑贬值，所以英国进口的商品以英镑表示价格上涨了10%，于是预计英国消费者会减少购买外国商品。当进口需求弹性为 2.5 时，贬值将使进口需求量减少25%。在进口价格上升10%并且进口数量减少25%以后，以英镑计量的英国进口支出减少了约15%。

英国的出口收入又会发生什么变化呢？虽然出口商品的英镑价格保持不变，但是在英镑贬值以后美国消费者将发现，以美元计价的英国出口商品的价格下降了10%。当美国对英国出口商品的需求弹性为 1.5 时，英镑贬值10%将使英国商品在国外的销售量增加15%，因而以英镑计量的英国出口收入将增加大约15%，这会使英国的贸易收支得到进一步改善。在进口支出减少15%的同时出口收入增加15%，这意味着英镑贬值将使英国出现贸易盈余。因此，**当需求弹性之和大于 1 时，英镑贬值巩固了英国的贸易地位**。

13.3.2　情况 2：贸易差额恶化

在表 13.3（b）中，英国对进口商品的需求弹性为 0.2，美国对英国出口商品的需求弹性为 0.1，弹性之和等于 0.3。英镑贬值10%使进口商品的英镑价格提高了10%，英国对进口商品的需求量随之下降了2%。与前面的例子相对照，当需求相对缺乏弹性时，英国的进口支出并没有因为英镑贬值而减少，反而*增加*了8%。与之前一样，贬值没有影响英国出口商品的英镑价格，但出口商品的美元价格下降了10%。由于美国从英国购买的商品增加了1%，所以英国的英镑收入也随之增加了1%。因为进口支出增加了8%，并且出口收入仅上升了1%，所以英国出现了贸易赤字。正如马歇尔-勒纳条件所阐述的那样，**如果需求弹性之和小于 1，那么贬值将使一国的贸易收支恶化**。

虽然马歇尔-勒纳条件说明了通过货币贬值恢复国际收支平衡的一般规律，但这取决于一些简化的假设条件。第一，马歇尔-勒纳条件假设，在货币贬值时，一国的贸易收支是平衡的。如果在一开始进口就超过出口，因而存在巨额贸易赤字，那么即使需求弹性之和大于 1，货币贬值也可能会使进口支出的变动幅度超过出口收入的变动幅度。第二，马歇尔-勒纳条件还假设以出口国货币计价的出口商品价格保持不变。然而，这一假定并不总是成立的。当本国货币贬值时，国外销售商为了维持其竞争地位，也可能会降低它们的产品价格；同时，国内销售商也可能会抬高出口商品的本币价格[*]，因而其商品的外币价格就不会因本币贬值效应而降低。不过，这些假设并没有否定马歇尔-勒纳条件的基本逻辑，即需求弹性越高，通过货币贬值改善国际收支的效果越好。

马歇尔-勒纳条件说明了本币贬值对本国贸易差额的价格效应。价格变动对货物贸易量的影响程度有多大，取决于进出口商品的需求弹性。如果事先已经知道弹性的大小，那么就可以通过确定恰当的汇率政策来恢复国际收支平衡。

特别地，如果一种产品有很多高度相似的替代品，或者在消费者支出中占有很大比例，再或者是奢侈品，那么该产品的需求弹性就会很大。因此，如果一国正在进口或出口原材料、食品和能源等需求弹性较低的产品，那么该国消费者在面对本币贬值时不大可能会大幅度减少进口。也就是说，在这种情况下，本币贬值将会恶化本国的贸易差额。然而，如果被交易的商品是旅游、纺织品和初级制成品等替代性较强、需求弹性较大的商品，那么本币贬值将可以改善本国贸易差额。表13.4列出了部分国家的全部进口商品和全部出口商品的需求弹性的估计值。

表 13.4　部分国家的全部进口商品和全部出口商品的长期需求弹性

国家	进口弹性	出口弹性	进口弹性与出口弹性之和
加拿大	0.9	0.9	1.8
法国	0.4	0.2	0.6
德国	0.1	0.3	0.4
意大利	0.4	0.9	1.3
日本	0.3	0.1	0.4
英国	0.6	1.6	2.2
美国	0.3	1.5	1.8

资料来源：Peter Hooper, Karen Johnson, and Jaime Marquez, "Trade Elasticities for the G-7 Countries," *Princeton Studies in International Economics*, No. 87, August 2000, p. 9.

13.4　J曲线效应：货币贬值的时间路径

对国际贸易中的价格弹性的经验估计表明，如果符合马歇尔-勒纳条件，那么货币贬值通常会改善一国的贸易差额。然而，在经验研究中还发现了一个问题，即

---

[*] 可能是因为对商品的总需求增多了。——译者注

从汇率变动到它对实际贸易最终产生影响，存在一个**时滞**。描述贸易流动的时间路径的一种常用方法即所谓的 **J 曲线效应** (J-Curve Effect)。这种观点认为，一国货币贬值最初会使该国贸易差额进一步恶化，随着时间的推移，贸易差额将有可能得到改善。这是因为，有关货币贬值的价格效应的最新信息在整个经济体中传播需要时间，同时经济个体相应地做出行为调整也需要时间。

　　货币贬值通过影响一国的出口收入和进口支出来影响该国的贸易差额。出口收入和进口支出用商品单价乘以需求数量来计算。图 13.2 显示了货币贬值影响出口收入和进口支出的过程。

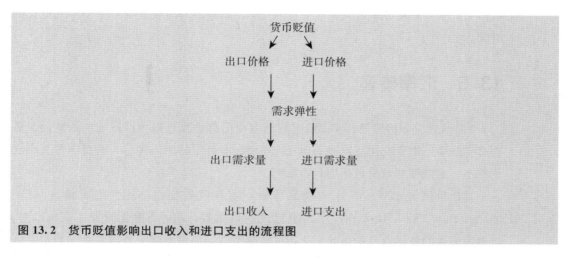

图 13.2　货币贬值影响出口收入和进口支出的流程图

　　货币贬值的直接效应是改变相对价格。假设一国的货币贬值幅度为 10%，这意味着进口商品的本币价格最初将上涨 10%，进口商品的需求数量将根据本国的需求弹性大小作相应减少。同时，出口商赚取的外币收入可以兑换到的本币数量将比原来多出 10%，这意味着出口商变得更有竞争力，而且可以降低出口商品的外币价格。于是，出口收入将根据外国需求弹性的大小而相应增加。然而，这一过程是存在问题的，因为价格变化诱导进口数量和出口数量发生变化需要一定的时间，所以货币贬值发挥作用也就需要一定的时间。

　　贸易流动对于货币贬值做出反应的时间路径可以用 J 曲线效应来描述。之所以将其称为 J 曲线效应，是因为在货币贬值后的一段时间内，贸易差额继续恶化（沿着字母 J 的尾部向下滑落），然后逐渐好转（沿着字母 J 的头部向上移动）。出现这种情形的原因是，货币贬值的最初效应是进口支出增加，即虽然进口的本币价格提高，但由于以前的商业义务需要继续履行，所以进口数量并不会马上发生变化。随着时间的推移，数量调整效应开始发挥作用，即进口数量减少，而且出口商品对国外购买者也更具有吸引力。

　　哪些因素可以解释货币贬值调整过程中的时滞现象呢？在相对价格变化和商品贸易量变化之间出现的时滞包括以下几种类型：

- 对竞争条件变动的**认识时滞**。
- 建立新商业关系和下达新订单的**决策时滞**。
- 从下达新订单，到能够对商品流动和支付资金流动产生实际影响之间的**交付时滞**。
- 在下达新订单之前，要先用完库存商品，或者耗尽现有机器设备，即**替换时滞**。
- 从需求增加到商品产量增加的**生产时滞**。

经验数据表明，货币贬值对贸易差额的影响要到几年之后才能全部显现出来。虽然大部分调整在 2 年内就完成了，但是全部调整的时滞可能要持续 4 年或更长的时间。[①]

13.5 汇率传递

J 曲线效应分析假设，一个给定的汇率变化会导致进口价格成比例的变动。然而在实际中，汇率变化与价格变动之间可能没有确定的比例关系，这意味着汇率变化并不一定能够对贸易量产生有效影响。

货币价值变动导致进出口商品价格一定幅度的变化被称为**汇率传递**（Exchange-Rate Pass-Through）。汇率传递之所以重要，是因为在汇率发生变化以后，以本币表示的外国商品价格的变化幅度将决定本国消费者购买外国商品的数量。而这一价格变化幅度又部分地取决于外国出口商愿意让汇率变化在多大程度上反映在以买方货币表示的商品价格上。

现举例说明。假设日本丰田公司向美国出口汽车，丰田汽车以日元表示的价格是固定的，并且美元对日元贬值 10%。假设丰田公司没有采取抵消性措施，于是美国进口丰田汽车的价格将上涨 10%，因为美国消费者现在需要比之前多 10% 的美元来兑换日元以购买进口商品。这种情况就属于完全的汇率传递，也就是以美元表示的进口商品价格的上升幅度等于美元的贬值幅度。

为了说明完全的汇率传递的计算，假设卡特彼勒公司将其出口到日本的拖拉机定价为每台 5 万美元。如果汇率是 150 日元兑换 1 美元，那么日本买家支付的价格将是 7 500 000 日元。假设拖拉机的美元价格保持不变，那么美元升值 10% 将使拖拉机的价格提高 10%，也就是拖拉机的价格将上涨至每台 8 250 000 日元（165 × 50 000 = 8 250 000）。相反地，如果美元贬值 10%，那么拖拉机的日元价格会降低 10%，下降至 6 750 000 日元。只要卡特彼勒公司保持拖拉机的美元价格不变，那么美元汇率的变化将完全反映在出口商品的外币价格的变动上。在这种情况下，商

---

① Helen Junz and Rudolf R. Rhomberg, "Price Competitiveness in Export Trade among Industrial Countries," *American Economic Review*, May 1973, pp. 412 - 419.

品外币价格的变动幅度与汇率的变化幅度的比值是 100％，这意味着存在完全的汇率传递。

部分汇率传递

虽然完全的汇率传递有可能存在，但在现实中，部分汇率传递更为普遍。表 13.5 显示了 1975—2003 年间美国等一些发达国家的平均汇率传递率的估计值。例如，这一时期美国的汇率传递率为 0.42，这意味着美元汇率每变化 1％，美国进口商品的价格将变动 0.42％。由于进口商品价格的变动幅度小于汇率的变化幅度，所以对美国来说，汇率传递是"部分"的。同样的结论也适用于表中所列的其他国家。当国内外都只发生部分汇率传递时，汇率变化对贸易量的影响就被削弱了，因为汇率变化首先引发了贸易品相对价格的变动。

386

表 13.5　汇率变化一年以后在进口商品价格上的传递

国家/地区	汇率传递 （本币每贬值或升值 1％，该国进口商品的价格将变动的百分比[a]）
OECD[b] 平均	0.64
美国	0.42
欧元区	0.81
日本	0.57～1.0
其他发达国家	0.60

a. 以上估计值基于 1973—2003 年的数据。

b. 经济合作与发展组织成员（OECD）包括：澳大利亚、奥地利、比利时、加拿大、捷克、丹麦、芬兰、法国、德国、希腊、匈牙利、冰岛、爱尔兰、意大利、韩国、日本、卢森堡、墨西哥、荷兰、新西兰、挪威、波兰、葡萄牙、西班牙、瑞典、瑞士、土耳其、英国和美国。

资料来源：Jose Campa and Linda Goldberg, "Exchange Rate Pass-Through into Import Prices," *Review of Economics and Statistics*, November 2005, pp. 984 - 985; and Hamid Faruqee, "Exchange Rate Pass-Through in the Euro Area," *IMF Staff Papers*, April 2006, pp. 63 - 88.

为什么发生的往往都是部分汇率传递呢？这与发票开具惯例、市场份额因素及分销成本有关。

13

发票开具惯例

参与国际贸易的企业可以自由选择用哪种货币来表示其出口商品的价格，它们可以在开发票时用本币表示其出口商品的价格，也可以用买方货币来表示商品价格。事实表明，近年来在欧洲以外的各国贸易中，进出口发票上的计价货币以美元为主。

美元在美国贸易结算中的主导地位有助于解释美元汇率变化对美国进口商品价格的部分传递效应。如果外国生产商在开具出口商品发票时以美元计价，那么即使美元对其他货币贬值，这些商品的美元价格仍然保持不变。在这种情况下，汇率变化只会影响外国生产商的利润，不会提高美国进口商支付的美元价格。当然，经过一段时间以后，外国生产商可能会根据汇率重新调整其出口价格。

市场份额因素

在美元贬值一段时间以后，导致汇率变化只能部分地传递到商品价格的另一个因素是，外国生产商希望维持其在美国所售商品的市场份额。在现实中，货物和服务都产生于一个有缺陷的竞争市场，企业根据成本和利润率来制定商品价格。当汇率变化引起成本变化时，企业可能不会选择将全部的成本变化转嫁到商品价格上，而是选择改变企业的利润率，企业这种选择的结果是降低了零售价格对汇率变化的敏感程度。因此，当外国货币对美元升值时，向美国出口商品的外国企业为了与美国本土企业竞争，可能会降低利润率以使出口商品的美元价格保持不变。对于那些向美国出口商品的外国企业来说，通过降低利润率来应对汇率变化是尤其必要的，因为美国市场巨大，外国商品在美国市场中占有的份额通常要小于其在小规模市场中所占有的份额，在这种环境下，美国消费者可以轻易地用美国商品替代进口商品，外国出口商因此也就不大愿意将汇率变化全部转嫁到商品价格上以免失去其在美国的市场份额。简而言之，进口商品在美国市场上面临较为激烈的竞争，这通常会降低汇率传递对进口商品价格的影响。

分销成本

到目前为止，我们已经考察了当商品被运抵一国边界时，汇率变化对该商品价格的影响。然而，从将商品运抵国界直到将商品卖到消费者手中，这期间还会产生其他一些成本，这些成本就是在将进口商品送达最终消费者的过程中所产生的分销成本，包括运输成本、营销成本、批发成本和零售成本。比如，在1996年，从中国采购一个芭比娃娃的成本是2美元，将其运抵美国后的售价为10美元，生产商美泰（Mattel）公司在美国销售1个芭比娃娃的利润是1美元，其余的7美元都用于支付在美国的运输费用和其他营销与分销费用。在美国，分销成本平均占到零售价格的40%。[①] 由于国内分销服务不能通过国际贸易渠道获取，所以国内分销成本不受美元汇率波动的影响。因此，既然分销成本在商品零售价格中占很大比例，那么商品零售价格对汇率波动也就不那么敏感了。

国际金融案例

货币贬值会刺激出口增长吗？

为了应对2007—2009年的经济大衰退，各国央行行长普遍采取了扩张性的货币政策，以使低迷的经济尽快恢复正常。从理论上讲，这些政策会降低利率，增加国内投资和消费支出，因而能够刺激产出和就业增长。此外，当一国利率下降时，投资者会将其资金转移到其他国家以寻求更高收益，从而导致该国货币贬值。一国货币贬值会导致其出口商品以外币表

---

① Sidney S. Alexander, "Effects of a Devaluation on a Trade Balance," *IMF Staff Papers*, April 1952, pp. 263-278.

示的价格下降,这会促进该国出口增加以及国内经济增长。

　　然而,在经济大衰退发生之后的几年里,事情并没有完全像经济理论所预测的那样发展。为什么呢?最近的证据表明,由于全球贸易结构发生了根本性变化,所以货币贬值对贸易流动的影响有所减弱。这里所说的根本性变化是指,企业生产出口商品所需的各种投入的来源地发生了变化。在过去,制造商生产商品所需的大部分零部件都从国内采购;而现在,它们越来越多地从国外采购这类投入。结果是,出口商品中包含了比过去更多的进口投入,这意味着现在的许多商品不再是"美国制造"或在某个其他特定国家制造,而是"世界制造"。

　　当日元(或某种其他货币)贬值时,日本生产商在美国销售商品的价格就会降低,这个逻辑仍然是成立的。但是,日元贬值也提高了日本厂商生产出口品所需的各种投入的采购价格,而这会导致生产成本提高和出口竞争力下降。因此,货币贬值对出口的促进作用减弱了。

　　经济合作与发展组织和世界贸易组织的经济学家们研究了全球供应链对贸易流动的影响。他们专门测算了每个国家的出口商品中所包含的外国成分,研究结果显示,自 20 世纪90 年代中期以来,各国出口商品中所包含的外国成分出现了大幅增长。例如,瑞士出口商品中的外国成分从 1995 年的 17.5% 增加到 2011 年的 21.7%,韩国出口商品中所包含的进口成分几乎翻了一番,从 1995 年的 22.3% 增加到 2011 年的 41.6%。经济学家们在对这些数据进行分析后发现,汇率变动对进出口的影响随着时间的推移而有所减弱——在一些国家下降了30%。这些发现说明,随着各国在全球价值链上的垂直一体化程度越来越高,汇率变化对贸易流动的影响将持续减弱。因此,汇率波动在充当全球经济缓冲器方面所能发挥的作用减小了,也就是说,汇率波动在引导全球需求从强势经济体转向弱势经济体方面所能发挥的作用减小了。

　　简而言之,汇率变动会在多大程度上增加或减少商品出口取决于出口商品中所包含的外国成分的多少。就整个世界经济而言,美国出口商品中所包含的外国成分约为 15%,这在全球范围内处于较低的位次,相比之下,德国出口商品中所包含的外国成分超过了 25%。

问题:货币贬值能够解决一国的各种经济问题吗?

资料来源:Paul Hannon, "Why Weak Currencies Have a Smaller Effect on Exports," *Wall Street Journal*, December 28, 2015; Organisation for Economic Cooperation and Development, Measuring Trade in Value Added: An OECD-WTO Joint Initiative, October 2015; World Trade Organization and the Institute of Developing Economies, Trade Patterns and Global Value Chains in East Asia, 2011; Albert Park, Gaurav Nayyar, and Patrick Low, *Supply Chain Perspectives and Issues: A Literature Review*, World Trade Organization and the Fung Global Institute, 2013.

13.6 货币贬值如何影响国际收支——吸收分析法

根据弹性分析法，货币贬值通过影响价格来减少进口和增加出口。然而，即使弹性条件能够得到满足，本币贬值能否改善本国贸易差额可能还要取决于本国经济对货币贬值的反应。对于这个问题，我们可以使用吸收分析法[①]来加以研究。吸收分析法考察本币贬值对本国经济中支出行为的影响，以及国内支出对贸易差额的影响。

吸收分析法源于这样一种思想：国内总产出的价值（Y）等于总支出。总支出由消费（C）、投资（I）、政府支出（G）和净出口（$X-M$）构成。这一关系可以表示为：

$$Y = C + I + G + (X - M)$$

吸收分析法将 $C+I+G$ 合并成一个量，用 A 表示，代表吸收；同时将净出口（$X-M$）记为 B。这样，国内总产出就是吸收与净出口之和，即：

$$Y = A + B$$

也可以写作：

$$B = Y - A$$

此式说明，贸易差额（B）等于国内总产出（Y）与吸收水平（A）之间的差额。如果国内总产出超出了国内吸收，那么该国的贸易差额为正；反之，如果一国的贸易差额为负，那就表明该国支出超过其生产能力。

根据吸收分析法，只有当国内总产出相对于吸收增加时，货币贬值才能改善一国的贸易差额。这意味着，一国要想改善贸易差额，那么它必须增加总产出，减少国内吸收，或者在一定程度上把这两方面结合起来。下面的例子说明了这些做法的可行性。

假设一国同时面临着**失业**和**贸易赤字**。当经济在低于最大产能的情况下运行时，货币贬值除了会使国内支出从进口商品转向本国生产的替代商品以外，往往还会通过影响价格引导闲置资源流入出口商品生产部门。因此，本币贬值会扩大本国产出，并且改善贸易差额。这就难怪当国家面临失业和贸易赤字时，政策制定者们通常会将货币贬值视为一种有效的政策工具。

然而，如果一国经济已经实现了**充分就业**，因而也就没有闲置资源可用于扩大生产，那么这时国内的产出水平就是固定的。对处于这种状态的国家来说，本币贬

[①] See Donald S. Kemp, "A Monetary View of the Balance of Payments," *Review*, Federal Reserve Bank of St. Louis, April 1975, pp. 14–22; and Thomas M. Humphrey, "The Monetary Approach to Exchange Rates: Its Historical Evolution and Role in Policy Debates," *Economic Review*, Federal Reserve Bank of Richmond, July-August 1978, pp. 2–9.

值能够起到改善贸易差额的作用路径只有一个，那就是通过某种方式减少国内吸收量，从而释放用于生产额外出口商品和进口替代商品所需的资源。例如，当本币贬值导致国内价格上涨时，本国政策制定者们可以通过采取紧缩性的财政政策和货币政策来减少国内吸收。不过，为了减少国内吸收，那些承受紧缩性政策负担的人将会牺牲一部分利益。所以说，当一个经济体在最大产能下运行时，货币贬值可能不是一项恰当的政策。

弹性分析法将贸易差额视为经济的一部分，并且与经济的其他部分之间有着清晰的界限，而吸收分析法认为货币贬值会影响到一国的资源利用状况和总产出水平；单从这一点来看，吸收分析法优于弹性分析法。总的来说，这两种分析方法是互补的。

13.7　货币贬值如何影响国际收支——货币分析法

对货币贬值如何影响国际收支的传统分析方法进行考察会发现其中存在一个严重的缺陷。根据弹性分析法和吸收分析法，国际收支调整与货币贬值引起的货币变动无关，或者说，即使存在一定程度的货币变动，那么货币变动也完全可以被本国货币当局所采取的措施予以中和。换句话说，由于忽略了资本运动对国际收支的影响，所以弹性分析法和吸收分析法仅适用于讨论货币贬值对国际收支平衡表中的贸易账户的影响。货币分析法弥补了这一缺陷。[①] 货币分析法认为，货币贬值可能会**暂时**改善一国的国际收支状况。例如，假设本国货币市场最初处于均衡状态。本币贬值会推高国内价格水平，也就是在本币贬值以后，潜在的出口商品和进口商品的本币价格都将提高。国内价格水平上涨会增加国内货币需求，因为需要更多的货币来完成交易。如果增加的货币需求无法通过国内渠道获得满足，那么外国货币就将流入本国，进而导致国际收支盈余和国际储备增加。然而，国际收支盈余并不会永远持续下去。因为本币贬值使得本国货币供给的"国际部分"增加，所以本国支出（吸收）水平将会上升，这会减少国际收支盈余。当本国货币市场恢复均衡时，国际收支盈余将最终消失。因此，货币贬值对实际经济变量的影响是暂时性的。从长期来看，本币贬值只会提高国内的价格水平。

390

13

13.8　小结

1. 货币贬值通过对相对价格、收入和货币购买力的冲击来影响一国的贸易收支状况。

2. 当企业的所有投入都来源于国内，并以本国货币计量成本时，本币升值将增加企业以外币计量的成本，成本增加的幅度与本币升值幅度相同。相反，本国货币贬值将等比例降低

[①]　Giovanni Olivei, "Exchange Rates and the Prices of Manufacturing Products Imported into the United States," *New England Economic Review*, First Quarter 2002, pp. 4 - 6.

企业以外币计量的成本。

3. 生产商有时从海外获取生产所需的各种投入（国外采购），并以外币计量成本。与所有成本都以本币计量的情况相比，以外币计量的成本占总成本的份额越大，本币升值使以外币计量的企业产出成本的增幅越小，并且以本币计量的企业产出成本的降幅越大。若本币贬值，则情况相反。

4. 通过提高（降低）美国产品的相对成本，美元升值（贬值）会提高（降低）出口商品的外币价格，进而减少（增加）美国商品的海外销量。类似地，美元升值（贬值）将增加（减少）美国进口商品的数量。

5. 根据弹性分析法，当需求弹性很大时，本币贬值会极大地改善本国的贸易收支状况。近期的经验研究显示，大多数国家的需求弹性估计值都很高。

6. 货币贬值对贸易收支影响的时间路径可以用 J 曲线效应来说明。根据这一观点，贸易流动对相对价格变动的反应存在时滞。货币贬值在短期内会恶化一国的贸易差额，但在长期来看却能改善其贸易差额（假定满足弹性条件）。

7. 汇率变动引起进出口商品价格变化的程度被称为**传递关系**。如果汇率变化导致进出口商品价格发生等比例的（更小比例的）变化，那么就称出现了完全（部分）传递。经验数据表明，通常发生的是部分传递，完全传递的情况较少，其原因与计价货币、市场份额维持策略以及大规模分销成本有关。

8. 吸收分析法强调货币贬值对收入的影响。这种观点认为，货币贬值最初将促进该国的商品出口以及进口竞争商品的生产。不过，除非实际产出扩张或者国内吸收减少，否则货币贬值也会导致过量的国内支出，结果仍会回到收支赤字状态。

9. 货币分析法强调贬值对货币购买力的影响，以及随之引起的对国内支出和进口水平的冲击。根据货币分析法，货币贬值对实际产出的影响是暂时的，货币贬值在长期只会提高国内的价格水平。

13.9　关键概念及术语

- 吸收分析法（Absorption Approach；p. 380）
- 弹性分析法（Elasticity Approach；p. 380）
- 汇率传递（Exchange-Rate Pass-Through；p. 385）
- J 曲线效应（J-Curve Effect；p. 384）
- 马歇尔-勒纳条件（Marshall-Lerner Condition；p. 381）
- 货币分析法（Monetary Approach；p. 380）

13.10　习题

1. 货币贬值如何影响一国的贸易差额？

2. 我们有三种主要方法分析货币贬值对经济的影响：（a）弹性分析法，（b）吸收分析法，（c）货币分析法。简述这三种方法的区别。

3. 什么是马歇尔-勒纳条件？根据近期经验研究，世界范围内的需求弹性高到足以维持货币成功贬值吗？

4. J曲线效应如何描述货币贬值对贸易收支影响的时间路径？

5. 对于实行货币贬值的国家来说，汇率传递有什么政策含义？

6. 根据吸收分析法，在充分就业和非充分就业条件下，实行货币贬值的效果是否会有所不同？

7. 货币贬值引起的家庭货币持有额变化如何促进国际收支平衡？

8. 假设美国汽车生产商 ABC 公司的全部汽车零部件都从美国采购，成本以美元计价。如果美元对墨西哥比索升值 50%，那么美元升值会给这家公司的国际竞争力带来什么样的影响？如果美元贬值，其影响又当如何呢？

9. 假设美国汽车生产商 ABC 公司从墨西哥采购部分汽车零部件，并且这些零部件的成本都以比索计价，其余零部件都以美元计价。如果美元对比索升值 50%，那么这会对该公司的国际竞争力造成什么样的影响？请将得出的结论与第 8 题得出的结论作对比。如果美元贬值呢，其影响又当如何？

10. 假设美国以每台 3 000 美元的价格出口 1 000 台计算机，以每辆 10 000 英镑的价格进口 150 辆英国汽车。假定美元与英镑之间的汇率是 2 美元/英镑。

a. 以美元为计量单位，计算在美元贬值以前美国的出口收入、进口支出以及贸易差额。

b. 假设美元贬值 10%，美国出口商品的需求弹性为 3.0，美国进口商品的需求弹性为 2.0。美元贬值使美国的贸易差额改善了还是恶化了？为什么？

c. 现在假定美国出口商品的需求弹性为 0.3，美国进口商品的需求弹性为 0.2。这会影响分析结果吗？为什么？

进一步探索

1. 关于国际调整机制的说明，请在本书线上学习系统 MindTap 中查询"进一步探索 13.1"。

2. 关于汇率传递效应的详细讨论，请在本书线上学习系统 MindTap 中查询"进一步探索 13.2"。

13

第14章 汇率制度与货币危机

前面章节已经讨论了汇率的决定以及汇率波动对国际收支的影响。本章考察当前的汇率实践，重点讨论现实中各种汇率制度的本质和运作状况，以及影响汇率制度选择的经济因素。本章还将讨论货币危机的成因和影响。

14.1 汇率制度实践

一国在进行汇率制度选择时，必须确定其货币的价值是由市场力量决定（浮动汇率），还是按照某种价值标准予以固定（钉住汇率）。如果一国采取浮动汇率制度，那么它必须选择是单独浮动，还是与一组其他货币共同浮动，再或是根据事先确定的公式（如相对通货膨胀率）做爬行式浮动。如果一国决定采取钉住汇率制度，那么它就需要选择是钉住单一货币、一篮子货币再或是钉住黄金。在 1971 年以后，各国陆续不再使用黄金来表示其官方汇率；黄金已经退出了国际货币体系。*

一直以来，国际货币基金组织（IMF）的成员都可以自由选择汇率政策，但是必须遵守三个原则：（1）不能通过操纵汇率妨碍自发有效的国际收支调整，或者获得相对于其他成员不公平的竞争优势；（2）各成员应该采取行动以扭转外汇市场上的短期无序状态；（3）当成员在干预外汇市场时，该成员应该考虑其他成员的利益。表 14.1 总结了 IMF 各个成员的汇率制度。

表 14.1　2018 年国际货币基金组织成员[a] 的汇率安排

汇率安排	成员数量
硬钉住	
无独立的法定货币	13
货币局制度	11

---

* 美国政府于 1971 年宣布美元不再与黄金挂钩，国际货币基金组织在 1976 年通过的《牙买加协定》中明确主张黄金非货币化。目前，黄金仍然是一些国家官方储备资产中的重要组成部分，例如，在 2021 年，美国官方黄金储备约合 4.8 亿美元（2.6 亿盎司），占全部官方储备资产的 66.4%；这一比例在中国、日本、德国分别为 3.3%、3.5%、66.4%。——译者注

续表

汇率安排	成员数量
软钉住	
常规钉住（固定）汇率制度	43
稳定化汇率制度	27
爬行式钉住汇率制度	3
类爬行式汇率制度	15
水平区间内的钉住汇率制度	1
浮动	
有管理的浮动汇率制度	35
自由浮动汇率制度	31
其他	10
	189

a. 包括 189 个成员。

资料来源：International Monetary Fund，*Annual Report on Exchange Arrangements and Exchange Restrictions*，2018. See also International Monetary Fund，*Classification of Exchange Rate Arrangements and Monetary Policy Frameworks*，available at http://www.imf.org/.

　　哪些因素会决定一个国家更适合采用固定汇率制度而不是浮动汇率制度呢？这些因素包括一国的经济规模、对外贸易开放程度、劳动力的流动性以及经济不景气时可供采取的财政政策等。表 14.2 对这些因素进行了总结。需要指出的是，没有哪一种汇率制度能够适用于所有国家或适用于所有时期，汇率制度的选择取决于有关国家的具体国情。

395

表 14.2　汇率制度的选择

经济特征	理想的汇率制度
经济规模和开放程度	如果对外贸易在国民产出中占有较大的份额，那么汇率波动所带来的成本就会很高。这意味着小型开放经济体最好采用固定汇率制度。
通货膨胀率	如果一国的通货膨胀率远远高于其贸易伙伴国，那么该国就应让汇率更具弹性，以免本国商品在国际市场上失去竞争力。如果各国的通货膨胀率差别不大，那么采用固定汇率制度所引起的麻烦就要相对少一些。
劳动力市场的弹性	工资刚性越强，就越需要保持有弹性的汇率，因为这有助于经济应对外部冲击。
金融发展程度	在自由浮动汇率制度下，少量的外汇交易就可能引起币值的大幅波动。因此，金融市场不成熟的发展中国家不宜采用自由浮动汇率制度。
政策制定者的信用	中央银行的声誉越低，就越应采用钉住汇率制度，从而让其他国家相信该国的通货膨胀能够得到控制。
资本的流动性	一个经济体对国际资本越开放，那么它维持固定汇率就越困难。

14

14.2　资本自由流动条件下的汇率制度选择

　　汇率制度的选择受制于许多因素，其中包括资本自由跨国流动。资本自由流动的后果之一是它限制了一个国家（或地区）的汇率制度选择及其货币政策的独立性。由于资本倾向于流向收益最高的地方，因此一国（地区）只能维持以下三个政策中的两个——资本自由流动、固定汇率制度和独立的货币政策。这种政策倾向如图 14.1 所示，也就是各国（地区）只能选择在该三角形的一个边上同时采取两端代表的政策，而且必须放弃对角代表的政策。经济学家们将这种政策选择上的限制性称为**不可能三角形**（Impossible Trinity）。[①]

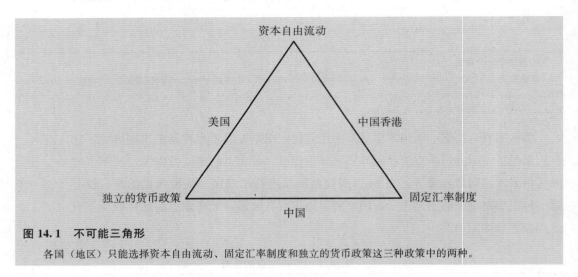

图 14.1　不可能三角形
　　各国（地区）只能选择资本自由流动、固定汇率制度和独立的货币政策这三种政策中的两种。

　　理解这种政策选择上的限制性的最好方法是分析具体事例。美国是一个允许资本自由流动，可以独立地制定货币政策，并且同时采取浮动汇率制度的国家。假设美联储提高其目标利率以控制通货膨胀，由于相对于外国利率来说美国利率较高，所以资本会流入美国。因为相对于其他货币而言，对美元的需求增加了，所以资本流入会导致美元对其他货币升值。反之，如果美联储降低其目标利率，那么净资本流出会减少对美元的需求，从而导致美元对其他货币贬值。因此，由于没有实行固定汇率制度，所以美国可以同时保持独立的货币政策和资本自由流动。

　　与美国实行浮动汇率制度不同，中国香港实行的是货币价值基本上钉住美元的汇率制度；同时，中国香港允许资本自由流动。这种政策取舍的结果是，中国香港没有能力通过货币政策影响当地利率。也就是说，中国香港不能像美国那样通过降

---

　　①　Robert Mundell，"The Appropriate Use of Monetary and Fiscal Policy for Internal and External Stability，" IMF Staff Papers，March 1962；and "Capital Mobility and Stabilization Policy under Fixed and Flexible Exchange Rates，" *Canadian Journal of Economics*，November 1963.

低利率来刺激经济增长。和之前讨论美国时的情形一样，只要中国香港的利率偏离世界利率水平，那么资本便会随之流入或流出中国香港。如果中国香港实行浮动汇率制度，那么资本流动会导致港元对其他货币的汇率变化。但在固定汇率制度下，为了保持港元在外汇市场上供求平衡以及港元汇率稳定，中国香港货币当局就必须通过购买港元或外币来抵消资本流动的影响。简而言之，由于允许资本自由流动并且实行固定汇率制度，所以中国香港没有能力实施独立的货币政策。

一国在固定汇率制度、独立的货币政策和资本自由流动三者当中应该做出怎样的选择呢？答案主要取决于全球经济发展形势。在第二次世界大战结束以后，全球市场的一体化程度有了大幅度提高，国际贸易日益繁荣。在这一背景下，美国等国家希望通过消除汇率风险来进一步促进国际贸易发展。在 1944 年，主要工业化国家设计并实施了一项计划，其内容是鼓励各国在保持货币政策独立性的同时，实行固定汇率制度（即保持美元和其他货币之间的汇率稳定）。正如前述不可能三角形所揭示的经济机制，如果要在保持货币政策独立性的同时实行固定汇率制度，那么就不得不禁止资本自由流动。为此，参与该计划的各个国家设置了银行存款利率上限，同时还对银行可以购买的资产类型做出了限制。此外，各国政府还对金融市场进行干预以引导资本流向本国的战略性领域。尽管这些管制措施中的任何一项都不能阻止国际资本流动，但是政府将这些措施组合在一起就能减少跨国资本交易的规模。[①]

14.3　固定汇率制度

几乎没有哪一个国家会允许其货币的兑换价值完全由自由市场的供求力量决定。在 20 世纪 70 年代各工业化国家纷纷转向有管理的浮动汇率制度以前，各国普遍实行的是**固定汇率制度**（Fixed Exchange Rates），各国货币当局只有在确信市场发生长期性改变之后大概才会调整本国汇率。

14.3.1　固定汇率制度的实行

小型发展中国家通常实行固定汇率制度，具体做法是将其货币钉住一种**关键货币**（Key Currency）（如美元）。关键货币具有以下特征：第一，在世界货币市场上被大量交易；第二，其价值随着时间的推移能够保持相对稳定；第三，各方都愿意将其作为国际结算工具。表 14.3 列出了世界主要的关键货币。事实上，一国除了可以将其货币的价值钉住另一种货币，它还可以将其货币价值与某种商品（如黄金）保持固定。

14

---

① *Economic Report of the President*，2004，Chapters 13—14.

表 14.3　关键货币：国际货币基金组织各成员官方外汇储备的货币构成（2019 年）

关键货币	官方外汇储备的构成（%）
美元	61.6
欧元	20.3
日元	5.4
英镑	4.4
人民币元	1.9
加拿大元	1.9
澳大利亚元	1.7
其他	2.8
	100.0

资料来源：*Currency Composition of Official Foreign Exchange Reserves*（COFER），International Monetary Fund，2019，available at http://www.imf.org.

　　发展中国家选择将其货币钉住一种关键货币的原因在于，关键货币是广为接受的国际结算工具。假设有一家挪威进口商，它想在明年购买阿根廷出产的牛肉。如果阿根廷出口商不确定用挪威克朗在一年中能买什么，那么它可能会拒绝用挪威克朗来进行结算。类似地，挪威进口商可能也会怀疑阿根廷比索的价值。解决问题的一个办法是在合同中写明用一种关键货币来进行交易结算。一般来说，经济结构相对单一并且外贸部门占比相对较大的小国往往会将其货币钉住一种关键货币。

　　钉住关键货币可以为发展中国家带来几个方面的好处。第一，许多发展中国家的进出口商品价格主要由发达国家（如美国）市场决定，通过钉住美元，这些国家可以稳定其进出口商品的本币价格。第二，对于通货膨胀率较高的许多国家来说，将本币钉住美元（美国的通货膨胀率通常相对较低）可以对本国价格水平施加限制，从而减轻通货膨胀。通过承诺稳定本币对美元的汇率，政府希望其国民相信政府愿意采取负责任的并且必要的货币政策来实现低水平通货膨胀。第三，钉住汇率制可能会降低通货膨胀预期，从而降低利率，减少因通货紧缩造成的产出损失，并且缓解价格波动对经济造成的压力。

　　当一国维持固定汇率时，它就必须决定是将本币钉住另一种货币，还是钉住一个货币篮子。将本币钉住**单一货币**的通常都是发展中国家，这些国家主要与单个工业化国家进行商品和金融交易。也就是说，发展中国家通常将其货币钉住其主要贸易伙伴国的货币。

　　如果一个发展中国家的主要贸易伙伴国不止一个，那么它通常会将其货币钉住一组货币或所谓**一个货币篮子**。货币篮子由多种外币组成，每种外币的数量按实施钉住汇率制的国家与其主要贸易伙伴国之间的贸易额占比来确定。一旦选定了一篮子货币，那么该国货币的价值就由一篮子外币的汇率来计算。通过将本币钉住一个货币篮子，一国可以在平均化的意义上消除由汇率变化所带来的进出口商品价格波动，从而减轻汇率变化对国内经济的影响。与一些国家钉住自己选定的货币篮子不同，也有一些国家将其货币的价值钉住**特别提款权**（Special Drawing Right，SDR）。我们在第 10 章已经讨论过特别提款权，它是由国际货币基金组织确定的、由五种货币组成的一个货币篮子。

国际金融案例

俄罗斯央行未能阻止卢布暴跌

尽管弗拉基米尔·普京（Vladimir Putin）成功地保持了对俄罗斯政治体系的严格控制，但他一直无法控制全球金融市场。2014 年的情况就是如此，当时卢布的汇率在三周之内贬值了大约 40%。什么原因导致了这场货币危机，俄罗斯又是如何应对的呢？

这场危机在很大程度上是由俄罗斯艰难的国际处境造成的。首先，俄罗斯经济高度依赖其国内的石油和天然气企业——石油和天然气出口收入占其全部出口收入的三分之二，占俄罗斯联邦预算的一半以上。随着油价在 2014 年下跌约 50%，卢布面临的贬值压力越来越大。其次，2014 年俄罗斯在乌克兰挑起战争以后，由于受到美国和欧盟的金融制裁，俄罗斯的企业和银行很难再从国外获得借款。随着俄罗斯经济趋向疲软以及投资者逐渐丧失信心，国内外许多投资者纷纷将其资金撤出俄罗斯——投资者们卖出卢布，买入美元和欧元等强势货币，并将这些资金存入外国银行账户，这给卢布造成了更加沉重的贬值压力。

面对经济下滑和公众信心下降的不利局面，俄罗斯中央银行决定干预外汇市场以维持卢布汇率稳定。俄罗斯央行首先动用其外汇储备买入卢布，然而这一政策未能阻止卢布贬值。接下来，俄罗斯央行又将关键利率从 10.5% 大幅度提高到 17%，希望通过此举一方面防止俄罗斯资本外逃，另一方面吸引外国资本流入俄罗斯。尽管采取了这些政策，但随着俄罗斯经济陷入衰退，全球油价下跌，以及美国和欧盟对俄罗斯经济制裁持续发力，卢布贬值的势头仍然没有得到有效遏制。

由于提高利率和抛售外汇储备都没有达到预期效果，所以俄罗斯开始考虑采取其他措施以阻止卢布进一步贬值。可选的政策之一是资本管制，如果该项政策正式实施，那么克里姆林宫就可以限制人们将卢布兑换成外币并将其转移至国外的自由。然而，由于俄罗斯中央银行和财政部认为资本管制是一种极端措施，因而反对实施资本管制。虽然卢布在 2015—2017 年间有所升值，但在进入 2018 年的时候，仍然没有恢复到先前的汇率水平。

问题：中央银行在稳定弱势货币汇率方面存在哪些困难？

资料来源："As Ye Sow, So Shall Ye Reap," *The Economist*, December 20, 2014; "Does Economic Turbulence Hurt Putin's Power?" *PBS NewsHour*, December 16, 2014; Andrey Ostroukh, Alexander Kolyandr, and Chiara Albanese, "Russian Ruble Hits New Low Despite Rate Rise," *Wall Street Journal*, December 16, 2014.

14.3.2　平价和官方汇率

在固定汇率制度下，政府用黄金或其他关键货币来表示本币的**平价**（Par Value）。通过比较两种货币的平价，我们可以确定两种货币之间的**官方汇率**（Official Exchange Rate）。例如，在金本位制度下，只要美国按照每盎司 35 美元的固定价格买卖黄金，并且英国按照每盎司 12.5 英镑的固定价格买卖黄金，那么美元和英镑之间的官方汇率就是 2.80 美元 = 1 英镑（35.00 美元 /12.5 英镑 = 2.80 美元 /英镑）。在 20 世纪 70 年代初黄金退出国际货币体系之前，各主要工业国都设定了本币的黄金平价。

目前，许多国家可能会将其货币钉住一种关键货币，而不再以某种实物商品来设定其货币的平价。发展中国家通常是设定其货币与美国这样的低通胀大国的货币之间的汇率，例如玻利维亚的货币当局将其官方汇率设定为 20 比索/美元。

14.3.3　汇率稳定

我们已经知道，如果一国采用固定汇率制度，那么它首先就要设定本国货币的官方汇率。为了维持这一官方汇率，该国还要设立**外汇平准基金**（Exchange Stabilization Fund）。管理外汇平准基金的政府实体机构通过买入或卖出外币来确保市场汇率不会高于或低于官方汇率。

在图 14.2 中，假定由英镑的需求曲线 D_0 和供给曲线 S_0 的交点确定的市场汇率为 2.8 美元/英镑，同时假设官方汇率也被设定为 2.8 美元/英镑。假如现在英国的利率上升，那么美国投资者就需要更多的英镑来购买更多的英国有价证券；在图 14.2（a）中，英镑的需求曲线从 D_0 向右移动至 D_1。在自由市场条件下，美元会从

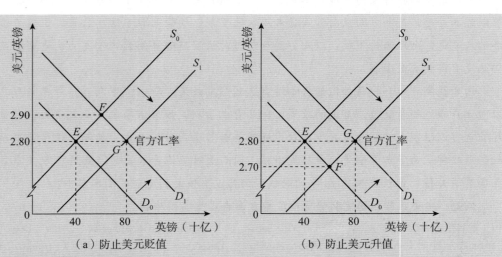

图 14.2　固定汇率制度下的汇率稳定

为了维持 2.80 美元/英镑的官方汇率，本国中央银行必须随时准备向各国卖出它们在该官方汇率水平上需求的所有本国货币，或以该官方汇率从各国买入它们抛售的所有本国货币。为了防止美元贬值，美国中央银行必须用相应数量的英镑买入超额供给的美元；为了防止美元升值，美国中央银行必须用相应数量的美元买入超额供给的英镑。

2.8 美元/英镑贬值到 2.9 美元/英镑。但是在固定汇率制度下，美国货币当局会努力维持 2.8 美元/英镑的官方汇率。在这一官方汇率水平上，市场中存在 400 亿英镑的超额需求，这意味着英国面临着同样数量的超额美元供给。为了保证市场汇率不会提高到 2.8 美元/英镑之上，美国会动用外汇平准基金中的英镑来购买超额供给的美元。英镑的供给曲线将因此从 S_0 移动至 S_1，结果市场汇率将稳定在 2.8 美元/英镑的水平上。

反之，假设英国经济日益繁荣，因而从美国进口的商品数量增加了，这导致英镑的供给曲线从图 14.2（b）中的 S_0 向右移动至 S_1。此时，在 2.80 美元/英镑的官方汇率水平上，存在着 400 亿英镑的超额供给。为了防止美元对英镑升值，美国将用外汇平准基金中的美元购买超额供给的英镑。英镑的需求因此增加，需求曲线从 D_0 移至 D_1，从而使市场汇率稳定在 2.80 美元/英镑的水平上。

上面的例子说明了外汇平准基金是如何行使其钉住功能以抵消市场汇率短期波动的。然而，从长期来看，官方汇率和市场汇率可能会背道而驰，这是经济基本面（如收入水平、消费者喜好和偏好，以及技术因素等）发生变化的反映。如果出现了**基本面失衡**（Fundamental Disequilibrium），那么维持现行官方汇率往往要付出高昂的代价，这对于一些国家来说可能是无法承受的。

例如，假设一个国家出现了国际收支赤字进而导致其货币持续贬值。在这种情况下，该国要想维持官方汇率，就需要动用外汇平准基金中的外汇或其他储备资产来大量购买本币，而这会严重消耗该赤字国的国际储备。尽管该国可以从其他国家或国际货币基金组织借款以继续维持其官方汇率，但这种借款特殊待遇通常也是有限度的。与此同时，该国还需要进行国内调整以遏制国际收支失衡，调整措施可能主要着眼于通过控制通货膨胀和提高利率，以促进资本流入和抑制进口。但如果国际收支失衡是持久性的，那么该国可能会认为这些国内调整措施会造成收入水平和就业水平的下降，因而付出的代价太高。在这种情况下，赤字国可能不再继续采取这些措施，而是选择通过调整汇率本身来恢复国际收支平衡。在固定汇率制度下，本币法定贬值或法定升值可以克服国际收支长期失衡。

14.3.4　法定贬值和法定升值

在固定汇率制度下，一国货币当局可以采用本币法定贬值或法定升值的方式来实现国际收支平衡。**法定贬值**（Devaluation）的目的在于通过**降低**本币的兑换价值来消除国际收支**赤字**。**法定升值**（Revaluation）的目的在于通过**提高**本币的兑换价值来消除国际收支**盈余**。

法定贬值和**法定升值**这两个术语是指在固定汇率制度下，依法重新设定本币的平价；而**货币贬值**（*depreciation*）和**货币升值**（*appreciation*）这两个术语则是指因重新设定本币平价而对市场汇率造成的实际冲击，或因外汇供求变动而引起的汇率变化。

货币法定贬值和法定升值政策都会影响商品的相对价格，这不仅会影响本国在本国商品和外国商品上的支出，而且会影响外国在其本国商品和外国商品上的支出。本币法定贬值意味着提高外币的本币价格，这一方面使外国消费者用外币购买本国商品时更加便宜，另一方面使本国进口商品的本币价格更加昂贵。于是，随着本国出口量的增加和进口量的减少，本国支出就从外国商品转向了本国商品。同理，本币法定升值会在抑制本国出口的同时促进本国进口，因而本国支出就从本国商品转向了外国商品。

在就本币法定贬值或法定升值做决策时，各国货币当局通常都尽量躲在幕后悄悄进行。常见的情景是，相关决策再过几小时就要付诸实施了，而官方代表们还在公开否认法定贬值或法定升值的可能性。货币当局采取这种做法是为了避免货币投机商通过将贬值货币转换成升值货币来谋取利益。由于大规模投机行为可能会对金融市场稳定造成冲击，所以我们很难对货币当局的这种幕后行为进行批评。然而，当货币需要贬值时，局外人和政府官员们往往都能轻易地看得出来，所以法定货币贬值在过去几乎总是给外汇市场带来了沉重的投机压力。表14.4总结了固定汇率制度和浮动汇率制度的优点和缺点。

表 14.4　固定汇率制度和浮动汇率制度的优点和缺点

	优点	缺点
固定汇率制度	汇率目标较为简单、清晰 货币政策自动实施原则 将通货膨胀维持在可控范围之内	货币政策失去独立性 外汇市场易遭受投机性冲击
浮动汇率制度	国际收支可以获得持续调整 可以在简化的制度安排下运行 政府能够制定独立的货币政策和财政政策	导致通货膨胀 外汇市场的无序性会干扰贸易和投资模式 政府容易采取盲目的金融政策

14.3.5　固定汇率制度下的布雷顿森林体系

固定汇率制度的一个例子是**布雷顿森林体系**（Bretton Woods System）。在1944年，联合国（当时尚处于筹建中）44个成员国的代表在美国新罕布什尔州布雷顿森林地区召开会议，商讨建立一个新的国际货币体系。之所以召开这个会议，是因为20世纪30年代的货币实践令各国都不满意——在大萧条期间的经济和金融危机导致国际金本位制度崩溃以后，各国试行的浮动汇率制度和外汇管制没有取得成功。为此，各国代表希望建立国际货币秩序，以消除直到1944年仍然存在的汇率不稳定和民族主义行为。

经由这次会议创建起来的国际货币体系被称作布雷顿森林体系。创建者们认为完全的固定汇率制度和完全的浮动汇率制度都不是最优方案，因而他们采取了一种半固定的汇率制度，即**可调整的钉住汇率制度**（Adjustable Pegged Exchange

Rates）。布雷顿森林体系从 1946 年一直延续到 1973 年。

可调整的钉住汇率制度的主要特征是，它将各国货币关联在一起，从而为全球商业和金融交易提供稳定的汇率条件。当一国的国际收支偏离长期均衡位置时，该国可以通过法定贬值或法定升值政策来重新设定钉住汇率。但在国际收支失衡时，各成员国原则上同意将尽可能长时间地维持现行平价，而且为纠正国际收支失衡所采取的首要政策是财政政策和货币政策。但是，如果为克服持续性国际收支失衡所采取的财政政策和货币政策严重地扰乱了国内经济，比如造成了更加严重的通货膨胀或失业，那么成员国可以通过重新设定钉住汇率来纠正基本面失衡；如果钉住汇率的变动幅度在10％以内，那么无须经过国际货币基金组织的批准便可实施，如果变动幅度超过了10％，那么就需要征得该组织的同意。

在布雷顿森林体系下，各成员国以黄金或 1944 年美元的含金量来设定本币平价。市场汇率几乎是固定的，但可以在平价上下 1％ 的区间内浮动，总的浮动范围不超过 2％。各成员国用外汇平准基金来维持市场汇率浮动不超过该区间限制。在 1971 年，汇率浮动范围扩张到平价上下各 2.25％ 的区间以内，其目的是通过调动贸易和资本流动来消除国际收支失衡。当一种货币被高估或低估时，可以通过法定贬值或法定升值来调整该货币的平价。

尽管可调整的钉住汇率制度旨在促成一种有效的国际收支调节机制，但在实际运作过程中却遇到了很多问题。在布雷顿森林体系中，各国对物价和收入水平的调整经常与维持国内经济稳定的目标相冲突。各国政府往往也不愿意对本币进行法定贬值，因为这不仅表明国内政策失败，而且也会影响本国的国际声誉。反过来看，本国出口商则不会接受本币法定升值，因为这种政策会损害它们的生意。这样一来，只有在迫不得已的情况下才会重新设定钉住汇率，而这就意味着一旦真的要调整官方汇率，那么调整的幅度就会非常大。

这些问题在 20 世纪 70 年代初期达到了顶峰。面对持续存在并且规模不断攀升的国际收支赤字，美国在 1971 年 8 月宣布暂停美元兑换成黄金的业务，进而最后终止了每 35 美元可以兑换一盎司黄金的承诺——在此之前，美国的这一承诺延续了 37 年。由于这项政策废除了黄金与美元的国际价值之间的固定关系，所以美元的价值可以自由浮动，美元的汇率由市场供求力量决定。在美元价值可以自由浮动以后，固定汇率制度下的布雷顿森林体系由于不再受到美国的支持而最终瓦解。

14

14.4　浮动汇率制度

一些国家没有采用固定汇率制度，而是允许本币汇率在外汇市场上自由浮动。**浮动（或弹性）汇率制度**［Floating（or Flexible）Exchange Rates］是指货币的价格每天由外汇市场决定，政府政策不对货币价格的波动幅度进行任何限制。由于汇率可以自由浮动，因此存在一个均衡汇率可以使本币的供给和需求相等。在理想状态下，汇率变动会改变货物和服务的进出口以及短期资本流向，从而纠正国际收支失衡。我们在第 12 章已经讨论过，汇率取决于相对的生产力水平、利率水平、通货膨胀率等因素。

与固定汇率制度不同，浮动汇率制度下的中央银行不再设定本币平价和官方汇率，本币汇率由市场供求条件决定。尽管在浮动汇率制度下，没有外汇平准基金可用于维持现行汇率，但这并不必然意味着汇率一定会出现大幅度波动。事实上，只有当潜在的市场力量变得不稳定时，汇率才有可能出现不规则的波动。在浮动汇率制度下，由于没有外汇平准基金，所以一国持有的全部国际储备都是实际的国际收支余额，而不是维持本币特定汇率的工具。

14.4.1 实现市场均衡

浮动汇率制度是如何促进一国的国际收支实现均衡的呢？图 14.3 描绘的是美国外汇市场上瑞士法郎的供求状况，供给曲线 S_0 和需求曲线 D_0 的交点确定的均衡汇率为 0.50 美元/瑞士法郎。

403

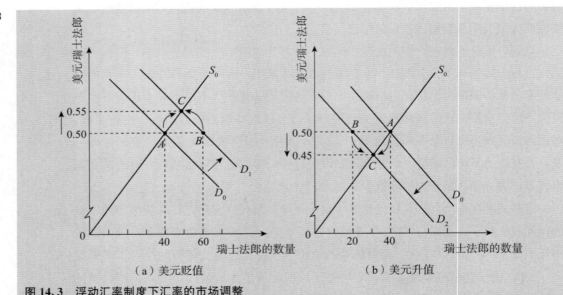

图 14.3　浮动汇率制度下汇率的市场调整

在浮动汇率制度下，货币价值的不断变化能够使国际收支恢复均衡。在国际收支处于均衡状态时，一种货币的供给数量等于需求数量。从均衡点 A 开始，对瑞士法郎的需求增加会导致美元对瑞士法郎贬值；反之，对瑞士法郎的需求减少会导致美元对瑞士法郎升值。

在图 14.3（a）中，假定因为实际收入增加，美国居民增加了对瑞士奶酪和手表的需求，因此需要更多的瑞士法郎，这使瑞士法郎的需求曲线从 D_0 移至 D_1。在汇率为 0.50 美元/瑞士法郎的水平上，由于瑞士法郎的需求量（60 瑞士法郎）超过了供给量（40 瑞士法郎），所以市场最初处于非均衡状态。对瑞士法郎的超额需求使汇率从 0.50 美元/瑞士法郎升至 0.55 美元/瑞士法郎。也就是相对于瑞士法郎来说，美元的价值下降了，或者说美元贬值了；而相对于美元来说，瑞士法郎的价值上升了，或者说瑞士法郎升值了。在瑞士法郎价值提高以后，美国商品的瑞士法郎价格变得更便宜，瑞士居民会购买更多的美国商品，因而增加了外汇市场上瑞士法郎的供给量。同时，瑞士法郎升值也抑制了美国对较昂贵的瑞士商品的需求。当汇率为 0.55 美元/瑞士法郎时，市场恢复均衡，此时瑞士法郎的供给量和需求量相等。

反过来，假设由于美国的实际收入下降，美国居民减少了对瑞士奶酪和手表的需求，因此只需要较少的瑞士法郎。在图 14.3（b）中，假设瑞士法郎的需求曲线从 D_0 移至 D_2。起初，市场处于非均衡状态，因为在汇率为 0.50 美元/瑞士法郎时，瑞士法郎的供给量（40 瑞士法郎）超过了需求量（20 瑞士法郎）。超额的瑞士法郎供给使汇率从 0.50 美元/瑞士法郎降至 0.45 美元/瑞士法郎，也就是美元对瑞士法郎升值，而瑞士法郎对美元贬值。当汇率为 0.45 美元/瑞士法郎时，市场恢复均衡，此时瑞士法郎的供给量和需求量相等。

上面的例子展现的是一种支持浮动汇率制度的论点，即当汇率可以根据市场供求力量自由调整时，在外汇的供给量和需求量相等的汇率水平上，市场会达到均衡。如果汇率的变动能够促成一国外汇市场均衡，那么该国货币当局就不需要再用国际储备来干预外汇市场以保持汇率在货币的官定平价上，而节省出来的国际储备资源大概也可以在该国其他经济领域中发挥更大的作用。

404

此外，由于贸易顺差国的货币将会升值，所以从顺差国购买商品的成本会更高，而顺差国从其他国家购买商品的成本会更低，结果是在接下来的几年里，该国的贸易顺差会持续减少。反之，由于贸易逆差国的货币将会贬值，所以从逆差国购买商品的成本会更低，而逆差国从其国家购买商品的成本会更高，结果是在接下来的几年里，该国的贸易逆差会持续减少。当货币市场正常运作，汇率由许多人在给定时间内将一种货币兑换成另一种货币的意愿决定时，世界贸易就会趋于平衡。

14.4.2　支持和反对浮动汇率制度的论点

在支持者们看来，浮动汇率制度的一个优点是简便易行。浮动汇率制度据称能够对货币供给和需求的变化迅速做出反应，从而消除某种货币在市场上的短缺或过剩。浮动汇率是由市场决定的，而不是由控制汇率变动的中央银行按照特定的规则来制定的。浮动汇率制度下的制度安排较为简单，相对容易实施，汇率能够发挥调节作用。

由于浮动汇率制度下的汇率整天都在波动，因而国际收支可以得到持续调整。在固定汇率制度下，长期的国际收支失衡会导致一些负面影响，而这些负面影响在浮动汇率制度下则往往不那么重要。还有一种观点认为，浮动汇率制度能够使本国经济部分地免受外部力量的干扰，这意味着政府将不必通过可能会导致国内通货膨胀或通货紧缩的政策来痛苦地恢复国际收支平衡。也就是说，一国在实行浮动汇率

14

制度以后，就无须再为了达到满意的国际收支水平而制定那些会导致国内经济长期失衡的政策。因此，与实行固定汇率制度相比，在浮动汇率制度下，各国政府在制定促进国内经济均衡的政策方面会有更大的自由度。

尽管浮动汇率制度得到了强有力的支持，但是人们通常也认为，这一制度给银行家和商人带来的好处十分有限。浮动汇率制度的批评者们指出，如果外汇市场不受监管，那么汇率就可能会出现大幅波动，这会抑制对外贸易和跨国投资。例如，在 2007—2017 年间，美元兑欧元的汇率至少有 8 次波动幅度在 20% 左右，这给金融市场造成了极大的不确定性。虽然贸易商和投资者可以通过远期外汇交易来防范汇率风险，但套期保值的成本可能会高到无法实施的地步。

从理论上讲，在实行浮动汇率制度以后，政府可以制定独立的货币政策和财政政策。但是，这种政策上的灵活性可能会引发另一类问题——通货膨胀倾向。在浮动汇率制度下，货币当局可能不会像在固定汇率制度下那样具备财政自律能力。假设一个国家的通货膨胀率高于其他国家，这种国内通货膨胀不会对该国的贸易平衡产生负面影响，因为其货币将在外汇市场上自动贬值。然而，如果该国货币的贬值过程拖延较久，那么进口商品价格和该国国内的价格水平都会不断上涨，从而使通货膨胀自我延续，该国货币贬值也将持续下去。由于在浮动汇率制度下国内的财政管理有更大的政策自由度，所以货币当局可能不会抵制政府的过度支出以及随之而来的工资和物价上涨。[*]

14.5 有管理的浮动汇率制度

在以固定汇率制度为基础的国际货币体系崩溃以后，美国和其他一些工业化国家于 1973 年转向了有管理的浮动汇率制度；然而，在 20 世纪 70 年代之前，只有少数经济学家会关注世界性的浮动汇率制度问题。在布雷顿森林体系下，对货币平价进行调整不仅存在程序上的各种障碍，而且还存在各种政治偏见，决策机制上的这些缺陷使得货币平价的调整经常被延误而且缺少连续性。随着时间的推移，各国逐渐意识到，汇率应该及时地、连续地做小规模调整，以应对不断演化的市场供求力量。在 1973 年，一些国家开始实行**有管理的浮动汇率制度**（Managed Floating System），国际货币基金组织也制定了非正式的指导方针以协调该制度下各国的汇率政策。

之所以要为浮动汇率制度下各国的汇率政策制定指导方针，主要基于两个方面的考虑。第一，各国可能都会干预外汇市场以避免汇率波动削弱其国际竞争力。

---

[*] 政府为了实现短期选举等目标有可能通过增加财政支出来减少失业，这会推动工资和物价上涨。在浮动汇率制度下，政府和货币当局不再有义务维持固定汇率。如果货币当局又受到政府的控制，那么货币当局为政府支出提供融资就可能导致经济出现更为严重的通货膨胀倾向。——译者注

例如，当美国暂停美元对黄金的可兑换性的承诺并且允许被高估的美元在外汇市场上浮动时，美国政府希望自由市场调节机制能使美元对其他被低估的货币贬值。然而，外国的中央银行没有采取**清洁浮动**（Clean Float）（即让自由市场决定汇率）的政策，而是通过干预外汇市场抵制美元贬值。美国将外国中央银行的做法视为**肮脏浮动**（Dirty Float）的政策，因为自由市场的供求力量未能有效发挥作用以实现均衡汇率。第二，随着时间的推移，浮动汇率制度可能会导致市场汇率无序波动，而汇率的无序波动又会给商业环境带来不确定性，进而使世界贸易规模下降。

在有管理的浮动汇率制度下，一国政府可以调整其对外汇市场的干预程度。干预得越多，该国就越接近于实行固定汇率制度；干预得越少，该国就越接近于实行浮动汇率制度。由于汇率是每天、每周都在不断变动的，所以国际货币基金组织制定汇率浮动政策的指导方针的一个主要目的，就是防止汇率出现反常波动——各成员应当在必要时对外汇市场进行干预，以防止急剧的、具有破坏性的汇率波动。这种政策被称作**逆向操作**（Leaning Against the Wind），即采取干预措施以减少汇率的短期波动，但并不谋求长期维持任何特定汇率。同时，逆向操作还意味着各成员不应采取激进的措施来影响其货币汇率，也就是说，当货币处于升值状态时，该成员当局不应采取进一步增加其货币价值的政策，而当货币处于贬值状态时，该成员当局不应采取进一步降低其货币价值的政策。

在有管理的浮动汇率制度下，一些国家选定其**目标汇率**（Target Exchange Rates），然后采取干预措施以维持这一汇率。设定目标汇率的目的是反映构成汇率变动的基础条件的那些长期经济力量。实行有管理的浮动汇率制度的国家估计其目标汇率的一种方法是对某些统计指标进行跟踪，这些统计指标与汇率变动趋势一样都会对相同经济力量的变化做出反应。也就是说，当这些统计指标的数值发生变化时，目标汇率就可以做出相应的调整。这些统计指标包括不同国家的通货膨胀率、官方外汇储备水平、国际收支账户的持续失衡状况。在实践中，如果市场中的各种经济条件变化无常，那么要确定一个目标汇率往往是较为困难的。

14.5.1　短期和长期的有管理的浮动汇率制度

有管理的浮动汇率制度试图把市场决定汇率和外汇市场干预这两种机制结合起来，其目的在于充分利用浮动汇率制度和固定汇率制度各自的优势。在有管理的浮动汇率制度下，市场干预措施用于稳定短期汇率，而长期汇率水平则由市场力量决定。

图 14.4 以瑞士和美国为例，展示了有管理的浮动汇率制度的两国分析框架。瑞士法郎的供给曲线和需求曲线分别用 S_0 和 D_0 表示；瑞士法郎的供给量和需求量相等时的均衡汇率水平为 0.50 美元/瑞士法郎。

14

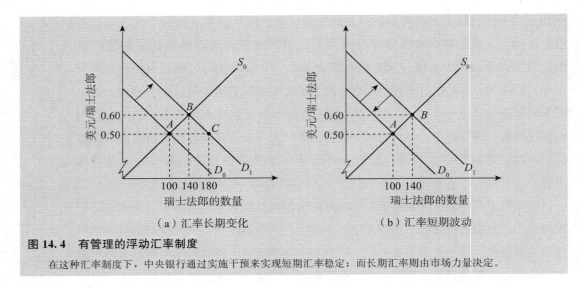

图 14.4　有管理的浮动汇率制度

在这种汇率制度下，中央银行通过实施干预来实现短期汇率稳定；而长期汇率则由市场力量决定。

　　假设由于美国居民需要更多瑞士法郎来购买瑞士巧克力，所以美国的实际收入水平出现了永久性上升。* 如图 14.4（a）所示，令瑞士法郎的需求曲线从 D_0 向右移动至 D_1。由于对瑞士法郎需求的这种增加是长期市场力量发挥作用的结果，因此在有管理的浮动汇率制度下，政府会允许由外汇市场上的供求状况来确定汇率。在汇率为 0.50 美元/瑞士法郎的水平上，随着瑞士法郎需求量的增加，瑞士法郎的需求量（180 瑞士法郎）超过了供给量（100 瑞士法郎）。超额需求导致瑞士法郎汇率上升至 0.60 美元/瑞士法郎，在这一汇率水平上，瑞士法郎的供给量和需求量相等。按照这种方式，各种货币汇率的长期变化由供给和需求决定。

　　图 14.4（b）展示的是瑞士法郎需求量短期增加的情况。假设瑞士有价证券的利率水平较高，从而导致美国投资者需要更多的瑞士法郎来购买瑞士有价证券，于是瑞士法郎的需求曲线从 D_0 向右移动至 D_1。假设几周以后，瑞士有价证券的利率下跌，美国对瑞士法郎的需求曲线因此又移回至原来的 D_0。如果实行浮动汇率制度，那么瑞士法郎的美元价格会从 0.50 美元/瑞士法郎升至 0.60 美元/瑞士法郎，然后又降回 0.50 美元/瑞士法郎。汇率的这种无序波动通常被视为浮动汇率制度的一个不足，因为汇率无序波动会给国际贸易和金融交易的收益率带来不确定性，甚至可能会使贸易和金融格局遭到破坏。

　　在有管理的浮动汇率制度下，对于汇率的暂时扰动，美联储会采取干预措施，将汇率维持在 0.50 美元/瑞士法郎的长期均衡汇率水平上。当瑞士法郎的需求曲线为 D_1 时，中央银行将出售瑞士法郎以满足超额需求。只要这种汇率扰动一结束，需求曲线移回至 D_0，那么就不再需要进行外汇干预了。简而言之，汇率的暂时性波动会给国际贸易和金融交易的结果带来不确定性，中央银行的干预就是用来消除

---

*　进口（廉价）商品增加了美国市场上的商品供给，因而降低了价格水平，提高了实际收入。——译者注

汇率暂时性波动的。

自 1973 年实行有管理的浮动汇率制度以来，美国政府对外汇市场干预的频率和规模一直在不断变化。在 1977—1979 年期间，由于美元的兑换价值低得让人无法接受，美联储进行了大规模的市场干预。在里根政府的第一届任期里*，为了符合限制政府干预市场的要求，里根政府很少进行稳定汇率的操作，有限的一些操作只用来抵消短期的汇率波动。然而，美国政府在 1985 年再次实施了大规模的市场干预，原因是当时美元的兑换价值过高，因而损害了美国生产商的国际竞争力。1987 年，主要工业化国家签署了《卢浮宫协议》（Louvre Accord），就汇率波动的上下限达成了非正式的安排。在此之后，美国政府对外汇市场的干预与之前相比更为频繁。

14.5.2　汇率稳定和货币政策

我们已经看到，在有管理的浮动汇率制度下，中央银行是如何通过买入和卖出外汇来稳定汇率的。稳定汇率的另一种方法是**货币政策**。正如我们将要论述的那样，稳定一种货币的汇率需要中央银行：（1）实行**扩张性**货币政策以抑制本币升值；（2）实行**紧缩性**货币政策以抑制本币贬值。

图 14.5 描绘了美国的外汇市场。假设英镑的供给曲线为 S_0，需求曲线为 D_0，供给量和需求量相等时的均衡汇率为 2 美元/英镑。

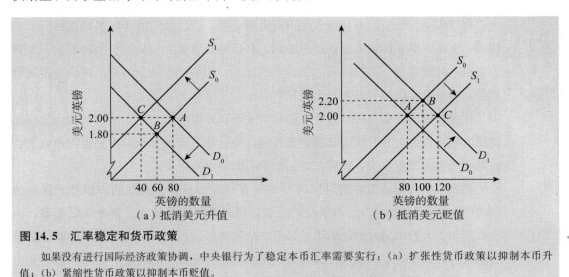

图 14.5　汇率稳定和货币政策

如果没有进行国际经济政策协调，中央银行为了稳定本币汇率需要实行：（a）扩张性货币政策以抑制本币升值；（b）紧缩性货币政策以抑制本币贬值。

假设英国工人罢工导致生产中断。受此影响，美国居民减少了对英国产品的购买，从而减少了对英镑的需求，在图 14.5（a）中，英镑的需求曲线由 D_0 向左移动至 D_1。如果美国中央银行不进行干预，那么英镑的美元价格将从 2 美元降至 1.8

---

* 罗纳德·里根于 1981—1989 年期间担任两届美国总统。——译者注

美元，也就是美元对英镑升值。

为了抑制美元升值，美联储可以在美国增加对美元的供给，从而降低美国国内短期利率，进而减少外国对美国有价证券的需求。这样，外汇市场上提供的用于购买美国证券的英镑数量就会减少，因而英镑的供给曲线向左移动到 S_1，于是美元的兑换价值恢复到 2 美元/英镑的水平。通过这种方式，扩张性货币政策抑制了美元升值。

现在看一下图 14.5（b），假设英国利率水平暂时上升，因而美国投资者需要更多的英镑用以购买英国证券，这使得英镑的需求曲线从 D_0 向右移动至 D_1。如果美国中央银行不进行干预，那么美元的兑换价值将从 2 美元/英镑升至 2.2 美元/英镑，也就是美元对英镑贬值。

为了抑制美元贬值，美联储可以减少美国的货币供给，以此提高美国国内的利率水平，从而吸引来自英国的投资。这样一来，外汇市场上提供的用于购买美国证券的英镑数量就会增加。当英镑的供给曲线从 S_0 向右移动至 S_1 时，美元的汇率恢复到 2 美元/英镑的水平。由此可见，紧缩性的货币政策抑制了美元贬值。

上述例子解释了一国是如何运用国内的货币政策来稳定本币价值的。然而，这种政策并非毫无成本，下面的例子可以说明这一点。

假设美国政府增加联邦支出，但没有相应地增加税收。假设为了弥补由此产生的预算赤字，美国政府在货币市场上借入资金，由此提高了国内利率水平。美国利率上升使以美元计价的有价证券变得更有吸引力，也就是外国会增加对这些资产的购买，由此对美元的需求也就随之增加，并最终导致美元的兑换价值提高。美元升值以后，外国市场上的美国商品变得更昂贵了，而美国市场上的外国商品变得更便宜了，这会使美国的贸易账户出现赤字。

现在假设美联储采用扩张性货币政策来干预外汇市场。美元供给增加会抑制美国国内利率水平上升，从而抑制美元升值。通过抑制美元升值，扩张性货币政策会提高美国企业的竞争力，并能使美国的贸易账户保持平衡。

然而，扩张性货币政策对国内经济的有利影响只是暂时性的。如果无限期地（在长期）实行增加国内货币供给的政策，那么美国的贸易地位就会受到**削弱**，因为以抑制美元升值为目的的货币扩张最终会抬高美国国内的商品价格，进而抵消最初因实行扩张性货币政策而提高的美国企业竞争力所带来的收益。美国居民的支出最终也将从本国产品转向外国产品，进而导致美国的贸易账户出现赤字。

由这个例子可以看出，货币政策虽然能够用来稳定美元的短期汇率，但是如果长期持续实行扩张性货币政策，那么物价水平终究会上升，进而抵消本国最初获得的竞争力收益。也就是说，由于通过增加货币供给来抑制美元升值并不能永久性地纠正引发贸易赤字的根本原因，所以用货币政策来稳定美元汇率的长期效果是十分有限的。

14.6　爬行式钉住汇率制度

与其采用固定汇率制度或者浮动汇率制度，为什么不去尝试一种折衷方法——**爬行式钉住汇率制度**（Crawling Peg）呢？玻利维亚、巴西、哥斯达黎加、尼加拉瓜、所罗门群岛和秘鲁都采用了这种制度。爬行式钉住汇率制度是指，一国对其货币平价做小幅度的、经常性的调整以纠正本国的国际收支失衡，实行这种汇率制度的赤字国和盈余国都会持续调整直至汇率达到合意水平为止。**爬行式钉住汇率制度**这个术语意味着，货币平价的变动是通过大量的小步骤调整来实现的，也就是对于所有希望达成的经济目的来说，汇率调整的过程都要尽可能连续。这样一来，钉住汇率就仿佛是从一个平价爬行到另一个平价。

爬行式钉住汇率制度一直以来主要被通货膨胀较高的国家采用。一些发展中国家——主要是南美洲国家——已经认识到，只要能够不断调整平价，那么钉住汇率制度就可以在通货膨胀的经济环境中运作。由于一国的通货膨胀率与其国际竞争力有关，所以这些国家一般都把价格指标作为调整爬行式钉住汇率的基础，而且它们首要关心的是管理汇率变动的准则，而不是究竟应该钉住哪种货币或钉住什么样的货币篮子。

爬行式钉住汇率制度不同于可调整的钉住汇率制度。在可调整的钉住汇率制度下，货币与一个平价联系在一起，该平价并不经常发生变化（可能是几年变化一次），但会突然地而且通常是大幅度地发生变化。而爬行式钉住汇率制度的思想基础是，一国可以小幅度地、经常性地调整货币平价，比如一年可以调整几次，从而使平价根据市场条件的演化做缓慢的爬行。

在支持者们看来，爬行式钉住汇率制度能够把浮动汇率制度的灵活性和固定汇率制度通常具备的稳定性结合起来。支持者们认为，一种允许对货币平价做连续稳步调整的汇率制度，不仅能够对持续变化的竞争条件做出及时反应，而且能够避免可调整的钉住汇率制度的一个主要问题——货币平价的调整经常会偏离目标。此外，不定期地对货币平价做小规模、频繁的调整还可以让投机商因为摸不着规律而无机可乘。

近些年来，爬行式钉住汇率制度被那些面临着急剧和持久通货膨胀的发展中国家采用。但是，国际货币基金组织总体上认为，对于像美国或德国这样担负着国际货币义务的国家来说，这种汇率制度并不完全符合它们的利益。国际货币基金组织还认为，工业化国家也很难实行这种制度，因为这些国家的货币是国际主要流通货币。事实上，就连爬行式钉住汇率制度的铁杆支持者们也都承认，还没到普遍推广这种汇率制度的时候，而有关该制度内在优越性的争论也将持续下去。

14

14.7 汇率操纵和货币战争

进入 21 世纪，各国领导人之间相互指责对方操纵汇率的情况变得较为普遍。美国一直以来都指责日本、中国、韩国、新加坡和其他一些国家人为地压低其货币的兑换价值，以增加其产品的国际竞争力和贸易盈余。不过，这些国家总是反驳称，美国也一直在做相同的事情。

汇率操纵（currency manipulation）是指一国的财政当局或者货币当局为了影响本国货币汇率在外汇市场买卖货币的行为。例如，通过抛售日元并买入以美元计价的国债，日本政府就能使日元对美元贬值。这是为什么呢？因为抛售日元可以使日元的价格下跌，而购买美元可以使美元价格上涨，于是日元对美元贬值。对美国而言，日元贬值意味着日本商品在美国市场上的价格被人为压低，而美国商品在日本市场上的价格则被人为抬高。这样一来，美国对日本的出口会减少，而美国从日本的进口会增加。日元贬值还意味着雇佣日本工人的成本更为低廉，这会鼓励美国企业将工厂迁至日本。如果你在美国工厂的生产线上工作，而且生产的产品要销售到日本，那么对你来说，日元贬值就不是一个好消息。一国货币贬值会降低其出口商品的价格，由于削弱了竞争对手的优势，因而其出口商品对国际买家更具吸引力。换句话说，本币贬值可以为出口驱动型经济体超过其全球竞争对手提供条件。

一国政府人为压低其货币的兑换价值会给其他国家带来诸多问题，因为该国货币贬值就意味着其他国家的货币必然升值。由汇率变化导致的国别经济利益失衡可能会引发货币战争——在这样一场破坏稳定秩序的争斗中，各国政府竞相推动本币贬值并希望本币的兑换价值最低。在 20 世纪 30 年代就发生了这样的事情，那场货币战争造成了灾难性的后果。在大萧条期间，随着金本位制度的废除，各国开始通过本币贬值（或法定贬值）来刺激本国经济增长。由于此举事实上造成了其他国家的失业率上升，相关贸易伙伴国随即通过本币贬值的手段展开报复，结果是一场货币战争在世界范围内打响，国际贸易陷入崩溃，全球经济严重萎缩。

美国政府一直以来都在抱怨说，它的贸易伙伴蓄意操纵汇率的行为使美国遭受损失，因为这些国家试图通过操纵汇率窃取美国企业的市场份额。然而，其他国家也在抱怨美国的货币政策。比如，在 2007—2009 年经济大衰退及其余波震荡期间，美联储为了刺激美国经济增长采取了一系列政策，具体措施包括增加货币供给量，降低利率，以及增加投资支出。虽然这些政策的主要目的是刺激增长，但是这些政策同时也导致了美元贬值。为什么会这样呢？其原因在于，由于美联储降低了美国国内利率，所以外国对美国的投资出现了收缩，因而对美元的需求减少了，进而导致了美元贬值。如前所述，一国实行扩张性货币政策会连带该国货币出现贬值。简而言之，我们很难判断什么样的货币政策可以被接受，以及什么样的货币政策不能被接受。在接下来的内容中，我们将进一步考察美国和中国之间有关汇率操纵问题的争论。

专栏

中国是汇率操纵国吗？

近年来，美国和中国之间的贸易紧张局势持续升温。焦点之一是美国指责中国操纵人民币汇率以至损害了美国经济利益。接下来我们详细讨论这个问题。

中国的出口额大于进口额，因而有贸易盈余。在这种情况下，如果外汇市场正常运作，那么人民币就会升值，因为其他国家需要买入人民币以购买中国商品。人民币升值不仅会使中国商品以外币表示的价格提高，而且会让中国居民从其他国家购买更多的商品。因此，随着时间的推移，中国的出口会减少而进口会增加，中国的贸易收支账户将因此恢复平衡。现在假设中国中央银行（即中国人民银行）用现金盈余购买其他国家的货币。这一行为绕过了外汇市场的自然供求机制，迫使其他国家的货币对人民币升值，这意味着中国居民购买其他国家商品的成本仍然较高，而外国居民购买中国商品的成本仍然较低。因此，中国的贸易盈余将持续增加而不是减少，这可能会令其他国家的商业企业倒闭，其他国家的老百姓失业，以及其他国家的财富转移至中国。

美国坚持认为上述假设的情景经常适用于美中贸易关系。美国认为，中国的货币政策导致人民币相对于美元被严重低估了，这给中国企业带来了不公平的竞争优势。与市场决定汇率的情形相比，低估人民币会让美国出口商品在中国市场上更加昂贵。同时，低估人民币也会损害美国的纺织、服装和家具等制造业的生产和就业，因为美国的这些产业不得不与来自中国的并且被人为压低成本的产品相竞争。也就是说，低估人民币使得中国产品对美国人来说更为廉价，因而鼓励他们购买更多的中国商品。结果是，中国抢走了美国人的就业机会。如果美元对人民币的汇率由市场决定，而不是由中国人民银行操纵，那么人民币可能会急剧升值，中国出口产品价格可能会上涨，美国制造业的压力将有所减轻。

然而，也有分析人士认为，人民币汇率与美国制造业的健康发展之间几乎没有关联。他们指出，美国制造业的萧条并不是因为中国出口产品的竞争，而是美国经济发展的长期趋势使然；同时，美国国内就业机会减少是因为技术进步使得每个美国工人的生产效率得以提高。如果美国希望自己的工人比中国工人更有竞争力，那么就应该改革美国的教育体系，而不是把希望寄托在由汇率变化所带来的虚幻收益上。此外，从经济上讲，中国可能也有充足的理由要保持人民币对美元的汇率稳定——只要这一固定汇率是可信的，那么该汇率就可以充当中国国内物价水平的一个有效货币锚。

美国财政部每年召开两次会议，以评估美国主要贸易伙伴的汇率政策，并且确定是否有哪个国家通过压低本币的兑换价值获取了不公平的贸易优势。如果某个国家满足以下三个条件，那么美国财政部就会宣布其为汇率操纵国：

411

14

1. 该国对美国的贸易顺差超过 200 亿美元。

2. 该国经常账户盈余超过其国内生产总值的 2%。

3. 该国必须是通过重复地净买入外币（同时卖出本币）来持续压低本币的兑换价值，并且一年内卖出本币的总量超过其国内生产总值的 2%。

将上述准则应用于分析中国的汇率政策，美国财政部发现，中国偶尔操纵人民币并使美国处于不利地位。

如果美国财政部宣布中国是汇率操纵国，那么就应该通过谈判来解决问题。* 如果谈判失败，那么美国可以就中国的不公平贸易行为向国际货币基金组织和世界贸易组织提出申诉。然而，现行的国际经济体制在应对汇率操纵问题上一直软弱无力。尽管国际货币基金组织在原则上明确反对各国实施竞争性贬值，却没有设立解决问题的执行机制，而且由于国际货币基金组织的决策过程高度政治化，因而相关决策很容易被汇率操纵国阻止。虽然世界贸易组织有一套执行机制，从而可以对相关国家实施严厉制裁，但其在汇率方面所设立的规则不仅含糊不清，而且从未经过检验。[①]

货币危机

现行国际货币体系的一个缺陷是，近年来经常发生严重的货币危机。**货币危机**（Currency Crisis），也被称为**投机性攻击**（Speculative Attack），是指弱势货币面临着强大的被抛售压力时的情形。如果出现了以下几种迹象，那么就可能预示着一国货币将面临被抛售的压力。第一，一国中央银行所持有的外汇储备出现了大规模损失。第二，一国货币在远期外汇市场（即买卖双方承诺在将来的某个时间而不是在当前进行外汇交易）上持续贬值。第三，在通货膨胀肆虐的极端条件下，如果人们大量地将本币兑换成外币或者兑换成黄金、不动产等保值商品，那么该国货币就要面临被抛售压力。经验表明，货币危机会使一国的国内生产总值下降 6% 甚至更多，这对于大多数国家来说，相当于损失了一到两年的经济增长。

当货币抛售压力解除时，货币危机就结束了。解除本币抛售压力的一种方法是使本币贬值，也就是在让本币充分贬值的情况下设定新的汇率。例如，墨西哥中央银行可能会叫停比索按现行汇率兑换美元，并将汇率从 10 比索/美元提高到 20 比索/美元的新水平。解除本币抛售压力的另一种方法是实行浮动汇率制度。浮动汇率制度允许汇率"找到自己应有的水平"，而且在实行浮动汇率制度以后，本币的

---

① 有关汇率操纵问题的当前状况可以参阅：*Foreign Exchange Policies of Major Trading Partners of the United States*，U. S. Department of the Treasury，Office of International Affairs，October 14，2016；该报告每年更新两次。

* 美国前任财政部部长、著名经济学家劳伦斯·萨默斯（Lawrence Summers）2019 年 8 月 6 日在《华盛顿邮报》撰文指出，将中国列为汇率操纵国不符合事实。国际货币基金组织在 2019 年 8 月 9 日发布的报告中重申，人民币汇率与中国经济基本面相符。事实上，正如许多学者所指出的那样，美国的对外贸易逆差主要是其经济自身的结构性矛盾造成的。——译者注

兑换价值几乎总是要比之前实行钉住汇率制度时更低一些。本币法定贬值或允许本币自行贬值，会使得以本币计价的外国货币和外国商品都更加昂贵，这往往会减少对外币的需求，从而使引发货币抛售压力的货币供求失衡得以消除。在某些情况下，特别是在公众对本币缺乏信心的条件下，货币危机会持续存在，并且一轮接一轮地本币法定贬值或自行贬值会不断上演。

货币危机的根源

为什么会发生货币危机呢？[1]一个流行的解释是，大型货币投机商为了牟利引发了货币危机。1992 年，世界最著名的货币投机商乔治·索罗斯通过投机欧洲货币赚取了 20 亿美元的利润。然而，投机也会导致大量损失。2000 年，乔治·索罗斯在因为投机失败而遭受接近 20 亿美元的损失后宣布退休。*事实上，货币危机并不仅仅是由那些不知从哪里冒出来的货币投机商们造成的。让我们来分析一下导致货币危机发生的可能原因。

导致货币危机的原因之一可能是为政府预算赤字进行融资而引发的通货膨胀。如果政府无法轻易地通过增加税收或者借贷来为财政赤字提供融资，那么它可能会迫使中央银行通过创造货币来为财政赤字提供融资。中央银行创造货币会使货币供给量的增速快于货币需求量的增速，进而导致通货膨胀。

脆弱的金融体制

如果公众认为即使会消耗大量的外汇储备，中央银行也会对处于困境中的商业银行施以援手，那么脆弱的银行体系就可能会招致投机性攻击；同时，中央银行在拯救商业银行上所做出的公开性或者隐蔽性承诺也会引发道德风险——所谓道德风险（moral hazard）是指人们无须对自己的过错承担全部成本。在这种情况下，人们对本币的未来价值愈发感到担忧，于是开始抛售本币以换取价值更为稳定的外币。

放松金融系统监管

在过去的 30 年里，一些国家在放松了金融系统监管以后发生了严重的货币危机。放松监管往往意味着允许金融机构之间开展更多竞争。然而，金融机构对于放松监管之后的经营环境可能并不熟悉，因而可能会做出错误的决策，从而导致国内公众因为担心本币的未来价值下降而抛售本币以换取价值更加稳定的外币。

经济疲软

在经济继续疲软（国内生产总值下降并且失业率上升）的情况下，人们会怀疑政府和中央银行维持当前货币政策的决心。如果公众预期中央银行将增加货币供给以刺激疲软的经济，那么公众可能就会担心本币的未来价值将会下降，从而开始在

14

413

---

[1]　Kurt Schuler, *Why Currency Crises Happen*, Joint Economic Committee, U. S. Congress, January 2002.

*　乔治·索罗斯在其职业生涯中曾多次宣布退休，但在出现机会时又参与货币投机。据媒体报道，索罗斯在 2015 年宣布"正式退休"。——译者注

外汇市场上抛售本币。

政治因素

从历史上看，发展中国家比发达国家更容易发生货币危机。其原因在于，发展中国家法治薄弱，政府更容易被暴力推翻，中央银行缺乏政治上的独立性，所有这些以及其他一些特征都使得发展中国家的货币政策不具备政治上的稳定性。

外部冲击

一次巨大的外部冲击（比如，战争或者进口石油价格暴涨）不仅会严重地扰乱经济，而且还有可能引发货币危机。历史上许多次货币危机的一个关键特征是，它们都是由外部冲击引发的。例如，尽管泰国在 20 世纪 80 年代就被普遍认为是东南亚经济表现突出的国家之一，但是其经济泡沫在 1996 年就已经出现了破败的景象。结果，泰国当地以及外国的投资者们都紧张起来，开始从泰国金融体系中撤出资金，这给泰铢造成了贬值压力。为了抵御泰铢贬值压力，泰国政府一方面在外汇市场上用美元购买泰铢，另一方面提高利率以增加泰铢对投资者的吸引力。然而，购买泰铢极大地消耗了泰国的硬通货储备；更高的利率抑制了泰国的经济活力，进而给本就脆弱的泰国金融部门带来负面影响。这些因素最终导致泰国政府放弃了泰铢钉住美元的固定汇率制度*，在这一过程中，泰铢对美元贬值了 60%，这引发了国际资本对其他东南亚国家货币的投机浪潮。[①]

国际金融案例

2007—2009 年的全球金融危机

经济危机几乎每隔 10 年便会出人意料地发生一次，波及不同的国家，从瑞典到阿根廷、从俄罗斯到韩国、从日本到美国等等。每场危机都有其特点，但也存在一些共同特征。总体来说，经济危机通常是由市场的过度反应、举债过度、信贷泡沫、对风险的错误估计、资本急速外流、难以为继的宏观经济政策等因素引起的。

关于 2007—2009 年的全球经济危机，起先是美国房地产市场泡沫以及抵押品市场繁荣的破灭，之后发展成为一场全球性的金融和经济危机。在危机期间，某些规模庞大、备受尊敬的银行、投资机构以及保险公司要么宣布破产，要么必须接受政府救济。以汽车行业为例，通用汽车公司和克莱斯勒公司在宣布破产后被美国政府采取了国有化措施**。许多人将

14

[①] Ramon Moreno, "Lessons from Thailand," Economic Letter, Federal Reserve Bank of San Francisco, November 7, 1997.

* 1997 年 7 月 2 日，泰国政府宣布放弃固定汇率制度，泰铢当日暴跌 15%～20%（根据 IMF Occassional Paper 188），引发亚洲金融危机。危机期间，泰国股市一片萧条，1997 年和 1998 年 GDP 增长率分别为 -2.8%、-7.6%（根据世界银行 WDI 数据）。美国资本集团通过外汇投机赚取了大量利润。——译者注

** 美国政府当时通过收购部分股权的形式对这两家企业进行大规模注资。企业脱困后，美国政府又逐渐减少对这两家企业的持股。——译者注

这场危机归咎于美国，并且认为正是由于美国不仅没有实行健全金融原则而且在金融领域肆意妄为，所以才引发了这场危机。

这场全球经济危机再次证明了美国是金融领域的绝对中心。区域性的经济危机，如1997—1998 年的亚洲金融危机，不会对全球金融体系中的其他部分造成严重影响。然而，当美国的金融体系遭遇困境的时候，其他大多数国家的经济发展也要受到拖累，因为美国是国际金融体系的主要担保人，是被广泛用作储备货币和国际交易媒介——美元——的提供者，也是掌握巨额金融资本并参与全球逐利的国家。其他国家可能不会重视在美国发生的金融危机，然而它一旦发生往往就会具有全球性影响。

在美国爆发的这场金融危机迅速地扩散到了其他工业化国家以及新兴市场和发展中经济体。受此影响，投资者们从一些国家（甚至包括可感知的投资风险相对较小的国家）撤资，从而导致了这些国家的股价暴跌和货币贬值。出口商品和大宗商品价格下滑加剧了经济困境，世界各地的经济体要么陷入衰退，要么进入经济低速增长期。随着全球经济恶化，美国和其他国家显然无法通过出口来摆脱经济衰退——没有哪个主要经济体能够充当经济增长的引擎，从而帮助其他国家摆脱经济低迷的困境。

这场全球危机在两个层面上展开。最先发生危机的是工业化国家，它们所遭受的大部分损失主要是因为其国内次级抵押贷款债务累积过大、投资过度杠杆化以及金融机构资本金短缺。危机蔓延的第二个层面涉及新兴市场和其他经济体，它们虽然不是这场危机的始作俑者，但是由于其经济相当脆弱，所以很容易受到全球市场动荡的冲击。这些国家资金来源匮乏，因而不得不向国际货币基金组织、世界银行和日本等资本充裕的国家寻求帮助。

为了应对全球金融危机，美国和其他国家努力控制危机蔓延，尽量减少危机给社会造成的损失，恢复人们对金融机构和金融工具的信心，并且加强各经济部门协调以使经济重回正轨。为了实现这些目标，美国、中国、韩国、西班牙、瑞典和德国等国家实施了各种措施，例如：

- 为了防止金融机构破产，通过提供贷款或购买股份的方式为金融机构注入资金。
- 提高存款保险额度，以减少储户从银行提款。*
- 购买濒临倒闭的金融机构的不良债务，以使其可以重新运作。
- 各国中央银行协调降息，为经济注入流动性。
- 实行积极的财政政策，刺激总需求增长。

在 2008 年 11 月举行的 20 国集团金融市场与世界经济峰会上，与会各国普遍认识到，这场经济危机并不是一次孤立的反常现象，无法通过对全球金融体系的简单调整就能对其予以矫正——事实上，各国还没有建立起能够应对和防止全球经济危机爆发的国际协调机制。与会各国认为，需要对全球金融体系做重大改革以降低金融风险并提供金融监管，同时还需要建立一个能够对即将发生的金融危机发出早期预警的系统。然而，只有在这些国家恪守自由市场原则的条件下，这些必要的改革才能取得成功。美国与其他国家究竟愿意在多大程度上

---

* 提高存款保险额度有利于提高储户对银行体系的信任度。——译者注

变革其金融体系仍有待观察。

问题：**2007—2009 年的全球金融危机是否说明了各国在经济上的相互依存？**

资料来源：Dick Nanto, *The Global Financial Crisis: Analysis and Policy Implications*, April 3, 2009, Congressional Research Service, U. S. Library of Congress, U. S. Government Printing Office, Washington, D. C.

14.8　资本管制

　　由于资本流动通常是引发货币危机的重要原因，所以一些国家通过对资本流动进行管制来维持固定汇率制度，进而避免对本国货币的投机性攻击。**资本管制**（Capital Controls），也被称为**外汇管制**（Exchange Controls），是指政府对外国资本所有者投资购买本国资产（如政府证券、股票或银行存款单等）或者本国资本所有者投资购买外国资产设置障碍。资本管制的一种极端情况是政府绕过市场机制直接控制国际交易，以达到控制国际收支的目的。例如，如果政府实际垄断了外汇交易，那么它可能会要求所有的外汇收入都必须转交给当权机构*，然后由政府按自定价格将外汇分配给本国贸易商和投资商。

　　资本管制的优点是，政府可以对用于进口或资本流出的外汇数量进行调节，从而限制这些交易的规模，进而影响国际收支。比如，实行资本管制的政府可以对不同用途所涉及的外汇交易规定不同的汇率，以此来鼓励或限制某些交易。实行资本管制还可以让本国的货币政策和财政政策在发挥稳定经济的功能上有更大的自由度。也就是说，由于政府可以通过实行资本管制来调节国际收支，因而也就无须担心其所采取的国内经济政策会对国际收支造成持续不良影响。

　　墨西哥和东亚地区之所以遭受投机性攻击，其部分原因在于这些国家和地区的资本流出和流入出现了大幅度波动。因此，一些经济学家和政治家支持发展中国家对资本流动采取限制性措施。比如，在 1998 年，马来西亚总理马哈蒂尔·穆罕默德（Mahathir Mohamad）对资本流出采取了限制措施以促使该国经济恢复金融稳定。

　　尽管对资本流出采取限制措施看起来很有吸引力，但这类措施也会带来一些问题。实践表明，在实施管制措施以后，资本流出规模可能会进一步增加，因为资本所有者对政府的信心受到了削弱。对资本流出采取限制措施往往会导致资本外逃，因为政府官员在得到好处以后可能会对本国居民向海外转移资金视而不见。资本管制可能会使政府官员们产生错觉，认为经济是安全的，因而无须进行金融体制改革以缓解危机。

---

　　* 一种可能的做法是政府设定外汇收购价并要求本国的外汇持有者（如出口商或对外投资机构等）将外汇出售给指定的外汇交易机构。——译者注

外汇交易应该被征税吗？

在 1997—1998 年亚洲金融危机爆发以后，一些国家被迫放弃了固定汇率制度。在此背景下，这些国家对稳定的外汇市场和政府对外汇市场的监管提出了更高要求，因为外汇市场波动被认为是席卷该地区的那场金融危机的主要成因。

经济学家们一般认为，自由市场是确定如何进行投资的最好决策机制。全球资本市场在向贫穷国家提供资金以促进其经济增长的同时，也为各国投资者实现投资组合的多样化提供条件。经济学家们还认为，如果允许资本自由流动，那么市场将会回馈那些实行健全经济政策的国家，并且迫使其他国家也采取相同的经济政策。在实践中，大多数国家欢迎甚至鼓励资本流入，比如能够体现工厂和企业长期责任的外国直接投资。然而，对外国资本购买本国的股票、债券、银行存款单和短期债务证券等金融工具，一些国家则持怀疑态度，因为外国投资者只需要按一下计算机键盘，相关投资就会撤离东道国，而这也正是亚洲地区在 1997 年、墨西哥在 1994 年和 1995 年以及英国和意大利在 1992 年和 1993 年所发生的事情。

为了防止金融危机发生，几位著名经济学家主张通过对外汇交易征税来限制国际金融交易量的增长。他们的观点是，征税可以提高外汇交易的成本，这样当有关经济形势的信息出现轻微变动时，市场参与者就不会做出大规模反应，汇率波动因而受到抑制。支持者们认为，对外汇交易征税将促使外汇交易员在买卖外汇和外国证券时关注长期经济趋势，而不是依赖对短期经济状况的直觉判断。如果这一主张得到采纳，那么外汇交易员就要支付小额税款（比如每笔外汇交易都要支付 0.1% 的税款），于是他们只有在预期收益大于额外税款费用时才会进行外汇买卖——交易量越少意味着外汇市场的波动越少，汇率也就越稳定。

征税主张的支持者们可能会争辩，他们并不是在试图干预自由市场，仅仅是希望防止汇率过度波动。然而，我们并不知道汇率波动中有多少是过度的或者是不合理的。诚然，经济学家们不能通过分析各国经济基本面的变化来解释全部的汇率波动，但这并不意味着我们就应该设法去限制汇率波动。事实上，某些汇率波动可能是由政府政策的不确定性造成的。

对外汇交易征税的观点还存在其他的问题。比如，对于那些能够理性地从国外借款的国家来说，征收这种税会增加它们的负担。征税提高了这些国家获取资金的成本，因而会抑制投资并阻碍其经济发展。此外，对外汇交易征税也很难付诸实施。外汇交易几乎可以在世界的每个角落进行，但是要在世界范围内就征收外汇交易税达成一致看起来绝无可能，而且那些拒绝征税的国家可能会发展成为外汇交易中心。

14.9   固定汇率制度的信誉日益提升

我们已经介绍过，发展中国家通常利用固定汇率制度来为商业交易提供稳定的经济环境。一个稳定的汇率制度可以让进口商、出口商和投资者在制订计划的时候无须担心汇率波动。然而，当市场供求力量发生变化时，投机者可能会怀疑政府维持固定汇率的能力，因而会对弱势货币实施投机性攻击。有没有办法使投机者相信汇率将保持稳定呢？实施货币局制度和美元化的目的显然在于维持固定汇率，进而防止发生货币危机。

14.9.1   货币局制度

货币局（Currency Board）指的是一个货币当局，其发行的纸币和硬币可以按照**固定汇率**兑换成外国锚货币。锚货币（anchor currency）是由货币局选定的、预期币值稳定并且在国际上能被普遍接受的货币。大多数货币局一直将美元或英镑作为锚货币，少数货币局则把黄金作为锚商品。在货币局制度下，固定汇率通常由法律设定，政府改变汇率的成本相当高。总之，除了完全的货币联盟之外，货币局所提供的就是最为坚实的固定汇率。

货币局承诺按照固定汇率提供本币兑换成外币的服务，这就要求货币局拥有足够多的外汇来履行承诺，因而也就意味着货币局所持有的外汇数量必须至少 100％等于流通中的法定纸币和硬币的数量。货币局可以代替中央银行，也可以作为具备与现有中央银行同等地位的货币发行机构。在发展中国家，货币局通常取代中央银行履行维护本币币值稳定的职能。

从制度设计的角度来看，货币局没有自由裁量权，它的运行完全是被动的、自发的。货币局的唯一职能是按照固定汇率进行本国纸币和硬币与锚货币之间的兑换。因此，对于实行货币局制度的国家来说，其货币政策也是具有自发性质的，这就好比用一台个人计算机替代了美国联邦储备委员会主席。

货币局可以保证固定汇率制度具有相当大的可靠性。货币局为稳定汇率所做出的最重要的贡献就是规定了创造货币的原则。正是因为有了这种原则约束，所以国内物价更加平稳，进而本国货币的价值保持稳定，公众对本币的信心得以增强——它使本国居民和外国投资者相信，本国货币总是可以兑换成其他强势货币。

货币局制度的支持者们认为，中国香港从该制度中获益。在 20 世纪 80 年代初，中国香港实行的是浮动汇率制度。在当时，中国香港政治前景的不确定性直接引发了当地的一些经济问题。在 1982 年，英国和中国开始就 1997 年英国租约期满后中国香港的命运问题进行协商。当时，由于担心中国政府会废弃中国香港的资本主义制度，中国香港的股票市场缩水了 50％，港币对美元贬值了 16％。为了恢复市场对港币的信心，港英政府在 1983 年实行货币局制度，将汇率固定为 7.8 港元＝1美元。尽管英国和中国之间的谈判麻烦不断，但货币制度改革还是立即扭转了市场对港币缺乏信心的局面。币值稳定为中国香港经济持续快速增长提供了基础条件。

尽管货币局制度有助于约束政府支出，从而消除发展中国家或地区通货膨胀的一个主要根源，但是人们对货币局制度仍然有一些担忧。最常见的反对理由或许是，一国实行货币局制度意味着该国无法实行自由裁量的货币政策，因而会降低其经济的独立性。有时也会有人说，货币局制度容易受到金融恐慌的影响，因为在该制度中缺少最后贷款人。

专栏

对于阿根廷来说，设立货币局不是万全之策

在第二次世界大战以后的大部分时间里，金融类媒体在关注阿根廷的时候突出强调的都是其较高的通货膨胀和失败的稳定性政策。在 20 世纪 70—80 年代，阿根廷甚至出现了恶性通货膨胀，物价在 1989 年和 1990 年的上涨幅度都超过了 1 000％。

为了遏制通过印发货币来为政府筹措资金的倾向，阿根廷在 1991 年引入了固定汇率制度，设定比索与美元之间按 1∶1 兑换。为了限制货币发行量，阿根廷还放弃了被认为缺乏信誉的、以中央银行为基础的货币制度，继而建立货币局制度。在这一制度安排中，只有当货币局拥有等值美元时才能发行本币。

阿根廷实施固定汇率并建立货币局是为了能与美国一样有较低的通货膨胀率。起初，这一制度安排似乎奏效了——到 1995 年，阿根廷物价的年均上涨幅度低于 2％。然而，在 20 世纪 90 年代后期，由于受到外部冲击的影响，阿根廷出现了产量下降和失业率上升。为了解决这些问题，阿根廷通过大幅度增加政府支出来提振经济，支出规模大大超出了税收总额。为了弥补预算赤字，阿根廷只好在国际市场上借入美元。然而，随着债务不断累积以至 2001 年无法获得进一步借款时，阿根廷宣告债务违约，终止比索兑换美元的承诺，并且冻结银行中的大部分存款。阿根廷民众随即发起了暴力和其他抗议活动，以表达他们对政府的不满。

一些经济学家一直以来都在思考，对于阿根廷来说，设立货币局是不是一个错误。他们指出，尽管阿根廷将自己与美元联系在一起，从而使阿根廷就像是美国的犹他州或马萨诸塞州一样，但是在面临负的外部冲击时，能够让美国货币区平稳运转的调整机制却没有能让阿根廷获益。其原因在于，当阿根廷失业率上升时，该国民众不能搬迁到就业机会相对充足的美国；美联储的政策针对的是美国的经济情况，而不是阿根廷；美国国会不会同意美国的财政政策着眼于解决阿根廷的各种问题。这样一来，对阿根廷经济的负面冲击就只能靠其国内工资和价格紧缩予以吸收——这是阿根廷将其货币严格钉住美元所造成的后果。

14.9.2 美元化

与其通过建立货币局来维持固定汇率，为什么不将经济"美元化"呢？以厄瓜多尔为例，**美元化**（Dollarization）是指当地居民同时使用美元和本币**苏克雷**（*sucre*），或用美元代替苏克雷。部分美元化是指厄瓜多尔居民为了抵御苏克雷贬值而持有以美元计价的银行存款单或联邦储备券。部分美元化在拉丁美洲和加勒比国家中已经存在了许多年，美国是这些国家的主要贸易伙伴和外国投资的主要来源地。

仍以厄瓜多尔为例，完全美元化是指废除厄瓜多尔苏克雷，并且用美元完全替代苏克雷。在完全美元化以后，厄瓜多尔的基础货币就由最初以苏克雷计价的货币转换为美国的联邦储备券。为了完成美元化，厄瓜多尔需要售出外汇储备（主要是美国国债）以买入美元，并且将所有未偿付的苏克雷纸币兑换成美元纸币。在此之后，美元就成为厄瓜多尔的唯一法定货币和唯一记账单位。美属维尔京群岛、马绍尔群岛、波多黎各、关岛、厄瓜多尔以及其他部分拉丁美洲国家都已实现了完全美元化。

为什么小国希望实现经济的美元化呢？美元化给一国带来的好处包括货币信誉和政策纪律性的提升，因为美元化无疑是一个不可逆转的过程。在此基础上，美元化的好处还包括可以实现更低的利率和更低的通货膨胀率、更加坚实的金融稳定性以及更大的经济活力。对于那些在历史上发生过高通胀和金融动荡的国家来说，美元化所带来的潜在好处往往是相当有吸引力的。此外，美元化还被认为是避免资本外流的一种手段，因为经常发生的情况是，在一国货币陷入困境之前或者在陷入困境过程中就会出现资本外流。

然而，美元化也有其局限性。假设厄瓜多尔实现了美元化，但其商业周期与美国并不同步，那么厄瓜多尔不能指望美联储会对其提供援助，就像美国的任何一个州都不能指望美联储会对其提供援助一样。对于厄瓜多尔来说，这种局限性可能是美元化的一个主要弊端。

由厄瓜多尔官方主导经济美元化也会对美国带来影响。第一，当厄瓜多尔人获得美元时，他们实际上是将与美元等值的商品和服务拱手让给了美国人。每向国外汇出一美元，美国人所能消费到的商品和服务的数量就会有一次增加。第二，在完成美元化以后，厄瓜多尔持有的是美元而不是含息美元债券，这实际上是厄瓜多尔在向美国提供无息贷款。第三，外国使用美元会妨碍美联储制定和执行货币政策。美元化使厄瓜多尔更加依赖于美国的货币政策，这将给美联储带来更大的压力，迫使其按厄瓜多尔的利益而不是按照美国的利益执行政策。*

---

* 原文如此。美元作为关键货币具有高度流动性，美国的境外美元管理也是其货币政策的组成部分。尽管美国货币政策的核心是维护美国利益，但也不排除其政策在某些时候也符合美元化国家的利益。——译者注

非洲国家津巴布韦也是美元化的一个例子。过度的政府支出和货币创造导致津巴布韦出现了恶性通货膨胀，2008 年该国的通货膨胀率达到百分之 2.5 亿。津巴布韦的货币变得如此一文不值，以至于被用作家具的填充物、墙纸或者建筑物的隔热材料。在这种情况下，津巴布韦的许多居民不得不使用外币来完成交易，或者干脆采用易货贸易。为了恢复经济稳定，津巴布韦政府宣布停止使用本国货币，并将美元确立为法定货币和交易媒介。这一政策帮助津巴布韦政府平息了恶性通货膨胀，增强了预算纪律约束，重建了货币信誉，从而促进了该国的经济增长。然而，美元化也意味着津巴布韦的货币政策是由数千英里之外的美国联邦储备委员会制定的。所以津巴布韦就不得不接受这样一个事实，即美联储进行货币政策抉择时可能并不考虑津巴布韦的最佳利益，因而其所实行的货币政策也就并不总是对该国有利。

14.10　小结

1. 大多数国家既不实行完全的固定汇率制度，也不实行完全的浮动汇率制度。当代各国的汇率制度同时具有固定汇率制度和浮动汇率制度的特征。

2. 发展中小国一般会将其货币钉住单一外币或一个货币篮子。那些主要与一个国家有贸易和金融往来的小国通常选择钉住单一外币；如果小国的主要贸易伙伴不止一个，那么该小国通常会选择将其货币钉住一个货币篮子。

3. 特别提款权（SDR）是由国际货币基金组织的 5 个成员国的货币构成的一个货币篮子。该货币篮子的估价方法使得 SDR 的价值比篮子中任何单一货币的价值都要稳定。发展中国家通常会选择将其货币钉住 SDR。

4. 在固定汇率制度下，一国政府确定本币的官方汇率，并设立外汇平准基金，用以买入或卖出外汇，防止市场汇率高于或低于该官方汇率。各国可能通过官方宣布本币贬值或本币法定贬值来恢复贸易均衡。

5. 在浮动汇率制度下，货币价值由市场供给和需求力量决定。支持浮动汇率制度的理由主要是：（1）简便易行；（2）能够连续调整；（3）不影响国内政策；（4）对国际储备的需求减少。反对浮动汇率制度的理由主要是：（1）导致外汇市场混乱；（2）政府可能会实行盲目的金融政策；（3）易于引发通货膨胀。

6. 随着固定汇率制度下的布雷顿森林体系走向崩溃，各主要工业国纷纷采取了有管理的浮动汇率制度。在这种制度下，从短期来看，中央银行可以干预外汇市场以防止外汇市场无序波动；从长期来看，汇率将按照供给和需求的变化自由浮动。

7. 为了抵消本国货币贬值，中央银行可以：（1）动用其国际储备在外汇市场上大量买入本币；（2）实行紧缩性货币政策以提高本国利率，增加资本流入，进而增加对本币的需求。为了抵消本币升值，中央银行可以在外汇市场上大量卖出本币，或者实行扩张性货币政策。

8. 在爬行式钉住汇率制度下，一国政府可以经常通过本币法定贬值（或本币法定升值）来恢复国际收支平衡。这种汇率制度一直以来主要被通货膨胀率较高的发展中国家所采用。

9. 货币危机也被称为**投机性攻击**，是指一种弱势货币面临着强大的被抛售压力时的情形。货币危机发生的原因包括：为政府预算赤字进行融资而引发的通货膨胀；脆弱的金融体系；政治不稳定性以及世界市场上利率水平的变动。尽管固定汇率制度在维持低通货膨胀方面具有优势，但是这种制度特别易于受到投机性攻击。

10. 有时候，政府通过资本管制来维持固定汇率，并防止本币遭受投机性攻击。然而，私人部门会想方设法规避管制，并将资金带入或带出一个国家，从而阻挠资本管制的实施。

11. 实行货币局制度和实现美元化很明显是为了维持固定汇率，进而防止货币危机发生。货币局是一个货币当局，它发行的纸币和硬币可以按照固定汇率兑换成外国货币。货币局为稳定汇率所做出的最重要的贡献就是对货币创造过程规定了原则。这一原则极大地稳定了国内物价水平，进而稳定了本国货币的价值。美元化是指一国居民同时使用美元和本国货币，或用美元代替本国货币。美元化被视为防止通货膨胀、本币贬值以及对本币的投机性攻击，进而促进经济增长和繁荣的一种手段。

14.11 关键概念及术语

- 可调整的钉住汇率制度（Adjustable Pegged Exchange Rates；p. 401）
- 布雷顿森林体系（Bretton Woods System；p. 401）
- 资本管制（Capital Controls；p. 414）
- 清洁浮动（Clean Float；p. 405）
- 爬行式钉住汇率制度（Crawling Peg；p. 409）
- 货币局（Currency Board；p. 416）
- 货币危机（Currency Crisis；p. 411）
- 法定贬值（Devaluation；p. 400）
- 肮脏浮动（Dirty Float；p. 405）
- 美元化（Dollarization；p. 418）
- 外汇管制（Exchange Controls；p. 414）
- 外汇平准基金（Exchange Stabilization Fund；p. 399）
- 固定汇率制度（Fixed Exchange Rates；p. 396）
- 浮动（或弹性）汇率制度［Floating (or Flexible) Exchange Rates；p. 402］
- 基本面失衡（Fundamental Disequilibrium；p. 400）
- 不可能三角形（Impossible Trinity；p. 395）
- 关键货币（Key Currency；p. 396）
- 逆向操作（Leaning Against the Wind；p. 405）
- 有管理的浮动汇率制度（Managed Floating System；p. 405）
- 官方汇率（Official Exchange Rate；p. 398）
- 平价（Par Value；p. 398）

- 法定升值（Revaluation；p. 400）
- 特别提款权（Special Drawing Right，SDR；p. 398）
- 投机性攻击（Speculative Attack；p. 411）
- 目标汇率（Target Exchange Rates；p. 405）

14.12　习题

1. 一国采用固定汇率制度或浮动汇率制度是由什么因素决定的？
2. 有管理的浮动汇率制度是如何运作的？为什么工业化国家在 1973 年采用了这种制度？
3. 为什么一些发展中国家采用货币局制度？为什么还有一些国家实行美元化？
4. 论述可调整的钉住汇率制度下的布雷顿森林体系的构建理念和运作方式。
5. 为什么有些国家要采用爬行式钉住汇率制度？
6. 资本管制的目的是什么？
7. 货币危机产生的原因有哪些？
8. 为什么小国会将其货币钉住一个货币篮子？
9. 小国将其货币钉住 SDR 会有哪些好处？
10. 举出支持和反对浮动汇率制度的理由。
11. 中央银行可以用什么方法来稳定本币的兑换价值？
12. 一国对其货币实行法定贬值的目的是什么？实行法定升值呢？

第15章 开放经济条件下的宏观经济政策

自 20 世纪 30 年代经济大萧条发生以来,各国政府都致力于追求充分就业和物价稳定这样的宏观经济目标。为了实现这些目标,各国政府一直以来都在使用财政政策和货币政策。对于封闭经济体(即没有对外贸易和跨国资本流动的经济体)来说,它可以通过采用上述政策来实现自己的目标。然而,对于开放经济体来说,这些政策能否取得成功则要依赖于该经济体在货物和服务上的进出口状况、金融资本的跨国流动水平以及汇率的灵活程度等因素。这些因素既可能有助于但也可能不利于货币政策与财政政策实现充分就业和物价稳定。

本章探讨开放经济条件下的宏观经济政策。本章将首先阐释封闭经济条件下货币政策和财政政策的运作方式,然后阐述这两种政策在开放经济条件下的作用。

15.1 各国的经济目标

宏观经济政策的基本目标是什么呢?其中一个目标被称为**内部均衡**(Internal Balance),它包含两个方面:(1)充分就业;(2)没有通货膨胀,或者更现实一点说,适度的通货膨胀。长期以来,各国一直将内部均衡作为重中之重,并且制定了一系列的经济政策来实现这一目标。一国的政策制定者们还会关注本国的经常账户状况。如果一国在经常账户上既无赤字也无盈余,那么就称该国实现了**外部均衡**(External Balance)。当一个经济体同时实现了内部均衡和外部均衡时,它就实现了**总体均衡**(Overall Balance)。

除了内部均衡和外部均衡以外,一国还有其他一些经济目标,如长期经济增长以及公平合理的国民收入分配。虽然这些目标和其他一些目标都可能会影响宏观经济政策,但本章讨论的政策目标仅限于内部均衡和外部均衡。

15.2　政策工具

为了实现内部均衡和外部均衡的目标，政策制定者们可以颁布支出调整政策、支出转换政策和直接管制政策。

支出调整政策（Expenditure-Changing Policies）改变一国对国内生产以及从外国进口的货物和服务的总支出（总需求）水平，由**财政政策**（Fiscal Policy）和**货币政策**（Monetary Policy）构成。财政政策是指改变政府支出和税收的政策；货币政策是指一国中央银行（如美联储）改变货币供给和利率的政策。根据支出变动的方向，支出调整政策可以增加支出，也可以减少支出。

支出转换政策（Expenditure-Switching Policies）调整需求的方向，使之在本国商品与进口商品之间进行转换。在固定汇率制度下，出现贸易赤字的国家可以通过本币法定贬值来提高本国企业的国际竞争力，从而使支出从国外制造的商品转向国内制造的商品。在有管理的浮动汇率制度下，一国可以用本币购买其他国家的货币，从而降低本币的兑换价值，进而提高本国企业的竞争力。这些政策能否成功地改善贸易收支状况，在很大程度上取决于需求转换的方向和数量是否适当，以及本国经济是否有能力提供更多的商品来满足额外的需求。

直接管制政策（Direct Controls）是指政府对市场经济的各种限制措施，它们属于选择性的支出转换政策，其目标是对经常账户中的某些特定项目进行控制。关税作为一种直接管制政策是通过对进口商品征税将国内支出从外国生产的商品转向本国生产的商品。直接管制政策也可用来限制资本流出或者鼓励资本流入。

宏观经济政策的制定要受到多重因素的约束，比如要考虑政策本身是否能够做到公平和公正。政策制定者们还要考虑他们所代表的团体——如劳动者和企业——的利益，尤其在相关政策所追求的经济目标相互冲突的时候更是这样。例如，为了消除资本账户赤字，国内利率应调高到什么程度呢？当政策制定者们在思考这个问题的时候，因为调高利率而会遭受不利影响的国内某些团体会提出强烈抗议，其反对声浪可能足以说服政策制定者们不再追求资本账户平衡。对于能够反映公平和公正这样一种理念的政策来说，其形成过程往往也就是一个谈判和相互妥协的过程。

15.3　总需求与总供给：简要回顾

在宏观经济学原理这样的课程中，你已经学过**总需求—总供给模型**，该模型可以用来分析一个经济体在短期的产量和价格水平。通过图 15.1，我们来看看加拿大的总需求—总供给模型的主要特征。

在图 15.1 中，总需求曲线（*AD*）显示了某年内，在各个价格水平下，加拿大

422

15

人将要购买的实际产出（实际国内生产总值）水平。总需求由国内消费者、企业、政府的支出以及国外购买者的支出（净出口）构成。对实际产出的需求量随着价格水平的下降而增加。

图15.1同时展现了该经济体的总供给曲线（AS）。该曲线显示了某年内，加拿大的实际产量与价格水平之间的关系。总供给曲线通常为向上倾斜的曲线，因为随着实际产量的增加，单位产出成本和企业必须索要的价格都会上涨。[1] 当总需求等于总供给时，也就是在图中两条曲线相交的那一点，该国经济处于均衡状态。

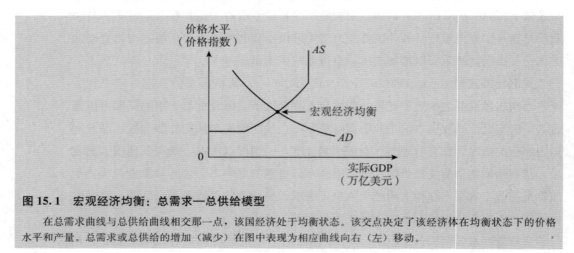

图15.1 宏观经济均衡：总需求—总供给模型

在总需求曲线与总供给曲线相交那一点，该国经济处于均衡状态。该交点决定了该经济体在均衡状态下的价格水平和产量。总需求或总供给的增加（减少）在图中表现为相应曲线向右（左）移动。

总需求曲线向右（左）移动意味着总需求的增加（减少）。总需求的变化由总需求的决定性要素——消费、投资、政府采购或净出口的变化引起。类似地，总供给曲线向右（左）移动意味着总供给的增加（减少）。总供给的变化由资源价格、技术、企业预期等的变化引起。接下来，我们利用这个总需求—总供给框架来分析财政政策和货币政策的效果。

15.4 封闭经济条件下的货币政策和财政政策

货币政策和财政政策是政府可以用来影响经济运行的主要宏观经济手段。如果总产量过低并且失业率过高，那么政府的传统应对方案是通过扩张性货币政策或财政政策来增加对实际产出的总需求。这种解决办法将导致该国实际GDP的增长。相反，如果该国正受到通货膨胀的困扰，而且通货膨胀的根源是总需求水平超出了不变价格下该国各种资源所能支持的产出增长率，那么在这种情形下，政府的应对

[1] 事实上，总供给曲线有三个不同的区段。其一，当经济处于深度衰退期或萧条期，总供给曲线是一条水平的曲线。在这种经济环境下，过剩产能无力推动价格上涨，总需求的变化会导致实际产出的变化，但不会改变价格水平。其二，当经济接近充分就业状态时，资源市场的稀缺性也在加剧。总需求的不断增加会给资源价格带来上行压力，从而推高单位生产成本并且导致总供给曲线向上倾斜——只有在更高的价格水平上才能有更多的产出。其三，当经济处于充分就业状态时，总供给曲线变为一条垂直线。

方案是通过紧缩性货币政策或财政政策来降低总需求。随着总需求的减少，超额总　424
需求造成的价格上行压力趋于减弱，通货膨胀趋向缓和。

　　图 15.2（a）展示了当加拿大经济处于封闭状态时，扩张性货币政策或财政政　425
策所产生的效果。为简便起见，我们假设在达到充分就业水平之前，加拿大的总供
给曲线是水平直线，并且在充分就业状态下，加拿大的实际 GDP 为 800 万亿美元，
而且在这一点，总供给曲线变为垂直线。此外，我们还假设该经济体在均衡状态下
的实际 GDP 为 500 万亿美元，如图中 AD_0 与 AS_0 的交点所示。由于该经济体在均
衡状态下的产出水平低于充分就业状态下的产出水平，所以该经济体处于衰退状
态。假设为了扭转经济衰退，政府实施了扩张性货币政策或财政政策，因而总需求
曲线向右移动至 AD_1。这样，均衡状态下的实际 GDP 将从原来的 500 万亿美元上
升至 700 万亿美元，失业率也将随之下降。

　　为了扩张总需求，加拿大银行（Bank of Canada）（以及其他国家的中央银行）

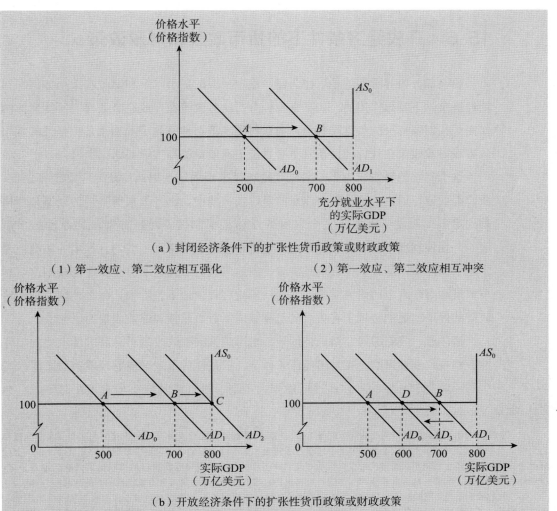

（a）封闭经济条件下的扩张性货币政策或财政政策

（1）第一效应、第二效应相互强化　　　　（2）第一效应、第二效应相互冲突

（b）开放经济条件下的扩张性货币政策或财政政策

图 15.2　扩张性货币政策或财政政策对均衡状态下实际 GDP 的影响

通常会通过在公开市场上买入金融证券来增加货币供给。[1] 货币供给的增加会降低国内利率，进而刺激消费和投资支出增长。于是，总需求的增长就引起了实际 GDP 乘数倍的增长。[2] 反过来，为了抵消通货膨胀，加拿大银行会通过在公开市场上售出金融证券以减少货币供给，从而提高利率。利率的升高会减少消费和投资支出，因而减少总需求，而总需求的减少会减轻超额需求带来的价格上行压力。

除了使用货币政策来稳定经济以外，加拿大还可以使用财政政策，即通过改变政府支出或税收来稳定经济。由于政府支出是总需求的一个组成部分，所以加拿大政府可以通过改变其支出来影响总需求。为了扭转经济衰退，加拿大政府可以通过增加自身的支出来提高总需求，这会导致均衡的实际 GDP 出现乘数倍增长。或者，加拿大政府也可以通过减少征收所得税，从而提高家庭可支配收入的办法来扭转经济衰退。家庭可支配收入的提高会导致消费支出增加，从而使总需求增加以及均衡的实际 GDP 出现乘数倍增长。紧缩性财政政策的作用刚好相反。

15.5 开放经济条件下的货币政策和财政政策

前一部分内容考察的是，作为经济稳定手段的货币政策和财政政策是如何在封闭经济条件下发挥作用的。接下来我们分析这些政策在开放经济条件下所能发挥的作用。我们要解决的关键问题是，与在封闭经济条件下的情形相比，扩张性的货币政策或财政政策在开放经济条件下是否能更有效地提高实际 GDP。[3]

这个问题的答案取决于一国究竟是选择采用固定汇率制度还是浮动汇率制度，我们稍后进行讨论。这里需要注意的是，在实践中，许多国家所坚持的既不是严格的固定汇率制度，也不是完全自由的浮动汇率制度，而是有管理的浮动汇率制度——在该制度下，中央银行通过买卖货币来防止汇率无序波动。如果一国政府较多地干预汇率，那么该国宏观经济政策的效果就更加接近于有关固定汇率制度下货币政策和财政政策的研究结论；如果一国政府较少地干预汇率，那么该国宏观经济政策的效果就更加接近于有关浮动汇率制度下货币政策和财政政策的研究结论。

请注意，我们的研究结论将依赖于货币政策或财政政策对总需求所产生的扩张性影响或收缩性影响。在封闭经济条件下，扩张性货币政策或财政政策对总需求产生的影响是单一性的：它通过增加国内消费、投资或政府支出来扩张总需求。然

426

15

[1] 公开市场业务是美联储最重要的货币政策工具，它是指美联储与银行或者其他企业或个人之间买卖金融证券的交易。美联储在公开市场上买入金融证券会导致银行准备金和货币供给量的增加，而美联储在公开市场上售出金融证券会导致银行准备金和货币供给量的减少。货币政策工具还包括调整贴现率（即银行向美联储借入存款准备金时，美联储收取的利率）和调整法定准备金率（即银行被要求持有的准备金数额占其吸收存款总额的百分比）。

[2] 乘数效应原理是财政政策和货币政策的重要理论基础。该原理认为，总需求的增加将带来均衡产出和均衡收入的乘数倍增长。其原因在于家庭会将获得的收入用于消费支出，而这笔支出又为他人创造了收入，如此循环往复。

[3] 本章仅探讨扩张性货币政策和财政政策的效果。紧缩性货币政策和财政政策具有与之相反的效果。

而，在开放经济条件下，这样的政策对总需求还有第二层影响：它会通过改变净出口以及总需求的其他影响因素来扩张或收缩总需求。如果政策的第一效应和第二效应的综合结果是总需求增加，那么意味着政策的扩张性效应得到了强化。如果政策的第一效应和第二效应给总需求造成的影响是相互冲突的，那么就意味着政策的扩张性效应被削弱了。对此，我们用下面的例子进行说明。

首先，我们假设加拿大允许进入或流出该国的国际投资（资本）具有高度的流动性。这种高度流动性意味着加拿大在相对利率上的微小变化都将引致资本的大规模跨国流动。这种假设与美国、日本、德国等许多国家的投资流动情况相符，而且许多研究人员也得出结论认为，随着各国金融市场全球化水平的提高，投资的跨国流动性日益增强了。

15.5.1　固定汇率制度下财政政策和货币政策的效果

我们首先分析固定汇率制度下扩张性财政政策与货币政策的效果。我们的研究结论是，与封闭经济条件下的情形相比，开放经济条件下的扩张性财政政策能够更有效地刺激经济增长，而扩张性货币政策则不那么有效。表 15.1 概括了这个结论。

表 15.1　在资本具有高度流动性的情况下，货币政策和财政政策在促进内部均衡上的有效性

汇率制度	货币政策	财政政策
浮动汇率制度	加强	削弱
固定汇率制度	削弱	加强

固定汇率制度下财政政策的效果更强

参照图 15.2（b—1），假设加拿大实行固定汇率制度，并且加拿大政府预算在一开始处于平衡状态，即政府支出等于政府税收收入。为了扭转经济衰退，假设该国政府采取了某项扩张性财政政策，比如增加对货物和服务的购买支出。政府支出增多的第一效应是增加总需求，如图中总需求曲线从 AD_0 移至 AD_1，这和我们之前讨论的封闭经济条件下扩张性财政政策造成的总需求变化量一致。总需求的增加导致均衡的实际 GDP 从 500 万亿美元扩张至 700 万亿美元。

扩张性财政政策还会产生第二效应，即政府支出的增加会导致加拿大政府预算出现赤字。由于政府需要更多的资金来为其超额支出融资，所以国内利率将会提高。更高的利率会吸引外国资本流入加拿大，因而在外汇市场上投资者对加拿大货币的需求将会增加。虽然加拿大元因此面临升值压力，但并不会真的升值，因为加拿大实行的是固定汇率制度。为了防止自己的货币升值，加拿大政府必须干预外汇市场——用加拿大元购买外国货币。其结果是加拿大国内货币供给量增加，进而导致加拿大经济中的可贷资金数量上升。随着这些资金被大量地用于国内支出，总需求获得了第二次增加，总需求曲线从 AD_1 移至 AD_2，于是均衡的实际 GDP 增加至

427

15

800 万亿美元。

由于扩张性财政政策的第一效应和第二效应相互强化，所以与封闭经济条件下的扩张性财政政策的效果相比，开放经济条件下的扩张性财政政策导致实际 GDP 出现了更大规模的增长。简而言之，在资本具有高度流动性并且实行固定汇率制度的经济体中，扩张性财政政策的效果要大于其在封闭经济体中的效果。

固定汇率制度下货币政策的效果较弱

有关货币政策的分析结论恰好相反。通过接下来的分析我们将知道，在资本具有高度流动性并且实行固定汇率制度的开放经济体中，扩张性货币政策在提高实际 GDP 方面所产生的效果要低于其在封闭经济中的效果。

参照图 15.2（b-2），我们仍然假设加拿大正经历经济衰退。假设为了扭转经济衰退，加拿大银行决定实行一项扩张性货币政策。该政策产生的第一效应会使国内利率降低，从而带动消费和投资增长，因而总需求曲线从 AD_0 移至 AD_1，于是均衡的实际 GDP 从 500 万亿美元上升至 700 万亿美元。

扩张性货币政策还会产生第二效应，即加拿大较低的利率水平不利于吸引外国投资者将其资金投放于加拿大资本市场。由于投资者对加拿大元的需求量逐渐减少，加拿大元面临着贬值压力。为了维持固定汇率，加拿大银行开始干预外汇市场——用外币购买加拿大元。其结果是，加拿大国内货币供给量减少以及经济中的可贷资金数量下降。由此引起的国内支出收缩将导致总需求曲线从 AD_1 移至 AD_3，于是均衡的实际 GDP 从 700 万亿美元下降至 600 万亿美元——总需求的收缩在一定程度上抵消了扩张性货币政策在一开始所起到的经济刺激效果，或者说，由于扩张性货币政策的第一效应和第二效应之间相互冲突，所以该政策的效果被削弱了。简而言之，在实行固定汇率制度并且资本具有高度流动性的经济体中，扩张性货币政策刺激经济增长的效果要小于其在封闭经济体中的效果。

15.5.2 浮动汇率制度下财政政策和货币政策的效果

现在，我们对前面案例的假设做一些修改，假设加拿大实行的是浮动汇率制度而不是固定汇率制度。我们的研究结论是，在资本具有高度流动性并且实行浮动汇率制度的经济体中，扩张性货币政策的经济刺激效果更好，而扩张性财政政策的经济刺激效果欠佳。

浮动汇率制度下货币政策的效果更强

我们仍然假设加拿大正在经历经济衰退。为了刺激经济增长，假设加拿大银行决定采取一项扩张性货币政策。在封闭经济条件下，货币供给的增加将使利率下降，这会引起消费和投资支出增加，进而导致总需求扩张。参照图 15.2（b-1），随着总需求曲线从 AD_0 移至 AD_1，均衡的实际 GDP 从 500 万亿美元上升至 700 万亿美元。

扩张性货币政策还会产生第二效应。由于资本具有高度的跨国流动性，所以加拿大的利率下降会诱导投资者将其资金投放于外国资本市场。随着加拿大投资者用加拿大元购买外币用于对外投资，加拿大元开始贬值。本币贬值使得加拿大的出口增加，进口减少，经常账户收支状况改善。结果是，加拿大的总需求因此得到进一步扩张，总需求曲线从 AD_1 移至 AD_2，均衡的实际 GDP 从 700 万亿美元上升至 800 万亿美元。

由于扩张性货币政策所产生的第一效应和第二效应具有互补性，所以该政策在提高加拿大的产出和就业水平方面所产生的效果得以加强。简而言之，在资本具有高度流动性并且实行浮动汇率制度的经济体中，扩张性货币政策对经济的刺激效果要大于其在封闭经济体中的效果。

浮动汇率制度下财政政策的效果较弱

如果加拿大政府通过财政政策来扭转经济衰退，那么结果将会大不相同。参照图 15.2（b−2），政府支出增加后的第一效应是使总需求增加，总需求曲线因而从 AD_0 移至 AD_1，于是均衡的实际 GDP 从 500 万亿美元上升至 700 万亿美元。扩张性财政政策还会产生第二效应。由于政府支出增加导致政府预算出现赤字，加拿大利率开始上升；高利率又会吸引外国资本流入加拿大，进而在外汇市场上投资者对加拿大货币的需求量增加。随着加拿大元不断升值，加拿大的出口不断减少，进口不断增多，经常账户开始恶化。随着经常账户余额不断减少，总需求曲线从 AD_1 移至 AD_3，于是均衡的实际 GDP 从 700 万亿美元降至 600 万亿美元。由于扩张性财政政策的第一效应和第二效应之间相互冲突，所以该政策的效果被削弱了。简而言之，在资本具有高度流动性并且实行浮动汇率制度的经济体中，扩张性财政政策刺激经济增长的效果要小于其在封闭经济中的效果。

国际金融案例

经济动荡时期的货币政策和财政政策——
2007—2009 年的经济大衰退和新型冠状病毒大流行

在经历了持续 6 年的扩张以后，美国经济在 2007 年 12 月达到了顶峰，但随之而来的是贯穿整个 2008 年和 2009 年的经济衰退。这场经济衰退是由一些具有关键意义的信贷市场的崩溃所引发的——信贷市场的崩溃对美国金融系统乃至更广泛的经济领域都带来了巨大风险。

在经济衰退发生以后，美联储采取了前所未有的措施来疏通信贷市场，并且释放了对经济正常运行至关重要的、大量的金融流动性。除了将联邦基金利率目标下调至几乎为零以外，美联储还向银行、其他金融机构以及无法从金融机构获得信贷便利的企业提供信贷，从而扩大了美联储作为最后贷款人的作用。

为了给疲软的美国经济提供更多刺激，美国政府颁布了《2008 年经济刺激法案》（Eco-

15

nomic Stimulus Act of 2008）。该法案旨在为中低收入水平的个人和家庭提供临时性的（一次性的）税收返还，返还的税收预期将被这些个人和家庭立即用于消费。最终的税收返还金额约为 1 130 亿美元，约占美国 GDP 的 0.8%。美国政府希望，这笔税收返还能让民众的口袋变得鼓鼓的，以至于他们无法抵制消费的欲望，从而增加社会总需求。然而，这种乐观的期望并没有成为现实。实际情况是，只有 10%～20% 的税收返还资金被用于消费，大部分资金都被用于家庭储蓄或者被用于偿还信用卡账单等过去债务，而这两项用途都无法直接推动美国经济扩张。

当 2009 年巴拉克·奥巴马（Barack Obama）成为总统时，他接手的是一个日益陷入深度衰退的美国经济。奥巴马政府意识到，消费和投资支出的减少使美国经济每况愈下。结果，一个总额高达 7 890 亿美元的财政刺激计划出台了，这是第二次世界大战以后美国政府为应对经济衰退而推出的最大规模的财政刺激计划。这项刺激计划包括总额 5 070 亿美元的财政支出计划和总额 2 820 亿美元的税收减免，其宗旨是增加总需求——无论是政府购买水泥用于新建高速公路，还是家庭用减免的税收购买食品杂货，只要是购买了更多的货物和服务，那么需求下降导致企业裁员的可能就会降低，要知道企业裁员会导致需求更大程度的下降和更加严重的经济衰退。

另一个例子是在新型冠状病毒大流行期间，财政政策和货币政策被用来应对这场全球性危机。2019 年，在中国武汉首次发现的这种急性呼吸道疾病很快就传播到世界各地。由于这种病毒主要是在密切接触的人与人之间进行传播，所以世界各地的政府都通过封闭零售场所和工厂、限制旅行等其他措施，使人与人之间尽可能保持隔离。这场大流行病给经济带来了严重破坏，使各国经济陷入深度衰退，造成数百万人失业。为了提振疲软的经济，世界各地经济政策的制定者们推出了扩张性财政政策和货币政策，具体措施包括增加数万亿美元的政府（赤字）支出，增加货币供给以及降低利率。在 2021 年我撰写本教材时，这场大流行病仍然在继续，政策制定者们也仍然在为如何才能稳定经济而苦苦探索。

问题：美国政府有足够的资源来应对未来的经济衰退吗？

资料来源：*Economic Report of the President*，2009，2010.

15.6　宏观经济稳定与经常账户：政策一致还是政策冲突

到目前为止，我们都假设财政政策和货币政策的目标是促进加拿大经济的内部均衡，也就是消除通货膨胀和实现充分就业。假设除了内部均衡这个目标以外，加拿大人还希望他们的经济能够实现经常账户平衡（外部均衡），即出口等于进口。这意味着加拿大希望在国际贸易中实现"自给自足"，也就是通过出口来赚取进口所需的外汇。加拿大的政策制定者们能够使经济同时实现内部均衡和外部均衡吗？

或者说，这两个目标会相互冲突吗?

我们仍然假设加拿大正在经历经济衰退，并且假设其经常账户出现了赤字，也就是加拿大的进口额大于出口额。假设加拿大实行浮动汇率制度，回想我们前面的分析结论，加拿大实行扩张性货币政策会导致其货币贬值，进而导致出口增加和进口减少，而净出口增加会有助于减少加拿大的经常账户赤字。我们得出的结论是，加拿大政府为扭转经济衰退所采取的扩张性货币政策同样有助于实现减少加拿大经常账户赤字这一目标。换句话说，单一的经济政策可以实现加拿大经济的总体均衡。

现在，我们假设加拿大正处于通货膨胀与经常账户赤字并存的困境之中。为控制通货膨胀，加拿大银行采取了紧缩性货币政策，这会导致国内利率上升，进而引起加拿大元升值。加拿大元升值会使加拿大的出口减少，进口增加，因而其经常账户赤字规模会更大。我们得出的结论是，加拿大为控制通货膨胀所采取的紧缩性货币政策与促进经常账户平衡的目标相冲突，或者说，货币政策会引起不同的宏观经济目标之间的冲突。当加拿大处于政策目标冲突的困境中时，单一的货币政策或者单一的财政政策都不能同时实现内部均衡和外部均衡。有关这一主题的进一步讨论，请参考更高级的教材。

430

15.7　伴随失业的通货膨胀

到目前为止，我们考察的都是特定的经济环境，也就是我们假设，随着经济趋向充分就业，国内价格水平将保持不变，直到实现充分就业时为止。一国产能一旦达到最大化，进一步增加总需求就会推动物价上涨，这种类型的通货膨胀被称为**需求拉动型通货膨胀**（Demand-Pull Inflation）。在这种情况下，内部均衡就被视为仅需一种政策工具就能实现的单一目标——通过货币政策或财政政策来减少总需求。

更加棘手的一个问题是，当一国**同时面临失业和通货膨胀**的时候，它应采取什么样的适宜政策？这个问题之所以棘手，是因为这时仅靠调节总需求的办法不能实现内部均衡——要降低通货膨胀率，就需要减少总需求；而要减少失业，又需要增加总需求。也就是说，充分就业和物价稳定不能被视为同一个目标或相同目标，它们是两个相互独立的目标，需要通过采用性质上截然不同的两种政策工具来实现。

由此可见，要实现一个经济体的总体均衡就涉及三个独立的目标：经常账户平衡、充分就业和物价稳定。要确保能够同时实现这三个目标，仅靠货币政策和财政政策或许是不够的，可能还需要实行直接管制政策。

美国一直以来都同时受到通货膨胀和失业问题困扰。在 1971 年，美国经济同时出现了通货膨胀、经济衰退和经常账户赤字。在这种情况下，如果通过增加总需求来实现充分就业，那么就有可能会加剧通货膨胀压力。为了解决政策上的两难困

15

境，美国总统实施了一套复杂的**工资和价格管制**（Wage and Price Controls）制度以去除通货膨胀限制。在同一年的晚些时候，美国政府又对汇率进行了调整，结果是，与其他主要货币的贸易加权价值相比，美元的兑换价值下降了12%。美国政府实施美元贬值的目的在于帮助美国消除经常账户赤字。因为在美国总统看来，仅仅通过支出调整政策不能解决美国经济同时存在的内部均衡和外部均衡问题。

15.8　国际经济政策协调

政策制定者们很早就意识到，自己国家的经济福利是与世界经济的总体福利状况相关联的。由于存在货物、服务、资本和劳动力的国际流动，一国的经济政策会对其他国家产生溢出效应。由于意识到存在这种溢出效应，各国政府经常试图协调它们的经济政策。

国与国之间的经济关系可以用一个光谱图来形象化描述。如图15.3所示，最左端是公开**冲突**；最右端是**一体化**，即各国将很大一部分自主权让渡给一个超国家的机构，如欧盟，在该机构中各国实施共同的政策。光谱图的中点代表政策**独立**，即各国都把其他国家的行为视为既定的——既不打算对这些行为施加影响，也不打算受这些行为的影响。在政策独立和一体化之间，存在各种形式的国家间政策协调和合作。

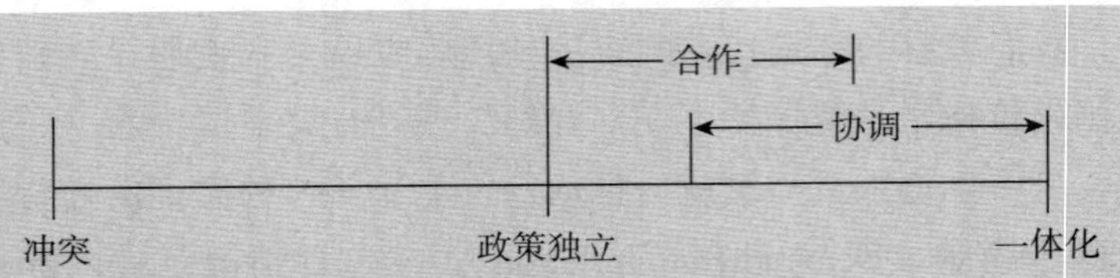

图15.3　各国政府之间的关系

各国政府之间的关系可以形象地表示成一个光谱图。光谱图的两端分别为政策冲突和政策一体化，这两端之间所代表的是各种形式的合作和协调。

制定合作性政策可以采取多种形式，但一般来说，只要来自不同国家的官员们聚在一起开会评估世界经济形势，那么就会制定合作性政策。在这些会议上，政策制定者们可能会简要说明一下各自国家的经济情况，并对现行的政策加以讨论。这类会议是政策合作的一种简单形式，更复杂的合作可能还包括经济学家对某个专门问题的研究和对各种可能的解决方案的深入讨论。然而，真正的政策协调超出了这两种形式的政策合作——政策协调是各国之间实行特定政策的正式协议。

国际经济政策协调（International Economic Policy Coordination）是在认识到各国经济之间的相互依存关系之后，大幅度修改国家政策（包括货币政策、财政政策、汇率政策）的一种努力。尽管政策协调并不一定要求一国在制定政策时先考虑国际方面，后考虑国内方面，但是它的确意味着各国已经认识到，由于一国的政策会对其他国家的目标产生溢出性影响，所以各国之间应当相互沟通，协调各自的政策。一般来说，各国协调经济政策的成效可能要比采取独立行动的效果更好。

为了方便政策协调，各主要国家主管经济事务的官员们经常在国际货币基金组织和经济合作与发展组织框架下进行对话。此外，各国中央银行的高级官员们每月也都会在国际清算银行开会。

15.8.1　政策协调理论

如果两个国家的经济政策相互影响，那么开展政策协调似乎就是理所当然的事情。在现代社会里，政策协调之所以受到重视是因为一个国家的经济动荡会迅速地传播到其他国家；换句话说，如果没有政策协调，那么一个国家的经济政策就可能会动摇其他国家的经济。政策协调的逻辑可以用下面有关篮球比赛观众行为的例子来加以说明。

假设你正在现场观看美国洛杉矶湖人队（Los Angeles Lakers）和芝加哥公牛队（Chicago Bulls）之间的一场职业篮球比赛；而且如果每个观众都坐着看比赛，但有一个人站着看，那么他或她就能有更好的视野。事实上，如果所有观众都坐着或者都站着，那么他们通常都能很好地观看比赛，当然了，坐在位子上还是要比站着让人感觉更舒服。如果观众之间没有合作，那么结果将是所有观众都站着看比赛，因为每一个观众都会根据其他观众的既定行为来选择对自己更好的视野观看比赛。换句话说，如果所有的观众都坐着看比赛，那么就会有人根据其他所有观众的既定行为来选择站着看比赛。而如果所有的观众都站着看比赛，那么对于单个观众来说，最好的选择还是坚持站着看比赛。如果观众之间相互合作，那么解决方案是每个观众都坐着看比赛。然而，这里的问题在于，每个观众可能都想站着从而能以更好的视野观看比赛。因此，如果没有达成全面的协议——在这个例子中指每个人都坐着观看比赛，那么协调性的解决方案将无法落实。

再来看看下面这个经济方面的例子。假设世界上只有德国和日本这两个国家。虽然两国之间进行贸易，但是每个国家都把本国的经济目标放在优先位置——德国希望在实现国内充分就业的同时，避免出现对日贸易赤字；而日本希望在避免出现对德贸易赤字的同时，实现国内充分就业。假设这两个国家实现了相互间的贸易平衡，但是又都没有实现国内充分就业。于是，两国考虑出台扩张政府支出的政策以刺激需求、产出和就业增长。但是，这两个国家最终又都放弃了这个念头，因为该项政策会对贸易平衡产生负面影响——德国和日本意识到，提高国内收入不仅会增加就业，而且会刺激本国进口需求增长，从而使本国贸易账户出现赤字。

如果进行了政策协调，那么上面这个例子中的状况就可以得到改观。假如德国和日本商定同时扩张各自的政府支出，那么两国的产出、就业和收入将同时增长。这样一来，当德国人的收入增长促使其增加从日本的进口额时，日本人的收入增长也促使其增加从德国的进口额。如果政府支出的增长规模适当，那么每个国家的进口需求增长都将被其出口需求增长所抵消，从而使德国和日本之间仍然保持贸易平衡。也就是说，在这个由不同国家共同实行扩张性财政政策的例子中，政策协调可以使每个国家都能实现充分就业和贸易平衡。

这个例子是对国际经济政策协调的一个乐观描述。保持政策同步看起来很简单，因为这个例子假设只有两个国家、两个目标。在现实世界里，政策的协调通常会涉及多个国家，也会涉及降低通货膨胀率、提高就业率、推动经济增长以及保持贸易平衡等多个目标。

此外，如果国际经济政策协调的好处真的这么明显，那么各国达成的协定应该要比实际达成的更多。由此可见，一定存在某些因素阻碍了各国实施成功的政策协调。也就是说，即使各国的经济目标是并行不悖的，也不能保证各国政府能够设计并实施协调性的政策。因为在现实世界中，政策制定者们并不总是掌握足够的信息，从而使他们能够理解经济问题的本质及其政策所产生的经济影响。因此，如果各国政府对经济基本面的状况还没有达成共识，那么要执行恰当的协调性政策就会非常困难。具体来说，阻碍各国实施成功的政策协调的因素包括：

- 有些国家认为价格稳定或充分就业（比如说）比其他目标更加重要。
- 有些国家可能比别的国家拥有更强有力的立法机关或者拥有更弱小的工会。
- 由于各国选举时间不同，所以不同国家执政党的轮替也会不同。
- 当某个国家出现快速通货膨胀的时候，另一个国家可能正处于经济衰退期。

虽然大家在理论上都清晰地认识到国际经济政策协调的好处，但是相关的定量研究却很少。一些持怀疑态度的人认为，政策协调在实际中所带来的好处并不像通常所说的那样多。接下来让我们考察几个有关国际经济政策协调的案例。

15.8.2　政策协调有效吗？

各国能够通过经济政策协调来改善其经济表现吗？在表达肯定意见的时候，政策协调的支持者们往往会援引的案例是 1985 年的《广场协议》（Plaza Agreement）和 1987 年的《卢浮宫协议》。

在 20 世纪 80 年代初，美国贸易收支恶化给美国的经济复苏带来了较大困扰。当时美国贸易收支恶化的主要原因是美元大幅度升值，美元升值使得美国在国际成本竞争中处于劣势。在 1980—1985 年间，美元升值使得美国的单位劳动成本与外国的单位劳动成本之比上升了 39%，美国生产商的国际竞争力因此受到了削弱。货物和服务的净出口额下降不仅导致美国出现了大规模贸易赤字，而且拖累了美国经济复苏的步伐，在此背景下，美国国会中的保护主义声浪日益高涨。

由于担心世界贸易体系可能会出现巨大动荡，在 1985 年，**五国集团**（Group of Five，G-5，即美国、日本、联邦德国、英国和法国）的政府官员们在纽约的广场饭店进行了会晤。与会者普遍认为，美元被高估了，而且美国的双赤字（贸易赤字和联邦预算赤字）规模过于庞大。与会的每个国家不仅对宏观经济政策做出了特定承诺，而且还同意协调一致抛售美元以压低美元的兑换价值。到 1986 年，美元贬值了，尤其对德国马克和日元出现了大幅度贬值。

然而，美元兑换价值的急剧下降也带来了新的问题——不受控制的美元币值暴跌。于是，在 1987 年，以阻止美元币值下跌为目的的新一轮政策协调开始了。五国集团的财政部部长们在巴黎召开会议并达成了《卢浮宫协议》，同意采取干预性措施并辅以其他的宏观经济调节政策来遏制美元贬值。

尽管签订于 1985 年 9 月 22 日的《广场协议》和签订于 1987 年 2 月 22 日的《卢浮宫协议》都表明政策协调可以成功地达成目标，但直到 21 世纪的头十年，各国政府官员们对于开展政策协调仍然没有什么热情。他们指出，由于各国政策的制定方式存在差异，特别是各国中央银行的独立性不断提高，所以政策协调已变得愈发困难。诚然，在 20 世纪 80 年代，日本政府和联邦德国政府可以向其中央银行发号施令；然而在那以后，日本银行（Bank of Japan）和欧洲中央银行的独立性日益增强，以至于它们可以坚守纪律反对政府官员提出的高额支出计划。中央银行的这种角色定位已经让国内财政政策和货币政策的协调难以进行，再开展国际政策协调只能是更加困难。此外，全球金融市场的快速成长也已经使得货币干预措施的效果大不如前。

一个有关国际政策协调失败的例子发生在 2000 年。当年，**七国集团**（Group of Seven，G-7）——美国、加拿大、日本、英国、德国、法国和意大利共七个工业国——协作发起购买欧元以抬高欧元币值。欧元在 1999 年发行时的汇率是 1.17 美元/欧元，到 2000 年中期，欧元的价值下跌到 0.84 美元/欧元。许多经济学家担忧，针对欧元的投机性攻击可能会导致欧元大幅度贬值，进而破坏国际金融体系的稳定。为了防止这种情况发生，七国集团制定了协调性干预措施，即在外汇市场上用自己国家的货币来购买欧元。对欧元需求的增加使欧元价值提升到 0.88 美元/欧元以上。然而，干预措施取得的成效没能维持多久。在采取干预措施之后不到两周的时间里，欧元的价值跌至新低。大多数经济学家认为这次协调性干预是失败的。

国际金融案例

开放经济条件下会出现挤出效应吗？

在宏观经济学原理这样的课程中，你已经学过在国内经济中存在"挤出效应"。挤出效应是指，政府支出的增加以及随之而来的政府预算赤字导致私人消费或投资支出的减少。私人支出减少的主要原因在于政府预算赤字抬高了利率。

假设政府制定了一项扩张性财政政策，比如增加国防支出。要为这项政策提供融资，政府要么增加税收，要么借款，而借款又会增加联邦预算赤字。如果政府决定借款，那么由于政府将与私人部门一起在市场上竞争可供借贷的资金，所以市场上资金的总需求量将会增加。额外的政府借款增加了资金的总需求量，从而抬高利率。由于利率提高了，企业将推迟或者取消购买机器和设备，住宅类房屋建设将会延期，消费者会尽量不买大型家电和汽车等采购成本对利率较为敏感的商品。也就是说，由于政府借款抬高了利率，因而挤出了私人部门的借款需求。由此可见，挤出效应会降低扩张性财政政策效果。

尽管经济学家们一般都认同挤出效应论的逻辑，但是他们同时也认为政府预算赤字并不必然会挤出私人支出。在经济衰退期，主要的问题是人们不愿意把手里的钱全部花掉，或者就是通常所说的，消费者的储蓄超过了企业的计划投资。而私人部门支出不足正是政府增加支出的主要动力。在这类经济衰退中，为政府支出提供融资而形成的预算赤字不会对私人支出产生挤出效应。

在开放经济条件下，资本流动往往也会弱化挤出效应，因为外国资本流入会使本国利率低于没有跨国资本流动时的水平。这样，政府就可以借入更多资金并且不会推高利率，因而也就不会将私人部门中想要借入资金的企业和个人挤出市场。

美国经济在21世纪头20年里的经历激发了人们对挤出效应假说的质疑。在那期间，虽然美国联邦预算赤字规模不断增长，但是因为外国人热衷于大量购买美国政府发行的证券，所以美国利率一直保持在较低的水平。分析人士们指出，如果没有那些外国资本流入美国，那么美国利率可能要比现实利率高出1.5个百分点。然而，对此持有怀疑态度的人们则指出，如果外国人开始怀疑美国能否继续用健全货币来偿还债务，那么美国政府的自由支出政策最终将不得不画上句号，因为外国投资者的疑虑要么使他们在向美国继续提供借款时要求更高的利率，要么干脆停止向美国提供借款，而这更有可能产生挤出效应。

问题：对于美国经济来说，挤出效应是一个重大问题吗？

资料来源：*Economic Reports of the President*，2008，2009.

15.9 小结

1. 国际经济政策是指影响各国贸易模式的各种政府行为，包括：（1）货币政策和财政政策；（2）汇率调整；（3）关税和非关税贸易壁垒；（4）外汇管制和投资管制；（5）出口促进措施。

2. 从20世纪30年代起，各国一直把内部均衡（无通货膨胀的充分就业）作为一项主要的经济目标。同时，各国也把外部均衡（经常账户平衡）作为一项经济目标。当一国同时实现了内部均衡和外部均衡时，就实现了总体均衡。

3. 为实现总体均衡，各国实施支出调整政策（货币政策和财政政策）、支出转换政策（汇率调整）和直接管制政策（价格和工资管制）。

4. 在实行固定汇率制度并且资本具有高度流动性的开放经济体中，就促进内部均衡而言，财政政策的效果要大于其在封闭经济中的效果，而货币政策的效果要小于其在封闭经济中的效果。如果该开放经济体实行浮动汇率制度，那么就促进内部均衡而言，货币政策的效果要大于其在封闭经济中的效果，而财政政策的效果要小于其在封闭经济中的效果。

5. 如果一国同时面临着通货膨胀和失业，那么实现总体均衡就包括三个独立的目标：经常账户平衡、充分就业和物价稳定，而要实现这些目标就需要三种政策工具。

6. 国际经济政策协调是在认识到各国经济之间的相互依存关系之后，大幅度修改国家政策的一种努力。各国定期在国际货币基金组织、经济合作与发展组织、国际清算银行以及七国集团框架下进行磋商。《广场协议》和《卢浮宫协议》就是国际经济政策协调的典范。

7. 进行国际经济政策协调时要面对以下几个问题：（1）不同国家的经济目标不同；（2）不同国家的组织机构不同；（3）不同国家的政治环境不同；（4）不同国家在经济周期中所处的阶段不同。另外，无法保证各国政府能够设计并执行可以达到预期结果的政策。

15.10　关键概念及术语

- 需求拉动型通货膨胀（Demand-Pull Inflation；p. 430）
- 直接管制政策（Direct Controls；p. 422）
- 支出调整政策（Expenditure-Changing Policies；p. 422）
- 支出转换政策（Expenditure-Switching Policies；p. 422）
- 外部均衡（External Balance；p. 421）
- 财政政策（Fiscal Policy；p. 422）
- 五国集团（Group of Five，G-5；p. 433）
- 七国集团（Group of Seven，G-7；p. 433）
- 内部均衡（Internal Balance；p. 421）
- 国际经济政策协调（International Economic Policy Coordination；p. 431）
- 货币政策（Monetary Policy；p. 422）
- 总体均衡（Overall Balance；p. 421）
- 工资和价格管制（Wage and Price Controls；p. 430）

15.11　习题

1. 请区分外部均衡、内部均衡和总体均衡。
2. 在国际经济政策中，最重要的政策工具是什么？
3. 什么是**支出调整政策**和**支出转换政策**？分别举一些例子。
4. 经济政策的形成面临哪些制度性约束？
5. 在实行固定汇率制度并且资本具有高度流动性的经济体中，货币政策和财政政策哪一个更适合促进内部均衡？为什么？

    6. **政策一致**和**政策冲突**的内涵分别是什么？

    7. 成功的国际经济政策协调有哪些阻碍因素？

进一步探索

    有关国际银行业：**储备、债务和风险**的内容，请在本书线上学习系统 MindTap 中查询"进一步探索 15.1"。

术语表

A

绝对配额（Absolute Quota）：在一个特定时间内对进口品数量的限制。

吸收分析法（Absorption Approach）：分析货币贬值的收入效应的方法。根据吸收分析法，当货币贬值时，为了促进国际收支平衡，国内支出（相对于收入来说）必须减少。

从价关税（Ad Valorem Tariff）：以进口产品价值的固定百分比表示的关税。

可调整的钉住汇率制度（Adjustable Pegged Exchange Rates）：一种半固定的汇率制度。在这一制度下，货币平价因经济形势的变化而不时变化。

调整成本（Adjustment Costs）：即由贸易自由化对企业和工人所造成的破坏。虽然许多人从贸易中受益，但进口激增可能会损害公司、工人和某些社会阶层的经济生存能力。

发达国家（Advanced Nations）：包括北美和西欧的一些国家，以及澳大利亚、新西兰和日本。

反倾销税（Antidumping Duty）：当本国认为其市场被外国商品倾销时对外国商品开征的税收。

升值（Appreciation）：（应用于货币市场）经过一段时期需要更多的本国货币才能购买一单位的外国货币。

资产市场分析法（Asset Market Approach）：确定短期汇率的一种分析方法。使用这种分析方法时，投资者决定是在国内投资还是在国外投资要考虑两个关键因素，即投资期内的相对利率水平和汇率本身的预期走势。

自给自足（Autarky）：一个国家的经济自足或者没有对外贸易。

自动化（Automation）：将技术创新，比如机器人，用于生产或者运输各种货物和服务。

B

国际债务平衡表（Balance of International Indebtedness）：概括一个国家在固定的时间点上相对于世界其他国家的资产和负债存量的报表。

国际收支平衡表（Balance of Payments）：一国居民与世界其他地区居民之间经济交易流量的记录。

贸易基础（Basis for Trade）：一国出口和进口某些特定产品的原因。

以邻为壑的政策（Beggar-thy-neighbor policy）：通过推行保护性措施并牺牲其他国家的利益来获取己方贸易利益的做法。

"一带一路"倡议（Belt and Road Initiative）：由中国政府发起的在亚洲、非洲和欧洲大约70个国家开展全球性基础设施投资的倡议。

比荷卢关税同盟（Benelux）：由比利时、荷兰和卢森堡在1948年建立的关税同盟。

买入价（Bid Rate）：银行为买入1单位外汇所愿意付出的成本。

保税仓库（Bonded Warehouse）：（以美国为例）由美国海关监管的仓储设施。

人才流失（Brain Drain）：受过高等教育的人才和技能型人才从发展中国家流向工业化国家。

布雷顿森林体系（Bretton Woods System）：1944年由联合国的44个成员的代表在美国新罕布什尔州布雷顿森林地区协议构建的新的国际货币体系。

英国脱欧（Brexit）：英国脱离欧盟。

缓冲存货（Buffer Stock）：由生产者联合会资助和持有的商品储备，它们通常被用来抑制商品价格波动。

购买国货政策（Buy National Policies）：母国政府通过明确法令在采购中公开地歧视外国供应商。

C

认购期权（Call Option）：合约持有者有权以合约确定的价格购买外汇。

资本与金融账户（Capital and Financial Account）：私人部门以及官方的资本和金融交易的净余额。

资本管制（Capital Controls）：政府对外国投资者投资本国资产或者对本国投资者投资外国资产所设置的障碍；亦称作外汇管制。

资本—劳动比率（Capital-Labor Ratio）：一个国家资本投入量与劳动投入量之比。

卡特尔（Cartel）：由厂商或者国家组成的集团，它们试图维持比充分竞争条件下更高的价格。

清洁浮动（Clean Float）：由供给和需求所构成的自由市场力量决定一种货币的汇率。

商品贸易条件（Commodity Terms of Trade）：一国进口品价格与其出口品价格之间关系的衡量。

共同农业政策（Common Agricultural Policy）：欧盟成员国为支持农民所达成的共同的政府性农业维持政策。

共同市场（Common Market）：由贸易国组成的集团，在该经济集团内，货物和服务可以自由流动，对非成员国实行统一的贸易限制，并且生产要素可以在成员国间自由跨境流动。

完全专业化（Complete Specialization）：一个国家仅生产一种产品。

混合关税（Compound Tariff）：混合了从量关税和从价关税的一种关税征收办法。

混合一体化（Conglomerate Integration）：跨国公司将其业务延伸到互不关联的市场。

机会成本不变（Constant Opportunity Costs）：一个国家沿着生产可能性曲线增加一种产品的生产时所减少的另一种产品的比率是不变的。

消费者剩余（Consumer Surplus）：购买者为一种产品所愿意支付且能够支付的价格与其实际支付的价格之间的差额。

消费效应（Consumption Effect）：实施贸易限制措施时由价格上升和消费量下降所导致的福利损失。

消费利益（Consumption Gains）：贸易后的消费点处于一国生产可能性边界之外。

趋同准则（Convergence Criteria）：货币联盟中由所有国家所遵守的经济规则，例如在

《马斯特里赫特条约》中，这些规则包括价格稳定、较低的长期利率、稳定的汇率和健全的公共财政。

企业平均燃油经济性标准［Corporate Average Fuel Economy (CAFE) Standards］：美国政府要求汽车制造商遵守的燃油经济性标准。

倾销的成本定义法（Cost-Based Definition of Dumping）：外国企业在美国市场上以低于平均总成本的价格销售产品。

到岸估价法［Cost-Insurance-Freight (CIF) Valuation］：到岸价。进口商品的从价关税有时是按其到达目的地的总价值（到岸价）的百分比来征收的。

反补贴税（Countervailing Duty）：由进口国征收用以抵消外国出口补贴的关税；税收额度以出口补贴额为限。

国家风险分析（Country Risk Analysis）：评估一个国家将其货币转化为对外支付手段的能力。这种能力取决于政治、经济和金融因素。

抵补套利（Covered Interest Arbitrage）：将资金转换为外币以获取境外较高的投资收益并且规避汇率风险的过程。

爬行式钉住汇率制度（Crawling Peg）：一个国家对其货币平价做微小且频繁的变动以纠正国际收支失衡的制度。

贷方交易（Credit Transaction）：这类国际收支交易会使本国获取国外对本国的支付。

套算汇率（Cross Exchange Rate）：通过第三种货币来计算两个国家货币之间的汇率。

货币局（Currency Board）：一个货币当局，其发行的纸币和硬币可以按照固定汇率兑换成外国锚货币。

货币危机（Currency Crisis）：弱势货币承受被抛售的重压或遭到投机性攻击时的情形。

货币风险（Currency Risk）：与货币贬值和升值以及外汇管制相关的投资风险。

货币掉期（Currency Swap）：在某一时间点将一种货币兑换为另一种货币，并同意在将来的指定时间将其重新兑换为原来的货币。

经常账户（Current Account）：与货物和服务交易、投资收入、员工薪酬和单方面转移相关的货币流量净值。

关税同盟（Customs Union）：由两个或多个贸易伙伴达成协议以相互拆除所有的关税和非关税贸易壁垒；每个成员国对非成员国实施统一的贸易限制。

海关估价（Customs Valuation）：确定进口产品价值的一种流程。

D

无谓损失（Deadweight Loss）：由贸易壁垒的保护效应和消费效应所导致的国内经济利益的净损失。

借方交易（Debit Transaction）：导致本国向外国支付的国际收支交易。

需求拉动型通货膨胀（Demand-Pull Inflation）：当一国的生产能力达到饱和时，总需求的进一步增长就会拉高物价。

贬值（Depreciation）：（应用于货币市场）一段时期以后，需要用更多数量的本国货币购买 1 单位外国货币。

法定贬值（Devaluation）：官方对货币平价进行调整使货币的兑换价值减少。

发展中国家（Developing Nations）：非洲、亚洲、拉丁美洲以及中东的大部分国家。

数字贸易（Digital Trade）：贸易中应用数字技术（电子商务）以方便商业交易。

直接管制政策（Direct Controls）：政府对市场经济的各种限制措施。

肮脏浮动（Dirty Float）：在有管理的浮动汇

率制度下，自由市场的供求力量不能发挥其达成均衡汇率的作用；各国可能会为了增强其产品的竞争力而对汇率进行控制。

贴水（Discount）：货币在远期市场的价值少于其在即期市场的价值。

多哈回合（Doha Round）：世界贸易组织（WTO）的最近一轮多边贸易谈判。

美元化（Dollarization）：外国居民在使用本国货币的同时使用美元，或者用美元替代本国货币。

本地成分规则（Domestic Content Requirements）：只有产品在某地生产的价值达到了总价值的某个最小百分比才能获得零进口关税资格。

国内生产补贴（Domestic Production Subsidy）：给予进口竞争产品生产者的补贴。

国内的财政收入效应（Domestic Revenue Effect）：征收关税使归属于消费者的收入转换为政府的关税收入。

复式记账法（Double Entry Accounting）：一种会计制度，即每个贷方分录都由一个借方分录予以平衡，反之亦然，因而任何交易记录都会同时登记两个相互抵销的分录。

倾销（Dumping）：在考虑到运输成本和关税负担的情况下，对于相同产品外国购买者被索取的价格低于本国购买者。

动态比较优势（Dynamic Comparative Advantage）：比较优势模式的改变；政府可以通过制定政策来提升改变比较优势的机会。

经济一体化的动态效应（Dynamic Effects of Economic Integration）：与成员国长期经济增长率有关的效应，包括规模经济、更强的竞争力以及投资激励。

国际贸易的动态利益（Dynamic Gains from International Trade）：贸易对一个国家经济增长率的影响，从而对贸易国可获得或可利用的额外资源数量的影响。

E

经济一体化（Economic Integration）：对国际贸易、国际收支和要素国际流动的限制予以减少的过程。

经济相互依存性（Economic Interdependence）：一国的经济状况与其贸易伙伴国的经济状况相关联。

经济制裁（Economic Sanctions）：由政府做出的对国家间普通贸易或金融关系的限制。

经济联盟（Economic Union）：在经济联盟中，由一个超国家的机构来协调和管理国家政策、社会政策、税收政策以及财政政策。

规模经济（Economies of Scale）：将所有生产要素的投入量以相同的比例增加后导致总产出以更高的比例增长。

有效汇率（Effective Exchange Rate）：一国本币与其重要贸易伙伴国货币之间汇率的加权平均数，权重按照各贸易伙伴国与该国贸易的相对重要性来确定。

有效关税税率（Effective Tariff Rate）：与自由贸易相比，关税使国内生产增值的比例。

弹性分析法（Elasticity Approach）：以货币贬值为假设的分析方法，该方法通过分析货币贬值的相对价格效应表明当一国进口和出口的需求弹性较高时，货币贬值能够产生最好效果。

豁免条款（Escape Clause）：允许总统暂时性地终止或修改给予外国的贸易优惠，以及允许总统暂时性地对激增的进口施加限制措施。

欧元（Euro）：欧洲货币联盟的官方货币。

欧洲货币联盟（European Monetary Union，

EMU）：一些欧洲国家在 1999 年废除了其各自的货币和中央银行，并代之以欧元和欧洲中央银行。

欧盟（European Union，EU）：在欧洲共同体 12 个成员国批准《马斯特里赫特条约》之后取代欧洲共同体的贸易集团。

套汇（Exchange Arbitrage）：在不同的外汇市场同时买卖同一种货币，以从两地的汇率差异中获利。

外汇管制（Exchange Controls）：政府对于外国投资者投资本国资产（如政府债券、股票或银行存款）或者本国投资者投资外国资产的行为做出限制。

汇率（Exchange Rate）：一种货币兑换另一种货币的比率（价格）。

汇率指数（Exchange Rate Index）：本国货币与其最重要的贸易伙伴国之间汇率的加权平均值，权重按照各贸易伙伴国与该国贸易的相对重要性来确定。

汇率失调（Exchange Rate Misalignment）：汇率变动不能恰当地反映与之相关的国家竞争地位的变化。

汇率传递（Exchange Rate Pass-Through）：汇率变化会导致进出口商品价格一定程度的变化。

外汇平准基金（Exchange Stabilization Fund）：政府实体机构试图通过使用该基金购买和销售外币以确保市场汇率不高于或低于官方汇率。

退出障碍（Exit Barriers）：使得退出一个产业变得困难的那些障碍。

支出调整政策（Expenditure Changing Policies）：改变货物和服务（包括国内生产的和进口的货物和服务）总需求水平的政策。

支出转换政策（Expenditure Switching Policies）：将需求方向在国内产品和进口产品之间进行转换的政策。

进出口银行（Export-Import Bank，EXIM）：美国政府设立的鼓励美国企业出口的独立机构。

出口导向型增长（Export-Led Growth）：通过出口制成品促进经济增长，在这种情形下，贸易管制要么不存在，要么很低，因为进口壁垒对出口造成的任何阻碍都会被出口补贴所抵消。

出口导向型政策（Export-Oriented Policy）：见出口导向型增长。

出口配额（Export Quotas）：由一个或多个出口国或出口产业所实施的出口销售限制。

出口补贴（Export Subsidy）：支付给出口商的补贴，使得他们能够以较低的世界价格在国外销售产品，但仍能获得较高的收入。

外部均衡（External Balance）：一个国家既没有国际收支赤字也没有国际收支盈余。

外部规模经济（External Economies of Scale）：随着产业的产出增长，单个厂商的成本降低。

F

要素流动性（Factor Mobility）：生产要素（土地、劳动力、资本和企业家精神）从一个产业流动到另一个产业的能力。

要素禀赋理论（Factor-Endowment Theory）：一国出口密集使用其丰裕要素生产的产品。

要素价格均等化（Factor-Price Equalization）：自由贸易会使廉价的生产要素变得更为昂贵，并且使昂贵的生产要素变得更为廉价。

快速审批权（Fast Track Authority）：该条款制定于 1974 年，它要求美国国会审核未经修改的贸易协定；作为回报，总统必须遵守明确的时间表和其他几项规程。

财政政策（Fiscal Policy）：政府支出和税收政策。

固定汇率制度（Fixed Exchange Rates）：固定汇率制度基本上是一些发展中小国采取的汇率制度，这些国家的货币锚定一种关键货币（如美元）。

浮动汇率制度（Floating Exchange Rates）：一国允许其货币汇率按自由市场的供给与需求状况浮动。

雁行经济增长模式（Flying Geese Pattern of Economic Growth）：在发展进程中，各国通过模仿领先国家的模式，逐步提高技术发展水平。

预测汇率（Forecasting Exchange Rates）：尝试预测的远期汇率。

外汇期权（Foreign Currency Options）：向期权持有人提供的、可以在几天或几年内以预定的价格买卖固定数额外币的权利。

外国直接投资（Foreign Direct Investment）：在境外收购境外公司或设施的控制权。

外汇市场（Foreign Exchange Market）：由个人、企业、政府和银行构成的可以买卖外国货币和其他债务凭证的组织架构。

对外贸易区（Foreign-Trade Zone，FTZ）：在保税区的基础上消除海关监管的限制性因素并且提供更为便利的制造业设施以扩大效益的特区；对外贸易区旨在通过提供关税与税收减免来促进国际贸易、吸引工业和创造就业。

远期市场（Forward Market）：用来交易未来交割的外汇的市场。

远期汇率（Forward Rate）：远期外汇交易中的汇率。

远期交易（Forward Transaction）：以固定汇率直接购买和出售外币，但在未来日期支付或交割外币。

自由贸易（Free Trade）：国家间的市场开放体系，在这一体系中，各国都以最低廉的成本集中生产商品，从而获取劳动分工的所有好处。

自由贸易区（Free Trade Area）：成员国达成协议相互间拆除所有的关税和非关税壁垒。

自由贸易论（Free Trade Argument）：如果每个国家都生产其最擅长的产品并且允许贸易，那么从长远来看，与孤立状态相比，各国将享有更低的价格以及更高水平的产出、收入和消费。

赞同自由贸易的部门（Free Trade-Biased Sector）：通常包括出口公司及其工人和供应商；还包括进口商品的消费者以及进口商品的批发商和零售商。

离岸价估价法［Free-On-Board（FOB）Valuation］：产品离开出口国时的价格，是对产品征收关税时的一种计价方式。

基本面分析法（Fundamental Analysis）：与技术分析法相对应；做基本面分析时还会考虑可能影响货币价值的诸多经济变量。

基本面失衡（Fundamental Disequilibrium）：当官方汇率和市场汇率反向运动时就可能出现基本面失衡，它反映出经济状况的基本面（包括收入水平、喜好和偏好，以及技术因素）发生了变化。

期货市场（Futures Market）：在外汇期货市场上，合约方协议在未来兑换货币并提前设定适用的汇率；与远期外汇市场不同的是，在外汇期货市场上，只交易数量有限的主要货币；交易以标准化的合同金额并在特定的地理位置进行。

G

国际贸易利益（Gains from International Trade）：参加贸易的各方同时享有的源于专业化和劳动分工的利益。

《关税与贸易总协定》（General Agreement on Tariffs and Trade，GATT）：1947年签署的关贸总协定是缔约方和成员之间达成的一项协议。该协议旨在减少贸易壁垒，使所有成员在贸易关系中处于平等地位。关贸总协定从未打算成为一个组织，相反，它是世界各国为减少相互之间的贸易壁垒而达成的一系列双边协议。

普遍优惠制度（Generalized System of Preferences，GSP）：工业化国家通过降低关税和增加贸易而不是通过对外援助来促进发展中国家经济发展的一种优惠制度。

全球配额（Global Quota）：允许每年进口一定数量的货物，但不指定产品的发货地或进口商。

全球供应链（Global Supply Chains）：由生产、管理和（或）分销特定产品的不同公司共同建立的国际网络。

全球化（Globalization）：各国及其公民之间的相互依存关系不断加深的过程。

货物和服务贸易差额（Goods and Services Balance）：综合了服务贸易差额和货物贸易差额。

五国集团（Group of Five，G-5）：五个工业化国家，即美国、日本、联邦德国、英国和法国。这五个国家于1985年派遣官员出席了在纽约广场饭店举行的一场世界贸易会议，目的是纠正美元高估和美国的双赤字（即财政赤字和贸易赤字）。

七国集团（Group of Seven，G-7）：七个工业化国家，即美国、加拿大、日本、英国、德国、法国、意大利。这七个国家曾协作购买欧元以使其增值。

客籍劳工（Guest Workers）：根据需要允许临时入境的外国工人。

H

赫克歇尔-俄林理论（Heckscher-Ohlin Theory）：国家间要素禀赋的相对差异构成了贸易基础。

套期保值（Hedging）：规避或抵补汇率风险的过程。

母国市场效应（Home Market Effect）：各国将专业化生产那些在本国市场上有大量需求的产品。

水平一体化（Horizontal Integration）：在跨国公司的例子中，水平一体化是指一家跨国公司在其母国生产一种产品的同时，在东道国设立子公司也生产相同的产品。

I

进口许可证（Import Licenses）：用于进口配额的管理；许可证明确了允许进口商品的数量。

进口替代政策（Import Substitution）：广泛地应用贸易壁垒以保护本国产业免受进口产品的竞争。

无用之用（Importance of Being Unimportant）：当一个贸易国相对于其他国家来说是一个典型大国时，它从贸易中只能获得较少的利益，而贸易小国却能从贸易中获得绝大部分利益。

不可能三角形（Impossible Trinity）：政策选择上的一种限制性，也就是一个国家只能同时采取以下三种政策中的两种——资本自由流动、固定汇率制度和独立的货币政策。

收入差额（Income Balance）：投资收入净额加上员工薪酬净额。

机会成本递增（Increasing Opportunity Costs）：每增加一单位产品的额外生产所需减少的另一种产品的产量是递增的。

产业政策（Industrial Policy）：致力于创造比较优势的政府政策。

幼稚产业论（Infant-Industry Argument）：对于新发展起来的产业施加关税保护以避免外来产业的竞争。

知识产权（Intellectual Property Rights, IPRs）：通过向政府注册某项发明、创意、产品或工艺，授予发明人（或作者）在给定时间内使用该发明、创意、产品或工艺的专有权。

产业间专业化（Inter-Industry Specialization）：每个国家在其具有比价优势的特定行业进行专业化。

产业间贸易（Inter-Industry Trade）：各国以不同产业的产品进行交换。

银行同业市场（Interbank Market）：由大银行交易外国货币所形成的市场。

套利（Interest Arbitrage）：将资金兑换为外币以获取国外更高的投资收益。

内部均衡（Internal Balance）：充分就业时的经济稳定。

内部规模经济（Internal Economies of Scale）：在长期，随着厂商扩大其规模，产品的平均总成本不断下降。

国际商品协定（International Commodity Agreements, ICAS）：由商品的主要生产国和消费国达成的涉及稳定价格、确保向消费国的充足供应以及提高生产国的经济发展等问题的协定。

国际经济政策协调（International Economic Policy Coordination）：在认识到国际经济的相互依存性基础上努力协调国家政策（如货币政策、财政政策或者汇率政策）。

国际合资企业（International Joint Ventures）：在跨国公司的例子中是指两个或两个以上的公司将它们的技术和资产结合在一起组建商业企业。

国际货币基金组织（International Monetary Fund, IMF）：国际货币基金组织总部位于美国华盛顿，共有 189 个成员，可以被视为成员方中央银行的银行。

国际货币市场（International Monetary Market, IMM）：国际货币市场是商品期货市场的延伸，在商品期货市场上，一定数量的小麦、玉米以及其他商品在未来的确切时点上进行交割。国际货币市场为买卖金融工具（如外国货币）和贵金属（如黄金）期货交割提供交易便利。

产业间专业化（Intra-Industry Specialization）：专注生产某个产业内的特定的一些产品或特定的一批产品。

产业内贸易（Intra-Industry Trade）：在相似产品上进行双向贸易。

J

J 曲线效应（J-Curve Effect）：对贸易流量的时间轨迹的一种通行描述，该曲线显示，在很短的时期内，货币贬值将导致该国贸易余额的恶化，但随着时间推移，贸易余额可能会改善。

主观判断法（Judgmental）：基于一国经济、政治以及其他数据而对汇率做出的主观性或者常识性的预测。

K

肯尼迪回合（Kennedy Round）：关税与贸易总协定的成员方于 1964—1967 年间进行的贸易谈判，该轮谈判以美国总统约翰·F. 肯尼迪的名字命名。

关键货币（Key Currency）：在世界货币市场上被大量交易的货币，随着时间的推移，其价值相对稳定，并且被广泛接受为国际结算工具。

L

劳动力流动（性）（Labor Mobility）：对工资差距引起劳动力迁徙状况的衡量。

劳动价值论（Labor Theory of Value）：一种产品的成本或者价格完全取决于生产这种产品所需要投入的劳动量。

大国（Large Nation）：商品贸易中的重要国家，其规模大到对某种产品进口量的变化（受其关税政策的影响）会影响该产品的世界价格。

比较优势法则（Law of Comparative Advantage）：当每个国家都专业化生产其具有比较优势的产品时，每种产品的总产量就会达到最大，因而所有国家都能够实现福利增进。

一价定律（Law of One Price）：汇率决定的购买力平价理论的组成部分。该定律表明，在假设国家间没有运输成本以及贸易壁垒的条件下，在所有国家生产相同产品的成本应该是相同的。

逆向操作（Leaning Against the Wind）：采取干预措施以减少汇率的短期波动，但并不谋求长期维持任何特定汇率。

公平的竞争环境（Level Playing Field）：国内外厂商可以平等竞争的环境。

杠杆（Leverage）：管理外汇交易员账户的经纪公司发放给外汇交易员的贷款。

按需求分配许可证（License on Demand Allocation）：在配额内关税率水平上的进口需要许可证的制度。

多头（Long Position）：以低价买入一种外币，后期再以高价卖出该外币。

卢德主义者（Luddites）：19世纪初，由于认为机器威胁其就业机会而破坏机器的一群英国纺织工人。

M

《马斯特里赫特条约》（Maastricht Treaty）：该协议（签署于1991年）将2002年定为以欧洲中央银行取代欧洲各国中央银行并以单一欧洲货币取代各国货币的完成日期。

有管理的浮动汇率制度（Managed Floating System）：在这种汇率制度下，汇率通常是由自由市场供求力量决定的，但有时需要受到某种程度的政府（中央银行）干预。

倾销幅度（Margin of Dumping）：厂商产品的国内价格超出该产品的国外价格的差额，或者厂商产品的国外价格低于该产品制造成本的差额。

边际转换率（Marginal Rate of Transformation，MRT）：生产可能性曲线的斜率，它表示一国为得到一个额外单位的其他产品所必须放弃的某种产品数量。

市场预期（Market Expectations）：比如有关未来市场基本面的新闻和交易者对未来汇率的看法。

市场基本面（Market Fundamentals）：包括生产率、通货膨胀率、实际利率、消费者偏好以及政府贸易政策在内的一些经济变量。

马歇尔-勒纳条件（Marshall-Lerner Condition）：该一般性法则表明：（1）如果货币贬值国的进口需求弹性与外国对该国出口产品的需求弹性之和超过1，那么贬值将改善贸易收支。（2）如果需求弹性之和小于1，那么贬值将恶化贸易收支。（3）如果需求弹性之和等于1，那么贸易收支既不会改善，也不会恶化。

合同的到期月份（Maturity Months）：给定一年中远期合约到期的月份。

重商主义者（Mercantilists）：重商主义的倡导者或实践者。作为国家的经济制度，在重商主义制度中，国家可以管理其国内和国际事务，以便通过强大的外贸部门促进其自身利益。

货物贸易差额（Merchandise Trade Balance）：将货物出口的美元价值记录为正（贷方）、货物进口的美元价值记录为负（借方）的计算结果。

移民（Migration）：从一个国家迁往另一个国家定居。

货币分析法（Monetary Approach）：货币贬值效应的一种分析方法。该方法强调贬值对货币购买力的影响以及由此对国内支出水平的影响。

货币政策（Monetary Policy）：由一国中央银行实施的改变货币供给量的政策。

货币联盟（Monetary Union）：不同国家实行统一的货币政策，并且接受由超国家的货币当局管理共同的货币。

最惠国条款［Most-Favored-Nation（MFN）Clause］：两国达成协议相互给予的关税率不高于任何一方给予的第三方关税率。

多边合同（Multilateral Contracts）：多边合同通常规定进口国有权以某个最低价格从生产国购买一定数量的产品，并且生产国有权以某个最高价格向进口国销售一定数量的产品。

跨国企业（Multinational Enterprise，MNE）：通常是由远离东道国的公司规划中心主导运营的跨越国界的企业。

N

净债权国（Net Creditor）：一个国家在特定时间对外国资产的索取权高于外国对其资产的索取权。

净债务国（Net Debtor）：一个国家在特定时间外国对其资产的索取权高于其对外国资产的索取权。

外国投资净额（Net Foreign Investment）：在国民收入核算中，外国投资净额与经常账户差额是同义词。

名义汇率指数（Nominal Exchange Rate Index）：不因货币发行国及其贸易伙伴的价格水平变化而调整的货币的平均价值。

名义汇率（Nominal Exchange Rates）：报纸上公布的未经贸易伙伴国通货膨胀率调整的汇率报价。

名义利率（Nominal Interest Rate）：特定国家未经通货膨胀率调整的资产收益率。

名义关税税率（Nominal Tariff Rate）：一国关税税率表中公布的关税率。

非关税贸易壁垒（Nontariff Trade Barriers，NTBs）：除关税以外的阻碍国际贸易的政策。

正常贸易关系（Normal Trade Relations）：美国政府使用的"最惠国"的替代词。

《北美自由贸易协定》（North American Free Trade Agreement，NAFTA）：加拿大、墨西哥和美国签署并于1994年生效的贸易协定。

无贸易边界线（No-Trade Boundary）：贸易可以带来利益和不能带来利益的分界线。

O

卖出价（Offer Rate）：银行愿意卖出一单位外币的价格。

官方汇率（Official Exchange Rate）：通过比较两种货币的平价确定的汇率。

官方储备资产（Official Reserve Assets）：

由官方金融机构持有的关键外币以及在国际货币基金组织的特别提款权和储备头寸。

官方结算交易（Official Settlements Transactions）：官方资产持有者之间的交易；这些金融资产分为两类：官方储备资产和对国外官方机构的负债。

海外装配条款（Offshore Assembly Provision, OAP）：该条款规定，进口税仅适用于外国装配过程中的增值部分，前提是海外公司在其装配作业中使用了本国生产的零部件。

对外开放度（Openness）：一个国家的出口和进口与其国内生产总值之间的比率。

最优货币区（Optimal Currency Area）：在经济上更适合于使用单一官方货币而不是多种官方货币的区域。

最优关税（Optimal Tariff）：因贸易条件改善而获得的收益与因贸易量下降而遭受的损失之间正差额最大化时的关税率。

期权（Option）：持有人（买方）与立权人（卖方）之间达成的协议，授予持有人在指定日期内的任何时间购买或出售金融工具的权利（而非义务）。

石油输出国组织（Organization of Petroleum Exporting Countries，OPEC）：在世界市场上销售石油并试图维持高于自由竞争条件下的价格以实现成员国利益最大化的国家集团。

贸易均衡条件的外部界限（Outer Limits for the Equilibrium Terms of Trade）：由贸易国国内成本比率设定的可行贸易条件的上下限。

外包（Outsourcing）：将产品制造的某些环节分解到多个国家完成。

总体均衡（Overall Balance）：一个经济体同时达到内部均衡和外部均衡。

超调（Overshooting）：汇率对市场基本面变化的短期反应大于汇率的长期反应。

P

平价（Par Value）：参与实行固定汇率制度的政府设定其货币与关键货币的汇率中心值。

部分专业化（Partial Specialization）：一国仅部分地专业化生产其具有比较优势的产品。

持续性倾销（Persistent Dumping）：厂商持续性地在国外以低于国内的价格销售产品。

掠夺性倾销（Predatory Dumping）：厂商临时降低其在国外的售价以将其国外竞争对手赶出市场。

升水（Premium）：一种货币在远期市场的价值高于其在即期市场的价值。

价格—铸币—流转学说（Price-Specie-Flow Doctrine）：大卫·休谟的理论认为贸易盈余只能在短期内实现，随着时间的推移，它将通过产品价格的变化自动消除。

初级产品（Primary Products）：农产品、原材料和燃料。

绝对优势原理（Principle of Absolute Advantage）：在两个国家、两种产品的世界里，当一个国家在一种产品上具有绝对成本优势，另一个国家在另一种产品上具有绝对成本优势时，国际分工与贸易将使两国受益。

比较优势原理（Principle of Comparative Advantage）：贸易模式取决于一国比其他国家以更低的机会成本生产产品或服务的能力。

生产者剩余（Producer Surplus）：生产者获取的收入中超过吸引其供给产品所需最低金额的部分。

产品生命周期理论（Product Life Cycle Theory）：许多制成品都会经历的一个可预测的贸易周期；在这个周期中，本国最初是出口国，然后丧失相对于其贸易伙伴的竞争优势，并最终可能成为该产品的进口国。

生产和出口管制（Production and Export Controls）：限制产出以提高产品价格。

生产利益（Production Gains）：由于专业化生产具有比较优势的产品所带来的产量的增加。

生产可能性边界（Production Possibilities Frontier）：一国投入其全部生产要素以最有效率的方式所能生产的两种产品的各种可能数量的组合。

赞同贸易保护的部门（Protection-Biased Sector）：通常由进口竞争企业、代表该行业工人的工会以及该行业企业的供应商组成。

保护效应（Protective Effect）：由于征收关税使得资源浪费（低效率的国内生产替代高效率的国外生产）而导致国内经济损失。

保护性关税（Protective Tariff）：为使进口竞争厂商免受国外竞争而设计的关税。

购买力平价理论（Purchasing-Power-Parity Theory）：通过不同国家的价格水平及其变化来确定均衡汇率的方法。

认售期权（Put Option）：给予持有者按确定价格售出外汇的权利。

R

实际汇率（Real Exchange Rate）：名义汇率经相对价格水平的变化调整后的数值。

实际汇率指数（Real Exchange Rate Index）：以实际汇率为基础计算的平均币值。

《互惠贸易协定法》（Reciprocal Trade Agreements Act）：美国国会于 1934 年通过的一项法案，该法案通过授予总统谈判权力并要求普遍的关税减让从而为贸易自由化浪潮的来临提供了条件。

再分配效应（Redistributive Effect）：在征收关税的情况下，消费者剩余被以货币形式转移给进口竞争产品的国内生产商。

互利贸易区域（Region of Mutually Beneficial Trade）：由两个贸易国的成本比率界定的区域。

区域贸易协定（Regional Trading Arrangement）：在地区贸易协定中，成员国同意对集团内的贸易设置比与非成员国之间贸易更低的壁垒。

法定升值（Revaluation）：官方调整货币平价以使其汇率升值。

财政收入效应（Revenue Effect）：由政府的关税收入代表；等于进口量乘以关税额。

财政性关税（Revenue Tariff）：以创造税收为目的对出口品或进口品征收的关税。

S

保障措施（Safeguards）：豁免条款为因公平贸易下的进口激增而受到重大伤害的美国公司和工人提供的救济。

科学关税（Scientific Tariff）：消除外国企业相对于本国企业成本优势的关税。

301 条款（Section 301）：《1974 年贸易法》的一个条款，该条款授权美国贸易代表在总统批准的情况下可以对外国的不公平贸易行为采取措施。

国别配额（Selective Quota）：分配给具体国家的进口配额。

空头（Short Position）：以较高的价格出售（并不拥有）某货币，再以较低的价格购回该货币。

小国（Small Nation）：即一国的进口只占世界市场供给量的一小部分。小国是价格的接受者,在进口商品时面对不变的世界价格。

《斯穆特-霍利法案》(Smoot-Hawley Act):1930 年通过的法案,根据该法案,美国对受保护的进口产品征收的平均关税率提高到 53%。

社会规制(Social Regulation):政府试图纠正经济中与健康、安全以及环境有关的不良副作用。

特别提款权(Special Drawing Right,SDR):由国际货币基金组织发行以五种货币构成的货币篮子为基础的虚拟货币单位。

特定要素(Specific Factors):不能流入或者流出某个产业的生产要素。

从量关税(Specific Tariff):按每单位进口品的固定金额表示的关税。

特定要素理论(Specific-Factors Theory):研究在短期要素投入不能在产业间流动时贸易的收入分配效应的理论。

投机(Speculation):试图根据对未来价格的预期进行(外汇)交易以牟利的行为。

投机性攻击(Speculative Attack):见货币危机。

偶发性倾销(Sporadic Dumping):(distress dumping,遇险倾销)企业在国外市场以低于国内的价格出售多余库存。

即期市场(Spot Market):在即期市场上,外汇交易可以立即交割。

即期交易(Spot Transaction):在交易日期后不多于两个营业日内直接购买和出售外币以进行现金结算。

价差(Spread):买入价与卖出价之间的差额。

经济一体化的静态效应(Static Effects of Economic Integration):包括贸易创造效应和贸易转移效应。

统计误差(Statistical Discrepancy):诸如国

际收支平衡表等会计报表中的错误与遗漏项目。

斯托尔珀-萨缪尔森定理(Stolper-Samuelson Theorem):要素价格均等化理论的扩展,该定理指出,如果某种产品的生产需要投入大量相对廉价并且丰富的资源,那么该产品的出口会使这种资源在国内市场上变得稀缺。

战略性贸易政策(Strategic Trade Policy):政府帮助本国企业从外国竞争对手那里抽取经济利润的政策。

执行价格(Strike Price):行使期权的价格。

补贴(Subsidies):政府为提高国内厂商贸易竞争力而给予的优惠待遇,包括直接的现金支付、税收优惠、保险安排以及低息贷款。

T

目标汇率(Target Exchange Rates):由货币发行国制定并通过干预予以维持的期望汇率。

关税(Tariff):对跨越国界的产品征收的税款。

关税规避(Tariff Avoidance):合法地利用关税制度为自己谋取利益,在法律许可的范围内减少应付关税数额。

关税升级(Tariff Escalation):工业化国家的关税结构所呈现出来的对于中间品和最终产品设置较高的关税保护率,而对初级产品设置较低的关税保护率的特征。

关税逃避(Tariff Evasion):个人或者企业通过走私进口商品等非法手段偷逃关税。

关税—税率配额(Tariff-Rate Quota):关税—配额制度上的一种设计,一定数量的商品进口适用于一个关税率(配额内关税率),任何高于该数量的商品进口适用于更高的关税率（配额外关税率）。

技术分析法（Technical Analysis）：包括使用汇率的历史数据估计未来汇率在内的预测汇率的方法。

技术转让（Technology Transfer）：将制造产品所使用的知识和技术转让给其他国家。

贸易条件（Terms of Trade）：两种商品在市场上交换时的相对价格。

贸易条件效应（Terms-of-Trade Effect）：以较低的供给价格从国外厂商那里获取的关税收入。

重叠需求理论（Theory of Overlapping Demands）：具有相似人均国民收入的国家其需求结构会有重叠部分，并且可能会消费相似种类的制成品，这样，富裕的国家可能会与其他富裕的国家进行贸易，而贫穷的国家可能会与其他贫穷的国家进行贸易。

相互需求理论（Theory of Reciprocal Demand）：相对需求条件决定了可行的贸易条件在贸易条件边界以内。

东京回合（Tokyo Round）：关税与贸易总协定的成员方于 1973—1979 年间进行的一轮谈判，在该轮谈判中，签字国同意采取在肯尼迪回合中创设的一刀切式的关税削减。

贸易调整援助（Trade Adjustment Assistance，TAA）：政府向因进口增加而失去就业机会的国内工人提供的援助。

贸易差额（Trade Balance）：商品账户净出口（进口）的计算结果，也被称为货物贸易差额。

贸易创造效应（Trade Creation Effect）：在区域贸易集团成立以后，由贸易增长所带来的福利增进。

贸易转移效应（Trade Diversion Effect）：由建立区域贸易集团所导致的福利损失，之所以出现福利损失是因为从区域贸易集团内部的高成本供货方进口的产品，替代了从区域贸易集团外部的低成本供货方进口的产品。

贸易促进权（Trade Promotion Authority）：（又称快速审批权）该条款制定于 1974 年，它要求美国国会在不提出修改意见的前提下审核贸易协定；作为回报，总统必须遵守明确的时间表和其他几项规程。

贸易救济法（Trade Remedy Laws）：为参与国际贸易的各方享有公平贸易环境而设立的法规，这些法规包括豁免条款、反补贴税、反倾销税以及不公平贸易行为条款。

贸易三角形（Trade Triangle）：生产可能性示意图中的一个区域，该区域显示一国的出口、进口和均衡的贸易条件。

贸易战（Trade War）：当发生这种经济冲突时，相关国家采取诸如关税、进口配额、补贴、货币贬值和贸易禁运等贸易保护主义措施以相互打击。

贸易加权价值（Trade-Weighted Dollar）：本国货币与最重要的一些贸易伙伴国的货币之间汇率的加权平均值，权重由本国伙伴国之间贸易的相对重要性确定。

贸易可能性曲线（Trading Possibilities Line）：在生产可能性示意图中代表均衡的贸易条件比率的曲线。

转移定价（Transfer Pricing）：跨国公司的一种定价策略，通过这种策略，即便公司利润是在高税率国家获得的，也能通过该策略将利润中的大部分在低税率国家申报。

移植工厂（Transplants）：在美国生产汽车的日本公司的装配厂。

运输成本（Transportation Costs）：将货物从一个国家运到另一个国家的成本。

两点套汇（Two-Point Arbitrage）：在两个外汇市场上同时买卖一种货币，以从不同地区的汇率差异中获利。

U

无抵补套利（Uncovered Interest Arbitrage）：投资者没有获得外汇市场保障以保护投资收益免受汇率波动影响。

单方转移（Unilateral Transfers）：一国与世界其他地区之间的货物和服务（包括实物赠予）或金融资产（包括货币赠予）的转让。

乌拉圭回合（Uruguay Round）：关税与贸易总协定成员方之间于1986—1993年间举行的一轮谈判，经该轮谈判，工业化国家以一刀切的方式平均削减关税40%。

《美国—墨西哥—加拿大协定》（U. S.-Mexico-Canada Agreement）：由加拿大、墨西哥和美国签署的自由贸易协定。该协定替代了之前的《北美自由贸易协定》。

V

差价税（Variable Levies）：一种进口关税，税额随着国内或者世界价格的变化而增减，以保证进口矿产品在缴纳关税以后的价格等于预定价格。

垂直一体化（Vertical Integration）：在跨国公司的例子中是指，跨国公司的母公司设立国外子公司以生产用于产成品的中间产品和投入。

W

工资和价格管制（Wage and Price Controls）：政府干预以设定价格和工资水平。

世界银行（World Bank）：一个向发展中国家提供贷款以减少贫困并促进经济发展的国际性组织。

世界贸易组织（World Trade Organization, WTO）：该组织成立于1995年，包含了关税与贸易总协定的主要条款，但其作用得到了扩展，包括建立起一个机制以改进关税与贸易总协定成员方之间贸易争端的解决流程。

译后记

　　由美国中央华盛顿大学罗伯特·J. 凯伯教授撰写的《国际经济学》教材英文第 1 版出版于 1980 年，现在呈现在读者眼前的是修订后最新出版的英文第 18 版的中译本。一本教材在 40 余年的时间里出版了 18 个版次，足见教材广受欢迎以及教材作者勤勉尽责。与其他同类教材相比，凯伯教授的《国际经济学》教材具有以下特点：

　　第一，篇幅适中。《国际经济学》教材历来包括微观（国际贸易理论与政策）和宏观（国际金融与开放的宏观经济学）两个部分。由于结构庞大、内容广泛，有的（特别是国外的）《国际经济学》教材往往"越写越厚"，不断增大的篇幅给教师和学生都带来了不小的压力。凯伯教授的《国际经济学》教材用有限的篇幅完整、清晰、严谨地展现了这门课程的知识体系，涵盖了国际经济学科领域的几乎所有重要主题，适合教学。

　　第二，深入浅出。本教材用简明、晓畅的语言讲述复杂深刻的国际经济理论。由于作者在书中把对经济学分析工具的使用几乎降到最低限度，而且内容深入浅出，所以读者只需要掌握最基本的微、宏观经济学知识就能轻松地阅读本教材并且对相关理论有透彻的理解。这种不依赖于复杂分析工具的理论阐释方式，对于培养初学者的经济理论直觉大有好处。

　　第三，理论联系实际。正如凯伯教授在本书前言中所说，他希望向学生"展示如何将这门学科应用于实践"。本书包含了大量最新案例，比如新型冠状病毒和全球化、特朗普的"美国优先"政策、备受工资上涨困扰的中国制造商等等。这些案例来源于现实经济生活，从国际经济理论视角深入分析现实案例，不仅可以提高教材的可读性、趣味性，更重要的是可以提高学习者的应用分析能力。尤其值得一提的是，在对具体现实问题进行分析时，凯伯教授往往能够对正反两个方面的观点都予以较为客观的介绍。

　　在本书英文第 18 版中，"中国"一词仍然是高频词汇，共出现了 632 次，这一方面反映中国在融入全球化过程中引起了一些国外学者的高度关注，另一方面也说明当今世界中的各国经济高度相互依存。我们认真翻译教材原文，但这并不代表我们认同教材中的所有观点。尽管如此，我们还是要对凯伯教授在教材中所表达出来的对发展中国家的理解以及坚持自由贸易的立场表示赞赏。

　　感谢中国人民大学出版社给予我们极大的信任、充裕的工作时间和及时的帮助。感谢本教材第 15 版中文版的译者，他们的劳动成果为我们提供了很好的工作基础。感谢冯德连教授的关心指导。当然，本书第 18 版中译本中所有的翻译疏漏和错误都由我们独立承担责任。

中国人民大学出版社在 2005 年引进凯伯教授的《国际经济学》以后即向国内读者同时推出了教材的中译本和英文影印版。十余年来，两个语种的教材都受到广大读者的欢迎，许多高校还将其选作教材或教学参考书。希望第 18 版的中译本也能得到读者的肯定。

刘国晖　邢孝兵

安徽财经大学

2023 年 12 月

中国人民大学出版社经济类引进版教材推荐

经济科学译丛

20 世纪 90 年代中期，中国人民大学出版社推出了"经济科学译丛"系列丛书，引领了国内经济学汉译名著的第二次浪潮。"经济科学译丛"出版了上百种经济学教材，克鲁格曼《国际经济学》、曼昆《宏观经济学》、平狄克《微观经济学》、博迪《金融学》、米什金《货币金融学》等顶尖经济学教材的出版深受国内经济学专家和读者好评，已经成为中国经济学专业学生的必读教材。想要了解更多图书信息，可扫描下方二维码。

经济科学译丛书目

金融学译丛

21 世纪初，中国人民大学出版社推出了"金融学译丛"系列丛书，引进金融体系相对完善的国家最权威、最具代表性的金融学著作，将实践证明最有效的金融理论和实用操作方法介绍给中国的广大读者，帮助中国金融界相关人士更好、更快地了解西方金融学的最新动态，寻求建立并完善中国金融体系的新思路，促进具有中国特色的现代金融体系的建立和完善。想要了解更多图书信息，可扫描下方二维码。

金融学译丛书目

双语教学用书

为适应培养国际化复合型人才的需求，中国人民大学出版社联合众多国际知名出版公司，打造了"高等学校经济类双语教学用书"系列丛书，该系列丛书聘请国内著名经济学家、学者及一线授课教师进行审核，努力做到把国外真正高水平的适合国内实际教学需求的优秀原版图书引进来，供国内读者参考、研究和学习。想要了解更多图书信息，可扫描下方二维码。

高等学校经济类双语教学用书书目

International Economics，18e

Robert J. Carbaugh

Copyright © 2023，2019，2017，2015 Cengage Learning，Inc.

Original edition published by Cengage Learning. All Rights reserved. 本书原版由圣智学习出版公司出版。版权所有，盗印必究。

China Renmin University Press is authorized by Cengage Learning to publish and distribute exclusively this simplified Chinese edition. This edition is authorized for sale in the People's Republic of China only (excluding Hong Kong，Macao SAR and Taiwan). Unauthorized export of this edition is a violation of the Copyright Act. No part of this publication may be reproduced or distributed by any means，or stored in a database or retrieval system，without the prior written permission of the publisher.

本书中文简体字翻译版由圣智学习出版公司授权中国人民大学出版社独家出版发行。此版本仅限在中华人民共和国境内（不包括中国香港、澳门特别行政区及中国台湾）销售。未经授权的本书出口将被视为违反版权法的行为。未经出版者预先书面许可，不得以任何方式复制或发行本书的任何部分。

本书封面贴有 Cengage Learning 防伪标签，无标签者不得销售。

北京市版权局著作权合同登记号　图字：01－2021－2765

图书在版编目（CIP）数据

国际经济学：第 18 版 /（美）罗伯特·J. 凯伯著；
刘国晖译 . -- 北京：中国人民大学出版社，2024.3
（经济科学译丛）
ISBN 978-7-300-32461-6

Ⅰ.①国… Ⅱ.①罗… ②刘… Ⅲ.①国际经济学
Ⅳ.①F11-0

中国国家版本馆 CIP 数据核字（2024）第 031282 号

"十三五"国家重点出版物出版规划项目
经济科学译丛
国际经济学（第 18 版）
罗伯特·J. 凯伯　著
刘国晖　译
邢孝兵　校
Guoji Jingjixue

出版发行	中国人民大学出版社			
社　　址	北京中关村大街 31 号		**邮政编码**	100080
电　　话	010 - 62511242（总编室）		010 - 62511770（质管部）	
	010 - 82501766（邮购部）		010 - 62514148（门市部）	
	010 - 62515195（发行公司）		010 - 62515275（盗版举报）	
网　　址	http://www.crup.com.cn			
经　　销	新华书店			
印　　刷	涿州市星河印刷有限公司			
开　　本	787 mm×1092 mm　1/16		**版　　次**	2024 年 3 月第 1 版
印　　张	32.75 插页 2		**印　　次**	2024 年 3 月第 1 次印刷
字　　数	719 000		**定　　价**	98.00 元

版权所有　侵权必究　　印装差错　负责调换

Supplements Request Form（教辅材料申请表）

Lecturer's Details（教师信息）

Name: （姓名）		**Title:** （职务）	
Department: （系科）		**School/University:** （学院/大学）	
Official E-mail: （学校邮箱） **Tel:** （电话）		**Lecturer's Address / Post Code:** （教师通信地址/ 邮编）	
Mobile: （手机）			

Adoption Details（教材信息）　　　原版□　　　翻译版□　　　影印版□

Title:（英文书名） **Edition:**（版次） **Author:**（作者）	
Local Publisher: （中国出版社）	

Enrolment: （学生人数）	**Semester:** （学期起止日期时间）	

Contact Person & Phone/E-Mail/Subject:
（系科/学院教学负责人电话/邮件/研究方向）
（我公司要求在此处标明系科/学院教学负责人电话/传真及电话和传真号码并在此加盖公章.）

教材购买由 我□　我作为委员会的一部分□　其他人□〔姓名：　　　　　〕决定。

Please fax or post the complete form to（请将此表格传真至）：

CENGAGE LEARNING BEIJING
ATTN : Higher Education Division
TEL: (86) 10-82862096/ 95 / 97
FAX : (86) 10 82862089
EMAIL: asia.infochina@cengage.com
www. cengageasia.com
ADD: 北京市海淀区科学院南路 **2** 号
融科资讯中心 **C** 座南楼 **12** 层 **1201** 室　**100190**

Note: Thomson Learning has changed its name to CENGAGE Learning.